Wie kamen die Nationalsozialisten an die Macht

Eine Veröffentlichung aus dem Max-Planck-Institut für Bildungsforschung

Christel Hopf, geb. 1942, Dr. phil., Privatdozentin, Studium der Soziologie in Hamburg und Berlin; von 1969 bis 1973 wissenschaftliche Mitarbeiterin im Institut für Soziologie der Freien Universität Berlin, seit 1974 im Max-Planck-Institut für Bildungsforschung; Arbeitsgebiete: Soziologie der Erziehung, Organisationssoziologie, Methoden der empirischen Sozialforschung.

Knut Nevermann, geb. 1944 in Hamburg, Jurist, Dr. jur.; von 1970 bis 1973 Mitarbeiter beim Deutschen Bildungsrat, seit 1974 wissenschaftlicher Mitarbeiter im Max-Planck-Institut für Bildungsforschung; Schwerpunkte: Bildungsrecht und Bildungsverwaltungsforschung.

Ingrid Schmidt, geb. 1938, Katechetin an einem Berliner Gymnasium, Dozentin in der kirchlichen Erwachsenenbildung; Schwerpunkte: Kunstgeschichte, Ökumene und neuere Geschichte. 1981 bis 1984 wissenschaftliche Mitarbeiterin am Max-Planck-Institut für Bildungsforschung.

Christel Hopf, Knut Nevermann,
Ingrid Schmidt

Wie kamen die Nationalsozialisten an die Macht

Eine empirische Analyse von Deutungen im Unterricht

Campus Verlag
Frankfurt/New York

CIP-Kurztitelaufnahme der Deutschen Bibliothek

Hopf, Christel:
Wie kamen die Nationalsozialisten an die Macht :
e. empir. Analyse von Deutungen im Unterricht /
Christel Hopf ; Knut Nevermann ; Ingrid Schmidt.
Frankfurt/Main ; New York : Campus Verlag, 1985.
ISBN 3-593-33529-8

NE: Nevermann, Knut:; Schmidt, Ingrid:

Umschlaggestaltung: Atelier Warminski, Büdingen
Druck und Bindung: Weihert-Druck GmbH, Darmstadt
Printed in Germany

Für
Elisabeth und Ernst Dietze
Grete und Paul Nevermann
Solveig Schmidt und Helmut Ruppel

Inhaltsverzeichnis

Vorbemerkung

Diese Untersuchung, die im Jahre 1980 im Max-Planck-Institut für Bildungsforschung vorbereitet wurde und deren Interviewdaten 1981 erhoben wurden, konnte nur durchgeführt werden, weil den Projektmitarbeitern vielfältige Hilfe und Unterstützung zuteil wurde. Da sind zunächst die Lehrer und Schulleiter in den zwölf Gymnasien und die zuständigen Schulaufsichtsbeamten, die sich zur Teilnahme bereit erklärten und – zum Teil trotz gerade zu bewältigender Abiturverpflichtungen – mit großer Hilfsbereitschaft Termine für vorbereitende Gespräche und die (oft mehrstündigen) Interviews vereinbarten. Im Institut sind zu nennen: unsere beiden Mitarbeiterinnen, Heide Hempel und Christel Wellinghausen, die bei der Planung und Durchführung der empirischen Phase, der qualitativen und quantitativen Auswertung der Materialien sowie beim Schreiben der Vorlagen, Entwürfe, Revisionen und Endfassungen der Manuskripte sehr engagiert und kompetent mitgearbeitet haben. Genannt seien die Mitarbeiter der Redaktion, insbesondere Gottfried Pfeffer, der sich mit inhaltlicher und stilistischer Sensibilität um die Lesbarkeit des Textes, und Peter Wittek, der sich um die Korrekturgänge gekümmert und mit großer Sorgfalt Korrektur gelesen hat. Ebenso sind zu nennen die Mitarbeiter/innen der EDV-Abteilung, Hella Beister und Peter Grund, sowie die des Zentralen Sekretariats, vor allem Angelika Katterfeld, Ina Kuehlich und Waltraud Ludecky, die zusammen mit Ulrich Kuhnert und Dieter Schmidt für den Satz und die typographische Gestaltung verantwortlich waren. Ihnen allen möchten wir an dieser Stelle noch einmal unseren herzlichen Dank sagen.

In diesen Dank möchten wir jene Historiker einschließen, die sich freundlicherweise bereit gefunden haben, den Rohbericht, in dem wir im Frühjahr 1984 unsere Untersuchungsergebnisse vorläufig zusammengefaßt hatten, intensiv und kritisch mit uns zu diskutieren, nämlich Wolfgang Jacobmeyer, Werner Jochmann, Karl-Ernst Jeismann, Hans Mommsen, Monika Richarz, Reinhard Rürup, Hagen Schulze und Heinrich-August Winkler. Danken möchten wir schließlich auch allen Kolleginnen und Kollegen innerhalb und außerhalb des Instituts, namentlich Peter Martin Roeder, die den Rohbericht ausführlich mit uns erörtert haben.

Berlin, im Mai 1985

Kapitel 1: Fragestellung und Vorgehensweise

In der vorliegenden Untersuchung geht es um die historischen Deutungen, die im Rahmen der verwalteten Schule den Geschichtsunterricht über den Nationalsozialismus und seine sozialen Voraussetzungen prägen. Der Nationalsozialismus ist zwar nach K. D. Bracher „weitgehend erforscht, und doch ist sein Bild bis heute umstritten“; dies treffe „ebenso für seine Ursprünge wie für die Voraussetzungen und Umstände seines politischen Aufstiegs in der Weimarer Republik zu“ (Bracher 1983, S. 18). Für den schulischen Geschichtsunterricht sind – zum Teil umstrittene – Deutungen dieser Art auf unterschiedlichen Ebenen bedeutsam, nämlich auf den Ebenen

- der einzelnen *Lehrer* und Lehrergruppen, die ihren Unterricht planen und gestalten;
- der wissenschaftlichen *Fachliteratur*, auf die die Lehrer zurückgreifen;
- der staatlich genehmigten *Schulbücher*, die im Unterricht verwendet werden;
- der *Lehrpläne*, durch die die Schulverwaltung den Unterricht inhaltlich zu steuern versucht, und
- der allgemeinen *politischen Kultur* in der Bundesrepublik, die sich unter anderem in den öffentlichen Medien (Zeitungen, Rundfunk usw.) ausdrückt.

Im Mittelpunkt der Untersuchung steht zum einen die Frage, welche Deutungen und Themen vorherrschen, wenn Schülern erklärt wird, warum die Nationalsozialisten an die Macht gekommen sind. Welche Bedeutung wird zum Beispiel der Rolle der gesellschaftlichen Institutionen (Industrie, Militär, Kirche) bei der Erklärung der Machtübernahme zugewiesen – und welche dem Konzept des Totalitarismus oder den Traditionen des Antisemitismus? Hier werden also miteinander konkurrierende Deutungen *inhaltlich* analysiert, und zwar durch Lehrerinterviews sowie auf den Ebenen der Schulbücher, Lehrpläne und Fachbücher. Zum anderen geht es um die *strukturelle* Frage, welche Beziehungen zwischen den Deutungsebenen bestehen: Warum wählen die Lehrer diese oder jene Deutung aus? Weil sie auch in den Schulbüchern oder in den Lehrplänen enthalten ist? Gibt es systematische Deutungsunterschiede zwischen den verschiedenen Ebenen – ist etwa das Deutungsspektrum bei der Fachliteratur durchgängig breiter als bei den Schulbüchern und in den Lehrerinterviews? Wichtigste empirische Grundlage zur Beantwortung dieser Fragen sind die Transkripte der offenen Interviews, die wir mit Geschichtslehrern an zwölf Gymnasien in je einer ländlichen und großstädtischen Region Nordrhein-Westfalens und Schleswig-Holsteins geführt haben. Als weitere Materialien wurden vor allem die Lehrpläne und Erlasse analysiert, die zum Zeitpunkt der Befragung 1981 in den beiden Ländern formell in Kraft waren, sowie die Schulbücher und Text- beziehungsweise Quellensammlungen, die von den befragten Lehrern im Unterricht verwendet wurden, und die wissenschaftliche Fachliteratur, auf die Lehrer in erster Linie zurückgreifen.

Probleme der Auswahl und Vermittlung historischer Deutungen sind zwar traditionell auch Gegenstand der Geschichtsdidaktik, doch wird hier auf geschichtsdidaktische Fragestellungen nur in einem sehr eingeschränkten Sinn Bezug genommen. Bedeutsam für uns ist etwa jener Bereich der Geschichtsdidaktik, der sich in empirischen Studien, zu denen auch Lehrbuchanalysen zu rechnen sind, mit der Beschreibung und Analyse dominanter Geschichtsbilder befaßt (vgl. Jeismann 1979). Dagegen geht es uns weder um die Entwicklung normativer Vorstellungen zur Unterrichtspraxis noch um Vorschläge zur Stoff- und Themenauswahl. Unsere Absicht ist vielmehr deskriptiver Art, und wir greifen eher Fragestellungen aus der Tradition der Wissenssoziologie auf (vgl. als Übersichten hierzu Lenk 1961; Berger und Luckmann 1969 oder Wolff 1978) als fachdidaktische Fragestellungen.

Was Pascal auf die Formel gebracht hat, jenseits der Pyrenäen sei die Wahrheit von diesseits Irrtum (Pascal, Pensées, Fragment 294, vgl. hierzu Berger und Luckmann 1969, S. 5), gehört zu den Grunderfahrungen der international vergleichenden Forschung über dominante Geschichtsvorstellungen (vgl. hierzu unter anderem Uhe 1972; Schüddekopf 1976, oder Jeismann 1979); der gleiche Gedanke hat auch in der Geschichte der Wissenssoziologie in immer neuen Variationen eine Rolle gespielt. Er steht als Problem hinter dem Marxschen Versuch der Bewußtseinsanalyse, hinter dem Mannheimschen Versuch, gegen einen umfassenden erkenntnistheoretischen Relativismus doch noch Möglichkeiten wahrer Erkenntnis zu beschreiben, und schließlich auch hinter dem in seinen Ansprüchen begrenzteren Entwurf einer Wissenssoziologie, wie er von Berger und Luckmann vorgelegt wurde. Diese Autoren setzen sich von den Denktraditionen der Wissenssoziologie insofern radikal ab, als sie erkenntnistheoretische und methodologische Probleme aus der Wissenssoziologie als empirischer Disziplin ausklammern: „Unter anderen Unruhestiftern der empirischen Wissenschaften – liefert auch die Wissenssoziologie nur ‚Stoff' für methodologische Probleme. Lösen kann sie sie in ihrem eigenen Zuständigkeitsbereich nicht." (Berger und Luckmann 1969, S. 15)

Für unser Vorgehen ist die von Berger und Luckmann vorgeschlagene Eingrenzung des Gegenstandsbereichs der Wissenssoziologie von großer Bedeutung. Wir werden in diesem Bericht am Beispiel unterschiedlicher Themenbereiche (vgl. hierzu die Kapitel 2 ff.) ein breites Spektrum von Vorstellungen zum Aufkommen des Nationalsozialismus in Deutschland analysieren. Und es ist für den Leser wichtig zu wissen, wo wir unsere Grenzen setzen. Unsere *Analyse von Vorstellungen* darüber, was wahr und was falsch ist, darf keinesfalls mit der Frage danach verwechselt werden, was an diesen Vorstellungen „wirklich“ *wahr oder falsch ist*. Letztere Frage zu beantworten, ist Aufgabe der Geschichtsforschung und der Geschichtsdidaktik. Unsere Aufgabe ist eine ganz andere: Es geht nicht darum, den historischen Wahrheitsgehalt und die Angemessenheit bestimmter Deutungen zu beurteilen, sondern es geht darum, in der Gesellschaft vorhandene Deutungen angemessen zu beschreiben.

Daß dies schwer genug ist, wird der vorliegende Untersuchungsbericht häufiger erkennen lassen. Dabei ist uns bewußt, daß wir die mit der Analyse historischer Deutungen verbundenen Probleme nicht durchweg befriedigend gelöst haben. Im Vergleich zu Analysen, wie sie vor allem aus der Schulbuchforschung vorliegen, ist unser Vorgehen allerdings dadurch methodisch durchsichtiger, daß wir uns durchweg bemüht haben, zwischen verschiedenen Ebenen der Analyse zu unterscheiden und insbesondere jede Art von kurzschlüssiger Verknüpfung von Aussagen und Deutungen in der wissenschaftlichen Literatur und Aussagen über Deutungen im Bereich von Lehrplänen, Schulbüchern und in der Unterrichtspraxis zu vermeiden (vgl. hierzu als einem methodischen Problem von Schulbuchanalysen Meyers 1976, S. 60 ff.).

Angesichts des Untersuchungsgegenstandes – Geschichtsunterricht in der verwalteten Schule – gehören zu dem wissenssoziologischen Ansatz Fragestellungen, die auch in der Verwaltungssoziologie analysiert werden. Denn die miteinander konkurrierenden Deutungen werden sowohl auf der Ebene der Administration beschrieben als auch auf der Ebene der einzelnen Lehrer in der Schule, so daß sich die Frage stellt, welche Beziehungen zwischen den beiden Deutungsebenen Verwaltung und Schule bestehen. Eine extreme Antwort wäre die Annahme, daß sich – in dem bürokratisch verfaßten Herrschaftszusammenhang, in den der Schulunterricht einbezogen ist – im wesentlichen die Deutungsmuster der hierarchisch übergeordneten Ebene auch auf der nachgeordneten Ebene durchsetzen. Und ganz im Gegenteil könnte man auch vermuten, daß sich (gerade im gymnasialen Bereich) die Tradition und das Selbstverständnis professioneller fachwissenschaftlicher Autonomie auch im – politisch sensiblen – Geschichtsunterricht auswirken und zu einer Auswahl von Deutungspräferenzen führen, die keinerlei Bezug zu den administrativen Vorgaben aufweist.

Im Unterschied zu diesen extremen Positionen gehen wir – anknüpfend an unsere frühere Arbeit zum Verhältnis von „Schulaufsicht und Schule“ (Hopf, Nevermann und Richter 1980) – von einem Modell normativer Vermittlung aus, in dem Weisungshierarchie und Institutionenautonomie (in funktionaler Betrachtungsweise) einander ergänzende Bestandteile eines gesellschaftlichen Herrschaftszusammenhangs sind. Ansatzpunkt ist für uns die Betonung real vorhandener institutioneller (organisatorischer und rechtlicher) Autonomie, in deren Rahmen gleichwohl herrschaftlich bestimmte, gesellschaftliche Anforderungen (und Deutungspräferenzen) durchgesetzt und realisiert werden. Dieser verwaltungssoziologische Ansatz hatte in der Phase der Planung der empirischen Erhebungen ein größeres Gewicht, als dies dem vorliegenden Forschungsbericht zu entnehmen ist, der sich primär an wissenssoziologischen Fragestellungen orientiert.

Die Ergebnisse unserer inhaltlichen und strukturellen Analyse werden im einzelnen in Kapitel 2 ff. dargestellt. Zuvor jedoch sollen unser Ansatz und unsere Vorgehensweise unter sieben Gesichtspunkten präzisiert werden:

1. Für unsere deskriptiven Interessen war es sinnvoll, unterschiedliche Regionen vergleichend in die Untersuchung einzubeziehen (dazu Abschnitt 1.1).
2. Aus der Fülle der Themen, die im Zusammenhang mit der Machtübernahme der Nationalsozialisten behandelt werden können, mußten wir eine Auswahl treffen. Hierfür war die Bestimmung von Auswahlkriterien erforderlich (dazu Abschnitt 1.2).
3. Aus den Interviews mit den Lehrern, unserer wichtigsten empirischen Grundlage, ergeben sich nicht nur Angaben zu den Deutungsinhalten, sondern auch Angaben, die im Sinne einer Beschreibung der Stichprobe dargestellt werden können (dazu Abschnitt 1.3).
4. Da Gymnasien aus zwei Bundesländern in die Untersuchung einbezogen wurden, sind die 1981 in diesen Ländern geltenden Lehrpläne, Rundschreiben und Erlasse zum Thema Nationalsozialismus zu beschreiben (dazu Abschnitt 1.4).
5. Bei der Analyse der Schulbücher konzentrieren wir uns auf jene, die nach Angaben der Lehrer in den beteiligten Schulen zum Zeitpunkt der Erhebung verwendet wurden (dazu Abschnitt 1.5).
6. Es stellt sich die Frage, ob das Spektrum an Deutungen, das insbesondere in den Lehrerinterviews vorhanden ist, in systematischer Weise von dem Deutungsspektrum abweicht, das in der fachwissenschaftlichen Literatur anzutreffen ist. Um sie beantworten zu können, haben wir jene Bücher beziehungsweise Abhandlungen in die Analyse einbezogen, auf die auch Lehrer häufiger quasi als Standardwerke zurückgreifen (dazu Abschnitt 1.6).
7. Die Untersuchung ist deskriptiv, vergleichend und qualitativ angelegt, gleichwohl verzichtet sie nicht auf Quantifizierungen. Die Merkmale dieses methodischen Ansatzes sollen deshalb erläutert werden (dazu Abschnitt 1.7).

1.1 Zur Auswahl und Charakterisierung der Regionen

Für die vergleichende Vorgehensweise war es wichtig, möglichst unterschiedliche Regionen in die Untersuchung einzubeziehen, und zwar unterschiedlich insbesondere im Hinblick auf die politischen Mehrheitsverhältnisse im jeweiligen Bundesland, im Hinblick auf den Stadt-/Land-Unterschied und im Hinblick auf die konfessionelle Prägung der ländlichen Regionen. Andererseits war eine Beschränkung auf einige wenige Regionen erforderlich, um die Vielfalt der sozialen, administrativen und schulischen Bedingungen noch erfassen und auswerten zu können. Nachdem wir in Berlin in einer Vorphase (über die hier nicht weiter berichtet wird) unsere Interview- und Erhebungsmethoden präzisiert hatten, haben wir uns auf zwei Bundesländer konzentriert: auf Nordrhein-Westfalen, das seit den sechziger Jahren (1966) von der SPD (mit-)regiert wird, und Schleswig-Holstein, dessen Regierung seit den fünfziger Jahren von der CDU geführt wird.

In diesen beiden Ländern haben wir jeweils zwei Regionen ausgewählt, eine Großstadt und einen Landkreis. Die Großstadt in Nordrhein-Westfalen liegt im Ruhrgebiet, sie hat mehrere hunderttausend Einwohner und eine stabile SPD-Mehrheit. Die Großstadt in Schleswig-Holstein liegt an der Ostküste, hat über hunderttausend Einwohner und knappe parteipolitische Mehrheitsverhältnisse (1981 zugunsten der SPD). Der nordrhein-westfälische Landkreis liegt im Münsterland, fast 90 Prozent seiner Einwohner sind katholisch; die CDU erhielt bei den Kommunalwahlen fast eine Zweidrittelmehrheit. Zwar gibt es in den Städten des Kreises auch einige Industrieunternehmen, aber dominant ist die Landwirtschaft. Letzteres gilt auch für den schleswig-holsteinischen Landkreis, der an der Westküste liegt und dessen Einwohner zu über 90 Prozent evangelisch sind; die CDU hat hier auf Kreisebene eine deutliche absolute Mehrheit. (Vgl. zu diesen Angaben Statistisches Jahrbuch Schleswig-Holstein 1982 und Statistisches Jahrbuch Nordrhein-Westfalen 1982.) In den vier Regionen haben wir uns auf Gymnasien konzentriert und in jeder Region drei Gymnasien ausgewählt. Soweit es – wie in den Städten – möglich war, haben wir darauf geachtet, möglichst unterschiedliche Gymnasien zu berücksichtigen, unterschiedlich im Hinblick auf die soziale Zusammensetzung des Einzugsbereichs und im Hinblick auf das Alter beziehungsweise die Tradition der Schule. In diesen Schulen haben wir versucht, möglichst alle Lehrer, die das Fach Geschichte unterrichten, alle Schulleiter und für die Schulen zuständigen Schulaufsichtsbeamten in die Befragung einzubeziehen (zur Stichprobe vgl. 1.3)[1].

Die an der Untersuchung beteiligten Gymnasien sind Teil von Verwaltungssystemen, die sich in mehrfacher Hinsicht deutlich voneinander unterscheiden. Die Gymnasien in den beiden nordrhein-westfälischen Regionen unterstehen einer gemeinsamen Schulaufsichtsbehörde, dem Schulkollegium in Münster (das wiederum dem Kultusministerium in Düsseldorf untersteht). Das Schulkollegium, in dem 18 Dezernenten für die Schulaufsicht arbeiten, ist für etwa 290 Gymnasien (mit etwa 17.000 Lehrern) zuständig. Die Gymnasien in Schleswig-Holstein hingegen unterstehen unmittelbar dem Kultusministerium, in dem 6 Dezernenten die Schulaufsicht wahrnehmen und für etwa 90 Gymnasien (mit 4.300 Lehrern) zuständig sind. Die Schulaufsichtsbeamten im Schulkollegium beziehungsweise im Kultusministerium sind als Fachdezernenten für zwei oder mehrere Fächer zuständig (unter anderem für die Genehmigung der Abiturthemen), und als Schuldezernenten beaufsichtigen sie im Durchschnitt etwa 15 Gymnasien; im Schuldezernat stehen Aufgaben der Personalverwaltung im Vordergrund (Zuweisung von Lehrern, Umsetzungen, Beförderungen usw.).

Bei der Personalverwaltung gibt es einen wichtigen Unterschied zwischen Nordrhein-Westfalen und Schleswig-Holstein. In Nordrhein-Westfalen haben die

---

1 Interviews wurden auch mit den Religionslehrern der in die Untersuchung einbezogenen Schulen durchgeführt. Sie befaßten sich mit der Behandlung der Themenbereiche „Kirche und Nationalsozialismus“ und „Antisemitismus“ im Religionsunterricht. Ihre Auswertung wurde im Interesse einer intensiveren Auseinandersetzung mit dem im Zentrum unserer Untersuchung stehenden Geschichtsunterricht vorläufig zurückgestellt.

Gemeinden als Schulträger bei der Anstellung, Beförderung und Versetzung von Lehrern ein Vorschlagsrecht (§23 SchVG); hiervon ist lediglich jede vierte Stelle ausgenommen, die unmittelbar von der Schulaufsicht besetzt werden kann. Dadurch erhalten die Organe des Schulträgers (Schulausschuß, Rat, Stadtdirektor) einen nicht unerheblichen Einfluß auf die Personalpolitik im Schulbereich. Demgegenüber wird in Schleswig-Holstein lediglich der Schulleiter vom kommunalen Schulträger (durch einen Ausschuß, in dem die Gemeinde, die Lehrer und Eltern zusammenwirken) berufen (§ 78 SchulG). Die Verwaltung der Lehrerpersonalangelegenheiten ist demgegenüber Aufgabe des Kultusministeriums, das mit den Gymnasien intensiv zusammenarbeitet. Anders als in Nordrhein-Westfalen, wo es einen Personalrat lediglich auf der Ebene der Schulbehörde (Schulkollegium) gibt, existiert in Schleswig-Holstein in jeder Schule ein Personalrat, der die entsprechenden Mitwirkungs- und Mitbestimmungsrechte insbesondere in Fragen der Personalverwaltung wahrnimmt.

Was die Kompetenzen des Schulleiters angeht, so sind zwischen den beiden Ländern keine wesentlichen rechtlichen Unterschiede festzustellen. Die konkrete Gestalt der Schulleitung allerdings ist in den einzelnen beteiligten Schulen durchaus unterschiedlich. Insbesondere die Kontrollstrukturen in der Schule (Konferenztätigkeit, Klassenbuchkontrolle, Hospitationen des Schulleiters, Abiturregelungen usw.) variieren zwischen den einzelnen Schulen: Hier wirken sich die Persönlichkeit des Schulleiters und das Selbstverständnis des Kollegiums besonders stark aus.

1.2 Zur Auswahl der thematischen Schwerpunkte

Die bevorzugten Deutungen und die zeitlichen und thematischen Schwerpunktsetzungen, die dem Geschichtsunterricht über die Zerstörung der Weimarer Republik und den Aufstieg des Nationalsozialismus zugrunde liegen, haben wir in den Lehrerinterviews in der Regel in drei, in ihren Inhalten zunehmend spezifischeren Phasen erörtert. Eine sehr allgemeine Eingangsfrage betraf die zeitlichen und thematischen Schwerpunkte des Unterrichts über die Weimarer Republik und die Zeit des Nationalsozialismus, sie wurde ergänzt durch Fragen zu den im Unterricht verwandten Materialien. Es folgte eine ebenfalls noch relativ offene Frage zu den im Unterricht vorherrschenden Deutungen der nationalsozialistischen Machtübernahme. Erst im dritten Schritt wurden gezielter die folgenden Themenbereiche angesprochen:

– Welche Bedeutung wird im Zusammenhang mit der Spätphase der Weimarer Republik der Totalitarismuskonzeption zugemessen, und in welcher Weise wird das Verhältnis von KPD und NSDAP in dieser Phase beschrieben? (Vgl. hierzu Kapitel 2 dieses Berichts.)
– Welche Rolle wird einer Reihe institutioneller Bereiche (Industrie, Militär und Kirchen) im Zusammenhang mit der Analyse des Aufstiegs des Nationalsozialismus zugeschrieben? (Vgl. hierzu die Kapitel 3 bis 5.)

– Wird die Auseinandersetzung mit Traditionen des Antisemitismus in die Analyse der Voraussetzungen nationalsozialistischer Herrschaft einbezogen, und, wenn ja, wie? (Vgl. Kapitel 6.)

Alle einzelnen Interviewteile wurden schließlich auch noch zusammenfassend ausgewertet. Auf diese Weise wurde versucht, die vorherrschenden Gesamtdeutungen zu skizzieren, mit denen die Zerstörung der Weimarer Republik und der Aufstieg des Nationalsozialismus interpretiert werden (vgl. Kapitel 7).

Es ist leicht zu erkennen, daß mit den erwähnten Themenbereichen bei weitem nicht alle Fragen angesprochen werden, die im Zusammenhang mit der Erklärung der nationalsozialistischen Machtübernahme potentiell oder faktisch eine Rolle spielen. So behandeln wir zum Beispiel weder die Frage nach der Kontinuität beziehungsweise Diskontinuität (vgl. Hillgruber 1974; Fischer 1979, S. 7 ff.) noch die Fragen nach dem Sonderweg der deutschen Geschichte (vgl. Dahrendorf 1966; Calleo 1981; Schulze 1982a) oder nach der Bedeutung der Großagrarier (vgl. Gessner 1977; Winkler 1978, S. 68 ff.). Unberücksichtigt bleiben auch die konkreteren Fragen, wie die Rolle Brünings zu bewerten ist (vgl. zusammenfassend Kolb 1984, S. 199 ff.), welche Bedeutung der Weltwirtschaftskrise zukommt (vgl. Borchardt 1980), wie die Wahlerfolge der Nationalsozialisten zu erklären sind (vgl. Falter 1979, Falter u.a. 1983; Hamilton 1982; Childers 1983; Kolb 1984, S. 209 ff.) oder wie die Bedeutung der Person Hitlers für den Erfolg der Nationalsozialisten einzuschätzen ist (vgl. Fest 1976; Haffner 1978; Bracher 1980, S. 79 ff.; Mommsen 1984). Es liegt auf der Hand, daß wir in den – zeitlich begrenzten – Interviews mit den Lehrern nicht alle diese Fragen in gleicher Weise hätten erörtern können.

Bei der Auswahl der Themen, die wir in den Mittelpunkt gerückt haben, spielten vor allem folgende Gesichtspunkte eine Rolle:

1. Zu jedem der ausgewählten Themenbereiche gibt es auf der Ebene der wissenschaftlichen Auseinandersetzung mit den Bedingungen der nationalsozialistischen Machtübernahme unterschiedliche Einschätzungen. Einige Themen werden in den Geschichtswissenschaften sogar äußerst kontrovers diskutiert. Zu diesen gehören die Fragen nach dem Verhältnis von Industrie und Nationalsozialismus beziehungsweise Kapitalismus und Faschismus sowie nach der Angemessenheit des Totalitarismusbegriffs als Kategorie für die Beschreibung der Rollen von NSDAP und KPD beziehungsweise des nationalsozialistischen Deutschlands und der Sowjetunion. Die Literaturübersichten, die der Darstellung unserer empirischen Befunde in den Kapiteln 2 ff. jeweils vorangestellt sind, sollen über diese Kontroversen informieren und die Breite des Spektrums von Deutungen in der wissenschaftlichen Literatur dokumentieren.

2. Die für eine genauere Analyse ausgewählten Themenbereiche sind, wenn auch in unterschiedlicher Weise, mit aktuellen Problemen der Legitimierung und Delegitimierung verbunden. In den Deutungen der nationalsozialistischen Machtübernahme ist die kausale Zurechnung häufig mit mehr oder minder bewußten und ausdrücklichen Schuldzuschreibungen beziehungsweise -entlastungen ver-

bunden, die um so stärker provozieren, je weniger anonym die Kausalfaktoren sind, die in der Analyse hervorgehoben werden. Es macht einen Unterschied, ob allgemeine Strukturprobleme oder auch die Weltwirtschaftskrise zur Erklärung der nationalsozialistischen Machtübernahme herangezogen werden oder ob die Großindustrie, die KPD, die militärische Führungsschicht oder andere Gruppierungen als relevante Faktoren bezeichnet werden. Die Heftigkeit des Streits über unterschiedliche Deutungen der nationalsozialistischen Machtübernahme hängt nicht zuletzt damit zusammen, daß der Vorwurf einer historischen Verbindung zum Nationalsozialismus zugleich auch das Selbstverständnis heute existierender Gruppierungen und Institutionen berührt. Unterschiedliche gesellschaftliche Gruppierungen, Institutionen und politische Positionen werden in unterschiedlicher Weise geschützt, nicht geschützt oder angegriffen. Insbesondere für die Ebene der administrativen Rahmenbedingungen (Lehrpläne, genehmigte Schulbücher usw.) stellt sich die Frage, wie die staatliche Schulverwaltung unter dem Druck alternativer Deutungen die erwähnten Legitimationsprobleme zu lösen versucht. Wir nehmen an, daß sich eine Tendenz zur Entlastung feststellen läßt, die zugunsten der nationalen Identität und zugunsten der Integrität herrschender gesellschaftlicher Konstellationen und Institutionen wirkt, und daß es andererseits eine Tendenz zur Belastung jener Positionen und Institutionen gibt, die nach dem herrschenden politischen Konsens als gegnerisch erscheinen. Die Frage ist allerdings, in welcher Weise sich Unterschiede auf den einzelnen untersuchten Ebenen feststellen lassen (Lehrerinterviews, Lehrpläne, Schulbücher, Fachliteratur) und ob es in dieser Hinsicht systematische Unterschiede zwischen den Ebenen gibt.

3. In den letzten Jahren sind in der fachwissenschaftlichen und publizistischen Öffentlichkeit eine Reihe von Fragestellungen neu oder erneut in den Mittelpunkt des Interesses geraten – so die Frage nach der Bedeutung Hitlers als Person für den Aufstieg der Nationalsozialisten, die Borchardtsche These von der (eher geringen) Rolle der Weltwirtschaftskrise für die Erklärung der nationalsozialistischen Erfolge Anfang der dreißiger Jahre oder die wahlsoziologischen Arbeiten von Hamilton, Falter u. a. Wenn man sich den Zeitraum vergegenwärtigt, den ein Schulbuch von der Planung über die Realisierung bis zur Genehmigung und Einführung in den Unterricht benötigt, so wird klar, daß Schulbücher immer einige Jahre hinter den aktuellen Diskussionen zurückliegen müssen. Für uns war es deshalb wichtig, solche Themen für das gezielte Nachfragen auszuwählen, die zeitlich bereits die Chance hatten, in die Schulbücher und Unterrichtsmaterialien aufgenommen zu werden.

1.3 Die interviewten Lehrer: Beschreibung der Stichprobe

Im Mittelpunkt der quantitativen und qualitativen Analysen stehen die Transkripte der 78 Interviews, die wir mit Geschichtslehrern geführt haben. Die zusätzlichen Interviews (mit den Schulleitern und Schulaufsichtsbeamten, insgesamt 19 Interviews) haben wir lediglich in die qualitative, nicht aber in die quantitative Auswertung einbezogen.

Unser Plan war, möglichst alle Geschichtslehrer in den 12 Gymnasien zu interviewen. Nach den Angaben der Schulleiter haben insgesamt 120 Lehrer in den zwölf Gymnasien zur Zeit der Befragung Geschichte unterrichtet (Nordrhein-Westfalen Stadt: 27, Nordrhein-Westfalen Land: 31; Schleswig-Holstein Stadt: 33, Schleswig-Holstein Land: 29). Von diesen 120 Lehrern haben wir jedoch 16 bewußt nicht interviewt, weil sie keine Erfahrungen mit dem Unterricht über das Thema Weimar/Nationalsozialismus hatten oder ihre Erfahrungen mehrere Jahre zurücklagen (Nordrhein-Westfalen Stadt: 6, Nordrhein-Westfalen Land: 4; Schleswig-Holstein Stadt: 3, Schleswig-Holstein Land: 3). Weitere 26 Lehrer haben die Teilnahme – zum Teil mit, zum Teil aber auch ohne Begründungen – verweigert (Nordrhein-Westfalen Stadt: 6, Nordrhein-Westfalen Land: 8; Schleswig-Holstein Stadt: 6, Schleswig-Holstein Land: 6; vgl. Tabelle 1.1). Bei den Begründungen überwog der Hinweis auf die zeitliche Belastung; dies gilt insbesondere für Nordrhein-Westfalen, wo wir 1981 unsere Interviews vor der Sommerpause durchgeführt haben, also zu der Zeit der Abiturvorbereitungen und -prüfungen. In einigen wenigen Fällen verweigerten Lehrer die Teilnahme, weil sie diese Art von Forschung nicht akzeptierten oder weil sie fürchteten, es könnten Interviewzitate nicht anonymisiert veröffentlicht werden.

Berücksichtigt man, daß von den 120 in Frage kommenden Lehrern 16 Lehrer nicht in die Interviews beziehungsweise Auswertung einbezogen wurden, so ergibt sich eine Gesamtzahl von 104 Lehrern. Von diesen 104 Lehrern haben 78 an den Interviews teilgenommen, 26 haben verweigert. Dies ergibt eine Verweigerungsquote von 25 Prozent (Nordrhein-Westfalen Stadt: 28,6 Prozent, Nordrhein-Westfalen Land: 32,2 Prozent; Schleswig-Holstein Stadt: 20 Prozent, Schleswig-Holstein Land: 23,1 Prozent). Dabei haben wir keine Anhaltspunkte

Tabelle 1.1: Überblick über die Stichprobe

	Teilnahme	Nicht einbezogen	Verweigerung	Insgesamt
NRW großstädt. Region	15	6	6	27
NRW ländliche Region	19	4	8	31
SH großstädt. Region	24	3	6	33
SH ländliche Region	20	3	6	29
Insgesamt	78	16	26	120

Tabelle 1.2: Geburtsjahrgänge

	bis 1925	1926–1930	1931–1935	1936–1940	1941–1945	1946–1950	1951 u. später	Insgesamt
NRW großstädt. Region	0	1	0	2	4	7	1	15
NRW ländliche Region	1	1	5	1	5	4	2	19
SH großstädt. Region	3	2	2	7	7	3	0	24
SH ländliche Region	1	2	0	5	7	4	1	20
Insgesamt	5	6	7	15	23	18	4	78

dafür, daß sich im Kreise der Lehrer, die die Teilnahme verweigert haben, eine besonders ausgeprägte Gruppe verbergen würde, etwa im Sinne der These, daß konservativ orientierte Lehrer eine größere Scheu hätten haben können, an der Untersuchung teilzunehmen.

Von den 78 Interviewteilnehmern waren 64 Lehrer und 14 Lehrerinnen; in dieser Hinsicht gibt es zwischen den Regionen keine nennenswerten Unterschiede (Nordrhein-Westfalen Stadt: 11:4, Nordrhein-Westfalen Land: 16:3; Schleswig-Holstein Stadt: 20:4, Schleswig-Holstein Land: 17:3). Auch die Frage nach dem Alter der Interviewpartner ergibt kaum Ergebnisse, die einer weiteren Interpretation bedürfen (vgl. Tabelle 1.2). Allerdings bestehen leichte regionale

Tabelle 1.3: Ort des Examens

	Kiel	Münster	Bochum	Sonstige	Unklar	Insgesamt
NRW großstädt. Region	0	3	7	3	2	15
NRW ländliche Region	0	13	1	2	3	19
SH großstädt. Region	21	0	0	3	0	24
SH ländliche Region	18	0	0	2	0	20
Insgesamt	39	16	8	10	5	78

Unterschiede: Zählt man jeweils alle Lehrer zusammen, die vor 1941 beziehungsweise seit 1941 geboren wurden, so zeigt sich, daß in der nordrhein-westfälischen Großstadt lediglich 3 von 15 Lehrern vor 1941 geboren waren, in der schleswig-holsteinischen Großstadt hingegen 14 von 24 Lehrern, also deutlich mehr als die Hälfte. Soweit im folgenden über regionale Differenzen berichtet wird, ist dies zu berücksichtigen.

Mit Ausnahme eines Lehrers hatten alle Interviewpartner einen formellen Universitätsabschluß im Fach Geschichte. Dabei dominierte bei den Lehrern in Schleswig-Holstein als Examensort Kiel ganz ausgeprägt, während in Nordrhein-Westfalen sowohl Münster als auch Bochum eine Rolle spielten (vgl. Tabelle 1.3).

Mit der Altersstruktur hängt zusammen, daß es auch in der Dauer der Berufstätigkeit leichte regionale Unterschiede zwischen den befragten Lehrern gab: In der nordrhein-westfälischen Großstadt waren immerhin 12 von 15 Lehrern höchstens seit zehn Jahren als Lehrer tätig (inklusive der zweiten Ausbildungsphase, ohne Beurlaubungen), in Schleswig-Holstein nur 8 von 24 Lehrern (vgl. Tabelle 1.4).

Für einen Geschichtslehrer gehört das Thema Weimar/Nationalsozialismus zu den üblichen Themen, die er im Rahmen des Durchgangs durch die Geschichte in der Sekundarstufe I oder auch im Kurssystem der gymnasialen Oberstufe zu unterrichten hat. Auf die Frage, wo der Schwerpunkt ihrer Unterrichtstätigkeit in der letzten Zeit gelegen habe (in der Sekundarstufe I, Sekundarstufe II oder in beiden), antwortete die größte Gruppe, ihr Schwerpunkt liege in der Sekundarstufe II (35 von 78 Lehrern). 26 Lehrer gaben an, in beiden Stufen zu unterrichten, 11 Lehrer nannten als Schwerpunkt ihrer Arbeit die Sekundarstufe I. Dabei besteht eine leichte Besonderheit der nordrhein-westfälischen Großstadt darin, daß hier der Unterricht in der Sekundarstufe II besonders häufig und der gleichgewichtige Unterricht in beiden Stufen besonders selten genannt wurde (vgl. Tabelle 1.5).

Tabelle 1.4: Dauer der Lehrertätigkeit

	Bis 5 Jahre	6 bis 10 Jahre	11 bis 15 Jahre	16 bis 20 Jahre	21 und mehr Jahre	Insgesamt
NRW großstädt. Region	3	9	1	2	0	15
NRW ländliche Region	4	7	1	2	5	19
SH großstädt. Region	0	8	5	6	5	24
SH ländliche Region	2	7	7	1	3	20
Insgesamt	9	31	14	11	13	78

Tabelle 1.5: Schwerpunkt des Geschichtsunterrichts nach Stufen

	In Sek. I	In Sek. II	In beiden	Unklar	Insgesamt
NRW großstädt. Region	6	7	2	0	15
NRW ländliche Region	3	8	7	1	19
SH großstädt. Region	1	13	8	2	24
SH ländliche Region	1	7	9	3	20
Insgesamt	11	35	26	6	78

Interessant ist schließlich, wie oft die Lehrer in ihrer bisherigen Lehrertätigkeit bereits das Thema Weimar/Nationalsozialismus unterrichtet haben. Hierbei zeigte sich, daß eine große Mehrheit dieses Thema bereits fünfmal oder mehr unterrichtet hatte (44 von 78 Lehrern). Dabei bestanden keine nennenswerten Unterschiede zwischen den Regionen (vgl. Tabelle 1.6). Man kann mithin davon ausgehen, daß vielfältige Erfahrungen mit dem Unterricht zu dem Thema Weimar/Nationalsozialismus in die Interviews eingegangen sind.

Tabelle 1.6: Häufigkeit des Unterrichts über das Thema Weimar/Nationalsozialismus

	Ein- und zweimal	Drei- und viermal	Fünfmal und mehr	Unklar	Insgesamt
NRW großstädt. Region	2	5	5	3	15
NRW ländliche Region	4	4	8	3	19
SH großstädt. Region	1	3	19	1	24
SH ländliche Region	1	2	12	5	20
Insgesamt	8	14	44	12	78

1.4 Vorgaben der Verwaltung und Bedeutung des Themas als Unterrichtsgegenstand

Die curricularen Vorgaben und die organisatorischen Bedingungen des Geschichtsunterrichts in den beteiligten Schulen sind je nach Region verschieden. Für den Vergleich zwischen den Regionen sind eine Reihe von Punkten hervorzuheben.

Zum Zeitpunkt der Befragung (1981) waren in Schleswig-Holstein formell folgende Lehrpläne in Kraft[2]:

1. Für die Sekundarstufe I galt der „Lehrplan Gymnasium. Geschichte. Klasse 9“ aus dem Jahre 1976, ergänzt durch eine „Erprobungsfassung“ für die Klassenstufe 10 aus dem Jahre 1980.

2. Für die Sekundarstufe II galt der „Lehrplan Gymnasium. Gemeinschaftskunde. Gymnasiale Oberstufe“ aus dem Jahre 1976. Dieser Lehrplan wurde 1980 durch einen Erlaß des Kultusministeriums mit dem Titel „Übersichten“ ergänzt, der einen Überblick über den Stand der Lehrpläne in der gymnasialen Oberstufe enthält. Im Lehrplan Geschichte wird hier unter anderem das Kursthema Nr. 11 („Totalitäre Herrschaft am Beispiel des Bolschewismus und des Nationalsozialismus“) als verbindlich festgelegt; lediglich die Frage, in welchem Kurshalbjahr dieser Kurs stattfindet, ist nicht vorgeschrieben.

3. Schleswig-Holstein hat den Beschluß der KMK vom 5. Juli 1962, „Richtlinien für die Behandlung des Totalitarismus im Unterricht“, im Wortlaut (durch Erlaß vom 4. Dezember 1962) übernommen, so daß diese Richtlinien zur Interpretation der Lehrpläne in Schleswig-Holstein ergänzend heranzuziehen sind.

Komplizierter war demgegenüber die Lehrplansituation in Nordrhein-Westfalen:

1. Für die Sekundarstufe I galten die „Vorläufigen Richtlinien Geschichte. Gymnasium“ aus dem Jahre 1978.

2. Während für die meisten Fächer in der gymnasialen Oberstufe neue Richtlinien bereits galten, waren die Richtlinienentwürfe für die Fächer Geschichte (sowie Deutsch und Psychologie) innerhalb des Kultusministeriums 1981 noch umstritten. Bei formeller Betrachtung wird man deshalb sagen müssen, daß noch die „Richtlinien für den Unterricht in der Höheren Schule, Geschichte und Gemeinschaftskunde“ aus dem Jahre 1963 in Kraft waren; denn erst die neuen Richtlinien sollten den Lehrplan von 1963 ablösen (vgl. Sebbel 1981, S. 255). Die Geltung dieser Lehrpläne war aber in den Schulen kaum noch bekannt. 1973 hatte der Kultusminister ein „Curriculum. Gymnasiale Oberstufe. Geschichte, Philosophie, Erdkunde. 2. Ausgabe“ erlassen, in dem sehr allgemeine „Empfehlungen für den Kursunterricht im Fach Geschichte und in Geschichte mit Sozialkunde als Teilbereich der Gemeinschaftskunde“ formuliert wurden. Darin hieß es (Sebbel 1981, S. 17), daß „auch die Themen für Klasse 11 bis 13

---

[2] Vgl. zur genaueren Information über diese und die nordrhein-westfälischen Lehrpläne die im Anhang wiedergegebenen Auszüge.

aus den bisherigen Richtlinien herangezogen werden (können), da das Neue an diesen Empfehlungen nicht mehr die Betonung des Stoffes, sondern die zu erwerbenden Qualifikationen sind". Es wurde also noch einmal auf die Richtlinien von 1963 hingewiesen. Inzwischen sind die „Richtlinien Geschichte. Gymnasiale Oberstufe" veröffentlicht und 1983 in Kraft getreten.

3. Am 6. Juli 1978 wurde ein Runderlaß zur „Behandlung des Nationalsozialismus im Unterricht" veröffentlicht. Anlaß war der 40. Jahrestag der sogenannten Reichskristallnacht. Dieser Runderlaß bezieht sich auf alle Schulstufen und Schultypen und wurde nicht von der Abteilung im Kultusministerium erarbeitet, die für die Gymnasien verantwortlich ist, sondern von jener, die für die Politische Bildung zuständig ist. Daß dieser Erlaß nicht nur die Funktion hatte, aus einem aktuellen Anlaß auf eine angemessene Behandlung des Themas hinzuweisen, sondern darüber hinaus Interpretationen für diesen historischen Zeitraum formuliert, die allgemein im Geschichtsunterricht zu beachten sind, ergibt sich aus folgenden Überlegungen: Sowohl in den „Richtlinien Geschichte" (die damals noch nicht veröffentlicht, aber in einer Vorform in einigen Schulen schon bekannt waren) als auch in den „Richtlinien Sozialwissenschaften" (die allerdings auch erst nach unserer Befragung veröffentlicht wurden) wird ausdrücklich auf den Erlaß vom 6. Juli 1978 Bezug genommen („Richtlinien Geschichte", S. 34, S. 80 und S. 168; „Richtlinien Sozialwissenschaften", S. 190). Insofern ist dieser Erlaß auch als Teil des Lehrplanwerkes anzusehen, der für die gymnasiale Oberstufe formell gilt.

4. Im Unterschied zu Schleswig-Holstein hat Nordrhein-Westfalen den KMK-Erlaß zum Totalitarismus formell nicht übernommen. In den „Richtlinien für den Unterricht in der Höheren Schule, Geschichte und Gemeinschaftskunde" aus dem Jahre 1963 wurde aber auf diesen Erlaß verwiesen, und sein einleitender Absatz zum Begriff Totalitarismus wurde im Wortlaut zitiert. Auch in einer 1964 vom Kultusministerium veröffentlichten Schrift „Politische Bildung und Erziehung" ist der KMK-Erlaß zum Totalitarismus im Wortlaut abgedruckt (S. 41–44). Obwohl der Erlaß also nicht formell übernommen worden ist, wurde aus ihm in den Richtlinien zitiert, und sein Wortlaut wurde in einer amtlichen Sammlung mitveröffentlicht.

5. Da die Lehrpläne von 1963 relativ alt waren und die Arbeiten an den neuen Richtlinien lange dauerten, hatten die Schulen häufig sogenannte Anstaltslehrpläne erarbeitet, in denen der historische Stoff in der Mittel- und Oberstufe auf die einzelnen Klassen verteilt wurde. Diese Anstaltslehrpläne gehen aber nur ausnahmsweise über eine Auflistung der thematischen Abfolge hinaus.

In Schleswig-Holstein sollte in der Sekundarstufe I Weimar/Nationalsozialismus in der 9. Klasse unterrichtet werden; zur Zeit unserer Erhebung gab es noch keinen Lehrplan für die 10. Klasse; tatsächlich haben alle Schulen den Stoff in der 10. Klasse (gelegentlich sogar in der 11. Klasse) behandelt, so daß der Lehrplan für die 9. Klasse faktisch für die 10. Klasse galt. Im Lehrplan für die Sekundarstufe II war das Kursthema 11 einschlägig: „Totalitäre Herrschaft am Beispiel des Bolschewismus und des Nationalsozialismus"; dieser Kurs war seit 1980 verpflichtend; er wurde auch in den Schulen, die wir untersucht haben, in allen Oberstufen angeboten.

In Nordrhein-Westfalen war das Thema „Weimar/Nationalsozialismus“ in der 10. Klasse zu unterrichten; in einigen Schulen wurde dies erst in der 11. Klasse durchgeführt, oder es wurde ein Teil des Stoffes mit in die 11. Klasse hinübergenommen; in einer Schule wurde das Thema nur in der Sekundarstufe II behandelt. Obwohl es entsprechende Lehrplanvorschriften nicht gab, wurde auch in den Schulen, die wir in Nordrhein-Westfalen untersucht haben, in der Sekundarstufe II in allen Grundkursen beziehungsweise Leistungskursen (aber auch in dem – noch zu erläuternden – Kurs „Geschichte und Sozialwissenschaften“) das Thema Weimar/Nationalsozialismus angeboten.

Diese Lehrplansituation ist zwar im einzelnen unübersichtlich. Es ergibt sich jedoch daraus, daß alle Abiturienten der von uns untersuchten Schulen in Schleswig-Holstein und (mit einer Ausnahme) in Nordrhein-Westfalen zweimal mit dem Thema Weimar/Nationalsozialismus befaßt gewesen sein sollten: einmal in der 10. (oder in der 11.) Klasse und ein weiteres Mal im Kurssystem der gymnasialen Oberstufe.

Schwieriger ist die Frage zu beantworten, in welchem Umfang das Thema im Geschichtsunterricht behandelt wird. Der Geschichtsunterricht in der 10. Klasse umfaßte in Nordrhein-Westfalen und in Schleswig-Holstein zwei Stunden. In Schleswig-Holstein standen in der Sekundarstufe I insgesamt neun Stunden für Geschichte zur Verfügung (hinzu kamen elf Stunden für Erdkunde). In Nordrhein-Westfalen standen insgesamt acht Stunden für Geschichte (und acht Stunden für Erdkunde) in der Sekundarstufe I zur Verfügung, aber es kamen noch sieben Stunden Politik hinzu, so daß der Geschichtsunterricht nicht auch zugleich die Aufgaben des Politikunterrichts wahrnehmen mußte (vgl. Übersicht 1.1). Dadurch war der zeitliche Spielraum – gerade für das Thema Weimar/Nationalsozialismus – in Nordrhein-Westfalen etwas größer als in Schleswig-Holstein.

Indessen wurde in fast allen Interviews – in beiden Ländern – der große Stoffdruck in der Sekundarstufe I beklagt, da der Geschichtsunterricht (schon wegen der Abgänge am Ende der 10. Klasse) prinzipiell unter dem Druck steht, bis zum Ende der 10. Klasse bis in die Gegenwart oder zumindest bis zum Ende des Zweiten Weltkrieges zu kommen. Nach dem Lehrplan in Schleswig-Holstein waren für das Thema Weimar/Nationalsozialismus 20 Unterrichtsstunden (in der 9. Klasse) vorgesehen; der Stoffplan von Nordrhein-Westfalen enthielt derartige Vorgaben nicht. Zwar haben wir in unseren Interviews die Lehrer auch danach gefragt, wieviel Zeit sie für die Behandlung des Themas Weimar/Nationalsozialismus (das letzte Mal) zur Verfügung hatten. Die Antworten sind aber nur mit allergrößter Vorsicht zu verwenden, erstens weil die Lehrer auf ihr Erinnerungsvermögen angewiesen waren, und zweitens, weil die Schätzungen meistens anhand des Beginns und der Beendigung des Themas rekonstruiert wurden, so daß die zahlreichen und vielfältigen Unterrichtsausfälle nur grob in Abschlag gebracht werden konnten. Auf eine systematische Auswertung etwa von Klassenbüchern mußten wir verzichten. Von den 21 Lehrern, die uns verwertbare An-

Übersicht 1.1: Stundentafel für Fächer Geschichte, Erdkunde, Politik (Gymnasium)

	Nordrhein-Westfalen				Schleswig-Holstein		
	Geschichte	Erdkunde	Politik	Insgesamt	Geschichte	Erdkunde	Insgesamt
Klasse 5	–	2	1	3	–	2	2
Klasse 6	2	–	2	4	1	1	2
Klasse 7	2	2	–	4	2	2	4
Klasse 8	–	2	2	4	2	2	4
Klasse 9	2	2	–	4	2	2	4
Klasse 10	2	–	2	4	2	2	4
Insgesamt	8	8	7	23	9	11	20

gaben zum Umfang ihres Unterrichts in der Sekundarstufe I machten, gaben 8 an, sie behandelten das Thema bis zu 12 Wochen lang (das heißt bis zu 24 Unterrichtsstunden); 5 verwandten zwischen 12 und 16 Wochen darauf, ebenfalls 5 zwischen 16 und 20 Wochen und 3 mehr als 20 Wochen (vgl. Tab. 1.7).

Während ein Grundkurs sowohl in Schleswig-Holstein als auch in Nordrhein-Westfalen jeweils drei Wochenstunden hat, variiert der Umfang eines Leistungskurses zwischen fünf und sechs Wochenstunden; dies hängt mit den Verhältnis-

Tabelle 1.7: Anzahl der Wochen, in denen in der Sekundarstufe I Weimar/Nationalsozialismus unterrichtet wird

	Bis 12	Bis 16	Bis 20	21 und mehr	Insgesamt
NRW großstädt. Region	1	3	0	1	5
NRW ländliche Region	4	1	1	0	6
SH großstädt. Region	1	1	3	1	6
SH ländliche Region	2	0	1	1	4
Insgesamt	8	5	5	3	21

sen in der jeweiligen Schule zusammen (verfügbare Lehrer, Kurswahlverhalten der Schüler usw.). Ein entscheidender Unterschied zwischen Schleswig-Holstein und Nordrhein-Westfalen besteht aber darin, daß in Schleswig-Holstein alle Schüler verpflichtet sind, durchgängig das Fach Geschichte zu belegen, das heißt entweder einen Grundkurs oder einen Leistungskurs zu besuchen. Dadurch hat jeder Abiturient entweder in einem Grundkurs oder in einem Leistungskurs das Kursthema 11 „Totalitäre Herrschaft". Demgegenüber ist in Nordrhein-Westfalen das Fach Geschichte nicht durchgängig verpflichtend. Ein Teil der Schüler belegt Geschichte entweder als Grundkurs oder als Leistungskurs (wie in Schleswig-Holstein) durchgängig und wird dann in aller Regel auch mit dem Thema Weimar/Nationalsozialismus in einem Semesterkurs konfrontiert werden. Für jene Schüler, die nicht das Fach Geschichte wählen, ist ein verpflichtender Spezialkurs „Geschichte und Sozialwissenschaften" eingeführt worden, in dem alle Schüler entweder in der 12. oder 13. Jahrgangsstufe noch einmal zwei Semester Geschichte belegen müssen. In diesem Kurs wird nach unseren Informationen stets auch das Thema Weimar/Nationalsozialismus angeboten. Daß infolgedessen auch in Nordrhein-Westfalen allen Schülern das Thema Nationalsozialismus angeboten wird, ergibt sich auch daraus, daß im Abitur das Thema sowohl in den schriftlichen als auch in den mündlichen Prüfungen relativ häufig eine Rolle spielt[3].

Fragen wir nach dem Umfang, in dem in der gymnasialen Oberstufe das Thema Weimar/Nationalsozialismus in den Grund- und Leistungskursen unterrichtet wird, so ergeben sich wiederum Angaben, die mit allergrößter Vorsicht zu behandeln sind: Wiederum haben wir nicht systematisch Kursbegleithefte ausgewertet, sondern lediglich die direkten Angaben, die uns die Lehrer aus ihrer Erinnerung gemacht haben. Hiernach haben von den 24 Lehrern, die sich zum zeitlichen Umfang des Unterrichts in einem Grundkurs äußerten, 8 Lehrer bis zu 3 Monate auf das Thema Weimar/Nationalsozialismus verwandt, 2 Lehrer bis zu 4 Monate, 4 Lehrer bis zu 5 Monate, 3 Lehrer bis zu 6 Monate und 7 Lehrer mehr als 6 Monate. Ein Blick auf die regionale Verteilung zeigt, daß das Thema Weimar/Nationalsozialismus tendenziell in Schleswig-Holstein weniger umfang-

---

3 Im Zusammenhang mit den Abiturprüfungen 1981 wurde im Schulkollegium in Münster erfaßt, in wieviel Kursen, die in den Themenvorschlägen zum Abitur genannt werden müssen, das Thema Weimarer Republik und Nationalsozialismus erwähnt wird. Von 527 untersuchten Kursen wurde das Thema Weimarer Republik bei 400 Kursen erwähnt (das heißt bei 75,9 Prozent der Kurse) und das Thema Nationalsozialismus bei 434 Kursen (das heißt bei 82,4 Prozent der Kurse). Abiturthemen aus dem Bereich Weimarer Republik wurden in 208 Kursen (daß heißt in 39,5 Prozent aller Kurse) und aus dem Bereich Nationalsozialismus in 324 Kursen (d. h. 61,5 Prozent aller Kurse) gestellt. Die Tatsache, daß demnach 21,1 Prozent das Thema Weimarer Republik und 17,6 Prozent das Thema Nationalsozialismus in den Jahrgangsstufen 12 und 13 überhaupt nicht behandeln, wird man auf zwei Ursachen zurückführen können: Zum einen wird in einigen Oberstufen das Thema im Schulhalbjahr 11/II oder 12/I behandelt, in 12/II und 13/I dann nicht mehr; zum anderen wird das Thema gelegentlich auch im zweiten Semester der 13. Jahrgangsstufe behandelt, was bei der Abiturthemenmeldung nicht mehr berücksichtigt wird.

reich behandelt wurde als in Nordrhein-Westfalen. Dies hängt offensichtlich damit zusammen, daß nach der Formulierung des Kursthemas 11 „Totalitäre Herrschaft am Beispiel des Bolschewismus und des Nationalsozialismus" nicht nur Weimar und der Nationalsozialismus, sondern auch der Bolschewismus in diesem Kurs zu behandeln waren (vgl. Tabelle 1.8; zur Frage, wie das Kursthema tatsächlich unterrichtet wird, vgl. unten Abschnitt 2.3).

Ähnlich ist das Ergebnis auch bei der Frage nach dem Umfang der Behandlung in einem Leistungskurs. Im Leistungskurs wurde das Thema Weimar/Nationalsozialismus von fünf Lehrern bis zu drei Monate, von zwei Lehrern bis zu vier Monate, von acht Lehrern bis zu fünf Monate, von drei Lehrern bis zu sechs Monate lang und von einem Lehrer länger als sechs Monate unterrichtet (vgl. Tabelle 1.9).

Für die besondere Situation in Nordrhein-Westfalen, wo Geschichte nicht durchgängig verpflichtend war, ist noch die Frage interessant, ob es verläßliche Möglichkeiten gibt, den Anteil der Schüler zu schätzen, die Geschichte wählen (im Unterschied zu jenen, die lediglich den Pflichtkurs „Geschichte und Sozialwissenschaften" belegen). Nach den Informationen, die wir in den Schulen erhielten (von Schulleitern und Oberstufenkoordinatoren), sind dies in der Regel 50 bis 70 Prozent der Schüler. Dem entsprechen die Daten, die vom Kultusministerium zu der Frage der Kursbelegung veröffentlicht werden. Im Schuljahr 1980/81 belegten in der Jahrgangsstufe 12 16,1 Prozent der Schüler einen Leistungskurs Geschichte und 39,1 Prozent einen Grundkurs Geschichte (insgesamt also 55,2 Prozent der Schüler). In der Jahrgangsstufe 13 belegten 19 Prozent der Schüler einen Leistungskurs Geschichte und 74,9 Prozent einen Grundkurs (Landtagsdrucksache 9/1228). Zu vermuten ist, daß sich in diesen Zahlen zum Grundkurs auch der Ersatzpflichtkurs „Geschichte und Sozialwissenschaf-

Tabelle 1.8: Anzahl der Monate, in denen in der Sekundarstufe II in einem *Grundkurs* Weimar/Nationalsozialismus unterrichtet wird

	Bis 3 Monate	Bis 4 Monate	Bis 5 Monate	Bis 6 Monate	Mehr als 6 Monate	Insgesamt
NRW großstädt. Region	0	0	1	1	4	6
NRW ländliche Region	0	1	1	0	2	4
SH großstädt. Region	4	0	1	2	1	8
SH ländliche Region	4	1	1	0	0	6
Insgesamt	8	2	4	3	7	24

Tabelle 1.9: Anzahl der Monate, in denen in der Sekundarstufe II in einem *Leistungskurs* Weimar/Nationalsozialismus unterrichtet wird

	Bis 3 Monate	Bis 4 Monate	Bis 5 Monate	Bis 6 Monate	Mehr als 6 Monate	Insgesamt
NRW großstädt. Region	0	0	3	0	1	4
NRW ländliche Region	0	1	2	1	0	4
SH großstädt. Region	1	1	2	0	0	4
SH ländliche Region	4	0	1	2	0	7
Insgesamt	5	2	8	3	1	19

ten" verbirgt. Deshalb belegten in der Jahrgangsstufe 13 insgesamt 93,9 Prozent das Fach Geschichte. (Warum es nicht 100 Prozent waren, ist schwer zu beurteilen; möglich wäre, daß manche Schüler den Pflichtkurs auch in der 12. Jahrgangsstufe belegen.) Im Unterschied zur Sekundarstufe I steht demnach in der Sekundarstufe II relativ viel Zeit für die Behandlung des Themas Weimar/Nationalsozialismus zur Verfügung. Dies gilt tendenziell etwas stärker für Nordrhein-Westfalen, dort allerdings nur für jene Schüler, die einen Grund- oder Leistungskurs Geschichte belegen. (Über den zeitlichen Rahmen des Pflichtkurses „Geschichte und Sozialwissenschaften" liegen uns keine Angaben vor.)

Für die Frage, inwieweit die Einhaltung der Lehrpläne und der sonstigen administrativen Vorgaben im Geschichtsunterricht kontrolliert werden kann, ist bezüglich der Sekundarstufe II das Verfahren der Abiturprüfung von nicht geringer Bedeutung. Mehrfach wiesen Schulleiter in unseren Interviews darauf hin, daß das Abitur nicht nur eine Prüfungssituation für Schüler, sondern auch für die Lehrer und die Schule insgesamt darstellt. Dies gilt sowohl für die schriftliche wie für die mündliche Abiturprüfung.

Die Themen für das schriftliche Abitur bedürfen in beiden Ländern der Genehmigung durch die Schulaufsicht. In Schleswig-Holstein wird die Genehmigung vom fachlich zuständigen Dezernenten im Kultusministerium erteilt, der dies auch allein bearbeitet: 1981 sollen es (in den Fächern Geschichte und Erdkunde) insgesamt zwischen 400 und 500 Genehmigungsvorgänge (mit jeweils drei Themen) gewesen sein. In Nordrhein-Westfalen wird die Genehmigung vom fachlich zuständigen Dezernenten im Schulkollegium erteilt, der dies allerdings nicht mehr alleine abwickeln kann, sondern dafür eine Kommission einsetzt, in der mehrere Lehrer zusammenarbeiten und nur solche Vorschläge gemeinsam und/oder mit dem Dezernenten besprechen, die aus irgendeinem Grunde zu be-

anstanden sind. In Schleswig-Holstein müssen die Lehrer drei Themenvorschläge erarbeiten; mit vorzulegen sind die Themen der Kurse in den Jahrgangsstufen 12/II und 13/I sowie die Themen der in diesen Semestern geschriebenen Klausuren (zwei pro Semester). Ein sogenannter Erwartungshorizont, der (gemäß Ziff. 4.2.2.2 der Prüfungsordnung) eine „kurze Beschreibung der von den Schülern erwarteten Leistung einschließlich der Angabe von Bewertungskriterien" enthalten soll, wurde zur Zeit unserer Erhebung in Schleswig-Holstein noch nicht verlangt. Die Themen und Unterlagen werden zunächst in der Schule in unterschiedlicher Weise diskutiert und stets vom Schulleiter gegengezeichnet. In einigen Schulen in Schleswig-Holstein wird die Vorprüfung vom Abiturprüfungsausschuß durchgeführt, in anderen ist ein eher informelles Verfahren der Absprache mit den Zweitkorrektoren vorgesehen, in anderen entscheidet nur der Schulleiter. Auch dieses schulinterne Verfahren scheint insgesamt eher eine formale Kontrolle zu sein. Die Art und Weise, in der die Zweitkorrektoren bestimmt werden, variiert in Schleswig-Holstein ebenfalls: In einigen Schulen wird dies vom Schulleiter autoritativ festgelegt, in anderen suchen sich die Lehrer ihren Zweitkorrektor selbst, wieder in anderen Schulen ist stets derjenige Lehrer Zweitkorrektor, der den nachfolgenden Kursus betreut. Zwar kann die Kontrolle, die der Zweitkorrektor sowohl bei der Themenstellung als auch hinterher bei der Bewertung der Arbeiten ausübt, sicherlich im Einzelfall von großer Bedeutung sein. Nach den Angaben der interviewten Lehrer scheint aber auch dies meist lediglich ein Aushandlungsprozeß über Fragen der Bewertung und nicht der inhaltlichen Aussage zu sein. Das ändert allerdings nichts daran, daß die Existenz des Verfahrens im Wege der Antizipation inhaltlicher Kontrollmöglichkeiten doch faktisch als Kontrolle wirkt. Die Themen für die mündliche Prüfung sind lediglich schulintern vorher bei der Fachprüfungskommission einzureichen, die gegebenenfalls auf Veränderungen dringen kann. Nach den Angaben, die wir hierüber erhalten haben, sind dies aber auch keine Interventionen inhaltlicher Art, die für unseren Themenbereich von Bedeutung wären.
In Nordrhein-Westfalen haben die Lehrer ebenfalls drei Abiturthemen zur Genehmigung einzureichen, wobei sie neben der Aufgabenstellung „Anmerkungen über den Unterrichtszusammenhang" sowie eine „Erläuterung der Leistungsanforderungen" beifügen sollen. Bei den Anmerkungen zum Unterrichtszusammenhang soll angegeben werden, aus welchen Kursinhalten und Kurssequenzen die Aufgabenstellung erwachsen ist, so daß erkennbar wird, welche Voraussetzungen in dem Kurs für die Bearbeitung des Themas vorhanden sind. Bei der Erläuterung der Leistungsanforderungen soll deutlich gemacht werden, welche Leistungserwartungen auf den einzelnen Lernzielstufen bestehen. Lernzielstufen sind Reproduktion, Reorganisation und Transfer, problemlösendes Denken/entdeckende Denkverfahren. In den Erläuterungen kann angegeben werden, welchen Anteil die zu erwartenden Prüfungsleistungen auf den einzelnen Lernzielstufen haben und wie sie bei der Beurteilung der Gesamtleistung gewichtet werden. In einem derartigen „Erwartungshorizont" wird – auf einer oder mehreren Seiten – im Detail angegeben, welche Schülerleistungen vom Lehrer erwartet werden. Schulintern werden diese Vorschläge nach unseren Informationen weniger intensiv

diskutiert als in Schleswig-Holstein. In der Regel überprüft lediglich der Schulleiter, ob die Formalitäten eingehalten wurden. Die Themenstellung für die mündlichen Prüfungen verläuft parallel zum Verfahren in Schleswig-Holstein; mehrfach wurde uns berichtet, daß die Prüfungssituation selber nicht nur für die Beurteilung des Schülers wichtig ist, sondern auch für die Einschätzung des Unterrichts seitens der Kollegen.

1.5 Überblick über die verwendeten Schulbücher

Bei der Analyse von Schulbüchern haben wir uns auf jene beschränkt, die zum Zeitpunkt der Erhebung (1981) in den untersuchten Gymnasien am häufigsten verwendet wurden[4]. Das wichtigste Geschichtsbuch war hier in der Mittelstufe der Band „Zeiten und Menschen". Dieses Buch war in fünf der sechs Schulen in Schleswig-Holstein das „eingeführte", das heißt, es wurde in fünf von sechs Schulen im Unterricht in der Mittelstufe eingesetzt. In Nordrhein-Westfalen war „Zeiten und Menschen" lediglich in einer Schule (ländliche Region) eingeführt. Das Buch ist relativ umfangreich und verwendet auf die Kapitel „Die Weimarer Republik", „Nationalsozialistische Diktatur 1933–1939" und „Der Zweite Weltkrieg" insgesamt 122 Seiten mit Text, Graphiken, Quellen und Bildern. Allein der Unterabschnitt „Auflösung der Republik 1930–1933" hat einen Umfang von 17 Seiten.

Das zweitwichtigste Buch in der Mittelstufe ist das Buch „Geschichtliche Weltkunde", das in vier der sechs nordrhein-westfälischen Schulen und in einer schleswig-holsteinischen Schule „eingeführt" war. Die „Geschichtliche Weltkunde" gibt es in einer drei- und einer vierbändigen Ausgabe, die aber in ihrer Gliederung und in ihrem Inhalt vollkommen identisch sind. Insgesamt ist „Geschichtliche Weltkunde" aber erheblich knapper als „Zeiten und Menschen", so daß der Text komprimierter und damit noch interpretationshaltiger ist. Für die Kapitel „Die Weimarer Republik", „Die nationalsozialistische Herrschaft in Deutschland" und „Der Zweite Weltkrieg" stehen insgesamt 67 Seiten zur Verfügung, für die Abschnitte „Die Krise zieht auf" und „Die Zerstörung der Republik" lediglich 9 Seiten. Sieht man von der Besonderheit ab, daß in einer Schule in Nordrhein-Westfalen das (als Arbeitsbuch konzipierte) Schulbuch „Fragen an die Geschichte" (vgl. hierzu auch Abschnitt 8.5.2) eingeführt ist, aber das Thema Weimar/Nationalsozialismus erst in der 11. Klasse erstmals behandelt wird, so ergibt sich insgesamt: In den Mittelstufen der befragten Gymnasien spielen lediglich zwei Bücher eine Rolle („Zeiten und Menschen" sowie „Geschichtliche Weltkunde"), wobei in Schleswig-Holstein eindeutig „Zeiten und Menschen" überwiegt, während in Nordrhein-Westfalen „Geschichtliche Welt-

4 Vgl. zur genaueren Angabe der Titel, Autoren und Ausgaben der analysierten Texte auch die Übersicht im Anhang.

Tabelle 1.10: Verwendetes Schulbuch in der Sekundarstufe I (soweit über Mittelstufenunterricht berichtet wurde)

	Zeiten und Menschen	Geschichtliche Weltkunde	Sonstige	Insgesamt
NRW großstädt. Region	1	5	0	6
NRW ländliche Region	9	2	1	12
SH großstädt. Region	5	0	3	8
SH ländliche Region	8	0	1	9
Insgesamt	23	7	5	35

kunde" häufiger verwendet wird (vgl. Tabelle 1.10)[5]. In unterschiedlichem Ausmaß wird dieses darstellende Buch auch in der Mittelstufe dadurch ergänzt, daß gelegentlich zusätzliche Materialien (Quellen, Texte) in den Unterricht einbezogen werden. Dies kann durch Fotokopien oder auch durch Klassensätze von anderen Büchern (Arbeitsbücher, Quellensammlungen) geschehen. Während knapp die Hälfte der (35) Lehrer, die uns über den Mittelstufenunterricht berichtet haben, keine zusätzlichen Bücher an die Schüler verteilte, verwendete die andere Hälfte ein zusätzliches Buch. Dabei wurden „Fragen an die Geschichte" siebenmal, „Hofer" dreimal erwähnt.

Demgegenüber ist die Situation in der Sekundarstufe II vielfältiger, weil hier stets Quellen- und Textsammlungen in den Unterricht einbezogen werden. Ein Teil der Lehrer verzichtet sogar darauf, ein darstellendes Buch zu verwenden (14 von 55 Lehrern). Insbesondere in Schleswig-Holstein wird auch in der Sekundarstufe II häufiger das Buch „Zeiten und Menschen" verwendet, und zwar überwiegend der Oberstufenband, aber oft auch der Mittelstufenband. 17 (hier von 32) Lehrer in Schleswig-Holstein gaben an, daß sie „Zeiten und Menschen" in der Sekundarstufe II einsetzten. Andere Bücher, wie zum Beispiel „Politik und Gesellschaft", wurden nur selten genannt (vgl. Tabelle 1.11).

Eine wichtigere Rolle spielen in der Sekundarstufe II offenbar die Quellen- und Textsammlungen, um so mehr als sie im Unterricht oft ohne ein begleitendes darstellendes Geschichtsbuch verwendet werden. Zur realitätsgerechten Einschätzung ist allerdings zu ergänzen, daß häufiger mehrere Textsammlungen im

5 Wenn in der Tabelle 1.10 auch andere (als die „eingeführten") Schulbücher erwähnt werden, so hängt dies damit zusammen, daß einige Lehrer über einen Mittelstufenunterricht berichtet haben, der einige Zeit zurückliegt und in dem (auch) ein anderes Buch „eingeführt" war.

Tabelle 1.11: Verwendetes (darstellendes) Schulbuch in der Sekundarstufe II (soweit über Oberstufenunterricht berichtet wurde)

	Zeiten und Menschen	Politik u. Gesellschaft	Andere	Gar keine	Unklar	Insgesamt
NRW großstädt. Region	0	1	3	7	1	12
NRW ländliche Region	0	3	3	5	0	11
SH großstädt. Region	8	2	4	2	1	17
SH ländliche Region	9	0	6	0	0	15
Insgesamt	17	6	16	14	2	55

Unterricht nebeneinander verwendet werden. In einem Gymnasium in Nordrhein-Westfalen (Großstadt) wurden beispielsweise drei Text- und Quellensammlungen an die Schüler verteilt, nämlich „Weltgeschichte im Aufriß“, „Hofer“ und „Kühnl“. Dies ist allerdings nach unseren Erhebungen eine sehr seltene Kombination – insbesondere durch die Einbeziehung von Kühnls Arbeit „Der deutsche Faschismus in Quellen und Dokumenten“. Häufigere Kombinationen sind beispielsweise „Weltgeschichte im Aufriß“ und „Hofer“ oder „Conze“, oder „Politische Weltkunde“ und „Hofer“. Von den 55 Lehrern, die in der Sekundarstufe II unterrichteten, verwendeten 20 die Textsammlungen „Weltgeschichte im Aufriß“ und 13 die „Politische Weltkunde“. Sowohl in „Weltgeschichte im Aufriß“ als auch in „Politische Weltkunde“ werden einleitend Übersichten über die historischen Daten gegeben, werden Arbeitsthemen aufgelistet und wird durch Vorbemerkungen in die jeweiligen Themenbereiche eingeführt. Danach werden nicht nur historische Dokumente (Quellen), sondern auch Auszüge aus neueren Veröffentlichungen über den Nationalsozialismus und seine Interpretation abgedruckt. Die Bücher sollen also auch einen Einstieg in die wissenschaftliche Diskussion zu den einzelnen, mit der Zeit des Nationalsozialismus verbundenen Fragestellungen anbieten.

Die am stärksten verbreitete Sammlung von Quellen war zum Zeitpunkt unserer Erhebung die alte – in zahlreichen Auflagen kaum veränderte – Arbeit von W. Hofer (zuerst 1957): 24 der 55 Lehrer, die in den Interviews über ihren Oberstufenunterricht berichteten, verwendeten „Hofer“ (vgl. Tabelle 1.12). Dabei ergeben sich deutliche Unterschiede zwischen den Ländern. In Schleswig-Holstein (20 Nennungen) wurde der „Hofer“ wesentlich häufiger erwähnt als in Nordrhein-Westfalen (4 Nennungen). Demgegenüber wurde „Weltgeschichte im Aufriß“ häufiger in Nordrhein-Westfalen (16 Nennungen) und seltener in

Tabelle 1.12: Verwendete Quellen- beziehungsweise Textsammlungen in der Sekundarstufe II (soweit über Oberstufenunterricht berichtet wurde; Mehrfachnennungen möglich)

	Hofer	Weltgeschichte im Aufriß	Politische Weltkunde	Conze	Andere	Gar keine	Insgesamt
NRW großstädt. Region	4	7	3	3	9	1	27
NRW ländliche Region	0	9	0	1	2	2	14
SH großstädt. Region	9	1	8	3	4	3	28
SH ländliche Region	11	3	2	3	2	7	28
Insgesamt	24	20	13	10	17	13	97

Schleswig-Holstein (4 Nennungen) im Unterricht verwendet. Von den 13 Lehrern, die die „Politische Weltkunde" verwendeten, stammen einige mehr aus Schleswig-Holstein. Dies gilt auch für das Buch „Fragen an die Geschichte", das gelegentlich im Unterricht verwendet wird (überwiegend in Schleswig-Holstein, 6 Nennungen), das aber auch von anderen Lehrern mehrfach als ein Buch erwähnt wird, auf das sie zurückgreifen, um einzelne Quellen und Textauszüge in den Unterricht einzugeben. Daneben wurden – in geringerem Umfang – die Text- und Quellensammlungen von Conze und Elben/Krink erwähnt, die im folgenden ebenso wie die (praktisch nur in einem Gymnasium im Ruhrgebiet im größeren Umfang eingesetzte) Dokumentensammlung von Kühnl nicht systematisch berücksichtigt, sondern allenfalls kursorisch und vergleichend erwähnt werden.

Gegenstand der Schulbuchanalyse sind also die darstellenden Texte „Zeiten und Menschen" (Mittelstufen- und Oberstufenausgabe) sowie „Geschichtliche Weltkunde". Als Text- und Quellensammlungen werden analysiert: „Fragen an die Geschichte", das allerdings in einer Schule auch als Geschichtsbuch – wenn auch nicht zum Thema Weimar/Nationalsozialismus – verwendet wurde, „Hofer", „Weltgeschichte im Aufriß" und „Politische Weltkunde".

Versucht man, die Einflußmöglichkeiten der staatlichen Schulverwaltung im Hinblick auf die Frage zu analysieren, welche Schulbücher im Geschichtsunterricht verwendet werden, so sind in beiden Ländern vor allem zwei Entscheidungsverfahren von Bedeutung: Zum einen das Genehmigungsverfahren auf der Ebene der Kultusministerien und zum anderen das Auswahlverfahren (Ankauf,

Einführung) auf der Ebene der einzelnen Schule. Sowohl auf der einen als auch auf der anderen Ebene gibt es Unterschiede zwischen den beiden Ländern.

Das Genehmigungsverfahren, das in seinen Grundzügen auf einer KMK-Empfehlung vom 29. Juni 1972 beruht, weist in Nordrhein-Westfalen insofern Besonderheiten auf, als die Genehmigung des Kultusministers durch ein Gutachten vorbereitet wird, das eine „Landesschulbuchkommission Politische Bildung" erarbeitet (vgl. Hambrink, 1979, S. 113 ff.). Die Landesschulbuchkommission, die vom Kultusminister bewußt pluralistisch mit Repräsentanten aus Schulpraxis, Wissenschaft und Politik besetzt wird, erarbeitet relativ ausführliche Gutachten über die Schulbücher, macht sehr konkrete Auflagen und Vorschläge für eine (gegebenenfalls spätere) Neuauflage und spricht oft nur eine befristete Genehmigung aus. Wenn wir den Eindruck verallgemeinern, den wir aus der Lektüre einiger Gutachten der Landesschulbuchkommission gewonnen haben, so müssen wir annehmen, daß die Landesschulbuchkommission relativ hohe und relativ detaillierte Anforderungen an die Schulbuchautoren und -verlage stellt (zur juristischen Problematik vgl. Bryde 1984).

Im Kultusministerium von Schleswig-Holstein werden die Entscheidungen durch Gutachten vorbereitet, die – organisiert vom Institut für die Praxis und Theorie der Schule (IPTS) – von praktisch tätigen Lehrern geschrieben werden. Dafür gibt es ein vier Seiten umfassendes Formblatt (gelegentlich ergänzen es Lehrer durch weitere Seiten), in dem nach allgemeinen inhaltlichen Gesichtspunkten, den didaktisch-methodischen Gesichtspunkten (Berücksichtigung fachspezifischer didaktischer Prinzipien, didaktisch-methodische Struktur, Einsatzmöglichkeiten des Buches, psychologische Erwägungen), der äußeren Aufmachung und Ausstattung sowie nach einem zusammenfassenden Gesamturteil gefragt wird.

Trotz der unterschiedlichen Genehmigungsverfahren ist die Liste der zugelassenen Schulbücher für das Fach Geschichte im Gymnasium teilweise identisch[6]. Warum das Buch „Der Mensch und seine Welt" nur in Schleswig-Holstein und nicht in Nordrhein-Westfalen zugelassen ist, entzieht sich unserer Kenntnis. Bemerkenswert ist aber, daß zwei Bücher, nämlich „Politik und Gesellschaft" (Band 2) und „Politische Weltkunde" I und II[7], lediglich in Nordrhein-Westfalen zugelassen sind. „Politik und Gesellschaft" wurde in Schleswig-Holstein aufgrund mehrerer Gutachten explizit abgelehnt. Kritisiert wurde unter anderem, daß die Darstellung der Ereignisse nicht geeignet sei, bei Jugendlichen jene wünschenswerte Identifikation mit ihrem Staatswesen, ihrer Nation und ihrer Geschichte zu wecken, die zu verantwortungsbereiter staatsbürgerlicher Einstellung befähige. Im Hinblick auf das Buch „Politische Weltkunde", das in Schleswig-Holstein ebenfalls nicht in die Liste der zugelassenen Bücher aufgenommen worden ist,

---

6 Im Jahre 1981/82 waren zugelassen: „Zeiten und Menschen" (MS, OS), „Geschichtliche Weltkunde", „Grundzüge der Geschichte" (MS, OS), „Spiegel der Zeiten", „Fragen an die Geschichte", „Kletts Geschichtliches Unterrichtswerk", „Menschen in ihrer Zeit", „Erinnern und Urteilen", „Zeitaufnahme".

7 Sowie „Grundriß der Geschichte" (OS) und „Reise in die Vergangenheit".

ging man in den Schulen, in denen dieses Buch dennoch benutzt wurde, davon aus, daß es sich um eine nicht genehmigungspflichtige Quellensammlung handelt[8]. Bemerkenswert ist schließlich, daß sowohl in Nordrhein-Westfalen als auch in Schleswig-Holstein das Buch „Weltgeschichte im Aufriß" formell abgelehnt wurde (in Nordrhein-Westfalen 1977 und ein zweites Mal 1980, in Schleswig-Holstein 1979), worauf noch zurückzukommen ist.

Die zweite Ebene, auf der Schulbücher zugelassen werden müssen, ist die Ebene der schulischen Gremien. Dabei sind zwei Fragen zu unterscheiden: zum einen die Frage, welche Schulbücher angeschafft und für den Unterricht bereitgehalten werden, und zum anderen die Frage, welches Schulbuch „eingeführt", das heißt in der Sekundarstufe I verbindlich für alle Klassen vorgeschrieben wird. Die Schulen sind gehalten, möglichst sparsam zu verfahren und, wie es in Nordrhein-Westfalen heißt, nur dann ein Schulbuch anzuschaffen, „wenn mit Sicherheit zu erwarten ist, daß es ganz oder in wesentlichen Teilen für den Unterricht herangezogen wird" (Ziff. 6 der VV zum Lernmittelfreiheitsgesetz)[9]. Das zuständige Gremium für die Entscheidungen sowohl über den Ankauf als auch über die Einführung ist praktisch die Fachkonferenz. Nach der nordrhein-westfälischen Regelung ist zwar formell die Schulkonferenz das Entscheidungsorgan (§ 5 Abs. 2 Ziff. 6 Schulmitwirkungsgesetz). Aber dieser Entscheidung liegt ein Vorschlag der Lehrerkonferenz (§ 6 Abs. 4 Ziff. 6 Schulmitwirkungsgesetz) und diesem wiederum eine Anregung der Fachkonferenz (§ 7 Abs. 3 Ziff. 2 a. a. O.) zugrunde. In Schleswig-Holstein ist für die Frage auch formell die Fachkonferenz zuständig (§ 83 Abs. 3 SchulG); hierbei wirkt auch je ein Vertreter des Schulelternbeirats und der Schülervertretung mit beratender Stimme mit.

Zwischen den beiden Ebenen der Zulassung, der ministeriellen Genehmigung und der schulischen Auswahl, gibt es offensichtlich Inkongruenzen. Ein Beispiel hierfür ist insbesondere das Buch „Weltgeschichte im Aufriß", das in Nordrhein-Westfalen häufig und in Schleswig-Holstein gelegentlich im Unterricht der Oberstufe verwendet wird (vgl. Tabelle 1.12), obwohl es in beiden Ländern im Rahmen des ministeriellen Genehmigungsverfahrens explizit abgelehnt worden war. (Es ist uns leider nicht möglich, die Gründe zu rekonstruieren, die jeweils zur Ablehnung des Schulbuchs „Weltgeschichte im Aufriß" geführt haben. Nach Ver-

---

8 Gemäß § 4 des Erlasses vom 11. Oktober 1974 in der Fassung vom 3. Juli 1978 zur „Auswahl von Schulbüchern" sind Schulbücher (nur) dann zulassungsbedürftig, wenn sie „durch die didaktisch-methodische Aufbereitung von Lernstoff für bestimmte Klassen zu einer Folge von Lernschritten den Schulunterricht für längere Zeit unterstützen und damit neben den Lehrplänen didaktische Aufgaben übernehmen". Das schleswig-holsteinische Kultusministerium lehnte 1975 die Genehmigung des Bandes „Die Weimarer Republik" des Schulbuches „Politische Weltkunde II" ab und qualifizierte 1976 den Band „Nationalsozialismus und Faschismus" als nicht genehmigungsbedürftig, weil er als Materialsammlung für den Unterricht in der Sekundarstufe II gelten könne.

9 „Bei der Einführung mehrbändiger Werke ist grundsätzlich zu beachten, daß ein neues Lernmittel jeweils jahrgangsweise – von unten aufbauend – eingeführt werden soll. (...) In einer Schule benutzen Parallelklassen desselben Schultyps oder derselben Fachrichtung die gleichen Bücher. (...)" (Ziff. 8 a. a. O.)

lagsauskunft stellt es das wichtigste Schulbuch im Angebot für den Unterricht in der Sekundarstufe II dar, und in der Tat ist es im Umfang und in der Vielfalt der für den Unterricht aufgearbeiteten Quellen und der Auszüge aus zeitgenössischen und aktuellen wissenschaftlichen und politischen Diskussionen insgesamt beeindruckend im Vergleich zu anderen Schulbüchern sowie Text- und Quellensammlungen, wie wir in den folgenden Kapiteln im einzelnen begründen werden.) De facto hat auch dieses Buch, obwohl es nicht ministeriell genehmigt wurde, den Charakter einer curricularen Vorgabe für den Unterricht. Aus der Sicht des einzelnen Lehrers ist es formell dadurch legitimiert, daß die schulischen Entscheidungsgremien den Ankauf der Bücher beschlossen haben; es erscheint aber auch deshalb inhaltlich als akzeptabel, weil die Schulaufsichtsbehörden – soweit wir wissen – die Verwendung des Buches (und Bezugnahmen auf das Buch im Rahmen von Abiturarbeiten) nicht unterbunden haben. Das schulische Auswahlverfahren und die ministerielle Toleranz legitimieren deshalb die Verwendung des Buches „Weltgeschichte im Aufriß“, so daß es auch ohne formelle Genehmigung als Teil der administrativen Bedingungen betrachtet werden kann.

1.6 Standardwerke und die Bedeutung der wissenschaftlichen Fachliteratur für die Untersuchung

Jedes der folgenden Kapitel beginnt mit einer Analyse der wissenschaftlichen Fachliteratur. Um Mißverständnissen vorzubeugen, sei deshalb noch einmal hervorgehoben, daß es in dieser Untersuchung weder um einen Beitrag zur Rekonstruktion der historischen Wahrheit noch um einen Bericht über den Stand der historischen Forschung geht (und gehen kann). Es wird auch nicht etwa versucht, einen Überblick über die Literatur zu geben, um anschließend die Aussagen der Lehrer oder die Ausführungen in Lehrplänen und Schulbüchern zu kritisieren. Es geht vielmehr um die (wissenssoziologische) Frage, welches heute die konkurrierenden Interpretationsmuster sind, mit denen – im Kontext der staatlich verwalteten Schule – das Ende Weimars und der Aufstieg der Nationalsozialisten erklärt werden. Wenn also zu Beginn der folgenden Kapitel stets die unterschiedlichen Positionen skizziert werden, die in der historischen Literatur zu dem jeweiligen Thema vertreten werden, so geschieht dies ausschließlich, um – zumindest in Ansätzen – einen Eindruck von dem Spektrum möglicher Deutungen zu vermitteln. Die Aufgabe liegt darin, zunächst zu fragen, welche Variationsbreite von Interpretationen existiert, um dann weiter fragen zu können, welche Deutungen im schulischen Kontext tatsächlich übernommen werden und wie die Übernahme dieser Deutungen erklärt werden kann.

In den einleitenden Skizzen zur wissenschaftlichen Literatur werden neben den Arbeiten, die speziell für das jeweilige Thema von Bedeutung sind, in allen Kapiteln einige zentrale, zusammenfassende Werke über das Ende der Weimarer Republik und den Aufstieg des Nationalsozialismus berücksichtigt. Wenn wir von diesen als „Standardliteratur“ sprechen, ist uns bewußt, daß dies kein eindeutiger Begriff ist. Trotzdem kann man pragmatisch davon ausgehen, daß es einige

Bücher gibt, die von Lehrern (und einer größeren Fachöffentlichkeit) als grundlegend angesehen und auch zu Rate gezogen werden. Für den Zeitraum Ende Weimars/Beginn des Nationalsozialismus ist dies insbesondere K. D. Brachers Werk „Die Auflösung der Weimarer Republik“ (erstmals 1955, zitiert als Bracher 1971), das nach der Einschätzung H. U. Wehlers (1983) noch heute „ein unübertroffenes Standardwerk“ darstellt, und zwar wegen der bis dahin „ungewohnten Verbindung von systematischer Sozial- und hermeneutischer Geschichtswissenschaft“, an der damals allerdings Historiker „herumgemäkelt“ hätten (Wehler 1983, S. 47). Eine Ergänzung hierzu ist die dreibändige Arbeit „Die nationalsozialistische Machtergreifung“ (zuerst 1960), insbesondere der erste Band von Bracher, „Stufen der Machtergreifung“ (zitiert als Bracher 1974), sowie die Arbeiten von Schulz (1974) und Sauer (1974). Hinzu kommt Brachers Gesamtdarstellung aus dem Jahre 1969 „Die deutsche Diktatur“ (zitiert als Bracher 1979), in der Bracher (wiederum nach dem Urteil H. U. Wehlers) „den Nationalsozialismus im Rahmen der Totalitarismus-Theorie als spezifisch modernes Diktatorialregime“ deutet (Wehler 1983, S. 48).

Als zweites Standardwerk möchten wir die beiden Beiträge im Rahmen der „dtv-Weltgeschichte des 20. Jahrhunderts“ bezeichnen, nämlich von H. Heiber „Die Republik von Weimar“ (zuerst 1966, zitiert als Heiber 1982) und von M. Broszat „Der Staat Hitlers“ (zuerst 1969, zitiert als Broszat 1979). Zu diesem Werk heißt es bei H. U. Wehler, daß es Broszat „in einer bisher noch nicht wieder übertroffenen Verbindung von systematischer Analyse und quellendichter Darstellung (gelang), den ‚Staat Hitlers‘ in seiner Doppelnatur von charismatischem Herrschaftssystem und bürokratisiertem Anstaltsstaat zu erfassen“ (Wehler 1983, S. 48).

Ein weiteres Standardwerk ist zweifellos das Gebhardtsche „Handbuch der deutschen Geschichte“ (herausgegeben von H. Grundmann), dessen vierter Band, „Die Zeit der Weltkriege“, in der 9. Auflage von K. D. Erdmann bearbeitet wurde und inzwischen auch als Taschenbuch vorliegt: Band 19, „Die Weimarer Republik“ (zitiert als Erdmann, Bd. 19, 1980), und Band 20, „Deutschland unter der Herrschaft des Nationalsozialismus 1933–1939“ (zitiert als Erdmann, Bd. 20, 1980).

1.7 Die Interviews und ihre Auswertung

Bei der Planung des Interviewleitfadens[10] und bei der Durchführung der Interviews konnten wir auf Erfahrungen zurückgreifen, die wir in einer Vorstudie an jeweils zwei Schulen zweier Berliner Bezirke gemacht hatten. In dieser Vorstudie ging es darum, unterschiedliche Möglichkeiten des empirischen Zugangs zu testen und einen akzeptablen Kompromiß zwischen dem Prinzip der methodischen Offenheit und dem Interesse an möglichst spezifischen Informationen zu einzelnen

---

[10] Vgl. den Abdruck im Anhang.

Themenkomplexen zu finden. Bei qualitativen Interviews des Typs, über den hier berichtet wird, ist die Verbindung beider Ansprüche immer ein Problem (vgl. hierzu unter anderem Merton und Kendall 1979; Hopf 1978 oder Hoffmann-Riem 1980), wobei nach unseren Erfahrungen das Prinzip der Offenheit der Kommunikation durch offene und breite Fragevorgaben in qualitativen Interviews leichter zu realisieren ist als der Anspruch, in spezifischer und konkreter Weise auf einzelne thematische Schwerpunkte einzugehen. Da wir die Probleme, die mit der Erhebung und Analyse komplexer Deutungen und Argumentationszusammenhänge verbunden sind, an anderer Stelle ausführlicher erörtert haben (vgl. hierzu Hopf 1982, 1983), mag es für den vorliegenden Untersuchungsbericht genügen, einige knappe Informationen zum Ablauf der Interviews in der Phase der Haupterhebung zu geben.

Ein kurzer Einleitungsteil der Interviews befaßte sich mit Fragen zum biographischen und beruflichen Hintergrund der befragten Lehrer und zu ihren Unterrichtserfahrungen im Fach Geschichte. Zu klären war in diesem Teil unter anderem, wann und auf welcher Stufe der Themenbereich Weimar/Nationalsozialismus zuletzt unterrichtet worden war. Im weiteren Verlauf der Interviews wurde versucht, die zeitlich nächsten Unterrichtserfahrungen im Zusammenhang mit den offenen, aber auch mit den gezielteren Frageteilen immer wieder heranzuziehen. Sofern es unter dem Gesichtspunkt zeitlicher Nähe unterschiedliche Optionen gab, wurde es den befragten Lehrern überlassen, den Schwerpunkt zu setzen. Dabei ergab sich als Tendenz die stärkere Hervorhebung des Unterrichts in der Sekundarstufe II (vgl. hierzu Tabelle 1.13).

Tabelle 1.13: Stellenwert des Unterrichts in unterschiedlichen Schulstufen in den Interviews

	Interview bezieht sich stärker auf den Unterricht in der Sek. I	in der Sek. II	in etwa gleichem Umfang auf den Unterricht in beiden Stufen	Insgesamt
NRW großstädt. Region	2	10	3	15
NRW ländliche Region	7	8	4	19
SH großstädt. Region	7	15	2	24
SH ländliche Region	7	12	1	20
Insgesamt	23	45	10	78

Die Art und Weise, in der die Lehrer nach ihren eigenen Angaben im Unterricht zu den Voraussetzungen des Nationalsozialismus Stellung nehmen, wurde in den Interviews, wie erwähnt, in drei Durchgängen erörtert. Im ersten Durchgang wurde die relativ offene Frage nach den zeitlichen und thematischen Schwerpunkten gestellt, die der Lehrer im Themenbereich Weimar/Nationalsozialismus setzt. Diese Frage war mit spezielleren Fragen zu den im Unterricht verwandten Materialien verbunden. Für einen zweiten thematischen Durchgang wurde die allgemeine Frage gestellt, worauf die Lehrer besonderen Wert legen, wenn sie versuchen, ihren Schülern zu erklären, wie und warum die Nationalsozialisten in Deutschland an die Macht gekommen sind. Erst in einem dritten Durchgang wurde gezielter auf die Themenbereiche eingegangen, zu denen auf jeden Fall Informationen zu erheben waren: Fragen zum Stellenwert der Bereiche Industrie, Militär, Bürokratie und Kirchen, zur Bedeutung der Totalitarismuskonzeption im Unterricht und zu dem Unterricht über Traditionen des Antisemitismus. Ein weiterer inhaltlicher Durchgang, der sich allerdings nur auf den Themenbereich „Rolle der gesellschaftlichen Institutionen" bezog, wurde durch die wiederum offene Frage ermöglicht, welche Schwerpunkte der Befragte bei der Behandlung des Themas Widerstand setzt. Dadurch wurde es möglich, die Rolle beispielsweise des Militärs oder der Kirchen vor 1933 noch einmal zu thematisieren. Anders als bei den Nachfrageteilen in narrativen Interviews, in denen bewußt nur die Aspekte aufgegriffen werden, die von den Befragten in ihren Erzählungen angesprochen werden (vgl. hierzu Schütze 1976, 1977), ergaben sich bei unserer Befragung die Inhalte des gezielteren Frageteils aus allgemeineren theoretischen Interessen und vorbereitenden Literatur- und Schulbuchanalysen.

Der methodisch schwächste Teil unserer Befragung war der Teil, der sich mit dem administrativen Kontext des Unterrichts über Nationalsozialismus befaßt. Er war von den Fragen her überladen und verführte zu einem raschen Abhaken von Informationen. Er war darüber hinaus, wie sich im Verlauf der Befragung herausstellte, in einer bestimmten Hinsicht problematisch: In einigen Frageformulierungen war nicht genügend in Rechnung gestellt, daß der Gesichtspunkt der professionellen Autonomie im Bewußtsein der befragten Lehrer einen sehr hohen Stellenwert hat und zum Berufsethos gehört. Die Thematisierung potentieller Abhängigkeiten und inhaltlicher Auswirkungen administrativer Vorgaben wirkte in manchen Interviews als Provokation oder Regelverletzung, auf die mit einer starken Betonung der eigenen Unabhängigkeit reagiert wurde. Man kann sagen, daß dies selbst ein interessantes Ergebnis ist. Es wäre jedoch interessanter, wenn man es mit einer genaueren Analyse faktisch vorhandener Abhängigkeiten und Freiheitsspielräume verbinden könnte. Dies können wir jedoch auf der Basis der vorliegenden Untersuchung nur in begrenztem Umfang leisten.

Diesem Forschungsbericht liegt die methodische Überzeugung zugrunde, daß auch in qualitativen Studien auf Quantifizierungen nicht verzichtet werden sollte. Allerdings stehen Versuche der quantitativen Analyse von Daten, die im Rahmen offener Verfahren (zum Beispiel offene oder wenig strukturierte Interviews oder teilnehmende Beobachtung) erhoben werden, in der gegenwärtigen Diskussion über die Methoden der qualitativen Sozialforschung nicht hoch im

Kurs. Es dominiert die Orientierung am einzelnen Text und am einzelnen Fall. Besonders ausgeprägt ist dies in den Arbeiten der Oevermann-Gruppe und in dem von Oevermann u. a. entwickelten Interpretationsverfahren der „objektiven Hermeneutik" (vgl. zu diesem Verfahren Oevermann u. a. 1979). Aber auch die Forscher, die sich in der Tradition der „interpretativen Sozialforschung" auf Glaser und Strauss und deren Konzept der „grounded theory" (Glaser und Strauss 1978, 1979; Glaser 1978) berufen, favorisieren eine an wenigen Fällen orientierte Auswertung. Bei den Interpretationsverfahren, die im Zusammenhang mit der Auswertung sogenannter narrativer Interviews entwickelt und vorgestellt wurden, handelt es sich um fallbezogene Auswertungsverfahren und nicht um Verfahren, bei denen es um die Erarbeitung zusammenfassender Aussagen über größere Datenmengen geht (vgl. als instruktive Darstellung hierzu Hermanns 1982).

Gerechtfertigt wird das Desinteresse an quantitativen Übersichten meist mit dem Vorrang der Hypothesen- und Theoriebildung. Glaser und Strauss, die qualitative Sozialforschung primär als Strategie der Theorieentwicklung beschreiben, haben dies sehr eindeutig zum Ausdruck gebracht (vgl. unter anderem Glaser und Strauss 1979, S. 59). Sie vertreten die Auffassung, auch wenn es um die Bearbeitung größerer Datenmengen gehe, könne auf ein explizites Kodieren und Quantifizieren der Befragungs- oder Beobachtungsprotokolle verzichtet werden: Da während der gesamten Erhebungsarbeiten Prozesse stillschweigenden Kodierens stattfänden – selbst wenn die Forscher dies nicht bewußt als Verfahren einsetzen –, könnten in dieser Phase die zu entwickelnden theoretischen Annahmen bereits formuliert werden. Selbstverständlich könne explizites Verkoden am Ende einer Untersuchung neue Aspekte hinzufügen; es bleibe aber zu fragen, „ob der zusätzliche Aufwand sich lohnt, da die Chance gering ist, daß sich die zentralen Elemente der Theorie ändern werden" (Glaser und Strauss 1979, S. 59).

So verlockend diese Position unter forschungspragmatischen Gesichtspunkten auch sein mag, so wenig ist sie unter forschungspsychologischen und -soziologischen Gesichtspunkten zu rechtfertigen. Denn insbesondere in dem nicht bewußt gesteuerten Prozeß der stillschweigenden Verkodung sind die Risiken selektiver Wahrnehmung und Erinnerung beträchtlich. Es ist nicht auszuschließen, daß auch Forscher, die nach Abschluß der Erhebungsarbeiten ihr Material sehr gut zu kennen meinen, es tatsächlich nicht gut kennen, weil sie in dem nicht durchweg rational gesteuerten Prozeß der stillschweigenden Verkodung bestimmte Aspekte ihres Forschungsfeldes stereotypisiert haben und die „nicht passenden" Informationen weniger präsent haben als die „passenden". Deshalb ist es gut möglich, daß durch die explizite Verkodung und Quantifizierung – gegen die Erwartung – doch Ergebnisse produziert werden, die für die zentralen Aspekte der Theorie von Bedeutung sind. Insofern ist es nicht leicht, vorab zu entscheiden, ob sich der „zusätzliche Aufwand" lohnt oder nicht.

Ein Verzicht auf explizites Kodieren und Quantifizieren läßt sich noch schwerer begründen, wenn es in einer Untersuchung um Hypothesenprüfung und um die empirische Begründung zusammenfassender Aussagen über größere

Datenmengen geht. Allerdings muß man sich der begrenzten Bedeutung der quantitativen Übersichten bewußt bleiben. Da wir nicht mit einer repräsentativen Stichprobe arbeiten, können aus ihnen keine über die untersuchten Fälle hinausgehenden, statistisch begründeten Schlüsse auf Verteilungen abgeleitet werden. Die quantitativen Übersichten erfüllen trotzdem bei dem Versuch, die Untersuchungsergebnisse zusammenfassend zu beschreiben, eine wichtige Funktion, indem sie Prozessen selektiver Wahrnehmung und Erinnerung entgegenwirken und es erlauben, Behauptungen über Gleichförmigkeiten und Unterschiede in der untersuchten Stichprobe besser zu belegen.

Wie der vorliegende Untersuchungsbericht zeigt, haben wir uns vor allem bei der Auswertung der Äußerungen der interviewten Lehrer über ihren Unterricht und dessen inhaltliche Akzente (vgl. die entsprechenden Abschnitte der Kapitel 2 bis 7) darum bemüht, die qualitative und quantitative Analyse der Stellungnahmen der Lehrer miteinander zu verbinden. Im folgenden soll das Verfahren geschildert werden, mit dessen Hilfe wir die quantitativen Übersichten erarbeitet haben.

Die Kategorien, die der Quantifizierung zugrunde lagen, wurden erst nach Abschluß der Erhebungsarbeiten und nach einer ersten Lektüre- und Auswertungsphase entwickelt (vgl. als Vorbild für ein solches Vorgehen Popitz u. a. 1961). Sie stellen einen Kompromiß zwischen unseren Frageinteressen und den Interpretationsmöglichkeiten dar, die sich aus der Lektüre der Interviews ergaben. Zum Teil handelt es sich um verhältnismäßig grobe Kategorien: Es wird gefragt, ob ein bestimmtes Thema (Rolle der Industrie, der Weltwirtschaftskrise usw.) im offenen Frageteil des Interviews spontan erwähnt wird oder nicht; oder es wird gefragt, ob ein bestimmter Begriff (zum Beispiel der Begriff der „Machtergreifung" oder der „Gleichschaltung") im Interview verwendet wird, relativierend verwendet wird (zum Beispiel: sogenannte Machtergreifung) oder überhaupt nicht. Zum Teil lagen der Quantifizierung jedoch auch differenziertere Auswertungskategorien zugrunde, mit deren Hilfe versucht wurde, komplexere Muster der Argumentation zu erfassen.

Die – in der Tat schwierigen – Interpretationsfragen, die mit der quantitativen Analyse der Interviews verbunden waren, haben wir im Prozeß der Auswertung durch die Entscheidung für ein zweistufiges Verfahren der Kodierung versucht zu bearbeiten und transparenter zu machen. In der ersten Phase lasen und kodierten wir unabhängig voneinander (in der Mehrheit der Fälle drei Personen, in knapp einem Drittel der Fälle zwei Personen). In der zweiten Phase trafen wir uns in Gruppensitzungen und verglichen die Ergebnisse. Sofern es Abweichungen in den Zuordnungen gab[11], versuchte jeder einzelne, die Entscheidung am Text

---

[11] Pro Interview gab es bei dem Teil des Kodeplans, in dem einzelne Aspekte der Deutungen der Lehrer erfaßt wurden (insgesamt 52 Items) im Durchschnitt zwölf Abweichungen (bei drei Kodierern) beziehungsweise acht Abweichungen (bei zwei Kodierern), was belegen mag, daß es in qualitativen Untersuchungen generell empfehlenswert ist, im Prozeß der Auswertung kooperativ zu arbeiten und Formen der intersubjektiven Überprüfung von Interpretationen systematisch in die Planung der Auswertungsarbeiten einzubeziehen.

zu rechtfertigen. Hierbei entstanden zum Teil sehr intensive Diskussionen über einzelne Texte, deren Ergebnis in manchen Fällen ein Konsens über vertretbare Zuordnungen war, in manchen Fällen ein beibehaltener Dissens. Wenn wir uns nicht einigen konnten, entschieden wir uns in jedem Fall für ein „Unklar“; das heißt, es wurde auf eine Zuordnung verzichtet. Ein „Unklar“ schien uns eher akzeptabel als die Addition von Scheinklarheiten.

Man kann einwenden, daß mit dem geschilderten Verfahren ja nicht mehr als eine gruppeninterne Angleichung der Interpretationsweisen erreicht wird und daß insofern das Verfahren an die Eigenheiten der Gruppe gebunden bleibt. Wir haben deshalb auch die Möglichkeit erwogen, externe Kodierer in die Arbeit einzubeziehen, mußten hiervon jedoch Abstand nehmen, weil der Aufwand der Einarbeitung zu hoch gewesen wäre. Erforderlich wäre gewesen: eine Einarbeitung in die Fragestellungen der Untersuchung, in historische Literatur, in die in den Interviews erwähnten Materialien und Schulbücher, in Schulbuch- und Lehrplananalysen und in die jeweiligen schulischen und regionalen Kontexte der Interviews. Die ohnehin sehr zeitaufwendige Phase der Kodierung wäre dadurch in unzumutbarer Weise verlängert worden.

Abschließend sind einige Bemerkungen zur Zitierweise erforderlich. Vor allem in den Kapiteln 2 bis 7 werden häufiger Ausschnitte aus Interviews mit Lehrern zitiert, sei es zur Erläuterung der Kategorien der quantitativen Analyse, sei es zur Erläuterung unterschiedlicher Typen der Argumentation, die nicht Gegenstand der quantitativen Analyse waren, sei es auch im Rahmen des Versuchs, an einem Einzelfall einen allgemeineren Sachverhalt deutlich zu machen. In jedem Fall handelt es sich bei den wiedergegebenen Äußerungen um wörtliche Rede, zitiert nach den Transkripten der Tonbandaufnahme. Dabei werden

- Auslassungen durch die Verfasser gekennzeichnet,
- Ergänzungen in Klammern gesetzt,
- Pausenzeichen oder redebegleitende Äußerungen wie das Hmhm der Interviewer generell – ohne Kennzeichnung – ausgelassen (es geht in diesem Forschungsbericht nicht um Einzelheiten der Interviewkommunikation),
- Füllwörter, die für den mündlichen Sprachgebrauch kennzeichnend sind (zum Beispiel sozusagen, gewissermaßen, also), gelegentlich ohne Kennzeichnung weggelassen,
- minimale grammatische Korrekturen gelegentlich ohne weitere Kennzeichnung vorgenommen,
- Besonderheiten des Dialekts nicht berücksichtigt.

Um die Anonymität der befragten Lehrer zu schützen, wurde bei der Schilderung der Kontexte der jeweiligen Zitate generell auf Angaben zur jeweiligen Schule (selbst in anonymisierter Form wie: Schule A, B, C usw.) verzichtet. Ebenso wurde, da nur wenige Lehrerinnen in unserer Stichprobe vertreten sind, auf Angaben zur Geschlechtszugehörigkeit verzichtet, was im übrigen auch für die Kennzeichnung der Interviewer gilt.

Kapitel 2: Stellenwert der Totalitarismuskonzeption

Die Diskussion über die Totalitarismuskonzeption bezieht sich im Zusammenhang mit unserem Thema auf zwei Fragen: Ist es sinnvoll, die politisch-gesellschaftlichen Systeme des Stalinismus und des Nationalsozialismus als vergleichbar zu betrachten? Und erweisen sich die Politiken von KPD und NSDAP am Ende der Weimarer Zeit in der Analyse soweit als vergleichbar, daß die Zerstörung der Weimarer Republik unter dem Gesichtspunkt der Totalitarismuskonzeption sinnvoll interpretiert werden kann? Im Mittelpunkt unserer Analyse der Lehrerinterviews, Lehrpläne und Schulbücher wird die Frage stehen, in welcher Art und Weise ein Parteienvergleich von KPD und NSDAP oder (allgemeiner) die These von der Radikalisierung nach links und rechts zur Interpretation der Zerstörung der Weimarer Republik herangezogen wird.

Interessanterweise wird die Frage, ob es überhaupt sinnvoll ist, die Ereignisse am Ende der Weimarer Republik unter diesem Gesichtspunkt zu interpretieren, explizit in der Regel nicht diskutiert (vgl. aber zum Beispiel Gestigkeit 1979, Mommsen 1979). Wir sind deshalb in diesem Zusammenhang auf die Analyse impliziter Deutungen angewiesen – zum Beispiel bezüglich des Bruchs der Großen Koalition im März 1930, der Septemberwahlen 1930, des Volksbegehrens zur Auflösung des preußischen Landtages und zum Sturz der Regierung Braun/Severing im Sommer 1931 oder des BVG-Streiks im November 1932. Um aber einschätzen zu können, in welchem Umfang und aus welchen Gründen die Totalitarismuskonzeption für fruchtbar oder unfruchtbar gehalten wird, ist es erforderlich, die Positionen herauszuarbeiten, die heute auf der Ebene des Systemvergleichs zum Thema Totalitarismus vertreten werden. Diese Diskussion über die wissenschaftliche und politische Angemessenheit des Totalitarismuskonzepts läßt sich quantitativ kaum noch überblicken, und sie ist bis auf den heutigen Tag äußerst kontrovers[1]. Bei ihrer Darstellung hier geht es, wie schon in Abschnitt 1.6 betont, nicht um die Frage, welche Positionen „richtig" oder angemessen sind, sondern um die Frage, welches Spektrum an Positionen in der historischen Literatur als möglich vertreten wird.

[1] Vgl. Seidel und Jenkner 1968; Jänicke 1971; Schapiro 1972. Vgl. zuletzt den Tagungsbericht „Totalitarismus und Faschismus. Eine wissenschaftliche und politische Begriffskontroverse. Kolloquium im Institut für Zeitgeschichte am 24. November 1978." München und Wien 1980. Im folgenden zitiert als IfZ 1980.

2.1 Positionen in der Totalitarismus-Kontroverse

Der Begriff des Totalitarismus entstand bereits in den zwanziger Jahren zur kritischen Kennzeichnung des italienischen Faschismus, der sich in mancher Hinsicht deutlich von den bis dahin historisch bekannten Formen von Diktatur und Autokratie unterschied (vgl. Jänicke 1971, S. 12 ff.; Schlangen 1976, S. 21 ff.). Er wurde auch von marxistisch orientierten Autoren (Marcuse 1934; Neumann 1942) in den dreißiger und vierziger Jahren verwendet, um die Besonderheiten des Nationalsozialismus zu charakterisieren. Allerdings wurde erst in den fünfziger Jahren die Theorie des Totalitarismus ausformuliert, zunächst von Hannah Arendt (1955) in ihren „Reflexionen" (so Kielmansegg 1978, S. 69) und dann systematisch von C. J. Friedrich und Z. K. Brzezinski (1956, 1957). Dabei wurden als gemeinsame Charakteristika totalitärer Herrschaft in faschistischen und bolschewistischen Regimen hervorgehoben: eine ausgearbeitete Ideologie, eine einzige Massenpartei, ein Terrorsystem, ein Monopol der Massenkommunikation, ein Waffenmonopol, eine zentrale Lenkung der Wirtschaft durch bürokratische Koordinierung (C. J. Friedrich 1957, S. 7 ff.; vgl. auch Schapiro 1972, Sp. 482 f., der zusätzlich das Führerprinzip betont).

Die Kritik hieran richtet sich – wie man zusammenfassend sagen kann – erstens gegen die Gleichsetzung der Ziele und Funktionen von Links- und Rechtsdiktaturen, zweitens gegen die Nichtbeachtung von Unterschieden bei den Strukturelementen der Regime (Zentralismus vs. Polyzentrismus, monolithisch vs. amorph), drittens gegen die Beschränkung auf die Regimephase und die Vernachlässigung der Bewegungsphase faschistischer oder kommunistischer Parteien, viertens gegen die Statik und Entwicklungslosigkeit, von der das Konzept des Totalitarismus ausgeht, und fünftens gegen die Vernachlässigung der Frage, unter welchen soziokulturellen Bedingungen die Etablierung totalitärer Herrschaft möglich ist (vgl. die Beiträge in IfZ 1980): „Die Totalitarismus-Theorie ist der Mythos, der jeder *wirklichen* sozialgeschichtlichen Erklärung im Wege steht, weil er das Endergebnis des in Frage stehenden Komplexes bereits voraussetzt, bevor er die Bedingungen der Herausbildung desselben untersucht hat." (Mommsen, IfZ 1980, S. 65)

Im folgenden sollen die unterschiedlichen Positionen, die in der Fachliteratur zum Totalitarismuskonzept vertreten werden, etwas genauer dargestellt werden. Dabei lassen sich in der Diskussion drei Standpunkte grob unterscheiden: Erstens gibt es Historiker, die ausschließlich den Begriff „Totalitarismus" für sinnvoll halten und den Begriff „Faschismus" zur Kennzeichnung des Nationalsozialismus ablehnen. Ihnen stehen zweitens jene Autoren gegenüber, die zur Analyse des Nationalsozialismus ausschließlich den Begriff „Faschismus" für sinnvoll halten und das Totalitarismuskonzept zurückweisen. Die dritte Gruppe bilden Historiker, die zwischen diesen beiden extremen Positionen stehen und sich um eine Verbindung der Erklärungsleistungen beider Begriffe bemühen.

Für die Vertreter des Totalitarismuskonzepts geht es um die Anerkennung der „primären Unterscheidung von Demokratie und Diktatur, von repräsentativer und identitärer Herrschaftsform – im Zweifel vor allen anderen Unterscheidungen ideologischer, sozialer, ökonomischer und institutioneller Art" (Bracher, IfZ 1980, S. 12). Es gebe einen doppelten Angriff auf die liberal-demokratische Parlaments- und Rechtsstaatsidee schon nach dem Ersten Weltkrieg, nämlich „von rechts die staatsautoritäre, von links die marxistische Demokratiekritik" (Bracher, IfZ 1980, S. 12). Der Anspruch monopolistischer Herrschaftskonzepte mache Einparteiendiktaturen tendenziell totalitär, auch wenn ihre Struktur, wie beim Nationalsozialismus, nicht vollkommen monolithisch sei. Linke wie rechte Diktaturbewegungen lebten aus der „Kampfansage an die liberale Demokratie und ihre Werte, an Toleranz, Kompromiß und Gewaltenteilung" (Bracher a. a. O.). Eine vorwiegend sozioökonomische Klassifizierung (Faschismus oder Sozialismus) verkenne das entscheidende Kriterium zur Beurteilung des modernen Staates: „Das Kriterium der politischen Freiheit und des ‚limited government'. Vor diesem Kriterium sind aber alle Systeme, die auf Unterdrückung beruhen, durchaus vergleichbar, mögen sie sich als faschistisch oder nationalsozialistisch, als kommunistisch oder sozialistisch verstehen." (Bracher, IfZ 1980, S. 16; vgl. Schapiro 1972, Sp. 471 ff.)

Der extreme Gegenstandpunkt wird besonders prononciert von Kühnl vertreten, der die „Totalitarismusthese" als „historisch und sozialwissenschaftlich gänzlich unhaltbar" ansieht (Kühnl 1972, S. 15). Der „These von der Wesensgleichheit" der nationalsozialistischen und kommunistischen Herrschaftssysteme sei entgegenzuhalten, „daß der soziale Inhalt beider Systeme völlig gegensätzlicher Natur war: Während das kommunistische System die private Verfügungsgewalt der Kapitalbesitzer über ihre Fabriken und die dort arbeitenden Menschen aufhob und damit die Gesellschaft grundlegend veränderte, wurde diese Verfügungsgewalt vom faschistischen System noch verstärkt und die bestehende Gesellschaftsordnung damit noch verfestigt" (Kühnl 1972, S. 17). Der soziale Inhalt der faschistischen Diktatur komme in der Zerschlagung der Organisationen der Arbeiterbewegung ebenso zum Ausdruck wie in der Einrichtung von Entscheidungsgremien, in denen „die Repräsentanten des Großkapitals gemeinsam mit den Vertretern des faschistischen Staates" saßen. „Besonders bedeutsam ist schließlich, daß der Faschismus auf imperialistische Expansion und auf Krieg hin angelegt war, während es der stalinistischen Diktatur um innere Konsolidierung ging." (Kühnl 1972, S. 18) Methodisch gesehen beruhe die Gleichsetzung auf einem „Trick", indem „die Form für das Wesen der Sache" ausgegeben und der Inhalt verschwiegen werde. Gemeinsamkeiten in den Herrschaftsmethoden (zum Beispiel Einparteiensystem, staatliches Propagandamonopol, Anwendung von Terror) würden hervorgehoben, aber der politische Zweck, in dessen Dienst solche Herrschaftsmethoden stünden, werde unterschlagen (Kühnl 1972, S. 18, 1979, S. 122 ff.).

Die Vertreter dieser beiden Extrempositionen kritisieren einander zum Teil in außerordentlich polemischer Weise. So wird den Kritikern des Totalitarismusbegriffs eine „geschichtswidrige Bagatellisierung des Stalinismus" vorgeworfen; es wird behauptet, daß sie „den Kommunismus mit der Begründung exkulpieren, anders als der Faschismus habe er sich nie als totalitär verstanden und verhalten" (Bracher 1980, S. 40). Überdies wird der „inflationäre Gebrauch des Faschismusbegriffs" kritisiert, mit dem „alles in einen Topf geworfen" werde, wodurch entweder alle Diktaturtendenzen dämonisiert oder jene Regime bagatellisiert würden, „die wie das nationalsozialistische Gewalt- und Vernichtungssystem auch vom italienischen Faschismus weit und prinzipiell unterschieden sind" (Bracher 1980, S. 31 f.). Auf der anderen Seite wird den Vertretern der Totalitarismusthese gelegentlich unterstellt, ihnen gehe es primär um eine ideologische Rechtfertigung bestehender Verhältnisse. „Die durch ihr Bündnis mit dem Faschismus diskreditierte ökonomisch herrschende Klasse benötigte also (nach 1945, d. Verf.) ein ideologisches Instrument, das es ihr ermöglichte, die Gefahr der Sozialisierung abzuwehren, den Kapitalismus zu rechtfertigen und sich zumindest dem Anschein nach vom Faschismus zu distanzieren. Alles dies leistete die Totalitarismustheorie." (Kühnl 1972, S. 9 f.) Diese stemple überdies den Kommunismus zum eigentlichen, mit allen Mitteln zu bekämpfenden Feind, indem sie ihn als die nach 1945 noch aktuelle Gestalt des Totalitarismus weit gefährlicher erscheinen lasse als den Nationalsozialismus (Kühnl 1972, S. 10, vgl. auch Mommsen 1979, S. 174 ff.).

Jene Historiker, die beiden Begriffen eine (allerdings begrenzte) Erklärungskraft zubilligen, betrachten linke und rechte Diktaturen zunächst prinzipiell als vergleichbar. So seien im Rahmen des Totalitarismuskonzepts „die diktatorische Negation liberal-demokratischer Verfassungsprinzipien, bestimmte Eigenarten des Herrschaftssystems, die institutionalisierte Ideologie mit Ausschließlichkeitsanspruch, die Tendenz zur allumfassenden, gleichgestalteten Mobilisierung der Individuen und einiges mehr" sinnvoll definiert (Kocka, IfZ 1980, S. 40). Aber der entscheidende Nachteil des Konzepts sei, daß es „Systeme zusammenrückt, die sich nach sozialökonomischen Entstehungsbedingungen, sozialen Grundlagen, sozialen Funktionen und politischer Zielsetzung scharf unterscheiden, ohne diese Unterschiedlichkeiten genügend thematisieren zu können" (Kocka a. a. O., 1980, S. 14 f.; ähnlich Mommsen 1971, Sp. 701; Stammer 1961, S. 422 ff.). Aus dieser Kritik, der insbesondere sozialhistorisch orientierte Historiker folgen, wird ein Faschismusbegriff abgeleitet, der am Nationalsozialismus zwar dessen antiliberale, antidemokratische und diktatorische Elemente hervorhebt, zugleich aber seine Bedingungen, Inhalte und Funktionen auch sozialgeschichtlich deutet. Bei der Definition eines solchen Faschismusbegriffs gibt es gewiß unterschiedliche Positionen, vor allem in bezug auf die Frage, in welchem Maße ideologische Aspekte (Rassenideologie usw.) und vorindustrielle Faktoren (Stellung der Großagrarier usw.) als zentrale Elemente zu bewerten sind (vgl. Nolte 1967; Wippermann 1972; Winkler 1978, S. 65 ff.); doch kann man eine Zusammenfassung der sozialhistorischen Position wohl in den folgenden Punkten sehen, mit denen Kocka die Bedingungen, Inhalte und Funktionen des Nationalsozialismus/Faschismus kennzeichnet:

„(a) seine Bedingtheit durch Krisenerscheinungen kapitalistisch-bürgerlicher Systeme seit dem Ersten Weltkrieg, (b) seine in Klassen- und Schichtkategorien beschreibbare ‚soziale Basis', in der unter Druck geratene Mittelschichten vorwiegen, (c) die Abhängigkeit seines Durchbruchs von der Hilfestellung beziehungsweise Koalition mit bisherigen, sich durch Reform oder Revolution bedroht fühlenden Führungsgruppen (trotz seiner unbezweifelbaren und auch vom Faschismusbegriff nicht geleugneten anti-elitären, populistisch-revolutionären Elemente), (d) seine antisozialistische, antikommunistische Stoßrichtung in Theorie und Praxis, in Bewegungs- und Regimephase sowie (e) seinen ebenfalls kurz- und mittelfristig unbestreitbaren Beitrag zur Stabilisierung kapitalistischer Grundprinzipien. (f) Bestimmte Merkmale der Ideologie und Programmatik wie extremer Nationalismus kämen hinzu." (Kocka, IfZ 1980, S. 40 f.)

Wer einem solchen Faschismusbegriff anhängt, leugnet deshalb noch nicht, daß auch der Begriff des Totalitarismus eine begrenzte Funktion haben kann, insbesondere beim Vergleich von Herrschaftssystemen. „Wer will ernsthaft bestreiten, daß es wissenschaftlich zulässig ist, Techniken und Strukturen nationalsozialistischer und stalinistischer Herrschaft zu vergleichen, obwohl sich beide Systeme faktisch antagonistisch zueinander verhalten haben und obwohl ihre ideologischen und gesellschaftlichen Grundlagen gänzlich verschieden waren. Unzweifelhaft ist mit diesen beiden Systemen ein in Dichte und Auswirkung neuer Typus moderner Gewaltherrschaft in Erscheinung getreten, meßbar zum Beispiel am Ausmaß und der Funktion des Terrors, des Nachrichtenmonopols, der Rolle der Monopolpartei, der durchgängig jedenfalls versuchten Indoktrinierung." (Broszat, IfZ 1980, S. 35) Trotzdem wird von den Vertretern dieser Position eine undifferenzierte Verwendung des Totalitarismusbegriffs kritisiert. So wird betont, die „willkommene und schnelle Rezeption" des Totalitarismusbegriffs habe in Westdeutschland „manche evidente psychologische Bedürfnisse in der post-nationalsozialistischen Zeit" erfüllt; der Begriff eigne sich „auch zur Verdrängung der eigenen Vergangenheit. Im Zeichen des Anti-Totalitarismus konnten manche, die, zum Teil noch aus nationalsozialistischer Erziehung heraus, leidenschaftliche Antikommunisten waren, sich während des ‚Kalten Krieges' schnell als vermeintlich gute Demokraten ‚bewähren' und bei den Westmächten anbiedern." (Broszat, IfZ 1980, S. 33) Als Vorzug des Faschismusbegriffs wird demgegenüber vor allem angesehen, daß er „die fundamentale Bedeutung des Unterschieds von links und rechts" hervorhebe (Nolte, IfZ 1980, S. 51). Dieser Unterschied wird auf gegensätzliche Grundeinstellungen bezogen, etwa bezüglich der Verurteilung oder aber Verklärung des Bestehenden, der Forderung nach Gleichheit oder aber dem Verlangen nach Ordnung, der Parteinahme für die Armen oder aber der Furcht vor dem Pöbel. „Die Linke und die Rechte haben einen unverkennbaren ‚Stallgeruch', mindestens bis zum Ende des Zweiten Weltkrieges. Und es ist kein ernsthafter Zweifel möglich, daß auch der stalinistische Kommunismus in der Tradition der Linken und daß auch der deutsche Nationalsozialismus in der Tradition der Rechten stand." (Nolte, IfZ 1980, S.51; vgl. Schapiro 1972, Sp. 472)

In der Gleichsetzung von Faschismus und Kommunismus werde im übrigen unterschlagen, daß es nicht nur liberal-demokratische Positionen einerseits und totalitäre andererseits, sondern auch einen demokratischen Sozialismus gebe. Im liberal-demokratischen Modell werde an die Honoratiorengesellschaft des 19. Jahrhunderts angeknüpft, die die Arbeiterklasse von sozialer Gleichberechtigung ausschloß. Daß die Arbeiterklasse dem Vorwurf, sich „totalitären" Tendenzen verschrieben zu haben, nur dann entgehen könne, wenn sie ihre politische Geschichte als Irrtum deklariere, könne nicht akzeptiert werden: Eine Sehweise, „die sich ständig auf ein den verschiedenen politischen Richtungen gemeinsames liberal-demokratisches und parlamentarisches Erbe beruft", schließe sozialistische Positionen per definitionem aus und sei „erstens intolerant, zweitens deutsch und drittens den politischen Konstellationen in der westlichen wie der Dritten Welt völlig unangemessen" (Mommsen, IfZ 1980, S. 65).

In dem letzten Zitat wird deutlich, daß auch für die Vertreter der dritten Position, die sich um die Vorzüge und Nachteile beider Begriffe bemühen, der Gebrauch der Begriffe nicht grenzenlos pragmatisiert werden kann. Eine Grenze sei erreicht, wenn in bezug auf das Nazi-Reich von „nationalem Sozialismus" gesprochen werde, wie Bracher dies getan hatte (IfZ 1980, S. 14): „Wenn Welten zwischen ‚bürgerlicher' Demokratie und Nationalsozialismus liegen, dann auch zwischen sozialistischer Tradition und Nationalsozialismus. Und ich finde, daß man zu leicht der Selbstauslegung, der Propaganda des Nationalsozialismus auf den Leim geht, wenn man seine Selbstbezeichnung zu einer analytischen Kategorie hochstilisiert. Nationalsozialistische Ideologie und Wirklichkeit unterscheiden sich sehr von allem, was man sozialistisch in irgendeinem emphatischen Sinn nennen kann." (Kocka, IfZ 1980, S. 58 f.)

Diese Zitate machen deutlich, in welchem Maße es in der Kontroverse um den Totalitarismusbegriff nicht nur um eine historische, sondern auch um eine aktuell-politische Frage geht, die für die gesellschaftstheoretische Orientierung in Gegenwart und Geschichte von fundamentaler Bedeutung ist – die Frage nämlich, vor dem Hintergrund welcher Alternative historische Weichenstellungen in erster Linie zu interpretieren sind: vor der Alternative Demokratie vs. Diktatur oder vor der Alternative Sozialismus vs. Kapitalismus. Die erste Alternative liegt dem Totalitarismuskonzept und die zweite Alternative dem Faschismuskonzept zugrunde. In der dritten Position, in der beide Fragestellungen miteinander verbunden werden, wird oft auf das Konzept des demokratischen Sozialismus zurückgegriffen. Zusammenfassend kann man sagen, daß diese dritte Position in der historischen Literatur die vorherrschende ist: Der Begriff des Totalitarismus wird in unterschiedlicher Schärfe kritisiert (aber begrenzt – etwa im Rahmen eines Herrschaftsstrukturvergleichs – für sinnvoll gehalten) und ein Faschismusbegriff favorisiert, in dem auch der antiliberale, antidemokratische und totalitäre Aspekt angemessen berücksichtigt ist.

Entscheidend für unser Untersuchungsziel ist, daß es einen unmittelbaren Zusammenhang zwischen den Standpunkten in der Totalitarismus–Faschismus-Kontroverse und der Interpretation einiger Ereignisse in der Entwicklung Anfang der dreißiger Jahre in Deutschland gibt. Besonders deutlich zeigen sich die unterschiedlichen Positionen, wenn man danach fragt, bei welchen Ereignissen und mit welchem Gewicht die These von der „Radikalisierung nach links und rechts" zur Interpretation herangezogen wird oder ob im wesentlichen von einer „Radikalisierung nach rechts" ausgegangen wird. Bei dem Faschismusbegriff Kockas, den wir oben zitiert haben, wird deutlich, daß der Gesichtspunkt einer Radikalisierung nach links und rechts kaum eine Rolle spielt (vgl. Mommsen

1971, Sp. 703 ff.; Kocka 1980, S. 13 ff.). Für jene, die überhaupt den Begriff des Totalitarismus ablehnen, ist dies ein Argument, das sie mit besonderer Emphase vortragen: „Nicht im Bündnis mit den Kommunisten ist die NSDAP an die Macht gekommen, sondern als Koalitionspartner der Deutsch-Nationalen und – beim Ermächtigungsgesetz – mit Zustimmung aller bürgerlichen Parteien und mit Hilfe des großen Kapitals und des Militärs." (Kühnl 1972, S. 15 f.)

Demgegenüber spielt für jene Historiker, die das Totalitarismuskonzept favorisieren, die Bedrohung der Weimarer Republik durch Linke und Rechte eine nicht unwesentliche Rolle. Die Gegner der Demokratie hätten entweder die „Kapitalistenklasse" oder aber die „Novemberverbrecher" für das deutsche Elend verantwortlich gemacht. Dies seien die beiden Pole einer antidemokratischen Agitation gewesen, die der Republik von Anfang an machtvoll und suggestiv entgegengetreten sei:

„Für die Rechte lautete die politische und ideologische Konfrontation mit Weimar: Hie Nationalinteresse, guter Deutscher und soziale Gerechtigkeit (‚Arbeit und Brot'), dort hingegen Republik durch Verrat, fremdartige Demokratie, ökonomisches Elend, entehrende Erfüllungspolitik. Für die Linke waren es die Parolen der sozialen Revolution und des Antimilitarismus, mit denen die Republik als bürgerlich-kapitalistisches System bekämpft wurde. So war das negative Zusammenspiel der Republikfeinde von links und rechts nicht erst seit 1930, sondern schon zu Beginn der Republik am Werk, mochten sich die feindlichen Brüder unter den Parolen Revolution und Konterrevolution noch so blutig bekämpfen." (Bracher 1983, S. 21)

Fragt man nach der Interpretation konkreter Ereignisse Anfang der dreißiger Jahre, so stellt sich allerdings ein Problem: Die Autoren, die sich an der Diskussion über die Totalitarismus-Theorie beteiligt haben, verzichten in ihren historischen Darstellungen – soweit solche vorhanden sind – in der Regel darauf, explizit einen Zusammenhang zwischen ihrer theoretischen Position einerseits und ihrer Ereignisinterpretation andererseits herzustellen. Es ist deshalb erforderlich, aus der Darstellung der einzelnen Ereignisse die impliziten totalitarismus- oder faschismustheoretischen Annahmen herauszuarbeiten. Hinzu kommt bei Bracher, daß er im Laufe der Zeit seine Positionen geändert hat; während er in seinem Standardwerk von 1955 eine ausgesprochen differenzierte Interpretation auch unter diesem Gesichtspunkt formuliert hat, enthalten neuere zusammenfassende Aufsätze (insbesondere 1980) explizite Anlehnungen an das Totalitarismuskonzept.

Ein besonders gutes Beispiel, an dem sich veranschaulichen läßt, wie sich die Standpunkte in der Totalitarismus-Debatte bei der Interpretation von Ereignissen auswirken, sind die Septemberwahlen 1930. Nachdem im März 1930 die Große Koalition gescheitert war, fanden im September Reichstagswahlen statt, bei denen die NSDAP die Zahl ihrer Sitze von 12 auf 107 und die KPD von 54 auf 77 erhöhten. Die DNVP ging von 73 auf 41 und die SPD von 153 auf 143 Sitze zurück. Auch die sogenannten Mitteparteien, mit Ausnahme des Zentrums, verloren an Sitzen. Man kann dieses Wahlergebnis (wie auch die folgenden 1932) unter zwei unterschiedlichen Gesichtspunkten interpretieren. Zum einen kann man darauf hinweisen, daß sich der Wählerbestand der beiden sozialistischen Parteien (SPD und KPD) nur unwesentlich veränderte, während es auf der rechten Seite eine gewaltige Zunahme der NSDAP und eine Wählerbewegung gab, die von den bürgerlichen Parteien nach rechts führte. Zum anderen kann man die Zunahme der Sitze von KPD und NSDAP hervorheben und das Ergebnis der Wahl als eine Radikalisierung nach links und rechts interpretieren. So heißt es bei Heiber, daß das Wahlergebnis vom September 1930 „das im Frühjahr erfolgte Ableben der Republik (ratifizierte). Die lärmende Agitation der radikalen Parteien, die in den Heeren der Arbeitslosigkeit oder doch von Arbeitslosigkeit und Zwangsversteigerung Bedrohten auf Stimmenfang gegangen waren, brachte prächtige Ergebnisse. Die NSDAP war mit 6,4 Millionen jetzt wie künftig überwiegend in protestantischen Agrargebieten gesammelten Stimmen (18,3 Prozent) der große Gewinner; statt ihrem bisherigen Häuflein von 12 Abgeordneten zogen 107 – uniformierte! – Nationalsozialisten als zweitstärkste Fraktion in den Reichstag ein – mit dem erklärten Ziel, dieses Parlament zu beseitigen. Auf dem anderen Flügel erhielten die Kommunisten 4,6 Millionen Stimmen, aus ihren 54 Mandaten waren nunmehr 77 geworden.“ (Heiber 1982, S. 227)

Demgegenüber heißt es bei Bracher: „Die Wahlkampagne des Sommers 1930, die Brünings unzeitgemäße Reichstagsauflösung heraufbeschworen hatte, ermöglichte die volle Entfaltung der nationalsozialistischen Krisenpropaganda. (...) Unbehindert durch die monarchistischen, sozialreaktionären, interessenpolitischen Belastungen der Deutschnationalen, überlegen auch dem von der Ideologie des Klassenkampfes beschränkten Linksradikalismus der Kommunisten, erwiesen sich die Nationalsozialisten als die großen Nutznießer dieser ersten Krisenwahl, als der starke Magnet für ein buntes Heer von Unzufriedenen und Unpolitischen, von Aktivisten und Furchtsamen in allen Schichten.“ (Bracher 1979, S. 199) Die Wahlentscheidung habe diese Entwicklung beschleunigt und bestätigt; die hohe Wahlbeteiligung sei ein Beweis für das starke Maß an Ausdrucksbedürfnis, das eine vornehmlich auf Reichspräsident, Reichswehr und Notstandsartikel gestützte Regierung gerade in der Krise nicht befriedigen konnte. „Ihr Resultat war ein Wahlsieg der NSDAP, dessen Ausmaß selbst die nationalsozialistische Führung überraschte. (...) Wohl noch nie hat eine Partei binnen zwei Jahren einen derartigen Durchbruch erzielt. Es war ein Ereignis von wahrhaft historischer Tragweite. Die NSDAP rückte als zweitstärkste Partei unmittelbar hinter die SPD. Nur die Kommunisten hatten ebenfalls eine – allerdings viel kleinere – Zunahme zu verzeichnen (von 10,6 Prozent auf 13,1 Prozent), und nur das Zentrum blieb stabil (15 Prozent). Alle übrigen Parteien erlitten große Verluste. (...) Das Bürgertum rückte nach rechts.“ (Bracher 1979, S. 200)

Auf derartige Interpretationsalternativen werden wir auch bei der Analyse der Interviews sowie der Lehrpläne und Schulbücher stoßen. Sie hängen weniger mit dem strikten Gebrauch des Totalitarismuskonzepts im Sinne eines Herrschaftsvergleichs zusammen, sondern mit der allgemeineren Vorstellung, nach der sich die Extreme berühren, links gleich rechts, rot gleich braun ist. Dabei wird es zum einen um die These von der Radikalisierung nach links und rechts auf der Ebene der Wählerbewegungen und zum anderen um die These vom öffentlichen Zusammenwirken von KPD und NSDAP gehen. Im Hinblick auf die zugrunde liegende Position in der Totalitarismus-Debatte lassen sich dabei drei Muster herausarbeiten: Das erste Muster folgt dem Totalitarismuskonzept und verwendet die These „links gleich rechts“, ohne nach Herrschaftsmethoden einerseits und Bedingungen, Inhalten und Funktionen der Herrschaft andererseits zu differenzieren. Im zweiten Muster wird zwar zwischen Zielen und Methoden deutlich unterschieden, aber doch in einer „totalitarismusnahen“ Variante, weil die Methoden von KPD und NSDAP oder anderen linken und rechten Kräften am Ende der Weimarer Zeit eher gleichgesetzt werden. Schließlich besteht das dritte Muster in der Zurückweisung des Totalitarismuskonzepts, die der Kritik im Sinne der sozialhistorischen Position zum Beispiel Kockas oder Mommsens (oder dem marxistischen Faschismuskonzept) folgt.

2.2 Zur Bedeutung des Totalitarismuskonzepts in den Interviews

Die Frage, in welcher Weise die Zerstörung der Weimarer Republik und der Aufstieg des Nationalsozialismus interpretiert werden, kam in den Interviews in drei Durchgängen zur Sprache: 1. anhand der Frage nach den (zeitlichen und thematischen) Schwerpunkten im Unterricht über diesen Zeitraum; 2. anhand der Frage, worauf der Interviewpartner besonderen Wert legt, wenn er den Schülern die Machtübernahme zu erklären versucht; und 3. anhand von direkten Fragen nach einzelnen Themenbereichen, unter anderem zur Rolle von KPD und NSDAP am Ende der Weimarer Zeit.

Im Unterschied zum dritten Fragenkomplex, in dem gezielt auf den Zeitraum Ende der Weimarer Zeit nachgefragt wurde, wurde in den Antworten auf die beiden ersten (offenen) Fragen nicht nur auf die Zeit Ende Weimar/Beginn des Nationalsozialismus, sondern auf die gesamte Geschichte der Weimarer Zeit eingegangen. Wir haben deshalb bei der Auswertung der Antworten auf die beiden offenen Fragen den gesamten Zeitraum der Weimarer Republik zugrunde gelegt. Versucht man, sich einen Überblick über die Antworten auf die beiden offenen Fragestellungen nach den Schwerpunkten im Unterricht und bei der Interpretation zu verschaffen, so lassen sich insbesondere 13 Themenschwerpunkte inhaltlich unterscheiden (und nach der Häufigkeit ihrer Erwähnung in den Interviews quantitativ gewichten). Diese Schwerpunkte sind:

1. Weltwirtschaftskrise (Anfang der dreißiger Jahre),
2. die Weimarer Republik als Demokratie ohne Demokraten,
3. Auswirkungen von Versailles (Kriegsniederlage, Friedensvertrag, Revanchismus usw.),
4. Mängel der Weimarer Reichsverfassung (Art. 48 und Art. 25; Präsidialkabinette; Wahlrecht usw.),
5. das Unvermögen der sogenannten Mitteparteien, die Verantwortung auch in schwierigeren Zeiten zu übernehmen (insbesondere Ende der Großen Koalition 1930),
6. Radikalisierung nach links und rechts (Wahlen, Straßenkämpfe usw.),

7. Radikalisierung der Mittelschichten,
8. Auswirkungen der Inflation von 1923,
9. Belastung der Weimarer Republik durch Kontinuität der Eliten aus dem Kaiserreich,
10. Betonung der Rolle der Industrie,
11. Betonung der Rolle des Militärs,
12. Bedeutung der Traditionen des Antisemitismus in Deutschland für den Aufstieg der Nationalsozialisten,
13. Betonung der Rolle der Kirchen.

Betrachtet man die Antworten auf diese Themenkomplexe insgesamt, so ergibt sich eine besonders häufige Erwähnung des Faktors „Weltwirtschaftskrise" (65 der insgesamt 78 Interviewpartner erwähnen dies als Schwerpunkt, nur 5 erwähnen es nicht, bei 8 ist die Antwort unklar). Besonders selten werden in diesem offenen Durchgang die Themenbereiche Kirche (nur 4 von 78 erwähnen die Kirchen, während 70 sie nicht erwähnen, bei 4 ist die Antwort unklar) und Antisemitismus genannt (nur 5 der Interviewpartner erwähnen das Vorhandensein antisemitischer Traditionen als wichtig, während dies 67 nicht erwähnen, bei 6 ist die Antwort unklar).

Bei der Interpretation der Tabelle 2.1, auf die wir in diesem und den folgenden Kapiteln im einzelnen zurückkommen werden, ist zu beachten, daß es sich um spontane Antworten der Interviewpartner ohne thematische Vorgaben durch den Interviewer handelt, so daß sie als Indikator für die Relevanz und den Stellenwert des Themas betrachtet werden können. Wenn beispielsweise aus der Tabelle ersichtlich ist, daß von 78 Lehrern 21 die „Kontinuität der Eliten" als einen Schwerpunkt ihres Unterrichts betrachten, so bedeutet dies nicht, daß die besagten 21 die einzigen sind, die das Thema überhaupt behandeln, sondern es bedeutet, daß sie dem Thema, bezeugt durch spontane Erwähnung, eine besondere Relevanz für die Interpretation der Geschichte in diesem Zeitraum beimessen. Wahrscheinlich ist, daß von den 78 Lehrern noch mehr dieses Thema im Unterricht behandeln.

Für die Frage nach der Bedeutung des Totalitarismuskonzepts ergibt sich aus Tabelle 2.1, daß das Thema „Radikalisierung nach links und rechts" eine mittlere Bedeutungsposition einnimmt: 29 von 78 Interviewpartnern sehen darin einen Schwerpunkt, den sie in ihrem Unterricht über die Weimarer Republik setzen. Schaut man sich die Verteilung der Antworten auf die einzelnen Regionen an, so ergeben sich keine nennenswerten Unterschiede (vgl. Tabelle 2.2).

Zur Einleitung des Interviewteils, in dem genauer zum Thema „links gleich rechts" nachgefragt werden sollte, stellten wir folgende Frage: „Bei der Durchsicht von Schulbüchern sind wir oft auf einen Vergleich der Rolle der NSDAP und der KPD am Ende der Weimarer Zeit gestoßen. Worauf legen Sie bei der Behandlung dieses Themas besonderen Wert?" Je nach den Antworten der Interviewpartner wurden dann Nachfragen gestellt, so unter anderem die Frage, an welche Ereignisse dabei in erster Linie gedacht und wie die Behandlung dieses Themas im verwendeten Buch eingeschätzt werde.

Tabelle 2.1: Schwerpunkte im Unterricht Ende Weimar/Beginn Nationalsozialismus (in der Reihenfolge ihres quantitativen Gewichts) – Auswertung der offenen Interviewabschnitte

Schwerpunkt	Erwähnt	Nicht erwähnt	Unklar	Insgesamt
Krisensituation	65	5	8	78
Demokratie ohne Demokraten	39	33	6	78
Versailles	38	32	8	78
Verfassungsmängel	37	29	12	78
Unvermögen der Mitteparteien	30	39	9	78
Radikalisierung nach links und rechts	29	38	11	78
Radikalisierung der Mittelschichten	29	40	9	78
Inflation	25	37	16	78
Kontinuität der Eliten	21	45	12	78
Rolle der Industrie	20	47	11	78
Rolle des Militärs	18	47	13	78
Tradition des Antisemitismus	5	67	6	78
Rolle der Kirche(n)	4	70	4	78

Tabelle 2.2: Radikalisierung nach links und rechts – Auswertung der offenen Interviewabschnitte nach Regionen

	Erwähnt	Nicht erwähnt	Unklar	Insgesamt
NRW großstädt. Region	5	9	1	15
NRW ländliche Region	8	8	3	19
SH großstädt. Region	8	15	1	24
SH ländliche Region	8	6	6	20
Insgesamt	29	38	11	78

Schaut man sich alle Antworten auf diese Fragen im Zusammenhang an, so lassen sich insgesamt fünf unterschiedliche Antworttypen herausarbeiten:

1. Mit einer mehr oder weniger umfassenden Gleichsetzung der Rolle von KPD und NSDAP am Ende der Weimarer Zeit wird im wesentlichen jener Position in der historischen Literatur entsprochen, die das Totalitarismuskonzept vertritt.
2. Es wird zwischen Methoden einerseits und Zielen andererseits unterschieden: Zwar werden die Methoden der beiden Parteien (und damit ihre Wirkungsweise) für vergleichbar gehalten, die Ziele und sozialen Inhalte jedoch als unterschiedlich dargestellt. Dies bedeutet eine – allerdings nur partielle – Übernahme der Kritik am Totalitarismuskonzept.
3. Die Gleichsetzung von KPD und NSDAP wird explizit problematisiert, indem die kritische Position zum Totalitarismuskonzept übernommen wird.
4. Das Thema wird in der kritischen Absicht vermieden, weder einen Vergleich der beiden Parteien noch eine Problematisierung des Vergleichs im Unterricht behandeln zu müssen.
5. Das Thema wird aus anderen Gründen im Unterricht vermieden, die aber nichts mit einer Kritik am Totalitarismuskonzept zu tun haben (zum Beispiel Zeitmangel und ähnliches).

Zwischen diesen fünf Antworttypen sind die Übergänge fließend; insbesondere die Trennung zwischen dem ersten und dem zweiten Antworttyp bereitete einige Schwierigkeiten. Um die Grenze zu ziehen, legten wir Wert auf die Frage, ob die Ziel–Mittel-Unterscheidung nur formal getroffen oder auch inhaltlich angewandt wird, so daß sie für die historische Interpretation tatsächlich relevant wird. Auch im ersten Antworttyp wird gelegentlich auf die Unterschiedlichkeit der Ziele und Inhalte hingewiesen, doch geschieht dies im Sinne einer abstrakten Floskel, die nichts daran ändert, daß die Rolle der beiden Parteien letztlich gleich eingeschätzt wird. Demgegenüber hat die Ziel–Mittel-Differenzierung im zweiten Antworttyp ein stärkeres inhaltliches Gewicht.

Schaut man sich die Daten in der Tabelle 2.3 an, so ergibt sich zunächst allgemein, daß 28 der 78 Interviewpartner die Rolle von KPD und NSDAP am Ende der Weimarer Zeit gleichsetzen (Antworttyp 1). Demgegenüber legen 15 Wert auf eine Unterscheidung von methodischen und inhaltlichen Aspekten, folgen also dem Antworttyp 2. Drei Interviewpartner problematisieren explizit das Totalitarismuskonzept (Antworttyp 3), und sechs Interviewpartner vermeiden dieses Thema in kritischer Absicht (Antworttyp 4). Zwölf Interviewpartner vermeiden das Thema aus anderen Gründen (14 Antworten waren unklar). Die größte Gruppe der Interviewpartner interpretiert also die Rolle von KPD und NSDAP am Ende der Weimarer Zeit in einer Weise, in der sich deutlich das Konzept des Totalitarismus widerspiegelt. Relativ klein ist die Gruppe derjenigen, die einen solchen Vergleich problematisieren (beziehungsweise vermeiden) und damit jener Position folgen, die das Totalitarismuskonzept aus sozialhistorischer oder faschismustheoretischer Sicht kritisiert (insgesamt 9 Nennungen).

Regional gesehen gibt es die größten Unterschiede zwischen den beiden Groß-

Tabelle 2.3: Vergleich KPD/NSDAP

	Gleich-setzung	Metho-den u. Ziele	Proble-matisie-rung	Vermieden: kritisch	Vermieden: aus anderen Gründen	Unklar	Insge-samt
NRW großstädt. Region	3	5	1	1	3	2	15
NRW ländliche Region	7	4	1	1	2	4	19
SH großstädt. Region	11	1	1	1	4	6	24
SH ländliche Region	7	5	0	3	3	2	20
Insgesamt	28	15	3	6	12	14	78

städten: Während in der nordrhein-westfälischen Großstadt lediglich 3 von 15 Lehrern die Rolle von KPD und NSDAP gleichsetzen, sind es in der schleswig-holsteinischen Großstadt 11 von 24 Lehrern. Demgegenüber brauchen die leichteren Unterschiede zwischen den großstädtischen und ländlichen Regionen nicht weiter berücksichtigt zu werden.

Angesichts der Altersverteilung in unserer Stichprobe (vgl. oben Tabelle 1.2) läge es nahe, die Ergebnisse vor dem Hintergrund der Altersunterschiede zu interpretieren. Da es sich hier um eine kleine, nicht repräsentative Stichprobe handelt, können komplexere statistische Berechnungen nicht durchgeführt werden. Aber anhand der Tabelle 2.4 läßt sich immerhin die Bedeutung der Altersunterschiede etwas fundierter diskutieren. Faßt man die Geburtsjahrgänge bis 1940 und die Jahrgänge ab 1941 jeweils zusammen, so zeichnen sich nur leichte Unterschiede ab; insgesamt unterrichten 14 von 33 älteren Lehrern und 14 von 45 jüngeren Lehrern über KPD und NSDAP im Sinne einer Gleichsetzung. Auch in der schleswig-holsteinischen Großstadt, in der die Totalitarismuskonzeption besonders häufig im Unterricht angewandt wird, zeigen sich nur leichte Unterschiede zwischen den Altersgruppen (7 von den 14 älteren und 4 von den 10 jüngeren Lehrern orientieren sich an der Gleichsetzungsthese). Dies spricht dagegen, die Altersunterschiede als den entscheidenden Grund für die regional unterschiedliche Bedeutung der Totalitarismuskonzeption zu betrachten.

In der folgenden qualitativen Analyse soll anhand von Interviewausschnitten die Art und Weise verdeutlicht werden, in der die Vertreter der unterschiedlichen Antworttypen charakteristischerweise argumentieren. Dabei werden zunächst Interviewausschnitte diskutiert, die einer Kritik am Totalitarismuskonzept (Antworttypen 3 und 4) entsprechen (Interviewausschnitt 2/1 und 2/2), sodann Ausschnitte, die dem traditionellen Totalitarismuskonzept (Antworttyp 1) zuzuordnen sind (Interviewausschnitte 2/3 bis 2/7), und schließlich Interviewausschnitte, in denen die Differenzierung nach Zielen und Methoden (Antworttyp 2) erkennbar wird (Interviewausschnitte 2/8 bis 2/11).

Jene Position, die der Kritik am Totalitarismuskonzept (meist unter Verwendung des Faschismusbegriffs) entspricht, haben in unserer Untersuchung, wie erwähnt, nur drei Interviewpartner vertreten; hinzu kommen sechs, die aus kritischer Absicht das Thema in ihrem Unterricht vermeiden. Angesichts der zum Teil polemischen Auseinandersetzungen bereits auf der Wissenschaftsebene der historischen Literatur (siehe oben Abschnitt 2.1) überrascht es nicht, daß diese Position – zumal als Minderheitenposition und im Bewußtsein dieser Lage – mit Engagement und Schärfe vorgetragen wird. So wird von einer „riesigen Sauerei" gesprochen und beklagt, daß „die Mörder und die Ermordeten ins gleiche Boot" gesetzt und die Opfer „verunglimpft" werden. Auch die aktuelle Bedeutung des Themas ist dem Interviewpartner deutlich vor Augen:

Interviewausschnitt 2/1 (Großstadt, Nordrhein-Westfalen)

Kontext: Frage: Vergleich zwischen KPD und NSDAP. „Was sagen Sie dazu, wie machen Sie das selbst in Ihrem Unterricht?"

Befragter: „Ja, was ich dazu sage, ist also: Aufgrund auch der politischen Auffassungen ist das eine Riesensauerei, eine politische Intention, die dahintersteckt. Ich versuche (das) den Schülern sehr klarzumachen, daß wenn einer das aufstellt, der macht nichts anderes, als daß er die Mörder und die Ermordeten ins gleiche Boot setzt. Und im nachhinein noch (...) die Leute, die dort ihr Leben gelassen haben, verunglimpft. Und das wird (...) den Schülern natürlich sehr einsichtig, (...) weil die auch heute rechts und links (...) beides (für) radikal (halten), oder wie man sie nennt, sind extremistische Parteien. (...) Die Schüler (lesen und hören) häufig dann auch, die beiden (Parteien) haben also die Weimarer Demokratie kaputtgemacht, wie (es) also durchgehend die Konzeption der meisten Bücher ist, weil sie sich nicht parlamentarisch zusammenfinden konnten, disziplinieren konnten. Das wird natür-

Tabelle 2.4: Vergleich KPD/NSDAP, nach Altersgruppen und Regionen

	A. Jahrgänge bis 1940			B. Jahrgänge 1941 und später		
	Gleichsetzung	Andere Antworten	Insgesamt	Gleichsetzung	Andere Antworten	Insgesamt
NRW großstädt. Region	0	3	3	3	9	12
NRW ländliche Region	4	4	8	3	8	11
SH großstädt. Region	7	7	14	4	6	10
SH ländliche Region	3	5	8	4	8	12
Insgesamt	14	19	33	14	31	45

lich durch den Unterricht, wenn man zeigt, wie die Weimarer Republik wirklich kaputtgemacht wurde, (...) schon mal in Frage gestellt. Ein anderes Problem ist dann (...), warum haben dann nicht beide Arbeiterparteien versucht, zusammenzuarbeiten? (...)"

Nachdem der Interviewpartner in dieser Weise das Totalitarismuskonzept zurückgewiesen hat, spricht er aus, was ihn eigentlich beim Nachdenken über diese Zeit bewegt, nämlich die Frage, warum die KPD und die SPD nicht versucht haben, zusammenzuarbeiten. Im weiteren Verlauf geht der Interviewpartner dann auf die Sozialfaschismusthese der damaligen KPD ein und auf die Bedeutung, die der Polizeipräsident Zörgiebel (der zunächst in Berlin und dann im Ruhrgebiet tätig war) hierfür gehabt habe.

Auch im folgenden Interview wird eine Gleichsetzung von links und rechts und damit die historische Erklärung nach dem Totalitarismuskonzept zurückgewiesen. Es wird betont, daß die Weimarer Republik nicht zwischen links und rechts zerrieben wurde, sondern daß ihr Ende „im wesentlichen von rechts kam":

Interviewausschnitt 2/2 (Ländliche Region, Nordrhein-Westfalen)

Kontext: Vergleich der Rolle von KPD und NSDAP. „Spielt das in ihrem Unterricht eine Rolle?"

Befragter: „Ja, das ist so eine häufige Sache, links und rechts, die Kämpfe zwischen links und rechts haben Weimar kaputtgemacht. Also, spielt es eine Rolle? Es spielt insofern eine Rolle, daß eben eigentlich doch klar herausgestellt wurde, daß man das so eigentlich nicht sagen kann, sondern daß eher das Ende der Weimarer Republik im wesentlichen von rechts kam, nicht?"

Diese kritische Position zum Totalitarismuskonzept bleibt jedoch, wie gezeigt, auf eine kleine Minderheit beschränkt, während die entgegengesetzte Position, die dem traditionellen Totalitarismuskonzept im wesentlichen folgt, die deutlich am häufigsten vertretene Position in unseren Interviews ist (28 von 78 Lehrern). Dabei wird die These, daß es – neben anderen Faktoren – die Radikalen von links und rechts gewesen seien, die die Weimarer Republik zerstört haben, mit unterschiedlichen Ereignissen und Argumenten begründet. Ein Argumentationsmuster zielt auf die Interpretation der Wahlergebnisse, aus denen erkennbar sei, daß das Volk „angesichts der wirklich katastrophalen Verhältnisse, der Unfähigkeit des Parlaments, Sofortmaßnahmen zu ergreifen usw.", sich jenen Parteien zugewandt habe, die „radikal genug waren, das zu versprechen". Dabei sei die Mitte „zerquetscht" worden:

Interviewausschnitt 2/3 (Großstadt, Schleswig-Holstein)

Kontext: Frage nach der Rolle von KPD und NSDAP.

Befragter: „(...) Immer wenn es kritisch wird, schreien irgendwelche Leute nach dem starken Mann. Nun war(en) es ja wirklich katastrophale Verhältnisse. Im Parlament wurden sie beraten, und dann ging es in die Ausschüsse und dann zurück ins Parlament, und dann wieder Gesetzgebung, und dann mußte das über die Behörden. Langer Weg. Kennt man auch heute. Die Not forderte Sofortmaßnahmen, meinte das Volk. Zwei Parteien gab es, die das versprachen, nicht? Und die radikal genug waren, das zu versprechen, sagen wir mal so. Und folglich wendeten sich die Wählermassen diesen Parteien zu. Dazu nehme ich eine Graphik, die auch (...) im Geschichtsbuch (abgebildet ist, auf der) nun optisch sehr schön zu erkennen (...) ist, wie die Parteien der Mitte immer mehr in die Zange genommen werden. Praktisch zerquetscht werden. Die Nazis/Kommunisten nehmen immer mehr zu an Stärke. Es wird immer weniger Luft. Zuerst gehen die Kleinen drauf, sind platt wie eine Briefmarke, im wahrsten Sinne des Wortes ist nur ein kleiner Fleck. Auch die SPD (ist) zusammengequetscht."

Im Mittelpunkt dieser Interpretation stehen also nicht die Entwicklung der bürgerlichen Parteien nach rechts und insbesondere die Abwanderung der Wählermassen zur NSDAP. Vielmehr ergibt sich als Bild der Reaktion auf die Krisensituation – aus dem Blickwinkel eines in der Mitte angesiedelten Demokraten – die These von der (gleichgewichtig scheinenden) Abwanderung der Wähler nach links und nach rechts.

Ein anderes Argument, mit dem die Gleichsetzung der Rolle von KPD und NSDAP begründet wird, bezieht sich auf die „Gemeinsamkeit der Methoden, die Gemeinsamkeit im Negativen, Zerstörung der Republik". Diese „Einigkeit in der Negation" bleibt nicht nur prinzipiell, sondern geht bis zur Bildung der „destruktiven Mehrheit". Auch die „paramilitärischen Kampfverbände" werden herangezogen. Interessant ist, daß dem Interviewpartner zwar die Unterscheidung von Zielen und Methoden als Basis einer unterschiedlichen Bewertung von KPD und NSDAP geläufig ist, er diese aber explizit zurückweist, weil auch in den Zielen, den Vorstellungen vom künftigen Staat, „vieles wieder auf das gleiche hinausläuft". Insbesondere die Hervorhebung des Terrors erinnert sehr an die Gedankengänge, die Hannah Arendt in ihrer Untersuchung herausgearbeitet hat. Der aktuelle Bezug wird deutlich, wenn der Interviewpartner sagt, daß er „auch gelegentlich mal polemisch von Rechts- und Linksfaschismus" reden werde. Die Einheit in der Negation, die destruktive Mehrheit, die als gleichsetzbar behandelten Vorstellungen vom künftigen Staat – all dies sind Thesen, die eng mit dem traditionellen Totalitarismuskonzept zusammenhängen. Interessant ist, daß die „destruktive Mehrheit" von NSDAP und KPD in entscheidenden Ereignissen Anfang der dreißiger Jahre (Bruch der Großen Koalition, Auflösung des Reichstags 1930, Sturz Brünings, Ernennung Hitlers) tatsächlich keine Rolle spielte; dennoch wird die rechnerisch ja richtige Möglichkeit dieser Einheit in der negativen Mehrheit als ein historisch gewichtiges Argument herangezogen.

Interviewausschnitt 2/4 (Großstadt, Schleswig-Holstein)

Kontext: Frage nach dem Vergleich von KPD und NSDAP.

Befragter: „Ja, wie soll ich das jetzt konkretisieren. Es ist einleuchtend für die Schüler und auch sehr rasch zu begreifen, daß sowohl die NSDAP als auch die KPD die Republik, die parlamentarisch-demokratische Republik, nicht wollen, daß sie sich also einig sind in der Negation. Diese Einigkeit in der Negation geht bis zur Bildung der befürchteten destruktiven Mehrheit. Das ist für mich ein ganz wesentlicher Schlüsselbegriff zum Verständnis der Zeit zwischen 1930 und 1933, etwas, was ich deshalb auch mit aller Macht versuche, den Schülern deutlich nahezubringen, wobei sie sich übrigens sehr schwertun, merkwürdigerweise, den Begriff überhaupt zu verstehen. Von daher gibt es also einmal von der Zielsetzung her schon eine gewisse Parallelität, wenn man sie im Negativen sieht, im Ziel, die Republik zu zerstören. In der Methode, das ist genauso einfach nachweisbar, haben beide ihre paramilitärischen Kampfverbände, die KPD zeitlich sogar früher als der Nationalsozialismus, wenn auch meines Wissens nicht mit der Straffheit organisiert wie die NSDAP. Was die inhaltlichen Zielsetzungen angeht, da geht's natürlich auseinander, das muß man schon sagen. Aber wie die Dinge zwischen 1930 und 1933 ablaufen, kann man natürlich nicht ständig sagen, bitte Gemeinsamkeit der Methode, Gemeinsamkeit im Negativen, Zerstörung der Republik – aber Unterschiede in der Vorstellung vom künftigen Staat, obwohl dann ja dort auch vieles wieder auf das gleiche hinausläuft, was die Methode, die Herrschaftsmethode in dem neuen Staat angeht. (Die) ist ja in beiden Fällen wieder abgestellt im Grunde genommen auf (...) die abschreckende Wirkung des Terrors. In welcher Form der Terror daherkommt, das steht auf einem anderen Blatt. Ich weiß nicht, ob ich die Frage damit in etwa beantwortet habe, ich meine, klar, daß auf diese Weise die beiden Radikalismen sehr eng zusammenrücken. Und das ist genau das, was dann nachher im Grunde genommen beim Totalitarismus auch wieder deutlich gemacht werden muß. Dann vielleicht auch gelegentlich mal polemisch von Rechts- und Links-Faschismus (zu reden), (um) den Menschen ganz deutlich zu machen, worum es geht. (...)"

Wenn der Interviewpartner sagt, daß auf diese Weise „die beiden Radikalismen sehr eng zusammenrücken", und betont, daß ihm dies „klar" sei, so kann man hieraus entnehmen, daß er sich des problematischen Charakters einer solchen Position im Grunde bewußt ist. Aber er expliziert die Problematik, die eine Kritik am Totalitarismuskonzept nahelegen würde, in keiner Weise, sondern folgt ganz offen dem Denkmuster „links gleich rechts".

Während sich die Gleichsetzung in dem vorstehenden Interviewausschnitt auf die Gleichheit der Methoden (Terror) bezieht, die letztlich auch die Beurteilung der Ziele von Kommunisten und Nationalsozialisten bestimmt, werden im folgenden Interviewausschnitt die Ziele explizit aufgrund ihres in beiden Fällen „programmatischen" Charakters gleichgesetzt. Der Interviewpartner stützt sich dabei auf die Darstellung von Hitlers Weltanschauung bei Sebastian Haffner, vor allem aber auf dessen Frage, ob Hitler „Pragmatiker" oder „Programmatiker" gewesen sei. Da Hitler als Programmatiker anzusehen sei, könne man ihn „tatsächlich mit Marx und dem Marxismus vergleichen", mit dem Unterschied, „daß Hitler nicht nur Lenin oder Marx sein wollte, sondern beides zugleich". Diese globale Gleichsetzung von Kommunisten und Nationalsozialisten, die sich zugleich auf historische Persönlichkeiten, Ideologien und politische Parteien bezieht, veranlaßt den Interviewpartner dann allerdings doch zu einer selbstkritischen Relativierung der Totalitarismusthese, die er „überhaupt", wie er nun sagt, für „etwas bedenklich" hält. Aber aus solchen Bedenken folgt keine Revision der eigenen Deutung, sondern nur mit einem etwas resignierenden Unterton die Einschränkung, daß dieses Totalitarismuskonzept „unsere westliche Anschauung hier" sei:

Interviewausschnitt 2/5 (Großstadt, Schleswig-Holstein)

Kontext: Frage nach dem Links- und Rechtsextremismus in der Weimarer Zeit.

Befragter: „Ja, Links- und Rechtsextremismus hieß ja in der letzten Zeit der Weimarer Republik KPD und NSDAP. Das sind ja die beiden Parteien. Während Links- und Rechtsextremismus am Anfang sehr verschwommen ist. (...) Ich lese jetzt gerade mit dem Oberstufenkurs einen Abschnitt bei Haffner, der heißt: Hitlers Irrtümer. Wo er kurz Hitler als Programmatiker inspiziert, (wobei er) (...) sich auf Eberhard Jäckel ‚Hitlers Weltanschauung' (stützt). Sehr schön zusammengefaßt. Das hat mir sehr viel erspart, über ‚Mein Kampf' zu referieren, was sehr trocken ist. Da ist also ein Versuch, Hitlers Weltanschauung, die völkische und die antisemitische, kurz darzustellen. Und dann wird eben auch gefragt: Ist Hitler ein Pragmatiker oder ein Programmatiker? Haffner sagt das zweite und insofern kann man ihn tatsächlich mit Marx und dem Marxismus vergleichen. Bloß, daß Hitler nicht nur Lenin oder Marx sein wollte, sondern beides zugleich. (Daß) er seine Vorstellung schon zu Lebzeiten verwirklichen wollte, sagt Haffner. Ob ich das (...) zu einer längeren Diskussion, (zu einem) Vergleich ausweiten sollte, das glaube ich nicht. Ich halte diese Vorstellung überhaupt, totalitäre Herrschaft ist totalitäre Herrschaft, ob man das nun exemplifiziert am Nationalsozialismus oder am Marxismus, für etwas bedenklich. Ist unsere westliche Anschauung hier."

Im Verlaufe des Interviews, aus dem dieser Ausschnitt stammt, wird es abgelehnt, auf die parteipolitischen Auseinandersetzungen am Beginn der Weimarer Republik einzugehen. Dies wird vor allem damit begründet, daß diese Fragen in der Forschung noch nicht abschließend geklärt seien. „Da möchte ich mich nicht gerne in den Unterricht wagen mit keinem guten Material. (...) Man muß immer an der Schule ein bißchen abwarten, was sich da als Konsens ergibt." Auch wenn man eine solche Äußerung nicht überinterpretieren sollte, scheint sie in unserem Zusammenhang doch bemerkenswert, und zwar in folgender Hinsicht: Die Zurückhaltung, die der Interviewpartner aus Gründen der Materiallage und des mangelnden Konsenses (der Historiker) in bezug auf den Beginn der Weimarer Republik für sinnvoll hält, scheint für den Zeitraum an deren Ende nicht zu gelten. Im Grunde gibt es jedoch – außer der frühen und sehr vorsichtigen Arbeit von Bracher (1971, S. 87 ff.) – keine systematischen Vergleiche der Rolle von KPD und NSDAP in diesem Zeitraum, sondern nur Darstellungen der beiden Parteien (vgl. Matthias und Morsey 1960; Weber 1982; Horn 1980). Man könnte sogar sagen, daß der Anfang der Republik insoweit besser dokumentiert ist. Entscheidend scheint unter diesen Umständen nicht so sehr das mangelnde oder vorhandene Material, sondern der „Konsens", die Gemeinsamkeit der Betrachtungsweise, eben die – nach Überzeugung des Interviewpartners allgemein anerkannte – Geltung des Totalitarismuskonzepts. „Unsere westliche Anschauung" hilft anscheinend über den Mangel an gutem Material hinweg. Das ist, wie wir noch sehen werden, bei einem anderen Thema ganz anders: Die Frage nach der Rolle der Industrie nämlich ist gekennzeichnet durch eine geradezu minuziöse Kritik an jeder Quelle, die von irgendeinem Autor zur Begründung der Mitverantwortung der Industrie herbeigezogen wurde. Wenn man sich den Aufwand vergegenwärtigt, mit dem im Rahmen dieser Industrie-Diskussion Quellenkritik und Materialrecherchen betrieben worden sind, so muß die Behandlung des Themas „Radikalisierung nach links und rechts" am Ende der Weimarer Zeit – und zwar nicht nur bei diesem Interviewpartner – überraschen.

Der nachfolgende Interviewausschnitt bezieht sich ausführlich auf die Ebene des Systemvergleichs von Stalinismus und Nationalsozialismus. Dabei trägt der Interviewpartner die Argumente jedoch aus Anlaß der Frage nach den Rollen von KPD und NSDAP vor. Er interpretiert also – wie in weniger bestimmter Form schon der vorige Interviewpartner – den Vergleich dieser Rollen deutlich im Zusammenhang mit der allgemeinen Diskussion über den Totalitarismus. Interessant ist, daß er gerade dabei auch ausdrücklich den Gegenwartsbezug herstellt, indem er zum Hauptlernziel erklärt, „daß so etwas nicht geschehen darf, auf jeden Fall nicht in Deutschland wieder geschehen darf". Aus diesem Grunde sei es erforderlich, „die Ähnlichkeiten dieser beiden diktatorischen Regierungssysteme deutlich zu machen". Er hält es sogar für statthaft, dann „ruhig ein Beispiel aus der Sowjetunion herbeizuziehen", obwohl er bedauert, daß der Zweite Weltkrieg in der Bundesrepublik ein bißchen stark in Vergessenheit geraten ist. Es ist die

Option für das liberal-demokratische System, das zum Vergleich von „Hitler – Stalin" führt.

Interviewausschnitt 2/6 (Ländliche Region, Schleswig-Holstein)

Kontext: Frage nach dem Vergleich von KPD und NSDAP.

Befragter: „Also ich weise sehr auf Ähnlichkeiten hin. Ich vergleiche also Hitler mit Stalin. Und auch gerade in diesem Semester (...) habe ich die Spiegel-Serie über Stalin rangezogen. (...) Da habe ich alle das verfolgen lassen und habe also aus dieser Serie auch eine Klausur genommen. Und Stalin wird da ja wirklich hart kritisiert in der Serie. (...) Er wird hart kritisiert, damit auch der Stalinismus. Und da kann man also sehr viele Parallelen zu Hitler und zum Nationalsozialismus finden. Also von daher versuche ich die Ähnlichkeit dieser beiden diktatorischen Regierungssysteme deutlich zu machen. Auch vom Verbrechen her kann man ja Parallelen da ziehen (...), von (den) Verfolgungen, (den) Millionen Menschen, die umgekommen sind. (...) Na gut, man kann sagen, nicht ganz so maschinell, wie nachher bei Hitler, aber das ist ja doch auf brutalste Art und Weise dort (...) durchgesetzt worden. Und wie gesagt, wenn eines der Hauptlernziele sein soll, daß so etwas nicht wieder geschehen darf, auf jeden Fall nicht in Deutschland wieder geschehen darf, das muß ja unser erstes Augenmerk sein, also dann kann ich auch ruhig ein Beispiel aus der Sowjetunion herbeiziehen, auch wenn ich natürlich weiß, daß vielleicht dieser unvergessene Krieg (...) bei uns vielleicht doch ein bißchen zu sehr in Vergessenheit geraten ist. (...)"

Eine gewisse Problematisierung des Totalitarismuskonzepts könnte sich daraus ergeben, daß der Nationalsozialismus unstreitig eine deutliche antimarxistische Programmatik (und später Praxis) hatte und daß das nationalsozialistische Regime bereits in den ersten Wochen seines Bestehens die Organisationen der Arbeiterbewegung gewaltsam auflöste. Wer also die Rolle von KPD und NSDAP am Ende der Weimarer Zeit mehr oder weniger gleichsetzt, sieht sich mit dem Problem konfrontiert, daß die Kommunisten nach der Machtübernahme des Nationalsozialismus zu den ersten Opfern des neuen Regimes gehören. Schon wenn es um jene Phase geht, die man oft als „Gleichschaltung" bezeichnet, müssen die Kommunisten, die gerade noch als Täter gegen die Republik gekennzeichnet wurden, als Opfer des Nationalsozialismus behandelt werden. Im folgenden Interviewausschnitt wird diese Frage in einer bemerkenswerten Weise thematisiert, indem das „nachträgliche Geschrei der KPD über die Machtergreifung" als „heuchlerisch und pharisäerhaft" bezeichnet wird. Es entstehe das Bild, „als beschwere sich der eine Dieb über einen anderen, der ihm (...) zuvorgekommen ist". Daß die KPD ein gerüttelt Maß Verantwortung für den Untergang der Weimarer Republik trage, wird insbesondere mit der Beteiligung der Kommunisten und Nationalsozialisten am Streik der Berliner Verkehrsbetriebe begründet.

Interviewausschnitt 2/7 (Ländliche Region, Nordrhein-Westfalen)

Kontext: Frage nach dem Vergleich der Rolle von KPD und NSDAP am Ende der Weimarer Zeit.

Befragter: „Also ich gehe prinzipiell davon aus, was ja nun auch historisch belegbar ist, daß beide Parteien, die eine auf dem rechten, die andere auf dem linken Flügel, zu den unversöhnlichen Gegnern dieses Staates gehört haben. Und mir persönlich – und ich verhehle diesen Standpunkt, den ich jetzt äußere, auch gegenüber den Schülern nicht – kommt deswegen dieses nachträgliche Geschrei der KPD über die Machtergreifung durch die Nationalsozialisten immer so etwas heuchlerisch und pharisäerhaft vor. Mir kommt es immer so vor, als beschwere sich der eine Dieb über einen anderen, der ihm, weil er vielleicht brutaler, geschickter, entschlossener war, nur zuvorgekommen ist. Deswegen betrachte ich auch den

Antifaschismus der KPD immer etwas mit Vorsicht. Also, der ist unbezweifelbar; nur ist es ein Unterschied, meine ich, im Hinblick auf die Motive, ob ich so etwas wie Nationalsozialismus (...) aus humanitären, aus moralischen Gründen ablehne, oder ob ich nur vom Standpunkt einer anderen politischen Ideologie ablehne. Und daß die KPD in gerütteltem Maß am Untergang dieses Staates mit beigetragen hat, geht ja eindeutig (aus den Quellen) hervor. Dokumentarischer Beleg ist ja nun eben dieses berühmte Bild, wo Walter Ulbricht neben Göbbels auf der Tribüne sitzt anläßlich dieses Verkehrsstreiks der Berliner Verkehrsbetriebe. Und daß außerdem die Komintern-Zentrale hinsichtlich ihrer Einschätzung des Nationalsozialismus vollkommen falsch reagiert hat, ist auch erwiesen. Also die KPD wollte sicherlich genauso wie die Nationalsozialisten den Weimarer Staat zerstören. Darüber gibt es für mich überhaupt keinen Zweifel. Man braucht sich auch bloß die Angriffe etwa ganz maßgeblicher KPD-Leute gegen (...) den Weimarer Staat (und die ihn) im wesentlichen mittragende SPD ansehen. Dann ist das eigentlich, meine ich, aufschlußreich genug. Und das, meine ich, soll man auch ganz deutlich zum Ausdruck bringen."

Der Streik der Berliner Verkehrsarbeiter, der im gesamten Reich große Beachtung fand, wird auch in anderen Interviewausschnitten eine Rolle spielen. Er fand vom 3. bis zum 9. November 1932 statt, also unmittelbar vor und nach den entscheidenden Reichstagswahlen vom 6. November 1932. In einer neueren, lokalhistorisch orientierten Untersuchung wird über diesen BVG-Streik folgendes ausgeführt:

„Bei diesem BVG-Streik handelte es sich im Grunde um einen ‚wilden Streik', denn die vom ADGB (Allgemeiner Deutscher Gewerkschaftsbund) aus Protest gegen die Lohnkürzungen durchgeführte Urabstimmung hatte nicht zu der für einen Streikbeschluß notwendigen Dreiviertelmehrheit geführt. Allerdings hatten sich über 70 Prozent der erbitterten Belegschaftsmitglieder, die nun noch weniger Geld bekamen, für einen Streik ausgesprochen. Die Funktionäre der kommunistischen RGO (Rote Gewerkschaftsopposition) und der nationalsozialistischen NSBO (Nationalsozialistische Betriebszellenorganisation) nutzten die Erregung der Angestellten und Arbeiter der BVG über das Verhalten der Betriebsleitung und des ADGB für ihre Zwecke aus, um den Einfluß ihrer Organisationen auszubauen, die bisher vom übermächtigen ADGB als ‚Spalter-Gewerkschaften' beschimpft und bekämpft worden waren. (...) Offensichtlich hat sich Göbbels sehr intensiv für die Beteiligung am Streik eingesetzt, weil er der Öffentlichkeit zeigen wollte, ‚daß es sich bei der NSDAP in der Tat um eine neue Art des politischen Handelns und um eine bewußte Abkehr von den bürgerlichen Methoden handelt'. Nationalsozialisten wie Kommunisten (von der DDR-Geschichtsschreibung wird der BVG-Streik nach wie vor als große und erfolgreiche antifaschistische Aktion gefeiert!) haben dann später von sich behauptet, jeweils die eigentliche Leitung des Streiks in Händen gehabt zu haben. Tatsächlich haben nationalsozialistische und kommunistische Streikposten, denen es gelang, den Verkehr der Busse, Straßenbahnen und U-Bahnen lahmzulegen, eng zusammengearbeitet. Es soll sogar Versammlungen gegeben haben, auf denen Göbbels und Walter Ulbricht, der sich noch nach 1933 als Führer des BVG-Streiks feiern ließ, gemeinsam aufgetreten sind. Göbbels hat übrigens in seinem Tagebuch zugegeben, daß die Nationalsozialisten während des Streiks in ‚eine unangenehme, aber unvermeidliche Tuchfühlung' mit den Kommunisten geraten seien. Daher hielt er es für notwendig, nach dem Abbruch des völlig ergebnislosen Streiks wieder ‚Abstand' von der KPD zu nehmen und diese wieder ‚mit größerer Schärfe' anzugreifen." (Burkert u. a. 1982, S. 28 f.)

Von den beiden extremen Positionen war jene, die das Totalitarismuskonzept zurückweist, relativ selten vertreten, während die Position, die dem traditionellen Totalitarismuskonzept folgt, relativ am häufigsten vorkam (28 von 78 Lehrern). Relativ häufig war auch die dazwischenliegende Position, die zwar hinsichtlich der Ziele zwischen NSDAP und KPD unterscheidet, aber die Methoden und Wirkungsweisen beider Parteien im wesentlichen als gleich zerstörerisch für die Republik bewertet. Innerhalb dieser Position, die im einzelnen einen fließenden Übergang zur traditionellen Totalitarismuskonzeption erkennen läßt, sind durchaus unterschiedliche Akzentsetzungen festzustellen, je nachdem, welcher Stellenwert der Gleichartigkeit der Methoden und Wirkungsweisen bei dem Vergleich zwischen KPD und NSDAP zukommt.

Die Nähe zum Totalitarismuskonzept wird in folgendem Interviewausschnitt deutlich, in dem das „Übergewicht" der radikalen Parteien betont wird, durch das der demokratische Staat „nicht mehr funktionieren konnte". Dennoch wird Wert darauf gelegt, daß die Unterschiede „von den Zielsetzungen her" im Unterricht „herausgearbeitet worden" sind:

Interviewausschnitt 2/8 (Großstadt, Schleswig-Holstein)

Kontext: Frage nach dem Vergleich von KPD und NSDAP.

Befragter: „Wir haben Vergleiche gemacht, soweit das die Wirkung der Parteien betraf, das heißt, daß die radikalen Parteien so weit im Übergewicht waren, daß die demokratischen Parteien sich nicht entwickeln konnten und auch der demokratische Staat nicht mehr funktionieren konnte. Aber von den Zielsetzungen her sind die Unterschiede dann herausgearbeitet worden."

Diese relativ knappe Gegenüberstellung von Zielsetzungen einerseits und Wirkungsweise der Parteien andererseits wird im nachfolgenden Interviewausschnitt stärker thematisiert. Es gebe zwar „ähnliche oder identisch umgeprägte Methoden", aber die Ziele seien vollkommen unterschiedlich, „sowohl vom moralischen Anspruch her als auch der Redlichkeit ihres Begründungszusammenhanges". Aber obwohl „Kommunisten und Faschisten" nicht „in einen Topf" geworfen werden sollten, wird im Zusammenhang mit der Themenverteilung beim Geschichtsunterricht hervorgehoben, am Ende der Weimarer Zeit stelle sich heraus, „daß Weimar eigentlich von zwei Seiten torpediert wird, von links und von rechts". Hier heißt es nun, daß die beiden Gruppen zwar sehr unterschiedlich seien, aber „gemeinsam in ihrem Ziel, Weimar zu bekämpfen". Es wird deutlich, daß die Unterscheidung von Zielen und Methoden hier zwar nicht nur eine formale und abstrakte Unterscheidung zwischen KPD und NSDAP bedeutet, aber doch in einer Weise durchgeführt wird, in der die Tradition des Totalitarismusbegriffs sichtbar bleibt.

Interviewausschnitt 2/9 (Großstadt, Nordrhein-Westfalen)

Kontext: Schulinterne Verteilung der Themen im Geschichtsunterricht in der Sekundarstufe II.

Befragter: „(Im zweiten Semester des 11. Jahrgangs), in 11/II (wird) Weimar (unterrichtet). Und am Ende der Weimarer Republik stellt sich dann heraus, daß Weimar eigentlich von zwei Seiten torpediert wird, von links und von rechts, und diese Leute sehr unterschiedlich sind, aber gemeinsam in ihrem Ziel, Weimar zu bekämpfen. Und dann stellt sich immer die Frage, was behandelt man zuerst." (Gemeint ist Bolschewismus oder Nationalsozialismus.)

Später wird nach einem Vergleich von NSDAP und KPD gefragt.

Befragter: „Ja, das kann man auch vielleicht ganz einfach zusammenfassen. Daß zwar ähnliche oder identisch umgeprägte Methoden eingesetzt werden, daß aber die Ziele, die dahinterstehen, sowohl vom moralischen Anspruch her, als auch der Redlichkeit ihres Begründungszusammenhangs her, vollkommen unterschiedlich sind.

Das wäre so das, worauf ich ganz besonderen Wert lege, daß man hier nicht Kommunisten und Faschisten, so in Anklänge an die Totalitarismustheorie, in einen Topf wirft."

Obwohl im weiteren Verlauf dieses Interviews auch die antimarxistische Orientierung des Nationalsozialismus dargestellt wird, bleibt festzuhalten, daß dem Zusammenwirken von links und rechts in diesem Interview ein relativ hoher Stellenwert beigemessen wird. Zwar werden die allgemeineren Ziele betont auseinandergehalten, aber der Kampf gegen die Weimarer Republik wird als gemeinsames Ziel sowohl von Kommunisten als auch von Nationalsozialisten bezeichnet.

Auch in dem folgenden Interviewausschnitt werden die Zielsetzungen als „divergent" bezeichnet, so daß es unmöglich sei, beide Seiten gleichzusetzen. Dennoch wird auch hier auf „Übereinstimmungen" in den Methoden hingewiesen und betont, die eine Seite habe „von links und die andere Seite hat von rechts an Weimar und an der Demokratie geknabbert".

Interviewausschnitt 2/10 (Ländliche Region, Nordrhein-Westfalen)

Kontext: Frage nach der Gleichsetzung von KPD und NSDAP.

Befragter: „(...) Zwei Parteien, selbst wenn sie das gleiche tun und sich gleicher Mittel bedienen, haben eben derartig unterschiedliche Ansätze. Ich meine, es ist ja nun schließlich bekannt, daß der Nationalsozialismus durchaus vom russischen Modell gelernt hat. Und von daher gesehen ergeben sich einfach in den Methoden Übereinstimmungen, die natürlich geschichtlich (betrachtet) sehr leicht dazu führen, die beiden haben eine ganz ähnliche Rolle gespielt. Gut, die eine Seite hat von links und die andere Seite hat von rechts an Weimar und an der Demokratie geknabbert. Trotzdem sind die Zielsetzungen so divergent, daß es unmöglich wäre, die beiden gleichzusetzen."

Den divergenten Zielsetzungen wird in diesem Interview offensichtlich ein Gewicht beigemessen, das zu dem Urteil berechtigt, daß die Unterscheidung der beiden Seiten in ihren Zielen und Inhalten nicht nur formal verstanden wird. Noch deutlicher gilt dies für den folgenden Interviewausschnitt, in dem mit einiger Sympathie die humane und menschenfreundliche Tradition der KP erwähnt und sowohl vom Stalinismus als auch von der auf Ungleichheit abzielenden Rassenideologie der Faschisten abgegrenzt wird. Erst in dem Augenblick, wo die Kommunisten „die Masse zum Heil gezwungen" haben, werde eine „Diktatur" ausgeübt, die „unmenschlich" sei. Hier wird also nicht nur die Zielsetzung zwischen Kommunisten einerseits und Nationalsozialisten andererseits auseinandergehalten, sondern auch die Zielsetzung der Kommunisten und ihre unmenschliche Diktatur. Was nun die Rolle von KPD und NSDAP am Ende der Weimarer Zeit angeht, so wird gesagt, daß sie „gleich zerstörerisch für die demokratische Mitte" gewesen sei; so hätten sich die Kommunisten, die „noch keine Euro-Kommunisten" gewesen seien, verweigert; andererseits wird hervorgehoben, daß es auch einen kommunistischen Widerstand gegeben habe. Die zerstörerische Leistung wird neben der Verweigerung auch mit den Wahlergebnissen und mit dem „Terror der Straße" begründet. Hier wird auf ein aktuelles Ereignis Bezug genommen (das Attentat auf den Bundesanwalt Buback), an dem sich die „Unmenschlichkeit" der Sprache zeigen lasse, die sich „ganz links oder ganz rechts" finden lasse. Schließlich wird, was die Rolle der KPD Ende der Weimarer Zeit angeht, eingeräumt, daß es wenig Material gebe, aus dem sich die Politik der KPD in jener Zeit ersehen lasse.

Interviewausschnitt 2/11 (Ländliche Region, Schleswig-Holstein)

Kontext: Frage nach dem Vergleich von KPD und NSDAP.

Befragter: „Für mich ist ganz schwierig in diesem Zusammenhang darzustellen, einmal daß der Ansatz der KPD eben lange nicht so menschenverachtend, (...) überhaupt eigentlich nicht menschenverachtend ist. Ich verwechsele KPD nicht mit Stalin. KPD ist auch Rosa Luxemburg, und das sind eben andere Leute. Die Wurzel der KPD in der Philosophie Karl Marx' ist für mich eine menschenfreundliche, ein menschenfreundlicher Ansatz, der hat im Grunde erstmalig geschichtswirksam ins Bewußtsein gerückt das Problem der Entfremdung. Von dorther bin ich nicht bereit, die Parteien, die in Nachfolge hier stehen, in einem Atemzug zu nennen mit den faschistischen Parteien. Weil (...) die Wurzel für mich eigentlich eine mitmenschliche ist, während die faschistischen Parteien aufgrund ihrer Rassenideologie einfach die Ungleichheit der Menschen predigen. Wo ich dann eben meine Bedenken habe, (...) (und) das (...) habe ich historisch auch darzustellen, (ist), daß sie eben an einen Punkt kommen, (...) das ist die berühmte Kette, die in den Geschichtsbüchern immer wieder gemacht wird, die ich auch nachvollziehen kann, von Rousseau über Robespierre bis hin zu den Exekutoren irgendwelcher Revolutionen, die dann eben einfach die Masse zum Heil zwingen. Und (...) dann über die Rolle der Partei, was das für Konsequenzen hatte, daß hier die Diktatur ausgeübt wird. Da stelle ich dann auch Dinge als unmenschlich dar. Die Funktion, die die KPD und die NSDAP haben, ist zum Teil, daß sie in einem Punkt, das kann ich nachvollziehen, gleich zerstörerisch für die demokratische Mitte gewesen sind. Wobei ich (...)"

Interviewer: „Da denken Sie dann an ...?"

Befragter: „Ja, in der Verweigerung einfach. Sie sind eben noch keine Euro-Kommunisten. Oder sie sind noch nicht bereit, sich irgendwie einbinden zu lassen. Wir haben eben noch nicht Frankreich, oder wie ich das sagen soll. Wobei ich ja eben auch großen Wert lege, da drauf zu zeigen, daß es nicht nur den Widerstand der Stauffenberg und Moltke gegeben hat, sondern daß es eben Herbert Wehner gegeben hat oder eben daß es den kommunistischen, daß es viele kleine kommunistische Funktionäre gegeben hat, die durchaus bereit gewesen sind ..."

Interviewer: „Woran machen Sie die zerstörerische Leistung jetzt fest? An Wahlergebnissen oder an sonstigen Ereignissen?"

Befragter: „Ja (...) einmal natürlich daran und dann an dem, was eben auch ganz wichtig hier ist, oder was ich immer wieder anbiete, das ist der Terror der Straße. Da fällt mir jetzt gerade ein, ich weiß nicht, wieweit ich das in der letzten Klasse gemacht habe, aber in einer anderen Untersekunda (...) – ja, das war ein Jahr davor (...), wo das Buback-Attentat gewesen ist. Und die Unmenschlichkeit, die hier nun von links kam, die eigentlich faschistoide Sprache, indem der Mensch seiner Menschlichkeit entkleidet wird. ‚Macht die Bullen alle' oder irgendwelche solche Sprachhülsen, die die Hemmschwelle herabsetzen. Daß wir die finden ganz links oder ganz rechts, oder finden können, oder genau hingucken müssen. Wo ich zugeben muß, wo ein Defizit bestimmt ist, (...) ich meine, die Frage hebt das jetzt in mein Bewußtsein, ist, daß wir kein Material hier zur Verfügung haben, und ich auch nicht danach gesucht habe, das muß ich jetzt ganz klar sagen, wie die Partei zu der Zeit programmatisch denkt, weiß ich eigentlich gar nicht."

Interviewer: „Jetzt die KPD?"

Befragter: „Ja. Wenn ich das korrekterweise jetzt gleichsetzen wollte, müßte ich wissen, welche Statements so oder so gibt es gerade jetzt zur Demokratie oder deren Überwindung, was vergleichbar wäre dem, was in ‚Mein Kampf‘ steht, oder dieses Goebbels-Zitat, was hier jetzt auch drin ist, wo die ganz klar gesagt haben, wir gehen hinein, und dann werden wir das auf unsere Art umformen."

Bemerkenswert ist hieran wiederum, daß bei der Gleichsetzung der zerstörerischen Leistung von KPD und NSDAP am Ende der Weimarer Zeit auf wenige Quellen und Materialien zurückgegriffen wird. Das weitverbreitete Deutungsmuster der Radikalisierung nach links und rechts wird für so selbstverständlich genommen, daß es ohne eine besondere materialmäßige Aufbereitung in den Unterricht eingeführt wird. Wir hatten schon darauf hingewiesen, daß es über die Frage nach der Art und Weise der Beteiligung von KPD und NSDAP bei den Straßenkämpfen am Ende der Weimarer Republik unseres Wissens keine Untersuchungen gibt, in denen etwa nach der Unterschiedlichkeit der Organisation, Vorgehensweise, Brutalität, Aggressivität von kommunistischen und nationalsozialistischen Kampfverbänden systematisch und vergleichend gefragt worden wäre.

Schließlich ist bemerkenswert, daß auch in diesem Interview auf die zusammenfassende Interpretation der Wahlergebnisse zu den Reichstagswahlen Anfang der dreißiger Jahre Wert gelegt wird. Dies ist eines der häufigsten Argumente, die zur Begründung der These von der Radikalisierung nach links und rechts ins Feld geführt werden. So heißt es in einem anderen Interview: „Und dann eben die Entwicklung bei den Wahlergebnissen, dieses Anwachsen der beiden Flügel." Am Beispiel der Septemberwahlen von 1930 wurde bereits darauf hingewiesen, daß sich dieses Wahlergebnis durchaus unterschiedlich interpretieren läßt, nämlich entweder als Radikalisierung nach links und rechts oder als Radikalisierung nach rechts. Während Anhänger der Totalitarismusthese gern auf die Radikalisierung nach links und rechts hinweisen, wird von Kritikern dieser These eher die relative Konstanz des linken Wählerbestandes von KPD und SPD hervorgehoben und die Wählerbewegung nach rechts in Richtung auf NSDAP betont.

Von einem Autor, der durchaus nicht als Kritiker des Totalitarismuskonzepts zu betrachten ist, wird begründet, warum der Hinweis auf die Entwicklung nach rechts die wichtigere Aussage über die Ergebnisse der Reichstagswahlen von 1930 bis 1933 ist: „Die in SA und Rotfrontkämpfer-Bund organisierten Arbeitslosen boten zwar das auffallendste, weil lautstärkste Anzeichen für den Zerfall der demokratisch-liberalen Staatsordnung, aber die eigentliche Gefahr lag in der zunehmenden Zersetzung der breiten bürgerlichen Mitte durch den Nationalsozialismus. (...) Die eigentliche Erosion ging quer durch die Reihen der bürgerlichen Parteien von der DDP bis hin zur DNVP, deren Anhängerschaft zwischen 1928 und 1932 von 38,7 auf 14,2 Prozent sank, und das bei gleichzeitigem scharfem Rechtsruck aller dieser Parteien mit nur partieller Ausnahme der Staatspartei, der früheren DDP. Diese Aushöhlung des bürgerlich-demokratischen Potentials kam fast ausschließlich der NSDAP zugute, die im selben Zeitraum ihren Stimmenanteil von 2,6 auf 31,1 Prozent erhöhte, und blieb gegenüber den Aufmärschen, Kundgebungen und Krawallen, die zunehmend das Straßenbild beherrschten, nach außen hin fast unsichtbar.“ (Schulze 1977, S. 659 f.) Zwar verloren auch die Hauptpfeiler der Weimarer Koalition, SPD und Zentrum, in dieser Zeit, aber das Zentrum lediglich von 12,1 auf 11,9 Prozent und die SPD von 29,8 auf 20,4 Prozent – „kein allzu großer Verlust, bedenkt man ihre unpopuläre Tolerierungspolitik und die gefährliche Nachbarschaft der KPD“ (a. a. O.). Gerade vor dem Hintergrund unserer Überlegungen zu den Be- und Entlastungseffekten historischer Interpretationen ist der letzte Punkt von zentraler Bedeutung. Der Hinweis auf die beiden Flügelparteien und ihre – zwar auch damals vielbeachtete, aber punktuelle und für beide politisch peinliche – Zusammenarbeit beim Volksentscheid in Preußen 1931 und beim BVG-Streik 1932 lenkt die Aufmerksamkeit davon ab, daß – wie Schulze betont – die Parteien der sogenannten Mitte und der Rechten und erst recht ihre Anhängerschaft sich immer deutlicher in Richtung NSDAP bewegten. Insofern kann man sagen, daß der Belastung der KPD eine Entlastung der Mitte-/Rechtsparteien korrespondiert.

In dem zuletzt zitierten Interview 2/11 wurde Wert darauf gelegt, „daß es nicht nur den Widerstand von Stauffenberg und Moltke gegeben hat, sondern daß es eben Herbert Wehner gegeben hat (...)“. Mit entgegengesetzter Akzentsetzung hat dies auch im Interviewausschnitt 2/7 eine Rolle gespielt. Insgesamt wird das Thema „Kommunisten als Opfer des Nationalsozialismus“ in den Interviews relativ selten erwähnt – und dies, obwohl wir als einen der vier Themenkomplexe, zu denen ausführlichere Nachfragen gestellt wurden, das Thema Widerstand ausgewählt hatten. Wie erwähnt, ging es uns bei letzterem allerdings nicht so sehr darum, die unterschiedlichen Interpretationsmuster zum Thema Widerstand herauszufinden, als vielmehr nochmals um die Frage, in welcher Weise die Eliten und ihre Rolle in den Unterricht eingeführt werden.

Zu Beginn dieses Interviewteils stellten wir die Frage, welche Schwerpunkte bei der Behandlung des Themas Widerstand gesetzt würden (und gegebenenfalls, auf welche Gruppen besonderer Wert gelegt werde). Dadurch ergab sich für die Interviewpartner die Möglichkeit, spontan – in der Regel wurden dazu keine weiteren Nachfragen gestellt – auch den kommunistischen Widerstand zu erwähnen. Von den 78 Lehrern erwähnten 34 beim Thema Widerstand die Kommunisten überhaupt nicht; 11 erwähnten die Aktivitäten der „Roten Kapelle“, und 20 Lehrer betonten im Laufe des Interviews, daß die Kommunisten zu den Opfern des NS-Regimes zu zählen seien (bei 13 Lehrern blieb diese Frage unklar). Obwohl sich also sowohl bei der Frage nach der Rolle von KPD und NSDAP als auch bei der Frage nach den Schwerpunkten im Widerstand Gelegenheiten geboten hätten, die Kommunisten als Opfer der Nationalsozialisten spontan zu erwähnen, haben dies lediglich 20 Lehrer getan.

Vergegenwärtigt man sich in einer zusammenfassenden Beurteilung die Variationsbreite der Positionen, die in der historischen Literatur vertreten werden, so zeigt sich in den Interviews eine deutliche Verengung dieses Spektrums. Bei der Literatur hatten wir drei Positionen hervorgehoben, nämlich die Vertreter des Totalitarismuskonzepts, die (sozialhistorisch orientierten) Kritiker dieses Konzepts und die Vertreter des Faschismusbegriffs. In unseren Interviews haben wir drei beziehungsweise vier Antworttypen gefunden, doch lassen sie sich nicht unmittelbar den drei Positionen aus der Literatur zuordnen. Der erste Antworttyp, der dem Totalitarismuskonzept folgt, ist zwar insoweit auf beiden Ebenen identisch. Er wurde von 28 der 78 Lehrer vertreten (vgl. Interviewausschnitte 2/3 bis 2/7). Demgegenüber ist der zweite Antworttyp, in dem Interviewpartner zwischen Zielen und Methoden unterscheiden, nicht identisch mit der totalitarismuskritischen Position in der Literatur. Die Vertreter der letzteren gehen über die Unterscheidung von Methoden und Zielen beim Bolschewismus und Nationalsozialismus weit hinaus, indem sie nicht nur die Ziele, sondern auch die sozialen Bedingungen, Inhalte und Funktionen von Bolschewismus und Nationalsozialismus einander gegenüberstellen. In unserem zweiten Antworttyp findet sich eine partielle Aufnahme dieser kritischen Position. Insgesamt 15 der 78 Lehrer sind dieser Unterscheidung von Zielen und Methoden und damit einer partiellen Kritik am Totalitarismuskonzept gefolgt (vgl. Interviewausschnitte 2/8 bis 2/11). Dem dritten und vierten Antworttyp schließlich, in dem das Totalitarismuskonzept explizit problematisiert oder aus kritischen Gründen vermieden wird, entsprechen auf der Ebene der Literatur in wesentlichen Teilen sowohl Kritiker des Totalitarismuskonzepts als auch Vertreter des Faschismusbegriffs. Die Zahl der Historiker, die eine solche Kritik der Totalitarismusthese vertreten (oder für einen Faschismusbegriff eintreten), scheint auch im Verhältnis zu jenen Historikern, die mit der Totalitarismuskonzeption die erste Position vertreten, relativ groß zu sein. Demgegenüber vertreten in unseren Interviews nur 9 von 78 Lehrern diese explizit kritische Position (vgl. Interviewausschnitte 2/1 und 2/2).

Zusammenfassend kann man also sagen, daß das Interpretationsspektrum der Standardliteratur zum Thema Totalitarismus auch auf der Ebene der Lehrerinterviews vorhanden ist, daß aber die Kritik am Totalitarismusbegriff in der historischen Literatur erheblich stärker verbreitet ist als bei den befragten Lehrern. Dabei ist die traditionelle Variante des Totalitarismuskonzepts in der schleswig-holsteinischen Großstadt besonders stark und in der nordrhein-westfälischen Großstadt besonders selten vertreten.

2.3 Lehrpläne, Erlasse und das Totalitarismuskonzept

2.3.1 Das Totalitarismuskonzept und die Lehrplaninhalte

Zum Zeitpunkt der Befragung (1981) galten in Nordrhein-Westfalen und Schleswig-Holstein in folgendem Umfang Lehrpläne und Erlasse, die für das Totalitarismuskonzept Bedeutung haben (vgl. oben Abschnitt 1.4 und den Abdruck der Texte im Anhang): Während es in Nordrhein-Westfalen noch keine neuen „Richtlinien Geschichte“ für die gymnasiale Oberstufe gab (und die alten von 1963 praktisch unbekannt waren), galten in der Sekundarstufe I die „Vorläufigen Richtlinien Geschichte“ von 1978. Hinzu kommt für beide Schulstufen (und für alle Schularten) der Runderlaß des Kultusministers von 6. Juli 1978 zur „Behandlung des Nationalsozialismus im Unterricht“. In Schleswig-Holstein war für die Sekundarstufe I der „Lehrplan Gymnasium. Geschichte. Klasse 9" von 1976 in Kraft; für die Sekundarstufe II galt der „Lehrplan Gymnasium. Gemeinschaftskunde. Gymnasiale Oberstufe" von 1976, in dem vor allem das Kursthema 11 einschlägig war: „Totalitäre Herrschaft am Beispiel des Bolschewismus und des Nationalsozialismus".

Besonders für Schleswig-Holstein hat darüber hinaus der Beschluß der KMK vom 5. Juli 1962, „Richtlinien für die Behandlung des Totalitarismus im Unterricht", Bedeutung, der formell im Wortlaut übernommen wurde. In diesen Richtlinien von 1962 werden zunächst die Merkmale und dann die Formen des Totalitarismus und schließlich methodische Hinweise zum Unterricht dargestellt. Unter der Überschrift „Merkmale des Totalitarismus" heißt es:

„Der Totalitarismus
gründet sich auf eine Ideologie, die den Charakter einer Ersatzreligion und Heilslehre hat;
beansprucht uneingeschränkte Beherrschung und völlige Durchdringung des gesamten öffentlichen und privaten Lebens;
setzt die Alleinherrschaft einer Partei durch und schaltet jegliche Opposition aus;
benutzt demokratische Formen zur Scheinlegitimierung der Diktatur einer Minderheit;
herrscht mit systematischem, politischem, geistigem und seelischem Terror, der grundsätzlich jeden, selbst die eigenen Anhänger, bedroht, sich aber vor allem gegen bestimmte, zu Feinden erklärte Gruppen richtet;
mißachtet die Würde des Menschen;
verfälscht und mißbraucht werthaltige Begriffe (Frieden, Freiheit, Demokratie, Sozialismus, Ehre, Vaterland u. a.) und pervertiert sittliche und rechtliche Werte im Dienste der Parteiziele (‚Die Partei hat immer recht');
erstrebt die Weltherrschaft."

Dieser klassischen Definition des Totalitarismus, die sich im wesentlichen auf die Studie von C. J. Friedrich (1957) stützen kann, folgt eine genauere Beschreibung der beiden Formen des Totalitarismus, „Nationalsozialismus" und „Bolschewismus" in jeweils fünf Unterpunkten. Der erste Punkt zum Nationalsozialismus hat die Überschrift: „Der Weg in den totalitären Staat" und nennt folgende Stichworte: „Hitler, Entstehung und Ziele der NSDAP – der 30. Januar 1933 – Zerstörung der verfassungsmäßigen und rechtsstaatlichen Ordnung (Aufhebung der wichtigsten Grundrechte durch die Verordnung vom 28. Februar 1933. Ermächtigungsgesetz, der sogenannte ‚Röhm-Putsch') – Gleichschaltung des politischen und gesellschaftlichen Lebens." Die anderen Punkte beziehen sich auf das Terrorsystem, Hitlers Eroberungspolitik, den Zweiten Weltkrieg als Katastrophe Europas und den deutschen Widerstand. Parallel dazu gibt es fünf Punkte zum Bolschewismus, nämlich die bolschewistische Revolution 1917 bis 1921 und die Errichtung der Diktatur des Proletariats; hierzu heißt es im einzelnen: „Entstehung und Ziele des Bolschewismus; Lenin – gewaltsame Machtübernahme durch eine Minderheit (‚Oktoberrevolution') – Bürgerkrieg, Beseitigung der bisher führenden Schichten und Ausschaltung aller Gegner –

Unterdrückung der Religionsgemeinschaften – Anfänge der Geheimpolizei (Tscheka) – Unterwerfung selbständig gewordener Völker des ehemaligen Zarenreichs (Ukrainer, Georgier und andere) – weltrevolutionäre Bestrebungen (Förderung von Aufständen, Komintern)." Es folgen die Punkte „Stalins ‚Aufbau des Sozialismus in einem Lande'", „Die sowjetische Außenpolitik im Dienste der Machtausbreitung des Bolschewismus", „Der Bolschewismus als Weltmacht", „Der Widerstand der Unterdrückten gegen den Bolschewismus" (mit Hinweisen auf Kronstadt 1921, 17. Juni 1953, Ungarn 1956 und andere).

Betrachtet man diese Richtlinien vor dem Hintergrund der Diskussion über den Totalitarismus, so fällt auf, daß sich die Richtlinien schwerpunktmäßig auf den Aufbau und die Funktionsweise der beiden Regime konzentrieren, während die Frage, unter welchen ökonomischen, sozialen und kulturellen Voraussetzungen es möglich war, daß einerseits die Nationalsozialisten und andererseits die Kommunisten an die Macht gekommen sind, praktisch nicht behandelt wird. Während bei dem Thema Bolschewismus die gewaltsame Machtübernahme durch eine Minderheit und der Bürgerkrieg hervorgehoben werden, heißt es beim Thema Nationalsozialismus lediglich „Der 30. Januar 1933". Man könnte also sagen, daß sich hier die Kritik am Totalitarismuskonzept insofern bestätigt, als das Schwergewicht der historischen Auseinandersetzung auf der Regimephase liegt, während die Bewegungs- und Machtübernahmephase unter dem Gesichtspunkt des Totalitarismus offenbar nicht im Mittelpunkt des Interesses steht.

Bei den methodischen Hinweisen wird in den Richtlinien gefordert, die „verwerfliche Zielsetzung" und die „verbrecherischen Methoden" deutlich zu machen. „Die Tatsache, daß die beiden Systeme einander bekämpft haben, darf nicht über ihre enge Verwandtschaft hinwegtäuschen. – Im Unterricht über den Nationalsozialismus müssen dem Schüler die Maßlosigkeit Hitlers und die innere Notwendigkeit der Katastrophe gezeigt werden; im Unterricht über den Bolschewismus ist dem Schüler der weltweite Anspruch und die damit verbundene Gefahr für die Menschheit zu zeigen." In ausgewählten Beispielen soll das menschliche Leid „zum erschütternden Erlebnis werden". Die Haltung der Widerstandskämpfer sei „als vorbildlich zu würdigen". – „Der Unterricht soll im jungen Menschen den Willen wecken, selbst verantwortlich an der Gestaltung der demokratisch-rechtsstaatlichen Ordnung mitzuwirken und zur Abwehr des Herrschaftsanspruches des Totalitarismus beizutragen."

Den KMK-Richtlinien liegt, so läßt sich aus alledem entnehmen, die traditionelle Fassung des Totalitarismuskonzepts zugrunde. Weder die Frage, ob eine Gleichsetzung sinnvoll ist, noch die Frage, ob zwischen Zielen und Methoden zu differenzieren sei, noch die Frage, ob nicht eigentlich die Entstehungsbedingungen diktatorischer Herrschaftsformen im Zentrum der Diskussion stehen sollten, werden thematisiert.

In diesen Hintergrund der KMK-Richtlinien fügen sich die Lehrpläne in Schleswig-Holstein weitgehend ein. In den Lehrplänen für die Sekundarstufe I (hier 9. Klasse des Gymnasiums) umfaßt die Unterrichtseinheit „Deutschland zwischen den Kriegen" zwei thematische Komplexe, nämlich erstens „Chancen und Scheitern der Weimarer Republik" und zweitens „Die nationalsozialistische

Herrschaft". Zum ersten Themenkomplex, der uns hier ausschließlich interessiert, werden sechs weitere Arbeitsthemen genannt:

„(1) Räterepublik oder parlamentarische Demokratie
   – Bürgerkrieg und Nationalversammlung
   – Die Weimarer Reichsverfassung
(2) Gefährdungen des jungen Staates
   – Der Versailler Vertrag
   – Das Krisenjahr 1923 z. B.: Reparation und Inflation, antidemokratisches Denken in der Reichswehr, Beamten- und Richterschaft
(3) Die Stabilisierungsphase der Weimarer Republik
   – Der Weg in den Völkerbund
   – Wirtschaftliche Stabilisierungspläne
(4) Die Weltwirtschaftskrise
(5) Der Parteienstaat in der Krise
   – KPD und NSDAP als erklärte Feinde der Republik
   – Zerfall der Großen Koalition
(6) Die Präsidialregierungen"

Diesen sechs Themen sind zwischen ein und drei Lernziele zugeordnet. Im Zusammenhang mit der Frage nach dem Totalitarismus sind dabei folgende Dinge hervorzuheben: Dem Thema „antidemokratisches Denken in der Reichswehr, Beamten- und Richterschaft" ist als Lernziel zugeordnet: „Aufzeigen können, welche Bedeutung die Verfassungstreue von Soldaten und Beamten für einen demokratischen Staat hat." Obwohl sich das historische Arbeitsthema „antidemokratisches Denken" nach Lage der Dinge nur auf das rechte Spektrum der Gesellschaft beziehen kann, weil weder in der Reichswehr noch in der Beamtenschaft, noch in der Richterschaft in der Weimarer Zeit nennenswerte antidemokratische Tendenzen aus dem linken Spektrum vorhanden gewesen sein dürften, wird als Lernziel auf die aktuelle Diskussion zur Verfassungstreue in der Bundesrepublik eingegangen, die sich – betrachtet man die Entstehung des Radikalenerlasses – eindeutig in erster Linie gegen das linke politische Spektrum richtet. Auch das zweite Lernziel, das dem Thema „antidemokratisches Denken" zugeordnet ist, richtet sich in der aktuellen Situation eher gegen links, obgleich es historisch eher um antidemokratisches Denken im rechten politischen Spektrum geht. Dieses Lernziel lautet: „Abhängigkeiten eines demokratischen Staates von der Verfassungstreue seiner Bürger aufzeigen können." Interessant ist schließlich das Thema „Parteienstaat in der Krise", in dem – der Totalitarismus-Theorie folgend – KPD und NSDAP als „erklärte Feinde der Republik" dargestellt werden. Als Lernziele werden diesen Themen zugeordnet: „Wahlergebnisse auf ihre politischen Aussagen hin analysieren können. Politische Ziele und Methoden radikaler Gruppierungen beschreiben und beurteilen können."

Auch im Lehrplan der Sekundarstufe II spielt das Konzept des Totalitarismus eine Rolle, nämlich im Kursthema 11 „Totalitäre Herrschaft am Beispiel des Bolschewismus und des Nationalsozialismus". Dieses Thema wird in zwei Unterthemen geteilt: 1. „Totalitäre Herrschaft am Beispiel des Bolschewismus" und

2. „Totalitäre Herrschaft am Beispiel des Nationalsozialismus". Für den ersten Teil werden insgesamt zehn „Unterrichtsabschnitte" festgelegt und jeweils mit „zugehörigen Begriffen" erläutert und durch „didaktische Gesichtspunkte" ergänzt. Der zweite Teil zum Nationalsozialismus enthält neun Unterrichtsabschnitte, ebenfalls mit zugehörigen Begriffen und didaktischen Gesichtspunkten. Der erste Unterrichtsabschnitt zum Thema Nationalsozialismus lautet: „Die Weimarer Republik am Ende der zwanziger Jahre" und wird mit den Begriffen: Weltwirtschaftskrise, Inflation, Reparationen, Erfüllungspolitik, formale Demokratie versehen und um den didaktischen Gesichtspunkt ergänzt: „Radikalisierung in der Politik im Zusammenhang mit wirtschaftlicher Entwicklung". Zwar wird hier nicht explizit von Radikalisierung nach links und rechts gesprochen, aber es dürfte keine Überinterpretation darstellen, wenn man aus dem Zusammenhang schließt, daß dies mit der „Radikalisierung in der Politik" gemeint ist.

Der zweite Unterrichtsabschnitt lautet: „Strukturschwächen der Weimarer Demokratie". Die zugehörigen Begriffe sind: „Präsidialkabinett, Art. 48, Plebiszit, Nationale Opposition, Große Koalition". Didaktisch wird erläutert: „Verfassungsschwächen als Ursache unzureichenden Reagierens auf politische Herausforderungen". Das dritte Thema lautet: „Auflösung des Weimarer Staates", die Begriffe sind: „Kampfverbände, Tolerierungspolitik, Preußenschlag, Harzburger Front", und der didaktische Hinweis lautet: „Folgen mangelnder Identifizierung mit Staat und Verfassung". Zwar wird mit den Begriffen „Preußenschlag" und „Harzburger Front" auf das rechte Spektrum hingewiesen, aber mit dem Begriff „Kampfverbände" werden sowohl die Linken als auch die Rechten für die „Auflösung des Weimarer Staates" verantwortlich gemacht.

Für den Lehrplan zur Gemeinschaftskunde ergibt sich demnach folgendes: Schon das Kursthema „Totalitäre Herrschaft" selbst steht im Zusammenhang der Totalitarismus-Theorie und spannt „Nationalsozialismus" und „Bolschewismus" in einem Maße zusammen, daß ein Unterricht, der auf eine explizite Problematisierung des Totalitarismuskonzepts verzichtet, notwendigerweise im Sinne dieses Konzepts affirmativ ist. Hinzu kommt, daß in dem Teil über den Aufstieg des Nationalsozialismus verschiedentlich auf das Totalitarismuskonzept Bezug genommen wird, insbesondere im Hinblick auf die „Radikalisierung in der Politik im Zusammenhang mit wirtschaftlicher Entwicklung" und bei den „Kampfverbänden". Diese relativ starken Bezüge zum Konzept des Totalitarismus werden allerdings noch übertroffen durch die Festlegungen im Lehrplan der Sekundarstufe I und in den Richtlinien der KMK von 1962.

Die Vorläufigen Richtlinien Geschichte in Nordrhein-Westfalen schreiben für die Jahrgangsstufe 10 lediglich einen Stoffplan vor. Für einige Themen aus früheren Jahrhunderten werden Lernziele angegeben und in verschiedener Hinsicht präzisiert durch Wissensziele (Begriffe, Daten, Fakten), Erkenntnisziele (Begriffsdefinitionen, Zusammenhänge und Strukturen), Grundeinsichten und Grundkategorien, durch Wertungen und einen Gegenwarts- und Existenzbezug; daneben gibt es Arbeitsziele und Verhaltensziele. Für die Welt im 20. Jahrhundert, die in der Jahrgangsstufe 10 zur Diskussion steht, wird demgegenüber nur ein knapper Stoffplan aufgeführt. Von seinen sieben Themen (Ringen um den Frieden, Deutschland im 20. Jahrhundert, USA, UdSSR, China, Naher Osten, Entwicklungsländer) interessiert hier nur das zweite Thema „Deutschland im 20. Jahrhundert" mit den Stoffkomplexen:

1. „Die Weimarer Republik: Entstehung und Ausgangslage – Das Weimarer Regierungssystem – Radikalisierung und Wirtschaftskatastrophe – Der Zusammenbruch."
2. „Das ‚Dritte Reich': Die Zerstörung des demokratischen Rechtsstaats – Von der Judenverfolgung zur Judenvernichtung – Der deutsche Widerstand – Der Zusammenbruch."

In diesem Stoffplan taucht der Begriff Totalitarismus nicht auf, doch lassen die Zusammenstellung der Themen und die Erwähnung des Themas „Radikalisierung und Wirtschaftskatastrophe" erkennen, daß dem Lehrplan eine relativ traditionelle Deutung der Zerstörung der Weimarer Republik und der Machtübernahme der Nationalsozialisten zugrunde liegt. In dem Begriff „Radikalisierung" ist wiederum eine Radikalisierung nach links und rechts zu vermuten, die allerdings in dem knapp gehaltenen Lehrplan nicht weiter erläutert wird.

Demgegenüber und besonders im Verhältnis zu den Lehrplänen in Schleswig-Holstein muß der Runderlaß des Kultusministers von Nordrhein-Westfalen „Behandlung des Nationalsozialismus im Unterricht" aus dem Jahre 1978 als ein Novum betrachtet werden. In diesem Runderlaß wird das Konzept des Totalitarismus mit keinem Wort erwähnt; es wird vielmehr Wert darauf gelegt, die wesentlichen „politischen, sozialen und wirtschaftlichen Ursachen des Nationalsozialismus" aufzuzeigen, nämlich:

„– Soziale Vorurteile, Antisemitismus, völkisch-rassistisches Gedankengut;
– Reaktion der traditionellen Eliten des Kaiserreichs auf die Auflösung der Monarchie durch die parlamentarische Demokratie von Weimar;
– Auswirkungen des wirtschaftlichen Strukturwandels auf selbständige Gewerbetreibende;
– Reaktion auf die erstarkte Arbeiterbewegung;
– Wirtschaftliche und soziale Auswirkungen von Inflation und Weltwirtschaftskrise;
– Strukturprobleme der Weimarer Verfassung und Belastungen durch den Versailler Vertrag."

Dieser relativ vielschichtige Komplex von Ursachen, die zur Erklärung des Nationalsozialismus herangezogen werden sollen, erinnert an die differenzierte Faschismusdefinition, die weiter oben (Abschnitt 2.1) zitiert worden ist. Hier spielt – soweit die Frage nach der Erklärung der Machtübernahme im Mittelpunkt steht – das Konzept des Totalitarismus keine Rolle.

Nach alledem ergeben sich auf der Ebene der Lehrpläne folgende Unterschiede zwischen Nordrhein-Westfalen und Schleswig-Holstein: Während in dem Erlaß aus dem Jahre 1978 in Nordrhein-Westfalen kein Bezug auf das Konzept des Totalitarismus genommen wird, liegt dieses dem eher traditionellen Lehrplan der Sekundarstufe I nach wie vor implizit zugrunde. Der Lehrplan für die gymnasiale Oberstufe in Schleswig-Holstein formuliert – schon durch seine

Themenstellung – deutliche Bezüge zum Konzept des Totalitarismus, und der Lehrplan für die Klasse 9 in Schleswig-Holstein übernimmt in mehrfacher Hinsicht Deutungen, die aus dem Umkreis des Totalitarismuskonzepts stammen. Die lediglich in Schleswig-Holstein formell übernommene Totalitarismus-Richtlinie der KMK von 1962 kann geradezu als klassische Zusammenfassung des Totalitarismuskonzepts gelten.

2.3.2 Exkurs: Erste Überlegungen zur Relevanz der Lehrpläne

Eine für unsere Untersuchung zentrale Frage lautet, ob und in welchem Maße die inhaltlichen Festlegungen in den Lehrplänen die konkreten Unterrichtsinhalte bestimmen. Obwohl diese Frage zusammenfassend erst im 8. Kapitel erörtert wird, sollen einige Aspekte der Frage gerade am Beispiel des Themas „Totalitarismus" bereits hier diskutiert werden.

(1) Zunächst ergeben sich einige Hinweise, die für eine geringe Bedeutung der Lehrpläne zu sprechen scheinen: So haben die Tatsachen, daß in Nordrhein-Westfalen in der Oberstufe praktisch kein Lehrplan vorhanden und der Lehrplan für die Sekundarstufe I sehr knapp und vage gehalten, der Erlaß von 1978 aber eher totalitarismusfern formuliert ist, nicht dazu geführt, daß in beiden Regionen Nordrhein-Westfalens ein gravierend kritischeres Verhältnis zum Totalitarismuskonzept festzustellen wäre. Zwar lassen sich in Schleswig-Holstein Parallelen auf den Ebenen der Lehrpläne einerseits und der Interviews andererseits feststellen: so die besonders ausgeprägte klassische Variante des Totalitarismuskonzepts in der Großstadt (und die besonders seltene des modifizierten Konzepts mit der Unterscheidung nach Zielen und Methoden). Aber auch in Schleswig-Holstein gibt es Kritiker, die sich in ihrer Minderheitenposition nicht von ihren Kollegen in Nordrhein-Westfalen unterscheiden. Hinzu kommt, daß es zwischen den Lehrern der beiden ländlichen Regionen keine nennenswerten Unterschiede gibt (vgl. Tab. 2.3).

(2) Für eine größere Bedeutung der Lehrpläne sprechen die folgenden Argumente: Von den 40 schleswig-holsteinischen Lehrern, deren Interviews Angaben zum Unterricht über Nationalsozialismus in der Oberstufe enthalten, berichten fast zwei Drittel (26) – ohne Unterschiede zwischen den Regionen –, daß sie die vom Lehrplan vorgesehene Koppelung der Themenbereiche „Nationalsozialismus" und „Bolschewismus" übernehmen. Dabei wird zum Teil die Reihenfolge verändert, und der Unterricht über Nationalsozialismus erhält oft ein größeres zeitliches Gewicht. In den beiden nordrhein-westfälischen Regionen sind wir hingegen auf keine entsprechende thematische Verbindung in einem Kurs gestoßen; zwar enthielt ein schulinternes Curriculum in der ländlichen Region eine entsprechende Vorgabe, diese wurde jedoch von den befragten Lehrern nicht übernommen. In der Art der Themenverbindung und der zeitlichen Dimensionierung des Unterrichts über Nationalsozialismus (vgl. oben Tab. 1.8 und Tab. 1.9) gibt es also Unterschiede zwischen den in die Untersuchung einbezogenen Regionen, die man legitimerweise auf Lehrplanunterschiede zurückführen

kann. Denn auch in Schleswig-Holstein war vor Erlaß der neuen Lehrpläne die thematische Verbindung von „Nationalsozialismus" und „Bolschewismus" in einem Oberstufenkurs nach unseren Informationen keineswegs herrschende Praxis. Zumindest unter dem Gesichtspunkt der Grobstruktur des Unterrichts können wir mithin in unseren Daten Lehrplaneffekte feststellen, die dafür sprechen, daß Lehrpläne doch einen stärkeren Einfluß haben.

(3) In die entgegengesetzte Richtung weist wiederum die Tatsache, daß nur zwei Drittel der Lehrer, die in Schleswig-Holstein das Kursthema Totalitarismus unterrichten, beide Themen behandeln, während immerhin 12 Lehrer, also knapp ein Drittel, nur das Thema Nationalsozialismus behandeln. Trotz der offenen Abweichung von den Lehrplanvorgaben äußert kein Lehrer im Interview Angst vor Sanktionen der Schulaufsicht. Herrschender Tenor ist vielmehr die Einschätzung, daß man die Abweichung vom Lehrplan im potentiellen Konfliktfall sachlich begründen und rechtfertigen könne. Zur Begründung werden zum einen Zeitgründe, zum anderen aber auch inhaltliche Argumente vorgetragen, die den Wunsch erkennen lassen, eine kurzschlüssige Gleichsetzung von Bolschewismus und Nationalsozialismus zu vermeiden. Jene, die lediglich Nationalsozialismus unterrichten, sind in einigen Schulen gar nicht vertreten, in einer Schule herrscht in dieser Frage ein Konsens, in zwei Schulen ist die Praxis zu gleichen Teilen unterschiedlich, und in einer Schule weicht ein Lehrer vom Lehrplan ab.

Im folgenden Interviewausschnitt kommt ein Lehrer zu Wort, der lediglich das Thema Nationalsozialismus unterrichtet. Für ihn ist das Thema „so umfangreich und so wichtig für unsere Schüler", daß er sein persönliches Interesse an dem Thema zurücktreten läßt:

Interviewausschnitt 2/12 (Großstadt, Schleswig-Holstein)

Kontext: Schilderung, was im Oberstufenkurs zur Zeit gemacht wird.

Befragter: „Sie wissen sehr wahrscheinlich auch, daß das Thema für die Studienstufe heißt: ‚Totalitäre Systeme am Beispiel des Nationalsozialismus und des Bolschewismus', das wird Ihnen praktisch jeder Lehrer sagen. Und zu meiner Schande muß ich allerdings sagen (...), daß ich also totalitäre Herrschaft am Beispiel des Bolschewismus fast gar nicht unterrichte. Weil ich meine, daß das Thema Nationalsozialismus und Weimarer Republik so umfangreich und so wichtig für unsere Schüler ist, daß ich (...) meine persönlichen Neigungen zurücktreten lasse. Obwohl natürlich auch (für) das Verständnis der Gegenwart eine genaue Kenntnis des Bolschewismus, des Kommunismus sehr wichtig ist. (Aber), wie gesagt, (...) sie haben schon die Freiheit. Niemand hat mich bisher darauf angesprochen, daß ich das noch nicht gemacht habe. (...)"

Soweit es nicht bei dem Zeitargument bezüglich der Abweichung vom Lehrplan bleibt, wird zum Teil betont, daß die Art der Themenverbindung, bezogen auf Deutschland und den Nationalsozialismus, einen unerwünschten Entlastungseffekt habe. Ein Lehrer formuliert das Motto, nach dem eine solche von ihm abgelehnte Entlastung funktionieren könnte, wie folgt: „Wir haben zwar unsern, aber die anderen haben den gehabt, und darum ist das alles nicht so schlimm. So jede Gesellschaft hat ihre Entgleisung." Zum Teil wird auch die mögliche Auswirkung angeführt, die von einer Behandlung des gesamten Kursthemas „Totalitarismus" auf die Themenbereiche Marxismus, Sozialismus, Kommunismus ausgehen könnte. Besonders dezidiert werden diese Auswirkungen in dem folgenden Interviewausschnitt kritisiert:

Interviewausschnitt 2/13 (Großstadt, Schleswig-Holstein)

Kontext: Bericht über den Oberstufenunterricht des Befragten. Der Befragte kritisiert im Zusammenhang mit dem Bericht über die Themenschwerpunkte (er vermeidet die Verbindung der Themenbereiche „Nationalsozialismus" und „Bolschewismus") den Lehrplan.

Befragter: „... man muß sich fragen, ist des dumm, das Thema, oder ist es hinterhältig. Aber es ist hinterhältig. Und zwar sieht es folgendermaßen aus: Wenn Sie sich mal diesen Lehrplan anschauen für die Studienstufe, tritt kein Semester das Thema Marxismus und Sozialismus auf, sondern der Marxismus und Sozialismus wird subsumiert unter das Thema ‚Bolschewismus'. Das heißt also, nur eine einzige Erscheinungsform des Sozialismus wird behandelt, der Bolschewismus (...), das heißt also die Erscheinungsform des Sozialismus, die keineswegs die attraktivste ist und die auf jeden Fall die umstrittenste ist. Das heißt, wir erfahren, wenn wir dem Lehrplan folgen, von dem Sozialismus die fragwürdigste Erscheinungsform, nicht – das Ganze gekoppelt mit dem Thema Faschismus oder Nationalsozialismus (...), so daß allein schon durch diese Parallele der Sozialismus ein zweites Mal abgewertet wird. Und das Ganze noch unter der formalistischen Überschrift ‚Totalitäre Herrschaft'. Das ist das Gemeinste, was man überhaupt geistig machen kann, daß man ein Thema, nämlich den Sozialismus, durch diese Konstruktion kaputtmacht."

Unter den uns vorliegenden Stellungnahmen zur Art der Themenverbindung im Lehrplan für die Sekundarstufe II ist die eben zitierte Kritik die schärfste. Das Hauptproblem des Lehrplans sei die Art und Weise, in der dieser die Aufmerksamkeit auf „die fragwürdigste Erscheinungsform" des Sozialismus lenke – nämlich den „Bolschewismus". Andere, weniger fragwürdige Varianten des Sozialismus kämen nicht vor oder würden, sofern sie vorkämen, in den größeren Zusammenhang eingeordnet, der sich aus dem Gesamtthema „Bolschewismus" und der Parallelisierung von „Bolschewismus" und „Nationalsozialismus" ergäbe. Vergegenwärtigt man sich diese Begründung und die Tatsache, daß knapp ein Drittel der Lehrer, die das Kursthema „Totalitarismus" in Schleswig-Holstein unterrichten, offen vom Lehrplan abweichen, so ergeben sich deutliche Hinweise auf die geringe Relevanz der Lehrpläne.

(4) Allerdings enthält das eben zitierte Interview eine Auseinandersetzung mit dem Begriff des Bolschewismus, die unter einem anderen Gesichtspunkt aufgenommen und als Hinweis darauf interpretiert werden soll, daß es auch *latente Wirkungen von Lehrplänen* geben kann. In dem zitierten Textausschnitt wird der Begriff des Bolschewismus so verwandt, daß man annehmen kann, daß er sich auf die Sowjetunion und den Stalinismus bezieht – eine Verwendungsweise, die auch im Lehrplan angelegt ist. Der Begriff „Bolschewismus" bildet im Lehrplan die Überschrift für den Unterricht über Rußland und die Sowjetunion seit der Jahrhundertwende, wobei im Zentrum (Abschnitt 1.2) die Beschäftigung mit der „Ära Stalins" steht. Von den konkreten Lehrplaninhalten her gesehen ist der Begriff des Bolschewismus also eindeutig bestimmt. Er bezeichnet primär die stalinistische Sowjetunion. Zu fragen ist jedoch, ob mit dem Begriff „Bolschewismus" nicht mehr Bedeutungen transportiert werden als diese. Im heutigen Sprachgebrauch bezieht sich der Begriff nicht allein auf die Oktoberrevolution und die Bolschewiki oder die stalinistische Sowjetunion, sondern allgemeiner auf kommunistische Bewegungen, und zwar mit negativem Akzent (vgl. hierzu auch die Verwendungsweise in den „Richtlinien für die Behandlung des Totalitarismus im Unterricht" von 1962). Diese im Begriffsumfang vieldeutige Verwendungs-

weise des Begriffs „Bolschewismus“ wird in dem zitierten Textausschnitt implizit angesprochen, wenn moniert wird, daß die Beschäftigung mit „Marxismus und Sozialismus“ unter dem Oberbegriff „Bolschewismus“ erfolgt.

Angesichts der Vieldeutigkeit des Begriffs „Bolschewismus“ muß festgestellt werden, daß durch die im Kursthema 11 vorgesehene Verbindung des Unterrichts über Nationalsozialismus und Bolschewismus zumindest zwei Arten von Problemen aufgeworfen werden, nämlich:

1. die Probleme, die sich aus der Parallelisierung von Nationalsozialismus und Stalinismus ergeben, und
2. die Probleme, die sich aus den im Bolschewismus-Begriff angelegten Generalisierungsmöglichkeiten ergeben. Der Lehrplan eröffnet die Möglichkeit, nicht nur den Stalinismus, sondern auch heutige kommunistische Bewegungen und sozialistische Gesellschaften mit dem Nationalsozialismus zu identifizieren.

Inwieweit und wie kommentieren nun jene Lehrer, die die im Lehrplan vorgesehene Themenverbindung übernehmen, diese beiden Ebenen von Problemen und potentiellen Lehrplaneffekten? Bei diesen Lehrern gibt es gleichfalls ein breites Spektrum von Argumenten, zu denen auch Klagen über Stoffüberlastung gehören. Bezüglich der Themenverbindung selbst, wie sie der Lehrplan herstellt, können vor allem zwei Arten von Kommentierungen unterschieden werden:

1. Eine kleinere Gruppe von Lehrern bewertet sowohl den Gleichsetzungs- als auch den Generalisierungseffekt des Lehrplans positiv;
2. eine größere Gruppe von Lehrern problematisiert den Gleichsetzungseffekt, nimmt jedoch zu Problemen der Generalisierung kaum Stellung.

Beide Arten von Argumenten sollen im folgenden an einzelnen Textausschnitten illustriert werden.

Interviewausschnitt 2/14 (Großstadt, Schleswig-Holstein)

Kontext: Frage zum Lehrplan für die Sekundarstufe II. Der Befragte meint, daß im Kursthema 11 keine Deutungen vorgegeben werden. Der Interviewer stellt eine Nachfrage zur Themenverbindung „Bolschewismus“ und „Nationalsozialismus“, die vom Befragten zunächst mit Hinweisen auf Zeitprobleme beantwortet wird, dann aber auch mit einer Kommentierung der Kursinhalte.

Befragter: „Aber da das eine ein hoffentlich überwundenes System ist und das andere zur weltpolitischen Landschaft gehört, meine ich, daß diese Zusammenstellung eine Möglichkeit ist, dem Schüler zu zeigen, daß hier Geschichte nicht nur etwas Vergangenes ist, was man abhaken kann, sondern daß Versuche von irgendeiner Gruppe von Menschen, für einen staatlichen Bereich ihre Weltanschauung durchzusetzen, sie zu verbreiten und damit die Menschen zu erfassen, daß die da sind; und daß diese Gefahr nicht nur außerhalb unserer Grenzen, sondern natürlich auch jetzt, wie wir immer mehr merken, nicht wahr, innerhalb unserer Grenzen permanent da ist und daß man unbedingt wachsam sein muß. Also für politisches Verhalten in der Gegenwart dieser Leute, die ja später bald wählen werden oder auch schon wählen können, meine ich, ist das wichtig, sie immun zu machen oder sie sensibel zu machen für Entwicklungen. Das sieht ja eben nicht – am Anfang sieht das ja ganz gut aus, wird ja wunderbar verkauft, nicht.“

Das eine System – der Nationalsozialismus – ist überwunden, das andere gehört auch heute noch zur „weltpolitischen Landschaft“: der Bolschewismus. Den Vorteil der im Kursthema 11 vorgesehenen Themenverbindung sieht der befragte Lehrer gerade in der Möglichkeit zur Aktualisierung beziehungsweise Generalisierung. Aus dem Unterricht über Nationalsozialismus, der „ein hoffentlich überwundenes System" darstellt, sollen die Schüler lernen, gegenüber den aktuellen Gefahren „außerhalb" und „innerhalb unserer Grenzen" wachsam zu sein. An welche Gefahren der Befragte im einzelnen denkt, wenn er von den Gefahren „innerhalb unserer Grenzen" spricht, bleibt unklar. Klar ist jedoch die Generallinie: Die Bedrohung geht nicht primär von der rechten und rechtsradikalen Seite des politischen Spektrums aus, sondern von der Seite, die – anders als der Nationalsozialismus – auch heute noch „zur weltpolitischen Landschaft gehört" und die im Kursthema 11 mit dem Begriff „Bolschewismus" bezeichnet wird.

Während im Textausschnitt 2/14 der – begrüßte – Generalisierungs- und Aktualisierungseffekt des Lehrplans im Vordergrund steht, wird in der folgenden Stellungnahme der Gleichsetzungseffekt als positiv hervorgehoben.

Interviewausschnitt 2/15 (Ländliche Region, Schleswig-Holstein)

Kontext: Frage zum Lehrplan für die Sekundarstufe II. Der Befragte meint, ihm sei nichts an Deutungen aufgefallen, was allerdings auch damit zusammenhängen könne, daß die Deutungen des Lehrplans sich mit seinen eigenen decken. Der Interviewer stellt eine Nachfrage zur Themenverbindung „Bolschewismus" und „Nationalsozialismus" im Kursthema 11.

Befragter: „Ich finde, daß von den Auswirkungen der beiden Ideologien schon – darüber sprachen wir ja vorhin schon (der Befragte bezieht sich auf die Erörterung des Vergleichs zwischen KPD und NSDAP; d. Verf.) – gewisse Parallelen zu ziehen sind. Beide sind in der Machtausübung totalitär. Und ich sehe da keine Bedenken. Ganz im Gegenteil, also Linke neigen leicht dazu, den Bolschewismus doch etwas positiver zu sehen. Und aufgrund dieser parallelen Behandlung kann man eben auch doch den Bolschewismus als totalitäres System entlarven."

Der Vorteil der Themenverbindung im Kursthema 11 wird in diesem Fall in der Möglichkeit gesehen, den Bolschewismus durch die Parallelisierung mit dem Nationalsozialismus als „totalitäres System zu entlarven" und damit auch der linken Tendenz, „den Bolschewismus doch etwas positiver zu sehen", entgegenzuwirken. Aus dem Kontext des Interviews wird erkennbar, daß der befragte Lehrer, wenn er den Begriff „Bolschewismus" verwendet, primär an die Sowjetunion denkt. Aber die Frage ist, ob dies im Unterricht immer zu vermitteln ist, insbesondere dann, wenn darauf verzichtet wird, unterschiedliche Varianten kommunistischer Theorie und Praxis systematisch vorzustellen. Der Lehrplan selbst bietet im Kursthema 11 die Möglichkeit einer vergleichenden Auseinandersetzung mit unterschiedlichen Typen kommunistischer Parteien und sozialistischer Gesellschaften nicht an. Er schließt sie jedoch, insgesamt gesehen, nicht aus. In dem – allerdings nicht verbindlichen – 10. Kursthema, das sich mit der „Entwicklung der Wirtschaftsordnungen in Deutschland seit 1945" befaßt, wird die Wirtschaftsentwicklung in der DDR in einer Weise dargestellt, die im Vergleich zu den Deutungsvorgaben des 11. Kursthemas als geradezu wertneutral zu bezeichnen ist.

Eine größere Gruppe der Lehrer, die die Themenverbindung des Kursthemas 11 übernehmen, betrachtet den Lehrplan aus der Perspektive einer moderaten Kritik. Zwar könne man kritisieren, daß Bolschewismus und Nationalsozialismus in einem Kurs zusammengefaßt werden, aber es gäbe die Möglichkeit, den Gleichsetzungseffekt des Lehrplans durch einen differenzierenden Unterricht aufzufangen, in dem zwischen vergleichbaren und nicht vergleichbaren Bereichen unterschieden werde. Als vergleichbar gelten dabei im allgemeinen die Struktur oder die Methoden beider Herrschaftssysteme, als nicht vergleichbar die Zielsetzungen. Nur vereinzelt werden die im Lehrplan angelegten Generalisierungsmöglichkeiten als Problem angedeutet, wie dies zum Beispiel in dem folgenden Interviewausschnitt der Fall ist, in dem vorsichtig kritisiert wird, daß der Lehrplan sich nur auf eine Variante kommunistischer Theorie und Praxis bezieht.

Interviewausschnitt 2/16 (Großstadt, Schleswig-Holstein)

Kontext: Frage zum Lehrplan für die Sekundarstufe II. Der Befragte meint, daß der Lehrplan keine Deutungsvorgaben enthält und „alles offen" läßt. Auf die Nachfrage zur Verbindung der Themenbereiche „Bolschewismus" und „Nationalsozialismus" kommentiert der Befragte zunächst das Zeitproblem und fährt dann fort:

Befragter: „Irgend etwas nun Gravierendes gegen dieses Nebeneinanderstellen, das hätte ich eigentlich nicht. Ich meine, man kann, gerade wenn es um den Totalitarismus-Begriff geht, ja sehr schön da einander gegenüberstellen, Unterschiede herausziehen. Ich meine, es wäre vielleicht glücklicher, wenn man Marxismus, Stalinismus, Maoismus nebeneinandersetzen würde, oder Marxismus, Stalinismus und die heutige Situation in den sozialistischen Ländern des Ostblocks, politisch, wirtschaftlich, gesellschaftlich."

Zu fragen ist, ob die Lehrer, die die im Kursthema 11 vorgesehene Themenverbindung übernehmen – und sei es auch aus der Perspektive einer gemäßigten Kritik –, die Möglichkeit haben, sich den im Lehrplan angelegten Generalisierungs- und Aktualisierungstendenzen zu entziehen. Möglich wäre dies vermutlich nur durch aktives Gegensteuern und dadurch, daß neuere Varianten kommunistischer Parteien (zum Beispiel die italienische) oder neuere Entwicklungen in sozialistischen Ländern, die mit Liberalisierungstendenzen verbunden sind, bewußt positiv hervorgehoben und gegen die Gleichsetzung mit dem nationalsozialistischen Deutschland oder der stalinistischen Sowjetunion abgeschirmt werden. Im Lehrplan selbst ist dies nicht vorgesehen, wie auch im Interviewausschnitt 2/16 angedeutet wird. Aber das schließt nicht aus, es zu tun. Nur ist zu vermuten, daß es gar nicht so einfach ist, an dieser Stelle über den Lehrplan hinauszugehen. Das Kursthema 11 ist nach Auffassung vieler Lehrer auch ohne irgendwelche Zusätze wegen der Stoffülle kaum zu bewältigen. Und es gibt zudem auch soziale Restriktionen. An einigen Schulen gehört ein Unterricht über kommunistische Parteien oder sozialistische Länder, bei dem in der Bewertung auch positive Akzente gesetzt werden, zu den eher heiklen Dingen. Der im Textausschnitt 2/16 zitierte Lehrer hält es beispielsweise für sehr viel „haariger", über den Vergleich Bundesrepublik – DDR zu unterrichten als über den Nationalsozialismus.

Es gibt also einige Gründe für die Annahme, daß die im Lehrplan angelegten Generalisierungstendenzen im Unterricht wirksam werden, selbst wenn dies vom einzelnen Lehrer nicht bewußt angestrebt wird. Dies würde dafür sprechen, den Lehrplaneinfluß als stärker einzuschätzen, als er sich in der Selbstwahrnehmung der befragten Lehrer darstellt.

(5) Demgegenüber ist freilich noch einmal darauf hinzuweisen, daß etwa ein Drittel der befragten Lehrer die im Kursthema 11 vorgesehene Verbindung der Themen „Nationalsozialismus“ und „Bolschewismus“ nicht übernehmen. An zwei Schulen gab es hierzu sogar zum Zeitpunkt der Befragung eine offizielle Absprache in der Fachkonferenz. Dies läßt deutlich erkennen, daß es im Verhältnis zu den Lehrplänen doch ein erhebliches Maß an Unabhängigkeit gibt. Grundlage hierfür sind sowohl das professionelle Selbstbewußtsein der befragten Lehrer als auch die liberale Wahrnehmung von Kontrollfunktionen durch die Schulaufsicht. Wichtig ist allerdings auch, daß es in Schleswig-Holstein ebenso wie in Nordrhein-Westfalen kein zentrales Abitur gibt. In den Ländern mit zentralem Abitur (Baden-Württemberg, Bayern, Saarland) ist eine stärkere Bindungswirkung von Lehrplänen zu erwarten (vgl. hierzu auch Huberti 1980, S. 762 f.).

(6) Bei einer Zusammenfassung der Überlegungen zur Relevanz der Lehrpläne sind folgende Argumente hervorzuheben: Bezogen auf die Grobstruktur des Unterrichts gibt es einen erkennbaren Lehrplaneinfluß. Denn schließlich wird die im Kursthema 11 vorgesehene Verbindung des Unterrichts über „Nationalsozialismus“ und „Bolschewismus“ von der Mehrheit der befragten Lehrer in Schleswig-Holstein übernommen. Ein Einfluß auf die Feinstruktur des Unterrichts und auf einzelne Deutungen von Lehrern ist hingegen schwerer nachzuweisen. Einige Argumente sprechen dafür, daß es Lehrplanwirkungen gibt, sie sich gegebenenfalls auch unabhängig von bewußten Intentionen durchsetzen, wie wir am Beispiel des generalisierten Gebrauchs des Bolschewismus-Begriffs herauszuarbeiten versuchten. Auf der anderen Seite gibt es bei den befragten Lehrern im Verhältnis zu den Lehrplänen ein hohes Maß an Autonomie, das sich nicht nur in der Selbstwahrnehmung (vgl. hierzu Abschnitt 8.4.2), sondern auch im faktischen Umgang mit Lehrplananforderungen nachweisen läßt. Die Lehrplaninhalte können ohnehin vorhandene Tendenzen bestärken (vgl. hierzu als Beispiel die Textausschnitte 2/14 und 2/15), sie prägen jedoch den Unterricht nicht gegen die fachlichen oder politischen Überzeugungen von Lehrern. In der Formulierung eines der von uns befragten Lehrer: „Wer sich bestätigt fühlt durch solche Redewendungen, wird es mit Vergnügen aufgreifen. Wer sich nicht bestätigt fühlt, kann am selben Schlagwort differenziert arbeiten.“

2.4 Das Totalitarismuskonzept in den Schulbüchern

Im Abschnitt 1.5 ist im einzelnen dargelegt worden, welche Schulbücher und Quellentexte in den von uns befragten Gymnasien eine Rolle spielten. Besonders häufig wurde das Buch „Zeiten und Menschen“ benutzt (Mittelstufen- und Oberstufenausgabe). Lediglich in einer Region, in der nordrhein-westfälischen Großstadt, wurde überwiegend das Buch „Geschichtliche Weltkunde“ verwendet. Neben diesen drei Büchern werden das Arbeitsbuch „Fragen an die Geschichte“ und die Text- und Quellensammlungen „Hofer“, „Weltgeschichte im Aufriß“ und „Politische Weltkunde“ in die Analyse einbezogen.

2.4.1 Darstellende Schulbücher

„Zeiten und Menschen": In diesem Buch sind hinsichtlich der Frage, ob das Ende von Weimar und der Beginn des Nationalsozialismus in einer Weise dargestellt sind, die Elemente des Totalitarismuskonzepts im weiteren Sinne erkennen läßt, folgende Abschnitte zu analysieren: In dem zweiten Kapitel von „Zeiten und Menschen" mit der Überschrift „Die Weimarer Republik" (S. 36--81) gibt es nach den Abschnitten „Aufbau und Gefährdung 1918–1923" und „Ordnung und Verständigung 1924–1929" den Abschnitt „Die Auflösung der Weimarer Republik 1930–1933" (S. 65–81). Dieser Abschnitt steht im Zentrum der folgenden Analyse. Nur gelegentlich werden ergänzend die beiden ersten Abschnitte des Kapitels „Nationalsozialistische Diktatur 1933–1939" (S. 32–125) herangezogen, in denen es am Anfang um den „Aufbau und die Befestigung der Diktatur" und um „Terror und Propaganda" geht. Auch auf den Abschnitt „Ordnung und Verständigung 1924–1929" ist ergänzend einzugehen. Elemente des Totalitarismuskonzepts lassen sich in dem Buch „Zeiten und Menschen" vor allem in folgenden Zusammenhängen feststellen:

1. Die Septemberwahlen von 1930 werden als Auswirkung der Krise interpretiert. „Die Nationalsozialisten zogen mit 107 (bisher 12) Abgeordneten als zweitstärkste Partei in den Reichstag ein, die Kommunisten wurden drittstärkste Fraktion. Nahezu 40 Prozent aller Wähler haben ihre Stimmen den Parteien gegeben, die offen ihre Staatsfeindschaft bekundeten." (S. 68) Die gewaltige Zunahme der NSDAP (von 12 auf 107 Sitze) wird also in einem Satz genannt mit der Zunahme der KPD, die ihre Mandate von 54 auf 77 erhöhte. Da das Wahlergebnis ausschließlich im Hinblick auf NSDAP und KPD dargestellt ist, wird die Interpretation nahegelegt, daß es sich im wesentlichen um eine Radikalisierung nach links und rechts (und nicht primär um einen Rechtsruck) handelt.
2. Auf Seite 70 werden die „Gegner des Staates" kritisiert, die die große Not des Volkes für ihre Zwecke ausnutzten. Dies wird an drei Gruppierungen verdeutlicht: an den Kommunisten, den Deutschnationalen und (sehr viel ausführlicher) an der NSDAP. In den beiden Absätzen zur KPD wird der Stalinisierungsprozeß erwähnt, der die Politik der KPD an Moskau gebunden habe und „durch Streiks, Demonstrationen und Straßenschlachten die Ordnung im Staat zu zerstören (suchte)". Außerdem wird dargestellt, daß die SPD zum „Hauptfeind" erklärt und dadurch die Spaltung der Arbeiterklasse immer weitergetrieben worden sei; die KPD „schwächte damit entscheidend die Widerstandskräfte gegen den Nationalsozialismus, den die Kommunisten zwar auf der Straße bekämpften, mit denen sie aber oft gegen den Staat zusammenarbeiteten" (S. 70).

   In den beiden Abschnitten über die Deutschnationalen werden Hugenberg und seine antidemokratische Propaganda erwähnt; Hugenberg forderte „eine autoritäre Regierungsform, die Entrechtung der Gewerkschaften und eine nationalistische Außenpolitik". Seine Partei habe nach einer Massenbasis im Volk gesucht; in Hitler glaubte Hugenberg einen Helfer gefunden zu haben,

„der die Massen gegen die Republik mobilisieren sollte". „In Bad Harzburg kam es 1931 zu einer gemeinsamen Kundgebung der DNVP und der NSDAP sowie nationalistischer Verbände." Den Absätzen über die DNVP folgen etwa fünf Seiten über die NSDAP.

KPD, DNVP und NSDAP werden zwar als gemeinsame Feinde der Demokratie eingeführt; auch von einer Zusammenarbeit von KPD und NSDAP wird gesprochen. Was die quantitative Gewichtung der Aussagen angeht, so wird allerdings die Bedeutung der Antidemokraten auf der rechten Seite, insbesondere der DNVP und natürlich der NSDAP, stärker gewichtet als die Rolle der KPD.

3. Auf Seite 74 wird ein Bild von einem Straßenkampf „zwischen Polizei und uniformierten Angehörigen des ‚Roten Frontkämpferbundes'" dargestellt. In einem Abschnitt „Die Kampfverbände" wird auf die politischen Kämpfe auf der Straße eingegangen. „Uniformierte Abteilungen, oft mit Messern, Schlagringen und Pistolen bewaffnet, lieferten sich in den letzten Jahren der Republik blutige Straßenschlachten, ‚sprengten' Versammlungen oder überfielen heimtückisch einzelne politische Gegner. (...) Am radikalsten waren die Nationalsozialisten und die Kommunisten. Sie hatten auch die größten Verluste. Beiden Parteien ging es um die Zerstörung der bestehenden Ordnung. Hitler hatte erkannt, daß Propaganda allein nicht genügte; sie mußte durch Terror ergänzt werden." (S. 76) Die Frage, die sich auch in diesem Zusammenhang stellt, ist die nach der Gewichtung und dem Vergleich von SA einerseits und Rotem Frontkämpferbund andererseits. Zwar wird betont, daß die SA eine militärisch organisierte Einheit war; auch wird von der „Nacht der langen Messer" geschrieben, die bei einer „Revolution" auf der Tagesordnung stehen würde. Aber die Frage nach den möglichen Unterschieden zwischen den KPD- und NSDAP-Verbänden hinsichtlich ihrer Bewaffnung, Brutalität und Schlägermentalität wird nicht thematisiert.
4. Die Juliwahlen von 1932 werden als Erfolg der NSDAP gewertet. „Sie erhielt 38 Prozent der Parlamentssitze; da die Kommunisten auf 14 Prozent kamen, konnten die Radikalen den Reichstag endgültig lahmlegen." Auch hier wird nicht erwähnt, daß sich die NSDAP von 18,3 Prozent auf 37,3 Prozent steigerte, während die KPD von 13,1 auf 14,3 Prozent kam (S. 80).
5. Auf Seite 80 wird erwähnt, der „gemeinsame Streik" von Nationalsozialisten und Kommunisten in den Berliner Verkehrsbetrieben habe manche Geldgeber für die NSDAP abgeschreckt. Aufgrund der inneren Schwierigkeiten in der NSDAP schien die Gefahr einer Hitlerdiktatur im Herbst 1932 geringer zu werden. Bei der Novemberwahl 1932 ergab sich ein Rückgang der NSDAP von zwei Millionen Wählern; die KPD gewann dafür 700.000. „An der Gesamtlage änderten die Wahlen nichts. Papen trat zurück, nachdem ihm Schleicher die Hilfe der Reichswehr für ein geplantes Verbot der Parteien und der Gewerkschaften – für einen Staatsstreich also – versagt hatte: Die Armee sei nicht imstande, in einem Bürgerkrieg Nationalsozialisten und Kommunisten zusammen niederzuwerfen." Auch hier wird eine Interpretation nahegelegt, die sich im wesentlichen auf die Entwicklung der beiden extremen Parteien bezieht.

Demgegenüber haben andere Autoren hervorgehoben, daß sich das Argument der Reichswehr nicht nur auf die Frage eines Bürgerkriegs von Nationalsozialisten und Kommunisten bezogen habe, sondern auch auf die Frage eines Generalstreiks beziehungsweise eines Bürgerkriegs, den die Armee „im Innern gegen zwei Seiten, gegen die Nationalsozialisten und die Linke" führen müßte (vgl. Bracher 1955, S. 339). Es war das Argument, daß ein Staatsstreich, der von fast allen relevanten Gruppierungen abgelehnt werden würde, machtpolitisch nicht durchzusetzen sei (vgl. Heiber 1982, S. 266).

6. Für die Zeit noch vor dem Reichstagsbrand heißt es in dem Buch: „Starken Eindruck machte die ständig wiederholte Behauptung, die Kommunisten planten einen Umsturz. Sie wurde von weiten Kreisen des Volkes geglaubt und sollte die Notwendigkeit der härtesten Maßnahmen unterstreichen. In Wirklichkeit hatte die Moskauer Zentrale keine dahinzielende Anweisung gegeben; sie verstand das Hitlerregime nur als letztes Verzweiflungsstadium des untergehenden Kapitalismus, das die KPD im ‚Untergrund' überleben sollte." (S. 85) Nach dem Reichstagsbrand heißt es: „Noch in der Nacht wurden im ganzen Reichsgebiet in einer wohlvorbereiteten Aktion Tausende von Kommunisten und Sozialdemokraten verhaftet und die Zeitungen der Linksparteien – eine Woche vor der Wahl – verboten." (S. 85) Erst nach dem 30. Januar 1933 gibt es in diesem Buch den Begriff „Linksparteien". In einem gewissen Widerspruch zu der These, daß die KPD keinen Umsturz geplant habe, wird die Notverordnung nach dem Reichstagsbrand mit dem Satz kritisiert: „Die Notverordnung gab, als eine kommunistische Bedrohung längst nicht mehr bestand, die Grundlage zur Unterdrückung der christlichen Kirchen und aller Gegner des Regimes ab." (S. 86)

Fassen wir die Darstellung im Buch „Zeiten und Menschen" unter dem Totalitarismus-Gesichtspunkt zusammen, so ergibt sich, daß im Kapitel „Die Auflösung der Weimarer Republik 1930–1933" zahlreiche Widerspiegelungen des Totalitarismuskonzepts festzustellen sind: Von der Radikalisierung nach links und rechts über die Straßenkämpfe bis zum BVG-Streik werden Interpretationen eingeführt, die sich auf das Totalitarismuskonzept beziehen.

„Geschichtliche Weltkunde": Dieses Schulbuch spielt in unseren Schulen die zweitwichtigste Rolle. Von den sechs Unterkapiteln des Kapitels „Die Weimarer Republik" (in der hier zitierten dreibändigen Ausgabe, S. 64–91) ist insbesondere das letzte, „Die Zerstörung der Republik" (S. 84–91), zu untersuchen. Dabei sind folgende Textstellen hervorzuheben:

1. Das Unterkapitel „Die Zerstörung der Republik" beginnt mit den Septemberwahlen von 1930, in denen „die NSDAP 107 (statt bisher 12) Mandate (gewann); sie wurde zweitstärkste Fraktion. Auch die Kommunisten gewannen 23 Mandate hinzu" (S. 84). Interessant ist eine Graphik, in der die Ergebnisse der Reichstagswahlen 1928 bis 1932 dargestellt werden. Hier werden vier Gruppen von Parteien gebildet: 1. „Rechtsradikale und Verbündete" (NSDAP, DNVP); 2. „‚Mittlere' Parteien" (DVP, DDP); 3. Zentrum, BVP, SPD; 4. „Linksradikale" (KPD). Im Text heißt es, die Nationalsozialisten „be-

nutzten das Parlament als Plattform zum Kampf gegen die Republik". Sie werden als „Gegner der Demokratie" mit einigen Zitaten dargestellt. Sodann: „Die Kommunisten leisteten ihren Beitrag zur Zerstörung der Republik. Getreu der Weisung aus Moskau sahen sie ihren Hauptgegner in den Sozialdemokraten, die sie ‚Sozialfaschisten' nannten. Sie scheuten nicht davor zurück, Sozialdemokraten und Nazis auf eine Stufe zu stellen" (folgt ein Zitat von Thälmann, S. 85). In dieser Darstellung wird also eine direkte Gleichsetzung der Entwicklung von NSDAP und KPD vermieden, auch wenn gesagt wird, daß die KPD zur Zerstörung der Republik beigetragen habe.

2. Nach dem Abschnitt „Wirtschaftskrise und Arbeitslosigkeit" (S. 86 f.) folgt ein Abschnitt „Die Harzburger Front" (S. 87 f.), in dem auch darauf hingewiesen wird, daß Hugenberg Hitler für die Großindustriellen interessant gemacht habe. In den folgenden Abschnitten „Das Ende der Reparationen", „Hindenburgs Wiederwahl", „Brünings Sturz" kommt die KPD gleichfalls nicht vor. Im Abschnitt „Wahlkampf und Wahlsieg der NSDAP" heißt es dann im Zusammenhang mit den Juliwahlen 1932: „Im Zusammenspiel mit den Kommunisten verhinderten sie (die Nationalsozialisten, d. Verf.) bei der Eröffnung des Reichstages, daß der Kanzler das Wort ergriff. (...) Doch in den Novemberwahlen verloren sie 34 Sitze, während die Kommunisten weitere 11 hinzugewannen." (S. 90)
3. Im Anschluß hieran heißt es in dem Buch: „Die Wahlkämpfe des Jahres 1932 waren vom Terror der Rechts- und Linksradikalen gekennzeichnet. Nationalsozialisten und Kommunisten machten mit ihren Kampftruppen die Straßen unsicher. Straßenschlachten zwischen Nationalsozialisten und Kommunisten, Nationalsozialisten und Sozialdemokraten, Sozialdemokraten und Kommunisten waren an der Tagesordnung. Die Zustände ähnelten einem Bürgerkrieg. Allein im Wahlmonat Juli gab es 99 Tote und 125 Verletzte." Dieser Hinweis auf den „Terror der Rechts- und Linksradikalen" wird durch keine weiteren Erläuterungen in irgendeiner Weise differenziert; überraschend ist allerdings, daß bei den Straßenschlachten nunmehr neben Nationalsozialisten und Kommunisten – im Unterschied zu „Zeiten und Menschen" und ähnlichen Büchern – auch die Sozialdemokraten genannt werden. Unter dem Gesichtspunkt des Totalitarismus ist dies eher als eine Differenzierung der Betrachtungsweise zu interpretieren: Wenn an Straßenschlachten nicht nur Nationalsozialisten und Kommunisten, sondern auch Sozialdemokraten teilgenommen haben, so bleiben zwar wiederum die Gewichtung und inhaltliche Charakterisierung der Parteien und ihrer Verbände ausgespart; die Straßenschlachten werden jedoch nicht schlicht als Zusammenwirken von Links- und Rechtsradikalen interpretiert.
4. Erst im Kapitel „Die nationalsozialistische Herrschaft in Deutschland", Unterkapitel „Der Ausbau der Diktatur", werden die Kommunisten bei der Beschreibung des Reichstagsbrandes wieder erwähnt. Interessanterweise wird die umstrittene Frage behandelt, wer den Reichstagsbrand gelegt hat. Von der Verhaftungswelle im Februar 1933 heißt es, sie „traf zuerst kommunistische Funktionäre und bekannte Mitglieder der intellektuellen und literarischen

Linken; bald wurde der Kreis weiter ausgedehnt auf ‚Kommunisten, Anarchisten und Sozialdemokraten', wie Göring aufzählte." (S. 108) Auf Seite 109 wird die Verhaftung zahlreicher KPD-Reichstagsabgeordneten vor der Abstimmung über das Ermächtigungsgesetz erwähnt.

Betrachtet man diese Textstellen in ihrem Zusammenhang, so wird man sagen können, daß die Autoren von „Geschichtliche Weltkunde" der Gleichsetzung von links und rechts eine eher geringe Bedeutung beimessen. Zwar wird von einer die Republik zerstörenden Politik der KPD ausgegangen, aber im Mittelpunkt stehen doch die Auseinandersetzung der KPD mit der SPD und eine Beschreibung der rechten Gruppierungen, mit deren Hilfe Hitler an die Macht kam. In der Interpretation der Zerstörung der Weimarer Republik und der Machtübernahme der Nationalsozialisten finden sich seltener Widerspiegelungen des Totalitarismuskonzepts.

Der Oberstufenband von „Zeiten und Menschen": Wie erwähnt, wird nur er in der Oberstufe als darstellendes Buch in stärkerem Umfang verwendet, wobei er den Zeitraum Weimar/Nationalsozialismus allerdings besonders knapp darstellt (auf insgesamt 39 Seiten). Im Hinblick auf die Frage nach Widerspiegelungen des Totalitarismuskonzepts ist auf zwei Punkte einzugehen:

1. In einem Absatz mit der Überschrift „Antidemokratisches Denken in der Weimarer Republik" wird ausgeführt, daß die Opposition für die Weimarer Demokratie lebensgefährlich wurde, weil sie sich gegen den Weimarer Staat überhaupt, gegen jede Demokratie oder zumindest gegen ihre parlamentarische Form gewandt habe. „Die Kommunisten lehnten den bürgerlichen Staat und seine kapitalistische Wirtschaftsform ab. Die radikale Rechte verwarf die Demokratie als nüchtern-rationales Gebilde zugunsten eines Irrationalismus (...)." (S. 111) Dabei wird in dem Text auf Quellen verwiesen, die ausschließlich aus dem rechten Spektrum stammen.
2. Ähnliches läßt sich für die Interpretation der Reichstagswahlen vom September 1930 sagen. Zwar heißt es auch hier, daß die neue Sitzverteilung überhaupt keine Regierungsbildung mehr ermöglicht habe: „Weder die Parteien der bisherigen Koalitionsregierungen, noch die Kommunisten, noch die Rechtsradikalen" seien dazu stark genug gewesen. „Das parlamentarische Leben der Demokratie war gelähmt. Die entscheidenden Auseinandersetzungen fanden jetzt im konservativen, privaten Beraterkreis des Reichspräsidenten und zwischen den halbmilitärischen ‚Kampfbünden' der Parteien auf der Straße statt." Aber hier wird nicht nur auf die kommunistischen und nationalsozialistischen Kampfbünde eingegangen, sondern auch auf das „Reichsbanner Schwarz-Rot-Gold". Überhaupt bezieht sich der folgende Text dann ausschließlich auf die Entwicklung nach rechts, die insbesondere durch die Präsidentenwahl 1932 sichtbar geworden sei und sich „auch beim Wechsel in der Führungsgruppe einiger Parteien" gezeigt habe (S. 114).

In dem äußerst knappen Text des Oberstufenbandes von „Zeiten und Menschen" lassen sich also kaum Zusammenhänge finden, in denen auf das Konzept des Totalitarismus Bezug genommen wird.

2.4.2 Quellen- und Textsammlungen

Der Quellenband von Walther Hofer, der häufig verwendet wird, hat seinen Schwerpunkt nicht bei der Zeit Ende Weimar/Beginn des Nationalsozialismus, sondern bei der Darstellung des NS-Regimes und seiner Politik. Dennoch wird in einigen Kapiteln auf die Frage eingegangen, wie es zu erklären ist, daß die Nationalsozialisten an die Macht kamen. Die einzelnen Kapitel werden mit einem knappen Textteil eingeleitet, in dem die danach abgedruckten Dokumente in einen inhaltlichen Zusammenhang gebracht werden. Wieweit wird in diesem Band das Totalitarismuskonzept herangezogen?

1. Im ersten Kapitel „Adolf Hitler, seine Ideologie und seine Bewegung" heißt es einleitend, daß Hitler „die Demokratie von Weimar unentwegt mit allen Mitteln der Demagogie und der Verleumdung" bekämpfte und es hier „durchaus den Kommunisten gleich(tat)" (S. 12). Dem folgt ein Hinweis auf das Dokument „Gesetzentwurf für das Volksbegehren über den Young-Plan", an dessen propagandistischer Ausschlachtung aber vor allem NSDAP, DNVP und Stahlhelm beteiligt waren – und zwar erstmals gemeinsam (vgl. Heiber 1982, S. 202 ff.).
2. Im Hinblick auf die Septemberwahlen 1930 wird gesagt, daß die Demagogie Hitlers reiche Früchte getragen habe; seine Partei „wurde mit 107 Sitzen im Parlament zur zweitstärksten Fraktion. Da die Kommunisten ebenfalls starke Gewinne zu verzeichnen hatten, wurde die Lage der Weimarer Republik rasch katastrophal. Die extremistischen anti-demokratischen Parteien beherrschten bald einmal den Reichstag und legten jede positive parlamentarische Arbeit lahm. So sehr Links- und Rechtsextremisten sich auch gegenseitig bekämpften, im Kampf gegen die parlamentarische Demokratie waren sie sich durchaus einig". (S. 13) Interessant ist hieran, daß lediglich die Kommunisten und die Nationalsozialisten als Parteien erwähnt werden. In der gesamten Einleitung kommen andere Parteien praktisch nicht vor, sondern lediglich Leute wie Papen, Hugenberg, der greise Reichspräsident und sein Sohn, der „in der Verfassung nicht vorgesehene". „Die Kamarilla des Reichspräsidentenpalais ebnete Hitler den Weg zur Macht. (...) Hitler ist letztlich nicht auf dem Rücken einer unwiderstehlichen politischen Bewegung in die Macht getragen worden, sondern die genannten Drahtzieher um Hindenburg haben ihn regelrecht in die Macht geschoben." (S. 14)
3. Nachdem über zwei Seiten lang Hitlers Ideologie zusammenfassend referiert wurde, wird gesagt, daß es leicht einzusehen sei, „wie all die großen Werte und Ideale der freiheitlichen Demokratie und der abendländischen Überlieferung hier keinen Platz mehr finden konnten" (Humanität, Freiheit, Menschen- und Bürgerrechte würden „mit höhnischer Geste zerrissen"). „Hitlers Rassenlehre und Antisemitismus ist ein nicht für möglich gehaltener Rückgriff in eine Barbarei, die die gesamte abendländische Überlieferung und Gesittung leugnete. Auch für die christliche Religion konnte hier kein Platz sein. Für Hitler und den gläubigen Nationalsozialisten gab es keinen Zweifel dar-

über, daß das Christentum ausgerottet werden mußte, wenn je ihre Ideologie einen vollständigen Sieg über den deutschen Menschen erringen sollte. Es liegt im Wesen der totalitären Ideologie, daß sie neben sich nicht nur keine andere politische Lehre dulden kann, sondern auch keine Religion. Aus seinem innersten Wesen heraus muß daher der Nationalsozialismus, nicht anders als der Bolschewismus, die christliche Kirche und Religion bekämpfen." (S. 17)

Zwar bezieht sich dem Wortlaut nach dieser Vergleich zwischen Nationalsozialismus und Bolschewismus lediglich auf den Kampf gegen die Kirchen (auf den wir an anderer Stelle unserer Arbeit zurückkommen). Aber da hier von seinem „innersten Wesen" geredet wird, muß diese Formulierung als eine allgemeine wesensmäßige Gleichsetzung von nationalsozialistischer und bolschewistischer, nämlich „totalitärer" Ideologie angesehen werden. Auch dies bedeutet eine besonders scharfe Variante der Totalitarismusthese, weil sie nicht einmal mehr die ideologischen Unterschiede zwischen Bolschewismus und Nationalsozialismus zu diskutieren oder gar anzuerkennen bereit ist.

4. In dem abschließenden Kapitel des Buches, in dem Hofer das Thema „Der Nationalsozialismus und die deutsche Geschichte" diskutiert, wird auf den „allgemein-europäischen Charakter" der antiliberalen und antidemokratischen Bewegung nach dem Ersten Weltkrieg hingewiesen. Dies gelte auch für den „Typus des totalen Staates", der keineswegs eine „spezifisch deutsche Erscheinung" gewesen sei. „Der Bolschewismus hat ein analoges Herrschaftssystem auf dem Boden Rußlands hervorgebracht. Die enge Verwandtschaft zwischen dem bolschewistischen und dem nationalsozialistischen System ist lange übersehen worden, weil beide vorgaben, nicht nur der Erzfeind des anderen zu sein, sondern seinen Gegenpol darzustellen. Überall da, wo freie Wissenschaft möglich ist, besteht heute längst kein Zweifel mehr darüber, daß Nationalsozialismus und Bolschewismus zum selben Typus des Totalitarismus gehören. Die Merkmale sind, zumal wenn man das stalinistische System zum Vergleich heranzieht, weitgehend dieselben: Einparteienstaat mit unumschränkter persönlicher Diktatur, Ideologie mit Ausschließlichkeitsanspruch, totale Erfassung und Kontrolle der Gesellschaft mit Massenorganisationen, Terror und Propaganda, unersättlicher Imperialismus mit dem Anspruch auf Hegemonie, um nur gerade Stichworte anzugeben." (S. 365)

Überblickt man die angeführten Textstellen bei Hofer, so wird man feststellen können, daß in ihnen eine traditionelle Variante des Totalitarismuskonzepts zugrunde gelegt wird. Zwar ist zu beachten, daß bei Hofer nicht die Frage im Mittelpunkt steht, wie die Machtübernahme der Nationalsozialisten zu erklären ist; sein Schwergewicht liegt auf der materialreichen Beschreibung des Regimes und seiner Politik. Soweit es Hinweise zur Erklärung dieser Frage gibt, spielt im übrigen die Totalitarismusthese nicht die zentrale Rolle. Aber soweit auf das Thema der Gleichsetzung von links und rechts eingegangen wird, geschieht dies mit außergewöhnlicher Schärfe. Dies mag damit zusammenhängen, daß das Buch erstmals 1957 erschien, als die Totalitarismus-Theorie auf dem Höhepunkt ihres wissenschaftlichen und politischen Ansehens stand.

„Fragen an die Geschichte": Dieses Buch wird meist als zusätzliche Quellensammlung verwendet. Die Frage, inwieweit sich in der Auswahl der Quellen und Texte ein Bezug zum Konzept des Totalitarismus feststellen läßt, findet hier nur wenige unmittelbare Ansatzpunkte: Auf Seite 34 wird in einem Textausschnitt von den Straßenkämpfen zwischen Kommunisten und Nationalsozialisten berichtet; es folgt die Aufforderung, diesen Text mit einer anderen Quelle zu vergleichen, in der eine weitere Schlägerei zwischen Kommunisten und Nazis (anhand eines Polizeiberichts) geschildert wird. Auf derselben Seite wird der Schüler aufgefordert, „Gründe für die Radikalisierung der politischen Auseinandersetzungen" zu suchen, und dabei auf die genannten Quellen sowie auf einen Textausschnitt über die Harzburger Front verwiesen. Auf der Ebene der politischen Auseinandersetzungen ist also die These von der Radikalisierung nach links und rechts relativ deutlich repräsentiert. Dem entsprechen zwei große Bilder auf Seite 35, in denen ein „Vorbeimarsch der SA" und eine „Maidemonstration des kommunistischen Rotfrontkämpferbundes" gezeigt werden. Darüber hinaus sind keine Widerspiegelungen des Totalitarismuskonzepts zu erkennen.

„Weltgeschichte im Aufriß": Der erste Teil des dritten Bandes von „Weltgeschichte im Aufriß" („Vom Ersten Weltkrieg bis 1945") ist ein relativ umfangreiches Buch (520 Seiten) und enthält vier Kapitel: „Deutschland und der Erste Weltkrieg", „Das bolschewistische Rußland", „Das demokratische System und seine Widersacher" und „Der Nationalsozialismus und der Zweite Weltkrieg". Das Kapitel 3 hat zwei Unterkapitel: „Die Weimarer Republik" und „Der europäische Faschismus: Italien und Deutschland". „Die Weimarer Republik" hat ihrerseits vier Einzelkapitel: „Rätestaat oder parlamentarische Demokratie", „Gesellschaftliche und wirtschaftliche Entwicklung", „Die Außenpolitik" und „Die Auflösung der Weimarer Republik". Bei der Frage nach Widerspiegelungen des Totalitarismuskonzepts können wir uns auf das letztgenannte Einzelkapitel beschränken. Hieraus sind folgende Textstellen von Bedeutung:

1. In der Übersicht, die dem Einzelkapitel „Die Auflösung der Weimarer Republik" als tabellarische Darstellung von Jahreszahlen und wichtigen Ereignissen vorangestellt ist, heißt es zur Maiwahl von 1928: „Reichstagswahlen bringen einen erheblichen Linksruck: SPD und KPD verzeichnen Zunahmen auf Kosten der Mitte- und Rechtsparteien." Es folgt die Bildung der Großen Koalition unter Hermann Müller. Die Septemberwahlen 1930 werden kommentiert: „Reichstagswahlen mit Steigerung der NSDAP-Stimmen von 2,6 Prozent auf 18,2 Prozent und einer Erhöhung der Mandate von 12 auf 107. Bereitschaft der SPD zur Tolerierung der Notverordnungspraxis Brünings." Im Unterschied zu allen anderen bisher erwähnten Büchern, in denen die Reichstagswahlen von 1930 interpretiert werden, wird hier also lediglich auf die Zunahme der NSDAP-Stimmen Wert gelegt.
2. Für das Jahr 1931 gibt es zwei Eintragungen, erstens zum 11. Oktober: „Tagung der Rechtsgruppen (NSDAP, DNVP und Stahlhelm) in Bad Harz-

burg. Formierung der ‚Harzburger Front' und Radikalisierung der innenpolitischen Auseinandersetzung, die vor allem zwischen NSDAP und KPD geführt wird." (S. 273) Obwohl hier zunächst auf die Harzburger Front hingewiesen wird, folgt dann der Hinweis auf eine Radikalisierung der Auseinandersetzungen, an denen NSDAP und KPD (gleichermaßen) beteiligt waren; dies wird man als Widerspiegelung des Totalitarismuskonzepts betrachten müssen. Unter dem Datum vom 16. Dezember wird als Reaktion auf die Harzburger Front von der Bildung der sogenannten Eisernen Front berichtet. „Die KPD bildet mit dem Roten Frontkämpferbund ebenfalls einen eigenen halbmilitärischen Verband." (S. 273) Dieser Hinweis ist zwar irreführend, weil der Rote Frontkämpferbund 1931 bereits seit zwei Jahren verboten war (und schon 1924 gegründet wurde), aber er reiht diesen KPD-Bund eher auf der Seite der (republikfreundlichen) Eisernen Front ein; zumindest wird man sagen müssen, daß der KPD-Verband und die Harzburger Front nicht in eine Parallele gesetzt werden.

3. Der Übersicht folgt ein zusammenfassender Text, der als „Einführung in die Arbeitsthemen" dienen soll. Hier heißt es zur Septemberwahl: „Die beiden Extremparteien, NSDAP und KPD, vermochten nach propagandistisch aufwendig geführtem Wahlkampf im September 1930 ihre Mandatskontingente entscheidend zu steigern." Auf die Wiedergabe der Zahlen folgt ein Zitat von Heiber: „Das Wahlergebnis ratifizierte das im Frühjahr erfolgte Ableben der Weimarer Republik." Wie schon in anderen Schulbüchern wird man diese Interpretation des Wahlergebnisses als eine Widerspiegelung – wenn auch in sehr gemäßigter Form – des Totalitarismuskonzepts ansehen müssen.
4. Interessant ist, daß auf Seite 286 ff. ein zeitgenössischer Text zu der Frage abgedruckt wird, woher die sechseinhalb Millionen Stimmen in den Septemberwahlen 1930 für Hitler stammen. Hier werden bereits Hinweise auf die besondere soziale Basis (Angestellte, junge Akademiker, Beamte, Mittelständler usw.) gegeben, die für den Aufstieg der Nationalsozialisten wichtig waren. Über die KPD heißt es, daß ihr Zugewinn als „automatische Rückwirkung der steigenden Arbeitslosigkeit" zu betrachten sei. Jedenfalls wird hier nicht von einer Radikalisierung nach links und rechts gesprochen, sondern es wird im Detail erörtert, aus welchen sozialen Schichten sich die NSDAP als Rechtspartei ihre Stimmen vor allem holte.
5. Im Kapitel „Der Nationalsozialismus und der Zweite Weltkrieg" wird zunächst über das „Dritte Reich" gehandelt, mit dem Unterkapitel „Hitlers Aufstieg: Taktik und Ideologie". Darin wird ein Dokument abgedruckt, in dem ein Hauptschriftleiter, der aus der NSDAP ausgeschlossen wurde, beklagt, daß dies deswegen geschehen sei, weil er eine Schrift „Vom Marxismus zum Sozialismus" geschrieben habe und bemüht gewesen sei, „der sozialistischen Anschauungswelt der NSDAP Ausdruck und Form zu geben". Insgesamt also ein Dokument, aus dem sich der pseudosozialistische Charakter der NSDAP ergibt (S. 356 f.).

Resümiert man diesen Durchgang durch „Weltgeschichte im Aufriß", so kann man feststellen, daß in diesem Buch das Totalitarismuskonzept eine relativ geringe Rolle spielt. Lediglich bei dem Thema „Radikalisierung der innenpolitischen Auseinandersetzungen“ und bei der Interpretation der Septemberwahlen von 1930 lassen sich Widerspiegelungen des Totalitarismuskonzepts feststellen. Demgegenüber wird bei der Interpretation der anderen Wahlergebnisse sowohl auf die unterschiedliche soziale Basis der verschiedenen Parteien als auch auf die Rechtsentwicklung hingewiesen.

„Politische Weltkunde“: Von diesem Buch sind für uns die Bände „Die Weimarer Republik“ (WR) und „Nationalsozialismus und Faschismus“ (NS) relevant. Ähnlich wie bei der „Weltgeschichte im Aufriß“ folgen hier einer kurzen Datenübersicht sehr knapp geschriebene Einleitungstexte, die durch eine Fülle von Quellen und Texten erläutert werden. Allerdings sind diese Textausschnitte sehr viel kürzer als in „Weltgeschichte im Aufriß“. Was die Frage nach der Verwendung des Totalitarismuskonzepts angeht, so ergeben sich für die Zeit Ende Weimar/Beginn des Nationalsozialismus folgende Anhaltspunkte:

1. Bei der Interpretation der Septemberwahlen 1930 heißt es, daß sich die Wähler in hohem Maße den Extremparteien zuwandten. „Mit welchen Mitteln diese Parteien die Aufmerksamkeit auf sich zogen und die Bevölkerung propagandistisch ansprachen, zeigen die Dokumente der NSDAP und der KPD. Die Angriffe auf den bestehenden Staat wurden nicht nur in Wort, Schrift und Bild (Plakate, Film) vorgetragen, sondern verlagerten sich zunehmend in Saalschlachten, Straßenkämpfe und Terrorakte. Die Parteien hatten dafür militärische Formationen aufgestellt und für diese Art der Auseinandersetzung bewaffnet und geschult. Daneben gab es – schon seit längerer Zeit – Kampf- oder auch Sportverbände, die nichtradikalen Parteien nahestanden und die in der sich erhitzenden politischen Atmosphäre sich auch zur Aktion gedrängt sahen.“ (WR, S. 59)

   Diese Interpretation kann als klassische Darstellung der These von der (gleichgewichtigen) Radikalisierung nach links und rechts auf der Ebene von Wahlbewegungen bezeichnet werden. Abgedruckt wird ein Auszug aus der Programmerklärung der KPD von 1931, in der die Forderung „Nieder mit Faschismus und Sozialdemokratie!“ enthalten ist (WR, S. 61). In den folgenden Kapiteln (Kanzlerschaft Brünings, Endstadium der Weimarer Demokratie, Abschlußbetrachtung) kommt das Thema aber nicht mehr vor. Im Band „Nationalsozialismus und Faschismus“ wird im Einleitungstext zum Kapitel „Die Anfänge des Nationalsozialismus“ ausgeführt, daß die NSDAP auf manche „wie eine revolutionäre Partei wirkte. Dennoch war die NSDAP ungeachtet ihres Namens nie eine Arbeiterpartei, und ihre Anfänge sowie ihr weiterer Aufstieg sind nicht vorstellbar ohne die Protektion aus Kreisen der besitzenden Schichten.“ (NS, S. 8) Dies wird man als eine Übernahme der Kritik an Gedanken auffassen müssen, die normalerweise im Rahmen des Totalitarismuskonzepts vorgetragen werden. Das Kapitel II geht dann auch ausführlich auf die soziale Herkunft und die Motive der Anhänger des Nationalsozialismus ein.

2. In dem Kapitel „Machtergreifung und Gleichschaltung in Deutschland“ heißt es zum Ende der Großen Koalition, daß sich die SPD aus der Regierungsverantwortung zurückgezogen hatte und die Regierung Brüning lediglich tolerierte. „Sie als jene Partei, die man allgemein am meisten mit der Weimarer Republik identifizierte, mußte ihren politischen Kampf nach zwei Seiten führen: einmal gegen die konservativen und reaktionären Parteien wie DNVP und NSDAP, zum anderen gegen die KPD, die die SPD als ihren vermeintlichen Hauptfeind erbitterter bekämpfte als die beide bedrohende NSDAP. Zwar warf die NSDAP in ihrer Propaganda SPD und KPD oft genug als ‚Marxisten‘ und ‚Rote‘ in einen Topf; doch konnte es vor allem wegen der Festlegung der KPD gegen die Weimarer Republik und die sie maßgebend mittragende SPD nicht zu einer Einheitsfront der beiden gleichermaßen der Arbeiterbewegung entstammenden Parteien gegen den Faschismus kommen; vielmehr konnten sich die beiden radikalen Parteien durchaus in ihrem gemeinsamen Kampf gegen die Demokratie und ihre Institutionen treffen. So wurde jenes gute Drittel der Wählerschaft, über das SPD und KPD auch in ihren schlechtesten Zeiten verfügten, nicht geschlossen zum Kampf gegen die NSDAP aufgerufen.“ (NS, S. 26) Interessant an diesem Text ist, daß hier aus der Perspektive der SPD die Gegnerschaft sowohl gegenüber den Rechten (DNVP und NSDAP) als auch gegenüber der KPD herausgearbeitet wird; nicht der Vergleich von KPD und NSDAP, sondern der Hinweis auf die gemeinsame Frontstellung der SPD gegenüber, die es überdies verhinderte, zu einer Einheitsfront zu kommen (auch wenn hier ein Mitverschulden der SPD angeführt werden könnte), ist die entscheidende Argumentationsfigur. Daß sich „die beiden radikalen Parteien (...) in ihrem gemeinsamen Kampf gegen die Demokratie und ihre Institutionen treffen“ konnten, wird man jedoch als eine Widerspiegelung des Totalitarismuskonzepts ansehen können.
3. Zum Hitler-Stalin-Pakt wird gesagt, daß dies zu einer Frontstellung im Krieg führte, die den eigentlichen Intentionen Hitlers zuwidergelaufen sei, nämlich zu einer Front mit dem kommunistischen Rußland gegen England und Frankreich. „Damals gewann im westlichen Ausland eine Deutung des Nationalsozialismus an Überzeugungskraft, die später nach Beginn der globalen Ost-West-Konflikte in Wissenschaft und Publizistik viele Vertreter fand: die Theorie, daß Nationalsozialismus und Sowjetkommunismus verwandte Phänomene seien, nämlich Erscheinungsformen des gleichen ‚Totalitarismus‘. Aber der deutsch-sowjetische Pakt von 1939 besaß keine Grundlage in tiefergehenden ideologischen Gemeinsamkeiten. Hitler hatte sein Ziel, ‚Lebensraum‘ im Osten zu erobern, keineswegs aufgegeben (...).“ Hier wird also nicht nur eine Interpretation angeboten, die sich in einer kritischen Distanz zum Totalitarismuskonzept befindet, sondern das Konzept selbst wird genannt und kritisiert.

Betrachtet man die Textstellen aus „Politische Weltkunde“ im Zusammenhang, so zeigt sich deutlich und zuweilen sogar ausdrücklich formuliert das Bemühen um eine kritische Distanz zum Totalitarismuskonzept. Trotzdem lassen sich auch in diesem Buch Bezugnahmen auf das Totalitarismuskonzept erkennen, so bei der Interpretation der Reichstagswahlen von 1930 im Sinne einer Radikalisierung nach links und rechts und beim „gemeinsamen Kampf gegen die Demokratie", in dem „die beiden radikalen Parteien" nebeneinandergestellt werden.

Der Durchgang durch die *Schulbücher und Quellentexte insgesamt* zeigt, daß sich durchaus Unterschiede feststellen lassen. In deutlicher Distanz zum Konzept des Totalitarismus befinden sich die Bücher „Fragen an die Geschichte" und „Weltgeschichte im Aufriß", es folgt „Politische Weltkunde". Auch der Oberstufenband von „Zeiten und Menschen" und „Geschichtliche Weltkunde" nehmen – allerdings auch aufgrund eines geringeren Umfanges – weniger oft Bezug auf das Thema Totalitarismus beziehungsweise Radikalismus nach links und rechts. Im Mittelstufenband „Zeiten und Menschen" wird häufiger, wenn auch durchaus nicht immer unkritisch, mit dem Totalitarismuskonzept gearbeitet. Demgegenüber wird im Quellenband von Hofer zwar nur kursorisch auf das Thema eingegangen, doch geschieht dies in besonders scharfer Form im Sinne des traditionellen Totalitarismusbegriffs.

2.5 Zusammenfassung

Versucht man eine Zwischenbilanz der bisherigen Untersuchungsschritte zu ziehen, so ergeben sich vor allem folgende Punkte:

(1) Allgemein laßt sich festhalten, daß das Konzept des Totalitarismus (in seiner traditionellen und in seiner modifizierten Form) in den von uns untersuchten Schulen relativ weit verbreitet ist, und zwar – trotz gewisser Unterschiede – in allen beteiligten Regionen. Von den 78 Befragten hielten 29 das Thema „Radikalisierung nach links und rechts" spontan für ein besonders wichtiges Thema im Rahmen des Unterrichts über das Ende Weimars und den Aufstieg der Nationalsozialisten. Auf Nachfrage ergab sich, daß das Thema bei 46 der Befragten im Unterricht eine Rolle spielt (vgl. oben Tab. 2.3). Lediglich drei der Interviewpartner erwähnten, daß sie das Thema „Totalitarismus" in ihrem Unterricht explizit problematisieren; sechs weitere vermeiden das Thema aus ähnlichen Gründen der Kritik. 28 der Befragten folgen im wesentlichen dem traditionellen Konzept des Totalitarismus; 15 weitere Interviewpartner halten zwar ebenfalls grundsätzlich am Totalitarismuskonzept fest, modifizieren es jedoch im Sinne der Unterscheidung von Methoden und Zielen. Sie übernehmen also die Kritik am Totalitarismuskonzept insoweit, als es um die unterschiedlichen Ziele von Nationalsozialismus und Bolschewismus geht. Sie folgen aber nicht der Kritik, die sich auf die Unterschiedlichkeit der sozialen Bedingungen, Inhalte und Funktionen der genannten linken und rechten Bewegungen und Regime bezieht. Vor dem Hintergrund der Positionen, die in der Fachliteratur vertreten werden, steht deshalb die Gruppe, die nach Methoden und Zielen differenziert, der traditionellen Variante des Totalitarismuskonzepts noch relativ nahe. Das Konzept des Totalitarismus spielt also in den befragten Schulen (in der traditionellen und in der modifizierten Form) eine große Rolle.

(2) Die leichten Unterschiede zwischen den Regionen sind am stärksten ausgeprägt zwischen jenen Lehrern, die dem traditionellen Konzept des Totalitarismus folgen; die relativ größten Unterschiede gibt es hier zwischen den beiden beteiligten Großstädten. Die Unterschiede zwischen den Städten und den Landregionen sind geringer. Interessanterweise zeigt sich nur ein relativ schwacher Zusammenhang zwischen dem Alter der Lehrer und der Deutung, die sie bevorzugen.

(3) Vor dem Hintergrund dieser (leichten) regionalen Unterschiede ist die Situation auf der Ebene der Lehrpläne interessant. In Schleswig-Holstein folgen die dort geltenden KMK-Richtlinien aus dem Jahre 1962 sowie die Lehrpläne für Sekundarstufe I und Sekundarstufe II der klassischen Variante des Totalitarismuskonzepts; dies ist für den Zeitraum Ende Weimar/Beginn des Nationalsozialismus in der Sekundarstufe I noch deutlicher als in der Sekundarstufe II. Zwar läßt sich auch im Lehrplan für die Sekundarstufe I in Nordrhein-Westfalen eine Widerspiegelung des Totalitarismuskonzepts feststellen, aber doch in einer sehr viel knapperen und vageren Form. Für die Sekundarstufe II fehlen in Nordrhein-Westfalen Lehrpläne. Der Erlaß des Kultusministers aus dem Jahre 1978 folgt – wohl bewußt – nicht mehr der Tradition des Totalitarismuskonzepts; hier werden Faktoren für den Aufstieg des Nationalsozialismus genannt, in denen sich eher die sozialhistorische Position aus der Literatur wiederfinden läßt. Die Unterschiede zwischen den beiden Großstädten lassen sich aber vor dem Hintergrund der Lehrpläne kaum interpretieren; da die Lehrpläne jeweils sowohl für die Städte als auch für die Landregionen gelten, zwischen den beiden Landregionen aber kaum Unterschiede bestehen, wird man in diesem Zusammenhang die Bedeutung der Lehrpläne nicht allzu hoch veranschlagen können. (Allgemein wird die Bedeutung der Lehrpläne unten in Abschnitt 8.4 erörtert.)

(4) Auch in den Schulbüchern, die in den befragten Schulen verwendet wurden, läßt sich in den Interpretationen der Ereignisse am Ende der Weimarer Republik oft das Konzept des Totalitarismus erkennen. Zwar ist nur in einem der Schulbücher jene Variante des Totalitarismusbegriffs zu erkennen, die auf der Ebene der Interviews am weitesten verbreitet war, jene also, die undifferenziert linken und rechten Radikalismus in eins setzt. Aber auch die anderen Bücher folgen einer Variante des Totalitarismusbegriffs, bei der ein Vergleich nach wie vor für sinnvoll gehalten, zugleich aber zwischen Zielen und Methoden unterschieden wird. So werden in dem Buch „Zeiten und Menschen“, das in den befragten Schulen am häufigsten verwendet wurde, zwar die ideologischen Differenzen zwischen linken und rechten Radikalen betont. Dennoch enthält es eine Reihe von Interpretationen zu Ereignissen am Ende der Weimarer Zeit, in denen das Totalitarismuskonzept deutlich zu erkennen ist. Demgegenüber sind in dem Buch „Geschichtliche Weltkunde“ explizite Gleichsetzungen von KPD und NSDAP am Ende der Weimarer Zeit relativ selten. Von den Quellen- und Textsammlungen stehen die Bücher „Fragen an die Geschichte“ und „Weltgeschichte im Aufriß“ dem Totalitarismuskonzept relativ fern. Lediglich im Hinblick auf Straßenkämpfe wird das Thema Radikalisierung nach links und rechts behandelt. Auch in der Textsammlung „Politische Weltkunde“ finden sich nur

wenige Anleihen beim Totalitarismuskonzept; an einer Stelle wird es sogar explizit problematisiert. Demgegenüber hat in dem Quellenband von Hofer das Thema der Gleichsetzung von links und rechts zwar keinen zentralen Stellenwert für die im übrigen knappe Gesamtinterpretation der Machtübernahme. Aber soweit auf das Thema Bezug genommen wird, wird hier eine besonders scharfe Variante des traditionellen Totalitarismuskonzepts verwendet.

Die Kritik am Totalitarismuskonzept, die wir in der Literatur relativ weit verbreitet gefunden haben, wird also stärker aufgenommen von den Bänden „Fragen an die Geschichte“, „Weltgeschichte im Aufriß“ und „Politische Weltkunde“; sie wird schwächer in „Geschichtliche Weltkunde“, noch weniger in „Zeiten und Menschen“ beachtet. Dem Quellenband von Hofer, der seit 1957 im wesentlichen unverändert erscheint, liegt der traditionelle Totalitarismusbegriff zugrunde.

(5) Zwischen den Unterschieden, die wir auf der Ebene der Interviews, insbesondere zwischen den beiden Großstädten, herausgearbeitet hatten, und den Unterschieden auf der Ebene der Schulbuchanalyse lassen sich Parallelen feststellen. So wird das Buch „Zeiten und Menschen“, das einer allerdings nicht undifferenzierten Variante des Totalitarismuskonzepts relativ ausgeprägt folgt, vor allem in Schleswig-Holstein und in der ländlichen Region Nordrhein-Westfalens verwendet. Demgegenüber spielt das Buch „Geschichtliche Weltkunde“, das die Kritik am Totalitarismuskonzept stärker berücksichtigt, vor allem in der Großstadt Nordrhein-Westfalens eine Rolle. In die gleiche Richtung weist die Tatsache, daß das Buch „Weltgeschichte im Aufriß“ in Nordrhein-Westfalen relativ häufig verwendet wird, während der Quellenband von Hofer, der eine besonders unkritische Variante des Totalitarismuskonzepts enthält, in Schleswig-Holstein besonders häufig im Unterricht verwendet wird. Abschließend ist die Frage nach dem Zusammenhang der Deutungen auf der Ebene von Interviews, Lehrplänen und Schulbüchern unten im 8. Kapitel zu diskutieren.

Kapitel 3: Die Rolle der Industrie

Die Frage nach dem Verhältnis von Industrie und Nationalsozialismus, die seit der Errichtung der nationalsozialistischen Diktatur immer wieder aufgeworfen wurde, hat in der Literatur über die Bedingungen dieser Diktatur eine wichtige Rolle gespielt. Sie gehört zu den Kernfragen der Diskussion über marxistische Faschismustheorien und wird bis heute kontrovers diskutiert. Der kontroverse Charakter dieser Diskussion spiegelt sich, wie in diesem Kapitel darzustellen ist, sowohl in den Interviews mit den Geschichtslehrern als auch in den administrativen Vorgaben des Unterrichts über Nationalsozialismus wider. Deutlicher als bei anderen Themen gibt es bei diesem Thema auch auf der Ebene der Schulbücher ein breites Spektrum unterschiedlicher Auffassungen, von einer relativ starken Akzentuierung der Rolle der Industrie bis hin zu weitgehender Nichtberücksichtigung. Die Fragen, um die es dabei geht, werden in dem folgenden Abschnitt über die wissenschaftliche Literatur herausgearbeitet. Dabei geht es ebenso wie in den nachfolgenden Abschnitten nicht um den etablierten Nationalsozialismus in seinem Verhältnis zur Industrie, sondern die Diskussionen betreffen in erster Linie die Rolle der Industrie in der Spätphase der Weimarer Republik.

3.1 Positionen in der wissenschaftlichen Literatur

Ein historisch einflußreicher Ausgangspunkt der Kontroversen über das Verhältnis von Industrie und Nationalsozialismus ist die sogenannte Komintern-Position, die häufiger auch als „sowjet-marxistische" Variante der Interpretation nationalsozialistischer, genereller: faschistischer Herrschaft bezeichnet wird. Ihre mittlerweile fast klassische Version wurde auf dem XIII. Plenum des Exekutivkomitees der Kommunistischen Internationale im Dezember 1933 von dem sowjetischen Delegierten Kuusinen vorgetragen. Ihren Kern bilden die folgenden drei Thesen (vgl. hierzu und zum Folgenden Fetscher 1968, S. 156 f.):

1. Nach seiner Klassenbasis beziehungsweise Anhängerschaft ist der Faschismus und mithin auch der Nationalsozialismus eine Bewegung aus unterschiedlichen Schichten des Kleinbürgertums (alter und neuer Mittelstand, Bauern) und deklassierten Arbeitern.
2. Sein *Klassencharakter* ergibt sich freilich primär daraus, welcher Klasse er dient und wessen Politik er betreibt. In diesem Sinne ist der Faschismus an

der Macht die Herrschaft der reaktionärsten Teile des Finanzkapitals, dessen Dominanz mit dem imperialistischen Stadium der Entwicklung des Kapitalismus zu identifizieren ist.

3. Der Übergang von liberaleren zu faschistischen Formen der Herrschaft ergibt sich aus der Furcht vor der herannahenden proletarischen Revolution. „Das Anwachsen des Faschismus bedeutet, daß die Kapitalisten nicht mehr imstande sind, ihre Diktatur mit den alten Methoden des Parlamentarismus und der bürgerlichen Demokratie zu behaupten. Mehr noch: die Methoden des Parlamentarismus und der bürgerlichen Demokratie überhaupt werden zum Hemmschuh für die Kapitalisten in ihrer inneren Politik (Kampf gegen das Proletariat) wie in ihrer Außenpolitik (Kampf für die imperialistische Neuaufteilung der Welt)." (Kuusinen 1933; zitiert nach Fetscher 1968, S. 156)

Für die Geschichtsschreibung in der DDR war diese Position Kuusinens, die ähnlich auch von Dimitroff vertreten wurde, zunächst maßgebend, wurde jedoch später im Zusammenhang mit historischen Einzeluntersuchungen modifiziert (vgl. hierzu u.a. Hentschel 1979, S. 13; etwas eingeschränkter: Turner 1977, S. 920 ff., oder auch Kühnl 1975, S. 111 f.). So ist beispielsweise der Fragenansatz der in der Bundesrepublik recht einflußreichen Arbeit des DDR-Historikers Czichon (1967) zur Rolle der Industrie in den letzten Jahren der Weimarer Republik nicht einfach als Anwendung der Komintern-Position zu charakterisieren (vgl. hierzu unten).

Die Charakterisierung des Faschismus und damit auch des Nationalsozialismus als eine Variante monopolkapitalistischer Herrschaft und die Erklärung der nationalsozialistischen Machtübernahme aus dem Interesse der Klasse der Kapitalisten an der Sicherung ihrer Herrschaft bilden das eine Extrem bei dem Spektrum der Deutungen des Verhältnisses von Industrie und Nationalsozialismus. Das entgegengesetzte Extrem besteht darin, daß eine Rolle der Industrie als irgendwie auch nur nennenswerter Faktor der nationalsozialistischen Machtübernahme überhaupt nicht in Betracht gezogen wird – eine Position, die in der bundesrepublikanischen Geschichtsschreibung der fünfziger und frühen sechziger Jahre von Bedeutung war (vgl. hierzu auch Kolb 1984, S. 211) und die auch heute noch Unterstützung findet. Ein Beispiel für diese Position der Nicht-Thematisierung ist Hofers 1957 erschienene Dokumentensammlung „Der Nationalsozialismus", die jahrzehntelang fester Bestandteil des schulischen Unterrichts über Nationalsozialismus war und die der Frage nach dem Verhältnis von industriellen Oberschichten und nationalsozialistischer Partei weitgehend aus dem Wege geht.

Die meisten in der Geschichtswissenschaft diskutierten Deutungen des Verhältnisses von Industrie und Nationalsozialismus liegen zwischen diesen Extremen. Ohne Vollständigkeit zu beanspruchen, seien im folgenden einzelne Deutungsvarianten wiedergegeben, die in der Diskussion eine Rolle spielen.

Wie erwähnt, wird die Bedeutung der Industrie für die Erklärung der nationalsozialistischen Machtübernahme in marxistischen Ansätzen besonders hoch eingeschätzt. Dabei gibt es eine Reihe von Differenzierungen, so vor allem in der

Art, wie das Verhältnis von Ökonomie und Politik bestimmt wird (stärker „agententheoretische" vs. andere Positionen[1]), und in der Bewertung unterschiedlicher Kapitalfraktionen in ihrer Relevanz für die nationalsozialistische Machtübernahme[2]. Trotzdem kann man sagen, daß es unter Marxisten unterschiedlicher Richtungen so etwas wie einen „Grundkonsens" darüber gibt, daß der Bereich der kapitalistisch organisierten Wirtschaft im Vergleich zu anderen gesellschaftlichen Bereichen bei dem Versuch, die nationalsozialistische Machtübernahme zu erklären, eine besonders bedeutsame Rolle spielt.

In der Bundesrepublik ist diese Position vor allem in einer Reihe eher theoretischer Beiträge zur Faschismusdiskussion vertreten worden. Besonders bekannt wurden dabei die theoretischen Arbeiten von Reinhard Kühnl[3]. In der Geschichtsforschung im engeren Sinn ist eine primär industriebezogene Deutung der nationalsozialistischen Machtübernahme hingegen wesentlich seltener vertreten worden. Hier waren es vor allem die Arbeiten von Historikern aus der DDR, die die Diskussion beeinflußten. Besonderen Einfluß für die bundesrepublikanische Diskussion gewann dabei Eberhard Czichons „Wer verhalf Hitler zur Macht?" (1967). In dieser Arbeit vertritt Czichon die These, daß die Forderung nach einem Kabinett unter Hitler spätestens nach dem 4. Januar 1933 „nicht mehr nur das Ziel einer relativ kleinen Industriellen-Gruppe" war, sondern daß Hitler „der politische Exponent einer Majorität der industriellen Führungsschicht der herrschenden Klasse" geworden sei (1967, S. 51 f.). Diese breite Basis habe sich durch die einigende Wirkung der „‚links'-marktwirtschaftliche(n) Orientierung" (1967, S. 47) der Schleicher-Regierung ergeben. Die wirtschaftspolitischen Intentionen dieser Regierung (etwa in der Frage der Arbeitsbeschaffung oder des Umgangs mit verschuldeten Gütern im ostelbischen Großgrundbesitz) bedeuteten „sowohl für die nazistischen Industriellen um Schacht, Thyssen und Kirdorf als auch für die ‚rechten' Keynesianer um Papen und Silverberg eine ‚bolschewistische Gefahr'." (1967, S. 48) Und so habe sich vom Alldeutschen Verband bis hin zu den Vertretern der IG Farbenindustrie AG eine einheitliche Front gegen das Schleicher-Gereke-Kabinett herausgebildet (1967, S. 48), in die sich nur eine kleine Gruppe von Industriellen, die die Regierung Schleicher unterstützten (Otto Wolff, Ludwig Kastl u. a.), nicht einreihten (1967, S. 47 ff.).

Im einzelnen spielen in der Darstellung Czichons Annahmen und Sachverhalte eine Rolle, die auch in einer Reihe nichtmarxistischer Deutungen des Verhält-

---

1 Von Bedeutung sind hier vor allem die auf Marx' Frankreichschriften zurückgehenden Positionen, in denen der Gesichtspunkt der „Verselbständigung" der faschistischen Staatsgewalt sehr viel stärker als in den sogenannten sowjet-marxistischen Varianten der Faschismus-Analyse hervorgehoben wird (vgl. an zusammenfassenden Darstellungen unter anderem Kadritzke 1976, Hennig 1977 und Winkler 1978).

2 Vgl. hierzu vor allem Gossweilers (1971) Auseinandersetzung mit Jürgen Kuczynskis Position, nach der vor allem relevant die Konflikte zwischen dem Kohle-Eisen-Stahl-Bereich einerseits und dem Elektro-Chemie-Bereich andererseits sind. Vgl. zu dieser Auseinandersetzung auch Turner 1977.

3 Vgl. unter anderem Kühnl, 1971, 1975 oder 1979.

nisses von Industrie und Nationalsozialismus von Bedeutung sind: Dazu gehört erstens die Annahme, daß spätestens mit der Einbeziehung der NSDAP in die „Nationale Opposition", deren Beginn durch die Beteiligung am „Reichsausschuß für das deutsche Volksbegehren" gegen den Young-Plan gekennzeichnet wird, der Partei in größerem Umfang Gelder aus der Industrie zur Verfügung standen (vgl. 1967, S. 18 f.) . Ein zweiter Aspekt ist die Hervorhebung folgender Ereignisse:

1. Hitlers Rede vor dem Düsseldorfer Industrieclub im Januar 1932 (S. 26 ff.);
2. die vom Keppler-Kreis, einer pro-nationalsozialistischen Gruppierung von Industriellen, vorbereitete Unterschriftensammlung zu einer Eingabe an den Reichspräsidenten, die diesen im November 1932 dazu aufforderte, Hitler zum Kanzler zu berufen (S. 41 ff.);
3. das Treffen zwischen von Papen und Hitler am 4. Januar 1933 im Hause des Bankiers von Schröder, eines sehr aktiven Mitgliedes des Keppler-Kreises. Czichon interpretiert dies als relevantes Datum der Einigung unterschiedlicher Industriellengruppierungen auf eine Kanzlerschaft Hitlers (S. 48 ff.).

Besonders heftig sind Czichons Thesen und ähnliche Argumente anderer Autoren von dem amerikanischen Historiker Turner kritisiert worden. Er stützt sich dabei auf eigene Untersuchungen zu den politischen Optionen der Führungsgruppen in der Schwerindustrie (vgl. die in Turner 1980 – zuerst 1972 – wiedergegebenen Arbeiten). Wichtige Argumente Turners sind unter anderem:

1. Der Umfang der Finanzierung der NSDAP durch Gelder aus der Industrie werde im allgemeinen überschätzt, und zwar nicht nur von marxistischen Autoren (vgl. zum Beispiel die Kritik an Bracher bei Turner 1980, S. 14). Gewiß hätten einige Großindustrielle, besonders nach den Reichstagswahlen von 1930, Gelder an die NSDAP gegeben (1980, S. 19 ff.). Aber von entscheidender Bedeutung sei, „daß die Mittel der Wirtschaft, die den Nationalsozialisten zuflossen, nur einen kleinen Teil der Gelder ausmachten, die an ihre Gegner und Rivalen verteilt wurden" (1980, S. 25).
2. In den letzten Monaten des Weimarer Staates favorisierte die Mehrheit der Großindustriellen eine Regierung Papen, und zwar auch noch im Januar 1933[4]. Die politischen Überzeugungen der Unterzeichner der Petition an Hindenburg im November 1932 seien für die Großunternehmer nicht typisch gewesen (vgl. 1980, S. 25 f.), was ebenso auch für die Aktionen Kurt von Schröders gelte (vgl. 1980, S. 27 f.).
3. Entgegen oft wiederholten Behauptungen habe sich die Wirtschaft an den Intrigen des Monats Januar 1933 nicht aktiv beteiligt (S. 27). Zudem hätten ihre Vertreter ohnehin auf Hindenburg kaum Einfluß gehabt: „Beim Reichs-

---

4 Allerdings weist Turner darauf hin, daß den Führungsgruppen in der Ruhrindustrie (so den führenden Vertretern der „Ruhrlade") bei ihrer Unterstützung einer Kanzlerschaft von Papens klar war, daß dieser eine Regierungsbeteiligung der Nationalsozialisten anstrebte (1980, S. 29 und S. 150 f.), woraus zu folgern ist, daß sie eine solche Regierungsbeteiligung auf jeden Fall akzeptierten. Vgl. zu den andersartigen politischen Optionen des Reichsverbandes der Deutschen Industrie: Neebe 1981 und 1983.

präsidenten, dem ‚Junker', galten die mächtigsten Bankiers und Industriellen nicht viel mehr als Ladenbesitzer." (S. 28)

4. Gleichwohl habe die industrielle Oberschicht sich auf Hitler als Kanzler sehr schnell eingestellt und ihn, beginnend mit den Reichstagswahlen im März 1933, auch mit hohen Geldsummen unterstützt. Aber dies unterstützte „ihn bei der Festigung seiner Macht, nicht bei deren Eroberung" (S. 30).

Obwohl Turners Kritik an primär industriebezogenen Deutungen der nationalsozialistischen Machtübernahme sehr scharf ist, wie dies auch die Debatte mit Stegmann zeigt[5], geht er in seinen Arbeiten nicht so weit, den Anteil der industriellen Oberschichten an der Zerstörung der Weimarer Republik und am Aufstieg des Nationalsozialismus für irrelevant zu halten. Er vertritt vielmehr die Auffassung, daß die führenden Industriellen den Aufstieg des Nationalsozialismus, wenn auch nicht direkt, so doch indirekt unterstützten (vgl. 1980, S. 7, S. 30 und S. 152), und resümiert seine Untersuchungsergebnisse wie folgt: „Indirekt trugen die Wirtschaftsführer auf verschiedene Weise zum Aufstieg des Nationalsozialismus bei: sie unterließen es, die demokratische Republik zu unterstützen, sie bekämpften die Sozialdemokraten und die Gewerkschaften mit blinder Feindseligkeit, sie halfen den reaktionären Kräften und besonders dem Papen-Regime, schließlich verliehen sie Hitler durch den Umgang mit ihnen Respektabilität. Einige trugen auch direkter zur Machtergreifung bei, durch Zahlungen an die Partei oder an einzelne Nationalsozialisten. Dies alles darf jedoch nicht dazu führen, die zentrale Tatsache zu übersehen, daß die große Mehrheit der deutschen Großunternehmer Hitlers Triumph weder gewünscht noch materiell zu ihm beigetragen hat." (1980, S. 30)

Kritik an primär industriebezogenen Deutungen der nationalsozialistischen Machtübernahme wird auch von einer Reihe sozialgeschichtlich orientierter Autoren geübt. Sie argumentieren zum Teil ähnlich wie Turner, zum Teil aber auch anders, weil die Frage nach der Rolle der Industrie in einem breiteren Kontext gestellt wird. Wichtig sind hier unter anderem die Arbeiten von Winkler, Mommsen oder auch Kocka. Vor dem Hintergrund jeweils unterschiedlicher Fragestellungen und Forschungsschwerpunkte beschreiben diese Autoren die Rolle der Industrie in ähnlicher Weise: Die führenden Schichten der Großindustrie gelten als ein zwar nicht ausschlaggebender, aber doch wichtiger Teil der gesellschaftlichen Eliten, die ein Bündnis mit den Nationalsozialisten eingingen und ihnen damit zur Macht verhalfen beziehungsweise ihnen halfen, ihre Macht zu stabilisieren[6]. Den marxistischen, sehr stark industriebezogenen Interpretationen der Machtübernahme wird entgegengehalten, sie berücksichtigten zu wenig, daß im Deutschland der Weimarer Zeit der Großgrundbesitz und die militäri-

---

5 Vgl. Stegmann 1973 und 1977; Turner 1975. Vgl. zu dieser Diskussion auch Feldmann 1978; Hentschel 1979; Neebe 1981, S. 9 ff., oder Trumpp 1983.

6 Vgl. zu dieser Position unter anderem Mommsen 1976; Winkler 1969 und 1972 (beide in Winkler 1979); Kocka 1980. Vgl. zur Diskussion des Verhältnisses von Industrie und Nationalsozialismus auch verschiedene Beiträge in Mommsen u. a. 1977.

schen und bürokratischen Oberschichten eine im Vergleich zu anderen kapitalistischen Ländern sehr starke Stellung hatten (vgl. hierzu auch Winklers Kritik an der „neuen Linken", 1978). So meint Kocka, Horkheimers bekannte Aussage: „Wer aber vom Kapitalismus nicht reden will, sollte auch vom Faschismus schweigen", sei zwar nicht falsch. Aber mit gleichem Recht könne man auch formulieren: „Wer von vorindustriellen, vorkapitalistischen und vorbürgerlichen Traditionen nicht reden will, sollte auch vom Faschismus schweigen." (1980, S. 11)

Bei der Beschreibung der Rolle, die die Industrie in dem Bündnis mit den nicht-industriellen Eliten gespielt hat, werden in den genannten sozialhistorisch orientierten Arbeiten – ähnlich wie bei Turner – nicht so sehr die direkten Verbindungen zur NSDAP (über Finanzierung, direkte Versuche der Einflußnahme u. a.) hervorgehoben, sondern mehr die indirekte Unterstützung. So beschreibt Winkler in seiner Arbeit über die Haltung der Wirtschaftsverbände gegenüber Parteien und Institutionen der Weimarer Republik die Rolle der Unternehmer zusammenfassend wie folgt: „Auf eine nationalsozialistische Diktatur arbeiteten – durch finanzielle Unterstützung der NSDAP und Einflußnahme auf den Reichspräsidenten – vor dem 30. Januar 1933 gewiß nur einzelne Gruppen der Unternehmerschaft hin. Aber die von den meisten Spitzenverbänden der industriellen und gewerblichen Wirtschaft getragenen Pläne zur Entmachtung des demokratisch gewählten Parlaments liefen in praxi auf ein System mit unverkennbar autoritären Zügen hinaus. In dieser Richtung wirkten in Deutschland Kräfte, die über die engere Anhängerschaft der Nationalsozialisten weit hinausreichten. Es gab sie nicht nur im Unternehmerlager, sondern auch im Großgrundbesitz und in der Bürokratie, in den bürgerlichen Parteien und in den Bildungsschichten. Ob sie sich darüber im klaren waren, daß die konsequente Loslösung der Exekutive von demokratisch-parlamentarischen Kontrollinstanzen und die Entmachtung der Arbeitnehmerorganisationen nur mit terroristischen Mitteln zu erreichen waren oder nicht – objektiv haben diese Kräfte daran mitgewirkt, die Voraussetzungen für die Machtergreifung der Nationalsozialisten zu schaffen. Eben darin und nicht in der simplen Beauftragung Hitlers als eines Agenten des Großkapitals liegt auch der entscheidende Beitrag deutscher Unternehmer zur Zerstörung der Weimarer Republik." (1979, S. 193 f.)

Die Auseinandersetzung mit der gegen Parlamentarismus, Gewerkschaften und Sozialdemokratie gerichteten Politik der Unternehmer steht auch im Zentrum von Bernd Weisbrods (1978) Arbeit über die Schwerindustrie in der Weimarer Republik. Dabei wird der Ruhreisenstreit, in dessen Verlauf 1928 mehr als 200.000 Arbeiter ausgesperrt wurden, als der eigentliche Wendepunkt in den sozialpolitischen Auseinandersetzungen der Weimarer Zeit beschrieben[7]. Der Versuch zur Ausschaltung des staatlichen Schlichtungswesens wird von Weisbrod

[7] Vgl. zur Interpretation des Ruhreisenstreits auch Fraenkel (1967), der als Prozeßbevollmächtigter des Deutschen Metallarbeiter-Verbands in dieser Auseinandersetzung die Position der Gewerkschaften juristisch vertrat.

nicht nur als eine Herausforderung der staatlichen Autorität beschrieben – weil er gegen einen von der Regierung als verbindlich erklärten Schiedsspruch gerichtet war –, sondern allgemeiner als ein Angriff gegen „den sozialstaatlichen Verfassungskompromiß der Weimarer Republik" (1978, S. 456). Diese Frontstellung blieb nach der Darstellung Weisbrods auch in der Weltwirtschaftskrise prinzipiell erhalten (vgl. 1978, S. 479 ff.). „Trotz der kommunistischen Erfolge bei den Reichstags- und Betriebsratswahlen bildete nicht die Angst vor kommunistischen Umsturzversuchen die Richtschnur schwerindustrieller Politik, sondern die Befürchtung, es könnte dem reformistischen Teil der Arbeiterbewegung noch vor Beendigung der Krise eine Restabilisierung des Weimarer Systems gelingen." (1978, S. 499) Dabei geht Weisbrod, anders als Turner[8], davon aus, daß die Sammlungsbemühungen der westlichen Schwerindustrie „niemals die Stabilisierung des verhaßten Weimarer Systems etwa in der Form einer Rückkehr zur parlamentarischen Regierungsweise zum Ziel" hatten (1978, S. 499).

In den Gesamtdarstellungen der Weimarer Republik und der Zeit des Nationalsozialismus wird die Position, die nationalsozialistische Machtübernahme sei primär als ein gegen die Linke gerichtetes Bündnis zwischen konservativen Eliten und Nationalsozialisten zu interpretieren, am prononciertesten von Broszat (1979, zuerst 1969) vertreten. Über das Regierungsbündnis vom Januar 1933 heißt es bei Broszat, daß es „in dem Vorsatz zur mehr oder weniger gewaltsamen Ausschaltung der Linken den höchsten Grad an Übereinstimmung hatte. Die Koalition zwischen der NSDAP und den am meisten reaktionären Kräften des nationalkonservativen Lagers und der Wille zur Ausschaltung der demokratischen Linken (und natürlich auch der Kommunisten) bedingten sich gegenseitig." (1979, S. 23 f.)

Die Rolle der Industrie in der Endphase des Weimarer Staates wird von Broszat vor diesem Hintergrund beschrieben: Das Verhalten der industriellen Oberschichten gilt neben dem Verhalten anderer Gruppierungen (vor allem Agrarier und Reichswehr) als einer unter mehreren Faktoren der nationalsozialistischen Machtübernahme – wichtig also, aber nicht von zentraler Bedeutung (vgl. 1979, S. 19 ff.). Dies zeigt sich in Broszats Interpretationen sowohl des Bruchs der Großen Koalition (1979, S. 20 f.) als auch des Sturzes der Regierungen Brüning und Schleicher (1979, S. 30). Bei jedem dieser für den Zusammenbruch des Weimarer Staates und den Aufstieg des Nationalsozialismus einschneidenden Ereignisse gibt es in der Darstellung Broszats *auch* relevante Einflüsse von seiten der Industrie.

Unter den Gesamtdarstellungen der Weimarer Republik kommt Heibers „Die Republik von Weimar" der Darstellung Broszats – bezogen auf die Rolle

---

[8] Turner vertritt in seinem Aufsatz über die „Ruhrlade" die Auffassung, daß noch im Jahre 1930 die Vertreter dieses informellen Führungsgremiums der Schwerindustrie das Regieren mit Notverordnungen „... nur als vorübergehenden Notbehelf ansahen und vom Parlament erwarteten, daß es seine normale legislative Funktion wieder übernehmen werde" (1980, S. 132). Vgl. dagegen neben Weisbrod auch Stegmann 1973, S. 416, und Mommsen 1972, S. 171 f.

der Industrie – am nächsten, während Erdmanns Darstellung am weitesten von ihr entfernt ist (siehe unten). Bracher steht zwischen diesen Autoren, wobei er sich von Broszat oder Heiber weniger in der inhaltlichen Charakterisierung der Industrie-Einflüsse auf die Politik unterscheidet, sondern mehr in der Relevanz, die diesen Einflüssen zugeordnet wird. Nicht ein Bündnis zwischen konservativen Eliten – und unter ihnen auch industriellen Oberschichten – und Nationalsozialisten ist nach Brachers Interpretation für das Scheitern der Weimarer Republik und die nationalsozialistische Machtübernahme von zentraler Bedeutung, sondern wichtiger sind allgemeinere Strukturprobleme des Weimarer Staates.

In Brachers früher Darstellung der „Auflösung der Weimarer Republik" wird diese Einschätzung in dem Kommentar zu den Ereignissen vom 30. Januar 1933 wie folgt zusammengefaßt: Es sei weder der Entschluß Hindenburgs gewesen noch das Votum des Volkes, „das sich am 30. Januar 1933 vollzog. Strukturfehler der Republik, Wirtschaftskrise, politische Radikalisierung und geschickte Demagogie, vor allem die Schwäche des freiheitlich-demokratischen Staatsbewußtseins in Deutschland hatten die Voraussetzungen geschaffen." (1971 – zuerst 1955 –, S. 637 f.)

Räumt Bracher demnach der Frage nach der Rolle der industriellen Oberschichten in seiner zusammenfassenden Interpretation der nationalsozialistischen Machtübernahme in „Die Auflösung der Weimarer Republik" einen geringen Rang ein, so hält er sie auf der Ebene von Einzeldarstellungen trotzdem nicht für so unwichtig, daß er sie unerwähnt ließe oder nur kursorisch behandeln würde. Die Frage nach dem Verhalten der Industriellen-Verbände und führender Industrieller hat in der Darstellung der letzten Jahre von Weimar vielmehr ihren systematischen Stellenwert. Sie wird unter anderem in folgenden Fragekontexten behandelt:

1. Im Zusammenhang mit der Darstellung des Bruchs der Großen Koalition im März 1930 und seiner Vorgeschichte: Bracher hebt hervor, daß auch von seiten des Reichsverbandes der Deutschen Industrie 1929/30 immer mehr Stimmen laut wurden, „die der Ersetzung der Demokratie durch ein unternehmerfreundliches, parlamentsfrei handlungsfähiges Verordnungsregime das Wort redeten" (1971, S. 262). Es paßt zu dieser Interpretation, daß Bracher die Verantwortung für das Scheitern der großen Koalition in letzter Instanz nicht der SPD, sondern der DVP und den hinter ihr stehenden Wirtschaftsinteressen zuordnet (1971, S. 270). Die DVP drängte „nicht nur aus einer Koalition, sondern auch aus einem Modus parlamentarischer Regierungsführung heraus, der ihr, die keine starke Wählerschaft hinter sich zu sammeln vermochte, nicht die ihrem wirtschaftspolitischen Gewicht entsprechende politische Vertretung und Mitbestimmung zu garantieren schien" (1971, S. 270).
2. Im Zusammenhang mit der Umbildung der Regierung Brüning und der Verschärfung ihres autoritären Kurses sowie des Sturzes dieser Regierung wird jeweils auf entsprechende Optionen in der Industrie verwiesen (S. 367 ff. und S. 385 ff.). Hierzu gehört auch der Hinweis auf Hitlers Rede vor dem Düsseldorfer Industrieclub im Januar 1932 (S. 389 f.). Der Erfolg dieser Rede vor

der „Elite der deutschen Wirtschaft“ zeugt nach Bracher von der Wandlung, die sich in der Industrie seit dem Sommer 1931 vollzogen habe (S. 390). Ihre Bedeutung für Hitlers weiteren Weg sei „im einzelnen schwer zu präzisieren, sicher aber kaum zu überschätzen“ (S. 390).

3. Im Zusammenhang mit der Darstellung der Umstände, die zum Sturz Schleichers und zur Bildung der Regierung Hitler/von Papen führten, wird auf die Rolle der im Keppler-Kreis organisierten pro-nationalsozialistischen Industriellen hingewiesen (S. 601 ff.). Das Treffen zwischen von Papen und Hitler im Hause des Bankiers von Schröder am 4. Januar 1933 wird als Ereignis gedeutet, „in dem sich zum ersten Mal die Konstellation vom 30. Januar abzeichnet und zugleich etwas von der sonst so schwer greifbaren Rolle der Wirtschafts- und Finanzinteressen hinter Hitlers Machtstreben sichtbar wurde“ (S. 606). Es sei zumindest nicht zu widerlegen, daß dieses Treffen „der NSDAP nach einer monatelangen Krise neues Selbstvertrauen und auch finanziellen Auftrieb verlieh, der Regierung Schleicher jedoch einen entscheidenden Schlag versetzte“ (S. 606 f.).

In der zweiten großen, zusammenfassenden Arbeit („Die deutsche Diktatur“) beschreibt Bracher die Rolle der Industrie insgesamt zurückhaltender. In einer kurzen Passage wird das Verhältnis zwischen Industrie und Nationalsozialisten knapp zu charakterisieren versucht (1979 – zuerst 1969 –, S. 239 f.), wobei Bracher – ähnlich wie Turner – eher den Beitrag der Industriellen zur Festigung der Macht der Nationalsozialisten betont und weniger die – sei es direkte, sei es indirekte – Unterstützung in der Phase der Machteroberung. Die Haltung der Industrie sei in der „Vorgeschichte der Machtergreifung noch individuell bedingt, die Einstellung zum Nationalsozialismus gespalten gewesen“ (S. 240). Gespalten, das bedeutet nicht: ohne jede Relevanz für den Aufstieg der Nationalsozialisten, wie dies vor allem Brachers Ausführungen zu dem „Durchbruch von 1929“ (1979, S. 175) zeigen, dessen Beginn durch die Einbeziehung der Nationalsozialisten in den Reichsausschuß für ein Volksbegehren gegen den Young-Plan und durch die Kooperation mit den Deutschnationalen unter Hugenberg gekennzeichnet ist[9]. Mit dieser Kooperation eröffneten sich „für die lange verachtete NSDAP neue Zugänge zu Gesellschaftskreisen und zu Geld- und Einflußmitteln, die der Propaganda und Organisation der Partei plötzlich ungeahnte Entfaltungsmöglichkeiten boten. Die Kontakte mit Fritz Thyssen lebten wieder auf, eine wachsende Zahl von Wirtschaftsführern begann sich für die NSDAP und die agi-

---

9 Vgl. zur Vorgeschichte dieser Kooperation auch Schulz (1974, S. 43): „Von entscheidender Bedeutung war zuerst die Hinwendung Hugenbergs zu Hitler, die auf die Initiative des Oberfinanzrats Bang zurückging, der ebenso wie Hugenberg zu den führenden Männern der Alldeutschen Bewegung gehört hatte, 1924 einer der Opponenten gegen die ‚Erfüllungspolitik‘ des Reichsverbandes der Deutschen Industrie geworden war und seit den frühen zwanziger Jahren mit Hitler in Verbindung stand.“ Vgl. zur politischen Rolle Bangs im Zusammenhang mit der antisemitischen Bewegung auch Jochmann 1971, S. 459.

tatorischen Fähigkeiten ihrer Funktionäre zu interessieren. Hitler rückte erneut in die Stellung des umworbenen ‚Trommlers' ein." (1979, S. 176)[10]

Unter den hier diskutierten Gesamtdarstellungen der Weimarer Republik ist Erdmanns Darstellung diejenige, in der die Frage nach der Rolle der industriellen Oberschichten die geringste Bedeutung hat. In dem Teil seines Handbuchartikels, der sich mit den letzten Jahren des Weimarer Staates befaßt, kommt die Industrie in erster Linie als Teil der Kräfte ins Blickfeld, die 1930 mit dem Bruch der Großen Koalition jenes „Machtvakuum" schufen, in dem sich „die Präsidialgewalt, gestützt auf die Reichswehr, entwickeln" konnte (1980, Bd. 19, S. 313). In der Deutschen Volkspartei habe sich nach dem Tode Stresemanns „der an industriellen Unternehmerinteressen orientierte Flügel" durchgesetzt (1980, Bd. 19, S. 313), welcher dann ebenso wie der Gewerkschaftsflügel der Sozialdemokratischen Partei durch mangelnde Kompromißbereitschaft in der Frage der Beiträge zur Arbeitslosenversicherung das Scheitern der Koalition mit verursacht habe (vgl. 1980, Bd. 19, S. 275 ff.).

Knapp angedeutet wird in dem Teil über die Spätphase der Weimarer Republik zudem die Kritik der Unternehmer an Schleichers Wirtschaftspolitik, die weniger als die von Papens „am Unternehmerinteresse orientiert" war (1980, Bd. 19, S. 303). Diese Frage wird in dem Teil des Handbuchartikels, der sich mit dem Nationalsozialismus an der Macht und mit der Geschichte der NSDAP befaßt, noch einmal aufgegriffen (1980, Bd. 20, S. 59). Erdmann resümiert dort seine – im wesentlichen auf Turner gestützte – Darstellung der Beziehungen zwischen NSDAP und Industrie wie folgt: „Es wäre also falsch, die Unternehmerschaft als ganze oder auch nur ihren überwiegenden oder wirtschaftlich bedeutendsten Teil direkt dafür verantwortlich zu machen, daß Hitler Kanzler wurde. Es besteht jedoch eine indirekte Verantwortung, und zwar darin, daß sie dem letzten Versuch, Hitler den Weg zur Macht zu versperren, ihre Unterstützung versagten. Statt dessen setzten sie in kurzsichtiger Interessenblindheit und in Verkennung der tatsächlichen Kräfteverhältnisse auf den Intriganten Papen." (1980, Bd. 20, S. 59)

Versucht man das Spektrum der dargestellten Deutungen des Verhältnisses von Industrie und Nationalsozialismus in den letzten Jahren der Weimarer Republik zusammenfassend zu charakterisieren, dann erscheint als die umstrittenste Frage die nach Art und Umfang der direkten Unterstützung der Nationalsozialisten durch die industriellen Oberschichten bis zum 30. Januar 1933. So wird die Bedeutung der direkten politischen Interventionen zugunsten der Nationalsozialisten (die Petition an Hindenburg und entsprechende Zusatzbriefe, die Rolle des Keppler-Kreises, die Rolle Schachts u. a.) von Autoren wie Turner oder

---

[10] Dieser Darstellung Brachers, die ungefähr auch der Darstellung Schulz' (1974, S. 43 f.), Heibers (1982, S. 203) oder auch Czichons (1967, S. 18 f.) entspricht, ist von Turner widersprochen worden; vgl. Turner 1980, S. 14 f. Allerdings bezieht sich sein Widerspruch auf einen Sachverhalt, der von Bracher so gar nicht behauptet wurde: nämlich auf die Frage, ob der NSDAP über Hugenberg große Geldsummen zuflossen.

Stegmann völlig unterschiedlich eingeschätzt, und auch in der Frage der Finanzierung gibt es unterschiedliche Auffassungen. Zwar ist die herrschende Meinung unter den nicht-marxistischen Historikern, daß die direkte finanzielle Unterstützung der NSDAP durch die Großindustrie relativ gering gewesen sei (vgl. hierzu auch Kolb, 1984, S. 213), aber auch hier gibt es Gegenpositionen, und zudem hat Trumpp kürzlich darauf hingewiesen, daß abschließende Urteile angesichts der Quellenlage schwer zu fällen seien: „Wegen der spärlichen, zudem teilweise nur schwer zugänglichen Quellen, bedingt durch das Geheimhaltungsbedürfnis der Geldgeber und Geldnehmer, sind die Finanzen der politischen Parteien das am wenigsten durchsichtige Kapitel der Parteiengeschichte und doch eines ihrer wichtigsten. Dies gilt auch für Umfang und Zeitpunkte der NSDAP-Finanzierung, vor allem durch Personen und Gruppierungen der deutschen Großindustrie in der Spätphase der Weimarer Demokratie. Angesichts der miserablen Quellenlage kann bis heute auch nichts halbwegs Abschließendes zu diesem Thema gesagt werden." (1983, S. 133)

Weniger umstritten sind in der Literatur die Frage nach der Unterstützung der Nationalsozialisten durch die Industrie in der Phase der Machtstabilisierung – beginnend mit der finanziellen Unterstützung vor den März-Wahlen – und die Frage nach der indirekten Unterstützung der Nationalsozialisten durch die Industrie. Diese wird allerdings unterschiedlich charakterisiert. Für Autoren wie Winkler, Mommsen oder auch Bracher steht die Betonung der gegen Parlamentarismus und Arbeiterbewegung gerichteten Zielsetzungen der Führungsschichten in der Industrie stärker im Vordergrund, während sich Turner und Erdmann mehr auf den Gesichtspunkt der Kritik an der Regierung Schleicher und der Unterstützung von Papens konzentrieren. Umstritten bleibt schließlich die Einschätzung der generellen Relevanz des Verhaltens der industriellen Oberschichten. Hier sind mindestens drei Positionen voneinander zu unterscheiden:

- die vor allem von Marxisten vertretene Betonung des Primats der Industrie und eine primär industriebezogene Deutung der nationalsozialistischen Machtübernahme;
- die von Broszat und einer Reihe von Sozialhistorikern vertretene Konzeption, nach der die nationalsozialistische Machtübernahme als ein Bündnis zwischen unterschiedlichen – auch industriellen – Eliten mit den Nationalsozialisten betrachtet wird und in der die Frage nach dem politischen Verhalten der industriellen Oberschichten systematisch von Bedeutung ist, wenn auch nicht von zentraler Bedeutung;
- eine Reihe weiterer Positionen, die bezüglich der Auflösung der Weimarer Republik und der nationalsozialistischen Machtübernahme ganz andere Fragestellungen in den Vordergrund stellen und der Frage nach der Rolle der Industrie in der Spätphase der Weimarer Republik in der Gesamtbetrachtung eine sehr viel geringere Bedeutung zumessen. Diese Position ist – trotz vieler Unterschiede in der Einzelinterpretation – sowohl für Brachers als auch für Erdmanns Darstellung der Endphase der Weimarer Republik und des Übergangs zur nationalsozialistischen Herrschaft kennzeichnend.

3.2 Die Rolle der Industrie in den Interviews

3.2.1 Ein erster Überblick über die Interview-Ergebnisse

Vergleicht man die Stellungnahmen der befragten Lehrer mit den dargestellten Positionen in der wissenschaftlichen Literatur, so kann man feststellen, daß auch im Geschichtsunterricht, so wie er in den Interviews beschrieben wird, ein relativ breites Spektrum unterschiedlicher Deutungen repräsentiert ist. Einige wenige der befragten Lehrer vertreten eine eher marxistische, primär industriebezogene Interpretation der nationalsozialistischen Machtübernahme; eine größere Gruppe von Lehrern beschäftigt sich mit dem Thema Industrie und Nationalsozialismus, ohne ihm Priorität zu geben, und nur eine sehr kleine Gruppe von Lehrern spart dieses Thema im Unterricht vollständig aus.

Die Frage nach der Rolle der Industrie hat bei dem Versuch, die Bedingungen der nationalsozialistischen Machtübernahme zu klären, für 20 der 78 befragten Lehrer immerhin eine so große Bedeutung, daß sie sie in dem offenen Interviewteil (vgl. als Überblick über die Ergebnisse dieses Teils der Befragung auch Abschnitt 2.2) von sich aus zur Sprache bringen. Relativ am häufigsten sind solche Hervorhebungen in der großstädtischen Region des Ruhrgebiets (6 von 15 Lehrern), seltener in den anderen Regionen (vgl. die Übersicht in Tab. 3.1). Dort wird von jeweils rund zwei Dritteln der befragten Lehrer die Rolle der Industrie ganz eindeutig nicht spontan erwähnt.

Die Situation wird differenzierter, wenn man in der Auswertung nicht allein die beiden offenen Interviewabschnitte berücksichtigt. Bezieht man in die quan-

Tabelle 3.1: Rolle der Industrie im Unterricht über Nationalsozialismus – Auswertung der offenen Interviewabschnitte

	Rolle der Industrie			
	Als behandelt erwähnt	Nicht erwähnt	Unklar	Insgesamt
NRW großstädt. Region	6	6	3	15
NRW ländliche Region	4	13	2	19
SH großstädt. Region	8	15	1	24
SH ländliche Region	2	13	5	20
Insgesamt	20	47	11	78

Tabelle 3.2: Rolle der Industrie im Unterricht über Nationalsozialismus

	Begünstigende Rolle wird hervorgehoben	Industrie wird in anderer Weise behandelt	Beiläufig behandelt	Nicht behandelt	Unklar, keine Angabe	Insgesamt
NRW großstädt. Region	11	2	2	0	0	15
NRW ländliche Region	9	2	3	3	2	19
SH großstädt. Region	7	4	7	4	2	24
SH ländliche Region	7	5	4	1	3	20
Insgesamt	34	13	16	8	7	78

titative Übersicht auch die Ergebnisse ein, die sich im Zusammenhang mit den gezielten Nachfragen ergeben, so ergibt sich ein folgendes Bild (vgl. Tab. 3.2).

Es sind nun insgesamt 34 Lehrer, die in ihrem Unterricht mehr oder weniger nachdrücklich darauf hinweisen, daß die Nationalsozialisten aus Kreisen der Industrie, namentlich der Schwerindustrie, unterstützt wurden. Wie unsere zusammenfassende Auseinandersetzung mit den Deutungsmustern der Lehrer zeigt (vgl. Abschnitt 7.2), weisen darunter allerdings nur drei Lehrer der Industrie bei der Erklärung der nationalsozialistischen Machtübernahme die entscheidende Rolle zu. In der Regel wird die Industrie von denen, die auf ihre unterstützende Rolle im Unterricht in mehr als beiläufiger Weise eingehen, als ein Faktor neben anderen dargestellt. Dabei ist schwer zu entscheiden, ob die befragten Lehrer eher die direkte oder die indirekte Unterstützung des Aufstiegs der Nationalsozialisten hervorheben (vgl. zu dieser Frage Abschnitt 3.1); denn einerseits sind in den Argumentationen der Lehrer beide Aspekte eng miteinander verwoben, und andererseits haben wir in den Interviews hierzu wenig Nachfragen gestellt. So sind insgesamt nur eher grobe Zuordnungen zu einzelnen Positionen möglich.

Wie aus Tabelle 3.1, so geht auch aus Tabelle 3.2 hervor, daß die Lehrer des Ruhrgebiets besonders häufig auf die positiven Beziehungen zwischen Industrie und nationalsozialistischer Partei hinweisen. Wie eine differenziertere Aufschlüsselung zeigt, gehen an zwei Schulen etwas mehr als die Hälfte der Befragten in dieser Weise auf das Verhältnis Industrie und Nationalsozialismus ein, während an einer Schule fast alle Befragten hervorheben, daß der Aufstieg des Nationalsozialismus durch Teile der Großindustrie unterstützt wurde. Daß auch im Münsterland die Rolle der Industrie mit einigem Gewicht zur Sprache kommt

(9 von 19 Lehrern), ist bemerkenswert, wird als Ergebnis jedoch dadurch relativiert, daß diese Lehrer überwiegend aus einem der drei in die Befragung einbezogenen Gymnasien kommen – und zwar dem Gymnasium, dessen Kollegium zum Zeitpunkt der Erhebung stark gespalten war: Hier setzte sich eine größere Gruppe relativ junger Geschichtslehrer in einer Reihe von Punkten von der vorherrschenden konservativen Umgebung ab. Daß diese Konstellation verschiedentlich zu Konflikten führte, wird später dargestellt (vgl. Abschnitt 5.2.2). Hier ist zunächst nur festzustellen, daß die quantitativen Angaben allein natürlich nicht reichen, um einen Eindruck von dem jeweils vorherrschenden kulturellen Klima zu vermitteln.

Auch in Schleswig-Holstein variieren die Ergebnisse nach Schulen. In beiden Regionen gibt es jeweils eine Schule, an der etwa die Hälfte der Befragten oder auch einige mehr in ihrem Unterricht nicht bloß beiläufig – das heißt nicht allein mit knappen Hinweisen – auf die Unterstützung der Nationalsozialisten durch Teile der Industrie eingehen. Umgekehrt gibt es andere Schulen, an denen dieser Themenbereich besonders wenig zur Sprache kommt oder in anderer Weise behandelt wird. Damit sind solche Antworten gemeint, in denen zum Ausdruck kommt, daß die Rolle der Industrie zwar Unterrichtsgegenstand war, aber eher für unbedeutend oder auch ungeklärt gehalten wird.

In der zusammenfassenden Betrachtung ergibt sich, daß am größten die Differenz zwischen den beiden Großstädten ist. Von den im Ruhrgebiet befragten Lehrern sind es knapp drei Viertel, die auf die Rolle der Industrie im Zusammenhang mit dem Versuch, die nationalsozialistische Machtübernahme zu erklären, in mehr als beiläufiger Weise eingehen. Dagegen ist dies in der schleswig-holsteinischen Großstadt nur bei etwas mehr als einem Viertel der Befragten der Fall. Die Ergebnisse in den beiden Landregionen liegen zwischen diesen Extremwerten.

Ein Vergleich mit den Antworten der befragten Lehrer zur Totalitarismuskonzeption (vgl. Abschnitt 2.2) zeigt, daß es in den regionalen Verteilungen Ent-

Tabelle 3.3: Beziehungen zwischen den Antworten zur Totalitarismuskonzeption und den Antworten zur Rolle der Industrie

	KPD und NSDAP werden undifferenziert gleichgesetzt	Andere Antworten	Insgesamt
Die den Nationalsozialismus begünstigende Rolle der Industrie wird hervorgehoben	5	29	34
Andere Antworten	23	21	44
Insgesamt	28	50	78

Tabelle 3.4: Altersunterschiede und Darstellung der Rolle der Industrie im Unterricht über Nationalsozialismus

	Begünstigende Rolle wird hervorgehoben	Andere Antworten	Insgesamt
Jahrgänge bis 1940	10	23	33
Jahrgänge 1941 und später	24	21	45
Insgesamt	34	44	78

sprechungen gibt. Dies ist als Ergebnis nicht überraschend, da erwartungsgemäß ein enger inhaltlicher Zusammenhang zwischen den Stellungnahmen zur Totalitarismuskonzeption und zur Rolle der Industrie besteht (vgl. hierzu Tab. 3.3).

Unter den in dieser Untersuchung ausführlicher analysierten Themenbereichen ist das Thema Industrie und Nationalsozialismus dasjenige, bei dessen Behandlung die Altersunterschiede zwischen den befragten Lehrern am deut-

Tabelle 3.5: Altersunterschiede, regionale Unterschiede und Darstellung der Rolle der Industrie im Unterricht über Nationalsozialismus

	A. Jahrgänge bis 1940			B. Jahrgänge 1941 und später		
	Begünstigende Rolle wird hervorgehoben	Andere Antworten	Insgesamt	Begünstigende Rolle wird hervorgehoben	Andere Antworten	Insgesamt
NRW großstädt. Region	3	0	3	8	4	12
NRW ländliche Region	1	7	8	8	3	11
SH großstädt. Region	3	11	14	4	6	10
SH ländliche Region	3	5	8	4	8	12
Insgesamt	10	23	33	24	21	45

lichsten zum Tragen kommen. Weniger als ein Drittel der Lehrer, die zum Zeitpunkt der Befragung (1981) älter als 40 Jahre waren, bringen in ihrem Unterricht die direkte oder indirekte Unterstützung der Nationalsozialisten durch Teile der Industrie zur Sprache, während dies von den jüngeren Lehrern mehr als die Hälfte tun (vgl. hierzu Tab. 3.4).

Eine genauere regionale Aufschlüsselung der Altersunterschiede zeigt allerdings, daß bei der Interpretation dieser Zahlen Vorsicht geboten ist (vgl. Tab. 3.5). Im Zusammenhang mit dem Thema Industrie und Nationalsozialismus gibt es nennenswerte Altersunterschiede in erster Linie in Nordrhein-Westfalen, und zwar in der ländlichen Region, während in Schleswig-Holstein Altersunterschiede bei dieser Frage kaum auffallen. Dies bedeutet umgekehrt, daß die regionalen Unterschiede in der Behandlung des Themenbereichs Industrie und Nationalsozialismus in der Tendenz auch dann erhalten bleiben, wenn man das Lebensalter als Einflußfaktor zu kontrollieren sucht und nur die jüngeren, 1941 und später geborenen Lehrer der unterschiedlichen Regionen miteinander vergleicht (vgl. ebenfalls Tab. 3.5).

Daß bei diesem Thema in Schleswig-Holstein Altersunterschiede unter den befragten Lehrern weniger ausgeprägt sind als in Nordrhein-Westfalen, kann als Beleg für den Einfluß regional unterschiedlicher politischer und kultureller Gegebenheiten interpretiert werden (vgl. zur Diskussion auch Abschnitt 8.2). Im folgenden Abschnitt wird versucht, diesen hier zunächst nur quantitativ charakterisierten Hinweisen durch die Erörterung einzelner Textstellen aus Interviews und zusätzlicher Informationen über die Bedingungen des Unterrichts weiter nachzugehen.

3.2.2 Einzelne Positionen und Unterschiede zwischen den Regionen in der Art der Beschreibung

Versucht man die Unterschiede zwischen den Schulen der beiden Bundesländer, in denen Interviews geführt wurden, auf eine kurze Formel zu bringen, dann kann man sagen, daß – bezogen auf das Thema Industrie und Nationalsozialismus – in den beiden Ländern die Tabugrenzen unterschiedlich sind. Auch an den nordrhein-westfälischen Schulen gibt es solche Grenzen. Sie sind jedoch weiter gesteckt als in Schleswig-Holstein, und zudem wird über das Thema Industrie und Nationalsozialismus mit größerer Selbstverständlichkeit unterrichtet, wie man unter anderem auch daran erkennen kann, daß die Art des Quellen- und Literaturbezugs anders ist. So wird beispielsweise in den Interviews mit den schleswig-holsteinischen Lehrern die von Kühnl herausgegebene Quellensammlung („Der deutsche Faschismus in Quellen und Dokumenten"), die eine Vielzahl von Dokumenten zum Verhältnis von Industrie und Nationalsozialismus enthält und der insgesamt eine eher industriebezogene und kapitalismuskritische Deutung der nationalsozialistischen Machtübernahme zugrunde liegt, äußerst selten erwähnt. Dagegen kommt sie in den Interviews mit den Lehrern in Nordrhein-Westfalen – auch in der ländlichen Region – häufiger zur Sprache.

An einem der großstädtischen Gymnasien wurde die Kühnlsche Quellensammlung zum Zeitpunkt der Befragung, zusammen mit anderen Text- und Quellensammlungen, sogar als reguläre Grundlage des Unterrichts in der Oberstufe verwandt und an die Schüler verteilt.

Die befragten Lehrer in Schleswig-Holstein nähern sich dem Thema Industrie und Nationalsozialismus im Durchschnitt mit größerer Zurückhaltung, sofern sie es im Unterricht überhaupt mehr als bloß beiläufig aufgreifen. So ist es wohl auch kein Zufall, daß die wenigen Lehrer, die eine primär industriebezogene Deutung der nationalsozialistischen Machtübernahme vertreten, aus Nordrhein-Westfalen kommen. In Schleswig-Holstein stünde man mit einer solchen Deutung mehr an der Peripherie, als dies in Nordrhein-Westfalen, vor allem in der Großstadt, der Fall ist. Aber auch dort gibt es Grenzen. Nach den Interviews zu urteilen, stehen Lehrer, die zu einer primär industriebezogenen Interpretation neigen, unter einem besonders ausgeprägten Argumentations- und Rechtfertigungsdruck und müssen zudem ihr Thema mit einiger sprachlicher Vorsicht angehen. Begriffe wie „Kapital" oder „Großkapital" gehören beispielsweise zu dem Teil des Vokabulars, der in formellen Kontexten – namentlich den Abiturvorschlägen – eher vermieden wird.

Der folgende Textausschnitt stammt aus einem Interview mit einem Lehrer, der in seinem Unterricht eine primär industriebezogene Deutung der nationalsozialistischen Machtübernahme vertritt. Wie der Ausschnitt belegt, greifen dabei die Mechanismen sozialer Kontrolle nicht nur im Verhältnis Lehrer–Schuladministration, sondern auch im Verhältnis Lehrer–Kollegium und auch in der Schüler-Lehrer-Beziehung. Man streitet miteinander über Interpretationen, aber: man streitet. Und das Thema hat für die Beteiligten, wie auch immer sie Position beziehen, einige Relevanz.

Interviewausschnitt 3/1 (Großstadt, Nordrhein-Westfalen)

Kontext: Offener Frageteil. Fragen zu Themenschwerpunkten und im Unterricht eingesetzten Schulbüchern und anderen Materialien. Der Befragte geht über das in Sekundarstufe I verwandte Schulbuch „Geschichtliche Weltkunde" gerade im Zusammenhang mit dem Thema Industrie und Nationalsozialismus hinaus und arbeitet unter anderem mit der Kühnl-Sammlung und inhaltlich vergleichbaren Materialien.

Interviewer: „Worauf legen Sie vor allen Dingen das Gewicht, wenn Sie versuchen, Ihren Schülern zu erklären, warum die Nationalsozialisten in Deutschland an die Macht kamen?"

Befragter: „Ja, ich versuche, das auf zwei Gleisen zu erklären: auf der einen Seite natürlich zu erklären, wie kann es dazu kommen, daß hunderttausend, Millionen ihn wählen. Das ist die erste Frage, die man versuchen muß zu erklären: daß also dort nicht nur rationale, sondern auch irrationale Elemente eine Rolle mitspielen, Erwartungen, Hoffnung. Teilweise gebe ich dann Referate, also da Massenpsychologie, auf, oder so etwas. Das ist das eine Gleis, grob gesagt, auf dem ich immer fahre. Auf der anderen Seite ist: daß das nicht ausreichte, daß er an die Macht kam. Und (man) sich dann also die Frage stellt: Wer sind die Hintermänner? Und da auf dem zweiten Gleis dann der Zusammenhang zwischen Kapitalismus und Faschismus – dann darstelle und skizziere, wie beide die Wichtigkeit haben. Und vor allen Dingen in der Oberstufe. Denn das erste ist eigentlich für die meisten Schüler noch recht nachvollziehbar. Da haben die immer noch Informationen aus, was weiß ich, für Quellen her und kennen noch Slogans der Nationalsozialisten, Wahlkampfparolen. Auch unsere Schüler heute noch. Während das andere ja ein Zusammenhang ist, der ja auch gesellschaftlich weitgehend tabuisiert wird, wo auch in den Geschichtsbüchern so gut wie nichts zu finden ist darüber. Dementsprechend hat der im Unterricht dann zusätzlichen Stellenwert und zusätzlichen Zeitaufwand, den ich dabei berücksichtigen muß. Und darüber bekomme ich speziell auch an unserer Schule, gerade was dieses Kapitel betrifft, dann auch ganz starke Abwehrreaktionen, bewußte Abwehrreaktionen: daß Schüler sagen, ich möchte gerne dort drüber (ein Referat) halten – ist mir also jetzt im letzten Grundkurs in diesem Jahr passiert, es läuft parallel ein Leistungskurs bei einem anderen Kollegen – und die haben gelernt, daß die Industriellen überhaupt nicht die Förderer Hitlers waren. Und da haben die auch Materialien, und da möchte ich gerne ein Referat halten, weil das ja im Gegensatz zu unserer Auffassung steht. Dann hat der also sein Referat darüber gehalten. Und dann haben wir die Quellen da diskutiert. Daß also so auch bewußte Widerstände kommen von Schülern, daß die bestimmte Einsichten nicht wahrhaben wollen, das runterspielen wollen."

Interviewer: „Was hatte er denn da für Quellen?"

Befragter: „Ja – er hatte Quellen eigentlich immer nur in Auszügen wiedergegeben, zum Beispiel von Krupp ein Brief. Der Krupp gehörte ja nun in der Phase 1932, Ende 32, nicht zu den Unterzeichnern dieser Eingabe an Hindenburg im November, und auch andere ja nicht. Und das hat der Lehrer dann zum Anlaß genommen, darauf hinzuweisen, daß diese Eingabe, die er auch behandelt hatte, nur von zweit-, dritt- und viertrangigen Industriellen gemacht wurde (...)."

Der Lehrer berichtet dann noch, daß er in der Reaktion auf das Schüler-Referat, in dem ja praktisch die Position seines Kollegen wiedergegeben worden war, die Schüler zur Rechtfertigung der eigenen Position auf einen zusätzlichen, der Übergabe der Petition folgenden Brief an den Staatssekretär Meißner aufmerksam gemacht habe. In diesem Brief (vgl. den Abdruck in Czichon 1967, S. 71 f.) wird Meißner gebeten, Hindenburg davon zu informieren, daß drei weitere Industrielle (Reusch, Springorum und Vögler) mit dem Inhalt der Petition (Präsidialkabinett mit Hitler als Kanzler) übereinstimmten, sich jedoch nicht durch eine Unterschrift exponieren wollten. Der Lehrer versucht dann, die Schüler über ihre politische und wirtschaftliche Rolle in der Ruhrindustrie zu informieren.

Der Textausschnitt zeigt, wie in den von Schülern aufgegriffenen Interpretationskonflikten zwischen Lehrern die Debatten Czichon–Turner und Turner–Stegmann (vgl. oben, Abschnitt 3.1) auf der Ebene der einzelnen Schule noch einmal durchgefochten werden. Zu berücksichtigen ist dabei, daß im Ruhrgebiet die Frage nach den politischen Optionen der Industrie und besonders der Schwerindustrie brisanter ist als in anderen Regionen. Mit dem im Interview erwähnten Albert Vögler und dem Stahlkonzern (Vereinigte Stahlwerke), dessen Generaldirektor er war, verbinden sich konkretere Vorstellungen, die im regionalen Kontext auch einen Aktualitätsbezug behalten. So gab es zum Beispiel in der Zeit, in der die Befragung im Ruhrgebiet durchgeführt wurde, einen in der regionalen Presse diskutierten Konflikt über das „Albert-Vögler-Haus" in Dortmund, den Sitz des Westfälischen Industrieclubs. In derselben Stadt machte ein Ausstellungskatalog, der im Ruhrgebiet allgemeinere Verbreitung fand („Widerstand und Verfolgung in Dortmund 1933–1945"), auf die politische Rolle Vöglers und anderer Ruhrindustrieller aufmerksam[11]. Wie einige weitere Befragte bezieht sich auch der Lehrer, aus dessen Interview zitiert wurde, auf diese und andere aktu-

[11] Zu dieser heißt es in dem Ausstellungskatalog, den einige der befragten Lehrer erwähnen, unter anderem: „Im Zusammenhang mit der Machtübernahme der Nationalsozialisten war

elle Ereignisse, wenn im Unterricht die politische Rolle der Schwerindustrie zur Sprache kommt.

Die Beschäftigung mit der politischen Rolle der Schwerindustrie liegt also im Ruhrgebiet besonders nahe. Trotzdem überwiegen auch unter den in der Großstadt des Ruhrgebiets befragten Lehrern Deutungen, in denen die Rolle der Industrie zwar betont wird, jedoch zur Erklärung der nationalsozialistischen Machtübernahme und des Scheiterns der Weimarer Republik auch auf eine Vielzahl anderer Faktoren hingewiesen wird. Dies geschieht – im Ruhrgebiet wie in anderen Regionen – durchaus bewußt. Eine Reihe von Lehrern betonen im Interview ausdrücklich, daß sie die Schüler an eine „multi-kausale" Betrachtungsweise heranführen wollten, die als Alternative zur „mono-kausalen" Betrachtungsweise marxistischer Faschismus-Theorien angesehen wird (vgl. hierzu auch Kap. 7).

Es muß deutlich auf diese Möglichkeit hingewiesen werden, daß man sich mit der Rolle der Industrie als Faktor der nationalsozialistischen Machtübernahme in kritischer Absicht befassen kann, ohne ihr damit zugleich Vorrang bei der Erklärung einzuräumen. Denn es handelt sich hier um eine eigenständige Variante der Interpretation, die zudem real von einiger Bedeutung ist – sowohl auf der Ebene wissenschaftlicher Literatur (vgl. Abschnitt 3.1) als auch im Geschichtsunterricht, wie unsere Interviews zeigen. Anhand eines Interviews mit einem Lehrer im Ruhrgebiet läßt sich diese Variante noch weiter verdeutlichen. Der betreffende Lehrer unterstreicht verschiedentlich auch sonst im Interview ökonomische Faktoren und die Rolle der industriellen Oberschichten, setzt sich aber gleichzeitig sehr bestimmt von marxistischen Faschismus-Theorien ab.

Interviewausschnitt 3/2 (Großstadt, Nordrhein-Westfalen)

Kontext: Offene Frage danach, wie der Lehrer seinen Schülern im Unterricht zu erklären versucht, warum in Deutschland die Nationalsozialisten an die Macht kamen. Der Lehrer erklärt diese Frage zunächst für „naiv", antwortet dann aber doch.

Befragter: „(...) Na gut, ich wähle schon so aus, daß ich im Laufe der Zeit die wichtigsten Ursachen, die man aufgrund wissenschaftlicher Diskussion finden (kann), daß die eben vorkommen. Und wenn ich Ihnen das natürlich aufzähle, was da eine besondere Rolle spielt, ... dann ist natürlich einmal der Komplex (zu nennen), der dann wiederkehrt, sehr massiv wiederkehrt bei dem Problem Faschismus-Theorien. Wenn man etwa an die Identitätstheorie oder an die marxistische Auffassung denkt, die da eben betont, daß der Faschismus ein Ausfluß der Bourgeoisie gewesen sei, und das wird dann übrigens untersucht, wiederum an dem Verhältnis Nationalsozialismus – ja, sagen wir mal so, an der nationalsozialistischen Wirtschaftspolitik, wo man dann übrigens sehr schön zeigen kann, daß diese Fassung der Theorie gewiß falsch ist. Aber warum, das will ich jetzt an dieser Stelle nicht sagen.

Jedenfalls kommt ja der ganze ökonomische Aspekt in den Blick, der ja zurückgeht bis auf die Revolution, wo man die Frage beantworten kann, wie hätte es anders laufen können, wenn man andere Wege im Hinblick auf die ökonomische Verantwortung, der Eigentumsordnung beschritten hätte, und als Letztes vielleicht dazu – unbestritten ist einerseits, daß

---

es von großer Bedeutung gewesen, daß die Leitung des größten deutschen Stahlkonzerns, der Vereinigten Stahlwerke, Generaldirektor Albert Vögler und dessen Bankier, Curt von Schröder, für die NSDAP gewonnen werden konnten." (Widerstand und Verfolgung in Dortmund 1933–1945, 2. Aufl., Dortmund 1981, S. 37)

Faschismus und Kapitalismus, würde ich jetzt natürlich von meiner Position sagen, in irgendeiner Weise zusammenhängen – und da kann ich mich auch auf die Historiker berufen, die man ernst nehmen kann –, auf der anderen Seite die marxistische Faschismus-Theorie nachweislich falsch ist.

Ja, das ist der eine Komplex. Dann spielt noch eine Rolle, was man so nennt die Strukturdefekte der Verfassung, daß also im Ansatz viele dysfunktionale Elemente in der Weimarer Verfassung enthalten sind, die eben das Aufkommen des Nationalsozialismus begünstigt haben. Dann auch der ganze Komplex, (der) mit der Verelendung des Mittelstandes und solchen Dingen zusammenhängt, denn der soziale Träger war ja eben nicht das Großbürgertum, sondern das Kleinbürgertum. Ja, das fällt mir im Augenblick ein. (...)"

So harsch und apodiktisch die Kritik an marxistischen Faschismus-Theorien in diesem Interviewabschnitt auch formuliert ist, so wenig ist sie mit einer Nicht-Berücksichtigung der Rolle der Industrie bei der Erklärung der nationalsozialistischen Machtübernahme gleichzusetzen. Zusätzlich wird dies daran deutlich, daß der zitierte Lehrer sich in seinem Unterricht auch auf Materialien aus der Kühnlschen Quellensammlung stützt. Der Textausschnitt läßt erkennen, daß in seinem Unterricht der ökonomische Bereich und die Diskussion des Verhältnisses von Industrie und Nationalsozialismus beträchtlichen und selbstverständlichen Stellenwert bei der Erklärung der nationalsozialistischen Machtübernahme haben. Der Wirtschaftsbereich wird vom Interviewten aus eigener Initiative an erster Stelle erwähnt und mit mehr Engagement und ausführlicher vorgestellt als andere Faktoren (Probleme der Verfassung, Verelendung des Kleinbürgertums). Er spielt „natürlich" eine Rolle.

Auch bei einem weiteren Lehrer aus derselben Schule (vgl. Textausschnitt 3/3) wird eine vergleichbare Konstellation erkennbar. Betrachtet man die Ausführungen dieses Lehrers zu seinem Unterricht über die Weimarer Republik und die Anfänge nationalsozialistischer Herrschaft insgesamt, dann wird deutlich, daß seine Deutung des Aufstiegs des Nationalsozialismus eher in Richtung der Bracherschen oder – in der Interpretation des Bruchs der Großen Koalition – auch der Erdmannschen Analyse geht und nicht in die Richtung einer marxistischen Deutung. Trotzdem wird die Rolle der Industrie mit einigem Nachdruck behandelt, wie der folgende Textausschnitt zeigt.

Interviewausschnitt 3/3 (Großstadt, Nordrhein-Westfalen)

Kontext: Frage nach der Rolle der unterschiedlichen Eliten (in Militär, Bürokratie/Justiz, Kirchen, Industrie) gegen Ende der Weimarer Republik. Der Befragte bezieht sich ebenso wie der im vorangehenden zitierte Lehrer an dieser Stelle des Interviews auf seinen Oberstufenunterricht.

Befragter: „Ja, ich hab' eigentlich alles angesprochen. Wir haben auch Quellen gelesen dazu, beispielsweise würde ich sagen, insbesondere, als der Referendar auch diesen Unterricht mitgetragen hat, die Rolle der Industrie und die Rolle der ausgesprochenen ‚Rechtskreise', der Konservativen. Das haben wir, glaube ich, doch mehr betont als die anderen."

Interviewer: „Anhand welchen Materials wird denn so ein Thema wie Industrie abgehandelt?"

Befragter: „Ja, beispielsweise haben wir das besprochen, dieses Gespräch zwischen Hitler, von Papen im Hause Schröders. Das finden Sie auch hier in diesem Diesterweg-Band, auch beim Kühnl. Ja dann, was haben wir noch besprochen? Beispielsweise jetzt diese Kreditbeschaffung, den Mefowechsel, das haben wir da ..., dann Arbeitsbeschaffungsprogramm, auch anhand von Quellen und Statistiken. Ja, soll ich noch mal genauer nachsehen, also ich kann so im Moment ... (sucht in Unterrichtsunterlagen). Ach so, dann die Rede Hitlers vor dem Düsseldorfer Industrieclub 1932. Das haben wir besprochen ... (sucht). Dann gibt es ja auch noch die Broschüre Hitlers an die Industriellen von 1927. Das ist aber thematisch ähnlich. Insofern hatte ich mich da nur auf die eine Quelle beschränkt und 1927 ausgelassen. Ja, dann beispielsweise das Programm von 1920, da sind ja auch einige Programmpunkte enthalten, dann in Reden Hitlers, welche Versprechungen er der Wirtschaft machte (...)."

Auch diesem Textausschnitt läßt sich entnehmen, daß die Frage nach dem Verhältnis von Industrie und Nationalsozialismus im Unterricht dieses Lehrers als eine Selbstverständlichkeit gilt. Indikatoren dafür sind in diesem Fall nicht – wie in dem Interviewausschnitt 3/2 – sprachliche Hinweise oder die Tatsache, daß das Thema aus eigener Initiative angesprochen wird, sondern der Hinweis auf verschiedene Quellen und Textsammlungen. Dem Befragten sind mehrere Dokumente präsent und auch in ihren Inhalten geläufig, wie dies vor allem der Vergleich, den der Lehrer zwischen der Broschüre von 1927[12] und der Rede Hitlers vor dem Düsseldorfer Industrieclub[13] anstellt, deutlich macht. Wir betonen dies, weil es keineswegs immer der Fall ist. In einer Reihe von Interviews wird vielmehr auf einzelne Dokumente oder Ereignisse in einer sehr viel unbestimmteren und bisweilen kaum interpretierbaren Weise Bezug genommen. Manchmal ist dies auf unzureichendes Nachfragen zurückzuführen, manchmal auf Erinnerungsschwierigkeiten, aber in manchen Fällen sagt diese Unbestimmtheit auch etwas über die faktische Irrelevanz der nur in vagen Dokumentenhinweisen angesprochenen Themenbereiche aus.

Auffällig an den von uns geführten Interviews ist, wie wenig Lehrer insgesamt die Frage nach den Bedingungen der nationalsozialistischen Machtübernahme und nach der Rolle der Industrie mit dem Hinweis auf ein Bündnis der Eliten (vgl. zu einer solchen Konzeption die Abschnitte 3.1 und 4.1) beantworten. Es gibt zwar Bemerkungen in dieser Richtung – beispielsweise am Anfang des eben wiedergegebenen Interviewausschnitts (3/3) –, aber als deutlich erkennbare Position ist die Auffassung, die Nationalsozialisten seien im Bündnis mit unterschied-

---

12 Diese zuerst von Turner veröffentlichte geheime Denkschrift wurde mit dem Titel „Adolf Hitler, der Weg zum Wiederaufstieg, überreicht von Emil Kirdorf" in einem renommierten Münchner Kunstverlag gedruckt und von Kirdorf selbst – dem einstigen Generaldirektor der Gelsenkirchener Bergwerks-AG und Mitbegründer des Rheinisch-Westfälischen Kohlensyndikats – im Sommer und im Herbst 1927 an führende Industrielle verteilt (vgl. zu dieser Broschüre und zur Person Kirdorfs Turner 1980, S. 33 ff. und S. 60 ff.; vgl. als zusammenfassende Darstellung auch Trumpp 1983, S. 138 f.).

13 Vgl. den Abdruck in Domarus, Bd. I, 1965, S. 68–90. Diese Rede, die in verschiedenen historischen Arbeiten und Textsammlungen nach Regeln, die uns nicht ganz klar sind, unterschiedlich datiert wird (26. oder 27. Januar 1932), kam nach der Darstellung Trumpps (1983, S. 144) auf folgende Weise zustande: Anfang 1932 bewog Thyssen den Industrieclub in Düsseldorf, ein NSDAP-Mitglied für den 26. Januar zu einem Vortrag zu bitten. Zunächst wurde Strasser eingeladen. Thyssen traf dann aber Hitler und offenbarte ihm seinen Plan, worauf dieser es vorzog, selbst zu erscheinen. Wie die Geheimbroschüre von 1927 hatte auch diese überaus gut besuchte Rede vor dem Industrieclub die Funktion, den Unternehmern die Angst vor den vermuteten sozialistischen Ambitionen der Nationalsozialisten zu nehmen.

lichen konservativen Eliten einschließlich der industriellen Oberschichten an die Macht gekommen, in allen hier untersuchten Regionen relativ selten vertreten. Doch es gibt sie, und nicht nur in Nordrhein-Westfalen, sondern auch in Schleswig-Holstein, wie der folgende Textausschnitt mit seiner vergleichsweise deutlichen Bezugnahme auf eine solche Position zeigt.

Interviewausschnitt 3/4 (Ländliche Region, Schleswig-Holstein)

Kontext: Offener Frageteil. Der Lehrer berichtet über seinen Unterricht im Leistungskurs, zu dem er für die Behandlung der Weimarer Republik unter anderem „Weltgeschichte im Aufriß" und Dederkes „Reich und Republik" heranzieht.

Interviewer: „Als Sie versucht haben, den Schülern in diesem Leistungskurs zu erklären, warum in Deutschland die Nationalsozialisten an die Macht kamen – Sie haben schon ein wenig darüber geredet: Traditionen aus dem Kaiserreich, autoritäre Strukturen –, aber wie haben Sie da insgesamt die Schwerpunkte gesetzt bei dem Versuch zu erklären: Warum sind in Deutschland die Nationalsozialisten an die Macht gekommen?"

Befragter: „Ja, eines stand erstmal im Vordergrund: immer wieder darauf hinzuweisen, daß das Problem nicht personifiziert gesehen werden kann. Das heißt also – ich habe es immer so gesagt –, dieser Bart, der kommt nicht wieder. Es wird also anders aussehen. Aber das Problem selbst ist praktisch immer vorhanden. Und wir haben dann einmal von der Kontinuität her und dann zum anderen aufgrund der wirtschaftlichen, der sozio-ökonomischen Struktur die ganze Sache aufgezogen und haben versucht, eben zu finden die Ursache ja praktisch in der Furcht des Mittelstandes, die Position zu verlieren oder (zu) verelenden – wäre etwas zu viel gesagt; aber jedenfalls der Versuch des Mittelstandes, sich praktisch in der gesellschaftlichen Position zu erhalten. Das war eine der Hauptursachen. Und davon sind wir ausgegangen. Und dann kommen natürlich noch einige Sachen dazu, die auch in der Kontinuität – praktisch das Bündnis mit den traditionellen Eliten oder was man da nehmen will, das ist ganz stark behandelt worden."

Interviewer: „Was für Texte – oder was haben Sie jetzt, bezogen auf das Verhältnis Nationalsozialismus und Eliten: Welche haben Sie da besonders hervorgehoben und mit Hilfe welcher Texte?"

Befragter: „Ja, mit welchen Texten, das weiß ich nicht mehr ganz genau. Da kommt natürlich – nehmen wir mal an die Wirtschaft, die Düsseldorfer Gespräche, ganz allgemein die Konzentrierung und Monopolisierung der Wirtschaft ist besprochen worden. Anhand welcher Quellen, kann ich Ihnen im Augenblick gar nicht sagen. Dann zum Beispiel das Verhältnis des Militärs, also der Reichswehr zur Republik, zum Staat, und das Verhalten der Reichswehr eben gegenüber dem Nationalsozialismus. Das sind also praktisch zwei Eliten, traditionelle Eliten, die also wirklich herausragend behandelt wurden. (...) Dann ist auch noch behandelt worden, fällt mir gerade ein, die besondere Rolle der protestantischen Kirche als Landeskirche und praktisch dann als Obrigkeitskirche, ihre gesonderte Rolle innerhalb – oder derartigen Systemen gegenüber (...)."

Die Frage nach der Rolle der Industrie ist hier also einbezogen in eine Deutung, nach der die nationalsozialistische Machtübernahme als „Bündnis mit den traditionellen Eliten" zu betrachten ist. Wie die Nachfrage ergibt, spielen dabei der industrielle Bereich und das Militär eine hervorgehobene Rolle. Sie sind, wie der befragte Lehrer sagt, als „wirklich herausragend" behandelt worden. Freilich, so kann man fragen, was heißt „herausragend"? Wie die Kommentare zur Rolle der Industrie zeigen, bleibt die Art und Weise, in der diese behandelt wird, etwas unklar. Wohl ist erkennbar, daß mit dem Hinweis auf die „Düsseldorfer Gespräche" Hitlers Rede vor dem Düsseldorfer Industrieclub gemeint ist – dieses Dokument wird sowohl in Nordrhein-Westfalen als auch in Schleswig-Holstein häufiger erwähnt (vgl. Textausschnitt 3/3). Aber gleichzeitig weist der befragte Lehrer den Interviewer auch darauf hin, daß er vergessen hat, auf welche Texte er sich im Unterricht zur Erörterung der Rolle der Industrie im einzelnen bezogen hat. Das Industrie-Thema ist nicht in dem Maße und mit der gleichen Selbstverständlichkeit präsent wie in vielen der in Nordrhein-Westfalen, vor allem im Ruhrgebiet, geführten Interviews.

Dennoch hat das Industrie-Thema in diesem Interview im Vergleich zu vielen anderen in Schleswig-Holstein einen relativ hohen Stellenwert. Ja, man kann fast sagen: War der Textausschnitt 3/1 ein Beispiel dafür, wie „Links-Außen"-Positionen in den nordrhein-westfälischen Gymnasien aussehen, so ist der soeben zitierte Textausschnitt ein Beispiel für „Links-Außen"-Positionen in Schleswig-Holstein. Typischer für die in Schleswig-Holstein geführten Interviews sind andere Darstellungen (vgl. hierzu auch Tab. 3.2 in Abschnitt 3.2.1). Von einiger Bedeutung sind die eher beiläufige Einbeziehung des Themas Industrie und Nationalsozialismus (ein Beispiel bietet Textausschnitt 3/5), die Nicht-Behandlung (vgl. als Beispiel Interviewausschnitt 3/6) oder auch die kritische Auseinandersetzung mit Positionen, in denen die industriellen Oberschichten als Förderer der Nationalsozialisten dargestellt werden (vgl. Interviewausschnitt 3/7). Die Argumente, die dabei eine Rolle spielen, finden sich auch in einer Reihe von Interviews aus Nordrhein-Westfalen. Sie haben dort insgesamt jedoch ein geringeres quantitatives Gewicht, außerdem werden sie eher in der ländlichen Region als in der Großstadt vertreten (vgl. Tab. 3.2, Abschnitt 3.2.1).

Wie zur Behandlung des Verhältnisses von Industrie und Nationalsozialismus bereits einleitend angedeutet wurde, ist nach den Interviews einer der auffallenden Unterschiede zwischen Nordrhein-Westfalen und Schleswig-Holstein und vor allem zwischen den beiden Großstädten darin zu sehen, daß die Beschäftigung mit diesem Thema in Schleswig-Holstein weniger selbstverständlich beziehungsweise weniger institutionalisiert ist. Im Ruhrgebiet gehört es irgendwie dazu, sich mit dieser Frage zu befassen. In Schleswig-Holstein gilt das nicht – ja, die Frage gehört umgekehrt in manchen Kollegien eher zu den neuralgischen. Man gerät als Lehrer, der im Unterricht die Unterstützung des Nationalsozialismus durch Teile der Großindustrie hervorhebt, leichter – das heißt bei geringerem Anlaß – in Randpositionen. Im folgenden soll dies an einigen Interviewausschnitten aus der schleswig-holsteinischen Großstadt gezeigt werden.

Bei dem ersten Textausschnitt ist eine eher beiläufige Einbeziehung des Themas Industrie und Nationalsozialismus festzustellen. An dem Beispiel soll die These erläutert werden, daß die Beschäftigung mit diesem Thema in Schleswig-Holstein weniger selbstverständlich, weniger institutionalisiert ist. Der hier interviewte Lehrer unterrichtet an einem Gymnasium, an dem besonders wenige Lehrer in ihrem Unterricht ausführlicher – in welcher Richtung auch immer – auf die Frage nach der Rolle der Industrie eingehen.

Interviewausschnitt 3/5 (Großstadt, Schleswig-Holstein)

Kontext: Rolle der Eliten (in Militär, Kirchen, Bürokratie und Industrie) im Zusammenhang mit der nationalsozialistischen Machtübernahme. Der Befragte, der sich in dieser Passage auf seinen Unterricht im Grundkurs bezieht, geht in seiner Antwort zunächst nur auf den

Beginn der Weimarer Zeit (Auseinandersetzung über Räterepublik und Parlamentarismus, Übernahme oder Nichtübernahme der Funktionsträger aus dem Kaiserreich) ein. Auf Nachfragen erläutert er, daß die unterschiedlichen Eliten auch gegen Ende der Weimarer Zeit vorkommen (siehe den folgenden Text).

Befragter: „Na ja, sicher, in dem Falle, wo dargestellt wird, in welcher Weise politische Entscheidungsprozesse am Ende dann abgelaufen sind, in kleinen Zirkeln, etwa auf dem Landgut, das Hindenburg geschenkt bekommen hatte von den ostelbischen Großgrundbesitzern. (Da) führe ich dann schon mal die politischen Entscheidungen zurück auch auf, sagen wir mal, private Entscheidungen, oder sagen wir mal, Entscheidungen, die jedenfalls nicht parlamentarischer oder öffentlicher Natur gewesen sind. Der Versuch, also meinetwegen der notleidenden ostelbischen Landwirtschaft von Reichsseite dadurch auf die Sprünge zu helfen, daß man versuchte, diese Güter zu parzellieren, und meinetwegen arbeitslosen Landwirten hier im Westen dann zu geben trachtete; und die Tatsache, daß auf diesen Versuch hin doch sehr heftig reagiert wurde und daß dann wieder Einfluß genommen wurde auf Hindenburg und daß dann eine Beziehung hergestellt wurde zwischen Hindenburg und eben diesen rechtskonservativen agrarischen Kreisen. Daß von daher auch verständlicher wird, daß Hindenburg in einer bestimmten Mentalität bestärkt wurde, und, und, und. Das deute ich dann schon mal an, um zu zeigen, daß diese Entscheidungsprozesse am Ende ja gar nicht mehr in der Regierung oder meinetwegen im Parlament verliefen, sondern eben in ganz bestimmten Zirkeln. Oder meinetwegen diese Unterredung von Papen – Hitler mit Industriellen unmittelbar vor der Machtübernahme. Das wohl. Aber man kann es eben doch nur andeuten. Wenn man was vertieft, kommt man sofort ins Schleudern, was so das Programm angeht."

Interviewer: „Zu der Industrie – machen Sie da noch andere(s) (...)?"

Befragter: „Ja, ich habe es gerade in diesem Semester mal gehabt. Ich könnte mal meine Aufzeichnungen holen, wenn Sie es interessiert (...). Ja, also – Problem der Finanzierung der Rüstung, wie hat Hitler das gelöst? Warum entläßt er beispielsweise Schacht? Vierjahresplan, Autarkie, Zielsetzung, Taktik – (blättert in seinen Unterrichtsunterlagen), wenn Sie ein bißchen Geduld haben, dann finde ich es. Ja – also im Zusammenhang mit dem Thema: Was war sozialistisch im nationalsozialistischen Parteiprogramm, und: Inwieweit hat das Dritte Reich den Sozialismus realisiert?

Da wurde also erstmal das Programm abgecheckt auf die Punkte, die in irgendeiner Hinsicht etwas mit dem sozialistischen oder sozialen Programm zu tun hatten. Dann haben wir eine Quelle von Strasser gelesen. Ich weiß aber nicht mehr, was da drinstand. Dann eine Reaktion Hitlers. Strasser: Bedarfswirtschaft statt Privatwirtschaft, Leitung und Besitz von Produktivmitteln, Angelegenheiten aller und nicht weniger, gegen Abschwächungen sozialistischer Forderungen im NS-Programm, gegen bloßen Kampf gegen den Marxismus, gegen das kapitalistische Bürgertum wie gegen internationalen Marxismus: Also: er möchte gerne beide Komponenten betonen: den Kampf gegen den Marxismus einerseits, aber auch gegen den Kapitalismus oder gegen das kapitalistische Bürgertum (...)." (Es folgen Ausführungen zur nationalsozialistischen Wirtschaftspolitik.)

An diesem Interviewausschnitt ist im Vergleich zu den Stellungnahmen im Ruhrgebiet auffällig, daß die Frage nach den traditionellen Eliten zunächst einmal spontan auf den Beginn der Weimarer Zeit und den Übergang vom Kaiserreich bezogen wird. Ebenso reagiert auch eine Reihe weiterer Interviewpartner in Schleswig-Holstein. Die Frage nach Verbleib und Verhalten unterschiedlicher Eliten – vor allem Militär, Bürokratie/Justiz – wird besprochen, wo es um den Beginn, selten jedoch, wo es um die Spätphase der Weimarer Zeit geht. Dieses Vorgehen ist auch im Lehrplan angelegt.

Auf Nachfragen des Interviewers geht der Befragte dann auf die Zeit Anfang der dreißiger Jahre ein. Im Vergleich zu den im Textausschnitt 3/3 oder auch 3/4 zitierten Stellungnahmen setzt er die Akzente dabei anders. Primär ist für ihn nicht die Frage nach dem politischen Verhalten der Eliten in verschiedenen Gesellschaftsbereichen, sondern nach dem Gegensatz privat-öffentlich beziehungsweise Politik in informellen Zirkeln vs. Politik in institutionalisierten Gremien (Parlament, Regierung). Und sofern eine schichtbezogene Betrachtungsweise ins Blickfeld gerät, geht es mehr um die agrarischen Eliten. Mit der Erwähnung der „ostelbischen Landwirtschaft" und ihres Versuchs, auf Hindenburg Einfluß zu nehmen, bezieht sich der Lehrer wohl auf den Sturz der Regierung Brüning und die Berufung von Papens, bei der die zunehmend kritische Haltung des Großgrundbesitzes gegenüber allen Osthilfe- und Siedlungsmaßnahmen der Regierung Brüning eine Rolle spielte (vgl. zur Darstellung der entsprechenden Vorgänge Bracher 1978, S. 449 ff.; vgl. als Hintergrund zum Interviewtext auch das von dem Befragten verwendete Schulbuch „Zeiten und Menschen", S. 78 f.).

Angesprochen wird auch das in Interviewausschnitt 3/3 erwähnte Gespräch Hitler–von Papen im Hause Schröders[14], wobei die Beschäftigung mit diesem Ereignis einbezogen ist in die Fragestellung: Politik in legitimierten Gremien vs. Politik in nicht legitimierten, informellen Zirkeln. Und auch hierfür bleibt wenig Zeit. Die Auseinandersetzung mit der Rolle der Industrie (beziehungsweise allgemeiner: mit den nicht legitimierten Formen der Einflußnahme) gehört nicht zum selbstverständlichen, institutionalisierten Programmteil. Sie wird eher am Rande oder „beiläufig" behandelt. (Vgl. zur quantitativen Bedeutung dieser Variante der Einordnung des Themas „Industrie" auch vorn, Tab. 3.2, Abschnitt 3.2.1.) Behandelt man das Thema zu ausführlich, kommt man „ins Schleudern, was so das Programm angeht". Das zeigt den Unterschied zu den zitierten Interviews aus dem Ruhrgebiet, in denen die Fragen nach der Industrie und dem Verhältnis von Kapitalismus und Faschismus selbst dann noch selbstverständlicher Programmteil sind, wenn man, wie etwa der bei 3/2 zitierte Lehrer, explizit gegen die marxistischen Faschismus-Theorien Stellung bezieht.

Der weitere Verlauf des Interviews bestätigt den Eindruck, daß die Auseinandersetzung mit der Rolle der Industrie nicht systematisch zum Unterrichtsprogramm gehört. Obgleich der Lehrer sich bemüht, in seinen Unterlagen doch noch etwas zur Rolle der Industrie zu finden, führt das, was er findet, jeweils in eine andere Richtung (nämlich zur Auseinandersetzung mit der Politik des Strasser-Flügels und mit der nationalsozialistischen Wirtschaftspolitik). Trotz alledem freilich ergibt sich die nur beiläufige Behandlung der Industrie bei diesem Lehrer eher aus der Gesamtanlage des Unterrichts. Sie beruht nicht auf einer dezidierten Stellungnahme gegen die Relevanz des Themas Industrie und Nationalsozialismus am Ende der Weimarer Republik.

In dem folgenden Ausschnitt aus dem Interview mit einem Lehrer derselben Schule verhält es sich anders. Das Ausklammern des Themenbereiches ist hier er-

---

14 Vgl. zu diesem Treffen auch vorn, Abschnitt 3.1; als Beispiele für unterschiedliche Einschätzungen der Bedeutung des Treffens vgl. Stegmann 1973, S. 438 f.; Kuhn 1973; Turner 1975.

klärtermaßen beabsichtigt und ergibt sich aus der inhaltlichen Einschätzung entsprechender Debatten.

Interviewausschnitt 3/6 (Großstadt, Schleswig-Holstein)

Kontext: Frage nach der Rolle der Eliten gegen Ende der Weimarer Republik. Der Befragte bezieht sich im folgenden wohl mehr auf seinen Oberstufenunterricht, der im Gesamtverlauf des Interviews eine größere Bedeutung als der Mittelstufenunterricht hat.

Interviewer: „(...) Welche Rolle spielen da in Ihrem Unterricht, oder in welcher Weise gehen Sie auf die unterschiedlichen Eliten in Militär, Kirchen, Wirtschaft oder auch Verwaltung ein – im Zusammenhang mit dem Ende von Weimar?"

Befragter: „Überhaupt nicht. Das ist eine typisch soziologische Fragestellung. ‚Elite' heißt für Schüler nicht ‚funktionale Elite', wie Sie das verstehen, sondern ‚Elite' heißt für Schüler immer, so ganz wertgebunden: das sind besondere Menschen. Da müßte ich also wieder so viele Dinge ausräumen, wenn ich so etwas wollte, wissen Sie, daß ich das gar nicht angehe. Darf ich mal eine Gegenfrage stellen? Was sollte denn dabei herauskommen? Das wüßte ich jetzt rein sachlich nicht."

Interviewer: „Frage ist, wieweit wird jetzt zum Beispiel so ein Thema gemacht: das Verhalten von führenden Industriellen im Zusammenhang mit dem Ende von Weimar? Oder Frage ist: Verhalten von führenden Kirchenleuten beispielsweise?"

Befragter: „Ja, ich sehe. Da sind einige Schüler, die da den Engelmann und solche Leute lesen. Kommt in den Geschichtsbüchern, die mir zugänglich sind, noch gar nicht vor als Problem. Da gibt's dann so Andeutungen: Hitler hat sich mit dem Bankier Schröder getroffen und, na ja, die Thyssen usw. hatten auch ihr Interesse da. Aber so systematisch, wie Sie das wollen, noch nie gemacht."

Interviewer: „So ‚Grundriß der Geschichte' (das Buch, mit dem der Lehrer arbeitet, d. Verf.)?"

Befragter: „Das bringt das gar nicht. Die wissen gar nicht, was Wirtschaft ist. Das ist alles deutschnational. Und das wird manchmal gut gemacht. Diese Sichtweise ist nicht drin in dem Buch."

Anders als sein Kollege reagiert dieser Befragte tendenziell aggressiv auf die Frage danach, wie er im Unterricht die Rolle der unterschiedlichen Eliten und speziell der Industrie behandelt. Er übt zunächst Kritik am „Elite"-Begriff und dann direkter an Fragestellungen, die sich auf die politische Rolle der Industrie beziehen. Diese Frage gehört zum Grenzbereich des nicht mehr ganz Ordentlichen und Zulässigen. Sie gilt nicht als legitime (so oder so zu beantwortende) Fragestellung des Geschichtsunterrichts, sondern wird in die Zone des nicht soliden Fragens mit bloß journalistischem (Engelmann) oder Außenseiter-Charakter gerückt: „Da sind einige Schüler, die den Engelmann und solche Leute lesen." Der Hinweis auf die dem befragten Lehrer zugänglichen Geschichtsbücher legitimiert und bekräftigt diese Einschätzung.

Mag diese Stellungnahme auch besonders dezidiert sein, so kommt in ihr doch etwas zum Ausdruck, was wir auch in anderen Interviews finden: Die nicht akzeptierte Fragestellung und inhaltliche Position wird in den Grenzbereich von Dichtung und Wahrheit und linker Legendenbildung gerückt, in diesem Fall dadurch, daß implizit die Glaubwürdigkeit der in den entsprechenden Diskussionen verwandten Argumente und Informationen in Zweifel gezogen wird. Häufiger ist aber eine andere Form der Distanzierung. Denjenigen, die sich mit der politischen Rolle der Industrie – bezogen auf die nationalsozialistische Machtübernahme – befassen, wird leicht unterstellt, es ginge ihnen um eine dogmatische,

„mono-kausale“ Interpretation der Ereignisse, die selbst wiederum mit marxistischen Ansätzen identifiziert wird. Inwieweit diese Gleichsetzungen jeweils in sich begründbar sind, sei hier dahingestellt. Wichtig ist vielmehr die Feststellung, daß das bloße Fragen nach dem Verhältnis von Industrie und Nationalsozialismus – das, wie oben gezeigt, von recht unterschiedlichen Positionen her erfolgen kann – im Bewußtsein mancher Lehrer unmittelbar mit der Frage nach der Glaubwürdigkeit marxistischer Faschismus-Deutungen assoziiert ist. Im Unterricht dieser Lehrer spielt dann gegebenenfalls im Zusammenhang mit dem Themenkreis Industrie und Nationalsozialismus vor allem die Kritik an marxistischen Faschismus-Theorien eine Rolle und weniger die (hiervon im Prinzip unabhängige) Auseinandersetzung mit dem Verhalten der industriellen Oberschichten gegen Ende der Weimarer Republik.

Bei der Kodierung und Quantifizierung unseres Interviewmaterials haben wir solche Darstellungen wie folgt zugeordnet: Das Verhältnis von Industrie und Nationalsozialismus wird behandelt, aber nicht primär unter dem Gesichtspunkt der Unterstützung der Nationalsozialisten durch Teile der Großindustrie, sondern „in anderer Weise“ (vgl. auch oben Abschnitt 3.2.1 und Tab. 3.2). Ein Beispiel für eine so zugeordnete Antwort enthält der folgende Ausschnitt aus dem Interview mit einem Lehrer an einem Großstadt-Gymnasium in Schleswig-Holstein. Hier wird zwar einerseits eine Auseinandersetzung mit der Rolle der Industrie erkennbar. Im Unterricht dieses Lehrers hat sie jedoch im Vergleich zu der kritischen Auseinandersetzung mit primär industriebezogenen, marxistischen Deutungen der nationalsozialistischen Machtübernahme ein sehr viel geringeres Gewicht.

Interviewausschnitt 3/7 (Großstadt, Schleswig-Holstein)

Kontext: Frage nach der Rolle der unterschiedlichen Eliten gegen Ende der Weimarer Zeit. Dem Unterricht in der Oberstufe, um den es in dem zitierten Textausschnitt primär geht, lagen verschiedene Text- und Quellensammlungen zugrunde, so unter anderem der Quellenband zur Oberstufenausgabe von „Zeiten und Menschen“ und das Schulbuch „Politische Weltkunde“.

Interviewer: „Gegen Ende von Weimar – die Rolle der unterschiedlichen Eliten: im Wirtschaftsbereich, also führende Wirtschaftsleute, in der Verwaltung, im Militär oder auch in den Kirchen (...). – Welche Rolle spielen die in Ihrem Unterricht, an welcher Stelle kommen die vor?“

Befragter: „Die haben also eine Rolle gespielt bei der Betrachtung der Parteiprogramme und welche Schichten angesprochen werden. Dann auch das Verhalten der Schichten, inwieweit also die Schichten anfällig sind gegenüber dem Nationalsozialismus, da ist es einbezogen worden. Und dann natürlich das bekannte Verhältnis zwischen Großkapital und Nationalsozialismus, wobei ich eigentlich aufpasse, das nicht zu vereinfachen, daß man sagt, daß etwa Hitler hier nur durch das Großkapital an die Macht gekommen ist. Das würde ja auch nicht dazu passen, weil ich ja sehr stark auf die Gesamttradition des Bürgertums, also des Kleinbürgertums, dann mich bezogen habe. Das ist dann also sicherlich eine Art Mischung und vom Großkapital aus gesehen sicherlich eine Entscheidung gegen den Kommunismus gewesen, nicht unbedingt eine Entscheidung für den Nationalsozialismus.“

Interviewer: „Haben Sie da irgendwie einen bestimmten Text oder ein bestimmtes Ereignis, was Sie den Schülern vortragen?“

Befragter: „Ich habe es mit Schülern besprochen in der Form, daß verschiedene historische Standpunkte gegenübergestellt wurden, als es darum ging, Nationalsozialismus zu erklären. Auch beispielsweise die Kühnl-Positionen sind besprochen worden, daß man also

Faschismus als ein Weiterführen des Liberalismus ansehen kann. Eignet sich dann allerdings auch wieder nur für höhere Klassenstufen."

Ein Vergleich dieses Textausschnitts mit dem früher zitierten Textausschnitt 3/2 mag verdeutlichen, daß die Übergänge zwischen den einzelnen Auswertungskategorien der quantitativen Analyse fließend sind. In beiden Textausschnitten werden die primär industriebezogenen marxistischen Faschismus-Theorien kritisiert, wobei ein Mittel der Kritik in beiden Fällen auch die Überpointierung ist. In dem soeben zitierten Fall geschieht das dadurch, daß so getan wird, als gäbe es Positionen, nach denen Hitler „nur durch das Großkapital an die Macht gekommen ist". Eine solche Zusammenfassung der marxistischen Positionen läßt sich dann in der Tat leicht kritisieren. Was die beiden Lehrer, die ihr Verhältnis zu traditionellen marxistischen Faschismus-Theorien im Prinzip ähnlich bestimmen, dann doch voneinander unterscheidet, ist vor allem folgendes: Der früher zitierte Lehrer aus der Großstadt im Ruhrgebiet kritisiert traditionelle marxistische Auffassungen und beschäftigt sich trotzdem ausführlich mit der Rolle der Industrie gegen Ende der Weimarer Republik, auch anhand von Texten, die in der Kühnlschen Quellensammlung enthalten sind. Der im Textausschnitt 3/7 zitierte Lehrer tut dies, wie auch andere Stellen des Interviews deutlich machen, offenbar nicht. Die Behandlung des Verhältnisses von Industrie und Nationalsozialismus beschränkt sich überwiegend auf eine kritische Auseinandersetzung mit marxistischen Positionen.

Nun ist die Tatsache, daß im Bewußtsein mancher Lehrer die Frage nach der Rolle der Industrie gegen Ende der Weimarer Republik unmittelbar mit der Frage nach der Angemessenheit marxistischer Interpretationen verbunden ist, für sich genommen nicht überraschend. Zentrale Impulse in der Diskussion des Verhältnisses von Industrie und Nationalsozialismus sind von Vertretern marxistischer Ansätze ausgegangen, und viele wissenschaftliche Beiträge zu diesem Thema beziehen sich – sei es in der Kritik, sei es in der Zustimmung – auf unterschiedliche Varianten marxistischer Analyse (vgl. auch Abschnitt 3.1), wobei insbesondere die Kominternposition in der Diskussion unter Historikern in der Bundesrepublik sehr häufig kritisiert wurde. Daß Lehrer diese kritische Auseinandersetzung aufgreifen, ist so selbstverständlich, daß es kaum eines Kommentars bedarf. Wichtiger ist an dieser Stelle etwas anderes: Dadurch, daß das Industrie-Thema so stark mit marxistischen Ansätzen identifiziert wird, kann es an Schulen, an denen antikommunistische Grundhaltungen dominieren, zu einem politisch heiklen Thema werden.

Nach unseren Erfahrungen ist dies gelegentlich der Fall, und zwar in Schleswig-Holstein stärker als in Nordrhein-Westfalen. Betroffen sind dabei insbesondere solche Lehrer, die an Schulen mit überwiegend konservativen Kollegien und einer eher konservativ-autoritären Schulleitung arbeiten. Sie handeln sich, wenn sie sich mit dem Thema Industrie und Nationalsozialismus befassen, leicht den Vorwurf des linken Dogmatismus ein. Entsprechend vorsichtig oder sogar ängstlich wird deshalb im Zusammenhang mit dem Themenkomplex Industrie und Nationalsozialismus bisweilen argumentiert. So berichtet ein Lehrer, der im

Unterricht unter der in dem Schulbuch „Fragen an die Geschichte" vorgegebenen Fragestellung „Wer ebnete Hitler den Weg" auch den Anteil der industriellen Oberschichten hervorhebt, daß es ihm Probleme bereiten würde, über ein solches Thema in Anwesenheit des Schulleiters zu unterrichten.

Interviewausschnitt 3/8 (Großstadt, Schleswig-Holstein)

Kontext: Der auf Fragen der Administration bezogene Teil des Interviews. Gefragt wird, welche Themen im Fall eines Unterrichtsbesuchs durch den Schulleiter als heikel empfunden werden. Der befragte Lehrer meint zunächst: nichts, revidiert dies dann aber in folgender Weise:

Befragter: „Aber vielleicht würde ich bei dem Thema – man sollte ehrlich sein, nicht wahr, Ihnen auch gegenüber –, würde ich mich beim Thema ‚Wer ebnete Hitler den Weg' etwas vorsichtiger, etwas vorsichtig ausdrücken. Also ich drück' mich auch den Schülern gegenüber durchaus vorsichtig aus und (...) ich sage nicht mehr, als ich selbst überzeugt bin, welchen Anteil also zum Beispiel die Industrie bei der Machtergreifung gehabt hat, das ist, glaube ich, nicht zu leugnen, auch in der Literatur nicht zu leugnen. (...) Ich würde es also, ich meine, ich würde es machen. Selbstverständlich. Auch dieses Thema. Zumal in den Geschichtsbüchern ja auch diese Quelle da abgedruckt ist, nicht wahr ..."

Bei der Quelle, auf die sich der Lehrer bezieht, handelt es sich um einen Ausschnitt aus dem Bericht Kurt von Schröders über das von ihm vermittelte Gespräch zwischen Hitler und von Papen am 4. Januar 1933. Dieser Ausschnitt, der hier im Unterricht behandelt wird, ist in dem dabei benutzten Schulbuch „Fragen an die Geschichte" (S. 38 f.) wiedergegeben – eine Tatsache, die es erleichtert, über ein solches Thema zu unterrichten. Das Schulbuch erfüllt in diesem Fall die Funktion einer legitimierenden Unterstützung auf dem eher dornigen Weg des Vertretens einer Minderheitenposition. Betrachtet man die Angaben des Lehrers zu seinem Unterricht über die Weimarer Republik im ganzen, dann kann man feststellen, daß er sich eher an den Interpretationen Erdmanns orientiert (der in Schleswig-Holstein als Professor in Kiel großen Einfluß hatte). Nur im Zusammenhang mit dem Thema „Industrie" setzt dieser Lehrer die Akzente anders, aber, wie ausgeführt, mit leichtem Unbehagen. Auch in einigen anderen Interviews kommt eine solche Unsicherheit zum Ausdruck. In Nordrhein-Westfalen gibt es solche Äußerungen des Unbehagens zwar ebenfalls, aber nicht schon bei solchen Anlässen. Unbehagen gegenüber der Administration wird in Nordrhein-Westfalen vor allem von den Lehrern geäußert, die sich in ihrem Unterricht über die Bedingungen nationalsozialistischer Herrschaft tatsächlich stärker auf marxistische Positionen beziehen. Die Auseinandersetzung mit der Rolle der Industrie an sich aber ist hier als Thema viel zu selbstverständlich, um heikel zu sein.

Es mag an dieser Stelle naheliegen, die vorn beschriebenen quantitativen Unterschiede zwischen den Lehrern in Nordrhein-Westfalen und in Schleswig-Holstein mit dem Hinweis auf unterschiedliche Tabugrenzen zu erklären. Aber das wäre zu einfach und würde insbesondere nicht der Tatsache Rechnung tragen, daß nur wenige Lehrer überhaupt entsprechende Ängste artikulieren. In der Mehrheit unterrichten die Lehrer so, wie sie es subjektiv – angesichts immer vorhandener zeitlicher Restriktionen – für richtig halten. Zudem sind in beiden Ländern die Grenzen der Tabuisierung von Themen in den einzelnen Gymnasien unterschiedlich. All diese Argumente sprechen dafür, die Unterschiede zwischen den Lehrern in den beiden Bundesländern – vor allem den beiden Großstädten – nicht vorschnell auf direkte administrative Eingriffe zurückzuführen, sondern zunächst einmal weiterzufragen, ob es auf der Ebene von Lehrplänen, Schulbüchern und Quellen- und Textsammlungen analoge Unterschiede zwischen den Bundesländern und den einzelnen Regionen gibt.

3.3 Die Rolle der Industrie in Lehrplänen und Erlassen

Auf den ersten Blick enthalten die Lehrpläne und Erlasse, die zum Zeitpunkt der Befragung in Nordrhein-Westfalen und Schleswig-Holstein formelle Geltung hatten, kaum Anregungen für die Behandlung der politischen Rolle der Industrie in der Endphase der Weimarer Republik. Bei genauer Prüfung zeigen sich jedoch Unterschiede zwischen den beiden Ländern. Es gibt zum einen in den einzelnen Lehrplänen und Erlassen mehr oder minder vage Andeutungen oder Anknüpfungspunkte für dieses Thema. Und es wird zum anderen die Aufmerksamkeit in stärkerem oder geringerem Maße auf andere Phänomene gelenkt, und zwar auf Phänomene, die nicht explizit, aber implizit die intensivere Auseinandersetzung mit der Rolle der Industrie eher verhindern oder an den Rand drängen.

Die für die Sekundarstufe I in Nordrhein-Westfalen geltenden „Vorläufigen Richtlinien Geschichte" von 1978 schreiben für die Weimarer Zeit die Behandlung folgender Punkte vor: „Die Weimarer Republik: Entstehung und Ausgangslage – Das Weimarer Regierungssystem – Radikalisierung und Wirtschaftskatastrophe – Der politische Zusammenbruch".

Diese Vorgabe ist relativ unspezifisch, folgt – in groben Zügen – vor allem dem Gang der Ereignisse und verzichtet, anders als der Erlaß von 1978, auf eine ausdrückliche Analyse der Ursachen für das Scheitern der Weimarer Republik und den Aufstieg der Nationalsozialisten (vgl. auch Abschnitt 2.3.1). Gleichwohl enthalten implizit auch die Richtlinien Annahmen über die Gründe des Scheiterns, die in der starken Gewichtung der Themenkomplexe Regierungssystem sowie Krise und Radikalisierung zum Ausdruck kommen. Die Frage nach der politischen Rolle der Industrie in der Spätphase der Weimarer Republik hat im Vergleich zu diesen Schwerpunkten kein Gewicht. Sie könnte allerdings einbezogen werden in die Frage nach dem „politischen Zusammenbruch". Vom Lehrplan her wird dies zwar nicht nahegelegt, es wird aber auch nicht durch die Vorgabe anderer Einzelthemen unter dieser Rubrik behindert, wie dies in den Lehrplänen Schleswig-Holsteins tendenziell der Fall ist (vgl. unten).

Im Erlaß des nordrhein-westfälischen Kultusministeriums vom 6. Juli 1978 („Behandlung des Nationalsozialismus im Unterricht") wird die Rolle der Industrie ebenfalls nicht explizit erwähnt (vgl. den Abdruck im Anhang). Der Erlaß enthält jedoch deutliche Anknüpfungspunkte für die Behandlung dieser Frage, und zwar vor allem durch die Art und Weise, in der die Themen Nationalsozialismus und Arbeiterbewegung verknüpft werden. Als eine der Ursachen für das Aufkommen des Nationalsozialismus wird die „Reaktion auf die erstarkte Arbeiterbewegung“ hervorgehoben. Diese Formulierung legt es nahe, die politischen Optionen der Unternehmer in der Weimarer Republik sowie ihr Verhältnis zu den antiparlamentarischen und gegen die Repräsentanten der Arbeiterbewegung gerichteten Aktivitäten der Nationalsozialisten zum Thema zu machen. Es ist angesichts dieser Themenvorgaben mit Sicherheit kein Zufall, daß der Erlaß des Kultusministeriums – sofern er bekannt war (vgl. zum Bekanntheitsgrad der Lehrpläne Abschnitt 8.4.2) – in Nordrhein-Westfalen vor allem in solchen Interviews zur Sprache kam, in denen die Rolle der Industrie gegen Ende der Weimarer Zeit als wichtiges Unterrichtsthema bezeichnet wurde.

Im „Lehrplan Gymnasium. Geschichte. Klasse 9“ von 1976 wird in Schleswig-Holstein das Thema Weimarer Republik unter der Überschrift „Chancen und Scheitern der Weimarer Republik“ ausführlicher aufgeschlüsselt als in dem entsprechenden Lehrplan in Nordrhein-Westfalen (vgl. den Abdruck im Anhang). Die Frage nach der politischen Rolle der industriellen Oberschichten wird dabei ebenfalls nicht gestellt. Man könnte allerdings vermuten, daß sie indirekt gestellt wird, und zwar vor allem dadurch, daß die Frage nach dem „Zerfall der Großen Koalition“ als Unterthema zu 3.1.5 („Der Parteienstaat in der Krise“) im Lehrplan aufgeführt ist. Hier könnte der Versuch ansetzen, die Rolle der DVP und der durch sie repräsentierten Wirtschaftsinteressen zum Thema zu machen. Das dieser Frage zugeordnete Lernziel weist jedoch in andere Richtung: „Darstellen können, wie Ablehnung politischer Verantwortung zu einem Machtvakuum führen kann, das von anderen Kräften ausgefüllt wird.“

Hinter dieser Formulierung steht die Vorstellung von der Selbstauflösung des Parlamentarismus, der wir auch sonst häufiger begegnen. Sie hat mit einer kritischen Sicht der politischen Rolle der Industrie nur insofern zu tun, als Gewerkschaften und Industriellen beziehungsweise SPD und DVP gleichermaßen Kompromißunfähigkeit und die Verantwortung für den Bruch der Großen Koalition 1930 zugeschrieben werden (vgl. vor allem die Darstellung in dem Schulbuch „Zeiten und Menschen“). Die Flügelparteien der Großen Koalition haben durch ihre „Ablehnung politischer Verantwortung“ jenes „Machtvakuum“ geschaffen, welches dann „von anderen Kräften ausgefüllt“ wurde. Welche Kräfte dies sind, ist unschwer zu erkennen. Es sind, wie das erste Unterthema zum Punkt 3.1.5 zeigt, die „KPD und NSDAP als erklärte Feinde der Republik“. Der Lehrplan legt eine Beschäftigung mit dem Thema Industrie und Nationalsozialismus also nicht nur nicht nahe, sondern drängt dieses Thema im Vergleich zu anderen, als relevant hervorgehobenen Themen deutlich zurück.

Das Zurückdrängen der Frage nach den industriellen Oberschichten durch andere Themenstellungen ist auch für den Lehrplan kennzeichnend, der zum Zeitpunkt der Erhebung in Schleswig-Holstein für die gymnasiale Oberstufe verbindlich war. In den Begriffen und didaktischen Gesichtspunkten, die im Rahmen des Kursthemas 11 den Abschnitten über die Spätphase der Weimarer Republik und den Übergang zur nationalsozialistischen Herrschaft zugeordnet sind (vgl. den Abdruck im Anhang), wird die Frage nach der politischen Rolle der Industrie weder erwähnt noch nahegelegt. Statt dessen werden die folgenden Fragen hervorgehoben:

– „Radikalisierung in der Politik im Zusammenhang mit wirtschaftlicher Entwicklung“,
– „Verfassungsschwächen als Ursache unzureichenden Reagierens auf politische Herausforderungen“,
– „Folgen mangelnder Identifizierung mit Staat und Verfassung“,
– „Machtkämpfe im totalitären Regime“.

Dem hinter den ersten drei Gesichtspunkten stehenden Kausalmodell sind wir in unseren Lehrerinterviews sowie Schulbuch- und Lehrplananalysen häufiger begegnet (vgl. auch Kap. 7). Obgleich dieses Modell die Auseinandersetzung mit der politischen Rolle der industriellen Oberschichten nicht ausschließt, erschwert es sie doch. Denn zu klar sind die „wahren“ oder „wirklichen“ Ursachen des Scheiterns der Weimarer Republik, nämlich die
– Radikalisierung nach rechts und links, als Folge der Wirtschaftskrise (vgl. auch Abschnitt 2.3.1);
– Strukturmängel der Verfassung (Art. 48, Frage des Plebiszits u. a.) und die
– ungenügende Verankerung verfassungstreuer Gesinnung.

Zusammenfassend kann man sagen, daß es in der Offenheit für die Frage nach der Rolle der Industrie gegen Ende der Weimarer Republik zwischen den Lehrplänen beider Bundesländer Unterschiede gibt. Eine Möglichkeit der Thematisierung wird in Nordrhein-Westfalen vor allem durch den Erlaß von 1978 angeboten. Ein entsprechendes Angebot fehlt in Schleswig-Holstein. Eher umgekehrt führt in Schleswig-Holstein die Auflistung und Spezifizierung anderer Themen dazu, daß die Frage nach der Rolle der Industrie ausgesprochen den Charakter eines Randproblems erhält. Aus der Analyse der Lehrplansituation in Nordrhein-Westfalen und Schleswig-Holstein ergeben sich also Unterschiede zwischen den Ländern, die – zumindest in ihrer Richtung – den Unterschieden entsprechen, auf die wir in den Interviews mit den Lehrern gestoßen sind. Gleichzeitig ist aber aufgrund der Interviews auch festzustellen, daß im Unterricht in beiden Ländern die Frage nach der Rolle der industriellen Oberschichten mehr Gewicht hat als nach den Lehrplänen zu erwarten. Das stützt die Vermutung, daß die Lehrpläne als Mittel zur inhaltlichen Steuerung des Unterrichts eher von geringer Bedeutung sind (vgl. hierzu ausführlicher Abschnitt 8.4).

3.4 Die Rolle der Industrie in den Schulbüchern

3.4.1 Darstellende Schulbücher

In dem vor allem in Schleswig-Holstein verbreiteten Mittelstufen-Geschichtsbuch „Zeiten und Menschen“ (Ausgabe B, Bd. 4) steht die Frage nach der Rolle der Industrie in den Abschnitten über „Die Auflösung der Weimarer Republik 1930–1933“ eher am Rande. Sie kommt in wenigen Hinweisen zur Sprache, von denen die wichtigsten die Rolle der Unternehmer im Zusammenhang mit dem

Bruch der Großen Koalition und im Zusammenhang mit dem Sturz der Regierung Schleicher betreffen.

Für das Scheitern der Großen Koalition wird in dem Schulbuch „Zeiten und Menschen“ Unternehmern und Gewerkschaften gleichermaßen die historische Verantwortung zugewiesen: „In der Krise zerbrach im Frühjahr 1930 die Koalition; zu sehr waren SPD und DVP von den hinter ihnen stehenden Gewerkschaften beziehungsweise Unternehmern abhängig. Die *Interessenverbände* hatten über politische Erwägungen gesiegt.“ (S. 66) In den weiteren Ausführungen des Schulbuchs wird noch deutlicher, daß sich in dieser Darstellung der Rolle der Industrie in erster Linie Erdmanns Auffassung vom Bruch der Großen Koalition widerspiegelt und weniger die Deutung Brachers oder Broszats, die beide der Industrie und der DVP eine weitergehende Verantwortung zuordnen (Interesse an einer politischen Ausschaltung der SPD, Hinwendung zu antiparlamentarischen Lösungen – vgl. hierzu auch vorn, Abschnitt 3.1). Im Vordergrund steht in „Zeiten und Menschen“ die These von der „Selbstentmachtung des Parlaments“ (S. 67 – vgl. hierzu auch den Lehrplan für die Sekundarstufe I in Schleswig-Holstein) und nicht die Auseinandersetzung mit der Politik der Wirtschaftsverbände und der DVP. Dabei ist bemerkenswert, daß im Schulbuch an dieser Stelle jeder Hinweis darauf fehlt, daß die DVP auch nach dem Zerbrechen der Großen Koalition an der politischen Verantwortung beteiligt blieb und im Kabinett Brüning weiterhin das wichtige Finanzministerium (Moldenhauer) besetzte. Es wird umgekehrt eher die Vorstellung nahegelegt, daß mit dem Bruch der Großen Koalition SPD und DVP gleichermaßen von der politischen Bühne abtraten (vgl. Zeiten und Menschen, S. 66 f.).

Neben den Ausführungen zur politischen Rolle der Industrie beim Zerbrechen der Großen Koalition gibt es in „Zeiten und Menschen“ einige knappe Hinweise auf die Schwerindustrie und ihre politischen Verbindungen (S. 71: Beziehung zur DNVP; S. 79: Beziehung zu von Papen). Dabei fehlen in den Abschnitten über die Weimarer Republik und die Anfänge nationalsozialistischer Herrschaft jedoch Hinweise auf die Beziehungen zwischen Schwerindustrie und Nationalsozialisten.

Die politische Rolle der Industrie kommt schließlich noch dort zur Sprache, wo die Kritik an der Schleicher-Regierung dargestellt wird. Dies geschieht in folgender Weise: „Gegen Schleicher wandten sich nun alle Kräfte, die in den vergangenen Monaten die ‚autoritäre‘ Regierungsform gestützt hatten: Industrielle, weil sie über Schleichers Annäherung an die Gewerkschaften erschreckt waren und Eingriffe in die Privatwirtschaft befürchteten; die Großgrundbesitzer, die wieder um ihre Güter bangten; Hugenberg und Papen, der seinem Nachfolger wegen seines Sturzes zürnte.“ (Zeiten und Menschen, S. 81) Etwas später heißt es: „Kreise der Hochfinanz, unter ihnen der ehemalige Reichsbankpräsident Schacht, stellten die Verbindung zwischen den Schleicher-Gegnern und Hitler her; Hitler nahm die Bedingungen an. Hindenburg wurde von seiner Umgebung überredet. Er entließ Schleicher und ernannte am 30. Januar 1933 Adolf Hitler zum Reichskanzler.“ (Zeiten und Menschen, S. 81)

Wir finden hier also eine Anspielung auf das Treffen von Papens mit Hitler, das durch die Vermittlung von Schröders und anderer Angehöriger des Keppler-Kreises zustande kam. Allerdings ist der Hinweis so unspezifisch, daß das gemeinte Ereignis kaum noch zu erkennen ist. Bedenkt man, daß in anderen Schulbüchern oder Text- und Quellensammlungen von Schröders Bericht über das Treffen zwischen Hitler und von Papen eine wichtige Quelle ist, die – mit welchem Ausgang auch immer – zur Diskussion des Verhältnisses von Industrie und Nationalsozialismus herangezogen wird, dann wird deutlich, daß das Schulbuch „Zeiten und Menschen“ trotz des Hinweises auf „Kreise der Hochfinanz“ eine Erörterung des Verhältnisses von Industrie und Nationalsozialismus auch an dieser Stelle keineswegs nahelegt.

Insgesamt wird in dem Schulbuch „Zeiten und Menschen“ die Frage nach der Rolle der Industrie in der Spätphase der Weimarer Republik in einer Art und Weise behandelt, die in Inhalt und Akzentsetzung unmittelbar der Darstellung Erdmanns entspricht. In der Oberstufenausgabe von „Zeiten und Menschen“ (Ausgabe G, Bd. 2) ist dies im Prinzip nicht anders (vgl. vor allem S. 113 f. und S. 116). Eher wird in der Oberstufenausgabe die Auseinandersetzung mit der diesbezüglichen Rolle der Industrie zusätzlich dadurch an den Rand gedrängt, daß in dem Abschnitt „Theorien über den Faschismus“ über marxistische Deutungen in äußerst knapper und verkürzender Form geredet wird: „Von kommunistischer Seite“ werde die Auffassung vertreten, der Faschismus sei „die notwendige Konsequenz des Kapitalismus in seiner monopolkapitalistischen Spätphase, Faschismus und Kapitalismus sind letztlich identisch“ (Zeiten und Menschen, Oberstufenausgabe, S. 117). Ein latenter Nebeneffekt dieser Form der Darstellung ist, daß es so scheinen kann, als ob nur von „kommunistischer Seite“ her das Verhältnis von Kapitalismus und Faschismus oder Industrie und Nationalsozialismus zum Thema gemacht würde – eine Täuschung, die es in einer eher antikommunistischen Umwelt nicht gerade leicht macht, sich mit dem Thema Industrie und Nationalsozialismus zu befassen (vgl. auch Abschnitt 3.2.2).

In dem für die Mittelstufe bestimmten Schulbuch „Geschichtliche Weltkunde“ (Bd. 4) werden die Akzente anders gesetzt[15] und die positiven Beziehungen zwischen Industrie und nationalsozialistischer Partei stärker hervorgehoben. Zum einen wird die direkte finanzielle Unterstützung der Nationalsozialisten durch einzelne Industrielle behandelt. Erwähnt werden die „Millionenspende“ vor den Wahlen im März 1933 (S. 65) und Spendenaktivitäten vor 1933 (S. 46), wobei ein ausführlich wiedergegebenes Zitat aus Hillgrubers „Die Auflösung der Weimarer Republik“ wohl stellvertretend für die Auffassung der Schulbuchautoren steht: „Wenn auch die Unterstützung Hitlers durch deutsche Industrielle nicht überschätzt werden darf – Hitler war keineswegs, wie es die kommunistische

---

15 Das gilt allerdings nicht für die Darstellung der Bedingungen des Bruchs der Großen Koalition (vgl. S. 42). Hier hat sich in den Schulbüchern doch so etwas wie eine gemeinsame Lesart durchgesetzt, wie auch die Analyse anderer Schulbücher zeigt (vgl. „Fragen an die Geschichte“, S. 36; „Weltgeschichte im Aufriß“, S. 274; „Politische Weltkunde“, S. 58 f.).

Propaganda damals und heute behauptet, ein ‚Produkt' der deutschen Schwerindustrie –, so muß doch auf die beträchtlichen Zahlungen einzelner Industriemagnaten hingewiesen werden (...)." (Hillgruber 1960, S. 29; zitiert nach „Geschichtliche Weltkunde", S. 46)

Hervorgehoben werden in dem Schulbuch „Geschichtliche Weltkunde" auch die eher indirekten, über die DNVP vermittelten Beziehungen zwischen Industrie und nationalsozialistischer Partei. Diese werden im Zusammenhang mit der Darstellung der „Harzburger Front" zwar auch in „Zeiten und Menschen" angedeutet (vgl. S. 71), erhalten in „Geschichtliche Weltkunde" jedoch ein größeres Gewicht und mehr Bedeutung für die Erklärung des Aufstiegs der NSDAP. Die Einbeziehung der NSDAP in die Vorbereitung und Durchführung des Volksbegehrens gegen den Young-Plan und ihre Beteiligung an dem „Propagandafeldzug", den nach Darstellung des Schulbuchs „Großindustrielle finanzierten" (S. 41), wird in der Auswirkung für die NSDAP wie folgt beschrieben: „Die NSDAP konnte somit erstmalig eine riesige Propaganda entfalten, die weder ihren Mitteln und ihrem Einfluß noch ihrer Mitgliederzahl angemessen war (...) der Volksentscheid brachte nicht die notwendigen 50 Prozent der Stimmberechtigten. Hitler allerdings war durch die ganze Aktion zu einer Größe auf der politischen Bühne geworden. Im Dezember 1929 verdoppelten die Nationalsozialisten bei den Thüringischen Landtagswahlen ihren Stimmenanteil und konnten zum erstenmal in eine Landesregierung eintreten." (Geschichtliche Weltkunde, S. 41)

Es wird erkennbar, daß hier eher die Brachersche Deutung zugrunde liegt, nach der die Kooperation zwischen Rechtskonservativen und NSDAP 1929 ein entscheidendes Ereignis auf dem Wege der NSDAP zur Massenpartei war und wesentlich dazu beigetragen hat, die propagandistischen Startchancen der NSDAP zu verbessern (vgl. Bracher 1979, S. 175 ff.).

3.4.2 Quellen- und Textsammlungen

Unter den drei ausführlicher analysierten Mittelstufen-Geschichtsbüchern setzt das Schulbuch „Fragen an die Geschichte" (Bd. 4), das nach den Angaben der befragten Lehrer häufiger als Text- und Quellensammlung benutzt und weniger dem Unterricht direkt zugrunde gelegt wird, die Akzente am stärksten zu Lasten der Industrie. In dem Abschnitt 7 („Das Ende der Weimarer Republik") wird als Überschrift eines Teilabschnitts die Frage gestellt: „Wer ebnete Hitler den Weg?" Als Antwort darauf werden an erster Stelle – es folgen dann noch zwei weitere Dokumente zur Finanzierung der NSDAP und zu ihrer sozialen Zusammensetzung – Auszüge aus der eidesstattlichen Erklärung zitiert, die Kurt von Schröder über das Treffen von Papen–Hitler am 4. Januar 1933 später dann vor der amerikanischen Untersuchungsbehörde des Militärgerichtshofes in Nürnberg abgab (vgl. Fragen an die Geschichte, S. 38 f.).

Neben der Kühnlschen Quellensammlung („Der deutsche Faschismus in Quellen und Dokumenten") ist das Schulbuch „Fragen an die Geschichte" das einzige unter den an den untersuchten Schulen als Text- und Quellensammlungen gebräuchlichen Werken, das einen – stark gekürzten – Auszug aus der Erklärung von Schröders wiedergibt. Die Autoren geben mit der Art ihrer Fragestellung („Wer ebnete Hitler den Weg?") und durch die Textauswahl zu erkennen, daß sie die Rolle der industriellen Oberschichten ähnlich deuten wie Stegmann (1973, S. 438 f.) oder Kuhn, der 1973 in der Zeitschrift „Geschichte in Wissenschaft und Unterricht" eine Quellenanalyse zu den Begleitumständen des Treffens vom 4. Januar 1933 vorlegte (vgl. als kritische Kommentierung hierzu vor allem Turner 1975). Es wird eine Deutung nahegelegt, nach der die industriellen Oberschichten beziehungsweise Teile derselben durch die Beteiligung an der Vorbereitung des Treffens zwischen von Papen und Hitler an dem Zustandekommen der Hitler-Papen-Regierung einen wichtigen Anteil hatten. Ähnlich stark wird ein solcher Akzent allenfalls in der Text- und Quellensammlung „Politische Weltkunde" gesetzt, während „Weltgeschichte im Aufriß" – obgleich es das Verhältnis von Industrie und Nationalsozialismus sehr ausführlich behandelt – sich hinsichtlich der Beteiligung der Industrie am Zustandekommen der Koalitionsregierung eher zurückhält (siehe unten).

Es wäre allerdings falsch, aus der beschriebenen Akzentsetzung in „Fragen an die Geschichte" zu folgern, in diesem Schulbuch werde eine primär industriebezogene, marxistische Deutung der nationalsozialistischen Machtübernahme vertreten. Dies ist nicht der Fall, sowenig wie in irgendeinem anderen von uns hier analysierten Schulbuch. Für „Fragen an die Geschichte" insgesamt kennzeichnend ist eher der Versuch, Interpretationen offenzuhalten und in bezug auf das Scheitern der Weimarer Republik und den Aufstieg des Nationalsozialismus unterschiedliche Erklärungen zur Diskussion zu stellen (vgl. vor allem S. 40 f. und S. 75 f.).

Anders als in den sonst hier behandelten Schulbüchern sowie Text- und Quellensammlungen wird in der Hoferschen Quellensammlung („Der Nationalsozialismus") die Frage nach der Rolle der Industrie gegen Ende der Weimarer Zeit überhaupt nicht aufgeworfen. Möglich wäre dies von der Systematik des Buches her vor allem in den ersten beiden Kapiteln, in denen die jeweiligen Einleitungstexte und einzelne abgedruckte Dokumente auch die Voraussetzungen der nationalsozialistischen Machtübernahme zum Thema machen, und in dem Abschlußkapitel, in den eine zusammenfassende Interpretation der Voraussetzungen nationalsozialistischer Herrschaft versucht wird. Soweit in diesem sehr stark geistesgeschichtlich argumentierenden Abschlußkapitel wirtschaftliche Faktoren überhaupt in den Blick geraten, wird die Aufmerksamkeit auf Inflation und Wirtschaftskrise gelenkt, die beide mit herangezogen werden, um zu erklären, daß der Nationalsozialismus in Deutschland zur Massenbewegung wurde (1967, S. 364).

Im Vergleich zu den bisher diskutierten Werken nimmt die Erörterung des Verhältnisses von Industrie und Nationalsozialismus in dem Schulbuch „Weltgeschichte im Aufriß" (Bd. 3, Teil 1), das auch als Einstieg in wissenschaftliche Diskussionen angelegt ist, den breitesten Raum ein. Das Thema wird als kontrovers vorgestellt und in einer Vielzahl im Schulbuch wiedergegebener wissenschaftlicher (u. a. Turner, Winkler, Kühnl, Fischer) und zeitgenössischer

Stellungnahmen und Dokumente abgehandelt, die im folgenden nicht alle berücksichtigt werden können.

Betrachten wir zunächst den für unsere Fragestellung direkt einschlägigen Abschnitt I/4 des 3. Kapitels, „Die Auflösung der Weimarer Republik“, der mit dem Streit über die Arbeitslosenversicherung und dem Bruch der Großen Koalition einsetzt und mit Schleichers Sturz und der Kanzlerschaft Hitlers endet. Dieser Abschnitt enthält keine Hinweise auf die Rolle der Industrie und keine entsprechenden Dokumente oder Textausschnitte. Explizit aufgegriffen wird das Thema „Industrie und Nationalsozialismus“ dagegen in Abschnitt I/1 des 4. Kapitels, „Hitlers Aufstieg: Taktik und Ideologie“. Dabei wird in der einleitenden Auflistung von Arbeitsthemen (insgesamt 17) unter anderem gefragt: „Welche Rolle spielte die Kooperation zwischen Großindustrie und Hitler für die NS-Machtergreifung? Inwiefern hatte Hitler durch die Ausschaltung einer innerparteilichen sozialistischen Opposition den Weg zu dieser Zusammenarbeit geebnet?“

Im Text wiedergegeben werden hierzu eine Erklärung eines 1932 aus der NSDAP ausgeschlossenen Parteimitglieds (Weltgeschichte im Aufriß, S. 356 f.) und ein Auszug aus Turners kritischer Auseinandersetzung mit marxistischen Deutungen des Verhältnisses von Industrie und Nationalsozialismus (S. 354 ff.; nach Turner 1972, S. 29 ff.). Wissenschaftliche Gegenpositionen zu Turners Arbeiten werden nicht wiedergegeben. Dafür aber werden in Abschnitt II des 3. Kapitels unter dem allgemeinen Thema „Der europäische Faschismus: Italien und Deutschland“ zusätzliche Materialien zur Diskussion des Verhältnisses von Industrie und Nationalsozialismus angeboten; nämlich

1. Auszüge aus Hitlers Broschüre für Industrielle von 1927 (S. 302 ff.) und
2. eine Vielzahl von Auszügen aus unterschiedlichen marxistischen und nicht- oder antimarxistischen Deutungen des Faschismus – unter ihnen auch die häufig und in der Regel ablehnend zitierte Position der Kommunistischen Internationale von 1933, nach der sich der „Klassencharakter des Faschismus“ allein daraus ergebe, „welche Klassenpolitik er treibt und welcher Politik er dient“, und der Faschismus an der Macht beschrieben wird als „die offene, terroristische Diktatur der reaktionärsten, chauvinistischsten, am meisten imperialistischen Elemente des Finanzkapitals“ (S. 318).

Die Position der Autoren des Geschichtsbuches zu den in diesen Texten aufgeworfenen Fragen wird in der „Einführung in die Arbeitsthemen“ des Gesamtabschnitts über den europäischen Faschismus erkennbar (S. 294). Zu den wichtigsten „Gleichläufigkeiten“ faschistischer Bewegungen und Regimes gehören neben dem Antiparlamentarismus, Antimarxismus und Nationalismus auch ein „programmatischer Antikapitalismus“. „Diese programmatische Festlegung hinderte jedoch nicht an einer beiderseits förderlichen Kooperation mit den jeweiligen Exponenten des kapitalistischen Systems. Diese Sachlage sollte allerdings auch davor bewahren, in den faschistischen Bewegungen willenlose Befehlsempfänger des Monopolkapitals zu erblicken.“ (S. 294)

Man kann zusammenfassend sagen, daß in der Textsammlung „Weltgeschichte im Aufriß“ der Frage nach dem Verhältnis von Industrie und Nationalsozialismus im Vergleich zu den bisher diskutierten Schulbüchern und der Hoferschen Dokumentensammlung ein hoher Stellenwert zugeordnet wird. Die Erörterung unterschiedlicher Positionen nimmt einen breiten Raum ein, und akzentuiert wird – bei aller Distanzierung von der Komintern-Position – eher die Unterstützung des Nationalsozialismus durch Teile der Großindustrie (vgl. hierzu auch die Art der Einbeziehung der Position Winklers, Weltgeschichte im Aufriß, S. 324 ff.).

Vergleichbares gilt auch für die Textsammlung „Politische Weltkunde“, wie dies von Joachim Rohlfes in dem Vorwort zu dem Teil über „Nationalsozialismus und Faschismus“ sogar ausdrücklich hervorgehoben wird. Er erwähnt dort, daß „der bislang häufig vernachlässigte Komplex ‚Wirtschaft und Gesellschaft‘“ in diesem Schulbuch ein besonderes Gewicht erhalten habe (S. 6).

Diskutiert wird die Frage nach dem Verhältnis von Industrie und Nationalsozialismus in dem Band „Nationalsozialismus und Faschismus“ in erster Linie in Abschnitt D.I, „Der Nationalsozialismus und die Wirtschaft“, und in der Einleitung zu dem Gesamtkapitel D, „Wirtschaft und Gesellschaft im nationalsozialistischen Deutschland“. Hier wird die These vertreten, „daß das Werben der NS-Führung um die Wirtschaft spätestens 1932 beträchtlichen Widerhall fand“ (NF, S. 71). Es wird ausgeführt, daß in Teilen der Industrie folgende Hoffnungen mit der Unterstützung der NSDAP verbunden waren: „Hoffnungen auf dauernde Beseitigung der Demokratie, insbesondere auf Entmachtung der Arbeitnehmerorganisationen; auch Hoffnungen auf eine Wiederaufrüstung und die damit verbundenen Aufträge; Hoffnungen schließlich auf Rückgewinn der Weltstellung, da die das Deutsche Reich vor 1914 besessen hatte“ (NF, S. 71).

In dem Materialteil D.I werden dann – mit entsprechenden Unterrichtsfragen – die folgenden, zum Teil sehr kurzen Textausschnitte wiedergegeben:

1. Ausschnitte aus Hitlers Rede vor dem Industrieclub in Düsseldorf im Januar 1932;
2. Ausschnitte aus der Petition von Industriellen an Hindenburg vom November 1932, in der eine Ernennung Hitlers zum Kanzler befürwortet wird (vgl. zu diesem Dokument und der entsprechenden, kontroversen Diskussion in der Literatur auch vorn, Abschnitte 3.1 und 3.2.2);
3. Auszüge aus Kühnls (1971) „Formen bürgerlicher Herrschaft“;
4. Auszüge aus Turners (1972) „Faschismus und Kapitalismus in Deutschland“.

Anders als der Band über „Nationalsozialismus und Faschismus“ enthält der Band über die „Weimarer Republik“ nur sehr wenige und knappe Hinweise auf die Rolle der Industrie gegen Ende der Weimarer Zeit. Sollte sich ein Lehrer entscheiden, für die Behandlung der Weimarer Republik „Politische Weltkunde“ und für die Zeit des Nationalsozialismus den „Hofer“ zu verwenden, stünden ihm also für seinen Unterricht in den leicht verfügbaren Büchern keine Dokumente zur Diskussion der Rolle der Industrie gegen Ende der Weimarer Zeit zur Verfügung.

3.5 Zusammenfassung

Angesichts der Schulbücher sowie Text- und Quellensammlungen, die von den befragten Lehrern zum Zeitpunkt der Befragung am häufigsten verwandt wurden, kann man feststellen, daß es zur Frage des Verhältnisses von Industrie und Nationalsozialismus ein relativ breites Spektrum von Deutungsangeboten gibt: Es reicht von weitgehender Nichtberücksichtigung (vor allem „Zeiten und Menschen" und „Hofer") über die Berücksichtigung von Teilaspekten („Geschichtliche Weltkunde", „Fragen an die Geschichte") bis hin zu breiter angelegten Diskussionen dieses Themenbereichs („Weltgeschichte im Aufriß" und „Politische Weltkunde" in dem Band „Faschismus und Nationalsozialismus").

Vergleicht man das in den Schulbüchern vorgegebene Deutungsspektrum mit unserem Überblick über Positionen in der wissenschaftlichen Literatur (vgl. Abschnitt 3.1), so wird deutlich, daß marxistische Positionen in den Schulbüchern durchweg nicht repräsentiert sind. Allerdings gibt es Unterschiede im Niveau der Differenziertheit, in der marxistische Positionen erwähnt und zur Diskussion gestellt werden. Besonders knapp ist die Darstellung in der Oberstufenausgabe von „Zeiten und Menschen", ausführlicher dagegen in „Weltgeschichte im Aufriß" und „Politische Weltkunde". In beiden Bänden wird ausdrücklich zwischen offiziellen kommunistischen (Komintern-Position) und anderen marxistischen Interpretationsversuchen unterschieden.

In Abschnitt 3.2 wurde im Zusammenhang mit der quantitativen und qualitativen Analyse der Interviews darauf hingewiesen, daß es in Inhalt und Intensität der Auseinandersetzung mit dem Thema Industrie und Nationalsozialismus zwischen den Lehrern in Schleswig-Holstein und Nordrhein-Westfalen Unterschiede gibt, die sich am deutlichsten in den beiden Großstädten zeigen. Dabei wurden vor allem folgende Unterschiede herausgearbeitet: 1. Das Thema Industrie und Nationalsozialismus gehört an den nordrhein-westfälischen Schulen – vor allem im Ruhrgebiet – mit größerer Selbstverständlichkeit zum Unterricht über die sozialen Voraussetzungen des Nationalsozialismus. 2. Das Spektrum der in den Interviews vertretenen Deutungen ist in Nordrhein-Westfalen breiter als in Schleswig-Holstein. 3. Im Durchschnitt betrachtet, gehört das Thema Industrie und Nationalsozialismus an den schleswig-holsteinischen Schulen stärker als an den nordrhein-westfälischen Schulen zu den tabuisierten Themenbereichen.

Auf der Ebene der Lehrpläne gibt es, wie in Abschnitt 3.3 dargestellt, allenfalls leichte Unterschiede, die den Unterschieden zwischen den Lehrern der unterschiedlichen Regionen analog sind. Ausgeprägter sind die Analogien auf der Ebene der Schulbücher und Text- und Quellensammlungen. In Schleswig-Holstein hatten zum Zeitpunkt der Befragung die Bücher größere Bedeutung, in denen die Rolle der Industrie entweder überhaupt nicht oder nur beiläufig berücksichtigt wird („Hofer", „Zeiten und Menschen"), während in Nordrhein-Westfalen mit „Geschichtliche Weltkunde" (vor allem in der Großstadt im Ruhrgebiet) und „Weltgeschichte im Aufriß" Texte verbreitet waren, in denen die Rolle der Industrie im Zusammenhang mit der Diskussion der Bedingungen der nationalsozialistischen Machtübernahme stärker akzentuiert wird. Zu berücksichtigen ist allerdings, daß auch in Nordrhein-Westfalen in der ländlichen Region das Schulbuch „Zeiten und Menschen“ für die Sekundarstufe I häufiger verwendet wird und daß umgekehrt in Schleswig-Holstein auch die industriekritischeren Schulbücher „Fragen an die Geschichte“ und „Politische Weltkunde“ von manchen Lehrern im Unterricht herangezogen werden. Zu berücksichtigen ist darüber hinaus, daß insbesondere in Nordrhein-Westfalen das Thema Industrie und Nationalsozialismus für viele jüngere Lehrer (vgl. zu den Altersunterschieden auch die Tab. 3.4 und 3.5) ein Anlaß ist, bewußt über die dem Unterricht zugrundeliegenden Schulbücher oder Text- und Quellensammlungen hinauszugehen und zusätzliche Materialien aus anderen Darstellungen und Quellensammlungen heranzuziehen. Zu letzteren gehört die Kühnlsche Quellensammlung, aber auch andere vergleichbare Materialien. Die Bedeutung von Schulbüchern für die Strukturierung von Unterrichtsinhalten ist bei dem Thema Industrie und Nationalsozialismus, das bei einer größeren Zahl von Lehrern auf ein engagiertes Vorverständnis trifft, also eher von geringer Bedeutung.

Kapitel 4: Die Rolle der Reichswehr

Vor allem in drei Zusammenhängen wird die Rolle der Reichswehr beziehungsweise Wehrmacht zu einem Thema im Geschichtsunterricht über die Weimarer Republik und den Nationalsozialismus: beim Beginn der Weimarer Zeit im Rahmen des Themas „Kontinuität der Eliten", beim Ende der Weimarer Zeit im Zusammenhang mit der Frage nach den Voraussetzungen der nationalsozialistischen Machtübernahme und schließlich im Rahmen des Themas „Widerstand". Es ist deshalb besonders wichtig, stets bewußtzumachen, welcher Zeitraum gemeint ist, wenn Aussagen über die Bedeutung der Reichswehr gemacht werden. Wenn in den Interviews die (unrühmliche) Rolle der Reichswehr am Beginn der Weimarer Republik gelegentlich, ihr Beitrag zur Machtübernahme seltener, ihre Rolle im Widerstand aber meistens hervorgehoben wird, so ergeben sich Interpretationsmuster, in denen sich insgesamt deutliche Belastungs- und Entlastungseffekte erkennen lassen.

4.1 Positionen in der wissenschaftlichen Literatur

In der Literatur, die man als „Reichswehrhistoriographie" bezeichnet hat (Geyer 1978, S. 15), kann man bei der allgemeinen Interpretation der Rolle der Reichswehr „zwei Hauptströmungen" unterscheiden (Geyer 1978, S. 15): Die eine Auffassung, die insbesondere von Sauer (1974, S. 685 ff.) vertreten wird, läßt sich in der These zusammenfassen, „daß sich das wilhelminische Offizierkorps als mehr oder minder monolithischer Block – wenn auch auf die Elite des Generalstabs reduziert – in die Weimarer Republik hinübergerettet habe. Zusammen mit der staatlichen Bürokratie, der Justiz, Teilen der Industrie und den ‚Junkern' seien diese Offiziere nie in die Republik integriert worden und hätten aufgrund ihrer speziellen wilhelminischen Ziele der Restauration der alten Ordnung entscheidend zum Zusammenbruch der Republik beigetragen." (Geyer 1978, S. 15 f.) Nach dieser Auffassung bildete die Reichswehr einen Staat im Staate, der sich unabhängig von Gesellschaft und Politik neben der Republik organisiert hatte (vgl. zum Beispiel Bracher 1971, S. 205 ff.).

Die entgegengesetzte These lautet, daß sich die Reichswehr sehr wohl in die Republik eingeordnet habe und auch dabei geblieben wäre, „wenn die Republik der Armee ein wenig mehr Sympathie und den Sicherheitsbedürfnissen Deutschlands etwas mehr Verständnis entgegengebracht hätte" (Geyer 1978, S. 16). „Mit anderen Worten: Die Armee war insgesamt vernunftrepublikanisch – sieht man von individuellen Ausnahmen ab –, die Republik dagegen war nicht sicherheitsbewußt." (Geyer 1978, S. 16 und S. 89 ff.; Hillgruber 1980, S. 182 ff. und S. 190 f.)[1] Auch später sei die Reichswehr auf Kooperation mit der staatlichen Exekutive angewiesen geblieben; das ehrgeizige Rüstungsprogramm der Reichswehrführung mit dem Ziel einer „Militarisierung der Gesellschaft" im Hinblick auf eine totale Kriegsvorbereitung sei nur in Zusammenarbeit mit der Regierung realisierbar gewesen (vgl. Geyer 1978, S. 89; Kolb 1984, S. 172 f.).

Aus diesen allgemeineren Tendenzen der Reichswehrhistoriographie ergeben sich noch keine zwingenden Antworten auf die Frage, inwieweit die Reichswehr für die Zerstörung der Weimarer Republik und den Aufstieg des Nationalsozialismus verantwortlich gemacht werden kann. Hierfür bedarf es einer Analyse der Art und Weise, in der einzelne Ereignisse am Ende der Weimarer Republik in der historischen Literatur interpretiert werden. Es geht dabei vor allem um die Frage, welche Rolle die Reichswehr bei folgenden Ereignissen gespielt hat: Bruch der Großen Koalition (März 1930), Sturz Brünings (Mai 1932), Aufhebung des SA-Verbots (Juli 1932), Staatsstreich gegen Preußen (Juli 1932), Sturz von Papens (Dezember 1932) und Ernennung Hitlers (Januar 1933). Bei der Interpretation dieser Ereignisse zeigen sich im großen und ganzen drei unterschiedliche Einschätzungen der Bedeutung der Reichswehr: In einer ersten Position wird die Rolle des Militärs (im „Bündnis der Eliten") nicht nur als besonders hoch, sondern als entscheidend bewertet. In der entgegengesetzten zweiten Position wird die Rolle der Reichswehr nur selten oder gar nicht erwähnt, im wesentlichen werden andere Faktoren zur Interpretation der Ereignisse herangezogen. In einer dritten Position wird die Rolle der Reichswehr herausgearbeitet und für wichtig, aber nicht für dominant gehalten.

Die These vom Bündnis der Eliten ist vor allem von Fritz Fischer (zusammenfassend 1979) ausgearbeitet worden. Sie betont die militärstaatliche Tradition seit der Reichsgründung 1871, die über alle politischen Zäsuren und Brüche hinweg dominant gewesen sei. Diese Kontinuität lasse sich innen- und außenpolitisch erkennen: „Strukturell ist es die Verbindung agrarisch-aristokratischer und industriell-großbürgerlicher Machteliten, die ihre Positionen gegen die heraufdrängende Demokratie und Sozialdemokratie zu behaupten versuchten. Der primär defensiv-konservativen Zielsetzung nach innen entsprach eine offensiv-expansive Zielsetzung nach außen: Nach der Hegemonie Preußens in Deutschland die Hegemonie Preußen-Deutschlands in Europa, zugleich als Basis zur Erringung einer Stellung als Weltmacht." (Fischer 1979, S. 7 f.) Auch nach 1918 habe „das Prinzip der Kontinuität des Bestehenden" dominiert: „Dies galt vor

1 In gewisser Weise ähnlich Schulze (1980, S. 32 f.), nach dem „die zweifellos verhängnisvolle Rolle der Reichswehrführung in der Endphase von Weimar (...) als Resultat des Verzichts der politischen Führung auf effektive Kontrolle des militärischen Sektors am Anfang der Republik gesehen werden (muß)".

allem für die Führungsschichten des Kaiserreichs: Großgrundbesitz, Industrie, Armee, Bildungsbürgertum, Bürokratie und Justiz in ihren überkommenen Positionen." (S. 63) Das Bündnis der alten Machteliten habe sich im Weimarer Staat erneuert, wenngleich mit einem gegenüber der Vorkriegszeit verminderten Gewicht der Landwirtschaft (S. 64 f.). So hätten nicht die Wahlergebnisse Hitler an die Macht gebracht, „sondern die Politik der Machteliten"; im Januar 1933 hätten die preußischen Junker wesentlich an Hitlers Berufung zum Reichskanzler mitgewirkt, eine „vorindustrielle" Gruppe, der, ähnlich wie dem Reichspräsidenten, ein Osthilfeskandal gedroht hätte. Auch bedeutende Gruppen der Industrie seien am Prozeß der Machtübertragung beteiligt gewesen (S. 72 f.). „Beide Seiten, Hitler und die Eliten, einte, wenn auch unterschiedlich motiviert und in verschiedener Sprache artikuliert, das Bekenntnis zum nationalen Machtstaat nach innen und außen, was die Zusammenarbeit zwischen diesen ungleichen Partnern ermöglichte." (S. 73 f.) Das Kabinett Hitler wäre 1933 ohne die Mitwirkung der Eliten nicht zustande gekommen, und „auch nicht ohne die der Reichswehr" (S. 86). Unter von Seeckt sei die soziale Struktur des Offizierkorps auf eine hauchdünne Oberschicht beschränkt worden; es habe zum großen Teil aus Offizieren des Generalstabs mit einem hohen Anteil des Adels bestanden. „Diese Armee lebte von der Vergangenheit und für die Zukunft der ‚Nation', aber zum Staat ihrer Gegenwart, zur Weimarer Republik, wahrte sie eine kühle, nicht selten feindselige Distanz." (S. 83)

In ähnlicher Schärfe, aber noch stärker auf die Rolle der Reichswehr zugeschnitten, argumentiert Müller (1980). Nach ihm wurde die Regierung Hitler auf der Basis einer „Entente" zwischen Gruppen der traditionellen Eliten und der Führung der Hitler-Bewegung gebildet. „Die Reichswehr hatte innerhalb dieser ‚Entente' einen besonderen Stellenwert und ein besonderes Gewicht." (S. 31) Zwar habe ihn die Massenbewegung an die Schwelle der Macht gebracht, „aber nur die alten Machteliten, welche immer noch die entscheidenden Positionen im Machtapparat innehatten, konnten ihm über diese Schwelle hinweghelfen" (S. 31). Die Militärelite habe auf die säkulare Herausforderung, die Krieg, Niederlage und Zerfall der Monarchie für sie bedeutete, mit einer nachdrücklichen Entschlossenheit geantwortet, „an den essentiellen Elementen ihrer historischen Existenz festzuhalten" (S. 21). Angesichts der außenpolitischen und innenpolitischen (autoritärer Staat) Orientierung im Offizierkorps lasse sich feststellen, daß es 1933 „über das Grundmuster dieser Koalition mit Hitler innerhalb der militärischen Führungsschicht keine Meinungsverschiedenheiten gab" (S. 33).

Im Gegensatz zu dieser Hervorhebung der Eliten im allgemeinen und der Rolle des Militärs im besonderen spielt die Reichswehr für Vertreter der zweiten Position eine eher marginale Rolle. Dies gilt insbesondere für Erdmann, der den raschen Aufstieg des Nationalsozialismus erklärt „durch die Förderung, die Hitler durch das Bündnis mit Hugenberg und Seldte zuteil wurde, durch die beginnende Weltwirtschaftskrise und den durch den Übergang zur Präsidialregierung heraufbeschworenen Verfassungskonflikt" (Erdmann 1980, Bd. 20, S. 37). Der Aufstieg der „Hitlerbewegung" wird eher als Siegeszug eines charismatischen Führers interpretiert (S. 40 ff.). Hitler habe es darauf anlegen müssen, „die Unterstützung des liberalen und konservativen Bürgertums zu gewinnen“ (S. 55). Deshalb habe er seine Propaganda auf einen staatsautoritären nationalen Revisionismus verlagert. „Auf der anderen Seite mußte die Fähigkeit der NSDAP, Massen unter der nationalen Parole zu mobilisieren, den bürgerlich nationalen Parteien die Frage eines Zusammengehens mit der Hitler-Bewegung nahelegen. So konvergierten beide Seiten zueinander mit vielen gegenseitigen Vorbehalten, bis es schließlich zur Koalitionsbildung des 30. Januar 1933 kam.“ (S. 55) Die Reichswehr wird erstmals in dem Zusammenhang erwähnt, in dem über die Entscheidung Hitlers für die Reichswehr und gegen die SA berichtet wird. „Denn so wesensfremd ihm von Hause aus der Typ des Reichswehroffiziers war, so konnte er doch mit der Loyalität der Reichswehr rechnen.“ (S. 95)

Auch beim Scheitern der Weimarer Republik spielt die Reichswehr nach Erdmann eine untergeordnete Rolle. Beim Bruch der Großen Koalition wird die Reichswehr nicht erwähnt; entscheidend ist für Erdmann die „Unfähigkeit der sie tragenden Parteien, eine gemeinsame Finanzpolitik zu entwickeln“ (1980, Bd. 19, S. 275). Der „zögernde“ Brüning wurde von Hindenburg „auf Vorschlag Schleichers“ beauftragt (S. 279). Zum SA-Verbot heißt es, daß es „dem plebiszitären Charakter“ der Reichspräsidentenwahl vom April 1932 gegen Hitler entsprochen habe. Reichswehrminister Groener habe dieses Verbot vorgeschlagen. „So schien im Innern in dem engen Zusammenwirken von Präsident, Kanzler und Heer eine feste, überparteiliche Autorität errichtet, die imstande war, das Reich zu führen, bis eines Tages der politische Radikalismus abklingen und im Reichstag die Herstellung fester Mehrheitsverhältnisse möglich sein würde.“ (S. 292) Über die Aufhebung des SA-Verbots schreibt Erdmann, ohne weitere Interessenten zu erwähnen, daß von Papen es aufhob (S. 296). Der Sturz Brünings wird als „Hofintrige“ interpretiert. Allerdings werden mehrere Gründe angegeben, darunter großagrarische Interessen und das SA-Verbot: „Es mußte Hindenburg schwer eingänglich sein, und man hat es ihm gegenüber als Vorwurf erhoben, daß das republikanische Reichsbanner weiterbestand, während jene Verbände, die als national galten, verboten waren. Schleicher, der Chef des Ministeramtes im Reichswehrministerium, hat damals mit den Nationalsozialisten über die Aufhebung des SA- und SS-Verbotes verhandelt und sie in Aussicht gestellt für den Fall, daß Hitler ein Kabinett der Rechten dulde.“ (S. 294) Bei aller Ablehnung des Nationalsozialismus habe von Schleicher die Mitglieder der SA und SS für besonders erwünschte und wehrfreudige Elemente gehalten, die die Reichswehr an sich zu ziehen bestrebt sein müsse (S. 294). Auch wenn hier Motive zur Sprache kommen, die gegen ein SA-Verbot sprechen, werden sie doch lediglich als persönliche Motive von Schleichers dargestellt und nicht als Interessen der Reichswehrführung. Es wird sogar behauptet, daß von Schleicher seinen zunehmenden Einfluß gegen die Verknüpfung des Innenministeriums mit dem Reichswehrministerium in der Person Groeners geltend machte, „da er hier eine unerwünschte politische Festlegung der Reichswehr sah“ (S. 294). Also nicht die Einflußnahme der Reichswehr (oder ihrer Führung) auf den politischen Prozeß, sondern die Abwehr einer politischen Festlegung der Reichswehr wird als zentrales Motiv dieser Politik bezeichnet. Beim Staatsstreich gegen Preußen spielt nach Erdmann ebenfalls die Reichswehr keine Rolle; hier heißt es, von Papen habe seine Position dadurch zu festigen gesucht, daß er sich „einen Zugriff auf die Machtmittel des preußischen Staates, die in die Hände des Nationalsozialismus zu gleiten drohten", verschafft habe. Schließlich heißt es in den Vorverhandlungen zum 30. Januar 1933, daß der Reichspräsident durch den Chef der Heeresleitung, von Hammerstein, und den Chef des Heerespersonalamtes, von dem Bussche, vor einer drohenden Kanzlerschaft Hitlers beziehungsweise vor einer Wiederberufung von Papens gewarnt worden sei. Lediglich in einer Fußnote wird darauf hingewiesen, daß diese Interpretation umstritten ist (S. 306).

Zu der mittleren Position, die die Einflußmöglichkeiten der Reichswehr am Ende der Weimarer Zeit relativ hoch veranschlagt, sie aber in den Gesamtzusammenhang sehr unterschiedlicher Faktoren einordnet, gehören insbesondere die Arbeiten von Heiber und Broszat sowie Bracher und Sauer. So weist Heiber darauf hin, daß nach von Seeckts Sturz und Groeners Ernennung zum Minister die alte oberste Heeresleitung aus dem Ersten Weltkrieg wieder an der Macht gewesen sei (1982, S. 184), auch wenn das Wirken von Schleichers und Groeners im Vergleich zu von Seeckt „positiver" einzuschätzen sei (S. 185). Zum Bruch der Großen Koalition heißt es – im Unterschied zu Erdmann –, daß unter anderem auch die Reichswehr nicht mehr länger eine Regierung unter Beteiligung der SPD gewollt habe. Bei der Installierung der Regierung Brüning habe sich die Reichswehr „als Geburtshelfer" des „Hindenburg-Kabinetts" betätigt. Brüning habe eine große Verehrung für Hindenburg und eine starke Bindung zur Reichswehr gehabt, „deren Interesse er sich vor allem anderen verpflichtet fühlte, was er nie geleugnet hat und was seine künftige Politik bestätigen sollte" (S. 224). Als Brüning im Herbst 1931 sein Kabinett umbildet, sei er „dem monatelangen Drängen seiner Oberen und Stützen im Reichspräsidentenpalais und in der Reichswehrführung auf eine stärkere Rechtsanlehnung" gefolgt (S. 241). Zum Thema SA-Verbot berichtet Heiber, das Reichswehrministerium habe relativ rasch mit seinem Minister gebrochen und habe dem Reichspräsidenten Belastungsmaterial geschickt, mit dem ein Verbot des Reichsbanners begründet werden sollte (S. 245). Für den Mai 1932 wird ausgeführt, der Reichstag sei jetzt völlig belanglos geworden. „Von Belang waren jetzt nur noch der Präsident und die Reichswehrführung." (S. 250) Die Reichswehr sei offen gegen das Verbot der SA eingetreten und habe sich nun für den Sturz Brünings eingesetzt (S. 250). Zum Staatsstreich gegenüber Preußen heißt es, hierfür sei neben den alten Reformplänen und dem Interesse, die „Marxisten" aus der Regierungsverantwortung in Preußen zu vertreiben, das Interesse maßgebend gewesen, eine „weitere Vorleistung für die Geneigtheit Hitlers" zu erbringen (S. 255). Widerstand sei der preußischen Regierung auch deshalb zwecklos erschienen, weil „die Reichswehr bestimmt nicht in Wartestellung stehen würde" (S. 258). Schließlich heißt es, Schleicher sei inzwischen für eine Beteiligung der NSDAP eingetreten, weil die „schon erheblich nationalsozialistisch unterwanderte Reichswehr" keine Chance gehabt hätte, die Radikalen von links und rechts und überhaupt neun Zehntel des Volkes niederzuwerfen.

Noch deutlicher heißt es bei Broszat, daß es zum „eigentlichen Dammbruch der Republik" nicht durch das Gewicht des Stimmzettels gekommen sei, sondern in erster Linie dadurch, „daß die Bereitschaft zum Arrangement und zum Paktieren mit Hitler mehr und mehr in das Lager der Regierung und Exekutive übergriff und sich zunehmend auch bei den agrarischen und gewerblichen Interessenverbänden bemerkbar machte" (1979, S. 17). So sei das SA-Verbot „unter maßgeblichem Einfluß der Reichswehr" zugunsten der NSDAP zu Fall gebracht worden (S. 17). Bei der Interpretation des Bruchs der Großen Koalition wird darauf hingewiesen, daß „vor allem die politische Führung der Reichswehr" für die Bildung eines autoritären „Hindenburg-Kabinetts" der rechten Mitte ohne Sozialdemokraten eingetreten sei, und zwar schon im Winter 1929/30. Nach von Seeckts Ausscheiden habe das Militär auch die politische Spitze des Reichswehrministeriums besetzt und „maßgeblichen Einfluß auch auf allgemeine politische Fragen" gewonnen (S. 24). Zitiert wird Groeners Ausspruch, daß im politischen Geschehen Deutschlands „kein Baustein mehr bewegt werden (darf), ohne daß das Wort der Reichswehr ausschlaggebend in die Waagschale geworfen wird" (S. 25). In dem Maße, in dem der Reichswehreinfluß im Staate zunahm, wuchs die Entschlossenheit zur Heeres- und Rüstungsverstärkung, was wiederum ein „starkes Wohlwollen für Hitler" erzeugte, der nicht müde geworden sei, die Wieder-Wehrhaftmachung des deutschen Volkes zu fordern (S. 26). Dieser Hervorhebung der Rolle des Militärs folgt bei Broszat im übrigen auch eine intensive Beschäftigung mit der Rolle der Beamten, der Industrie und den Agrar-Vertretern.

Eine – gemessen an der Position Erdmanns – wichtige (wenn auch nicht – wie bei Fischer – dominante) Rolle kommt der Reichswehr auch in den Arbeiten Brachers und Sauers zu. Dies soll wiederum anhand der sechs erwähnten historischen Ereignisse veranschaulicht werden. Zum Thema „Bruch der Großen Koalition" wird zunächst auf den Einfluß der antagonistischen Interessengruppen hingewiesen. Dann heißt es aber, diese Regierungskrise habe erst dadurch ihre verhängnisvolle Bedeutung erhalten, „daß die prinzipielle Kritik vieler Staatsrechtler und Publizisten an der parteienstaatlichen Demokratie und am Parlamentarismus nun von der Reichswehrführung und von den konservativen Ratgebern Hindenburgs aufgegriffen und verdichtet wurde zu dem konkreten Plan einer autoritären Reform der Weimarer Staatsstruktur, zur Schaffung eines strafferen Präsidialregimes ‚über den Parteien' – das sich deutlich nach rechts orientieren sollte." (Bracher 1979, S. 187) Mit Brüning hätten Reichswehr und Reichspräsident einen Kurs abgestützt, in dem mit der Ausschaltung der parlamentarischen Willensbildung auch die Kontrolle der öffentlichen Meinung mehr und mehr entglitten sei; in entsprechendem Verhältnis sei die Anziehungskraft radikaler Propaganda gewachsen (vgl. auch Bracher 1971, S. 271 ff.).

Zum Thema „Sturz Brünings" heißt es bei Bracher, Brüning habe im Frühjahr 1932 die Unterstützung seiner beiden Hauptträger (Reichspräsident und Reichswehrführung) verloren. „Für die Reichswehrführung war Brünings Zögern, das nationalsozialistische Potential in eine autoritäre Lösung einzubeziehen, für die Umgebung Hindenburgs neben den agrarischen Interessen das Streben nach einer stärkeren Forcierung des antiparlamentarischen Kurses Hauptantrieb zu dem verhängnisvollen Kabinettssturz vom 30. Mai 1932, der erstmals ohne jede Mitwirkung von Parlament und Parteien allein durch das Diktum des Reichspräsidenten erfolgte." (Bracher 1979, S. 190; vgl. 1971, S. 425 ff. und S. 457 f.) Was das Thema „Aufhebung des SA-Verbots" angeht, so führte dieses Problem nach Bracher nicht nur zum Sturz Brünings, sondern muß als „Angelpunkt der ganzen innenpolitischen Entwicklung" in dieser Zeit angesehen werden (Bracher 1971, S. 439). „Die Reichswehrführung, Staat im Staat seit der Begründung der Republik, hatte die politischen Schlüsselstellungen unterwandert; sie glaubte, die Republik zu ihrem Appendix degradiert zu haben und jetzt auch die plebiszitäre Kraft der politischen Massenbewegungen mit ihrem intakten Befehlsapparat zügeln zu können. Das war die ‚Lösung', für die in der politischen Sphäre Papen vorgeschoben wurde, und diese Illusion hatte letztlich Brüning zu Fall gebracht." (Bracher 1971, S. 468) Dabei war die Aufhebung des SA-Verbots eine Vorbedingung für die Kanzlerschaft von Papens im Hinblick auf eine erhoffte Tolerierung durch die NSDAP (Bracher 1971, S. 481 f.). Nach von Papens eigenen Worten ist seine Berufung „mehr oder weniger ein Votum der Armee" gewesen (Bracher 1971, S. 456).

Bei dem Thema „Staatsstreich gegen Preußen" wird darauf hingewiesen, daß „Papen kurz vor den für ihn bedrohlichen Reichstagsneuwahlen (versuchte), gestützt auf Reichspräsident und Reichswehr, durch eine Gewaltaktion die politische Isolierung zu sprengen und mit der Eroberung der Macht in Preußen seine autoritäre Stellung wenigstens in diesem drei Fünftel Deutschlands umfassenden Land zu verankern" (Bracher 1979, S. 192). Das entscheidende politische Motiv von Papens sei gewesen, „die machtpolitische Basis seines hoffnungslos isolierten Regimes durch einen – wie er rechnete – mit Bewunderung, Sympathie oder heilsamer Furcht aufgenommenen Akt autoritären Selbstbewußtseins demonstrativ zu verstärken und damit zugleich auch Respekt und Unterstützung von nationalsozialistischer Seite zu gewinnen" (Bracher 1979, S. 192). Die Aktion selbst war mit der Reichswehr im Detail abgestimmt; noch in den Vormittagsstunden des 20. Juli 1932 wurde über Berlin und Brandenburg der militärische Ausnahmezustand verhängt und damit auch die preußische Polizei gleichgeschaltet (Bracher 1971, S. 513). „Die einzige Machtbasis dieser Regierung, die Reichswehr, war jetzt um die preußische Polizei verstärkt." (Bracher 1971, S. 517)

Was das Thema „Sturz Papens" angeht, so sei hier, weil von Schleicher schon einen Tag später als Nachfolger ernannt wurde, der Einfluß der Reichswehr offenkundig. Während von Papen Hindenburg zur Billigung seiner autoritären Staatsstreichpläne zu drängen suchte, „distanzierte sich Schleicher von dem Kanzler, den er bislang gefördert hatte, indem er einen innenpolitischen Einsatz der Reichswehr zur Errichtung der geplanten Diktatur verweigerte und dafür auch die Unterstützung anderer Kabinettsmitglieder gewann" (Bracher 1979, S. 195). Von Schleicher stellte dem ohnehin kampfesmüden Reichspräsidenten die Möglichkeit einer friedlichen Lösung der Krise in Aussicht; er entwickelte den Plan, durch Spaltung der NSDAP und Annäherung an Gruppen bis hin zur SPD und den Gewerkschaften eine breitere Basis für die Regierungspolitik zu gewinnen (Bracher 1979, S. 195) „Aber im Reichspräsidentenpalais blieb eine Verstimmung zurück, die sich wenig später in einer letzten Regierungskrise Luft schaffte und mit Schleicher und seinem Plan die sorgfältig errichteten Dämme gegen eine nationalsozialistische Machtergreifung überraschend schnell beseitigte." (Bracher 1979, S. 195)

Im Falle des Themas „Hitlers Ernennung" schließlich ist in der Literatur nach wie vor die Frage umstritten, welches Votum die Vertreter der Reichswehr (von Hammerstein, von dem Bussche) Ende Januar bei Hindenburg abgegeben haben (vgl. Bracher 1971, S. 626 ff. und S. 639 f.). Während Bracher es als ein Votum gegen ein Kabinett Hitler interpretiert, hält Sauer (1974, S. 40 f.) es für wahrscheinlich, daß eine Regierung von Papen/Hugenberg verhindert und für den Fall einer Regierung Hitler das Wehrministerium für von Schleicher gesichert werden sollte. Hinzu kommt, daß der spätere Reichswehrminister von Blomberg dem Reichspräsidenten in diesen Tagen erklärte, „eine nationale Konzentration unter Hitlers Führung sei die beste Lösung und werde auch von der Reichswehr begrüßt" (Bracher 1971, S. 624). Es scheint, daß sich in den letzten Januartagen sowohl von Schleicher als auch die militärische Führung der Reichswehr auf eine Ernennung Hitlers zum Reichskanzler eingestellt hatten; erst als es so aussah, als wolle Hindenburg doch wieder von Papen mit der Regierungsbildung beauftragen, seien von Hammerstein und von dem Bussche beim Reichspräsidenten aktiv geworden, „um ihn von der ‚Lösung' Papen abzubringen und, da alle anderen Auswege verschüttet seien, die Ernennung Hitlers zu befürworten" (Hentschel 1979, S. 94). Von Schleicher und die Reichswehrführung waren von der Notwendigkeit überzeugt, „Hitler in der nun einmal geschaffenen Situation zum Kanzler zu machen. Nicht so sehr, weil sie der Gedanke an eine NSDAP-Regierung begeisterte, sondern weil sie der Gedanke an eine bürgerkriegsträchtige Regierung von Papen/Hugenberg aufs äußerste erschreckte." (Hentschel 1978, S. 98) Überhaupt wird man sagen müssen, daß in diesen Monaten „Hindenburg und die Reichswehr als die einzigen Kontroll- und Lenkungsinstanzen" übriggeblieben waren (Bracher 1971, S. 600).

Diese Art der Interpretation, die von Bracher, Broszat, Heiber, Schulz, Hentschel und anderen vertreten wird, läßt sich – im Anschluß an Kolb (1984, S. 173) – wie folgt zusammenfassen: „Die politischen Zielvorstellungen und Ambitionen der militärischen Führung und die daraus (...) resultierenden politischen Manöver der Reichswehrspitze in den Jahren 1929–1932 sind erstrangige Faktoren im Auflösungsprozeß der Weimarer Republik (...)." Dennoch ist dies keine Interpretation, in der der Faktor Reichswehr als dominant – etwa im Sinne der These vom Bündnis der Eliten – anzusehen ist. Das Verhalten der Reichswehr ist eine unter mehreren Bedingungen, die zur Machtübernahme des Nationalsozialismus führten. Allerdings wird dieser Bedingung – im Unterschied zum Beispiel zur Position Erdmanns – ein relativ großes historisches Gewicht beigemessen.

4.2 Analyse der Interviews

Auch das Thema „Rolle der Reichswehr" kam im Verlauf der Interviews in drei Durchgängen zur Sprache: anhand der Frage nach den (zeitlichen und thematischen) Schwerpunkten, anhand der Frage nach den Schwerpunkten der Erklärung und anhand direkter Fragen zum Thema „Militär". Hinzu kommt die (offene) Frage nach den Schwerpunkten beim Thema „Widerstand". Während sich die beiden ersten Fragen auf den gesamten Zeitraum der Weimarer Republik beziehen können, konzentrieren sich die Nachfragen auf den Zeitraum Ende der Republik – Beginn des Nationalsozialismus.

Was die Analyse der offenen Interviewteile angeht, so ergibt sich aus Tabelle 4.1 (vgl. auch oben Tab. 2.1 in Kap. 2.1), daß 18 der 78 Lehrer dem Thema Militär eine besondere Bedeutung beimessen und die problematische Rolle des Militärs spontan erwähnen. Dabei lassen sich die leichten regionalen Unterschiede (Großstadt von Nordrhein-Westfalen) auf dieser Ebene kaum interpretieren, zumal die Anzahl der unklaren Antworten relativ groß ist.

Schaut man sich die Antworten auf die Nachfrage nach der Rolle des Militärs am Ende der Weimarer Republik an, so lassen sich im wesentlichen dreierlei Antworten unterscheiden:

1. Die Antworten, in der die Rolle des Militärs am Ende der Weimarer Zeit als begünstigend für die Nationalsozialisten qualifiziert wird;
2. Antworten, in denen die Rolle des Militärs zwar erwähnt, aber nicht als begünstigend, sondern allenfalls als neutral, passiv, nicht Widerstand leistend angesehen wird;
3. Antworten, aus denen sich ergibt, daß die Rolle des Militärs – jedenfalls für den Zeitraum Ende der Weimarer Republik – im Unterricht nicht behandelt wird.

Tabelle 4.1: Schwerpunkt Militär – Auswertung der offenen Interviewabschnitte

	Erwähnt	Nicht erwähnt	Unklar	Insgesamt
NRW großstädt. Region	1	9	5	15
NRW ländliche Region	4	12	3	19
SH großstädt. Region	8	13	3	24
SH ländliche Region	5	13	2	20
Insgesamt	18	47	13	78

Tabelle 4.2: Rolle des Militärs

	Begünstigende Rolle wird hervorgehoben	Militär wird in anderer Weise behandelt	Beiläufig behandelt	Nicht behandelt	Unklar keine Angaben	Insgesamt
NRW großstädt. Region	6	1	2	3	3	15
NRW ländliche Region	1	2	1	8	7	19
SH großstädt. Region	3	7	4	8	2	24
SH ländliche Region	6	7	0	5	2	20
Insgesamt	16	17	7	24	14	78

Hinzu kommen jene Antworten, in denen die Rolle des Militärs explizit als beiläufig behandelt erwähnt wird, das heißt, daß sie im Unterricht zwar zur Sprache kommt, aber als nebensächlich, so daß sie inhaltlich nicht genauer zu qualifizieren ist. Die quantitative Auszählung dieser Antworten ergibt Tabelle 4.2.

Hervorzuheben ist zunächst, daß eine relativ große Gruppe von Lehrern auch auf Nachfrage erklärt, daß sie die Rolle des Militärs am Ende der Weimarer Zeit überhaupt nicht behandelt, nämlich 24 von 78 Lehrern. Von den Interviewpartnern geben 16 an, daß sie die Rolle des Militärs als begünstigend im Unterricht erwähnen, während 17 Interviewpartner angeben, daß sie die Rolle des Militärs zwar darstellen, aber nicht als begünstigend qualifizieren, sondern als neutral, passiv und dergleichen. Hinzu kommen sieben Interviewpartner, die die Rolle des Militärs lediglich beiläufig im Unterricht behandeln. (In 14 Interviews blieb die Antwort unklar.)

Bei der Verteilung nach Regionen ist bemerkenswert, daß die relativ größten Unterschiede zwischen der Stadt- und der Landregion Nordrhein-Westfalens festzustellen sind. 6 der 15 Interviewpartner aus der nordrhein-westfälischen Großstadt behandeln die begünstigende Rolle des Militärs, auf dem Lande in Nordrhein-Westfalen dagegen nur einer von 19 Lehrern. Zwar bestehen auch in Schleswig-Holstein leichte Unterschiede zwischen Großstadt und Landregion, aber sehr viel schwächer als in Nordrhein-Westfalen und in fast umgekehrter Richtung: Auf dem Lande wird hier die begünstigende Rolle des Militärs etwas häufiger betont als in der Großstadt. Allerdings sind alle diese Unterschiede mit Vorsicht zu interpretieren, zumal die Anzahl der „unklaren" Antworten relativ hoch ist. Im übrigen ist anzumerken, daß es – anders als beim Thema Industrie –

Tabelle 4.3: Altersunterschiede und Darstellung der Rolle des Militärs

	Begünstigende Rolle wird hervorgehoben	Andere Antworten	Insgesamt
Jahrgänge bis 1940	6	27	33
Jahrgänge 1941 und später	10	35	45
Insgesamt	16	62	78

bei der Behandlung des Themas Militär keine nennenswerten Altersunterschiede gibt (vgl. Tab. 4.3).

Insgesamt bleibt als entscheidende Aussage festzuhalten, daß die begünstigende Rolle des Militärs am Ende der Weimarer Zeit relativ selten behandelt wird (nämlich lediglich von 16 der 78 Lehrer), daß 17 der Lehrer eher die passive Rolle der Reichswehr betonen, während das Thema von 24 Lehrern überhaupt nicht und von 7 Lehrern lediglich beiläufig behandelt wird.

Betrachtet man die Antworten etwas genauer, so wird deutlich, daß die für die quantitative Analyse verwendeten Antworttypen (begünstigend – in anderer Weise behandelt) nicht immer leicht voneinander abzugrenzen sind. Die in der Literatur gebrauchte Formulierung, die Reichswehr habe im Januar 1933 „Gewehr bei Fuß" gestanden (zum Beispiel Hillgruber 1980, S. 190), bezeichnet den Ort, auf dem sich beide Antworttypen überschneiden: Wird dies „Gewehr bei Fuß" als Ausdruck einer militärischen Tradition des Gehorsams und der Neutralität verstanden, so bleibt die Reichswehr passiv, abwartend, loyal – also nicht „begünstigend", sondern „in anderer Weise" beteiligt. Wird „Gewehr bei Fuß" als bewußte Förderung interpretiert, als Verzicht auf Einmischung, die zuvor häufig an der Tagesordnung war, so kann dies als (für den Aufstieg des Nationalsozialismus und die Kanzlerschaft Hitlers) „begünstigend" angesehen werden. Die Übergänge zwischen diesen beiden Antworttypen sind also fließend.

Im folgenden Textausschnitt wird die begünstigende Wirkung der „scheinbaren Neutralität" der Reichswehr hervorgehoben. Diese „scheinbare Überparteilichkeit" habe „den Feinden der Demokratie" genutzt.

Interviewausschnitt 4/1 (Großstadt, Schleswig-Holstein)

Kontext: Frage nach der Behandlung des Militärs am Ende der Weimarer Republik.

Befragter: „Ich mache also hier sehr gern die Stellung der Reichswehr. Und wir haben hier in der ‚Politischen Weltkunde' auch Quellen darüber, etwa über die Haltung des Generals von Seeckt. Diese scheinbare Überparteilichkeit, die ja in Wirklichkeit (...) den Feinden der Demokratie nützt. Ich glaube, daß sich die Streitkräfte eben nicht politisch neutral halten können. Und der Standpunkt, den Seeckt einzunehmen suchte, den würden wir heute mit dem eines Fachidioten bezeichnen. Wobei ich allerdings Seeckt nicht diese Naivität unterstelle. Ich glaube, er wußte sehr wohl, was er mit seiner scheinbaren Neutralität erreichte, nämlich ein Im-Stich-Lassen der demokratischen Institutionen. Und genau das wollte er. Aber nach außen war er natürlich gut. Hier Überparteilichkeit, wir dienen dem Staat, dem ewigen Deutschland und nicht seiner jeweiligen Regierung. Das ist der Tenor dieser Quelle. Nicht? Das muß herausgestellt werden. Und das genau wollen wir nicht. Und das muß man auch vom heutigen Standpunkt aus deutlich kritisieren. Nicht? Die Streitkräfte müssen integriert sein, und sie müssen vor allen Dingen keine Fachidioten sein, sondern ihr militärisches Tun muß von einem politischen Weitblick begleitet sein. Und dieser Weitblick kann nur bedeuten, daß man ein intaktes Deutschland stützt. Denn immerhin war ja das Weimarer Deutschland wohl verkleinert, aber es war ein intaktes Deutsches Reich. Und insoweit wäre für ein Militär bei gutem Willen die Möglichkeit der Identifizierung durchaus gegeben gewesen. Und das haben sie nicht gewollt."

In anderen Interviews wird die begünstigende Funktion der Reichswehr vor allem darin gesehen, daß die führenden Köpfe der Armee über Hitlers Programm voll informiert waren – und am 3. Februar 1933 noch einmal von Hitler persönlich auf einer abendlichen Zusammenkunft im Hause Hammerstein drastisch ins Bild gesetzt wurden. „Für einen aufmerksamen Zuhörer mußten das wahrhaft erschreckende Perspektiven sein, vor denen sich das bisher so sorgfältig retuschierte offizielle Bild der legalen nationalen Erhebung zu bloßem schönen Schein verflüchtigte. In krassem Gegensatz zu der Regierungserklärung vom 30. Januar (...) proklamierte Hitler hier Aufrüstung und Krieg, Krieg nach innen und außen." (Schulz 1974, S. 55) Zwar war die Reaktion auf die Rede „geteilt, zum Teil kühl, aber keiner der verantwortlichen Befehlshaber war sich bewußt, daß er hier vor einer Entscheidung über Sein oder Nichtsein der militärischen Institution, der soldatischen Tradition und des deutschen Staatswesens überhaupt gestellt wurde" (Schulz 1974, S. 56). Auf dieses Ereignis bezieht sich der folgende Interviewausschnitt, in dem darauf Wert gelegt wird, den Schülern klarzumachen, daß „die Führungseliten durchaus wußten, was Hitler ist, daß er keine unberechenbare Größe war", und daß das, was er inhaltlich wollte („Zerschlagung der Demokratie, Ausweitung des Lebensraumes, Wahrung des Privateigentums"), mit ihren Interessen konvergierte.

Interviewausschnitt 4/2 (Großstadt, Nordrhein-Westfalen)

Kontext: Frage nach der Rolle der Eliten in den Jahren 1930 bis 1933.

Interviewer: „Wieweit gehen Sie in Ihrem Unterricht darauf ein?"

Befragter: „Ja, indem ich immer wieder diese Äußerungen (behandle), daß Hitler das, was er versprochen hat in der Öffentlichkeit, was weiß ich, auf der einen Seite Friedensbeteuerungen oder so etwas, daß er das also in Besprechungen vor Eliten, was weiß ich, in der Besprechung im Februar 1933, Oberbefehlshaber des Heeres waren es, oder auch vor anderen, (daß er) nie, nie etwas verdeckt hat, also immer ganz klar konzipiert hat, bereits sehr früh, was er will und was er macht, wenn er an der Macht ist. Zerschlagung der Demokratie, Ausweitung des Lebensraumes, Wahrung des Privateigentums. So daß ich also immer wieder den Schülern versuche klarzumachen, daß also die Führungselite durchaus wußte, was Hitler ist, daß er keine unberechenbare Größe war. Obwohl das Programm, das Hitler verkündete, den Führungseliten bekannt war, und das ich dann abklopfe, was haben die jeweils für Interessen (...)."

In einer anderen Argumentationsfigur wird auf den „Vorbehalt des Adels" bei der Besetzung von Führungspositionen, auf die Dolchstoßlegende und die Wahl Hindenburgs zum Reichspräsidenten Bezug genommen. Daraus habe sich – nach dem frühen Bündnis mit Ebert – eine starke „Abgrenzung nach links" und der Wunsch ergeben, „die autoritären Strukturen in irgendeiner Form wieder zu erstellen".

Interviewausschnitt 4/3 (Ländliche Region, Schleswig-Holstein)

Kontext: Frage, was beim Thema Militär und Nationalsozialismus vor allem eine Rolle spielt.

Befragter: „Ja, da muß man natürlich auch wieder sehr früh anfangen. Es geht also praktisch ja los mit den Strukturen des preußischen Heeres und da schon (mit den) traditionellen Eliten, eben praktisch (...) der Diskrepanz ökonomischer Macht und politischer Macht innerhalb des Staates. Eben der Vorbehalt des Adels für derartige Führungspositionen im Militär, die ja auch weitgehend in der Weimarer Republik erhalten geblieben sind. Und dann natürlich der gesamte Bereich der Dolchstoßlegende, dann (...) dieser Versuch praktisch, sich einen alten Militär an die Spitze des Staates zu holen (und die Frage), wieweit hier eben ganz bestimmte Kriterien vorhanden sind, das Alte, Überkommene praktisch wieder hervorzuholen. Und dann eben die offene Auseinandersetzung innerhalb der Reichswehr, die sich ja im Grunde genommen nach (der) Verfassung als entpolitisierter Faktor innerhalb des Staates verstehen sollte (...), wie es gleich am Anfang der Republik war, in dem Bündnis praktisch zwischen Ebert und Reichswehr. Dann (versuchte die Armee) innerhalb der Republik praktisch mit der ganzen starken Abneigung nach links (...) sich dort eine Position aufzubauen, die (...) die Reichswehr eben praktisch bis zum Ende halten konnte. (Dann) kommt (...) der Prozeß Hitlers, in dem er (in Leipzig) als Zeuge aussagt (...) für die Offiziere, die sich praktisch (...) zum Nationalsozialismus bekannt hatten, und und und. Da ließe sich also sehr viel machen, vor allen Dingen eben dieser Wunsch doch innerhalb des Offizierkorps, (...) praktisch die autoritären Strukturen in irgendeiner Form wieder zu erstellen, eben aus einer Gegnerschaft (gegen die) Parteien heraus usw. Das spielt eine entscheidende Rolle und ist so behandelt worden."

Betrachtet man die Interviewtexte, in denen eine begünstigende Rolle der Reichswehr betont wird und von denen wir drei zitiert haben, in ihrem Zusammenhang, so muß man allerdings feststellen, daß das Gewicht, das der Reichswehr im Verhältnis zu anderen Faktoren beigemessen wird, erheblich zu relativieren und insgesamt nicht allzu hoch zu veranschlagen ist. Auch von den Interviewpartnern, die die Rolle der Reichswehr für begünstigend halten, schließen sich nur wenige der These vom „Bündnis der Eliten" (Fischer, Müller) an. Sowohl die Analyse der spontanen Antworten auf die offenen Fragen nach den Schwerpunktsetzungen als auch die der Antworten auf die direkte Nachfrage nach der Rolle der Eliten muß in dem Sinne zusammengefaßt werden, daß das Militär lediglich als einer von mehreren Faktoren angesehen wird. Dies gilt freilich in besonderer Weise für jene Interviewpartner, die weniger die begünstigende als vielmehr die neutrale Rolle der Reichswehr betonen und die in der quantitativen Auswertung der Kategorie „Militär wird in anderer Weise behandelt" zugeordnet wurden.

Ein Beispiel ist der folgende Interviewausschnitt, in dem zwar auch auf das Bündnis Ebert/Groener, die Dolchstoßlegende und die „wenig ruhmreiche" Rolle Hindenburgs hingewiesen wird, in dem aber dann „die politische Abstinenz" der Reichswehr, ihr „formal legalistisches Denken" in den Vordergrund gerückt werden. Es ist dies also die These von der Reichswehr als einem belastenden Faktor am Beginn der Republik und als einem neutralen Faktor am Ende.

Interviewausschnitt 4/4 (Ländliche Region, Nordrhein-Westfalen)

Interviewer: „Gehen Sie auf die Rolle des Militärs am Ende der Weimarer Zeit ein?"

Befragter: „Sowohl am Anfang als am Ende. (...) Also das ist einmal die Ministerialbürokratie, das ist andererseits natürlich das Militär. (Der) berühmte Text des Telefonats Groener/Ebert, natürlich (die) Dolchstoßlegende, (und ich) gehe auf die wenig ruhmreiche Rolle Hindenburgs in diesem Zusammenhang ein. Und 1933 ist vielleicht ein bißchen zu wenig (zur Sprache gekommen). Ich habe den Schülern im Zusammenhang mit dem Legalitätsverfahren Hitlers erwähnt, daß (...) der Generalstabschef Hitler sagte: ‚Wenn Sie legal an die Macht kommen, soll es mir recht sein; wenn Sie einen Staatsstreich versuchen, lasse ich schießen.' Also daß auch da eben (...) die politische Abstinenz existiert. Und dieses formal legalistische Denken vorherrscht. Es wird im gleichen Zusammenhang, aber immer noch im Thema Legalitätstaktik, (...) der Reichswehrprozeß kurz zur Sprache (gebracht), allerdings auch weniger, um das Militär hervorzukehren, als vielmehr (...) das formaljuristische Verhalten der Justiz. (...) Über das Verhalten der Armee, (die) Armee als Staat im Staate usw., wird eben (...) grundsätzlich im Zusammenhang mit der gesellschaftlichen Analyse von 1919 gesprochen und dann im Zusammenhang mit Seeckt usw. Aber nicht 1933."

Besonders der Schlußsatz, daß der Interviewpartner das Thema Armee 1933 „aber nicht" besprochen habe, könnte dazu führen, die Aussage eher in dem Sinne zu interpretieren, daß die Rolle der Reichswehr am Ende der Weimarer Zeit überhaupt nicht angesprochen wird. Dagegen spricht aber, daß der Interviewpartner auf den Satz Hammersteins großen Wert legt, der die Duldung einer legalen Machtübernahme Hitlers ankündigt. Indem diese Haltung als politische Abstinenz qualifiziert wird, wird eine neutrale Rolle der Reichswehr hervorgehoben, die jedoch unter dem Gesichtspunkt der Unterstützung des Nationalsozialismus nicht zum Thema gemacht wird. Zudem gilt auch für dieses Interview, daß der Faktor Reichswehr eine eher untergeordnete Rolle im Rahmen der übrigen Faktoren spielt, die zur Erklärung der Machtübernahme herangezogen werden. Dies trifft auch auf den folgenden Textausschnitt zu, in dem die kaiserliche Tradition der Reichswehr betont und gesagt wird, daß die Reichswehr Hitler „nicht besonders gut angesehen" habe. Die Reichswehr habe sich zwar eine Remilitarisierung erhofft, insoweit habe es „so ein gemeinsames Interesse" gegeben. Aber auch hier spielt die Reichswehr eine eher passive und untergeordnete Rolle.

Interviewausschnitt 4/5 (Ländliche Region, Schleswig-Holstein)

Kontext: Nach dem Thema Industrie wird nach der Rolle der Reichswehr gefragt.

Befragter: „Reichswehr (...) (mache ich) in Ansätzen. Hauptsächlich ja schon beim Kapp-Putsch. Rolle der Reichswehr und Rolle Seeckts und ebenso die Reichswehr als Staat im Staate, das haben wir auch behandelt, ja. Auch die Einstellung der Offiziere eben, daß sie (...) noch mehr an kaiserliche Tradition gebunden war (...). Die Zusammensetzung der Reichswehr war ja praktisch übernommen worden aus dem Kaiserreich, (...) auf 100.000 Mann begrenzt. (...) Also diese Dinge eben, wie die Reichswehr strukturiert war, und daß sie den Staat also praktisch von vornherein also ablehnte, nicht?"

Interviewer: „Kommt das Thema auch nochmal so Ende Weimarer Zeit, also 1933, um 1933 herum vor?"

Befragter: „Ja, (da) muß ich überlegen. Sicher, das Zusammengehen von Nationalsozialismus und National- und Deutsch-Konservativen. Wo ja auch Mitglieder der Reichswehr beteiligt waren, meine ich. Aber an sich: Die Reichswehr hat ja Hitler nicht besonders gut angesehen, wenn ich mich richtig erinnere. Weil er ja (...) als böhmischer Gefreiter (angesehen wurde), (auf den) Hindenburg (...) als ehemaliger Feldmarschall (...) etwas herabgeblickt hat, und auf dessen militärische Laufbahn. War ja so nicht das große Vorbild. Obwohl mit der Einführung (...) der allgemeinen Wehrpflicht, wo (...) die Reichswehr sich ja wohl auch erhofft hatte, (...) daß eben Deutschland wieder remilitarisiert wird. Usw. Und da gab es so ein gemeinsames Interesse praktisch. Das kann man so sagen. Ja."

Auf den gleitenden Übergang zwischen den beiden Antworttypen „begünstigend erwähnt" und „in anderer Weise behandelt" hatten wir bereits hingewiesen. Der folgende Interviewausschnitt läßt erkennen, daß die Rolle der Reichswehr am Ende der Weimarer Zeit auch bei einer durchaus kritischen Bewertung dennoch nicht zwangsläufig als begünstigend interpretiert wird. Zwar wird die „antidemokratische Grundhaltung" von Nationalsozialisten und Reichswehr hervorgehoben, aber es werden trotzdem die „großen Unterschiede" zwischen einer konservativ-monarchistischen Orientierung und nationalsozialistischen Zielsetzungen betont. Gerade der Konservatismus wird angeführt, um zu erklären, warum sich das Militär „an den Eid von Hitler gebunden" fühlte und „eine gewisse Eigendynamik innerhalb des Nationalsozialismus" bewahren konnte.

Interviewausschnitt 4/6 (Ländliche Region, Schleswig-Holstein)

Kontext: Frage nach der Behandlung der Reichswehr.

Befragter: „Ja. Auf die Reichswehr muß man schon eingehen. (...) Man muß den (...) besonderen Charakter und die Einstellung der Reichswehroffiziere dann auch kennenlernen, um zu erkennen, daß die Reichswehr, die manche Gemeinsamkeiten mit den Nationalsozialisten (hatte), nämlich in der antidemokratischen Grundhaltung, daß (die Reichswehr) aber im Grunde dann wiederum große Unterschiede aufwies dadurch, daß sie (...) also sehr konservativ geprägt war, also kaiserlich gesonnen. (Darauf) gehe ich ein, ja, ja das tue ich. Und das gleiche gilt, wenn man so will, für die (...) Wehrmacht. Denn sehr, sehr viele Wehrmachtsoffiziere waren ja, wenn man so will, nicht unbedingt Nationalsozialisten, sondern waren deutschnational oder eben konservativ gesonnen und fühlten sich an den Eid von Hitler gebunden usw. Also (auf) diese Problematik, daß das Militär eine gewisse Eigendynamik innerhalb des Nationalsozialismus entwickelte, (...) gehe ich ein; (das) ist auch wichtig."

Im Unterschied zur Rolle der Reichswehr am Ende der Weimarer Zeit spielt der militärische Teil des Widerstandes – vor allem der 20. Juli 1944 – in den Interviews eine große Rolle (vgl. Tab. 4.4).

Die meisten Interviewpartner, nämlich 70 von 78 Lehrern, geben an, daß sie im Rahmen des Themas „Widerstand" auch auf die Rolle des Militärs eingehen. Lediglich zwei erwähnen den militärischen Widerstand nicht. (In sechs Interviews blieb die Antwort unklar.) Dieses schon an sich aussagekräftige Ergebnis wird noch dadurch verstärkt, daß nur bei wenigen Lehrern, die den militärischen Widerstand behandeln, eine kritische Aufarbeitung der Rolle des Militärs erwähnt wird (vgl. Tab. 4.5).

Es lassen 41 von 78 Lehrern, von denen fast alle im Unterricht den militärischen Widerstand behandeln, in ihren Antworten erkennen, daß sie bei dieser Gelegenheit keine Kritik am Militär üben. Unter Kritik in diesem Zusammenhang verstehen wir entweder eine Problematisierung des (relativ späten) Zeitpunkts, an dem der militärische Widerstand (insbesondere im Jahre 1944) einsetzte, oder auch eine Problematisierung der Zielsetzungen, denen die unterschiedlichen militärischen Widerstandskreise verpflichtet waren (vgl. zur Kritik Roon 1979, S. 11 ff. und S. 151 ff.; Bracher 1979, S. 425 ff.). Demgegenüber erwähnen

Tabelle 4.4: Militär im Widerstand

	Erwähnt	Nicht erwähnt	Unklar	Insgesamt
NRW großstädt. Region	12	2	1	15
NRW ländliche Region	17	0	2	19
SH großstädt. Region	22	0	2	24
SH ländliche Region	19	0	1	20
Insgesamt	70	2	6	78

lediglich 17 Lehrer, daß sie in diesem Sinne an der Rolle des Militärs im Rahmen des Widerstandes auch Kritik üben. (Bei 20 Interviews blieb die Antwort unklar.)

Für jene Lehrer, die im Zusammenhang mit dem Widerstand auch Kritik an der Rolle des Militärs üben, ist das folgende Zitat charakteristisch. Hervorgehoben wird, daß sich aus den Zielsetzungen der Widerstandsbeteiligten ableiten lasse, daß diese nicht aus einem verinnerlichten Demokratieverständnis heraus handeln, sondern als „Adlige und Offiziere", die aus ethischen Motiven handeln, aber parteipolitisch „im konservativen Bereich", sogar „irgendwo im anachronistischen Bereich" anzusiedeln waren. Der 20. Juli 1944 wird als Versuch traditioneller Eliten bezeichnet, die entstandene Dynamik aufzufangen und „noch hinter Weimar zurückzugehen".

Tabelle 4.5: Kritik am Militär im Rahmen des Widerstandes

	Erwähnt	Nicht erwähnt	Unklar	Insgesamt
NRW großstädt. Region	1	10	4	15
NRW ländliche Region	4	9	6	19
SH großstädt. Region	7	11	6	24
SH ländliche Region	5	11	4	20
Insgesamt	17	41	20	78

Interviewausschnitt 4/7 (Ländliche Region, Schleswig-Holstein)

Kontext: Frage nach dem Schwerpunkt beim Unterricht über den Widerstand.

Befragter: „Das Schwergewicht ist klar. Zunächst einmal von den Quellen und von den Möglichkeiten her, die uns geboten sind, war (dies) der gesamte Bereich um den 20. Juli. Das ist klar. Dabei wurde allerdings auch genauer die Zielsetzung untersucht. Es war also nicht dieses (...) verbrämte: Gegen Hitler zu sein, bedeutet schon Demokrat zu sein oder ein verinnerlichtes Demokratieverständnis zu besitzen. Sondern es wurde eben auch auf die konservative Haltung der Mitglieder (...) dieses Widerstandes hingewiesen; (...) weitgehend (handelte) es sich um Adlige und Offiziere, die weitgehend aus ethischen Motiven heraus handelten, aber vom Politischen her, also (...) wenn man sie parteipolitisch einordnen sollte, (...) sehr viel mehr im konservativen Bereich (standen). Und man kann beinahe sagen, (daß sie) für die damalige Zeit, wenn man Weimar mit einbezieht, irgendwo im anachronistischen Bereich waren. Das war ja irgendwie auch der Versuch (...) traditioneller Eliten, das, was jetzt passiert war an sogenannter Dynamik, aufzufangen und zurückzudrehen, praktisch (...) noch hinter Weimar zurückzugehen."

Für die Frage nach den Be- und Entlastungseffekten historischer Deutungsmuster sind die gesamten Ergebnisse dieser Untersuchung zum Thema „Rolle des Militärs" von besonderem Interesse: Die meisten Lehrer behandeln den militärischen Widerstand, nur eine Minderheit von ihnen übt auch Kritik; eine Gruppe von Lehrern behandelt die Rolle des Militärs am Ende der Weimarer Zeit überhaupt nicht (nämlich 24 von 78). 17 Lehrer heben die eher passiv-loyale Haltung des Militärs hervor, während lediglich 16 Lehrer die Rolle der Reichswehr in einer Weise darstellen, daß sie als ein Faktor erscheint, der den Aufstieg der Nationalsozialisten und die Kanzlerschaft Hitlers begünstigt hat. Nimmt man alle Daten zusammen, so wird man sagen müssen, daß die Reichswehr in ihrem Verhältnis zum Nationalsozialismus insgesamt eher entlastet als belastet wird: Nur eine Minderheit hebt die begünstigende Rolle der Reichswehr hervor, während der militärische Widerstand – überdies meist unkritisch – von 70 der 78 Lehrer im Unterricht behandelt wird. Dieses Deutungsmuster ist in allen Regionen stark vertreten; ein leichter Unterschied ergibt sich lediglich für die nordrhein-westfälische Großstadt, in der die begünstigende Rolle des Militärs etwas stärker hervorgehoben wird als in der Landregion.

4.3 Die Rolle der Reichswehr in Lehrplänen und Erlassen

In Nordrhein-Westfalen spielt weder im Lehrplan für die Mittelstufe noch im Runderlaß 1978 das Thema „Rolle der Reichswehr" für den Zeitraum am Ende der Weimarer Republik eine nennenswerte Rolle. Im Stoffplan für die Klassenstufe 10 kommt die Reichswehr/Wehrmacht weder in dem Themenbereich „Das Ringen um Frieden" noch in dem Themenbereich „Deutschland im 20. Jahrhundert" vor. Im Zusammenhang mit dem „Dritten Reich" wird auf den deutschen Widerstand verwiesen; zwar ist zu vermuten, daß hierbei auch der militärische Widerstand behandelt werden soll, aber ausdrücklich genannt wird er nicht. Demgegenüber wird im Runderlaß 1978 im Rahmen der Aufzählung der „wesentlichen politischen, sozialen und wirtschaftlichen Ursachen des Nationalsozialismus" auch auf die „Reaktionen der traditionellen Eliten des Kaiserreichs, auf die

Ablösung der Monarchie durch die parlamentarische Demokratie von Weimar" hingewiesen. Dieser Satz ist als Bezugnahme auf die These zu interpretieren, daß die Weimarer Republik von Anfang an dadurch belastet wurde, daß die traditionellen Eliten in den Bürokratien, in der Justiz und im Militär mit ihrer monarchistischen Orientierung übernommen wurden und kein angemessenes Verhältnis zur parlamentarischen Demokratie gewannen. Für das Militär wären dies die Themen „Monarchische Orientierung" und „Staat im Staate". Auf die darüber hinausgehende aktive Rolle der Reichswehr wird aber auch bei den folgenden Spiegelstrichen im Rahmen des Runderlasses nicht eingegangen. Für Nordrhein-Westfalen ergibt sich deshalb, daß das Thema Reichswehr explizit nur im Rahmen der Belastungen zu Beginn der Weimarer Republik (und im Rahmen des Widerstandes) Erwähnung findet.

Für Schleswig-Holstein ist zunächst auf den Lehrplan für die Klasse 9 („Deutschland zwischen den Kriegen") einzugehen. Auch hier wird die Reichswehr lediglich im Zusammenhang des Belastungsthemas am Anfang der Weimarer Republik genannt: „Die Gefährdungen des jungen Staates: Der Versailler Vertrag; Das Krisenjahr 1923 z.B.: Reparation und Inflation, Antidemokratisches Denken in der Reichswehr, Beamten- und Richterschaft". Als Lernziel wird diesem Arbeitsthema zugeordnet: „Aufzeigenkönnen, welche Bedeutung die Verfassungstreue von Soldaten und Beamten für einen demokratischen Staat hat". Wir haben in Abschnitt 2.2 bereits darauf hingewiesen, daß hier aus dem damaligen „antidemokratischen Denken", das im wesentlichen einer monarchistisch-reaktionären Orientierung entsprach, ein aktueller Bezug auf das Thema „Verfassungstreue" mit Stoßrichtung eher gegen „linke" Orientierungen gewonnen wird. Für unseren Zusammenhang ist wichtig, daß die Reichswehr sonst im Lehrplan für die Klassenstufe 9 nicht vorkommt. Dem Lehrplan liegt also jene Interpretation zugrunde, die die Reichswehr als Belastung der Demokratie hervorhebt, aber ihre Rolle am Ende der Weimarer Republik aus der Betrachtung ausblendet.

Ähnliches gilt für den schleswig-holsteinischen Lehrplan für die gymnasiale Oberstufe (11. Kursthema: „Totalitäre Herrschaft am Beispiel des Bolschewismus und des Nationalsozialismus"): Im Unterrichtsabschnitt „Auflösung des Weimarer Staates" kommen jedoch als „zugehörige Begriffe" die „Kampfverbände" und die „Harzburger Front" vor; sie werden mit dem „didaktischen Gesichtspunkt" versehen: „Folgen mangelnder Identifizierung mit Staat und Verfassung". Allerdings wird dabei die Reichswehr nicht ausdrücklich erwähnt. Auch wenn man vermuten kann, daß ein Unterricht über Kampfverbände und Harzburger Front kaum möglich wäre, ohne daß nach Rolle und Interessen der Reichswehr gefragt wird, so wird doch deutlich, daß in dem Lehrplan weniger die mangelnde Verfassungstreue in den Eliten gemeint ist als vielmehr die aggressiv oppositionelle Aktivität in Kampfverbänden und auf der Straße, wenn von mangelnder Identifizierung mit Staat und Verfassung gesprochen wird. Erst im Unterrichtsabschnitt „Methode der NS-Herrschaft" kommt die „Wehrmacht" als Begriff vor; als didaktischer Gesichtspunkt wird hier formuliert: „Totale Erfassung des Einzelnen durch ein differenziertes System". Hier wird die Wehrmacht in eine

Reihe gesetzt mit SA, SS, HJ, BdM usw., um die Institutionen anzugeben, mit denen die Nationalsozialisten ihre Herrschaft ausgeübt haben. Schließlich ist zu erwähnen, daß im Unterrichtsabschnitt „Widerstand“ die Begriffe vorkommen: „Äußere und innere Emigration, Bekennende Kirche, Kreisauer Kreis, Weiße Rose, Rote Kapelle, 20. Juli 1944“. Hierzu wird der didaktische Gesichtspunkt formuliert: „Problem des moralischen, des passiven und aktiven Widerstandes gegen die Diktatur“.

In dem Lehrplan für die Sekundarstufe II wird das Thema Reichswehr/Wehrmacht erst im Zusammenhang mit der Etablierung des Nationalsozialismus erwähnt; die Wehrmacht wird hier in die Reihe der Unterdrückungsinstitutionen eingereiht. Ein zweites Mal wird auf das Thema Militär dann im Rahmen des Widerstandes hingewiesen. Im übrigen wird auch im KMK-Beschluß zur „Behandlung des Totalitarismus im Unterricht“, der in Schleswig-Holstein formell übernommen wurde, das Thema Militär/Reichswehr/Wehrmacht nur im Zusammenhang mit dem Widerstand erwähnt.

Sowohl in Nordrhein-Westfalen als auch in Schleswig-Holstein wird auf der Ebene der Lehrpläne und Erlasse die Rolle der Reichswehr für den Zeitraum Ende der Weimarer Republik/Anfang des Nationalsozialismus nicht erwähnt. Lediglich beim Thema Widerstand kommt das Militär explizit oder implizit in allen Lehrplänen vor. Im Ergebnis lassen sich also weitgehende Parallelen zwischen den Deutungen auf den Ebenen der Lehrerinterviews und der Lehrpläne feststellen: Der militärische Widerstand ist stets ein Thema, während die den Nationalsozialismus begünstigende Rolle der Militärs vor 1933 eher heruntergespielt beziehungsweise nicht erwähnt wird. Andererseits haben sich zwischen den beiden Regionen in Nordrhein-Westfalen leichte Unterschiede feststellen lassen, die sich kaum im Zusammenhang mit den Lehrplandeutungen interpretieren lassen. Man könnte höchstens sagen, daß die unklare Lehrplansituation in Nordrhein-Westfalen unterschiedliche Deutungsmuster ermöglicht; aber der Inhalt dieser Deutungsmuster wäre dann unabhängig von den Lehrplänen zu interpretieren.

4.4 Die Rolle der Reichswehr in den Schulbüchern

Auch in den Schulbüchern und Quellentexten spielt das Thema Militär am Anfang der Weimarer Republik, in ihrer Spätphase und im Rahmen des Widerstandes eine Rolle. Dennoch wird sich die folgende Analyse auf den Zeitraum Ende der Weimarer Zeit konzentrieren, und zwar auf jene sechs Ereignisse, nach deren Interpretation in der Standardliteratur wir bereits oben gefragt hatten: Bruch der Großen Koalition, Sturz Brünings, Aufhebung des SA-Verbots, Staatsstreich gegen Preußen, Sturz von Papens, Ernennung Hitlers.

4.4.1 Darstellende Schulbücher

In dem Schulbuch „Zeiten und Menschen“ heißt es zum Bruch der Großen Koalition, hier hätten „die Interessenverbände (...) über politische Erwägungen gesiegt“. Zu sehr seien „SPD und DVP von den hinter ihnen stehenden Gewerkschaften beziehungsweise Unternehmern abhängig“ gewesen (S. 66). Von den Interessen der Reichswehrführung ist in diesem Zusammenhang nicht die Rede; auch zur Ernennung Brünings wird lediglich gesagt, daß Hindenburg diese „unter dem Einfluß rechtsstehender Berater“ durchführte. „Hindenburg und seine Berater erwarteten von der neuen Regierung einen ‚Ruck nach rechts‘ und eine *autoritäre* Regierungsweise.“ (S. 67)

Unter der Überschrift „Hindenburgs Wiederwahl und Brünings Sturz“ wird vom SA-Verbot berichtet, gegen das sich die Reichswehr ausgesprochen habe; „sie sah in den ‚nationalen Verbänden‘ eine Art Reservearmee“ (S. 78). Hindenburg habe auch ein Verbot des „Reichsbanner“ gefordert und Brüning dafür verantwortlich gemacht, daß die Deutschnationalen gegen ihn gestimmt hatten; er habe sich in seiner Würde gekränkt gefühlt, weil er seine Wiederwahl sozialdemokratischen und katholischen Wählern zu verdanken hatte. „Stärker als bisher war der 85jährige nun von seiner Umgebung abhängig.“ (S. 78) Erwähnt wird, daß Großagrarier und Industrielle ihm das Gut Neudeck geschenkt hätten; daß er unter den Einfluß „seiner adligen Nachbarn“ geraten sei; daß „der politisierende Reichswehrgeneral von Schleicher“ sowie sein Sohn und Meißner zu seinen engsten Vertrauten gehört hätten; diesen Männern sei es ein Dorn im Auge gewesen, „daß Brüning die Verbindung zu den demokratischen Parteien aufrechterhalten hatte“ (S. 79). Als unmittelbarer Anlaß zum Sturz Brünings wird dessen Vorhaben bezeichnet, im Osten Großgrundbesitz zu Siedlungszwecken aufzukaufen. Beim Sturz Brünings wird also die Reichswehr in zweierlei Hinsicht erwähnt, einmal mit ihrem Widerstand gegen das SA-Verbot und zum anderen durch den „politisierenden Reichswehrgeneral“. Von Schleicher wird nun überhaupt „der wichtigste Mann im Hintergrund“. Er verhalf von Papen zur Kanzlerschaft, der „den Großgrundbesitzern und Kreisen der Schwerindustrie nahe(stand)“ (S. 79). Es wird angeführt, daß sich von Papen gar nicht erst um eine Reichstagsmehrheit bemühte und daß er auf Unterstützung der Nationalsozialisten hoffte, indem er das SA-Verbot aufhob und Neuwahlen zusicherte.

Zum Staatsstreich in Preußen heißt es, die sozialdemokratisch geführte preußische Regierung mit ihrer Polizei hätte „den auf Beseitigung der Demokratie zielenden Plänen Hindenburgs und Papens Schwierigkeiten“ bereiten können. Unter fadenscheinigen Vorwänden habe von Papen die Regierung abgesetzt „und die Berliner Polizeiführung durch Reichswehr aus ihren Amtsräumen entfernen“ lassen. Hier erscheint die Reichswehr also lediglich als Vollzugsorgan der Regierung von Papens, nicht als eine Institution, die möglicherweise eigene Interessen an einem Staatsstreich gegen Preußen hatte.

Der Sturz von Papens wird praktisch gar nicht erläutert; es heißt nur, daß nach den Wahlen Hitler die Kanzlerschaft gefordert, aber eine Absage erhalten habe. „Reichskanzler wurde jetzt Schleicher.“ (S. 80) Weder in diesem Zusammenhang noch im Abschnitt über „Hitlers Ernennung zum Reichskanzler“ wird die Rolle der Reichswehr als Machtfaktor behandelt (S. 81 ff.). Erst bei der Darstellung der Regierung Hitler wird darauf hingewiesen, daß von Papen und Hugenberg den Machtwillen Hitlers unterschätzt hätten und insbesondere den Kampfverbänden der NSDAP nichts entgegensetzen konnten, „wenn es Hitler gelang, die Reichswehr von einem Eingreifen zurückzuhalten“ (S. 84).

Zusammenfassend ergibt sich also, daß im Buch „Zeiten und Menschen“ die Reichswehr eine eher untergeordnete Rolle spielt; sie wird zwar beim Thema SA-Verbot erwähnt, aber entscheidend wird dann der „politisierende Reichswehrgeneral von Schleicher“. Bei den Themen Staatsstreich gegen Preußen, Sturz von Papens und Ernennung Hitlers spielt die Reichswehr keine Rolle, weder eine begünstigende noch ein passiv-loyale. Es wird lediglich gesagt, daß es Hitler gelang, die Reichswehr von einem Eingreifen zurückzuhalten. Anzumerken ist im übrigen, daß in dem Buch „Zeiten und Menschen“ auch das Thema der Reichswehr als Belastungsfaktor für die Weimarer Republik an deren Beginn nicht direkt angesprochen wird. Erwähnt werden die Freikorps (S. 41), die nicht nur eine Hilfe gewesen, sondern bald auch eine Belastung für den Staat geworden seien. Erwähnt wird der „Kapp-Putsch“ und der Ausspruch von Seeckts („Reichswehr schießt nicht auf Reichswehr“), auch der Einsatz der Reichswehr im Ruhrgebiet und in Sachsen-Thüringen wird erwähnt (S. 46). Für das Jahr 1923 wird darauf hingewiesen, daß die Reichswehr in Sachsen und Thüringen einmarschierte, sich aber in Bayern weigerte vorzugehen. Ohne die Reichswehr „war die Reichsregierung machtlos“ (S. 51). Alles in allem wird also auch das Thema „Staat im Staate“ nur implizit in einigen verstreuten Ereignissen angesprochen. Andererseits werden im Abschnitt über den Widerstand die Ereignisse um den 20. Juli 1944 ohne jeden kritischen Hinweis behandelt (S. 146 ff.).

Im Vergleich zum Mittelstufenband von „Zeiten und Menschen“ ist der Oberstufenband außergewöhnlich knapp. In einem Abschnitt, in dem der Charakter der Reichswehr als Belastungsfaktor seit Beginn der Weimarer Republik beschrieben wird, heißt es lediglich, aus dem antidemokratischen und unpolitischen Denken von Seeckts erkläre es sich, „daß die ‚unpolitische‘ Reichswehr 1933 nichts zur Rettung der Republik unternahm und 1934 die Ermordung führender Offiziere (Schleicher) durch Hitler duldete“ (S. 111). Im Zusammenhang mit dem Sturz von Papens heißt es, daß von Schleicher die Mitwirkung der Reichswehr an dem Plan verweigerte, Parteien und Gewerkschaften zu verbieten. Weitergehende Einflußnahmen der Reichswehr in dieser Zeit werden nicht behandelt. Für die Zeit nach der Machtübernahme heißt es dann, daß auch der Wehrminister „für den Nationalsozialismus anfällig (war), zumal Hitler vor leitenden Offizieren bereits am 3. 2. die Aufrüstung versprach“ (S. 128). Im Quellenteil des Buches wird hierzu das Protokoll dieser Besprechung abgedruckt. Beim Thema Widerstand heißt es, daß dieser nur Erfolg haben konnte, „wenn er sich der bewaffneten Macht sicher war“ (S. 142). Immerhin wird zu den Zielen der Widerständler gesagt: „Während Goerdeler im deutschen Großmachtdenken verhaftet blieb, wurde im Kreisauer Kreis der Plan eines europäischen Föderalismus diskutiert. Die Vorstellungen über die innenpolitische Struktur des Reiches nach Hitler reichten von patriarchalisch-restaurativen bis zu sozial-utopischen Gedanken.“ (S. 142)

Im Buch „Geschichtliche Weltkunde“ wird zwar das Thema der Reichswehr als „Staat im Staate“ explizit behandelt (S. 77). Aber zum Bruch der Großen Koalition heißt es lediglich, daß sich die Koalitionsparteien nicht einigen konnten (S. 84). „Der Reichspräsident ernannte Brüning zum Kanzler.“ In einigen anderen Zusammenhängen wird jedoch auf die Rolle der Reichswehr hingewiesen. So wird auf Seite 88 berichtet, daß Brüning nach der Wiederwahl Hindenburgs die SA und SS verbieten ließ: „Da setzten sich Reichswehrführung und der Sohn Kaiser Wilhelms II., Kronprinz Wilhelm, bei Hindenburg für ‚das wundervolle Menschenmaterial‘ und die ‚wertvolle Erziehung‘ ein. Das Verbot mußte nach kurzer Zeit aufgehoben werden. (...) Auf Betreiben General Schleichers von der Reichswehrführung und unter dem Einfluß der ostpreußischen Großgrundbesitzer entzog Hindenburg nun dem Kanzler das Vertrauen. (...) Wiederum auf Vorschlag Schleichers wurde Franz von Papen neuer Kanzler.“ Dieser hob das SA- und SS-Verbot auf und ließ den Reichstag neu wählen (S. 89). Immerhin wird in diesen sehr knappen Formulierungen betont, daß die Reichswehrführung beziehungsweise General von Schleicher als deren Repräsentant – und nicht etwa nur von Schleicher als Einzelperson – beim Sturz Brünings, bei der Aufhebung des SA-Verbots und bei der Ernennung von Papens beteiligt gewesen seien. Unter der Zwischenüberschrift „Von Papen zu Hitler“ heißt es dann: „Schleicher wünschte, daß Hitler Kanzler werde, allerdings von der Reichswehrführung kontrolliert.“ Hitler forderte die volle Staatsgewalt, und Hindenburg ernannte von Schleicher zum Kanzler. „Hinter dem Rücken Schleichers einigten sich nun Papen und Hitler auf die Bildung einer Koalitionsregierung aus konservativen Politikern, Deutschnationalen und Nationalsozialisten.“ (S. 91) In diesem Zusammenhang taucht die Reichswehr also nicht mehr auf. Auf Seite 106 heißt es unter der Überschrift „Der Ausbau der Diktatur“: „Die Reichswehr hielt still. Am 3. Februar erläuterte Hitler vor ihren Befehlshabern sein Programm (...)“, worauf ein längerer Auszug aus dem Kurzprotokoll folgt. Anschließend stellt das Buch den Schülern die Frage: „Welche Punkte des Programms, das Hitler den Befehlshabern der Reichswehr vortrug, entsprachen den Interessen der Reichswehrführung? Welche nicht? Mit welchen Mitteln versuchte er, seine Zuhörer zu gewinnen?“ (S. 107) Auch wenn zu berücksichtigen ist, daß das Thema „Staatsstreich in Preußen“ in dem Buch überhaupt nicht erwähnt wird, ergibt sich zusammenfassend doch, daß in dem Buch „Geschichtliche Weltkunde“ die Rolle der Reichswehr – trotz der Kürze des Textes – eine größere Rolle spielt als in dem Buch „Zeiten und Menschen“. Dem entspricht es, daß die Darstellung des Widerstandes durch einige kritische Bemerkungen ergänzt wird. So wird über Beck und Goerdeler gesagt, daß sie „in der Tradition des Bismarck-Reiches“ standen, daß die innenpolitischen Vorstellungen des Kreisauer Kreises „unklar“ blieben (S. 146) und daß es Unterschiede in den Orientierungen gab: So wird Stauffenbergs „innen- und außenpolitischer Gegensatz zum konservativen Goerdeler“ erwähnt. „Die Geschichtsschreibung der DDR und der UdSSR erkennt daher Stauffenberg im besonderen Maße an, während sie den Kreis um Goerdeler als Versuch zur ‚Restauration eines deutschen Militarismus ohne Hitler' ablehnt." (S. 166) Auch wenn diese Kritik dadurch, daß sie offizieller kommunistischer Geschichtsschreibung zugeschrieben wird, in ihrer Glaubwürdigkeit sicher verliert, so wird diese Kritik doch jedenfalls in dem Buch mitgeteilt.

4.4.2 Quellen- und Textsammlungen

Im Buch „Fragen an die Geschichte" gibt es zum Thema Belastung der Weimarer Republik durch die Reichswehr drei besonders kurze Quellenausschnitte: Telefonat Ebert/Groener (S. 20), Reichswehr schießt nicht auf Reichswehr (S. 26), unpolitisches Selbstverständnis der Reichswehr (S. 26). Im Zusammenhang des Jahres 1932 wird zwar die Frage aufgeworfen: Wo steht die Reichswehr? Aber zitiert wird nur eine Äußerung Groeners, der auf die Abnutzung der Nazis in einer Regierung hofft: „Wenn es den Menschen in Stadt und Land wirtschaftlich besser ginge, würde der Nazispuk schnell zerstoben sein." (S. 39) Weder beim Thema Bruch der Großen Koalition noch beim Thema Sturz Brünings (a. a. O., S. 36) wird die Rolle der Reichswehr erwähnt; die Themen SA-Verbot, Staatsstreich gegen Preußen und Sturz von Papens fehlen völlig. Im Mittelpunkt der Ausführungen zum Widerstand steht der 20. Juli 1944; Textzitate, die Anlaß zur Kritik sein könnten, werden nicht abgedruckt.

In der Hoferschen Quellensammlung wird in den wenigen Bemerkungen, die zum Aufstieg des Nationalsozialismus gemacht werden (S. 10–18 und S. 42–49) auf die Reichswehr/Wehrmacht kaum eingegangen. Es wird lediglich betont, Hitler habe sich die Schlüsselpositionen von Polizei und Armee gesichert. „Die Polizei war jetzt in den Händen der neuen Machthaber, die Armee aber beteiligte sich nicht an dem revolutionären Umsturz. In der Person des Generals von Blomberg hatte die Reichswehr einen Vertreter in die Hitlerregierung geschickt, dem der neue Führer äußerst sympathisch erschien. Von seiten der Reichswehr war für das neue Regime also nichts zu befürchten." Auch wenn hierin eine leichte Kritik mitschwingt, so wird doch nicht auf eine begünstigende Rolle der Reichswehr eingegangen, sondern auf eine passiv abwartende und loyale, die gelegentlich nach der Machtübernahme in Sympathie umgeschlagen sei (S. 45). Betont wird schließlich, daß Hitler alles andere als eine „soziale Revolution" gewollt habe, „da er eben diese bürgerlichen Schichten für seine weiteren Pläne brauchte: Vor allem Offiziere und Industrielle, die ihm raschmöglichst eine starke Armee und eine autarke Wirtschaft schaffen sollten." (S. 48) Auch hier wird eher an die Instrumentalisierung von Armee und Industrie erinnert als an Interessen, die Teile von diesen bewegen konnten, die Machtübernahme der Nationalsozialisten aktiv zu unterstützen. Anzumerken ist schließlich, daß die Ausführungen über den militärischen Widerstand (S. 316 ff.) keine kritischen Hinweise enthalten, während sich aus einigen der abgedruckten Quellen erschließen läßt, in welchem Maße die Vorstellungen der Männer des 20. Juli 1944 in eine konservativ-deutschnationale Richtung wiesen.

In den beiden Bänden „Politische Weltkunde“ (Die Weimarer Republik, Nationalsozialismus und Faschismus) wird der Reichswehr sehr viel mehr Bedeutung beigemessen. Schon im Unterkapitel „Gesellschaftliche Spannungen“ (S. 14–16) wird auf die starke Position des Adels im Offizierkorps der Reichswehr und im diplomatischen Dienst hingewiesen, die den Repräsentanten der Republik in der Regel ablehnend gegenübergestanden hätten (S. 14). Im Unterkapitel „Die Reichswehr und der Staat“ (S. 40–43) wird wiederum das distanzierte, wenn nicht gar ablehnende Verhältnis der Reichswehr zum neuen Staat erwähnt. Über von Seeckt heißt es, daß er „demokratische Kontrollen jeder Art“ entschieden ablehnte. „Der Republik innerlich mehr zugewandt waren Groener, der Nachfolger Ludendorffs 1918 und seit 1928 Reichswehrminister, und ein Offizier seines Vertrauens, der spätere Chef des Ministeramtes, Generalmajor von Schleicher. Dieser war bestrebt, den Interessen der Reichswehr zu dienen durch Aufnahme besonderer politischer Beziehungen zur Reichsregierung und zum Reichspräsidenten. Seine Wirksamkeit spielte sich dabei mehr in Gesprächen und Beratungen unter vier Augen als im Lichte der Öffentlichkeit ab.“ (S. 40)

Beim Thema „Bruch der Großen Koalition“ wird die Reichswehr nicht erwähnt; nach dem Tode Stresemanns habe sich die Haltung der DVP verändert und sich an der Frage der Arbeitslosenfinanzierung der Gegensatz zur SPD derart verschärft, daß die Koalition zerbrach (S. 50). „Offenbar war aber dieser Streit nur der Anlaß, der eine schon länger andauernde Entwicklung deutlich werden ließ.“ (S. 58 f.) Was hiermit gemeint wird, wird allerdings weder im Text der Autoren noch in den abgedruckten Textausschnitten erläutert. Vielmehr wird ein Aufruf des SPD-Vorstandes abgedruckt, in dem genau das Thema Arbeitslosenversicherung als Grund für den Bruch der Koalition angegeben wird (S. 60). Auf Seite 63 wird erwähnt, daß Hindenburg Brüning auf Rat von Schleichers mit einer Regierungsbildung beauftragte, die nicht mehr die SPD beteiligen sollte, wohl aber die „Herren der Rechtsparteien“. Von Schleicher heißt es dann, daß sein Interesse dem Ausbau der Reichswehr gegolten habe. Das sei ein außenpolitisches Problem gewesen, das aber seit dem ersten großen Wahlsieg der NSDAP auch zu einer Sache der Innenpolitik geworden sei. „Einerseits forderte diese Partei die Revision des Versailler Vertrages gerade auch in der Wehrfrage – kam also den Interessen des Reichswehrministeriums entgegen –, andererseits war sie als mögliche Regierungspartei wegen ihrer antidemokratischen Ziele nicht zu akzeptieren; schließlich beteiligten sich die Sturmabteilungen (SA) an den immer heftiger werdenden Straßenkämpfen und Gewaltakten.“ (S. 68)

Es folgt der Hinweis auf das Verbot von SA und SS durch Brüning, dem von Schleicher aber reserviert gegenübergestanden habe. Von Schleicher habe die Interessen, an denen ihm lag, durch Brüning nicht nachhaltig genug vertreten gesehen. Neben den Großagrariern mit ihrem Protest gegen Brünings Plan, im Osten Land für Siedlungszwecke abzutreten, hätten auch von Schleichers politische Pläne den Reichspräsidenten darin bestärkt, eine andere Regierung zu bilden. Die Rolle der Reichswehr wird also in diesen Zusammenhängen durchaus erwähnt, auch wenn das Argument überrascht, daß die Reichswehr von den antidemokratischen Zielen der NSDAP gestört worden sei. Zwar ließ Brüning die SA verbieten, aber in der Reichswehr gab es Widerstand hiergegen, der mit zu Brünings Sturz beitrug (vgl. Bracher 1971, S. 481 f.). Auch zur Kanzlerschaft von Papens heißt es, von Schleicher habe wieder seine Hand im Spiel gehabt. Etwas später, für den Zeitpunkt, als von Schleicher bereits Kanzler geworden war, wird auf seine Bemühungen hingewiesen, die Nationalsozialisten an der Regierung zu beteiligen; „auf keinen Fall aber wollte er (von Schleicher, d. Verf.) seine Reichswehr der Partei ausgeliefert sehen" (S. 72). Im Hinblick auf die Ernennung Hitlers heißt es dann, es sei von Papen und anderen gelungen, im Vorgriff auf künftige Kabinettsveränderungen einen Ersatz für von Schleicher als Reichswehrminister (von Blomberg) zu gewinnen und von Schleicher „damit die letzte Stütze seiner Stellung zu entziehen".

Auch in diesem Buch wird die Rolle der Reichswehr also eher als neutral beobachtend qualifiziert. Im Vergleich zu der starken Bedeutung, die der Reichswehr als belastendem Faktor für die Entwicklung der Weimarer Republik beigemessen wird, wirkt das geringe Gewicht am Ende der Weimarer Republik überraschend. Weder bezüglich des Staatsstreichs gegen Preußen, der überhaupt nicht erwähnt wird, noch bei den Themen Aufhebung des SA-Verbotes und Sturz von Papens wird die Reichswehr als Einflußfaktor erwähnt. Dies gilt in gleicher Weise für den zweiseitigen Text im Band „Nationalsozialismus und Faschismus", in dem die Entwicklung seit dem Bruch der Großen Koalition resümiert wird: Hier taucht die Reichswehr überhaupt nicht auf, von Schleicher wird als Mitglied einer Gruppe „politischer Intriganten" bezeichnet. Zum Thema Widerstand heißt es allerdings, daß der Verschwörerkreis des 20. Juli 1944 als eine politisch konservative Opposition anzusehen sei. „Weder innen- noch außenpolitisch war eine Rückkehr zur Weimarer Republik beabsichtigt; eher noch war man bereit, sich am Bismarckschen Kaiserreich und am alten Preußen zu orientieren, ja selbst ‚Errungenschaften' des Dritten Reiches beizubehalten." (S. 111) Dies wird im Hinblick auf die Wünsche nach Kolonialgebiet und auf das Mißtrauen gegenüber der Demokratie präzisiert.

In dem Buch „Weltgeschichte im Aufriß" wird auf den Belastungsfaktor Reichswehr nur kurz verwiesen: „Unzufriedenheit und Unbehagen gegenüber der neuen Republik (waren) im Kreis der durch den Versailler Vertrag abgehalfterten und sozial deklassierten Berufssoldaten (vor allem des Offizierkorps)" besonders ausgeprägt. Allerdings wird diesem knappen Satz in dem einleitenden Text kein Quellentext an die Seite gestellt. In dem einleitenden Text zum Abschnitt „Die Auflösung der Weimarer Republik" wird die Reichswehr weder beim Thema Bruch der Großen Koalition (zerbrach „über einer Lappalie") noch beim Thema Sturz Brünings erwähnt (neben sachlichen Differenzen sei es vor allem die Mißachtung der Volksstimmung gewesen, die Brüning das Vertrauen Hindenburgs habe verlieren lassen).

Über von Papen heißt es, daß die „durch die Aufhebung des SA-Verbots und die staatsstreichartige Absetzung der preußischen Regierung erkaufte ‚Gastrolle in der Staatsmannschaft'" nicht lange gewährt habe; und über von Schleicher dann: „Hindenburgs Experiment mit seinem Günstling Kurt von Schleicher (Reichswehrminister seit Juni 1932), der sich mit dem unrealistischen Plan einer

Spaltung der NSDAP und eines Bündnisses zwischen Reichswehr und Gewerkschaften empfohlen hatte, blieb Episode." (S. 275) Hindenburg ernannte – „dem Drängen seiner Umgebung nachgebend – Hitler zum Reichskanzler". Gewiß sind diese besonders kurzen Einleitungstexte zu den ausführlicheren Textzitaten besonders vielen Mißdeutungen ausgesetzt und zwangsläufig von besonders vielen Auslassungen charakterisiert. Dennoch bleibt festzuhalten, daß die Rolle der Reichswehr am Ende der Weimarer Republik nicht behandelt wird.

Fragt man zusammenfassend nach dem Gewicht, das der Reichswehr für die Spätphase der Weimarer Republik in den analysierten Schulbüchern beigemessen wird, so ergibt sich, daß die „Geschichtliche Weltkunde" und die „Politische Weltkunde" die Rolle der Reichswehr stärker hervorheben als die anderen Bücher. Sowohl „Zeiten und Menschen" (Mittelstufen- und Oberstufenausgabe) als auch „Weltgeschichte im Aufriß" sowie „Hofer" und „Fragen an die Geschichte" gehen auf die Rolle der Reichswehr nur kursorisch ein. Gemessen am Stand der Diskussion auf der Ebene der historischen Standardliteratur läßt sich also eine systematische Differenz feststellen: Während das Spektrum der Deutungen auf der Ebene der Literatur von einer starken Betonung (Bündnis der Eliten) über eine relativ starke Gewichtung (Reichswehr als Entscheidungszentrum am Ende der Weimarer Zeit) bis zur relativ geringen Gewichtung (Erdmann) reicht, enthalten die Schulbücher – mit einer gewissen Ausnahme in der „Geschichtlichen Weltkunde" – lediglich die Erdmannsche Position oder nicht einmal diese.

4.5 Zusammenfassung

Als Ergebnis der Untersuchung zur Rolle der Reichswehr zeigt sich eine Interpretation der Machtübernahme, auf die wir sowohl bei der Analyse der Schulbücher als auch bei der Analyse der Lehrerinterviews gestoßen sind und die sich durch folgende Merkmale charakterisieren läßt:

Erstens wird die Rolle des Militärs im Rahmen des Themas Widerstand durchgängig sehr stark hervorgehoben. Hier gibt es Parallelen auf den Ebenen sowohl der Interviews als auch der Lehrpläne und Schulbücher.

Zweitens wird die belastende Rolle der Reichswehr am Anfang der Weimarer Republik („Staat im Staate") auf der Ebene der Bücher und Lehrpläne durchaus behandelt. Ob es Parallelen auf der Ebene des Unterrichts gibt, können wir nicht beantworten, weil das Thema „Rolle des Militärs am Anfang der Weimarer Republik" nicht im Mittelpunkt der Interviews stand.

Drittens drückt sich die dominante Interpretation für die Rolle der Reichswehr vor 1933 darin aus, daß dieses Thema relativ knapp und eher kursorisch behandelt wird. Hiervon gibt es tendenziell zwei Ausnahmen: Im Vergleich zur ländlichen Region ist in der großstädtischen Region Nordrhein-Westfalens die begünstigende Rolle der Reichswehr relativ häufig hervorgehoben worden; dies bildet eine gewisse Parallele zu der Tatsache, daß gerade in dieser Großstadt das Buch „Geschichtliche Weltkunde", in dem die Rolle der Reichswehr am Ende der

Weimarer Zeit etwas kritischer bewertet scheint, besonders häufig in der Sekundarstufe I verwendet wird. Die Frage, ob es zwischen diesen beiden Ergebnissen einen Zusammenhang gibt und wenn ja, ob hier die Lehrer die Schulbuchwahl beeinflußt haben oder das Schulbuch die Interpretation der Lehrer beeinflußt hat, muß an dieser Stelle noch offenbleiben.

Trotz der erwähnten Unterschiede bleibt als Hauptergebnis festzuhalten, daß in allen Regionen und Schulen die Rolle der Reichswehr am Ende der Weimarer Republik eher kursorisch behandelt und der Aspekt der historischen Verantwortung der Reichswehr für die Machtübernahme der Nationalsozialisten eher gering veranschlagt wird. Dies gilt für alle drei Ebenen unserer Analyse.

Kapitel 5: Die Rolle der Kirchen bei der Machtübernahme

5.1 Positionen in der wissenschaftlichen Literatur

In Forschung und Geschichtsschreibung konzentrierte sich in der Nachkriegszeit die wissenschaftliche Beschäftigung mit der Rolle der Kirchen im Nationalsozialismus vor allem auf den Widerstand der Kirchen. Diese Perspektive war bestimmt von dem Interesse, die jüngste Geschichte der Kirchen als frei von Verwicklungen in die nationalsozialistische Herrschaft, ja dieser gegenüber generell als eine Geschichte des Widerspruchs und Widerstandes darzustellen und zu legitimieren. Erst seit den sechziger Jahren gewannen Forschungsarbeiten an Gewicht, die genauer nach der Haltung der Kirchen zur NS-Herrschaft fragten, indem sie die Kirchen mit dem ganzen Spektrum ihrer politischen, kulturellen und theologischen Strömungen einbezogen.

Im Rahmen unserer Untersuchung interessierten vor allem die in der neueren wissenschaftlichen Literatur diskutierten Interpretationen kirchlicher Reaktionen und Initiativen in den Jahren 1930 bis 1932, entscheidender kirchenpolitischer Ereignisse des Jahres 1933 und kirchlicher Widerstandsaktivitäten. Letztere allerdings nur, sofern sie kirchliche Einstellungen in den Anfängen der NS-Herrschaft erhellten. Bevor wir Positionen der allgemeinen Geschichtswissenschaft zum Thema Kirchen und Nationalsozialismus skizzieren, werden jeweils grundlegende kirchenhistorische Arbeiten besprochen, die das Spektrum der Deutungen in der Forschung kennzeichnen.

5.1.1 Evangelische Kirche

Das Verhältnis der evangelischen Kirche zum Nationalsozialismus und ihre vielfältigen, oft widersprüchlichen Stellungnahmen zum politischen Geschehen werden in der *kirchengeschichtlichen Literatur* charakterisiert mit Begriffspaaren wie: Kirche „zwischen Anpassung und Widerstand“ (Siegele-Wenschkewitz 1984), „zwischen Widerstand und Loyalität“ (Fabricius 1982), „zwischen Kreuz und Hakenkreuz“ (Röhm und Thierfelder 1981). Sowohl der Widerstand der Bekennenden Kirche als auch die vielen begeisterten Stimmen von kirchlicher Seite zum Nationalsozialismus werden in ihrer Bedeutung kontrovers diskutiert.

In aller Schärfe wird dies ersichtlich in der Frage nach dem kirchlichen Widerstand. So hält Prolingheuer die Anerkennung der Bekenntniskirche als Widerstandsbewegung für ein „folgenreiche(s), geschichtsfälschende(s) Fehlurteil" (Prolingheuer 1984, S. 98)[1].

Die Diskussionen über kirchliche Loyalität dem NS-Staat gegenüber, über Kooperationsbereitschaft, über ideologische Affinitäten usw. zeigen ebenfalls eine Fülle differierender Argumente, die sich in folgender Spannung halten: Auf der einen Seite wird die Haltung der evangelischen Kirche zum Nationalsozialismus sehr kritisch als weitreichende Zustimmung interpretiert. Dies gilt auch für die Bekennende Kirche, von der M. Greschat (1984) sagt, sie habe sich zwar zunehmend genötigt gesehen, den Staat in Einzelfragen zu kritisieren, sei jedoch ungeachtet dieser partiellen Opposition der Überzeugung geblieben, das Politische gehöre in die Verantwortung des Staates und dieser käme seinen Aufgaben, für Recht und Ordnung zu sorgen, auch im allgemeinen angemessen nach (Greschat 1984, S. 539). Auf der anderen Seite betrachtet beispielsweise K. Scholder das Verhalten der Kirche im Zusammenhang der NS-Machtübernahme als ein kurzfristiges In-die-Irre-Gehen, für das sie angesichts der gesellschaftspolitischen Voraussetzungen und der anschließenden Distanzierung vom Nationalsozialismus Verständnis erwarten könne, denn schon das Jahr 1934 „brachte mit einer grundlegenden theologischen Neubesinnung eine völlige Wendung, aus der die ‚Bekennende Kirche' hervorging" (Scholder in: Röhm und Thierfelder 1981, S. 7).

Die Bedeutung der „Deutschen Christen" innerhalb des Protestantismus wird in der Forschung ebenfalls unterschiedlich eingeschätzt – von strikter Isolation und Randstellung dieser Gruppierung bis hin zu einer Rolle, die durch vielschichtige Affinitäten einer großen Zahl von Protestanten zu dieser „Glaubensbewegung" gekennzeichnet wird. Einige Historiker betrachten die Kirche vornehmlich als Objekt der Gleichschaltung und Opfer einer fremden Dynamik, der sie sich nicht entziehen konnte. Eine eigene Verantwortung und auch die der Entwicklung vor 1933 noch innewohnenden Möglichkeiten einer ganz anderen Orientierung werden für gering erachtet.

Im Blick auf die Entwicklung unter dem NS-Regime bewegt sich die Argumentation zwischen der These von der raschen und entschiedenen Korrektur anfänglichen Fehlverhaltens und eindeutiger Abwehr nationalsozialistischer Herrschaftsansprüche einerseits und dem Vorwurf, die Kirche habe nur partiell Widerstand geleistet oder aufgrund eines ungebrochenen Nationalismus überhaupt versagt, andererseits. Karl Barths und Dietrich Bonhoeffers kritische Position in der

---

1 Vgl. auch K. Meier: „Dabei war es nach 1945 zweifelhaft, ob die Bekennende Kirche ... überhaupt in die Nähe des politischen Widerstandes gerückt werden durfte." (Meier 1976, Bd. 1, S. XI) – Am 14.10.1946 erklärte der Bayerische Kassationshof, daß die Bekennende Kirche unwiderruflich als „Widerstandsbewegung" im Sinne des Art. 39 II 2 „des Gesetzes zur Befreiung von Nationalsozialismus und Militarismus" (Prolingheuer 1984, S. 97 f.) anerkannt werden muß.

Bekennenden Kirche[2] wird kaum in ihrer Problematik ausgeleuchtet, selten auch Martin Niemöllers ambivalente Haltung zum NS-Regime[3]. Antikatholische Einstellungen der evangelischen Kirche, die zugleich ihre positive Haltung dem Nationalsozialismus gegenüber verstärkten, werden von manchen Autoren hervorgehoben, von anderen offenbar nicht als relevant erachtet.

Auch das Schweigen der Kirche zur Judenverfolgung, beispielsweise nach dem allgemeinen Boykott jüdischer Geschäfte am 1. April 1933, wird nur von wenigen Historikern thematisiert. Bei ihnen wird aber beispielsweise die Ansicht vertreten, das Handeln der Kirche sei bestimmt gewesen sowohl von dem Interesse an der Sicherung des kirchlichen Bestandes als auch von einem weitverbreiteten Antijudaismus, und beides habe sich wechselweise verstärkt (Huber 1983, S. 78). Schon in der Weimarer Republik, als der Handlungsspielraum erheblich größer war als nach 1933, habe die Kirche sich nicht genötigt gesehen, „dem um sich greifenden Antisemitismus mit der notwendigen Eindeutigkeit" entgegenzutreten (a. a. O., S. 73).

Unabhängig von den angedeuteten Positionen jedoch betrachten die Historiker die Kirche als einen wichtigen, das politische Klima bestimmenden und von den politischen Entscheidungen bestimmten Faktor bei der Vorbereitung und Installierung der NS-Herrschaft. Für die Zeit der Weimarer Republik wird übereinstimmend festgestellt, daß im Protestantismus vorfindliche Traditionen eine – zumindest vorübergehende – Annäherung zahlreicher kirchlicher Gruppen und einzelner Christen an die NS-Bewegung förderten. Immer wieder wird auf national-konservative Überlieferungen hingewiesen, auf die Schwierigkeiten, sich nach dem jahrhundertelangen Bündnis zwischen Thron und Altar in einer demokratischen Staatsform zurechtzufinden, auf antikommunistische Elemente und auf die Furcht vor einem sich ausbreitenden Atheismus.

Um die dennoch unterschiedlichen Bewertungen auf diesem Hintergrund deutlicher zu konturieren, werden im folgenden die Arbeiten von K. Scholder (1977) und K. Meier (1976) vorgestellt, da sie die neuere Entwicklung der Forschung zum Thema Kirche und Nationalsozialismus exemplarisch abbilden. Prinzipiell sucht Scholder vornehmlich die Intentionen kirchlicher Initiativen verstehend nachzuvollziehen, während Meier sehr viel kritischer die politische Relevanz der Fakten herausstellt. Auch Scholder legt ausführlich dar, daß die evangelische Kirche in der extrem schwierigen Situation des Frühjahrs 1933 überwie-

---

2 Karl Barths Kritik an der Bekennenden Kirche, daß sie lediglich in eigener Sache rede und ihr Anpassung ans Regime notwendiger erschiene als Opposition gegen die permanenten Menschenrechtsverletzungen, führte bereits 1934 zu seiner Isolierung innerhalb der Bekennenden Kirche (vgl. Prolingheuer 1977). – Dietrich Bonhoeffer gehörte zu den ganz wenigen Christen, die 1933 und in den folgenden Jahren gegen die Verfolgung der Juden protestierten und von der Bekennenden Kirche ein klares Nein zum Antisemitismus forderten (vgl. Bethge 1978).

3 Martin Niemöller widersetzte sich allen staatlichen Maßnahmen, die Bekennende Kirche zum Schweigen zu bringen, aber eine grundsätzliche Kritik am NS-Regime lag ihm noch 1939 fern. Nach Kriegsausbruch bat er aus der Haft Hitler um Verwendung in der Marine (Erdmann 1980, Bd. 20, S. 191).

gend versagt habe, aber er betont, daß sie ihre Integrität bald wiedergewinnen konnte und sich in beispielhafter Weise zum Widerstand gegen das System durchgerungen habe. Meier legt dagegen mehr Wert auf die bis in die Kriegszeit hinein zu beobachtenden kirchlichen Versuche, durch innere Reform „kritische Korrekturen am NS-System anzubringen" (1976, Bd. 1, S. X). Die Ablehnung des Nationalsozialismus habe sich dagegen nur allmählich, partiell und sehr unterschiedlich in ihrer Erkennbarkeit vollzogen.

Im Hinblick auf unsere Fragestellung nach der Rolle der evangelischen Kirche am Ende der Weimarer Republik und in der ersten Phase der nationalsozialistischen Herrschaft interessierten in der Darstellung von *Scholder* (1977) folgende Aspekte:

1. Welche Bedeutung wird dem deutschen Protestantismus bei der Reichstagswahl vom 14. September 1930 beigemessen?
2. Werden bei der Erklärung kirchlicher Stellungnahmen für die NSDAP auch christliche Traditionen des Antisemitismus berücksichtigt?
3. Wie wird die Rolle der Deutschen Christen vor 1933 beurteilt?

Zu 1. Reichstagswahl: Die Analyse der Wahlergebnisse vom 14. September 1930 – die NSDAP war zweitstärkste Partei des Reiches geworden – machte deutlich, daß der deutsche Protestantismus am Zustandekommen dieses Ergebnisses maßgeblich beteiligt war (S. 161). Da in den überwiegend protestantischen Gebieten des Reiches aber nicht nur die NSDAP, sondern auch die SPD einen relativ sehr viel höheren Stimmenanteil als in den katholischen Wahlkreisen erhielt, kommt Scholder zu folgendem Schluß: „Durch keine konfessionelle Partei gebunden hatten die linken protestantischen Wählerstimmen seit langem eine politische Heimat: die SPD. Die rechten Stimmen dagegen, soziologisch zweifellos vor allem dem ‚Neuproletariat' zugehörig, waren politisch heimatlos und fielen Hitler zu, als dieser mit dem Anspruch eines sozialen und nationalen Retters auftrat." (S. 163 f.) Aufgrund der Vernachlässigung des nationalen Gedankens in der SPD wurden – so Scholder – die evangelischen Wähler, die sich weltanschaulich binden wollten, in die Arme der Nationalsozialisten getrieben (S. 163). Zudem schuf die konfessionelle Spaltung in Deutschland „ein Klima der Konkurrenz, der Furcht und der Vorurteile" (S. 164), das den Aufstieg Hitlers begünstigte. Der NSDAP gelang es bei den Septemberwahlen 1930, sich „in den protestantischen Gebieten einen deutlichen Vorsprung zu verschaffen" (S. 164).

Zu 2. Christlicher Antisemitismus: Die national-konservative Vergangenheit des deutschen Protestantismus war nach Scholder der Grund für eine im Vergleich zum Katholizismus frühe Annäherung an die „völkische" Bewegung. Als Entsprechung zu dieser entwickelte sich im Protestantismus Mitte der zwanziger Jahre eine politische Theologie, die das „Volkstum" zu „göttlichem Rang" (S. 144) erhob und damit die „völkische" Bewegung christlich legitimierte. Sie bewog den deutschen Protestantismus in der Weimarer Republik zum Einverständnis mit dem „völkischen" Antisemitismus: „Die Kirche hätte durchaus auf Schäden und Mißstände hinweisen können, die in einzelnen Fällen etwa durch massenhafte jüdische Zuwanderung zweifellos entstanden waren. Aber sie hätte sich unter keinen Umständen auf das Prinzip des Antisemitismus einlassen dürfen. Die politische Theologie verführte sie genau zur entgegengesetzten Haltung: zur Zustimmung zum Prinzip und zur Abwehr gegen einzelne ungerechte Fälle und Maßnahmen." (S. 144 f.) Scholder belegt mit vielen Beispielen (S. 124 ff.), daß es dem deutschen Protestantismus während der Weimarer Zeit immer schwerer fiel, angesichts des zunehmenden Antisemitismus die „Stimme der einfachen bürgerlichen und christlichen Wahrheit" (S. 145) zu vernehmen. Man werde „der politischen Theologie die Mitverantwortung dafür zusprechen müssen, daß es 1933 beinahe gelang, den deutschen Protestantismus mit dem Dritten Reich gleichzuschalten" (S. 145). Die Frage, inwieweit antisemitische Traditionen innerhalb des Protestantismus wegbereitend für die „völkische" Bewegung gewesen sind, diskutiert Scholder nicht.

Zu 3. Deutsche Christen: Bereits 1927/28 wurde in Thüringen von zwei jungen Pfarrern mit großem Erfolg eine „völkisch-christliche" Bewegung ins Leben gerufen. 1930 gründeten sie die erste Ortsgruppe der NSDAP im Wieratal (Altenburger Land), 1931 „trat der Kreis um die beiden Pfarrer zum ersten Mal als kirchenpolitische Gruppe unter dem später so berühmt gewordenen Namen ‚Deutsche Christen' auf" (S. 246). Scholder erklärt die Vorgänge in Thüringen unter anderem damit, daß diese Landeskirche durch die Religiösen Sozialisten – eine linke Gruppe innerhalb des Protestantismus – bereits weitgehend politisiert gewesen sei.

Entscheidend für den deutschen Protestantismus seien allerdings weniger die Vorgänge in Thüringen und anderen kleineren Landeskirchen gewesen, sondern die Entwicklung in Preußen. In der sich hier rasch organisierenden Gruppierung kamen Vertreter unterschiedlicher Orientierungen zusammen. Neben Mitgliedern, die sich vorrangig Ziele der nationalsozialistischen Politik zu eigen gemacht hatten, gab es eine relativ starke konservativ-gemäßigte und eine „völkisch"-religiöse Gruppe. Im Februar 1932 gab man sich in der Gründungsversammlung dann den endgültigen Namen: „Deutsche Christen" (S. 260). Der ursprüngliche Namensvorschlag „Evangelische Nationalsozialisten" wurde fallengelassen, da die Nationalsozialisten um ihrer Neutralitätsdevise willen vermeiden wollten, daß diese Kirchenpartei als Teil der NSDAP erschien. Scholder schreibt von einem „kunstvoll ausbalancierte(n) Verhältnis von Verbindung und Distanz zur Partei" (S. 262). Am 6. Juni traten die Deutschen Christen mit ihren „Richtlinien" an die Öffentlichkeit. Auch wenn diese „Richtlinien" „mehr völkischer Appell als ein kirchenpolitisch oder gar theologisch durchdachtes Programm" (S. 264) gewesen seien, sind sie doch „ohne die politische Theologie der Zeit nicht zu verstehen" (S. 264). Unausgesprochen warben die Deutschen Christen für die Ziele der NSDAP. In Aufnahme des Begriffs vom „positiven Christentum" wurde in den „Richtlinien" ein geschickter Bezug zum Parteiprogramm von 1920 (§ 24) hergestellt. Die Kirche sollte aus dem politischen Abseits heraustreten und die militant-nationalistischen, antidemokratischen, antisozialistischen und antisemitischen Vorstellungen der NSDAP unterstützen. Zwar gelang es trotz massiver Inanspruchnahme des Parteiapparates (S. 267) bei den Kirchenwahlen vom

13. November 1932 nicht, die evangelische Kirche zu „erobern". Aber der geschätzte Anteil von rund einem Drittel aller Sitze, den die Deutschen Christen gewannen, zeigte „eine Politisierung der Kirche an, deren Folgen noch kaum absehbar waren" (S. 273).

Dem Jahr 1933 räumt Scholder dann eine für die Kirchengeschichte epochale Bedeutung ein: Die acht Wochen vom 30. Januar bis zur Annahme des Ermächtigungsgesetzes am 23. März seien für Hitler von entscheidender Bedeutung gewesen, danach hatte er „freie Bahn" (S. 286). Für die evangelische Kirche war Ende März „die Machtergreifung als geistiger Vorgang, bei dem es (...) um die innere Gewinnung der Mehrheit und die Aufhebung der kritischen Distanz des einzelnen ging, (...) im wesentlichen abgeschlossen" (S. 299). Scholder kennzeichnet diese Zeit bis zum März 1933 als eine Phase „nationalen Mißverständnisses" (S. 293), der „verhängnisvolle(n) Unterschätzung Hitlers" (S. 279), des „groteske(n) Irrtum(s)" (S. 279). „Unklarheit über Gewicht und Bedeutung" (S. 280) Hitlers „und am Ende ganz einfach die Unvorstellbarkeit dessen, was dann kam, machten verständlich, warum am 30. Januar und in den Wochen danach trotz aller Warnzeichen keine gesellschaftliche Gruppe in Deutschland die Stunde des bedingungslosen Widerstandes für gekommen hielt" (S. 280). Aufgrund jahrelanger Konfrontation mit kommunistischer Propaganda spielte zudem „das Motiv der Rettung vor dem Kommunismus in den kirchlichen Überlegungen (...) eine große, zum Teil entscheidende Rolle" (S. 283).

Der zielbewußte „christliche Vertrauensfeldzug Hitlers" (S. 286) war angesichts „der bekannten protestantischen Sympathien für eine Rechtsregierung" (S. 288) schon bald erfolgreich. Er weckte aber auch „Hellsichtigkeit und Hellhörigkeit gegenüber allen Gleichschaltungsversuchen" (S. 289) und den Wunsch nach Wahrung der kirchlichen Unabhängigkeit. Wenn dies rückblickend unbefriedigend erscheine, so müsse man doch festhalten, daß „zumindest dort, wo die Unabhängigkeit der Kirche ernst genommen wurde, (...) diesem Versuch eine erhebliche politische Schwerkraft innewohnte" (S. 293). Einerseits sei – so Scholder – „die durchgängige, katastrophale Fehleinschätzung der Kanzlerschaft Hitlers" (S. 295) durch die evangelische Kirche evident. Andererseits aber habe sich bald gezeigt, „daß dort, wo die Sache der Kirche mit Ernst und Konsequenz festgehalten wurde, gewissermaßen gegen das politische Fehlurteil doch ein Teil der Wahrheit ans Licht kam" (S. 295).

Scholders Auffassung ist verschiedentlich widersprochen worden. Da Scholder – so zum Beispiel Nowak – eindringlich auf den „negativen Kontinuitäten der deutschen Geschichte" insistiere, trete „die politische Alternativlosigkeit zum NS-Regime" um so eindrücklicher hervor (Nowak 1981, S. 590). Diese „hart an Geschichtsfatalismus" grenzende Einschätzung lasse andererseits die theologische Alternative der Bekennenden Kirche „um so glanzvoller aufstrahlen" (a. a. O., S. 590 f.). Scholders Bemühungen, die Hoffnungen und Wünsche der Zeitgenossen von damals zu verstehen, sich solidarisch in die vergangene Situation hineinzuversetzen, verstellen nach Nowaks Kritik viele Möglichkeiten einer kritischeren Beurteilung aus der historischen Distanz (Nowak 1981, S. 591). Ähnlich argumentiert Martin Greschat: „Diese Kirche war keineswegs das Opfer einer fremden ‚Dynamik' oder eines sonstigen blinden Verhängnisses, sondern sie wollte mit allen Fasern ihres Seins mitgestalten, was da um sie herum geschah." (Greschat 1979, S. 122) Kritisch wird auch von Koch angemerkt, daß Scholder einerseits „den Irrenden verständnisvoll zu weit entgegenkommt" (Koch 1980, S. 281), daß er andererseits aber „gegenüber der kirchlichen und nichtkirchlichen Linken (...) Einfühlungsvermögen und Differenzierung ganz auffällig vermissen" läßt (a. a. O., S. 279). Koch kritisiert auch Scholders Verständnis der Theologie Karl Barths, das den Duktus der Arbeit über „Die Kirchen und das Dritte Reich" grundlegend beeinflußte.

Im Unterschied zu Scholder verzichtet der Leipziger Kirchenhistoriker Kurt *Meier* in seiner Darstellung des Kirchenkampfes auf die „Vorgabe einer besonderen theologischen Effizienz und quasi absoluten Verbindlichkeit der bekenntniskirchlichen Theologie barmenianischer Prägung" (Nowak 1981, S. 591). Um zu einer angemessenen Einordnung des Kirchenkampfes in die historische Entwicklung zu gelangen, setzt er sich mit der Frage auseinander, warum die evangelische Kirche im Jahre 1933 so unkritisch auf die Machtübernahme der Nationalsozialisten reagierte. Maßgebend ist auch für ihn, „daß das politische Gesamtbild der evangelischen Kirche in der Weimarer Zeit (...) vorwiegend von der im weitesten Sinne deutschnationalen, ‚vaterländischen' Denkart bestimmt gewesen ist" (Meier 1976, Bd. 1, S. 10 f.). Die kirchlichen Stellungnahmen zum Wahlsieg der NSDAP bei der Reichstagswahl vom 14. September 1930 ließen einerseits die weitverbreitete Aversion gegenüber der Weimarer Republik und andererseits eine rückhaltlose Begeisterung über die sich anbahnende Veränderung erkennen. Dem kirchlichen Antisemitismus in der Weimarer Republik schreibt Meier deutlicher als Scholder eine die NSDAP unterstützende Wirkung zu. Er schreibt: „Lehnte man die Rassenlehre der Nationalsozialisten auch fast durchgängig ab – Ausnahmen bildeten die Gruppen und Strömungen, die wie Deutschkirche und Deutsche Christen rassische Gesichtspunkte berücksichtigten –, so huldigte man mehr oder minder doch einem unterschwellig sehr wirksamen gesellschaftlich bedingten Antisemitismus." (S. 22) Ein noch durch Heinrich von Treitschke und den preußischen Hofprediger Adolf Stöcker geprägtes Geschichtsbild habe sich in dieser Hinsicht, nicht nur in konservativen Kreisen, verhängnisvoll ausgewirkt. Meier belegt diese These mit vielen Stellungnahmen kirchenleitender Organe und Persönlichkeiten (S. 22 ff.), so auch des Generalsuperintendenten der Kurmark, Otto Dibelius, von dem er sagt: „Die antisemitische Aversion zieht sich wie ein roter Faden durch seine Veröffentlichungen in jener Zeit." (S. 23)

Ausführlich analysiert Meier die Rolle der Glaubensbewegung Deutsche Christen vor dem 30. Januar 1933 (S. 56 ff.). Im Zentrum stehen dabei die Vorbereitungen für die altpreußischen Kirchenwahlen vom November 1932. Die Wahlkampfaufrufe zeigen nach Meier deutlich, daß es eine Fülle sachlicher und begrifflicher Entsprechungen zwischen den Forderungen der kirchenpolitisch Konservativen und der Deutschen Christen gab. Das betraf nicht nur die Forderungen, „sich für deutsche Art in Volkstum, Gesellschaft und Staat einzusetzen" (S. 59) und gegen die sogenannte Kriegsschuldlüge zu kämpfen, sondern das galt auch für antisemitische und antikommunistische Angriffe. Meier betont, daß die Gegenüberstellung gerade dieser verschiedenen Wahlaufrufe nur bestätige, was auch zahlreiche andere Stellungnahmen von Pfarrern und Theologen erkennen ließen: Die Leitbilder und Ideen der Glaubensbewegung Deutsche Christen seien nicht isoliert zu betrachten. Die deutsch-christlichen Ideen hätten eine erhebliche Anziehungskraft auf unterschiedliche kirchliche Gruppierungen ausgeübt. „Das ‚nationale Ergriffensein' von der Aufgabe, auch in der Kirche ‚ein Neues zu pflügen', die Kirche – wie es mit viel Pathos immer wieder hieß – in die ‚wiedererwachte Nation' hineinzustellen und Kirche und Staat ‚zusammenklingen' zu lassen, war für kurze Zeit stark genug, theologische Unterschiede und kirchliche Richtungsgegensätze zu überbrücken." (S. 76)

Zur Rolle der evangelischen Kirche Anfang 1933 heißt es bei Meier: „Es hat damals wohl kaum eine deutsche Landeskirche gegeben, die es versäumt hätte, in Form einer Kanzelabkündigung oder einer sonstigen Verlautbarung den Dank für die ‚nationale Erhebung' auszudrücken, die man als die Wende im Staatsleben empfand." (S. 77) Vor allem in konservativen Kreisen der Kirche sei eine völlig unkritische Gesamtbeurteilung des politischen Geschehens zu beobachten. In nationalistischem Überschwang begnügte man sich „nicht mit dem der Obrigkeit als Ordnungsmacht gegenüber gebotenen kritischen lutherischen Staatsgehorsam, sondern erweiterte und vertiefte diesen Staatsgehorsam unkritisch zu ‚Staatsvertrauen' und ‚Staatshingabe' gegenüber dem NS-Regime (...)" (S. 80).

Auch die Bekennende Kirche wird von Meier einer nachhaltigen Kritik unterzogen. Die Bekennende Kirche, eine Pastoren- und Laienbewegung, sei aus dem Protest gegen die „Irrlehren" (S. 168) und Rechtsbrüche der Deutschen Christen und des von Hitler protegierten Reichsbischofs Ludwig Müller entstanden. Radikale Mitglieder der Glaubensbewegung Deutsche Christen hätten durch ihre vor allem während einer Kundgebung im Berliner Sportpalast am 13. November 1933 zur Schau gestellte bereitwillige Übernahme nationalsozialistischen Gedankenguts nicht nur die Gegensätze innerhalb der Deutschen Christen verschärft, sondern zunehmend Widerstand in vielen kirchlichen Gruppierungen provoziert (S. 165).

Bis zum Januar 1934 hatten sich 7.036 Pfarrer, fast die Hälfte der evangelischen Geistlichen (Meier 1976, Bd. 1, S. 121), dem Pfarrernotbund, einer organisierten Oppositionsgruppe unter Leitung eines Bruderrates, angeschlossen (nach Bracher 1979, S. 413 f.: 4.000 bis 5.000 Pfarrer). Ihr Protest galt unter anderem der beabsichtigten Anwendung des sogenannten Arierparagraphen innerhalb der Kirche. Die theologischen Auseinandersetzungen um den Auftrag der Kirche und die Legitimation ihres Handelns führten im Mai 1934 Vertreter aus den lutherischen, reformierten und unierten Landeskirchen zu einer ersten Reichsbekenntnissynode in Barmen-Gemarke zusammen. In Barmen begann der Aufbau einer förmlichen Gegenorganisation zum Müllerschen Reichskirchenregiment. Die „Bekennende Kirche" verstand sich als die bekenntnisgemäße und daher auch allein rechtmäßige Kirche in Deutschland. Mit ihrer theologischen Erklärung, die deutlich die Züge Karl Barths trug (Meier 1976, Bd. 1, S. 182), richtete sich die Bekennende Kirche gegen den Totalitätsanspruch des Staates, gegen den Zugriff einer geschlossenen Weltanschauung. Allerdings habe die

Opposition der meisten Repräsentanten der Bekennenden Kirche nicht auf einer prinzipiellen Ablehnung des Regimes beruht (a. a. O., S. 179). Ihr Protest habe sich gegen bestimmte extreme Vorstellungen und Absichten gerichtet, die aber nicht repräsentativ für die Haltung der NSDAP und der Deutschen Christen insgesamt gewesen seien. In der Regel habe sich diese Kritik mit einer grundsätzlichen Bejahung des Umschwungs von 1933 verbunden.

Meier zeichnet eine Linie von einer „ursprünglich überschwengliche(n) bekenntniskirchliche(n) Aufgeschlossenheit gegenüber dem Hitlerstaat" (a. a. O., S. X) zu allmählich wachsendem Unbehagen bis hin zu einem partiellen Protest gegen Auswüchse der nationalsozialistischen Politik. Immerhin habe „der sich bildende kirchliche Widerstand gegen die Deutschen Christen und später auch gegen die NS-Religionspolitik überhaupt (...) einen erheblichen und politischen höchst unerwünschten Störungsfaktor im Herrschaftsmechanismus des ‚Dritten Reiches' zu spielen vermocht" (S. 27 f.).

Auch in der *Literatur zur allgemeinen zeitgeschichtlichen Forschung* wird die Rolle der Kirchen im NS-Staat untersucht. Im Unterschied zu den meisten Arbeiten aus kirchlichen Autorenkreisen werden beide Konfessionen dargestellt – oft auch im Vergleich ihrer unterschiedlichen Beziehungen zum Nationalsozialismus, sowohl im Hinblick auf die bezeugte Loyalität als auch auf die jeweilige Bedrohung. Alle Autoren verweisen auf die erste umfassende Darstellung und Dokumentensammlung über den „Kirchenkampf in Deutschland 1933–1945" von Friedrich Zipfel aus dem Jahre 1965.

Karl Dietrich *Brachers* grundlegende Forschungsberichte (zuerst 1955, 1960 und 1969), in denen unter anderem die Rolle der Kirchen im NS-Herrschaftssystem behandelt wird, dokumentieren seine zunehmend ambivalente Beurteilung der kirchlichen Widerstandsaktivitäten und eine zunehmende kritische Herausarbeitung christlich/kirchlicher Tendenzen zur Identifizierung mit Teilen der NS-Ideologie. In seiner Arbeit „Die Auflösung der Weimarer Republik" (1971, zuerst 1955) wird der Protestantismus lediglich bei der Darstellung des Parteienspektrums von Weimar berücksichtigt, und zwar im Hinblick auf die DNVP, die „in Fortführung der konservativen, vor allem gegen den Liberalismus gerichteten Parteitradition in vielem ein protestantisch-konfessionelles Gegenstück zum Zentrum" (Bracher 1971, S. 84) gewesen sei, obwohl sie innerhalb des Protestantismus nur eine Minderheit dargestellt habe.

Die Kirchen kommen unmittelbar in Brachers Arbeiten „Stufen der Machtergreifung" (1974, zuerst 1960) und „Die deutsche Diktatur" (1979, zuerst 1969) zur Sprache. In der ersten Studie werden die Kirchen in der Spannung „zwischen Anpassung und Widerstand" (S. 441–472) dargestellt. Eingehend befaßt sich Bracher mit der anhaltenden Republikfeindlichkeit der evangelischen Kirche in der Weimarer Zeit und der sich in vielen Predigten und Schriften niederschlagenden Überzeugung, „christlich-evangelische und mehr oder minder deutschnationale, konservative Gesinnung gehörten natürlicherweise zusammen" (Bracher 1974, S. 446). Antisemitische Tendenzen im Raum von Kirche und Theologie belegt er unter anderem mit Zitaten aus dem Programm der Deutschen Christen von 1932 (S. 448). Gemäß Brachers Interesse an Anpassung *und* Widerstand setzt er sich detailliert mit den deutsch-christlichen Ambitionen, die evangelische Kirche zu erobern, auseinander und behandelt auf der Gegenseite den Widerstand der Bekennenden Kirche. Auch wenn es im Verlauf des Kirchenkampfes „viele Differenzierungen, Kompromißneigungen, Entzweiungen" (S. 470) gab, war doch „der Widerstand der christlichen Kirchen der einzige (...), der im Dritten Reich weitere Ausstrahlungskraft und auch ein gewisses Maß an Erfolg erreichte" (S. 469). Und „über das theologisch-kirchliche Anliegen hinaus gelangten einzelne Vorkämpfer wie (...) Dietrich Bonhoeffer (...) auch in den Raum der politischen Widerstandsbewegung (...)" (S. 470).

In der einige Jahre später entstandenen Arbeit „Die deutsche Diktatur" betont Bracher stärker, daß deutsch-christliche Ideen auch „außerhalb der deutschchristlichen Kerntruppe (...) viele Mitläufer unter Pfarrern, Bischöfen, Theologen" fanden (Bracher 1979, S. 412 f.). Insgesamt beurteilt er in dem Abschnitt „Kirchen und Widerstand" (S. 411–423) den protestantischen Kirchenkampf sehr viel kritischer als zuvor, wenn er schreibt: „Die Gewinnung einer eindeutigen Widerstandsposition in den Kirchen ist, wie gesagt, nur einzelnen Personen, nicht aber im größeren Rahmen gelungen. Das zeigte sich besonders an der weiterhin zwiespältigen Haltung in der Judenfrage. Die Kritik am Arierparagraphen hinderte nicht die Fortdauer eines traditionellen Antisemitismus (...)." (S. 417) Nur wenige der dem kirchlichen Widerstand Nahestehenden trennten sich, so Bracher, von der traditionellen Staatsbindung. Und der Antikommunismus band protestantisches Denken weiterhin an die nationalsozialistische Politik. Nicht die Kirche(n), nur einzelne Christen, wie die Theologen Karl Barth und Dietrich Bonhoeffer, hätten zu entschiedener Opposition gegen das Regime gefunden (S. 418).

Auch Martin *Broszat* (1979, zuerst 1969) betont – ähnlich wie Meier und Bracher (1979) – die politische Nähe vieler Kirchenführer zur NS-Bewegung. In seinem Exkurs „Die Auseinandersetzung mit der evangelischen Kirche" (S. 283–300) legt er Wert auf die Feststellung, daß „die NSDAP im Lager des Protestantismus 1933 nicht nur mit Wohlwollen und Loyalität, sondern darüber hinaus mit einer beträchtlichen aktiven Gefolgschaft rechnen" konnte (S. 284). Diese Gefolgschaft ging von verschiedenen Gruppen innerhalb des Protestantismus aus, die sich 1932 zur „Glaubensbewegung Deutsche Christen" zusammengeschlossen hatten. Nach Broszat stellten die Deutschen Christen „gleichsam eine NS-Fraktion innerhalb der Evangelischen Kirche dar" (S. 284). Nur eine Minderheit protestantischer Christen konnte sich von vornherein der suggestiven Wirkung entziehen, die von der „pseudoreligiöse(n) Stimmungsmache des Nationalsozialismus" ausging (S. 285). Im Hinblick auf die Tatsache, daß 1933 die Kirchenaustritte fast gänzlich gestoppt wurden, bekräftigt Broszat Zipfels These, „daß das Jahr der Machtergreifung geradezu als ‚ein Jahr der Kirche' erscheinen konnte" (S. 285 f.). Die „überschwengliche Verehrung, die Hitler gerade aus christlich-protestantischen Kreisen zuteil wurde" (S. 285), beruhte nach Broszat unter anderem darauf, daß ein erheblicher Teil der NS-Weltanschauungsrhetorik „ja selbst Derivat christlicher Überzeugung und Teil der Ressentiments und

Ideologien (war), die sich in christlichem Gemeinschaftsleben in der Auseinandersetzung mit einer nicht begriffenen oder verneinten Umwelt und modernen Entwicklung herausgebildet hatten“ (S. 286).

Für Broszat ist die Auseinandersetzung mit der evangelischen Kirche aber auch ein Musterbeispiel dafür, „wie eng die Grenzen des Durchsetzungsvermögens der NS-Führung waren“ (S. 293). Dies lag gewiß an der Standfestigkeit einiger Pfarrer, Bischöfe und Gemeinden. Entscheidender aber sei das von einflußreichen protestantisch-konservativen Kräften des Staates in Verwaltung, Justiz und Wehrmacht gezeigte Wohlwollen der evangelischen Kirche gegenüber gewesen. Broszat meint: „In keinem anderen Bereich nationalsozialistischer Gleichschaltungsversuche waren der Reichspräsident, führende Offiziere der Wehrmacht, Minister und leitende Ministerialbeamte, Rechtsanwälte und Richter so selbstbewußt in der Zurückweisung nationalsozialistischer Überfremdung und Indoktrinierung“ (S. 293). Das kompromißlose Auftreten vieler Kirchenführer (zum Beispiel Martin Niemöllers) war vielfach überhaupt erst möglich durch dieses Wissen um die „direkte und indirekte (moralische und aktive) Unterstützung“ (S. 293) seitens höchster staatlicher Prominenz. Das Dritte Reich brauchte das Christentum und die Kirchen (S. 299), bis in die Kriegsjahre hinein fanden sich immer wieder prominente Nationalsozialisten, die den antichristlichen Intentionen Rosenbergs und anderer widersprachen (S. 298).

Sehr viel zurückhaltender setzt Karl Dietrich *Erdmann* (1980, Bd. 20, zuerst 1976) in seinem Kapitel „Die Kirche im nationalsozialistischen Deutschland“ (S. 181–201) die Akzente. National-konservative Überlieferungen, „archaische Elemente“ (S. 182) christlicher Judenfeindschaft, antikommunistische Einstellungen und eine traditionelle Obrigkeitsnähe hätten eine Versuchung für die Christen mit sich gebracht, „Kreuz und Hakenkreuz zu verbinden“ (S. 182). So kam es zu Huldigungsadressen von kirchlichen Verbänden, Geistlichen und Laien an den „Führer“. Wie Scholder nimmt Erdmann die These vom politischen Irrtum der Kirche auf, der als Teil einer „allgemeinen konservativen Fehleinschätzung der Hitlerbewegung durch die Führungsschichten des deutschen Volkes“ (S. 194) verstanden werden müsse.

Auch Erdmann stellt fest, daß der Kirchenkampf kein primär politischer Widerstand gewesen ist. Dennoch bedeutete die kirchliche Selbstbehauptung bei aller Ambivalenz eine empfindliche Störung für Hitlers Vorstellungen von einem total gleichgeschalteten Volk (S. 192). Bezugnehmend auf Zipfels Darstellung über „die Kirchen im Dienst der Verfolgten“ (Zipfel 1965, S. 217–225) betont Erdmann, daß die Kirche nicht geschwiegen habe, „wo der nationalsozialistische Staat das offenkundige Verbrechen organisierte“ (Erdmann 1980, Bd. 20, S. 194). Anders als in der „Euthanasiefrage“ seien aber die Proteste gegen die Verfolgung der Juden „von den Machthabern in den Wind geschlagen“ worden (S. 195 f.).

5.1.2 Katholische Kirche

Wie die fachwissenschaftliche Literatur zur Rolle der evangelischen Kirche, zeigen auch kirchengeschichtliche und allgemein zeitgeschichtliche Darstellungen über das Verhältnis der katholischen Kirche zum Nationalsozialismus ein breites Spektrum von Schwerpunktsetzungen und Urteilen. Für die letzten Jahre der Weimarer Republik steht die Entwicklung des Zentrums zu einer zunehmend konservativen Partei bei vielen Historikern außer Frage. Die ambivalente Haltung der katholischen Kirche vor der Machtübernahme wird auf eine Verkennung der mit dem Nationalsozialismus aufziehenden Gefahr, auf Fehleinschätzungen, politische Irrtümer und Täuschungen zurückgeführt. Im Hinblick auf weiterreichende Erklärungen für diese Ambivalenz sind unterschiedliche, auch kontroverse Schwerpunktsetzungen zu beobachten: Demokratiefeindlichkeit der katholischen Kirche, nationalistische Bestrebungen, autoritäre Einstellungen, antikommunistische und antisemitische Traditionen, spezifisch katholische Fehlentwicklungen werden genannt. Alle Historiker betonen aber, daß es von der katholischen Kirche – im Unterschied zur evangelischen Kirche – zwischen 1930 und 1933 auch öffentliche Stellungnahmen gegen (bestimmte) Herrschaftsansprüche der nationalsozialistischen Bewegung gegeben hat.

Die veränderte Einstellung der katholischen Kirche nach dem 30. Januar 1933 wird unterschiedlich interpretiert, teils als nur taktisches Verhalten zur Bewahrung der kirchlichen Existenz, teils als Ausdruck mehr oder weniger starker Affinität zu nationalsozialistischen Vorstellungen und Plänen. Kontrovers diskutiert wird vor allem die Vorgeschichte des Reichskonkordats und seine Auswirkungen auf den kirchlichen Widerstand. Manche Historiker betonen die durch das Konkordat geschaffene rechtliche Handhabe, gegen nationalsozialistische Übergriffe zu protestieren, andere Stimmen weisen vor allem darauf hin, daß diese vertragliche Bindung an den Staat eine klare Opposition gegen staatliches Unrecht unmöglich gemacht habe. Ebenfalls umstritten ist die Frage nach dem geschichtlichen Zusammenhang und der politischen Verknüpfung von a) Zentrumsauflösung und Zustimmung zum Ermächtigungsgesetz sowie b) Zustimmung zum Ermächtigungsgesetz und Konkordatsabschluß. Diese Differenzen setzen sich fort bei der Darstellung des Widerstands in der katholischen Kirche. Hier reichen die Thesen von der Feststellung, daß die Kirche als Institution keinen Widerstand geleistet habe, bis hin zu der Darstellung einer sich bereits 1933 formierenden Widerstandsfront. Dieser Überblick sei im folgenden ausführlicher erläutert.

Während erste *kirchenhistorische Arbeiten* nach 1945 vorwiegend den Widerstand der katholischen Kirche und einzelner Christen thematisierten (vgl. Neuhäusler 1946), wurde die Diskussion Ende der fünfziger Jahre unter differenzierenderen Fragestellungen weitergeführt. Im Zentrum der Kontroversen, die durch den Konkordatsprozeß (1955 bis 1957) ausgelöst wurden, stand das 1933 zwischen dem NS-Staat und dem Vatikan abgeschlossene Reichskonkordat. In dem Prozeß ging es um die staatsrechtliche Frage, ob die Konkordatsbestimmungen auch in der Bundesrepublik noch geltendes Recht seien (Hehl 1976, S. 226 f.; vgl. Deuerlein 1956 und Bracher 1958).

Im Zuge dieser Auseinandersetzungen stellte sich zwangsläufig die Frage nach der Rolle der katholischen Zentrumspartei und des Episkopats. So verweist Rudolf Morsey (1979, zuerst 1960) auf das Faktum, daß die katholische Kirche nach den „Katastrophenwahlen" vom 14. September 1930, in denen das Zentrum seine traditionelle Stabilität behaupten konnte, die immer schneller wachsende NS-Massenbewegung aus theologischen und politischen Gründen scharf ablehnte und bekämpfte. In zahlreichen Hirtenschreiben, Kundgebungen und Anweisungen einzelner Bischöfe und Ordinariate wurden bis zur Jahreswende 1932/33 die Nationalsozialisten heftig angegriffen (S. 298). Allerdings sei das Verhalten des Zentrums noch im Jahre 1932 durch eine katastrophale Fehleinschätzung dieser vermeintlichen „Übergangserscheinung" gekennzeichnet gewesen (S. 302). Morsey zeichnet das Bild einer Partei, in der die ihr „innewohnenden Möglichkeiten, sich zu konservativen oder zu demokratischen Entwicklungen hinzuwenden, (...) zugunsten der ersteren entschieden worden" waren. Ein gewisser Schwund an demokratischer Substanz (S. 415) und die „totale Verkennung der tödlichen Gefahr der aufziehenden NS-Massenbewegung" (S. 417) seien für das Zentrum in den letzten Monaten vor der „Machtergreifung" kennzeichnend gewesen. Und: „Die Auflösung des Zentrums in Verbindung mit dem nahezu gleichzeitigen Abschluß des Reichskonkordats, das jegliche Opposition des katholischen Deutschlands gegen das NS-Regime vorerst unmöglich machte, war ein Meilenstein auf dem Wege der nationalsozialistischen Machtbefestigung." (S. 411)

Die weitere wissenschaftliche Diskussion über die Stellung der katholischen Kirche zur nationalsozialistischen Machtübernahme wurde mitgeprägt durch die bis in aktuelle Kontroversen hineinwirkende Arbeit von Ernst-Wolfgang *Böckenförde* (1960/61 und in: Jasper 1968), die auf Morseys Analyse der Zentrumspartei aufbaut. Im Mittelpunkt von Böckenfördes „kritischer Betrachtung" steht das Verhalten der geistlichen Führer im deutschen Katholizismus. Die vorherrschende Stellung von Episkopat und Klerus in der Zentrumspartei einerseits und die hohen Erwartungen des Kirchenvolkes an den Klerus andererseits kennzeichnen die bedeutsame Rolle, die die Bischöfe im politischen und im kirchlich-geistlichen Bereich Ende der zwanziger/Anfang der dreißiger Jahre innehatten. Böckenförde zitiert das Wort eines Zentrumsabgeordneten aus dem Mai 1933: „Unter ihrer (der Bischöfe) Leitung können wir nicht in die Irre gehen." (Böckenförde 1968, S. 319)

Da, wie Böckenförde feststellt, der deutsche Katholizismus noch zu Beginn des Jahres 1933 und auch unmittelbar nach der Machtübernahme als unerschütterlicher Gegner des Nationalsozialismus erschien, kamen die ersten Voten der Bischöfe zur Bejahung und Unterstützung des NS-Staates völlig unerwartet (Böckenförde 1968, S. 319). Die sofortige Bereitschaft zur Mitarbeit, die der Zentrumsvorsitzende Prälat Kaas nach der Wahl vom 5. März 1933 offeriert, interpretiert Böckenförde wie folgt: „Offenbar kam es dem Prälaten Kaas und der Mehrzahl der Zentrums- und BVP-Politiker darauf an, sich mit dem neuen Regime zu arrangieren, wenn dieses zu bestimmten Konzessionen auf den für die Katholiken besonders bedeutsamen Gebieten der Kirchen- und Schulpolitik bereit war und für christlichen Einfluß offenblieb. Das erschien wichtiger als die Verteidigung des demokratisch-parlamentarischen Staates, auf dessen Boden man zwölf Jahre lang gestanden hatte." (S. 321) Böckenförde erwähnt dann die Erklärung der Fuldaer Bischofskonferenz, „die bereits am 28. März, fünf Tage nach Annahme des Ermächtigungsgesetzes, veröffentlicht wurde" (S. 322). Mit dieser Erklärung wurden Verbote und Warnungen hinsichtlich der Zugehörigkeit zur NSDAP zurückgenommen und die Katholiken zur Treue gegenüber der „rechtmäßigen Obrigkeit" ermahnt. Damit war nach Böckenförde die politische Situation nach Annahme des Ermächtigungsgesetzes auch „geistlich" legitimiert und „einer politischen Opposition der Katholiken gegen das neue Regime der innere Rückhalt entzogen" (S. 323).

Eine Bekräftigung dieser veränderten Einstellung der geistlichen Führung zum Nationalsozialismus enthielt der Hirtenbrief aller deutschen Bischöfe vom 3. Juni 1933. Den Höhepunkt der Unterstützung aber bildete nach Böckenförde der Abschluß des Reichskonkordats vom Juli 1933, auch wenn zu berücksichtigen bleibe, „daß das ganze Ausmaß von Hitlers Verbrechertum damals noch außerhalb des Erfahrungsbereichs lag" (S. 325). Mit diesem Treuebekenntnis zum NS-Staat „um erhoffter und in Aussicht gestellter kirchen- und kulturpolitischer Sicherungen und der Erhaltung ‚christlichen' Einflusses willen" (S. 327) habe sich der deutsche Katholizismus für die kommenden Monate selbst die Hände gebunden. Zunehmend seien nun Stimmen im Katholizismus vernehmbar geworden, die von einem tief verwurzelten Antiliberalismus her, „aus dem sich die Ablehnung von Demokratie und moderner Gesellschaft, die Hinneigung zu autoritärer Regierung, Führertum und ‚organischer Volksordnung' von selbst ergab" (S. 328), nationalsozialistischen Vorstellungen sehr nahekamen. In der „Bekämpfung der Gottlosigkeit, des Bolschewismus und der ‚öffentlichen Unsittlichkeit'" (S. 328) hätten sich viele Bischöfe dem NS-Regime dankbar verbunden gefühlt. Ein anderer Weg zur Bejahung des NS-Staates führte über „die theologische Aufwertung und Ausdeutung des Reichsgedankens" sowie die „religiöse Überhöhung des Führerprinzips und der auf den volkhaften Kräften von Blut und Boden aufbauenden Ordnung" (S. 330 f.).

Dieser Affinitätsthese Böckenfördes wurde lebhaft widersprochen, bedeutete sie doch eine Revision des bisherigen Geschichtsbildes vom permanenten Widerstand gegen den Nationalsozialismus. Hans *Buchheim* vor allem setzte sich dezidiert mit Böckenfördes Thesen auseinander, warf ihm tendenziöse Zitatenauslese, mangelnde Sorgfalt und Fahrlässigkeit vor (Buchheim 1960/61, S. 515). Vor allem Böckenfördes These von einem hohen Anteil „spezifisch katholische(r) Fehler" beim allgemeinen deutschen Versagen des Jahres 1933 weist Buchheim zurück (S. 502). Trotz mancherlei Unbehagen an der Haltung der deutschen Geistlichkeit in den Jahren 1933 bis 1945 – beispielsweise an den nur zögernden Protesten gegen das Verbrechen am jüdischen Volk – kommt Buchheim im Gegensatz zu Böckenförde zu folgendem Schluß: „Der deutsche Episkopat hat damals keineswegs versagt, und erst recht nicht vermag man ihm spezifisch katholische Fehler nachzuweisen." (S. 514) Vielmehr habe er sich im „Kampf gegen die aufkommende und später die sich ausbreitende totalitäre

Herrschaft als solche, (...) wenigstens in seiner Gesamtheit, von der ersten Stunde an bewährt und dabei die Gabe der Unterscheidung der Geister bewiesen" (S. 514).

Durch Morseys und Böckenfördes Veröffentlichungen wurden weiter ausgreifende Untersuchungen der kirchenpolitischen Vorgänge um das Jahr 1933 angeregt. Das bis dahin auf die kirchliche Abwehrhaltung allein konzentrierte Interesse richtete sich nun auch auf die Zeugnisse von Anpassung und Kompromißbereitschaft. Einen spektakulären Anstoß für die weitere Diskussion in der Öffentlichkeit, aber auch für neue Forschungsansätze gab Rolf Hochhuths „christliches Trauerspiel" „Der Stellvertreter" (1963), das ein großes Echo auslöste.

Eine erste deutsche Gesamtdarstellung des Verhältnisses der katholischen Kirche zum NS-Staat erschien 1965 (Lewy 1965). Der Autor befaßt sich wie Böckenförde überwiegend mit der Haltung des deutschen Episkopats und kommt zu einer ähnlichen Beurteilung wie dieser. *Lewy* wendet sich gegen die „trostbringenden Legenden" (1965, S. 9) von beispielhafter Opposition und richtet sein Augenmerk auf das Verhältnis der katholischen Kirche zum NS-Staat, „auf ein Thema, das durch eine weitreichende Mythologie jahrelang in Dunkel gehüllt wurde" (S. 9). Aufgrund vieler bis dahin unveröffentlichter Dokumente bekräftigt er Böckenfördes Affinitätsthese und differenziert sie durch neue Erkenntnisse.

Im ersten Kapitel beschreibt Lewy detailliert die „Begegnung der Kirche mit dem Nationalsozialismus vor 1933" (S. 15–38). Er kennzeichnet die Bedeutung der Septemberwahlen 1930 für das Verhalten der katholischen Kirche. Die Erfolge der Nationalsozialisten provozierten demnach erste öffentliche Warnungen der Bischöfe vor dem Nationalsozialismus. Der bereits in das NSDAP-Programm 1920 aufgenommene Begriff „positives Christentum" (§ 24) wurde nunmehr zurückgewiesen, da er die Forderung nach einem deutschen Gott und einem deutschen Christentum impliziere. Bis 1932 haben nach Lewy alle Diözesen die Mitgliedschaft von Katholiken in der NSDAP als unzulässig bezeichnet (S. 33). Insgesamt allerdings habe sich der deutsche Episkopat nicht zu einer einheitlichen und eindeutigen Haltung in der Frage des Nationalsozialismus entschließen können (S. 22). Warnungen vor dem Nationalsozialismus seien durch bischöfliche Bekenntnisse zur nationalen Solidarität entschärft worden (S. 27). Nationalistische und antikommunistische Bestrebungen in der katholischen Hierarchie hätten eine Entsprechung zu Bestrebungen der NSDAP dargestellt. Hinzu kam nach Lewy auch in vielen katholischen Kreisen eine Indifferenz gegenüber der Weimarer Republik. Am ehesten protestierte man „gegen die halbreligiösen Lehren der Nationalsozialisten" (S. 31). Nur gelegentlich richteten sich die Angriffe gegen die nationalsozialistische Verherrlichung von Gewalt und gegen den Antisemitismus.

Viele katholische Publizisten stimmten nach Lewy einem „gemäßigten Antisemitismus" zu (S. 297). Zudem habe sich „die Verewigung der schlimmsten antijüdischen Vorurteile des Mittelalters" verheerend auf die Einstellungen vieler Katholiken ausgewirkt (S. 299). Nur wenige Katholiken – Kleriker und Laien – hätten gegen die antisemitischen Tiraden der Nazis protestiert und den Nationalsozialismus grundlegend abgelehnt. Auch die Zentrumspartei habe sich mehr und mehr „von ihrer Bindung an die Grundsätze einer parlamentarischen Regierung“ gelöst (S. 32). Einhergehend mit dieser Entwicklung wuchs die Zahl der Katholiken, die NSDAP wählten.

Mit Blick auf die Ereignisse nach dem 30. Januar 1933 stellt Lewy fest, daß die Anerkennung der neugeschaffenen politischen Tatsachen in mancher Hinsicht „nur eine logische Folge der ambivalenten Haltung des Episkopats zum Nationalsozialismus während der vorangegangenen zwölf Jahre“ war (S. 16). Wir wollen seine kritische Beurteilung der Ereignisse des Jahres 1933 hier nicht weiter verfolgen, da sie im wesentlichen mit Böckenfördes Thesen übereinstimmt. Einige Sätze zu Lewys Einschätzung des Widerstandes sind allerdings für unsere weitere Arbeit notwendig.

Lewy stimmt den Historikern zu, die der katholischen Kirche Versagen vorgeworfen haben, da sie nicht entschieden und eindeutig gegen die Verfolgung und Ermordung der Juden Widerstand geleistet hat. Verklausulierte Äußerungen wie im Hirtenbrief des deutschen Episkopats vom August 1943 ließen die notwendige Klarheit vermissen und blieben zudem ohne nachhaltige Wirkung (S. 318 f.). Als die Nationalsozialisten mit der Ermordung von Geisteskranken und Körperbehinderten begannen, nahm der Episkopat kein Blatt vor den Mund, „und es gelang ihm, der Tötung ein Ende zu setzen; bei der Judenfrage jedoch riskierten die Bischöfe nichts“ (S. 320), weil sie sich nicht auf die Unterstützung der Gläubigen verlassen konnten. Das Versagen des katholischen „Milieus“ aber habe seine Wurzel in jahrelangen antijüdischen Verlautbarungen kirchenleitender Organe gehabt (S. 322). Die Enzyklika „Mit brennender Sorge“, von Papst Pius XI. im März 1937 herausgegeben, verurteilte zwar den Mythos von Rasse und Blut, weil er der christlichen Wahrheit entgegenstehe; aber sie „erwähnte den Antisemitismus nicht per se, noch übte sie Kritik daran“ (S. 324). Lewys Urteil: „Wenn wir unter Widerstand gegen die nationalsozialistische Herrschaft nicht Kritik an gewissen Maßnahmen verstehen, sondern grundsätzliche Opposition gegen das Regime, dann hat die Kirche als Institution keinen Widerstand geleistet.“ (S. 348) In allgemeinerer Sicht unter dem Titel „Die Kirche und der totalitäre Staat“ kommt Lewy zu dem Schluß: „Die Politik der Anpassung des deutschen Episkopats – das Thema dieser Untersuchung – ist das jüngste, eindrucksvolle Beispiel dafür, daß die Kirche unfähig ist, über ihre institutionellen Interessen hinauszuwachsen und Hüterin menschlicher Moral zu sein.“ (S. 366)

Auch Lewys Arbeit provozierte zahlreiche Gegendarstellungen mit grundsätzlich anderen Bewertungen der vorliegenden Fakten. Ludwig Volk (1976) beispielsweise wirft Lewy vor, daß es ihm zwar gelungen sei, den „Mythos“ vom Widerstand zu widerlegen, daß er aber mit seiner Version von Anpassung und gefügigem Mitmachen nur einer neuen Legende Vorschub leiste. Gegen Lewys Analyse setzt Volk die These: „Der Weg des Katholizismus durch die Dunkelheiten und Wirrnisse der NS-Zeit war ebensowenig reiner Widerstand wie reine Anpassung, sondern ein von Entscheid zu Entscheid schwankender Zwischenwert, dessen Größe eben darum für jeden Einzelvorgang gesondert zu ermitteln wäre, bevor eine Gesamtbilanz möglich ist." (Volk 1976, S. 198) Gegen Lewys These vom Versagen der katholischen Kirche argumentieren auch Gotto, Hockerts und Repgen (1980): Um als gesellschaftliche Großgruppe überleben zu können, blieb der Kirche nur ein Weg: „Beharrung – verbunden mit partieller Kooperation" (Gotto u. a. 1980, S. 105)[4].

Bei der Behandlung der katholischen Kirche in der *allgemein-historischen Literatur* beschränken wir uns wie im Falle der evangelischen Kirche auf die Arbeiten von Bracher, Broszat und Erdmann. In *Brachers* Arbeit „Die Auflösung der Weimarer Republik" (1971, zuerst 1955) kommt der deutsche Katholizismus im Rahmen seiner politischen Vertretung, der Zentrumspartei, zur Sprache. Bracher würdigt die hervorragende Bedeutung der Zentrumspartei, der klassischen „Partei der Mitte" (Bracher 1971, S. 83), „mit ihrer antiextremen, antidoktrinären Haltung stets nach Ausgleich strebend" (S. 81). Ähnlich wie Morsey charakterisiert er jedoch dann die zunehmend konservativ-autoritären Tendenzen, die „mit Kaas einen Vertreter des rechten Zentrumsflügels an die Spitze der Partei" brachten (S. 83) und für die letzte Phase der Republik entscheidend wichtig wurden. Warf die Zentrumspartei in den ersten Jahren der Weimarer Republik „das Gewicht ihrer inneren Geschlossenheit und ihrer taktischen Manövrierfähigkeit" (S. 84) zugunsten einer kontinuierlich demokratischen Regierungsbildung in die Waagschale, so unterstützte sie in der Schlußphase die Bestrebungen nach einer Koalition des rechten Parlamentsflügels (S. 84).

In seinen beiden Arbeiten „Stufen der Machtergreifung" (1974, zuerst 1960) und „Die deutsche Diktatur" (1979, zuerst 1969) setzt Bracher auch bei der katholischen Kirche die Akzente zum Teil unterschiedlich. Insgesamt gelangt er im Hinblick auf die politischen Entscheidungen des Jahres 1933 und den von der katholischen Kirche in späteren Jahren erbrachten Widerstand zu einer kritischeren Einstellung. In beiden Texten weist er auf Bestrebungen der Selbstgleichschaltung hin (1974, S. 462; 1979, S. 419) und erwähnt die Revision der zuvor ablehnenden Haltung gegenüber dem Nationalsozialismus durch die Fuldaer Bischofskonferenz im März 1933. Die Auswirkungen des Reichskonkordats vom Juli 1933 bewertet er unterschiedlich: Trotz aller Vorbehalte in bezug auf „die politischen Umstände und den ersten Effekt seines Abschlusses" habe das Reichskonkordat „der katholischen Kirche des weiteren eine feste Grundlage für ihre entschiedene Haltung gegenüber allen geistig-weltanschaulichen Monopolansprüchen wie auch gegen den institutionellen Gleichschaltungsabsolutismus des nationalsozialistischen Regimes geboten" (1974, S. 465). Einige Jahre später kommentiert er abwägender: „Aber hoch war der zu zahlende politische und moralische Preis. Die Anerkennung des Regimes hat eine klare Konfrontierung

---

4 Diese Auseinandersetzungen im kirchenhistorischen Raum wurden in den folgenden Jahren in vielen Einzelstudien mit zahlreichen neuen Details weitergeführt, vor allem durch die im Jahre 1962 gegründete Kommission für Zeitgeschichte. (Vgl. auch: Sekretariat der Deutschen Bischofskonferenz, Die katholische Kirche und der Nationalsozialismus, 1979, sowie die „Stellungnahme des Bensberger Kreises" zur Erklärung des Sekretariats „Katholiken im Widerstand", 1979.)

verhindert und einer katholischen Opposition ähnliche Hemmungen auferlegt wie dem protestantischen Widerstand." (1979, S. 421)

Die päpstliche Enzyklika „Mit brennender Sorge" vom 14. März 1937 bezeichnet Bracher in seiner früheren Arbeit als „den Höhepunkt des offenen Kampfes" der katholischen Kirche gegen das NS-Regime: Mit „ihrer massiven Kritik nationalsozialistischer Irrlehren und Unterdrückungspraxis (wurde sie) für die gesamte Kirche verbindlich (...)" (1974, S. 468). In der späteren Arbeit stellt Bracher die Enzyklika in den Zusammenhang von partieller Opposition einerseits und fortdauernder Staatsloyalität andererseits (1979, S. 421 f.). Er spricht von den „erschreckenden Zeugnissen der Kooperationsbereitschaft" (S. 422), von kirchlicher „Unterstützung und Sanktionierung des Antibolschewismus" (ebenda), von Traditionen des Antisemitismus im katholischen Denken (ebenda). Die katholische Kirche habe sich nie explizit zur Billigung politischen Widerstandes, wie ihn unter anderen Alfred Delp für erforderlich hielt, durchringen können. Mit diesen Einschränkungen bleibt nach Bracher die Bedeutung der katholischen Resistenz eindrücklich genug (1979, S. 422 f.). Im ganzen habe die katholische Kirche ihren Bestand besser zu wahren vermocht als der Protestantismus, „in dessen Mitte eine ungleich mächtigere Gruppe mit den Machthabern paktierte" (1979, S. 423)[5].

Martin *Broszat* zeichnet in seinem Exkurs „Die Auseinandersetzung mit der evangelischen Kirche" (in: Broszat 1979, zuerst 1969, S. 283 ff.) schärfer die unterschiedlichen Konturen der evangelischen und katholischen Positionen. Der evangelischen Kirche widmet er weit mehr Aufmerksamkeit, weil er sie von Anfang an in viel engerer Verstrickung mit der nationalsozialistischen Bewegung sieht. Im Blick auf den Katholizismus meint er, nach einer durch den Konkordatsabschluß bedingten kurzen Phase der Loyalität zum Regime seien die prinzipiellen Gegensätze zum Nationalsozialismus offensichtlich gewesen. Er schreibt dazu: „Der ‚römische' Katholizismus galt nach den Begriffen der völkischen Ideologie nächst dem Judentum und dem Marxismus als besonderer Feind einer ‚nordisch-germanisch' bestimmten Weltanschauung." (1979, S. 283) Aus dieser grundsätzlichen Gegnerschaft habe eine entschieden schärfere Verleumdung und Verfolgung katholischer Geistlicher und eine stärkere Behinderung ihrer Arbeit resultiert. An der katholischen Kirche habe der Nationalsozialismus „wegen ihres universalen, übernationalen Charakters, ihrer stärkeren institutionellen Eigenständigkeit und geistlichen Macht weit mehr Anstoß" genommen (1979, S. 284). Hitler habe sich mit seinen antikatholischen Ressentiments zudem auf entspre-

---

5 1974 (1960) hatte Bracher noch formuliert, den christlichen Kirchen sei nach Irrungen und Täuschungen deutlich geworden, daß sie „mehr zu wahren hatten als ihren eigenen Bestand, daß sie (...) nicht nur in eigener Sache zu sprechen und zu handeln hatten" (1974, S. 469). Sein abschließendes Urteil damals lautete: „Und jedenfalls war der kirchliche Widerstand selbst, ob gewollt oder nicht, ein politisches Ereignis, weil er dem Totalitätsanspruch des Einparteienstaates schon seit 1933 empfindliche Grenzen setzte. Noch in der Zeit der größten Machtentfaltung des nationalsozialistischen Regimes haben sich, wie die Volkszählung 1940 erwies, 95 % der deutschen Bevölkerung als Glieder der Kirchen christlichen Glaubens bekannt." (1974, S. 470)

chende Einstellungen seiner überwiegend protestantischen Regierungspartner verlassen können.

Im Gegensatz zu Lewy ist Karl Dietrich *Erdmann* in der Darstellung der katholischen Kirche bemüht, erkennbare Korrespondenzen zur NS-Ideologie bei allgemein gesellschaftlichen Orientierungen verstehend zu deuten und eine klare Entwicklung von anfänglichen Illusionen und Irrtümern zu einer entschiedenen Widerstandshaltung aufzuzeichnen. Er beginnt sein Kapitel über „die Kirche im nationalsozialistischen Deutschland“ (1980, zuerst 1976, Bd. 20, S. 181 ff.) mit einem Überblick über christliche Leitvorstellungen, die für beide Kirchen die Versuchung mit sich brachten, der Illusion eines möglichen Modus vivendi zu erliegen. Zu diesen traditionellen Orientierungen zählten nach Erdmann „Autorität und Obrigkeit, Volksgemeinschaft und Überwindung des Klassenkampfes“ (S. 182) sowie antijüdische Überlieferungen in beiden Konfessionen. Für die katholische Kirche stellt Erdmann dann die scharfen bischöflichen Stellungnahmen der Jahre 1930 bis 1933 gegen die weltanschaulichen Grundsätze der nationalsozialistischen Bewegung heraus. Die „beruhigenden Zusicherungen“ (S. 184) in Hitlers Regierungserklärung vom 23. März 1933 hätten jedoch die katholische Kirche veranlaßt, die Abgrenzung von Staat und Kirche neu zu überdenken. Am 28. März 1933 versuchte der deutsche Episkopat bei der Fuldaer Bischofskonferenz, „den Frieden wieder herzustellen“ (S. 184). Durch das Reichskonkordat hoffte die Kirchenführung ihren Wirkungsraum zu sichern. Der Konflikt sei dann doch nicht ausgeblieben, er habe sich an der weiterhin unbehinderten Verbreitung christentumsfeindlicher Thesen durch den NSDAP-Ideologen Alfred Rosenberg entzündet. Die Kirche habe trotz massiver Konkordatsverletzungen seitens des Staates und „Verächtlichmachung von Mönchen und Priestern“ (S. 186) den Bruch mit dem Staat vermieden. Da sich die Gegensätze aber als unüberbrückbar erwiesen, habe Papst Pius XI. 1937 mit seiner Enzyklika „Mit brennender Sorge“ einen klaren Trennungsstrich gezogen. Für beide Kirchen gilt nach Erdmann, daß sie über den Rahmen der Selbstbehauptung hinaus Widerstand geleistet haben und sich damit aus ihrem politischen Irrtum des Jahres 1933 befreiten, auch wenn sie 1938 nach der Reichspogromnacht ihre Stimmen noch nicht zu öffentlicher Anklage erhoben (S. 195).

Aus dem Literaturüberblick ergibt sich nach unserer Meinung, daß die wissenschaftliche Diskussion über Rolle und Bedeutung beider Kirchen beim Aufstieg des Nationalsozialismus und in der Phase der Machtstabilisierung keineswegs abgeschlossen ist. Seit den sechziger Jahren wurde in der Forschung verstärkt nach politischen Versäumnissen und grundlegenden Fehlentscheidungen der Kirchen um 1933 gefragt. Mit dieser erweiterten Perspektive geriet auch der kirchliche Widerstand in ein kritischeres Licht als zuvor. Sowohl in der kirchenhistorischen Literatur als auch in der allgemeinen Geschichtsschreibung variiert allerdings das Maß der Kritik an der Rolle der Kirchen um 1933 und an der Begrenztheit des kirchlichen Widerstandes.

5.2 Die Rolle der Kirchen in den Interviews

5.2.1 Zur Bedeutung der Kirchen um 1933

Bei den offenen Fragen nach den Schwerpunkten des Unterrichts und nach der Interpretation der Machtübernahme werden die Kirchen, wie in 2.2 bereits erwähnt, lediglich von vier Lehrern spontan genannt. 70 von 78 Lehrern erwähnen die Kirchen nicht, bei vier Interviews waren die Antworten nicht eindeutig. Mit anderen Worten: Die Kirchen, ihre Ideologien und Wertvorstellungen, ihre traditionellen Handlungsmuster spielen in allen vier Regionen – zumindest nach der Reaktion auf die offenen Fragen zu urteilen – im Geschichtsunterricht über das Ende der Weimarer Republik und den Beginn der NS-Herrschaft keine beziehungsweise keine bewußt wahrgenommene Rolle.

Dieses Ergebnis überrascht, wenn man bedenkt, daß die Kirchen für die politische Orientierung der Menschen in der zur Rede stehenden Zeit eine nicht zu unterschätzende Bedeutung hatten. 1925 gehörten beispielsweise rund 40 Millionen Deutsche der evangelischen Kirche an. Das waren etwa 60 Prozent der Bevölkerung, von denen etwa 11 Millionen, also 18 Prozent der Gesamtbevölkerung, nicht nur nominelle Kirchenmitglieder waren, sondern aktiv an kirchlichem Leben teilnahmen (Nowak 1981, S. 12). Rund 20 Millionen, das heißt etwa 30 Prozent der deutschen Bevölkerung, waren katholisch (Gotto und Repgen 1980, S. 121). Neuere wahlsoziologische Untersuchungen haben zudem ergeben, daß zu den wichtigsten Faktoren, die das Wählerverhalten gegenüber der NSDAP

Tabelle 5.1: Rolle der evangelischen Kirche im Unterricht über Nationalsozialismus

	Begünstigende Rolle wird hervorgehoben	Rolle der evangelischen Kirche wird anders behandelt	Rolle der evangelischen Kirche wird beiläufig behandelt	Rolle der evangelischen Kirche wird nicht behandelt	Unklar	Insgesamt
NRW großstädt. Region	2	1	3	8	1	15
NRW ländliche Region	2	1	0	5	11	19
SH großstädt. Region	2	4	1	15	2	24
SH ländliche Region	2	1	0	16	1	20
Insgesamt	8	7	4	44	15	78

Tabelle 5.2: Rolle der katholischen Kirche im Unterricht über Nationalsozialismus

	Begünstigende Rolle wird hervorgehoben	Rolle der katholischen Kirche wird anders behandelt	beiläufig behandelt	nicht behandelt	Unklar	Insgesamt
NRW großstädt. Region	3	1	4	7	0	15
NRW ländliche Region	5	4	2	3	5	19
SH großstädt. Region	4	2	3	14	1	24
SH ländliche Region	2	1	1	11	5	20
Insgesamt	14	8	10	35	11	78

beeinflußten, die konfessionelle Zusammensetzung zählte (vgl. hierzu zusammenfassend Falter 1979). Demnach führt die Analyse der Reichstagswahlen von 1932 und 1933 zu dem Ergebnis, daß „unzweifelhaft der wichtigste Effekt (...) von der Konfession ausging" (Falter u. a. 1983, S. 536).

Die außerordentlich geringe Beachtung der Kirchen im Unterricht über die Aufrichtung der NS-Herrschaft bleibt auch dann offensichtlich, wenn man die direkte Frage nach der Rolle der traditionellen Eliten berücksichtigt. Die Tabellen 5.1 und 5.2 zur evangelischen und katholischen Kirche weisen lediglich eine geringe Akzentverschiebung aus.

Nur einige Lehrer – 8 beziehungsweise 14 von 78, also besonders wenige im Falle der evangelischen Kirche – problematisieren die Haltung der kirchenleitenden Gremien mit ihren zahlreichen Loyalitätserklärungen an die NS-Machthaber im Frühjahr 1933. Eine kleine Gruppe (7 beziehungsweise 8) erwähnt die Kirchen zwar im Zusammenhang der „nationalen Erhebung", betont aber stärker die staatlichen Gleichschaltungsbestrebungen, die die Handlungsmöglichkeiten der Kirchen rasch einschränkten und die Kirchen aus Überlebensgründen zu vielfältigen Kompromissen mit dem neuen Regime zwangen. Die mit Abstand größte Lehrergruppe (44 beziehungsweise 35) nimmt auf die Kirchen keinen Bezug, wenn sie sich zur Rolle der traditionellen Eliten in der Phase des Machtwechsels unterrichtsbezogen äußert. Allerdings ist zu berücksichtigen, daß manche Lehrer auch beim Thema „Widerstand der Kirchen" auf deren ursprünglich positive Einstellungen zum Nationalsozialismus hinweisen (vgl. 5.2.2).

Die relative Vernachlässigung der Kirchen im Unterricht über die Aufrichtung der NS-Herrschaft begründen die Lehrer unterschiedlich: Wiederholt wird auf den Mangel an Zeit hingewiesen, der zu einer oft als drückend empfundenen Beschränkung auf wenige, und das heißt: auf andere Schwerpunkte zwingt. So antwortet ein Lehrer auf die Frage nach der Rolle der Kirchen: „Wurde nur nebenher behandelt. Da hatte ich einfach das Gefühl, daß der Komplex dann auch entweder nur kurz behandelt oder eben ausführlich behandelt werden muß. Und dann habe ich ihn eben so weitgehend weggelassen.“ (Großstadt, Schleswig-Holstein) Einige Befragte lassen die Kirchen außer acht, weil sie im Religionsunterricht behandelt würden, andere nennen ihr geringes Wissen oder den offenen Forschungsstand auf diesem Gebiet als Grund für die geringe Berücksichtigung des Themas.

Aus Schleswig-Holstein kommen vereinzelt – zum Teil in ironischen Wendungen – regional spezifische Begründungen für das Desinteresse am Thema Kirche und Staat. Es wird in diesen Fällen auf eine allgemeine Indifferenz der Bevölkerung gegenüber der Kirche zurückgeführt.

Interviewausschnitt 5/1 (Großstadt, Schleswig-Holstein)

Kontext: Frage nach der Rolle der unterschiedlichen Eliten (in Militär, Bürokratie/Justiz, Kirchen, Industrie) gegen Ende der Weimarer Republik.

Befragter: „(...) das hat hier überhaupt keine Rolle gespielt, ist auch nicht vertiefend behandelt worden, weil man das wahrscheinlich auch gar nicht als Problem empfand. Es hat weder mit Schülern da Diskussionen gegeben, noch innerhalb der Lehrerschaft. Das ist also kein Thema für Auseinandersetzungen gewesen. Ja, hier ist eben das Christentum mit Gewalt eingeführt worden in Schleswig-Holstein und hat sich nie ganz durchgesetzt. Wir haben hier noch starke heidnische Reste, deshalb ist das also als Problem uninteressant.“

Interviewausschnitt 5/2 (Großstadt, Schleswig-Holstein)

Interviewer: „Welche Rolle spielt die Darstellung der Kirchen in Ihrem Unterricht gegen Ende Weimar und zu Beginn des Nationalsozialismus?“

Befragter: „Also im Grunde genommen gar keine (...) man muß doch davon ausgehen, daß wir hier in einem protestantischen Lande leben, in dem weitaus die Mehrzahl aller Menschen einfach indifferent ist. Und aufgrund der Indifferenz ist der Nationalsozialismus, ist das Verhältnis Nationalsozialismus und Kirche eigentlich kein Thema. So daß das kaum vorkommt. Ich meine, unter dem Gesichtspunkt der Gleichschaltung kann man es natürlich mit einbeziehen, nicht, ich meine, daß es für den engagierten Christen voller Probleme gesteckt hat, das weiß ich aus eigener Erfahrung auch, aus persönlicher Erfahrung, das habe ich in meiner Umgebung durchaus am Rande auch miterlebt. Aber überwiegend ist das hier kein Thema gewesen, es ist ganz auffällig, daß es auch für unsere Schüler hier kein Thema ist. Ich meine, das begegnet sich da so 'n bißchen.“

Das Verhältnis der evangelischen Kirche zum Nationalsozialismus wird nicht problematisiert, weil die Kirche in der aktuellen Lebenssituation der Unterrichtenden und der Jugendlichen keine nennenswerte Rolle spiele. Die Distanz zu der Institution Kirche läßt hier die Frage in den Hintergrund treten, ob die evangelische Kirche eine politische Kraft war, die bei der Etablierung der nationalsozialistischen Herrschaft mitwirkte.

Die wenigen kritischen Stimmen sind weit gestreut, es ergeben sich nur geringe regionale Abweichungen. Die vier folgenden Interviewausschnitte machen deutlich, worauf sich die Kritik an den Kirchen konzentriert. Zwar sind Stimmen in dieser Breite der Argumentation äußerst selten, aber in ihnen ist gesammelt, was andere Interviews in Ansätzen, in knappen Hinweisen, in beiläufigen Nebensätzen enthalten. Die Kritik an der evangelischen Kirche (Interviewausschnitte 3 und 4) bezieht sich auf die demokratiefeindliche Haltung vieler Geistlicher, auf die (anfängliche) Kooperationsbereitschaft der Amtskirche mit dem Nationalsozialismus. Wiederkehrende Stichworte sind: Gleichschaltung, Glaubensbekenntnis der Deutschen Christen, Arierparagraph.

Interviewausschnitt 5/3 (Großstadt, Schleswig-Holstein)
Kontext: Frage nach der Rolle der Kirchen gegen Ende der Weimarer Republik.
Befragter: „Die Kirchen und ihr Verhalten sind zweifellos im Stadium ihrer Gleichschaltung, also im Jahr 1933, (...) ein wichtiger gesellschaftlicher Faktor. Und man muß sagen, und das Buch tut das auch, jedenfalls ‚Geschichtliche Weltkunde' tut das auch, (...) in Ansätzen, daß die Protestantische Kirche, mindestens in ihrer unteren Ebene, also bei den Pfarrern, durchaus nationalsozialistisch unterwandert war, und in ihrer oberen Ebene, bei den Bischöfen, zu jeder Kooperation bereit war. Es gibt da üble Fotos von Bischöfen, die die Hand zum Nazi-Gruß heben. Die freilich stehen in diesem Buch nicht drin."

Interviewausschnitt 5/4 (Großstadt, Nordrhein-Westfalen)
Kontext: Frage nach der Rolle der Kirchen gegen Ende der Weimarer Republik.
Befragter: „Ja, evangelische Kirche, da ist vielleicht in der Weimarer Zeit ja noch viel deutlicher zu zeigen, wie sehr anders sie eigentlich dachten, als man in einer parlamentarischen Demokratie denken müßte. Ist vielleicht die Wahl Hindenburgs der allerbeste Aufhänger, um das deutlich zu machen. Dazu gibt es ja sehr viele Vorentscheidungen kirchlicher Kreise, wen man nun unterstützen soll. Dazu gibt es politische Predigten, aus denen ganz deutlich wird, daß man ja im Grunde antidemokratisch gedacht hat, nicht nur ademokratisch, sondern antidemokratisch gedacht hat. Und ich meine, manchmal heute so eine Art verspäteter Wiedergutmachung da zu spüren, in ganz bestimmten Kreisen evangelischer Pastoren."

Der Lehrer im Interviewausschnitt 5/3 verwendet wie viele andere den auch in Schulbüchern üblichen Begriff von der „Gleichschaltung", der dem Staat eine aktive und der jeweils betroffenen („gleichgeschalteten") Gruppe eine passive Rolle zuweist. Auch die „nationalsozialistische Unterwanderung" der protestantischen Pfarrerschaft vermittelt den Eindruck, daß das Übel von außen in die Kirche eingedrungen ist. Der Lehrer geht in seiner Kritik dennoch so weit, daß er die Absicherung durch die Darstellungen im Geschichtsbuch verläßt und auf einige die evangelische Kirche belastende Fotodokumente aufmerksam macht, die „freilich" – und damit unterstellt er offenbar sogar etwas wie eine Beschönigungsabsicht – in „Geschichtliche Weltkunde" nicht abgedruckt sind.

Im Interviewausschnitt 5/4 wird die evangelische Kirche deutlicher als Trägerin antidemokratischer Ideen, mit denen sie sich aktiv im Vorfeld politischer Entscheidungen engagiert habe, gekennzeichnet. Der Lehrer bezieht sich auf die Reichstagspräsidentenwahl von 1925. Mit Hindenburgs Kandidatur schienen – so K. Nowak (Weimar 1981) – „die alten Zeiten kaiserlichen Glanzes wiederaufzuleben" (S. 161). Eine große Mehrheit in der evangelischen Kirche begrüßte aus antidemokratisch-nationalistischer Gesinnung die Wahl Hindenburgs zum zweiten Präsidenten der Deutschen Republik.

In den beiden folgenden Interviewausschnitten geht es um den politischen Katholizismus und die Nähe einiger Bischöfe zum Nationalsozialismus. Ein gängiges Argument lautet: Den Nationalsozialisten sei es gelungen, die Kirche(n) zunächst über ihre wahren Absichten zu täuschen. Stichworte hierbei sind: Zentrumspartei, Zustimmung zum Ermächtigungsgesetz, Hirtenworte der Bischöfe (insbesondere das vom Juni 1933), Konkordat.

Interviewausschnitt 5/5 (Großstadt, Nordrhein-Westfalen)

Kontext: Frage nach der Rolle der Kirchen gegen Ende der Weimarer Republik.

Befragter: „Mein Zugriff zu diesem Problem, soweit die katholische Kirche jetzt berührt ist, ist eigentlich das Verhalten des Zentrums bei der Entscheidung über das Ermächtigungsgesetz. (...) Und da wird dann nun ganz deutlich, daß die Bereitschaft, dem Ermächtigungsgesetz eben zuzustimmen, auch eben gespeist worden ist aus, jedenfalls bei einem Teil dieser Fraktion gespeist worden ist, von ganz bestimmten Erwartungen in bezug auf die Unantastbarkeit des katholischen Schulwesens oder ein zukünftiges Konkordat, das abgeschlossen werden könnte, aber doch auch auf eine gewisse, na, wie soll ich sagen, gleiche Gesinnung in bezug auf geistige Umweltverschmutzung, wie man das heute nennen würde."

Interviewer: „Was meinen Sie damit?"

Befragter: „Ja nun, also gegen eine bestimmte Art von Literatur konnte man durchaus gemeinsame Front machen, oder aber die Nationalsozialisten würden da etwas tun, was man am liebsten auch selbst machen würde. Das schlägt sich ja dann auch in Hirtenworten der Bischöfe nieder, vor allen Dingen (bei) Bertram von Breslau oder Faulhaber."

Interviewausschnitt 5/6 (Ländliche Region, Nordrhein-Westfalen)

Kontext: Frage nach der Rolle der katholischen Kirche Anfang der dreißiger Jahre.

Befragter: „Ich hab' angefangen, zunächst mal das gespannte Verhältnis zwischen Nationalsozialisten und Kirche vor '33 darzustellen, (...) daß also die Kirche gesagt hat, wer Nationalsozialist ist, ist kein Christ. (...) Und daß dann eben durch die verschleiernde Kirchentaktik der Nationalsozialisten die Kirche auch ein bißchen in Sicherheit gewiegt wurde, und dann hab' ich mit denen die einzelnen Stufen, so verschiedene, na, Verlautbarungen der Kirche mit denen besprochen und bin dann zum Reichskonkordat übergegangen, zum Abschluß des Reichskonkordats, hab' mit denen die einzelnen Punkte des Reichskonkordats besprochen und natürlich dann die Frage gestellt, welchen Vorteil bringt das Reichskonkordat für die Kirche, welchen Vorteil bringt das für die Nationalsozialisten, und dabei ist dann eben (...) herausgekommen, daß die Vorteile für die Nationalsozialisten erheblich größer waren, daß die Kirche also ... ihre Verantwortung zugunsten ihrer seelsorgerischen Tätigkeit, ihrer rein seelsorgerischen Tätigkeit, aufgegeben hatte."

Der bereits im Interviewausschnitt 5/4 zitierte Lehrer äußert sich im Interviewausschnitt 5/5 zur katholischen Kirche ebenfalls kritisch. Er sieht die politische Kompromiß- und Anpassungsbereitschaft der den Katholizismus vertretenden Zentrumspartei und scheut sich auch nicht, Übereinstimmungen in der Gesinnung von Nationalsozialisten und einigen katholischen Bischöfen zu konstatieren. Äußerungen der Bischöfe Bertram und Faulhaber werden auch in anderen Interviews einige Male als Beleg für Zustimmung zum Nationalsozialismus in kirchlichen Kreisen herangezogen.

Auch im Interviewausschnitt 5/6 findet sich eine von etlichen Befragten vertretene Meinung über die Haltung der katholischen Kirche: Die Kritik am deutschen Katholizismus zielt auf die Entwicklung nach den Märzwahlen 1933. Bis dahin erschienen die katholische Kirche und mit ihr das Zentrum als entschiedene Gegner der nationalsozialistischen Bewegung. Nach der Märzwahl aber ist es nach Darstellung einiger Lehrer aus dem Bestreben heraus, kirchen- und kulturpolitisch erhoffte christliche Einflußmöglichkeiten zu sichern, zu einer raschen und fortschreitenden Annäherung an das NS-Regime gekommen. Allerdings habe sich der Versuch der Mitarbeit bald als ein Irrweg erwiesen. Unbeabsichtigt, durch die Zusagen Hitlers getäuscht, habe die katholische Kirche somit bei der Stabilisierung der diktatorialen Herrschaft geholfen.

Einige wenige Interviews lassen erkennen, daß das Thema Kirche im Nationalsozialismus als relevant auch im aktuellen politisch-gesellschaftlichen Kontext betrachtet wird. Stellungnahmen kirchlicher Gruppen beziehungsweise einzelner Christen werden aufmerksam registriert und in kritischem Bezug auf traditionelle Entwicklungen im Protestantismus beurteilt. Hierzu ein Beispiel aus Schleswig-Holstein:

Interviewausschnitt 5/7 (Großstadt, Schleswig-Holstein)

Kontext: Frage nach der Rolle der Kirchen gegen Ende der Weimarer Republik. Der Lehrer erzählt, daß er das Thema sehr gerne behandle, da er kirchlich engagiert und an theologischen Fragen interessiert sei. Manchmal gäbe es sogar wegen möglicher Überschneidungen Schwierigkeiten mit dem Religionslehrer. Dann aber nimmt er erst einmal keine Stellung zu der Frage des Interviewers, sondern geht auf den Widerstand ein:

Befragter: „Also diese Barmer Erklärung kommt vor, und es kommt auch vor der Begriff Bekennende Kirche, und dann beim Widerstand wird nachher auch gezeigt, aus welchen Kreisen er sich speist. Und dann kommt eben auch ein Kreis Kirche. Aber ein besonderer Schwerpunkt im Geschichtsunterricht ist das nicht bei mir."

Der Interviewer fragt nach den Deutschen Christen:

Befragter: „Steht ein Satz im Geschichtsbuch. Hitler versuchte, die Kirche unter dem Gesichtspunkt Gleichschaltung, protestantische Kirche auch, zu gewinnen. Aber was die dazu bewegt, den Reichsbischof Müller – ob die vielleicht auch aus der rechten Ecke kamen, schon politisch, deutschnational wirkten in der Weimarer Republik, so etwas findet man nicht in Geschichtsbüchern, die mir zugänglich sind. Ich vermute ja, daß die allesamt deutschnational waren schon in Weimar und deswegen der Sprung zu Hitler und der neuen Ideologie wie bei Heidegger und anderen auch gar nicht so schwer war."

Im weiteren Verlauf stellt der Befragte einen aktuellen Bezug her, indem er den Eindruck äußert, daß die Pastoren heute eher links eingestellt seien. Er interpretiert dies als eine Reaktion auf die Vergangenheit, als ein Bemühen vielleicht, das Bündnis von Thron und Altar vergessen zu können. Als ein Beispiel nennt er einen bekannten ortsansässigen Pfarrer und führt aus:

„Von dem habe ich das so ein bißchen, daß er sich absetzen mußte von seinem ganzen deutschnationalen Elternhaus und all den Traditionen und dann '45 wirklich ein Bruch war. Das begann mit der Stuttgarter Schulderklärung und geht dann weiter, daß man jetzt die Probleme dieser Welt und auch der unteren Schichten ernst nimmt und Jesus als Bruder erkennt und nicht als ... oder nicht so sehr Gott-Vater betont und all diese autoritären Dinge ausmerzen will."

Wie viele Befragte assoziiert der Lehrer beim Stichwort „Kirche" den Kirchenkampf. Wie bei vielen bleibt auch bei ihm die Kirche eher ein Thema am Rande des Unterrichts über Nationalsozialismus. Im Unterschied zu vielen kritisiert er die gängigen Schulbücher, die die deutschnationalen Traditionen im protestantischen Pfarrhaus und damit dessen ideologische Nähe zu bestimmten Aspekten des NS-Gedankenguts außer acht lassen. Heutige politisch-soziale Aktivitäten von Pfarrern bewertet er als eine Form von Sühne oder geschichtlicher Verantwortung, die aus der Schuld der Väter resultiere. Das Jahr 1945 stellt für ihn die Stunde Null dar, in der es zu einem Bruch mit verhängnisvollen Traditionen gekommen sei und ein neuer Anfang gemacht werden konnte, indem die Kirche sich abwandte von einem autoritären Gott-Vater-Bild hin zu brüderlicher Solidarität mit den „unteren Schichten". Zwar ist im Hinblick auf die Ausblendung der Kirchen beim Thema Aufrichtung der NS-Herrschaft in den Interviews aller Regionen eine bemerkenswerte Einheitlichkeit festzustellen, doch gibt es einige Beispiele – wie das Interview dieses Lehrers – für leichte Akzentverschiebungen. In Schleswig-Holstein begegneten uns vereinzelt kritische Stimmen zur traditionellen Loyalität evangelischer Geistlicher zum Staat, konkret zum NS-Staat in seinen Anfängen.

Etliche Interviewaussagen im katholischen Münsterland demonstrieren die Brisanz der Diskussion um die Haltung der (katholischen) Kirche zum nationalsozialistischen Staat. Der Lehrer im Interviewausschnitt 5/8 berichtet, wie empfindlich Schüler und Schülerinnen auf eine vorsichtige Kritik an der Kirche reagierten:

Interviewausschnitt 5/8 (Ländliche Region, Nordrhein-Westfalen)

Kontext: Frage nach der Rolle der traditionellen Eliten gegen Ende der Weimarer Republik.

Befragter: „Und zu den Kirchen, dieser berühmte Hirtenbrief vom Juni '33, der Brief der deutschen Bischöfe. Und dann habe ich parallel dazu gemacht, um das noch deutlich werden zu lassen, dies Glaubensbekenntnis der deutschen Christen, Arierparagraph (...) Das Glaubensbekenntnis der Deutschen Christen (...), das ist sehr schön, weil da also Blut und Boden, alles drin vorkommt: ein Gott, ein Volk, ein Reich, eine Kirche."

Interviewer: „Was sagen die Schüler dazu?"

Befragter: „Ja, die sind zum Teil etwas, also, tja, schockiert, zum anderen weisen (sie) immer wieder auf die Situation, die Bedrückung der Kirche damals, also, die Angst und so weiter (hin), was ja auch verständlich ist, und auf das, was man vorher noch gemacht hat, über diese totale Erfassung des Menschen, dann ist das ja auch berechtigt. Oder auch, was ich eigentlich sehr überlegt finde, daß eben die katholische Kirche versuchte, mit dem Konkordat einfach also Rechtsmittel in der Hand zu haben, daß sie so versuchte, etwas juristisch Fundiertes vorweisen zu können, wie auch jeder heute hinter irgendeinem Vertrag her ist. Es wurde so ein Beispiel gebracht – die Schlußakte von Helsinki, an die man sich hier auch hält, obwohl der Partner sie bricht. Diese Dinge, das ist gar nicht so verkehrt. Und in diesem Kurs läuft es so, daß also trotzdem eine kritische Haltung da ist. Während ich das mal in einem Kurs erlebt habe, daß es also furchtbares Theater gab. Das also war irgendwie schlimm, mit welcher unkritischen Distanz die das nur als Angriff auf die Kirche sahen. Und da, wo (man) doch eine gewisse Mitverantwortung und vielleicht gewisse Mitschuld auch konstatieren kann."

Interviewer: „Und was haben sie denn da gesagt? In dem anderen Kurs?"

Befragter: „Ja, also ständig was dagegen gesagt, dann ist ein Beispiel aus dem Widerstand und so weiter gebracht (worden), worauf man natürlich dann eben sagen kann, gut, das will auch keiner bestreiten, im Gegenteil, da haben einzelne Leute unheimlich viel eingesetzt, und es sind Tausende umgebracht worden. Das kann man in keinster Weise irgendwie wegleugnen. Aber das, die offizielle Kirche hat in gewisser Weise versagt, das muß man einfach konstatieren. Ja, von seiten der Schüler wurde das massiv bestritten, und es gibt ja auch von kirchlicher Seite doch sehr stark gefärbte Darstellungen, die sie zum Teil ranzogen oder ganz einfach sagten, ja, Sie bringen nur diese und jene Quellen, aber ..."

Interviewer: „Wer sagt das?"

Befragter: „Schüler."

Interviewer: „Ah ja."

Befragter: „Tja, ist ja nicht so angenehm. Vor allem, weil das so unheimlich emotionalisiert war. Und dagegen kann man sehr schwer angehen. (...)"

Der Befragte erzählte im weiteren Verlauf des Interviews vom Gespräch mit einem Vater, der auf die enge Bindung seines Sohnes an die Kirche („sehr fixiert auf Kirche") hinwies. Der Lehrer wollte mit seiner Darstellung der Kirchen solche Schüler nicht verunsichern, empfand daher die Situation recht schwierig und versuchte zu differenzieren:

„Ich habe es insofern dann wieder versucht, klarzumachen, also ich wollte ihnen nicht die Beziehung zur Kirche mies machen. Das ist ja nun nicht meine Aufgabe. Also doch deutlich werden zu lassen, daß eben hier, wenn man von so einem gewissen Versagen der Kirche spricht, daß sich das dann eindeutig auf die Kirchenführung und auf die Amtskirchen bezieht, nicht aber auf die Gläubigen oder 'ne große Zahl der Gläubigen, die man ja auch als Kirche sehen kann. Ob das so angekommen ist, weiß ich nicht."

Interviewer: „Gibt es ähnliche Reaktionen der Schüler im Verhältnis zu anderen Themen? Zum Beispiel Rolle der Industrie oder Militär?"

Befragter: „Nee. Habe ich also bisher nie erlebt. (...) Das war wohl sehr eindeutig. Kirche, da spielt sicherlich hier so etwas (...) eine Rolle, daß die doch anders reagieren."

Der Lehrer hält es für notwendig, die Kirchen in der Entstehungszeit des Nationalsozialismus kritisch zu beleuchten, wird jedoch durch die Rechtfertigungsbemühungen der Schüler (Angst und Bedrückung in den Kirchen) verunsichert. Er stimmt dem gar nicht in den historischen Kontext (1933) gehörigen Argument von der totalen Erfassung der Menschen zu. Dahinter verbirgt sich wahrscheinlich die These, daß Widerstand in einem totalitären System kaum möglich ist, nur in der Phase vor der Machtfestschreibung. Aber genau darum ging es in der Fragestellung seines Unterrichts: Welche Rolle spielten die Kirchen in der Phase der nationalsozialistischen Machtübernahme, haben sie sich arrangiert oder bekämpften sie die Etablierung des Systems in seinen Anfängen? – Der heftige Widerspruch einiger Schüler bis hin zu dem Vorwurf, der Lehrer verwende tendenziös ausgesuchte Quellen, bringt ihn dazu, seine Kritik an den Kirchen auf eine Kritik an den geistlichen Führern zu reduzieren und die Gemeindemitglieder, die „große Zahl der Gläubigen" von Mitverantwortung und Schuld zu entlasten. Die Sorge vor drohenden Konflikten mit einer kirchlich eng und emotional gebundenen Umwelt bringt eine erhebliche Unsicherheit in seine eigentlich eindeutige Beurteilung kirchenpolitischer Verhaltensweisen in der zur Rede stehenden Zeit.

Die katholische Kirche prägt in dieser ländlichen Region Nordrhein-Westfalens das Leben erheblich stärker als in den Städten. Das ist gewiß keine neue Beobachtung, dennoch ist bemerkenswert, mit welch heftigem Widerspruch noch immer Lehrer und Lehrerinnen rechnen müssen, die anhand häufig publizierter und allgemein bekannter Quellen aus der kirchlichen Zeitgeschichte vorsichtige Kritik an der katholischen Kirche vorbringen.

5.2.2 Auswertung der Interview-Ergebnisse auf die Fragen nach dem Widerstand im Nationalsozialismus

Im Unterschied zur Darstellung der Kirchen in der Phase der nationalsozialistischen Machtübernahme spielt der spätere Widerstand der Kirchen als Unterrichtsgegenstand eine größere Rolle. Für den Interviewabschnitt zum Thema

„Widerstand" waren im Leitfaden folgende Fragen vorgesehen: Welche Schwerpunkte setzen Sie bei der Behandlung des Themas „Widerstand"? – Auf welche Gruppen legen Sie besonderen Wert? – In diesem Zusammenhang erwähnen 43 von 78 Befragten die evangelische Kirche, 35 von 78 die katholische Kirche. Weitere 13 sprechen vom Widerstand der Kirchen ohne Konfessionsdifferenzierung.

Vergleichen wir diese Zahlen mit den Ergebnissen der vorangegangenen Interviewteile, die eine Erwähnung der Kirchen ermöglicht hätten, so kommen wir zu folgenden Feststellungen: Trotz der offenen, ungezielten Fragen werden die Kirchen im Zusammenhang mit dem Widerstand gegen den Nationalsozialismus sehr oft genannt. Die befragten Lehrer und Lehrerinnen betrachten kirchliche Widerstandsaktivitäten vielfach als wichtig, nicht aber kirchliche Einflußnahmen auf politische Entwicklungen und Entscheidungen, die die Zerstörung der Weimarer Republik und die nationalsozialistische Machtübernahme bewirkten. Das gilt für alle Regionen, lediglich in der Großstadt von Schleswig-Holstein ist das Interesse am katholischen Widerstand etwas geringer.

Die relativ hohe Zahl der unklaren Antworten ergibt sich aus unserer offenen Frage nach Widerstandsgruppen, die im Geschichtsunterricht dargestellt werden. Angesichts der Fülle von Informationen zu diesem Thema wurde nicht immer nachgefragt, zumal sich der Schwerpunkt der Interviews auf den Anfang der dreißiger Jahre konzentrierte. Es ist also anzunehmen, daß sich bei gezieltem Fragen nach den Kirchen das Zahlenverhältnis noch einmal zugunsten des kirchlichen Widerstandes verschoben hätte.

Wie bereits erwähnt, sollte mit der Frage nach dem Widerstand das Verhalten der Kirchen zum Nationalsozialismus noch einmal aus einer anderen Perspektive beleuchtet werden. Viele Befragte betonen die sich in den Jahren nach 1933 allmählich anbahnende Veränderung innerhalb der Kirchen. Von einer ambivalen-

Tabelle 5.3: Evangelische Kirche im Widerstand

	Erwähnt	Nicht erwähnt	Unklar	Insgesamt
NRW großstädt. Region	7	4	4	15
NRW ländliche Region	12	1	6	19
SH großstädt. Region	11	3	10	24
SH ländliche Region	13	3	4	20
Insgesamt	43	11	24	78

ten Einstellung dem NS-Staat gegenüber kam man zu einer mehr distanziert-skeptischen Haltung. Uns interessierte in diesem Zusammenhang, inwieweit im Unterricht auf das anfängliche Miteinander von Nationalsozialismus und Kirche eingegangen und dies als erhellend für die historische Entwicklung betrachtet wird.

Auf die Frage nach der Rolle der Kirchen um 1933 reagierten viele ähnlich wie der Lehrer aus der ländlichen Region Schleswig-Holsteins, der erklärte: „Ja, Kirche im Zusammenhang mit Gleichschaltung und Konkordat und dies alles ... Aber nicht besonders intensiv (...) Kirchen kommen bei mir eigentlich erst wieder richtig im Zusammenhang mit Widerstand vor, überhaupt die Rolle der Kirchen." Bei genauerem Nachfragen ergab sich, daß der Befragte die Kirchen beim Thema „Ende der Weimarer Republik/Beginn der NS-Herrschaft" nicht erwähnte. Sein Unbehagen, die Frage danach mit „nein" beantworten zu müssen, verbarg er wohl hinter dem „nicht sehr intensiv".

Relativ selten sind Stimmen, die beim Thema „Widerstand" ausschließlich die kirchliche Opposition würdigen und ein eindeutiges Bild von politischer Verfolgung und kirchlichem Widerstand zeichnen. Versuche einer relativierenden Darstellung von Anpassung und Widerstand überwiegen. Einige Lehrer nehmen rückblickend Bezug auf die anfängliche Zustimmung und Kompromißbereitschaft der Kirchen, wobei der Eindruck vermittelt wird, die Kirchen seien nach ihren Anfangsschwächen dann doch noch zu einer klaren Entscheidung gegen den Nationalsozialismus gekommen.

Allgemein ist eine große Übereinstimmung in der Wahl der Quellen zu beobachten, die im Unterricht verwendet werden. Es sind fast ausschließlich Verlautbarungen der Amtskirchen, wie Gebetsliturgien und Denkschriften der Kirchenleitung, Erklärungen der Fuldaer Bischofskonferenz usw., so daß die Institutionen als Träger des Widerstandes im Vordergrund stehen. Werden einzelne

Tabelle 5.4: Katholische Kirche im Widerstand

	Erwähnt	Nicht erwähnt	Unklar	Insgesamt
NRW großstädt. Region	8	4	3	15
NRW ländliche Region	14	0	5	19
SH großstädt. Region	5	5	14	24
SH ländliche Region	8	5	7	20
Insgesamt	35	14	29	78

Widerstandskämpfer erwähnt, wie beispielsweise D. Bonhoeffer – auf dessen politische Initiativen und theologische Entwürfe die Bekennende Kirche zurückhaltend, wenn nicht gar abweisend reagierte –, so erscheinen sie dennoch als Repräsentanten ihrer Kirchen. Nur sieben Lehrer unterscheiden zwischen Amtskirche und Christen, die ohne Rückendeckung durch ihre Kirchen Widerstand leisteten.

In fast allen Interviewteilen zum Thema „Widerstand der evangelischen Kirche" wird die Bekennende Kirche genannt, oft auch die „Theologische Erklärung" von Barmen 1934. Die Bekennende Kirche und die „Glaubensbewegung Deutsche Christen" erscheinen meist als zwei einheitliche, geschlossene Blöcke, die in ihren theologischen und politischen Einstellungen und ihrer Haltung dem Staat gegenüber scharf voneinander abzugrenzen seien.

Vor allem in Schleswig-Holstein werden im Zusammenhang mit Bekennender Kirche die Namen Martin Niemöller und Dietrich Bonhoeffer erwähnt. Bei der Darstellung dieser beiden Widerstandskämpfer sind kaum Unterschiede zu beobachten. Sie werden als prominente Vertreter der Bekennenden Kirche vorgestellt, die entschieden und eindeutig den Nationalsozialismus bekämpften. Eine Differenzierung im Hinblick auf die lange Zeit ambivalente Haltung Niemöllers zum NS-Staat und auf die zunehmende Isolierung Bonhoeffers innerhalb der Bekennenden Kirche durch seine theologisch begründete Entscheidung zum politischen Widerstand ist nur in wenigen Interviews zu erkennen (vgl. Abschnitt 5.1.1, Fußnoten 2 und 3).

Fast alle Lehrer, die in ihrem Unterricht über Nationalsozialismus auch über die katholische Kirche informieren, erwähnen das zwischen dem Deutschen Reich und dem Heiligen Stuhl abgeschlossene Reichskonkordat. Im allgemeinen wird es interpretiert als ein Akt der Selbsttäuschung der katholischen Kirche, die hoffte, durch juristische Vereinbarungen mit den neuen Machthabern ihren Besitzstand zu bewahren. Relativ schnell mußte sie dann aufgrund der staatlichen Konkordatsverletzungen ihren Irrtum erkennen und ihr Verhalten korrigieren. Es wird als evident dargestellt, daß der Weg der Kirche von ihrer Kompromißbereitschaft im Jahre 1933 zu einer entschiedenen Ablehnung des NS-Regimes geführt habe. In einigen wenigen Interviewaussagen, die sich auf die Zustimmung des Zentrums zum Ermächtigungsgesetz und auf einige bischöfliche Verlautbarungen zur Machtübernahme beziehen, werden neben diesen taktischen kirchenpolitischen Erwägungen als Grund für eine Zusammenarbeit mit dem NS-Staat auch antiparlamentarische und antikommunistische Traditionen im Katholizismus erwähnt.

Im Gegensatz zu der nur vereinzelten Erwähnung der Haltung, die Zentrum und katholische Kirche zu Beginn der NS-Herrschaft einnahmen, zeigen fast alle, die von der katholischen Kirche sprechen, Interesse an dem damaligen Bischof von Münster, Clemens August Graf von Galen. Die Interviews lassen erkennen: Neben der Enzyklika „Mit brennender Sorge" an die deutschen Katholiken im Jahre 1937, mit der Papst Pius XI. die nationalsozialistische Religionspolitik und Konkordatsmißachtung kritisierte, halten die Befragten die Proteste des Bischofs von Münster gegen den Mord an Behinderten (Euthanasie) für den wichtigsten

Widerstandsakt der katholischen Kirche. In der ländlichen Region Nordrhein-Westfalens, einstmals der unmittelbare Wirkungskreis des Bischofs, werden allerdings auch einige wenige kritische Stimmen laut: Mit einem Interviewausschnitt aus dem Münsterland wollen wir einige der zuvor genannten Aspekte verdeutlichen.

Interviewausschnitt 5/9 (Ländliche Region, Nordrhein-Westfalen)

Kontext: Frage nach der Rolle der traditionellen Eliten gegen Ende der Weimarer Republik.

Befragter: „Wir haben die Rolle der Kirchen insofern analysiert, als wir einmal das Konkordat in seiner ganzen vielfältigen Problematik besprochen haben. (...) Die Wirkungen, die damit verbunden waren, sind alle zum Ausdruck gekommen. Die Haltung, auch von verschiedenen Würdenträgern der Kirche, zum Nationalsozialismus wurde insofern analysiert, als man eben hier doch eine Tolerierung des Nationalsozialismus zum Teil erkennen konnte, eben durch das Konkordat auch gerechtfertigt. Und wir haben beispielsweise anhand des hier in Münster doch sehr bedeutsamen, aber eben auch für Deutschland sehr wichtigen, anhand der Rolle des Kardinals von Galen und seiner persönlichen Entwicklung und Haltung zum Nationalsozialismus, die Rolle eben der Kirche auch analysiert, und da wurden beispielsweise auch mal Aussagen von ihm selbst einbezogen.

Und ich erinnere mich auch, daß in der 11 beispielsweise mal ein Referat auch über von Galen miteingebracht wurde. Und da ist ja eben interessant, daß hier die Opposition zum Hitler-Regime nicht aus einer generellen Ablehnung beispielsweise der autoritären Strukturen oder überhaupt aus einer generellen Ablehnung der gesamten Ideologie kam, denn der Kardinal von Galen war ja durchaus ein konservativer Mann gewesen und hatte zunächst am Anfang ja noch geglaubt, man könne also mit den Nationalsozialisten vernünftig reden, und hatte auch geglaubt, daß sie eben doch gewisse Positionen vertreten, die er auch eben akzeptieren könne. Und er hat ja auf offiziellem Wege versucht, die Nationalsozialisten von diesem Weg abzubringen, und als er merkte, es geht auf offiziellem Wege überhaupt nicht mehr, er kann also aufgrund seiner Protestschreiben überhaupt keine Antwort mehr erwarten, da hat er sich eben an die Öffentlichkeit gewandt. Und als er dann auch persönlich immer stärker betroffen wurde, als aus seinem eigenen Bereich immer mehr Leute der Euthanasie zugeführt wurden, hat er ja ganz massiv eingegriffen. Ja, was hier besprochen wird, ist eben die Gespaltenheit, auch die Problematik einerseits: nämlich ein Teil des Volkes nimmt massiv sozusagen Partei für den Nationalsozialismus. Und wir haben versucht, auch mal zu analysieren, was eben bestimmte Pfarrer vielleicht bewogen hat, für den Nationalsozialismus Partei zu ergreifen. Welche Gründe da maßgeblich gewesen sein können.

Ja, vielleicht die Frage, noch zu retten, was zu retten ist. Vielleicht. Als eben die Nationalsozialisten schon quasi die Macht hatten und eine vielleicht persönliche Bedrohung da war. Und es wurde auch mal die Frage aufgegriffen, ob im deutschen Protestantismus eine gewisse Notwendigkeit schon von Luther ausgehend für Unterordnung da war, Luthers Haltung zu den Bauernkriegen, ob sich nicht von daher eine gewisse Obrigkeitstreue, eine gewisse Gefolgsamkeit gegenüber der Obrigkeit herauskristallisieren läßt. Aber wir sind eigentlich zu dem Ergebnis gekommen, daß dem so nicht ist, und wir haben die Rolle insbesondere der Widerstandskämpfer, Martin Niemöller, beispielsweise, oder Dietrich Bonhoeffer, dann herausgestellt und analysiert."

Auch in diesem Interviewausschnitt wird deutlich, daß sich das Interesse des befragten Lehrers an der Rolle der Kirchen überwiegend auf den Widerstand bezieht. Auf die Frage nach den Kirchen am Ende der Weimarer Republik geht der Befragte relativ kurz auf das Konkordat, seine „vielfältige Problematik" und die zwiespältige, aber doch verständliche Haltung kirchlicher Würdenträger – „durch das Konkordat auch gerechtfertigt" – ein. Sehr rasch kommt er dann zu der oppositionellen Haltung des Münsteraner Bischofs, zu der sich dieser Anfang der vierziger Jahre wegen des geplanten Massenmordes („Euthanasie") herausgefordert sah. Wie viele Äußerungen ist auch diese weitgehend bestimmt von dem Versuch, das den Nationalsozialismus bejahende Verhalten der Kirchenführer zu rechtfertigen und es auf die ersten Jahre des Regimes zu beschränken. Von Galens anfängliche partielle Übereinstimmung mit nationalsozialistischen Positionen wird allerdings ausdrücklich erwähnt; sie tritt dann aber zurück gegenüber seinem Versuch, durch öffentliche Proteste die Nationalsozialisten zum Einlenken zu bewegen. Die positive Haltung protestantischer Pfarrer dem Nationalsozialismus gegenüber wird auf das mutmaßliche Motiv bezogen, „zu retten, was zu retten ist". Der Lehrer diskutiert mit den Schülern auch über lutherische Traditionen im Protestantismus, die eine staatsloyale Haltung erklären könnten, verwirft aber diese Analyseansätze wieder, indem er die Widerstandsleistungen von Niemöller und Bonhoeffer herausstellt. So mündet auch diese vorsichtig-kritische Beurteilung in den immer wiederkehrenden Eindruck, die Kirchen hätten sich im Verlauf der nationalsozialistischen Herrschaft in einem grundlegenden Prozeß von allen demokratiefeindlichen, national-völkischen und restaurativen Tendenzen befreit. In einer solchen Sicht können die Kirchen 1945 dann auch in ganz neuer Gestalt, frei von allen problematischen Aspekten der Vergangenheit, anknüpfend allein an die erbrachten Widerstandsleistungen, eine bedeutende Rolle bei der Entstehung der zweiten deutschen Republik übernehmen.

Abschließend soll noch auf Vorgänge anläßlich einer Ausstellung eingegangen werden, über die in Interviews berichtet wird. Sie verdeutlichen die in Schule und sozialem Umfeld vorhandene Sensibilität beim Thema Kirche und Nationalsozialismus.

Interviewausschnitt 5/10 (Ländliche Region, Nordrhein-Westfalen)

Kontext: Offene Frage danach, wie der Lehrer seinen Schülern und Schülerinnen im Unterricht zu erklären versucht, warum in Deutschland die Nationalsozialisten an die Macht kamen.

Der Lehrer betont die Komplexität der Bedingungen, die die Entwicklungen Anfang der dreißiger Jahre bestimmt haben. Er hat im Blick: soziale und politische Veränderungen, ideologische Kontinuitäten, nationalistische und rassistische Einstellungen, verfassungsrechtliche Aspekte usw. Er bündelt seine Aufzählung, versucht, Schwerpunkte zu setzen, und erinnert sich beim Stichwort „Kirche" an einen Konflikt, der im Zusammenhang mit einer Ausstellung zum Thema „Christen im Widerstand gegen den Nationalsozialismus" entstand.

Befragter: „(...) es geht mir dann wirklich darum, die verschiedenen Stränge aufzuzeigen, wobei man dann im Endeffekt feststellen muß, daß die Hauptverantwortung für alles so neben Nationalsozialisten bei ihren direkten Förderern, daß bei denen also die Hauptverantwortung liegt, aber daß die – ich meine, daß man dabei eben auch Kirchen ansprechen muß, was zum Beispiel (...) dann nicht so ganz beliebt ist – vor kurzem hat's da mal so eine Leserbriefkontroverse gegeben (...)"

Die erwähnte Dokumentation war Anfang 1981 von einer katholischen Akademie in der örtlichen Familienbildungsstätte vorgestellt worden. Schüler und Lehrer eines Leistungskurses hatten die Ausstellung besucht und einen kritischen Leserbrief dazu an die Lokalzeitung geschrieben, den diese erst nach wiederholter Bitte veröffentlichte. Die wichtigsten Kritikpunkte lauteten:

a) Die Widerstandsaktivitäten einzelner Katholiken seien so dargestellt worden, als handele es sich um einen organisierten Widerstand der Kirche als Institution. Die Kirche sei dadurch einseitig als überzeugungsfester Gegner des Nationalsozialismus dargestellt worden.

b) Im Gegensatz zu der Enzyklika „Mit brennender Sorge“ aus dem Jahre 1937, „in der die Kurie sich gegen Übergriffe der Nationalsozialisten verwahrte“ und die als ein Fanal des Widerstandes herausgestellt werde, finde das Reichskonkordat vom Juli 1933, das das Bemühen der katholischen Kirche belege, sich mit dem NS-Regime zu arrangieren, nur nebenbei Erwähnung.

c) Hirtenbriefe wie beispielsweise der aus dem Jahre 1939, mit dem das katholische Volk ermahnt wird, „in Gehorsam gegen den Führer, opferwillig unter Hingabe ihrer ganzen Persönlichkeit ihre Pflicht zu tun“, seien verschwiegen worden.

In einer Gegendarstellung verteidigte ein ortsansässiger katholischer Theologe ausdrücklich die positive Wirkung des Reichskonkordats und die Haltung des deutschen Episkopats im Zweiten Weltkrieg („eine Kombination von Protest und Patriotismus“). – Für einen der beteiligten Lehrer stellt sich der weitere Verlauf des Konfliktes wie folgt dar:

Interviewausschnitt 5/11 (Ländliche Region, Nordrhein-Westfalen)

Kontext: Frage nach der Rolle der traditionellen Eliten gegen Ende der Weimarer Republik. Der Lehrer erzählt von dem Ausstellungsbesuch, der Empörung der Schüler, ihrem Leserbrief und der Reaktion darauf.

Befragter: „Der (Priester) hat dann reagiert, wobei noch einige sachliche Fehler dann auftauchten. Daraufhin meldete sich (...), also der Verantwortliche für diese Ausstellung, und wollte auch nochmal 'ne Stellungnahme (...) zu diesem Thema abgeben, das ist dann verweigert worden von der (...) Zeitung, mit dem Argument, das interessiert ja doch keinen. Zu (einer) Diskussion ist auch dieser Priester eingeladen worden, ist aber nicht erschienen –. (...) einige Schüler wollten auch so nochmal mit ihm reden, um sich mit ihm auseinanderzusetzen – er hat es vorgezogen, nur den Leserbrief zu veröffentlichen und sich nicht im direkten Gespräch mit den Schülern auseinanderzusetzen.“

Nach weiteren Auskünften aus der Schule reagierten die Schüler auf diese Form der Auseinandersetzung mit Ärger und Enttäuschung. Eine Diskussion mit einem Ausstellungsverantwortlichen verlief aus der Sicht von Lehrern und Schülern ebenfalls unbefriedigend. Die Jugendlichen wurden mit Faktenwissen „erschlagen“, das anfänglich lebhafte Gespräch verebbte rasch, da die Schüler sich diesem Spezialisten nicht gewachsen fühlten.

In den Interviews 5/10 und 5/11 werden zwei Themenaspekte für wichtig erachtet, die sich wenigen Interviewten als Problem stellten: Zum einen sei es im Blick auf die historische Wahrheit notwendig, neben der Darstellung kirchlichen Widerstandes auch den Irrtümern und Fehlern, denen man kirchlicherseits erlegen war, auf den Grund zu gehen. Zum anderen sei – auch wenn das als unangenehm empfunden werde – bei dem Thema „Widerstand im Nationalsozialismus“ zwischen einer im allgemeinen opportunistischen Haltung der institutionellen Kirche und dem Verhalten einzelner Christen zu unterscheiden, die mutig, meist ohne Unterstützung ihrer Kirche, widerstanden.

Die Reaktionen auf die kritischen Bemerkungen der Schüler zeugen von einem hohen Grad an Empfindlichkeit. Auffällig ist das restriktive Verhalten: Die Lokalzeitung sucht die Veröffentlichung des Leserbriefes zu umgehen und bricht die öffentliche Diskussion möglichst rasch ab, ein Vertreter der Amtskirche reagiert nach einer historisch ungenauen Gegendarstellung mit Gesprächsverweigerung. Die Verantwortlichen der Ausstellung entmutigen die Jugendlichen durch die Macht des Spezialisten und seines Detailwissens. In der Schule löste diese Leserbriefaktion eine Kontroverse mit dem Schulleiter aus.

Wir haben diesen Konflikt so ausführlich dargestellt, da er – nach unseren Interviewerfahrungen tatsächlich vorhandene – Schwierigkeiten kritischer Urteilsbildung in bezug auf politische Positionen in der katholischen Kirche vor und nach 1933 anschaulich abbildet. Es bleibt dabei festzuhalten – wir erinnern noch einmal an die quantitative Beschreibung –, daß das kritische Interesse dieser Lehrer und Schüler an der Kirche eine Ausnahme ist.

5.3 Die Rolle der Kirchen in Lehrplänen

In den Lehrplänen (vgl. 1.4 und Anhang) ist explizit an zwei Stellen ein Hinweis auf die Kirchen zu finden:
– Im Runderlaß des Kultusministers von Nordrhein-Westfalen heißt es: „Andererseits muß auch der Widerstand gegen die Diktatur, den viele Menschen aus politischen, weltanschaulichen oder religiösen Gründen geleistet und mit ihrem Leben bezahlt haben, in seiner Vielfalt sichtbar gemacht werden."
– Im Lehrplan Gemeinschaftskunde für die Gymnasiale Oberstufe in Schleswig-Holstein werden zum Thema „Widerstand" folgende Stichworte gegeben: „Äußere und innere Emigration, Bekennende Kirche, Kreisauer Kreis, Weiße Rose, Rote Kapelle, 20. Juli 1944".

Diese knappe Berücksichtigung läßt vermuten, daß den Kirchen im Rahmen des Themas „Ende der Weimarer Republik/Beginn der NS-Herrschaft" keine oder bestenfalls eine marginale Bedeutung zugemessen wird. Wir wollen daher prüfen, inwieweit die relativ offenen Lehrplanformulierungen dennoch Anknüpfungsmöglichkeiten für eine Unterrichtsplanung zum Themenaspekt Kirche und Staat Anfang der dreißiger Jahre eröffnen.

Im Runderlaß wird die Notwendigkeit hervorgehoben, „die wesentlichen politischen, sozialen und wirtschaftlichen Ursachen des Nationalsozialismus" aufzuzeigen, unter anderem die „Reaktion der traditionellen Eliten des Kaiserreiches auf die Ablösung der Monarchie durch die parlamentarische Demokratie von Weimar". Das Ende des Kaiserreiches brachte für beide Kirchen eine tiefgreifende Orientierungskrise mit sich, vor allem aber für die evangelische Kirche, die ihre rechtliche Ordnung und ihren politischen Rückhalt verlor sowie ihre wirtschaftlichen Grundlagen gefährdet sah (vgl. Scholder 1977, S. 3 ff.). Da die nationale und monarchische Gesinnung in beiden Kirchen deren Beziehung zur Weimarer Republik nachhaltig beeinträchtigt hat, wäre es möglich, daß Lehrer auf diese Belastung des politischen Klimas im Unterricht hinweisen.

Der Lehrplan Geschichte, 9. Klasse, in Schleswig-Holstein gibt zur Rolle der katholischen Kirche einen vagen Anhaltspunkt unter 3.2.2: „Ermächtigungsgesetz". Die Zustimmung der Zentrumspartei und der BVP zum Ermächtigungsgesetz, die einer endgültigen Selbstentmachtung des Parlaments gleichkam, sowie der von einigen Historikern hergestellte Zusammenhang zwischen dieser Willensbildung der Zentrumsfraktion und dem bald darauf folgenden Abschluß des Reichskonkordats (vgl. Matthias und Morsey 1979, S. 363 f.) könnten ein Licht auf die Rolle der katholischen Kirche zu Beginn der NS-Herrschaft werfen. Das im Lehrplan angegebene Lernziel legt allerdings eine solche Perspektive nicht nahe: „Die Taktik einer allmählichen Okkupation von Entscheidungsstellen wiedergeben können." Dieses Lernziel sowie die Zuordnung der Information über das Ermächtigungsgesetz zu dem Teilthema „Die Monopolisierung der Macht" richten den Blick eher auf die Nationalsozialisten als auf ihre Mit- und Gegenspieler.

Sowohl in Nordrhein-Westfalen als auch in Schleswig-Holstein finden Lehrer also in Richtlinien und Unterrichtsempfehlungen so gut wie keine Hinweise auf Möglichkeiten, bei den Fragen nach Aufstieg und Konsolidierung des NS-Regimes und nach Affinitäten zu seiner Programmatik die Kirchen zu berücksichtigen. Lediglich beim Widerstand gegen den Nationalsozialismus werden die Kirchen erwähnt beziehungsweise wird die Behandlung ihrer oppositionellen Haltung nahegelegt – und zwar ohne Anhaltspunkte für einen historischen Rückblick, der sowohl Kontinuitäten als auch Einstellungs- und Verhaltensänderungen evident werden lassen könnte.

5.4 Die Rolle der Kirchen in Schulbüchern

Analog den Interviewschwerpunkten wurden bei der Durchsicht der Schulbücher neben den Kapiteln über Aufbau und Ausbau der Diktatur auch die Darstellungen zum Widerstand im Nationalsozialismus berücksichtigt. Damit sollten etwaige historische Verweise und Verknüpfungen erfaßt werden.

5.4.1 Darstellende Bücher

In dem Schulbuch *Zeiten und Menschen* (Mittelstufenausgabe) wird die Rolle der Kirchen bei der „Auflösung der Republik 1930–1933" (S. 65 ff.) nicht thematisiert. Im Kapitel „Aufbau und Befestigung der Diktatur" wird dann verschiedentlich kurz auf die Kirchen hingewiesen:

– Im Zusammenhang mit dem Reichstagsbrand wird ihre spätere Rolle als Opfer der Verfolgung angedeutet (S. 86). Allein die Kirchen werden explizit als Gegner des Regimes genannt. Nicht berücksichtigt wird dagegen der in der wissenschaftlichen Literatur mehrfach zu findende Hinweis, daß gerade für die Kirchen das Jahr 1933 aufgrund des relativ weitgehenden staatlichen Entgegenkommens zu Hoffnungen auf eine gesicherte weitere Existenz berechtigte. So hebt Zipfel hervor, daß um die Jahreswende 1932/33 das Bekenntnis zu einer christlichen Glaubensgemeinschaft für die Mehrzahl der NSDAP-Mitglieder als selbstverständlich galt (vgl. Zipfel 1965, S. 17 ff.).

- Ein beiläufiger Hinweis, der Anknüpfungspunkt für eine kritische Betrachtung sein könnte, findet sich unter dem Stichwort „Ermächtigungsgesetz". Zwei Tage vor dem Beschluß des Ermächtigungsgesetzes, am 21. März 1933, „wurde mit großem Prunk, Paraden, Fahnen und Festgottesdiensten die Reichstagseröffnung als ‚Tag der nationalen Erhebung' in Potsdam gefeiert" (S. 86).
- Der Eid der Reichswehr vom 2. August 1934 („Ich schwöre bei Gott diesen heiligen Eid ...") könnte einen weiteren Anlaß bieten, um die Frage nach religiöser Kultur und politischen Vollzügen zu stellen (S. 89).

Im Kapitel „Terror und Propaganda" ist den Kirchen ein eigener Abschnitt unter der Überschrift „Der Kirchenkampf" vorbehalten. Damit wird die anfänglich innerkirchliche Auseinandersetzung von vornherein als Widerstand gegen staatlichen Terror definiert: Dem „totalen" Machtanspruch der Nationalsozialisten hätten sich die Kirchen widersetzen müssen, weil „an die Stelle von Gott und Christus jetzt Blut, Rasse und ‚Führer' treten sollten", weil „das Gebot der Nächstenliebe durch die Forderung nach Versklavung oder Ausrottung ganzer Völker ersetzt wurde" und weil „der antisemitische Leitgedanke der nationalsozialistischen Ersatzreligion (...) überdies mit der jüdischen Herkunft des Christentums (...) nicht zu vereinbaren" war (S. 91).

Dem Buch zufolge wurden diese „scharfen" Gegensätze allerdings 1933 nur von wenigen beachtet. Die Kirchen verließen sich auf die entgegenkommenden Erklärungen Hitlers. Außerdem waren sie „froh über die Abwehr des religionsfeindlichen Kommunismus" (S. 91). Bereits im Abschnitt „Die Anhänger der NSDAP" (Kapitel „Die Auflösung der Republik 1930–1933") hieß es vorbereitend: „Hitler verstand es, seinen verschiedenen Zuhörergruppen gerade das zu versprechen, was sie gern hören wollten. (...) den Geistlichen Bekämpfung der Gottlosigkeit und ‚positives Christentum' (...)." (S. 74) Die trügerischen Hoffnungen der Kirchen werden noch einmal akzentuiert, wenn unmittelbar anschließend, grafisch hervorgehoben, aus den Gesprächen H. Rauschnings mit Hitler 1933 unter anderem folgendes zitiert wird: „Das wird mich nicht abhalten, mit Stumpf und Stiel, mit allen seinen Wurzeln und Fasern das Christentum in Deutschland auszurotten. – Eine deutsche Kirche, ein deutsches Christentum ist Krampf. Man ist entweder Christ oder Deutscher. Beides kann nicht sein (...)." (S. 91) Die „Deutschen Christen", eine „Organisation protestantischer Nationalsozialisten", werden als Handlanger Hitlers dargestellt – er „bediente" sich ihrer –, weniger als eine eigenständig sich artikulierende und handelnde Gruppe der evangelischen Kirche (S. 92).

Die Darstellung der katholischen Kirche erscheint in „Zeiten und Menschen" widersprüchlich. Der Vatikan schloß mit Hitler ein Konkordat, das aber einen „Erfolg für die Hitler-Regierung" (S. 92) bedeutete. „Der Vatikan setzte keine großen Hoffnungen in die Vertragstreue Hitlers; für ihn war wichtig, daß eine solche Vereinbarung religionsfeindliche Maßnahmen immerhin erschweren mußte." (S. 92)

Im Abschnitt über den Widerstand der Kirchen nehmen die Autoren die Bedrohungen, auf die in den einleitenden Sätzen hingewiesen wurde (siehe oben), als Beweggründe für den kirchlichen Widerstand nicht mehr auf. Sehr allgemein wird formuliert, daß die Bekennende Kirche „ihren Kampf auf den religiösen Bereich beschränkte“ (S. 92). Im weiteren Textverlauf werden die Kirchen als Opfer staatlicher Willkür beschrieben, als Institutionen, die durch ihren unerwarteten Widerstand gegen Eingriffe in das Leben der Kirche die Nationalsozialisten zu massiven Gewalttätigkeiten herausforderten, da diese im kirchlichen Widerstand „einen Angriff auf ihre politischen Ordnungsvorstellungen“ (S. 92) sahen.

Daß dieser Widerstand, beschränkt auf eigene, religiöse Interessen, dennoch keineswegs nur von kirchlich interner Bedeutung gewesen ist, läßt dann der folgende Abschnitt „Propaganda“ erkennen. Der nationalsozialistische Staat übernahm Elemente christlicher Religion und Tradition und integrierte sie in die eigene Ideologie und Begrifflichkeit. Ein Dankgebet für Adolf Hitler wird zitiert, ein Glaubensbekenntnis, „daß der Nationalsozialismus der allein seligmachende Glaube für unser Volk ist (...) daß dieser Herrgott uns Adolf Hitler gesandt hat (...)“ (S. 94). Das Schulbuch selbst legt Fragen nahe, wie zum Beispiel: Wo gab es in den Kirchen Widerstand gegen „die Forderung nach Versklavung oder Ausrottung ganzer Völker“ und gegen den „antisemitische(n) Leitgedanke(n) der nationalsozialistischen Ersatzreligion“ (S. 91)? Doch werden diese Fragen nach den erwähnten Beispielen angesichts der beabsichtigten Zerstörung des christlichen Glaubensfundamentes zurückgedrängt.

So vermittelt das Buch insgesamt folgenden Eindruck: Die Kirchen von 1933 werden nicht thematisiert. Bei der Stabilisierung der Diktatur werden sie nur am Rande (Festgottesdienst am „Tag von Potsdam“/die Berufung auf Gott in der Eidesformulierung der Reichswehr) beachtet. Der Nationalsozialismus erscheint als eine eher von außen in die Kirche einbrechende „Irrlehre“. Durch das geschickte Taktieren Hitlers ließen sich die Kirchen anfangs täuschen, zumal der nationalsozialistische Antikommunismus breite Zustimmung auch in kirchlichen Kreisen fand. Der Widerstand der Kirchen nimmt sehr viel mehr Raum ein. Er bedeutete eine massive Herausforderung der Nationalsozialisten, die dann auch zur rücksichtslosen Verfolgung von Geistlichen beider Kirchen führte. In einer Bemerkung mit unklarer historischer Aussage wird angedeutet, daß die Kirchen wegen der jüdischen Herkunft des Christentums gegen die Judenverfolgung hätten Stellung nehmen müssen. Insgesamt gesehen vermittelt die Darstellung ein Interesse an der Rolle der Kirchen während der NS-Zeit. Die breite Behandlung der Widerstandsakte aber läßt die wenigen Andeutungen über ideologische und politische Einflüsse beider Kirchen am Ende der Weimarer Republik und in den Anfängen der NS-Herrschaft vollends an den Rand rücken.

Die Darstellung in der *Oberstufenausgabe* von „Zeiten und Menschen“ ähnelt zwar der im Mittelstufenband, läßt aber eine skeptischere Beurteilung der Beziehung der Kirchen zum NS-Staat anklingen. Deutlichere Akzente werden in bezug auf die Rolle der Kirchen in der Zeit der Stabilisierung der Diktatur gesetzt, so zum Beispiel im Kapitel VI, „Bürger und Staat in der Weimarer Republik“: Auf zwei Doppelseiten wird mit nahezu 20 Abbildungen (zwischen S. 104 und S. 105) ein kurzer anschaulicher Überblick über die Geschichte der Weimarer Republik gegeben. Bilddokumente zum Aufstieg des Nationalsozialismus spiegeln unter anderem dessen Bemühen wider, die alten Autoritäten zu gewinnen, und zwar am Beispiel der katholischen Kirche (Hitler begrüßt den Vertreter des Heiligen Stuhls, Nuntius Torregrossa) und der nationalen Traditionen, vertreten durch Hindenburg („Der Marschall und der Gefreite"). Die Aussagekraft des NS-Wahlplakats mit dem Bild von Hitler und Torregrossa wird allerdings durch das Weglassen des Plakattextes erheblich gemindert[6]. Auf die anfängliche Zusammenarbeit zwischen katholischer Kirche und Hitler wird noch einmal im Abschnitt über die „Gleichschaltung" (S. 129 f.) Bezug genommen. Die Kirche erscheint als ein wichtiger öffentlicher Bereich neben der Armee, der Polizei, der Bürokratie, den Gewerkschaften und Vereinen. Das Reichskonkordat wird interpretiert als ein vorübergehendes Paktieren mit dem Nationalsozialismus aus taktischen Gründen unter Preisgabe des politischen Katholizismus in Deutschland. Zur evangelischen Kirche heißt es: „Die Protestanten hoffte Hitler durch Förderung der nationalsozialistischen ‚Deutschen Christen' gleichzuschalten. Sie fanden aber weniger Resonanz im Kirchenvolk als die ‚Bekennende Kirche', die sich dem antichristlichen Totalitätsanspruch des Nationalsozialismus widersetzte." (S. 130)

Auch im Oberstufenband spielt der Widerstand der Kirchen eine wichtige Rolle (vgl. S. 135 und S. 142). Dennoch wird zurückhaltender als im Mittelstufenband argumentiert, da dieser Widerstand als begrenzt auf die Verteidigung kircheneigener Interessen erscheint. Die Widerstandshandlungen einzelner Christen, die nicht unbedingt die Institution Kirche repräsentierten (Bonhoeffer), werden gewürdigt. – Zur Haltung der Kirchen zu den Juden gibt es einen nicht weiter kommentierten Hinweis, daß die Kirchen zur „Judenpolitik" der Nazis geschwiegen haben (S. 135).

Ähnlich wie im Mittelstufenband „Zeiten und Menschen" werden auch in *Geschichtliche Weltkunde* die Kirchen im Zusammenhang mit der Aufrichtung der NS-Herrschaft nur am Rande erwähnt: Im Kapitel 8, „Die nationalsozialistische Herrschaft in Deutschland", ist im ersten Abschnitt über den „Ausbau der Diktatur" explizit nur von der katholischen Kirche die Rede. Wenn allerdings darauf aufmerksam gemacht wird, daß nach der Reichstagswahl vom 5. März 1933 der Herrschaftsanspruch der Nationalsozialisten „noch immer (...) in Wahlkreisen mit katholischer Bevölkerung oder starker Arbeiterschaft (...) zurückgewiesen" (S. 108 f.) wurde, könnte daran der Rückschluß geknüpft werden, daß die NS-Wähler vor allem aus der evangelischen Bevölkerung, die nicht der Arbei-

---

6 Der Text lautete: „Ein feierlicher Augenblick von der Grundsteinlegung zum Haus der deutschen Kunst. Der päpstliche Nuntius Vasallo di Torregrossa spricht eben zum Führer: ‚Ich habe Sie lange nicht verstanden. Ich habe mich aber lange darum bemüht. Heute versteh' ich Sie.' Auch jeder deutsche Katholik versteht heute Adolf Hitler und stimmt am 12. November mit: ‚Ja'!" (Plakat der NSDAP zur Reichstagswahl und Volksabstimmung über den Austritt des Deutschen Reiches aus dem Völkerbund am 12.11.1933. Das Zitat ist nicht belegt, allerdings ist auch nichts über einen Protest der katholischen Kirche gegen diese Inanspruchnahme für die NS-Propaganda bekannt. Zitiert nach: Vespignani 1976, S. 87.)

terklasse angehörte, kamen. Entscheidende Unterstützung habe Hitler dann allerdings auch durch die katholische Zentrumspartei bei der Abstimmung über das Ermächtigungsgesetz am 23. März 1933 erhalten, und zwar aufgrund der „Versprechungen, die der katholischen Kirche im Hinblick auf einen Vertrag zwischen Reich und Vatikan (Konkordat) und die Sicherung der Konfessionsschulen gemacht wurden. Hitler brauchte nämlich die Stimmen des Zentrums." (S. 109)

Im Abschnitt 8.2, „Die nationalsozialistische Ideologie", werden nebenbei frühere antisemitische Traditionen im Christentum erwähnt, wenn es heißt: „Aus der religiös und wirtschaftlich begründeten Judengegnerschaft war im Westeuropa des 19. Jh. ein rassischer Antisemitismus geworden." (S. 114) Die Haltung der Kirchen zum Antisemitismus der Weimarer Republik und des Nationalsozialismus wird nicht diskutiert.

Von den Kirchen ist dann noch einmal kurz im Zusammenhang mit dem Widerstand die Rede. Die Bekennende Kirche wird erwähnt, „zu deren führenden Mitgliedern der Berliner Theologe Bonhoeffer gehörte" (S. 164), und ebenso die päpstliche Enzyklika „Mit brennender Sorge". Kritisch wird vermerkt: „Erst zögernd waren die Kirchen, die anfangs den Ausgleich mit der beginnenden NS-Diktatur gesucht hatten, bereit, einen gewissen Rückhalt zu bieten." (S. 164)

5.4.2 Quellen- und Textsammlungen

Walter *Hofers* Quellensammlung „Der Nationalsozialismus", die erstmalig 1957 erschien und seitdem auch in Neuauflagen mit geringfügigen Änderungen vorliegt, spiegelt erkennbar den Stand der Forschung in dieser frühen Phase der (Kirchen-)Geschichtsschreibung wider, in der die Aufmerksamkeit sich schwerpunktmäßig auf den kirchlichen Widerstand konzentrierte. Der Beziehung von Staat und Kirche widmet Hofer ein eigenes Kapitel: „Nationalsozialismus und Christentum" (S. 119–166). In dem den vielfältigen Dokumenten vorangestellten Kommentar werden die religionspolitischen Ziele der Nationalsozialisten und die kirchlichen Reaktionen zu Beginn der Machtübernahme wie folgt beurteilt:

a) Verwirrung: Vor und nach 1933, in einer Zeit „der allgemeinen geistigen Verwirrung" (S. 120) hätten nur wenige Menschen „klare Vorstellungen vom Wesen der nationalsozialistischen Weltanschauung" gehabt (ebenda).
b) Täuschung: „Hitler und seine(r) Propaganda" sei es gelungen, „die nach Millionen zählenden gläubigen Christen Deutschlands über die wahren Ziele und Absichten der herrschenden Partei zu täuschen" (S. 120). Sowohl in „Mein Kampf" als auch in Verlautbarungen nach der „Machtergreifung" habe Hitler beiden Kirchen wohlwollende Unterstützung zugesichert, solange sie sich nicht in Staatsangelegenheiten einmischten.
c) Taktik: Diese Zusicherungen seien „perfide Taktik" gewesen (S. 122), denn Hitler ging es „im Verhältnis von Nationalsozialismus und Christentum nicht um ein Sowohl-als-auch, sondern um ein Entweder-oder" (S. 121). Vorüber-

gehend habe er die katholische Kirche dank dem Konkordatsabschluß für seine politischen Pläne benützen können.

d) Untertanengehorsam oder Widerstand: „Um so rascher kam es zum offenen Konflikt mit der evangelischen Kirche“ (S. 122), auch wenn es in dieser einen „parteifreundlichen Flügel“ gab und die Mehrheit der Christen aufgrund des „herkömmlichen Untertanengehorsam(s) des frommen Luthertums (...) einen völligen Bruch mit dem neuen Staat zu vermeiden“ suchte (S. 122). Es sei ein weiter Weg gewesen zum entschlossenen Widerstand beider Kirchen gegen das nationalsozialistische Regime.

Abschließend wird der bedeutsame Einfluß der Kirchen und der christlichen Lehre auf die Widerstandsbewegung gewürdigt (S. 126).

Stellvertretend für beide Kirchen nimmt Hofer einen Auszug aus Dietrich Bonhoeffers „Widerstand und Ergebung“ (S. 325 f.) und den letzten Brief des Jesuitenpaters Alfred Delp an seine Mitbrüder vom 2. 2. 1945 (S. 326 f.) in seine Dokumentensammlung auf. Und in seinen Schlußbetrachtungen, „Der Nationalsozialismus und die deutsche Geschichte“ (S. 359 ff.), bekräftigt er seine Einschätzung des geistigen Widerstandspotentials bezogen auf den Protestantismus: „Sicher hat das Luthertum den Obrigkeitsglauben und Untertanengehorsam der Deutschen gefördert. Und es hat 1933 die ‚deutschen Christen‘ hervorgebracht und damit den Versuch eines arteigenen deutschen Christentums. Auf der anderen Seite sind dem deutschen Widerstand gegen Hitler, wie wir gezeigt haben, beste Köpfe und kühne Kämpfer aus dem Geiste des deutschen Protestantismus zugeflossen.“ (S. 362)

Im Unterschied zu Hofers Dokumentensammlung, die häufiger an den in Schleswig-Holstein untersuchten Schulen Verwendung findet, wird die Text- und Quellensammlung *Weltgeschichte im Aufriß* (Bd. 3) stärker im Oberstufenunterricht in Nordrhein-Westfalen eingesetzt. Inhaltlich lassen sich weitgehende Korrespondenzen zwischen beiden Büchern feststellen, und zwar sowohl im Hinblick auf die Darstellung der Kirchen in der Phase der Machtübernahme als auch auf deren Bedeutung für den Widerstand.

Im Zusammenhang mit der „Auflösung der Weimarer Republik“ (Drittes Kapitel, I/4, S. 272 ff.) ist explizit von den Kirchen nicht die Rede. Ein versteckter Hinweis auf eine Strömung im Christentum, speziell im Protestantismus, die die anfängliche Zustimmung breiter kirchlicher Kreise zu Hitler mit erklären hilft, findet sich im Abschnitt 8, „Die Septemberwahlen 1930“. Hier ist vom selbständigen Mittelstand die Rede, der aus Mangel an wirtschaftlicher Einsicht auf „Schwätzer“ wie Stoecker und Ahlwardt hereinfiel.

Ein möglicher Anknüpfungspunkt findet sich dann im „Kommentierenden Register“ unter dem Stichwort Adolf Stoecker: „Evangelischer Theologe und Politiker, von 1874 bis 1879 Hof- und Domprediger in Berlin“ (S. 515): Er „versuchte, (...) die sozialdemokratische Arbeiterschaft in christlichem und monarchisch-nationalem Sinne zu beeinflussen (...) und machte vor allem gegen das Judentum als Hort des Liberalismus Front“. Der Zusammenhang von Christentum und Antisemitismus wird dann allerdings mit dem Vermerk, daß „sein

Antisemitismus (...) sozial-wirtschaftlich und nicht rassisch fundiert" war, nicht weiterverfolgt.

Im vierten Kapitel, „Der Nationalsozialismus und der Zweite Weltkrieg" (S. 335 ff.), werden in der Übersicht „Die NS-Innenpolitik 1933–1939" zwei Daten zum Verhältnis Staat/(katholische) Kirche genannt: 22. Juli 1933: Konkordat zwischen dem Deutschen Reich und dem Vatikan, das sich bereits als eine erste Täuschung erwies, da „sich Hitler keineswegs an die Abmachung" hielt. März 1937: Enzyklika Pius' XI. „Mit brennender Sorge", die „sich gegen die Rassendiskriminierung und den Götzenkult des Nationalsozialismus" wandte (S. 385).

In dem Abschnitt, der sich mit den Kirchen befaßt – „Die Kirchenpolitik: Taktik und Wirklichkeit" (I/3, S. 387 f.) –, werden zwei Texte als besonders wichtig gekennzeichnet: Auszüge aus Hitlers Reichstagsrede vom 23. März 1933 und aus einem Rundschreiben des NSDAP-Reichsleiters Bormann an die Gauleitungen vom 9. Juni 1941. Während Hitler 1933 noch versprochen habe, die Rechte der Kirchen nicht anzutasten und für ein „aufrichtiges Zusammenleben zwischen Kirche und Staat" zu sorgen (S. 397), verkündete Bormann acht Jahre später: „Ebenso wie die schädlichen Einflüsse der Astrologen, Wahrsager und sonstigen Schwindler ausgeschaltet und durch den Staat unterdrückt werden, muß auch die Einflußmöglichkeit der Kirche restlos beseitigt werden." (S. 398) Die Überschrift (siehe oben) sowie die Arbeitsanregung 11: „Inwiefern erwies sich und mußte sich Hitlers christlich-national getönte Phraseologie gegenüber den Kirchen in der Machtergreifungsphase als taktische Täuschung erweisen?" (S. 386) unterstützen die durch die Texte angelegte Richtung der Argumentation, wie sie auch von Hofer verfolgt wird: Die Kirchen sind getäuscht worden, es gab keinen Grund, den anfänglichen Versprechungen Hitlers zu mißtrauen.

Im Abschnitt II des vierten Kapitels, „Deutschland und der Zweite Weltkrieg", kommt die katholische Kirche noch einmal in den Blick beim Thema „Motive und Pläne des deutschen Widerstandes" (S. 470 ff.). Der erste Text befaßt sich mit dem „Kirchlichen Protest gegen Hitlers Euthanasieprogramm" – ein Auszug aus der Predigt des Bischofs von Münster, Clemens August von Galen, 1941. Es folgen Texte von Helmuth J. von Moltke, Mitgliedern der „Weißen Rose", von Beck/Goerdeler, Anton Saefkow, dem Kreisauer Kreis und von Tresckow. Bis auf das „Politische Testament" des kommunistischen Widerstandskämpfers Saefkow zeigen alle Verlautbarungen als gemeinsames Motiv zum Widerstand die Bindung an christliche Werte wie „Gerechtigkeit", „Freiheit und Menschenwürde" (S. 476), die Gebote als Grundlage für eine Neuordnung des Deutschen Reiches.

Ein letzter Text, „Der deutsche Widerstand heute", von Bodo Scheurig aus dem Jahre 1967 bündelt die Argumentation von Täuschung und später Erkenntnis noch einmal auf konsequente Weise: „Wir mögen jene, die Hitler nicht durchschauten, heute kurzsichtig nennen. Wahrheit bleibt, daß er sich zunächst auf die Männer stützen konnte, die ihn am 20. Juli 1944 auf Leben oder Tod bekämpfen sollten. Selbst die Kirchen haben dem Nationalsozialismus anfangs Kredite nicht versagt." (S. 484) Scheurig schließt mit einer Würdigung der christlichen Motive des deutschen Widerstandes: „Man kann diesem Konservativismus vorhalten, daß er sich an überholte Sozialstrukturen geklammert und einen aussichtslosen Kampf gegen die Modernität gekämpft hat. Wo er indes als Weltanschauung gelebt wurde (...), da wußte er sich nicht beliebiger Menschensatzung, sondern göttlichen Geboten verpflichtet." (S. 485)

Die Autoren dieses Buches sind insgesamt im Unterschied zu vielen anderen, die sich die Perspektive der kirchlichen Zeitgeschichte zu eigen gemacht haben, stärker an der nationalsozialistischen Religionspolitik interessiert. NS-Dokumente werden herangezogen, um deutlich zu machen, daß die Kirchen „hinter der taktischen Fassade, die mit dem Stichwort einer wohlwollenden Neutralität charakterisiert werden kann" (Siegele-Wenschkewitz 1974, S. 8), die Ziele der nationalsozialistischen Religionspolitik schwerlich durchschauen konnten. Erst als beide Kirchen erkannten, daß die NS-Politik auf eine rigorose Einschränkung ihrer Wirkungsmöglichkeiten zielte, hätten sie zu einer umfassenden Protesthaltung gefunden.

Ideologische Affinitäten zwischen Kirche und Nationalsozialismus, auf die in der Fachliteratur immer wieder hingewiesen wird, werden auch in diesem Schulbuch nicht thematisiert. Vielmehr werden hier wie auch in „Zeiten und Menschen" (Oberstufenband) christliche Werte („göttlichen Geboten verpflichtet") als übergreifende und verbindende Motive dem deutschen Widerstand zugrunde gelegt.

Die hinsichtlich der didaktischen Konzeption sehr „moderne" Quellen- und Textsammlung *Fragen an die Geschichte* (Band 4) bestätigt ebenfalls weitgehend unsere Beobachtungen über häufig wiederkehrende Schwerpunktsetzungen. In dem Abschnitt „Das Ende der Weimarer Republik" (S. 36 ff.) werden die Kirchen nicht erwähnt. Für das Jahr 1933 werden einige Quellen zur Zentrumspartei herangezogen: die Zustimmung des Zentrums zum Ermächtigungsgesetz und die Rechtfertigung dieser Entscheidung (S. 45) sowie der Auflösungsbeschluß der Zentrumspartei (S. 48 f.). Erkennbar wird die Sorge des Zentrums im März 1933, nun bald jegliche Möglichkeit der Einflußnahme zu verlieren, sowie die Bereitschaft der katholischen Presse, sich positiv zum nationalsozialistischen Staat zu verhalten. Ein weiterer Anknüpfungspunkt für ein Gespräch über die Rolle der (katholischen) Kirche findet sich im Programm der Stadt Reutlingen zum 1. Mai 1933: „8.30 Festgottesdienste. Die SA und andere Formationen nehmen in Uniform geschlossen an den Gottesdiensten teil." (S. 48) Und ein letzter Hinweis aus diesem Jahr lautet: Der Bischof von Rottenburg, Sproll, äußert in der Reutlinger Lokalpresse sein Vertrauen „auf des Herrn Reichskanzlers Wort, daß unter die für so viele treue Staatsbürger schmerzliche Vergangenheit ein Strich gezogen ist und das Friedenswerk des Konkordats uns Katholiken unter Ausschluß von Abstrichen, Umdeutungen und Überschriften gesichert bleibt" (S. 51). Auf den folgenden Seiten werden ausführlich die Ereignisse um eben diesen Bischof Sproll dokumentiert, der sich 1938 weigerte, an der Volksabstimmung über die „Wiedervereinigung Oesterreichs mit dem Deutschen Reich" (10. April) teilzunehmen, da eine „grundsätzliche feindselige Stellung gegen die katholische Kirche und gegen das Christentum von Jahr zu Jahr immer klarer zutage tritt" (S. 52).

Beim Thema Widerstand kommen beide Kirchen zur Sprache. Der evangelische Landesbischof Wurm wird zitiert mit seinem Protest (1940) gegen die Deportation „geisteskranke(r), schwachsinnige(r) oder epileptische(r) Pfleglinge" (S. 73). Von dem katholischen Bischof Graf von Galen gibt es Auszüge aus einer Predigt (1941), in der er den Terror der Geheimen Staatspolizei verurteilt (S. 73). An die Kirchen wird aber auch im Zusammenhang mit antisemitischen Traditionen in Deutschland erinnert. „Religiöse Vorurteile" werden als Grund für die Diskriminierung von Juden im „christlichen Mittelalter" genannt. Dabei wird auf die Kontinuität dieser antijüdischen Einstellungen aufmerksam gemacht, wenn es im weiteren Verlauf des Textes heißt: „1897 gab es im Reichstag 16 antisemitische Abgeordnete, die aus Teilen des Zentrums, der evangelischen christlich-sozialen Partei oder nationalvölkischen Gruppen kamen" (S. 61).

Auch in diesem Schulbuch wird kaum ein Interesse an der Rolle der Kirchen im Zusammenhang der nationalsozialistischen Machtübernahme erkennbar. In einer kurzen, heftigen Phase des Jubels nach dem 30. Januar 1933 lassen sich die Kirchen vom allgemeinen Pathos der „nationalen Revolution" (S. 47) anstecken und von der NS-Propaganda („Herrschaftstechnik", S. 50) irreführen. An der Einstellungsänderung des Bischofs von Rottenburg wird exemplarisch demonstriert, daß nach den anfänglichen Fehleinschätzungen die antichristliche Stoßrichtung der nationalsozialistischen Politik durchschaut und bekämpft wurde. Die Texte zum Widerstand dokumentieren die mutige Opposition der kirchlichen Hierarchie. Differenzierter als in anderen Unterrichtswerken wird die Geschichte des Antisemitismus skizziert. Es gibt Hinweise auf antijüdische Tendenzen in Christentum und Kirche, allerdings wird die Frage ausgeblendet, inwieweit diese Traditionen in der Weimarer Republik, insbesondere in der Phase des nationalsozialistischen Machtzuwachses, wirksam gewesen sind (vgl. hierzu Kap. 6).

Im Vergleich zu den bisher genannten Text- und Quellensammlungen werden die Kirchen in dem Oberstufenbuch „Politische Weltkunde" entschieden kritischer mit Blick auf ihr Versagen dargestellt. Im Themenheft „Nationalsozialismus und Faschismus" wird bei der Darstellung der Anhänger des Nationalsozialismus, ihrer sozialen Herkunft und Motive, der amerikanische Soziologe S. M. Lipset zitiert: „Im Jahre 1932 war der idealtypische Wähler der nationalsozialistischen Partei ein selbständiger protestantischer Angehöriger der Mittelklasse (...)." (S. 16) Während die Gründe für den Erfolg der NS-Bewegung in „mittelständischen Schichten" ausführlich diskutiert werden, wird das spezifisch „protestantische" Interesse am Nationalsozialismus nicht erklärt.

In der dem Kapitel B, „Machtergreifung und Gleichschaltung in Deutschland", vorangesetzten Datentafel werden unter anderem folgende Fakten und Daten genannt:

„14. 7. 1933 Gesetz über die Verfassung der Deutschen Evangelischen Kirche; bei den Kirchenwahlen am 23. 7. 1933 erhalten die der NSDAP nahestehenden Deutschen Christen in fast allen evangelischen Landeskirchen die Mehrheit.

22. 7. 1933 Konkordat zwischen dem Deutschen Reich und dem Heiligen Stuhl." (S. 25)

Der Überschrift gemäß werden die Kirchen unter dem Blickwinkel der „Gleichschaltung" vorgestellt. Trotz des anfänglichen Entgegenkommens der Kirchen gab es auch „gewisse Vorbehalte" (S. 28), „die vollständige Gleichschaltung der Kirchen" (ebenda) mißlang.

Die Datentafel des Kapitels F, „Formen und Möglichkeiten des deutschen Widerstandes", wird mit Angaben zum kirchlichen Widerstand eröffnet (S. 108). Bei der ausführlichen Darstellung des Widerstands in der evangelischen Kirche wird noch einmal (wie schon auf S. 28) darauf hingewiesen, daß „in der zum größten Teil national und konservativ gesinnten evangelischen Pfarrerschaft (...) die Machtergreifung Hitlers von vielen begrüßt worden" sei (S. 109). Im Unterschied zu vielen anderen Schulbuchdarstellungen wird im Zusammenhang mit dem Widerstand auch auf die ambivalente Haltung beider Kirchen zum Nationalsozialismus eingegangen (S. 110).

Es wird unterschieden zwischen dem von kirchlichen Interessen getragenen Protest der beiden Amtskirchen und dem Widerstand einzelner Christen aus politischen Motiven, und es wird deutlich, daß nur wenige Christen sich für Verfolgte außerhalb der Kirchen einsetzten. Es wird auf den Zwiespalt von Kritik und Protest einerseits und weiterhin wirksamer Staatsloyalität andererseits aufmerksam gemacht. Im Abschnitt IV, „Der kirchliche Widerstand", werden Auszüge aus Predigten des katholischen Bischofs von Münster, von Galen, aus dem Jahre 1941 und aus dem Appell des evangelischen Landesbischofs Wurm an Hitler und die Reichsregierung vom 16. Juli 1943 herangezogen. Diese Texte verdeutlichen einerseits den Protest kirchlicher Amtsträger gegen den nationalsozialistischen Terror, andererseits belegen sie aber auch eine fast ungebrochene Loyalität dem nationalsozialistischen Staat gegenüber.

Die Durchsicht von „Politische Weltkunde" läßt also erkennen, daß sich die Autoren bei der Darstellung der Kirchen schwerpunktmäßig dem kirchlichen Widerstand zuwenden. Im Kontext von „Machtergreifung und Gleichschaltung" erscheinen die Kirchen als Objekt der nationalsozialistischen Gleichschaltungspolitik, der sie sich letzten Endes widersetzen konnten. Schärfer als in anderen Schulbuchdarstellungen werden die Grenzen des kirchlichen Widerstandes beschrieben. Im Unterschied zu allen anderen von uns untersuchten Schulbüchern legen die Autoren Wert darauf, die Kontinuität einer weitreichenden Zustimmung zur nationalsozialistischen Politik aufzuzeigen, die sich unter anderem in der Haltung der Kirchen zum Krieg auswies.

Im Unterschied zu den Richtlinien und Unterrichtsempfehlungen gibt es somit in einigen Schulbüchern durchaus Hinweise auf eine – wenn auch zurückhaltende – Unterstützung des Nationalsozialismus durch die Kirchen. Für die katholische Kirche wird auf das Reichskonkordat hingewiesen, das zur Festigung der Position Hitlers beigetragen habe. Für die evangelische Kirche werden die Deutschen Christen genannt, die oft vorgestellt werden als ein Parteiflügel der NSDAP, manchmal als eine innerkirchliche Sammlung nationalsozialistisch gesinnter Christen. Nach Darstellung der Schulbücher gab es kirchliche Orientierungen, die einem raschen Anwachsen der Widerstandsbewegung entgegenstanden:

- theologische Überlegungen, vor allem im Luthertum, zur Gehorsamspflicht jeglicher Obrigkeit gegenüber;
- das Einverständnis mit dem nationalsozialistischen Antikommunismus;
- die trügerische Hoffnung, die Versprechungen und Vertragszusagen des Staates garantierten eine Weiterarbeit in bisherigen Bezügen und Ausmaßen;
- die Konzentration kirchlicher Proteste auf bedrohte eigene Positionen.

Eventuelle Übereinstimmungen oder Annäherungen in grundsätzlichen Denkstrukturen und politischen Vorstellungen werden darüber hinaus kaum diskutiert. Christlicher Antisemitismus wird bei der Darstellung der Kirchen nicht thematisiert. Die Bedeutung der den Kirchen durch ihre geistliche und politische Wirksamkeit zur Verfügung stehenden Machtmittel wird im Zusammenhang mit dem Widerstand reflektiert, nicht aber im Hinblick auf die Etablierung des NS-Regimes.

Dem kirchlichen Widerstand wird entschieden mehr Aufmerksamkeit zuteil als der Frage nach Anpassung und Unterstützung des Regimes. Der Widerstand wird fast ausschließlich auf der Ebene der Kontroversen zwischen den nationalsozialistischen Machthabern und den offiziellen Trägern der Kirchen dokumentiert und analysiert. Der Widerstand einzelner Christen wird den Kirchen selbst zugerechnet. Die im Vergleich zur Phase der Machtübernahme quantitativ stärkere Berücksichtigung der Kirchen im Widerstand erfährt durch diesen Blick auf die Amtskirchen eine zusätzliche qualitative Akzentuierung. Andere Faktoren im Verhältnis Kirche/Nationalsozialismus werden noch weiter an den Rand gedrängt.

5.5 Zusammenfassung

Blickt man auf die vorgelegten Einzelergebnisse zurück, so erscheinen folgende Beobachtungen für die Gesamtanalyse bedeutsam: Die Richtlinien und Unterrichtsempfehlungen in Nordrhein-Westfalen und Schleswig-Holstein geben so gut wie keinen Anhalt für eine Behandlung des Themas Kirchen und NS-Machtübernahme. Die gesellschaftliche Bedeutung der Kirchen am Ende der Weimarer Republik und zu Beginn der NS-Herrschaft scheint im Unterschied zu derjenigen anderer Eliten so gering veranschlagt zu werden, daß in beiden Regionen ein Hinweis auf ihre politischen Funktionen unterblieb.

Demgegenüber spiegeln sich in den Schulbüchern durchaus Diskussionsansätze der wissenschaftlichen Forschung wider. Doch sind im Vergleich mit den vielfältigen, teilweise kontroversen Einschätzungen, die in bezug auf die Bedeutung der Kirchen und ihrer leitenden Gremien, ihrer offiziellen Erklärungen und ihrer ideologischen Einflußmöglichkeiten in der Literatur zu finden sind, in den Schulbüchern systematische Einschränkungen dieses breiten Spektrums zu beobachten. Die Rolle der Kirchen vor 1933 wird kaum thematisiert. In der Phase der Stabilisierung der NS-Herrschaft nach dem 30. Januar 1933 werden die Kirchen, wenn überhaupt, dann vorwiegend unter dem Aspekt der sogenannten Gleichschaltung behandelt. Die Kirchen haben es in dieser Sicht anfangs versäumt, nationalsozialistische Machtansprüche zurückzuweisen, weil sie aufgrund ihres Obrigkeitsverständnisses und ihrer antidemokratischen, nationalkonservativen Gesinnung an einer positiven Beziehung zum NS-Staat Interesse hatten und die irreführenden Versprechungen der Machthaber nicht durchschauen konnten.

Der kirchliche Widerstand wird im Vergleich zu kirchlicher Anpassung in den analysierten Schulbüchern stärker beachtet. Kaum differenziert wird zwischen Initiativen einzelner Christen und der Institution Kirche. Einzelne Widerstandskämpfer wie Dietrich Bonhoeffer werden dem Widerstand der evangelischen Kirche „zugerechnet". Durch diese Gewichtung des kirchlichen Widerstandes wird in den Schulbüchern fast durchweg diejenige Interpretation der historischen Ereignisse nahegelegt, die eine Diskontinuität kirchlicher Einstellungen hervorhebt. Hoffnungen der Kirchen auf die neuen Machthaber werden durchaus erwähnt. Aber Aspekte einer gleichfalls vorhandenen Kontinuität, die in zustimmenden Äußerungen zu antiliberalen, antikommunistischen und antisemitischen Proklamationen bis hin zu weitreichendem Einverständnis mit den nationalsozialistischen Kriegsplänen bestanden, werden lediglich in der Text- und Quellensammlung „Politische Weltkunde" berücksichtigt. Das Problem antisemitischer Einstellungen in Kirche und Christentum der zwanziger und dreißiger Jahre wird in der wissenschaftlichen Forschung nur vereinzelt aufgenommen; in Schulbüchern wird es nicht erörtert (vgl. Kap. 6). Sowohl in konservativeren Arbeiten wie Hofers Quellensammlung „Der Nationalsozialismus" als auch in neueren Werken wie Schmids „Fragen an die Geschichte" wird die Rolle der Kirchen aus einer Perspektive betrachtet, in der vor allem das Moment von Täuschung und Verwirrung hervortritt und der Eindruck vorherrscht, daß die Kirchen nach einer kurzfristigen, bedauerlichen Fehleinschätzung des Regimes rasch zu einer wachsenden Distanz, Ablehnung und Opposition gelangt seien.

Ähnlich wie die Schulbuchautoren legen auch die von uns befragten Lehrer Wert auf das Thema „Widerstand", wenn sie überhaupt die Kirchen im NS-Staat in ihrem Unterricht berücksichtigen. Die in den Richtlinien erkennbare Zurückhaltung kennzeichnet auch den Unterricht der meisten Lehrer: Bei der Frage, wie die Nationalsozialisten 1933 an die Macht gekommen sind, werden die Kirchen selten genannt. Die wenigen Lehrer, die die politische Bedeutung der Kirchen erwähnen, verweisen beim Protestantismus auf demokratiefeindliche Traditionen und auf die „Glaubensbewegung Deutsche Christen", im Falle der katholischen Kirche auf das Reichskonkordat – als ein vorschnelles Angebot zur Zusammenarbeit – sowie vereinzelt auf die Zustimmung der Zentrumspartei zum Ermächtigungsgesetz und auf positive Äußerungen von Bischöfen zum Nationalsozialismus. Dieser sei jedoch bis zum Jahre 1933 von der katholischen Kirche eindeutig abgelehnt worden. Christlicher Antisemitismus wurde in diesem Kontext kaum je erwähnt. Bezüglich der weiteren Haltung der Kirchen wird in den spärlichen Lehreräußerungen ähnlich argumentiert wie von den Schulbuchautoren: Die anfängliche Zustimmung zum Nationalsozialismus beruhte demnach auf der irrtümlichen Annahme der Kirchen, die Zusagen Hitlers bezüglich einer Respektierung ihrer Wirkungsbereiche seien ernst zu nehmen. Als die Kirchen angesichts zunehmender Repressalien der Nationalsozialisten diesen Irrtum erkannten, habe sich ihre Einstellung zum Regime rasch geändert.

Beim Thema „Widerstand im Nationalsozialismus“ wird beiden Kirchen eine größere Aufmerksamkeit zuteil. Der Widerstand aus religiös-ethischen Motiven erscheint allein relevant zur Kennzeichnung kirchlichen Verhaltens, nachdem Anfangsirrtümer bald korrigiert wurden. So waren die Kirchen 1945 als eine quasi geläuterte kulturelle Elite legitimiert, die dem Nationalsozialismus im großen und ganzen erfolgreich widerstanden hatte. Stellvertretend für die Bekennende Kirche und damit für die ganze evangelische Kirche werden Niemöller und Bonhoeffer als Widerstandskämpfer erwähnt, in der katholischen Kirche repräsentiert von Galen die allgemeine Opposition. Der (geistliche) Widerstand richtete sich in dieser Sicht überwiegend gegen unrechtmäßige Eingriffe des Staates in kirchliche Belange, in der katholischen Kirche außerdem – vertreten durch den Bischof von Münster – gegen den Mord an Behinderten (die sogenannte Euthanasie).

Insgesamt ergeben sich in den vier Regionen nur geringe Unterschiede. In der überwiegend protestantischen Region Schleswig-Holstein wird ausführlicher auf die evangelische Kirche eingegangen, eher Kritik an staatsloyalen Pfarrern geübt, und häufiger als in Nordrhein-Westfalen werden die Widerstandsaktivitäten Niemöllers und Bonhoeffers gewürdigt. Im katholischen Münsterland ist das Interesse an der oppositionellen Haltung von Galens größer, auch Kritik an seiner nur partiellen Ablehnung des NS-Regimes wird hier vorgebracht. Die allgemeine Empfindlichkeit kirchenkritischen Äußerungen gegenüber scheint im Münsterland größer zu sein. (Allerdings betonen vor allem Lehrer aus einem Gymnasium die Ambivalenz von kirchlicher Anpassung und christlichem Widerstand.) Bemerkenswert bleibt – ungeachtet dieser leichten Differenzen – die Einheitlichkeit der Schwerpunktsetzungen und Deutungen in allen Regionen. Wir gingen in dieser Hinsicht ursprünglich von der Hypothese aus, daß sich signifikante Unterschiede sowohl im Stadt-/Landvergleich als auch im Vergleich der konfessionell jeweils anders geprägten Landregionen ergeben würden. Diese Vermutung haben die Interviews nicht bestätigt.

Die Ausblendung der Kirchen als Unterrichtsthema im Zusammenhang mit der nationalsozialistischen Machtübernahme wird von den Lehrern häufig mit der Notwendigkeit didaktischer Reduktionen begründet. Einige Lehrer verweisen auch auf das mangelnde aktuelle Interesse an der Kirche oder auf unnötige Themenüberschneidungen mit dem Religionsunterricht.

In der Tat ist eine gewisse Verkürzung, Eingrenzung und Vereinfachung historischer Sachverhalte für den Unterricht wohl als selbstverständlich zu betrachten. Dennoch ist die Frage zu stellen, warum in den Schulbüchern und in den Unterrichtsvorbereitungen der Lehrer überwiegend ein bestimmtes Deutungsmuster bevorzugt wird und inwieweit damit – unbewußt und unabhängig von der jeweiligen politischen und religiösen Kultur – kirchenhistorische Bemühungen der ersten Nachkriegsjahre tradiert werden, die eine politische Entlastung der Kirchen bezweckten.

Kapitel 6: Traditionen des Antisemitismus

Die Frage nach den Traditionen des Antisemitismus in Deutschland berührt stärker als die bisher diskutierten Themenbereiche den Kern des nationalsozialistischen Terror- und Mordsystems. Dieser Zusammenhang ist sowohl den Forschern, die sich mit diesem Thema befassen, als auch den Schulbuch- und Lehrplanautoren und den von uns befragten Lehrern unmittelbar präsent. Dies gilt so sehr, daß es bisweilen schwer ist, die Frage nach den Traditionen des Antisemitismus in Deutschland vor 1933 abzulösen von der Frage nach dem nationalsozialistischen Antisemitismus und der Verfolgung, Vertreibung und Ermordung der europäischen Juden. Gerade angesichts dieser Lage erscheint die Frage um so wichtiger, ob und in welcher Weise Schüler etwas von den Traditionen des Antisemitismus erfahren, die es im Deutschland der Weimarer Zeit nicht nur in der nationalsozialistischen Partei, sondern auch in anderen politischen und gesellschaftlichen Zusammenhängen gab. Für unsere übergreifende Fragestellung – Darstellung des Zustandekommens der nationalsozialistischen Herrschaft – ist die Frage nach dem traditionellen Antisemitismus sicher von Bedeutung, wie auch immer man im einzelnen Art und Relevanz der antisemitischen Traditionen bestimmen mag.

6.1 Wissenschaftliche Darstellungen der historischen Relevanz des Antisemitismus

In einem Überblick über den Forschungsstand zum Problem des Antisemitismus in der Weimarer Republik vertritt Winkler (1982, S. 271) die Auffassung, daß die sozialhistorische Forschung hierzu noch in den Anfängen stehe. Die einschlägigen Studien informierten zwar zuverlässig über antisemitische Organisationen und Aktionen, aber einige wichtige Probleme seien bisher nicht zureichend geklärt. Zu diesen gehörten die folgenden Fragen: 1. Welches waren die auslösenden Momente der antisemitischen Agitation? 2. Wie verbreitet war der Antisemitismus in der damaligen deutschen Gesellschaft? 3. Welche Rolle spielte der Antisemitismus beim Aufstieg des Nationalsozialismus? (Winkler 1982, S. 271)

Eva Reichmann hat in ihrer frühen, soziologisch orientierten Darstellung der Geschichte des Antisemitismus in Deutschland zu der dritten Frage in prononcierter Weise Stellung genommen und die Auffassung vertreten, daß die Wahlerfolge der Nationalsozialisten viel eher durch andere Faktoren als durch den in der deutschen Gesellschaft zweifellos vorhandenen Antisemitismus zu erklären seien: „Wenn also der Erfolg der NSDAP ein so getreues Bild der wirtschaftlichen Lage, nicht aber der Judenfrage war, so beweist das, daß im Nationalsozialismus in erster Linie ein Ausweg aus der Krise gesucht wurde. Die antisemitische Propaganda wurde wohl hingenommen, aber der Antisemitismus bildete nicht den Ausgangspunkt für die politischen Entscheidungen der Wähler." (Reichmann 1956, S. 277)

Eine Gegenposition hierzu ist von George Mosse in seiner Arbeit über die Weimarer Rechte und den Antisemitismus formuliert worden (vgl. Mosse 1966, S. 226 ff.). Zwar sei es zutreffend, daß in die Wahlentscheidungen für die NSDAP auch andere Motive als der Antisemitismus eingegangen seien (Verzweiflung, Sehnsucht nach durchgreifenden Veränderungen, Autoritätswünsche und anderes)[1], trotzdem sei der Judenhaß integraler Bestandteil der Ideologie gewesen, „die diese Sehnsüchte für ihre Zwecke einspannte, nicht etwas, was nur am Rande mit dazugehörte. Daher war der Antisemitismus ein entscheidender Faktor, der Hitler Menschen zuführte, denn er war und blieb von Anfang an der Grundstein der ‚Deutschen Revolution'." (Mosse 1966, S. 243)

Winkler (1982, S. 287) schließt sich eher der Auffassung Eva Reichmanns an, ergänzt jedoch, daß auch die „Hinnahme" der antisemitischen Propaganda zeige, wie sehr sich die deutsche Gesellschaft der Weimarer Zeit an judenfeindliche Parolen gewöhnt habe. Daraus läßt sich angesichts der unterschiedlichen Positionen ableiten, daß bei der Beurteilung der Bedeutung des Antisemitismus für den Aufstieg des Nationalsozialismus zwei Fragen voneinander unterschieden werden sollten:

– War der Antisemitismus in der deutschen Bevölkerung selbst ein zentrales Motiv des Wählervotums für die NSDAP?
– Wie ist, sofern der Antisemitismus nicht selbst für ein wichtiges Motiv gehalten wird, die Tatsache zu erklären, daß die antisemitische Hetze der Nationalsozialisten von deren Wählern und politischen Partnern in Kauf genommen wurde?

Zur ersten Frage hat Eva Reichmann in einer späteren Arbeit darauf hingewiesen, daß es nahezu unmöglich sei, im nachhinein festzustellen, „wie viele der nationalsozialistischen Wähler Antisemiten aus Überzeugung waren, wie viele von ihnen radikalisierte Menschen, die durch die Propaganda zu Antisemiten wurden, und wie viele solche, die sich durch den Antisemitismus der NSDAP nicht stören ließen, die Partei zu unterstützen, von der sie sich eine ‚nationale Erneuerung' Deutschlands versprachen" (Reichmann 1966, S. 506). Jürgen Falter bestätigt diese Auffassung, wenn er schreibt, die historische Wahlfor-

[1] Mosse bezieht sich hier auf eine Kommentierung der nationalsozialistischen Wahlerfolge, die 1930 in den „Mitteilungen des Vereins zur Abwehr des Antisemitismus" (XL, 1. Oktober 1930, 111) abgedruckt war und die inhaltlich der Interpretation E. Reichmanns entspricht.

schung gestatte keine statistisch abgesicherte Analyse der Motivationen, NSDAP zu wählen. Wohl sei der Nachweis möglich, „daß zwischen der Zahl der ortsansässigen Juden und der Zahl der NSDAP-Stimmen ein negativer Zusammenhang besteht, d.h., daß die NSDAP dort mehr Stimmen erhielt, wo wenige oder keine Juden wohnten. Doch daraus schließen zu wollen, daß Antisemitismus bei der Stimmabgabe für die NSDAP keine nennenswerte Rolle gespielt habe, ist verfehlt: Vorurteile können sich entwickeln, ohne daß man dazu persönlicher Kontakte mit der Zielscheibe der Vorurteile bedürfte. Wer von uns hat zum Beispiel schon einmal einen sowjetischen Kommunisten oder einen rhodesischen Farmer getroffen? Aber auch das Gegenteil läßt sich aus dieser negativen statistischen Beziehung von NSDAP-Stimmenanteil und Prozentsatz der ortsansässigen Juden nicht ableiten. Vermutlich war der Antisemitismus tatsächlich kein ausschlaggebender Faktor, um NSDAP zu wählen. Mit den Mitteln statistischer historischer Wahlanalysen läßt sich dies jedoch nicht überprüfen." (Falter 1979, S. 20)

Anders stellt sich das Problem, wenn man nach der Inkaufnahme des nationalsozialistischen Antisemitismus fragt. Dies führt zu der Frage nach der Verbreitung des Antisemitismus in der Weimarer Republik und nach der Bedeutung der antisemitischen Propaganda, wie dies auch von Winkler hervorgehoben wird (vgl. oben). In seiner Analyse des Aufstiegs der NSDAP zur Massenpartei versucht Childers (1983), die Bedeutung des tradierten Antisemitismus präziser zu fassen. Er weist darauf hin, daß die ausdrücklich rassistischen Doktrinen im politischen Tagesgeschäft und in der durchschnittlichen Propaganda der NSDAP nicht im Vordergrund standen, sondern daß in dieser die „mehr vertrauten" Formen des sozialen und ökonomischen Antisemitismus, eng verbunden mit antikapitalistischer und antikommunistischer Propaganda, dominierten (Childers 1983, S. 267). Gerade dies habe sich als besonders erfolgreich erwiesen:

> "This strategy of linking Jews with both 'Supercapitalism' and bolshevism proved doubly effective for the Nazis. On the one hand, it allowed the NSDAP to exploit an already deeply engrained form of anti-Semitic sentiment in German political culture during a period of protracted economic distress; on the other, it lulled even those parties that took public stands against the NSDAP's obsession with 'the Jewish question' into the mistaken assumption that it was merely another ephemeral manifestation of that traditional anti-Semitism which had surfaced periodically in the German party system since 1890." (Childers 1983, S. 267)

Mit den Trägern der antisemitischen Propaganda, die es in der Weimarer Republik auch unabhängig von der NSDAP gab, befassen sich vor allem die Arbeiten von Mosse (1966), Lohalm (1970), Jochmann (1971) und Mohrmann (1972)[2]. Im folgenden wird die sehr breit angelegte Arbeit *Jochmanns*, die sich vor allem mit den ersten Jahren der Weimarer Republik befaßt, ausführlicher re-

---

[2] Mohrmann analysiert den Antisemitismus im Kaiserreich und in der Weimarer Republik von einer marxistisch-leninistischen Position her, die den Antisemitismus primär als propagandistisches Mittel in den Klassenauseinandersetzungen beschreibt. Da diese Position in der empirisch-historischen Antisemitismusforschung nur eine geringe Rolle spielt (vgl. hierzu auch Rürup 1975, S. 115 ff.), wird sie im folgenden nicht ausführlicher dargestellt.

feriert. Dabei soll auch auf einige Unterschiede und Gemeinsamkeiten in den Auffassungen hingewiesen werden, die in der wissenschaftlichen Erörterung des Antisemitismus eine Rolle spielen.

Als politische und organisatorische Träger des sich in den ersten Jahren der Weimarer Republik ausbreitenden Antisemitismus werden von Jochmann vor allem der Alldeutsche Verband und der Deutsche Schutz- und Trutzbund hervorgehoben (1971, S. 445 ff.). Unterstützt wurden diese und andere völkische Gruppierungen von einer Reihe von Interessenverbänden, die ebenso wie der Alldeutsche Verband bereits vor dem Ersten Weltkrieg antisemitisch orientiert waren, so vom Reichslandbund (im Kaiserreich: Bund der Landwirte), vom Deutschnationalen Handlungsgehilfenverband, vom Verein deutscher Studenten und einer Reihe kleiner Handwerker- und Mittelstandsvereinigungen (1971, S. 467).

Der Deutsche Schutz- und Trutzbund war 1919 vom Alldeutschen Verband gegründet worden. Er diente dem Zweck, die radikalen antisemitischen Parolen der Alldeutschen zu verbreiten. Laut Satzung sollte er „die sittliche Wiedergeburt des deutschen Volkes durch die Erweckung und Förderung seiner gesunden Eigenart“ (1971, S. 455) anstreben. Aber: „Da als Vorbedingung für diese Wiedergeburt einzig und allein die ‚Beseitigung des unterdrückenden und zersetzenden jüdischen Einflusses‘ bezeichnet wurde, erhielt der Bund praktisch nur den Auftrag, ‚über Wesen und Umfang der jüdischen Gefahr aufzuklären‘ und die Juden mit allen zu Gebote stehenden Mitteln zu bekämpfen.“ (ebenda) Propagandistische Erfolge erzielte der Schutz- und Trutzbund, der 1922 nach dem von ihm mit zu verantwortenden Mord an Rathenau verboten wurde, vor allem im militärischen Bereich, bei den von der Front heimkehrenden Regimentern und den neu gebildeten Freikorps und Freiwilligenverbänden (1971, S. 469 ff.), im Bereich der Hochschulen und Jugenderziehung (S. 474 ff.), im Bereich der Kirchen (S. 479 ff.) und in einer Reihe anderer, vorwiegend mittelständischer Organisationen (S. 477). (Vgl. zur Propagandatätigkeit des Schutz- und Trutzbundes auch Lohalm 1970, S. 122 ff.)

Aber auch in den konservativen Parteien, vor allem in der DNVP, wurde, wie Jochmann betont, antisemitisches Denken bald zu einem selbstverständlichen Bestandteil politischer Propaganda. So beschloß der Hauptvorstand der DNVP im Oktober 1919, den völkischen Forderungen in Zukunft stärker Rechnung zu tragen und „gegen jeden zersetzenden und undeutschen Geist“ und namentlich „gegen die Vorherrschaft des Judentums“ zu kämpfen (1971, S. 488). Auch als einige besonders radikale Antisemiten die DNVP verließen und im Dezember 1922 eine neue Organisation, die Deutschvölkische Freiheitspartei, gründeten, blieb die antisemitische Programmatik erhalten (S. 492 f.). Der Parteitag vom Oktober 1922 beschloß die Bildung eines „Völkischen Reichsausschusses“ innerhalb der Partei. Und nichts kennzeichnet nach Jochmann die Situation besser als die Tatsache, daß ein Unterausschuß dieses zentralen Gremiums Informationen aus Polen und Rumänien über die dort herrschende Entrechtung der Juden zusammentrug, „damit Modelle für eine deutsche Judengesetzgebung entwickelt werden konnten“ (S. 492)[3].

Schärfer noch als von Jochmann wird von Mosse der Antisemitismus der DNVP hervorgehoben, den er in der Propagandatätigkeit dieser Partei ebenso wie in ihren politischen Zielsetzungen (Schaffung von Regeln zur Diskriminierung von Juden) repräsentiert sieht (vgl. Mosse 1966, S. 226 ff.). Wären 1933 nur DNVP und Stahlhelm an die Macht gekommen, dann – so schreibt Mosse – „wären die Juden wahrscheinlich auch aus dem öffentlichen Leben und aus den freien Berufen ausgeschlossen und in ihren staatsbürgerlichen Rechten beschränkt worden. Ihr Leben würde vermutlich ungefähr so ausgesehen haben wie das der Juden in der Nazizeit von 1933 und 1938. Man darf nicht vergessen, daß das ursprüngliche Naziprogramm in seinen Abschnitten über die Juden nicht mehr enthielt, als in diesen Jahren in die Tat umgesetzt wurde. Was später geschah, stand nicht auf dem Programm der politischen Bewegungen. Die Wege trennten sich." (Mosse 1966, S. 237)

Dipper (1983) legt im Vergleich zu dieser Einschätzung allerdings größeres Gewicht auf den Unterschied zwischen der Forderung nach rechtlichen Diskriminierungen einerseits und der Zustimmung zu pogromartigen Ausschreitungen andererseits:

> „Auch die DNVP führte ausweislich ihres Parteiprogramms seit 1920 einen Kampf gegen die ‚Vorherrschaft des Judentums' und forderte daher einen Sonderstatus für reichsdeutsche Juden. Allerdings war sie, besonders jedoch ihre Vorsitzenden, zu sehr den konservativ-junkerlichen Traditionen verhaftet, als daß sie Gewaltmaßnahmen gutheißen konnte; sie wies diese zuletzt im März 1933 öffentlich zurück. Das war der wesentliche Unterschied zur NSDAP, deren verschiedene Flügel sich bisweilen zwar in der Tonlage antisemitischer Hetzparolen unterschieden, deren Parteileitung sich jedoch nie von Ausschreitungen ihrer Anhänger distanzierte." (Dipper 1983, S. 374)

Bei Jochmann wird – ähnlich wie bei Mosse, Lohalm oder Mohrmann – der Antisemitismus insgesamt vor allem als ein Problem der politischen Rechten beschrieben, das in einer fast unauflöslichen Verbindung mit dem nationalistischen Denken gestanden habe. In Jochmanns Arbeit über den Antisemitismus im Kaiserreich heißt es hierzu im Zusammenhang mit der Rolle Stoeckers: Dieser habe die Formel geliefert, nach der in den folgenden Jahrzehnten jene „Legierung von Antisemitismus und Nationalismus"[4] entstand, „die sich als so fest erwies, daß sie bis in die Mitte des zwanzigsten Jahrhunderts hinein erhalten blieb" (Jochmann 1976, S. 413).

Dagegen haben andere Autoren versucht, den Antisemitismus auf der Seite der politischen Linken stärker zum Thema zu machen. Zu erwähnen ist hier

---

3 Es ist vor diesem Hintergrund nicht erstaunlich, daß die DNVP vom Centralverein deutscher Staatsbürger jüdischen Glaubens, der 1893 zur Bekämpfung antisemitischer Propaganda und Aktionen gegründet worden war, bis ungefähr 1928 als wichtigster Gegner angesehen wurde (vgl. hierzu Paucker 1966, S. 407). Die nationalsozialistische Partei rückte erst ab 1929 in das Zentrum der Aufmerksamkeit des Centralvereins (a. a. O., S. 408).

4 Jochmann zitiert hier eine Formel Friedrich Meineckes aus dessen Besprechung eines Buches über Stoecker (Walter Frank: Hofprediger Adolf Stoecker und die christlich-soziale Bewegung). Meineckes Besprechung erschien zuerst 1929; Wiederabdruck in: Friedrich Meinecke, Werke, Band VIII, S. 445 f.

vor allem die Arbeit Knütters (1971), in der darauf hingewiesen wird, daß die KPD in ihrer Propaganda mitunter bewußt antisemitische Vorurteile der von ihr umworbenen Bevölkerungsteile aufgegriffen habe (vgl. hierzu vor allem Knütter 1971, S. 174 ff.). Insgesamt überwiegt jedoch das Urteil, daß die politische Linke gegenüber den antisemitischen Strömungen in der Weimarer Republik weitgehend immun gewesen sei. Dies gelte allerdings für die SPD stärker als für die KPD (vgl. hierzu Winkler 1982, S. 278 ff.).

Schwierig im Zusammenhang mit dem Themenbereich Antisemitismus ist die Frage nach der Rolle der Kirchen (vgl. auch oben, Abschnitt 5.1). Im Unterschied zu zahlreichen Autoren, die eine scharfe Grenze zwischen dem sogenannten modernen Antisemitismus und dem traditionellen christlichen Antisemitismus[5] ziehen (vgl. hierzu zum Beispiel Arendt 1955, S. 11 f.), betont Jochmann mehr die Kontinuität, indem er auf das Weiterwirken der tradierten christlichen Judenfeindschaft und eine damit verbundene Anfälligkeit für antisemitische Propaganda hinweist (Jochmann 1971, S. 479 ff.). Besonders ausgeprägt sei diese in der evangelisch-lutherischen Kirche gewesen: Die protestantischen Geistlichen lebten in einer Tradition, „die ihrer Meinung nach ungebrochen von Luthers judenfeindlichen Schriften bis zu Stoecker und in die Gegenwart reichte, und die viel nachhaltiger, als sich dies die kirchlichen Behörden jemals eingestanden, ‚Gesinnung und Haltung der evangelischen Geistlichkeit gegenüber dem Judentum' geprägt hatte. So war die Mehrheit der Pastoren nicht nur bereit, das Judentum als einen ‚Fremdkörper innerhalb des deutschen Volkes', einer weitgehend christlichen Gemeinschaft, abzulehnen, sondern auch alle geistigen Bewegungen des Aufklärungszeitalters, die das Christentum in Frage stellten, den Juden zuzuschreiben." (Jochmann 1971, S. 479; vgl. zum Antisemitismus im protestantischen Bereich auch Kraus 1966.)

Was die schichtspezifische Verteilung des Antisemitismus angeht, so war nach Ansicht der meisten Autoren, die sich ausführlicher mit dieser Frage befassen, antisemitisches Denken am meisten in den Schichten verbreitet, die auch schon im späten 19. Jahrhundert die soziale Basis der antisemitischen Bewegung bildeten. Dazu gehören: die Bauern, der alte und der neue Mittelstand und die Akademiker, wobei als besonders ausgeprägt der Antisemitismus im akademischen Bereich beschrieben wird[6]. Auch Jochmann hebt dies stark hervor und ver-

---

5 Wir benutzen den im 19. Jahrhundert geprägten Begriff des Antisemitismus hier in einem weiten Sinne, der auch den traditionellen Antijudaismus in sich einschließt. Wir schließen uns damit dem – so Rürup und Nipperdey in ihrer begriffsgeschichtlichen Auseinandersetzung – nach 1945 zunehmend üblichen Sprachgebrauch an: Der Antisemitismusbegriff „meint nicht mehr nur die antijüdische Bewegung seit dem ausgehenden 19. Jahrhundert – die man nun meist als ‚modernen Antisemitismus' bezeichnet –, sondern alle judenfeindlichen Äußerungen, Strömungen und Bewegungen in der Geschichte. Antisemitismus ist so zu einem ‚Synonym für die unfreundliche oder feindselige Haltung den Juden gegenüber' geworden." (Rürup/Nipperdey 1975, S. 113 f.)

6 Vgl. hierzu u.a. Mosse 1966, S. 186 ff.; Richarz 1982, S. 28 ff., oder Winkler 1982, S. 278 ff. Vgl. zum Antisemitismus im studentischen Bereich vor allem Bleuel/Klinnert 1967, S. 130 ff.; Lohalm 1970, S. 164 ff.; Kater 1975, S. 145 ff.

tritt die These, daß das Bildungsbürgertum dazu neige, diesen Aspekt der eigenen Geschichte zu leugnen:

> „Die deutsche Wissenschaft und die Schichten des Volkes, die sich selbst bis in die Gegenwart hinein die Verantwortung für die Wahrung des abendländischen Kulturerbes zuschreiben, haben stets nur betont, was sie leisteten, nicht was sie unterließen. Indem sie die ‚Schuld' an dem Aufkommen und der Ausbreitung des Antisemitismus den ‚ungebildeten Kleinbürgern' zuschrieben, verdrängten sie die Erkenntnis, daß dieser nicht erst von Hitler ‚in die deutsche Kultur injiziert worden' ist, sondern schon lange vorher in die Bildungsschicht vorgedrungen war, ‚bis dorthinein, wo sie am allerkultiviertesten sich vorkam'[7], und daß sie diesen Prozeß selbst erleichtert oder ermöglicht hatte." (Jochmann 1976, S. 445)

Geht man vor dem hier entwickelten Hintergrund die *Gesamtdarstellungen* zur Weimarer Republik und zum Aufstieg des Nationalsozialismus durch, so stellt man fest, daß in diesen die Frage nach den antisemitischen Strömungen und ihrer Bedeutung für den Aufstieg des Nationalsozialismus insgesamt eine relativ geringe Rolle spielt. Am ausführlichsten wird dieses Thema von *Bracher* in dem Band „Die deutsche Diktatur" (Bracher 1979, zuerst 1969) behandelt. Aber auch die frühe Arbeit zur „Auflösung der Weimarer Republik" (Bracher 1971, zuerst 1955) enthält einige Kommentare zu diesem Themenbereich (vgl. unter anderem S. 140 f., S. 100, S. 104 und S. 123).

In dem Band „Die deutsche Diktatur" rückt Bracher das Thema des Antisemitismus systematisch ins Blickfeld, und zwar ausgehend von einem Rückblick auf den Antisemitismus im Kaiserreich. Spätestens ab 1893 sei an die Stelle zersplitterter einzelner antisemitischer Parteien die „weitreichende gesellschaftliche Institutionalisierung des Antisemitismus im Rahmen der antimarxistischen, nationalistischen und ständisch-traditionalistischen Ideologie" getreten (1979, S. 45). Als wichtige Träger dieser gesellschaftlichen Institutionalisierung beschreibt Bracher den Bund der Landwirte, den Deutschnationalen Handlungsgehilfenverband, aber auch den Verein deutscher Studenten und die Konservativen, die auf dem Berliner Parteitag von 1892 antisemitische Parolen in ihr Programm aufnahmen (ebenda).

Wie die „Institutionalisierung" des Antisemitismus in die Weimarer Zeit hineinwirkte und dazu beitrug, die Propagandaerfolge der Nationalsozialisten in den Mittelschichten und auf dem Lande zu ermöglichen, beschreibt Bracher dann in einem späteren Abschnitt (vgl. 1979, S. 166 ff.). Er führt dort aus, daß der Deutschnationale Handlungsgehilfenverband (DHV) – betont rechtsgerichtet, antimarxistisch und antisemitisch, wie er war – zahlreiche Anknüpfungspunkte für die NSDAP aufwies und daß er den Bestrebungen des „linken Flügels" der NSDAP, in Betrieben und Berufsverbänden Fuß zu fassen, entgegenkam (S. 166). Auch wenn es dabei Unterschiede zwischen dem DHV-Vorsitzenden und vielen jüngeren DHV-Funktionären gegeben habe, habe der Verband doch

---

[7] Jochmann bezieht sich hier auf einen Aufsatz von Adorno (Zur Bekämpfung des Antisemitismus heute, 1964, S. 104).

„den Zustrom der mittelständischen Angestelltenschaft zur NSDAP wesentlich gefördert und beschleunigt", freilich „ohne zuletzt noch irgendeinen wesentlichen Einfluß auf die nationalsozialistische Politik ausüben zu können" (S. 167). Der Übergang zur Massenpartei sei der NSDAP durch solche, selbst nur partielle Angliederung „gesellschaftlich-interessenpolitischer Großorganisationen" (S. 167) erleichtert worden; ein Zusammenhang, den Bracher auch für das Verhältnis von antisemitischen Agrarverbänden und NSDAP herausarbeitet (vgl. S. 167 ff.).

Ebenso wie Jochmann hält auch Bracher eine allzu scharfe Abgrenzung zwischen traditionellem (christlichem) und modernem (rassistischem) Antisemitismus für zweifelhaft. So weist er darauf hin, daß der strikt rassistisch-biologisch argumentierende Antisemitismus in Deutschland nie dieselbe Popularität erlangt habe wie „das religiöse, soziale und kulturelle Judenbild des 19. Jahrhunderts" (1979, S. 39). Bracher betont zudem, daß die Argumentation der verschiedenen antisemitischen Gruppierungen im 19. Jahrhundert – seien sie nun christlich-sozial, konservativ oder rassistisch – in ihrem Kern weitgehend dieselbe war (S. 40). Ihre Hauptthemen und Hauptthesen, ob nun biologisch begründet oder nicht, werden von Bracher wie folgt charakterisiert:

> „Die klassische Judenlegende beruhte weiterhin auf drei Behauptungen: die Juden seien die Träger und Nutznießer des ausbeuterischen Kapitalismus, sie seien die Träger des marxistischen Sozialismus und Internationalismus und darum Hauptfeind jeder ‚national-sozialen' Bewegung, und ihre ganze Tätigkeit stehe im Dienst einer Weltverschwörung, die gegen die nationalen Interessen (vorbiologische Deutung) gerichtet sei oder die Vernichtung des Ariertums (rassistische Version) plane." (Bracher 1979, S. 40 f.)

Ausführlicher geht Bracher in dem Band „Die deutsche Diktatur" auch auf den Antisemitismus im akademischen Bereich ein. Bracher behandelt diesen im Zusammenhang mit dem Durchbruch der NSDAP zur Massenpartei (vgl. 1979, S. 179 ff.) und führt aus, daß im Bereich der Studentenschaft die NSDAP ihre frühesten sichtbaren Breitenerfolge erzielen konnte. Hintergrund dieser nationalsozialistischen Erfolge sind nach Brachers Darstellungen die antirepublikanischen und antisemitischen Traditionen im Hochschulbereich. Sie manifestierten sich in dem sehr einflußreichen „Hochschulring Deutscher Art" – einem Zusammenschluß aus nationalistisch und völkisch orientierten, vor allem aber auch schlagenden Verbindungen (S. 180). Der Hochschulring „hatte in Organisation und Zielsetzung die ‚großdeutsche' Ausweitung auf Österreich, Böhmen, das Auslandsdeutschtum gefordert und dies in radikalen Kampagnen gegen die ‚Verjudung' der Hochschulen auch mit rassistischen Argumenten begründet" (S. 180). Schon 1924 erreichte dieser Verband an zahlreichen Hochschulen das Übergewicht: so in Königsberg, Greifswald, Rostock, Kiel, Göttingen, Hannover, Jena, Darmstadt, Karlsruhe, Erlangen und an der Technischen Hochschule München (ebenda).

Im Vergleich zu Bracher behandelt *Erdmann* das Phänomen des Antisemitismus außerhalb der NSDAP in seiner zusammenfassenden Darstellung der Weimarer Republik und des Übergangs zur nationalsozialistischen Herrschaft (1980, Bd. 19) eher knapp. Der Antisemitismus wird fast ausschließlich mit der nationalsozialistischen Partei und der Person Hitlers in Zusammenhang gebracht. Nur wenige Hinweise deuten an, daß antisemitisches Denken auch für breitere Bevölkerungskreise kennzeichnend war. So wird im Zusammenhang mit dem Mord an Rathenau auf den damals „erschreckend um sich greifenden Antisemitismus" hingewiesen (1980, Bd. 19, S. 162). In dem Kapitel über „Demokratisches und antidemokratisches Denken in der Weimarer Republik" machen einige Zeilen auf den „latente(n) Antisemitismus" aufmerksam, der für „das ganze nationalistische Lager charakteristisch" gewesen und durch die Propaganda der Nationalsozialisten und der Deutschvölkischen zu „virulentem Haß" gesteigert worden sei (1980, Bd. 19, S. 254). Erdmann erklärt nicht, weshalb er den Antisemitismus im nationalistischen Lager im allgemeinen nur als „latent" einschätzt, wie er überhaupt spezifizierende Ausführungen zum Antisemitismus in der Weimarer Republik kaum macht.

Soweit die wenigen Hinweise Erdmanns zum Antisemitismus Schlüsse auf dessen qualitative Charakterisierung zulassen, scheint Erdmann zwischen traditionellem (christlichem) und modernem (rassistischem) Antisemitismus scharf zu differenzieren. So schreibt er im Zusammenhang mit dem Bericht über die in Hitlers „Mein Kampf" niedergelegten Gedanken: „Nur einer zutiefst unpolitischen und aus religiösen Bindungen gelösten Denkweise war es möglich, sich einem solchen politischen Propheten als einem Heilsverkünder auszuliefern." (1980, Bd. 20, S. 41) Allerdings erwähnt er im Zusammenhang mit der Etablierung des nationalsozialistischen Staates eine Anfälligkeit für antisemitische Propaganda aufgrund der Traditionen des christlichen Antisemitismus, um die anfängliche Übereinstimmung zwischen Kirchen und nationalsozialistischem Staat zu erklären:

„(...) selbst in seiner Kampfansage gegen das Judentum konnte der Nationalsozialismus mit entsprechenden archaischen Elementen im christlichen Bewußtsein rechnen. Man erinnerte an Luthers Schrift ‚Wider die Jüden' mit seiner Aufforderung, die Synagogen in Brand zu stecken, und an Ernst Moritz Arndts, des frommen lutherischen Liederdichters, Verherrlichung des ‚reinen Blutes' und der Verächtlichmachung des Judenvolkes. Im Missale Romanum, dem Text der katholischen Meßliturgie, war im Karfreitagsgebet für das Volk der Christumsmörder immer noch von den ‚perfidis Judaeis' die Rede." (Erdmann 1980, Bd. 20, S. 182)

In besonders geringem Umfang befaßt sich *Heiber* (1982, zuerst 1960) in seiner Übersicht über die Weimarer Republik mit dem Phänomen des Antisemitismus. Das Vorhandensein antisemitischer Traditionen wird knapp erwähnt (1982, S. 206), zugleich in seiner Bedeutung jedoch relativiert, was damit zusammenhängt, daß für Heiber die Wirtschaftskrise *der* entscheidende Faktor des Siegs der Nationalsozialisten ist:

„Versailles, Parteistaatsmüdigkeit, autoritäre Sehnsucht, völkische, antisemitische oder sonstige Traditionen und Emotionen, das perfide nationale Vokabular: *ernsthaft*, das zeigte das Young-Referendum, hat all dies die Republik nicht zu gefährden vermocht. Es bildete nur die Basis für das, was dann kam, als die wirtschaftliche Not, die Hoffnungslosigkeit, den Massen an die Kehle griff. Ohne den Krieg wäre Hitler wahrscheinlich nie Politiker geworden, ohne Versailles wäre er es kaum lange geblieben, und ohne die Ressentiments seiner ‚Volksgenossen' hätten sich seine Erfolge vermutlich in bescheidenen Grenzen gehalten, – den *Sieg* aber hat er allein der Wirtschaftskrise zu verdanken. Jeder andere Faktor, der bei seinem Massenerfolg mitgewirkt hat, läßt sich wegdenken, nur dieser eine nicht." (Heiber 1982, S. 206 f.)

Heiber schätzt also die Bedeutung der Traditionen des Antisemitismus – ebenso wie die anderer ideologischer Strömungen (Parteistaatsmüdigkeit, autoritäre Sehnsucht) – im Gesamtzusammenhang der Faktoren, die den Aufstieg der Nationalsozialisten und den Untergang der Weimarer Republik bewirkten, als sehr gering ein. Er beschäftigt sich – anders als dies zum Beispiel für Eva Reichmanns oder Winklers Darstellung gilt – auch nicht mit dem Problem der Inkaufnahme des nationalsozialistischen Antisemitismus.

Insgesamt zeigt der Überblick über Varianten der Interpretation des Antisemitismus in der Weimarer Republik, daß es zwischen den Autoren eine Reihe von Unterschieden in der Einschätzung gibt. Diese betreffen sowohl die politische Relevanz, die dem Antisemitismus zugeschrieben wird, als auch dessen qualitative Charakterisierung als soziales Phänomen (Betonung oder Nichtbetonung der christlichen Traditionen, des konservativen Antisemitismus, des Antisemitismus im akademischen Bereich usw.). Unter den genauer analysierten wissenschaftlichen Arbeiten gibt es jedoch keine, in der bestritten wird, daß der Antisemitismus in der Weimarer Republik einen relativ hohen Verbreitungsgrad erzielen konnte. Dies zu betonen ist insofern wichtig, als der Weimarer Antisemitismus in den analysierten Unterrichtsmaterialien und in den Interviews mit den Geschichtslehrern, wie im folgenden deutlich wird, nur eine sehr geringe Rolle spielt.

6.2 Antisemitismus als Unterrichtsgegenstand. Ergebnisse der Lehrerbefragung

6.2.1 Ein erster Überblick

Die Frage nach den Traditionen des Antisemitismus, die es in Deutschland auch unabhängig von der nationalsozialistischen Propaganda gab, gehört, nach den Interviews zu urteilen, zu den Aspekten, die im Unterricht über die Voraussetzungen des Nationalsozialismus eher am Rande stehen. Ein erster Hinweis hierauf ergibt sich aus der Analyse der offenen Interviewabschnitte (vgl. hierzu auch die Übersicht in Abschnitt 2.2). Insgesamt nur fünf Lehrer (zwei in Nordrhein-Westfalen, drei in Schleswig-Holstein) weisen von sich aus darauf hin, daß sie in ihrem Unterricht über die Weimarer Republik und den Aufstieg des Nationalsozialismus auch – zumindest knapp – auf vorhandene Traditionen des Antisemitismus eingehen. 67 Lehrer erwähnen das Thema gar nicht, und in sechs Fällen bleiben die Hinweise unklar.

In einem späteren Teil des Interviews wurde die Frage nach den Traditionen des Antisemitismus noch einmal direkt gestellt, und zwar in relativ offener Formulierung (Welche Schwerpunkte setzen Sie bei der Behandlung des Themas Antisemitismus? Oder mitunter auch: In welcher Weise gehen Sie in Ihrem Unterricht auf Traditionen des Antisemitismus ein?). Nach dem Interviewleitfaden hatten die Interviewer allerdings die Aufgabe, Nachfragen zu den Traditionen des christlichen Antisemitismus und zum politischen Antisemitismus im Kaiserreich und in der Weimarer Republik zu stellen. Dabei sollte auf jeden Fall geklärt werden, wie weit über den Antisemitismus in der Weimarer Republik, unabhängig von der NSDAP und auch von der Biographie Hitlers, gesprochen wird.

Da die Frage sehr offen formuliert war, ist es nicht erstaunlich, daß die befragten Lehrer sie zunächst als Frage nach dem nationalsozialistischen Antisemitismus aufgriffen und auf ihren Unterricht über die Judenverfolgungen während der Zeit des Nationalsozialismus eingingen. Hierüber zu unterrichten, gehört mit Sicherheit zu den selbstverständlichen Unterrichtsinhalten, und das Thema berührt zudem den Kernbereich nationalsozialistischer Verbrechen: den Massenmord in den Konzentrationslagern – ein Thema, welches sowohl unter emotionalen als unter Verstehensgesichtspunkten außerordentlich schwer im Unterricht darzustellen ist.

In den Nachfragen wurde versucht, den vor-nationalsozialistischen Antisemitismus direkter anzusprechen. Wird dieser im Unterricht behandelt, und wie? Nach den Schilderungen der Lehrer ist der Ausgangspunkt für die Auseinandersetzung mit den Traditionen des Antisemitismus nahezu durchweg der nationalsozialistische Antisemitismus und der Holocaust. Von diesem Einschnitt in die deutsche Geschichte wird zurückgefragt, manchmal ausführlicher (30 Lehrer), manchmal aber auch sehr kurz. 31 von 78 Lehrern gehen in ihrem Unterricht zum Thema Antisemitismus nach eigenen Angaben kaum über die Beschäftigung mit dem nationalsozialistischen Antisemitismus hinaus. Und soweit diese Lehrer in die Zeit vor der nationalsozialistischen Herrschaft zurückgehen, geschieht dies sehr knapp und vielfach in einer Form, die eng mit der Darstellung des Programms und der Geschichte der NSDAP verbunden ist. Im Zusammenhang mit dem rassistischen, antisemitischen Programm der NSDAP wird zurückverwiesen auf die Schriften des 19. Jahrhunderts, auf die sich die nationalsozialistische Ideologie stützte (Sozialdarwinismus, Gobineau, Chamberlain), und im Zusammenhang mit der Geschichte der NSDAP und der Lebensgeschichte Hitlers wird zurückverwiesen auf den Antisemitismus in Wien um die Jahrhundertwende, von dem angenommen wird, er sei für Hitler prägend gewesen. Darüber hinausgehende Hinweise können vorkommen – vor allem Hinweise auf die Judenverfolgung im Mittelalter –, sind aber kaum mehr als eine knappe Information darüber, daß es auch in früheren Epochen bereits so etwas wie Antisemitismus gab. Dabei ergeben sich im Vergleich zwischen den Regionen keine systematischen Unterschiede zwischen den beiden Bundesländern oder zwischen Stadt und Land (vgl. hierzu auch unten, Tab. 6.2).

6.2.2 Antisemitismus in der Weimarer Republik

Für die übergreifende Frage nach der Art, wie im Unterricht die Bedingungen der nationalsozialistischen Machtübernahme dargestellt werden, ist von besonderem Interesse, wieweit die befragten Lehrer auf antisemitische Strömungen, die es in der Weimarer Republik auch unabhängig von der NSDAP gab, eingehen und wie sie diese bei der Erklärung des Aufstiegs des Nationalsozialismus berücksichtigen. Wird der Antisemitismus als eines der zentralen Motive der Entscheidung für die nationalsozialistische Partei angesehen, oder steht eher – im Sinne der Position Eva Reichmanns – die Frage nach der „Hinnahme“ oder Inkaufnahme des nationalsozialistischen Antisemitismus im Vordergrund?

Eine genauere Analyse der entsprechenden Interviewtexte zeigt, daß im Unterricht über die Voraussetzungen des Nationalsozialismus weder die eine noch die andere Position eine nennenswerte Rolle spielt. Der Weimarer Antisemitismus kommt zur Sprache, sofern es um die NSDAP oder Hitler geht. Er wird darüber hinaus kaum zum Thema gemacht. Nur in sieben der von uns geführten Interviews wird erkennbar, daß über den nicht-nationalsozialistischen Antisemitismus in der Weimarer Republik informiert wird. In 65 Interviews ist dies nicht der Fall, und in sechs Interviews blieb diese Frage ungeklärt. Wie Tabelle 6.1 zeigt, gibt es dabei keine in irgendeiner Weise bemerkenswerten Unterschiede zwischen den in die Erhebung einbezogenen Regionen.

Überspitzt kann man formulieren: Spätestens ab 1918 erscheint der Antisemitismus nicht mehr als ein Problem der Deutschen, sondern ist nur noch Sache der nationalsozialistischen Partei. Dies ist die Deutungsregel, die zwar in den Interviewtexten nicht explizit ausgesprochen wird, die aber hinter den Antworten der Lehrer steht. Auffällig ist das hohe Maß an Selbstverständlichkeit, mit dem die Lehrer zum Ausdruck bringen, daß sie sich mit dem nicht-nationalsozialistischen Antisemitismus in der Weimarer Republik nicht befassen. Einige Textausschnitte mögen dies verdeutlichen.

Tabelle 6.1: Unterricht über antisemitische Strömungen in der Weimarer Republik

	Der nicht-nationalsoz. Antisemitismus		Unklar, keine Angaben	Insgesamt
	wird behandelt	wird nicht behandelt		
NRW großstädt. Region	1	14	–	15
NRW ländliche Region	2	11	6	19
SH großstädt. Region	1	23	–	24
SH ländliche Region	3	17	–	20
Insgesamt	7	65	6	78

Der erste Ausschnitt stammt aus dem Interview mit einem Lehrer, der in seinem Unterricht auf die Traditionen des Antisemitismus in Deutschland vergleichsweise ausführlich eingeht. Nach anderen Textstellen des Interviews zu urteilen, vertritt er eher eine elitenkritische Deutung der Voraussetzungen des Nationalsozialismus. Er könnte also durchaus geneigt sein, im Unterricht auch auf den deutschnationalen oder kirchlichen Antisemitismus der Weimarer Zeit einzugehen.

Interviewausschnitt 6/1 (Ländliche Region, Nordrhein-Westfalen)

Kontext: Dem Textausschnitt unmittelbar voraus gehen Ausführungen zur „Sündenbockfunktion" oder „Ventilfunktion" des Antisemitismus. Der Antisemitismus wird primär als ein Problem der deklassierten Mittelschichten beschrieben, wobei die herrschenden Schichten von dieser Verlagerung von Aggressionen profitieren.

Interviewer: „Gehen Sie auch auf Antisemitismus in der Weimarer Republik ein?"

Befragter: „Ja, also im Zusammenhang mit der NS-Ideologie – und auch ein kurzer Hinweis aufs Kaiserreich, daß (es) damals also auch schon kräftigen Antisemitismus gegeben hat, bis zu einer antisemitischen Reichstagsfraktion."

Die Frage nach dem Antisemitismus in der Weimarer Republik wird von diesem Lehrer, wie von einer Reihe anderer Lehrer auch, spontan als Frage nach der Behandlung des nationalsozialistischen Antisemitismus verstanden und als solche auch bejaht. Der Weimarer Antisemitismus wird im Zusammenhang mit der „NS-Ideologie" behandelt, nicht unabhängig von dieser. Im Unterschied zu einer Reihe anderer Lehrer weist dieser Lehrer jedoch – zumindest knapp – auf antisemitische Tendenzen im Kaiserreich und auf die antisemitischen Gruppierungen im Reichstag hin. Insofern kann man vermuten, daß in seinem Unterricht, wenn nicht konkretisiert wird, so doch erkennbar bleibt, daß es sich beim Antisemitismus um ein Breitenphänomen handelt, das auch unabhängig von der nationalsozialistischen Propaganda Bedeutung hatte.

Bezogen auf die Weimarer Republik oder das Wilhelminische Deutschland gilt dies für das nächste Beispiel nicht. Es handelt sich um einen Ausschnitt aus dem Interview mit einem Lehrer, der in seinem Unterricht einen Überblick über die Geschichte des Antisemitismus zu geben versucht, „von den Römern angefangen, über das Mittelalter", wie er sagt.

Interviewausschnitt 6/2 (Ländliche Region, Schleswig-Holstein)

Interviewer: „Gehen Sie auch auf Traditionen des christlichen Antisemitismus ein?"

Befragter: „Ja, das ist die Geschichte im Mittelalter."

Interviewer: „Ja – auch so neuere Sachen –, also im Kaiserreich und in der Weimarer Zeit?"

Befragter: „Ja, Dreyfus-Affäre meinen Sie, in Frankreich dann – aber kein Schwerpunkt."

Interviewer: „Und politischer Antisemitismus, so diese Antisemitenpartei oder so etwas?"

Befragter: „Gab's sonst noch jemanden?"

Interviewer: „Ja – es gab wohl irgendwann im Reichstag noch eine Partei, die antisemitisch war, 1880 oder 1882 oder so."

Befragter: „Hm, das weiß ich nicht, kann ich auch nicht drauf eingehen."

Interviewer: „Nein, nein, der Sinn der Frage ist, kurz zu fragen, wie weit nun so Traditionen, Vorläufer ..."

Befragter: „Ja, das schon. Aber ich sehe es wahrscheinlich etwas (breiter), nicht bloß Kaiserzeit."

Hier scheint zunächst ein Kommentar zur Interaktion zwischen Interviewer und Befragtem erforderlich, die etwas gequält wirkt. Es tritt hier beispielhaft das Problem zutage, daß der Interviewer von den Fragestellungen der Untersuchung her verpflichtet ist, in irgendeiner Weise zu klären, ob über eine bestimmte Frage, hier über den Antisemitismus in der Weimarer Republik und im Kaiserreich, unterrichtet wird oder nicht. Gegenüber dem Lehrer kommt er dadurch in die Rolle eines Prüfers – was besonders belastend wird, wenn man auf Leerstellen stößt. Zuweilen überspielen die Befragten dann die eigene Unkenntnis, indem sie entsprechende Fragen bejahen, dann aber über etwas anderes reden. (In gewissem Maße gilt dies auch für den zuerst zitierten Interviewausschnitt 6/1.) In dem vorliegenden Ausschnitt ist dies jedoch nicht der Fall; vielmehr gibt der Befragte die Frage zurück, provoziert den Interviewer dadurch zu einer (schlecht informierten) Vorgabe und erklärt dann im nächsten Schritt offen sein Nicht-Wissen. Dieses lakonische Eingeständnis ist sicher realistisch (worüber ich als Lehrer nichts weiß, kann ich auch nicht unterrichten), wir sind ihm aber in dieser Form nicht so häufig begegnet. Dem Interviewer scheint es etwas peinlich gewesen zu sein, denn seine hierauf folgende Reaktion verrät den eher verlegenen Versuch, durch Relativierung und Vernebelung der eigenen Frage dem Befragten entgegenzukommen und dadurch ein entspanntes Gesprächsklima wiederzugewinnen.

Obgleich Probleme der Interviewkommunikation hier nicht zur Diskussion stehen, werden sie an dieser Stelle hervorgehoben, weil darin ein für die Untersuchungsfrage selbst zentraler Sachverhalt zum Ausdruck kommt: Trotz aller im Schulbereich wie im Wissenschaftsbereich gegebener Zwänge, als wissend zu erscheinen, ist für den hier befragten Lehrer die Unkenntnis über antisemitische Strömungen in der Weimarer Republik und im Kaiserreich (und damit die Nichtbehandlung im Unterricht) so selbstverständlich, daß er

a) die Frage des Interviewers zunächst gar nicht versteht, sondern auf Frankreich und die Dreyfus-Affäre bezieht, und
b) sodann ohne größeren Rechtfertigungsaufwand sagt, daß zum Thema Antisemitismus im Kaiserreich sein Unterricht nichts enthält – von Weimar ist schon gar nicht mehr die Rede.

Was in den zitierten – und in anderer Form auch in anderen – Interviewausschnitten zum Ausdruck kommt, ist folgendes: Die Nichtberücksichtigung antisemitischer Strömungen in der Weimarer Republik oder, wie in dem eben zitierten Fall, auch im Kaiserreich geht nicht auf ausführliche didaktische Überlegungen zurück, in denen das Pro oder Contra eines Eingehens auf diese Frage abgewogen wird, sondern sie ergibt sich eher ohne eine bewußte Begründung, wobei zum Teil auch Nicht-Wissen eine Rolle spielt. Man ist über andere Möglichkeiten der Betrachtung eher erstaunt, wie auch der folgende Ausschnitt aus dem Interview mit einem Lehrer zeigt, der zu einer generell sehr selbstkritischen Sichtweise neigte.

Interviewausschnitt 6/3 (Großstadt, Schleswig-Holstein)

Kontext: Frage nach den Traditionen des Antisemitismus, die der Befragte im Sinne der sehr verbreiteten dreistufigen Darstellungsweise beantwortet, die ausgehend vom Mittelalter über die rassistischen Theorien des 19. Jahrhunderts (an Chamberlain und Gobineau erläutert) bis hin zum Nationalsozialismus führt (vgl. hierzu auch unten). Er erläutert sodann seinen Versuch, die Schüler an eine Auseinandersetzung mit dem Geschehen in den Vernichtungslagern heranzuführen. Der Interviewer versucht, die Frage nach den Traditionen des Antisemitismus wiederaufzugreifen.

Interviewer: „Zu den Traditionen des Antisemitismus noch eine Frage. Kommt da über Weimar und Antisemitismus etwas vor?"

Befragter: „Nein – nein. Gar nicht."

Interviewer: „Denn die Abfolge, wenn ich es richtig verstanden habe ..."

Befragter: „Ja, das ist richtig. Es hört also 1918 im Grund genommen auf. (...) Es ist vielleicht ein Fehler, sagen wir, diese Weimarer Republik unter diesem Aspekt überhaupt nicht zu betrachten. Mir liegen da auch keine Informationen vor, und ich könnte aus dem Stegreif auch nichts Gültiges, muß ich sagen, dazu sagen. Weil ich mich mit diesem Thema eigentlich gar nicht beschäftigt habe, vielleicht zu meiner Schande noch gar nicht auf die Idee gekommen bin. Das ist vielleicht – das ist bestimmt mein Fehler. Natürlich weiß ich das so aus Erzählungen – Probleme jüdischer Kaufleute und so –, daß da durchaus manchmal Probleme waren. Aber Näheres könnte ich dazu nicht sagen."

Interviewer: „Die Abfolge ist mehr: Mittelalter ..."

Befragter: „19. Jahrhundert, nicht wahr. Dort dieser Rassen-Antisemitismus. Und dann also wieder 1933 bis '45. So sieht das ungefähr aus."

Das Ausmaß an Selbstkritik, mit dem der Befragte auf die Frage nach dem Antisemitismus in der Weimarer Republik reagiert, ist im Vergleich zu unseren anderen Interviews sehr ausgeprägt. Es zeigt aber nur besonders ungeschminkt, was überwiegend auch für sie gilt: nämlich wie fernab von allen Überlegungen zur Unterrichtsgestaltung die Frage nach dem Antisemitismus in der Weimarer Republik liegt. Der Befragte hat sich mit dieser Frage noch gar nicht beschäftigt, ja, ist nicht einmal auf die Idee gekommen, dies zu tun. Genau dies ist gemeint, wenn wir sagen, daß das Ausklammern der Frage nach dem Antisemitismus in der Weimarer Zeit sich ohne bewußte Begründung ergibt und nicht Ergebnis didaktischer Entscheidungen ist.

Nun könnte man argumentieren, es lägen hier zwar keine bewußten didaktischen Entscheidungen vor, wohl aber unbewußte Prozesse, die dazu führen, die eher negativen und schmerzlichen Aspekte der eigenen Geschichte zu verdrängen. Diese Interpretation ist, bezogen auf die einzelnen Lehrer, nicht auszuschließen. Nur müssen wir, was unsere Untersuchung angeht, darauf hinweisen, daß die Art und Weise, in der wir unser Material erhoben haben, keine abgesicherten Aussagen über den psychischen Hintergrund der Antworten gestattet. Wir haben keine psycho-diagnostischen Interviews durchgeführt, sondern Interviews zu Einzelaspekten des Unterrichts über Nationalsozialismus. Hinzu kommt ein anderes Argument: Wie auch in dem zuletzt wiedergegebenen Interviewausschnitt zum Ausdruck kommt, hätte eine Reihe von Lehrern durchaus nichts dagegen, intensiver über antisemitische Strömungen in der Weimarer Republik zu unterrichten. Es fehlen ihnen jedoch das Material und die Anregung dazu. Insofern kann man sich an dieser Stelle vergegenwärtigen, wie bedeutsam die Darstellungsweise in Schulbüchern, Textsammlungen und auch Lehrplänen ist. Denn daß auch diese sich mit dem nicht-nationalsozialistischen Antisemitismus nur in geringem Umfang befassen, wird in den Abschnitten 6.3 und 6.4 ausführlicher darzustellen sein.

Insgesamt befassen sich also nur wenige Lehrer mit antisemitischen Strömungen in der Weimarer Republik. Sofern sie dies tun, spielen unterschiedliche Aspekte eine Rolle: der teilweise antisemitische Hintergrund der Ermordung Rathenaus, der deutschnationale Antisemitismus, der Antisemitismus im kulturellen oder auch im akademischen Bereich (Hinweise auf den studentischen Antisemitismus). Als Information ist interessant, daß in fast jedem Fall, in dem von den befragten Lehrern einzelne Aspekte des Antisemitismus in der Weimarer Republik als relevant hervorgehoben wurden, die dem Unterricht zugrunde gelegten Schulbücher oder Text- und Quellensammlungen durch andere Materialien ergänzt wurden.

6.2.3 Die Beschreibung der Geschichte des Antisemitismus – zentrale Merkmale

Es wurde bereits darauf hingewiesen, daß eine Reihe von Lehrern, ausgehend von der Auseinandersetzung mit dem nationalsozialistischen Antisemitismus, im Unterricht ausführlicher auf die Geschichte des Antisemitismus eingeht. Die Form, in der dies geschieht, ist häufig der Lehrervortrag oder das Schülerreferat, weniger der quellenorientierte Unterricht. Dabei sind, wie bei den anderen Themen auch, Unterschiede zwischen Mittelstufenunterricht und Unterricht im Grundkurs oder im Leistungskurs der Oberstufe zu berücksichtigen. So weist beispielsweise ein Lehrer darauf hin, daß er sich im Mittelstufenunterricht auf den entsprechenden Schulbuchtext aus „Zeiten und Menschen" stützt, im Oberstufenunterricht jedoch zusätzlich einen Text von Hannah Arendt heranzieht. Ein anderer Lehrer macht darauf aufmerksam, daß er ausführlichere Informationen zur Berufsgliederung des jüdischen Bevölkerungsanteils im Kaiserreich dem Oberstufenunterricht vorbehält. Und wiederum andere erklären, daß sie sich nur im Oberstufenunterricht ausführlicher mit der Geschichte des Antisemitismus befassen und im Mittelstufenunterricht dieses Thema nur streifen.

So wichtig diese Unterschiede aus der Perspektive des seinen Unterricht planenden Lehrers auch sind, treten sie in ihrer Bedeutung doch zurück im Vergleich zu den Deutungen der Geschichte des Antisemitismus in Deutschland, die dem Unterricht zugrunde liegen. Bestimmte Grundmuster wiederholen sich, ob es sich nun um Mittelstufen- oder Oberstufenunterricht beziehungsweise um knappere oder ausführlichere Informationsvermittlung handelt. Sie sind darüber hinaus auch, wie im folgenden zu zeigen ist, stabil, unabhängig von regionalen Unterschieden und Unterschieden in der politischen Grundhaltung der einzelnen Lehrer. Auch Lehrer, die bezogen auf andere Fragen – etwa zur Rolle der Industrie oder zur Relevanz der Totalitarismuskonzeption – im Vergleich zu den administrativen Vorgaben einen eher abweichenden und systemkritischen Unterricht geben, greifen die Frage nach den Traditionen des Antisemitismus im Kern doch in ähnlicher Weise auf wie ihre konservativeren Kollegen. Es gibt jedoch auch Differenzen. Aber ehe diese zur Sprache kommen (vgl. Abschnitt 2.4), sollen zunächst die einzelnen Elemente des Grundmusters beschrieben werden.

Am häufigsten kommt bei den Lehrern, die in ihrem Unterricht nach eigenen

Angaben über die Auseinandersetzung mit dem nationalsozialistischen Antisemitismus und rassistischen Konzeptionen hinausgehen, der Rückverweis auf Judenverfolgungen im Mittelalter zur Sprache. Ja, man kann sagen, daß dieser Rückverweis Elemente einer standardisierten, eingeschliffenen Form des Argumentierens hat, wie in der folgenden Formulierung eines Lehrers aus Schleswig-Holstein (ländliche Region) zum Ausdruck kommt: „(...) ich gehe dann, wie es sich gehört, bis zurück ins Mittelalter." Dabei werden vor allem zwei Momente an den Judenverfolgungen im Mittelalter hervorgehoben:

1. christliche Motive, konkretisiert häufig am Christusmord-Vorwurf,
2. ökonomische Motive, festgemacht an der sozialen Stellung der Juden im Mittelalter, insbesondere der Stellung im Bereich des Geldhandels.

Dem Hinweis auf die mittelalterliche Situation folgt dann entweder direkt die Information über den nationalsozialistischen Antisemitismus oder im Sinne eines Zwischenschrittes die Information über den Antisemitismus im 19. Jahrhundert. Sofern der letztere behandelt wird, geschieht dies eher in Auseinandersetzung mit den sogenannten Rassentheorien des 19. Jahrhunderts als mit dem politisch institutionalisierten oder auch religiös motivierten Antisemitismus. Oder genauer formuliert: Nach dem Interpretationsmodell der Lehrer nehmen im Antisemitismus des 19. Jahrhunderts und erst recht des Nationalsozialismus rassistische Motive nunmehr die Stellung ein, die vorher religiöse einnahmen. Zugleich bleibt die ökonomisch bezogene Argumentation erhalten; bisweilen mit der Tendenz, die ökonomischen Komponenten des Antisemitismus aus der sozialen Stellung der Juden heraus zu erklären, bisweilen mit der Tendenz zu einer stärker sozialpsychologisch orientierten Deutung in Richtung sogenannter Sündenbocktheorien (vgl. als relativ frühe Version solcher Deutungen Bernstein 1926), und bisweilen ohne weitere Erläuterungen.

Bevor zu dem beschriebenen dreistufigen Gang durch die Geschichte quantitative Angaben gemacht werden, sollen zwei Textausschnitte ihn verdeutlichen. Es handelt sich um Ausschnitte aus Interviews mit Lehrern, die ihren Mittelstufenunterricht beschreiben: einem aus der ländlichen Region Nordrhein-Westfalens, einem aus der städtischen Region. Da die beiden Lehrer in bezug auf andere Fragen recht unterschiedliche Akzente setzen (hinsichtlich der Rolle der Industrie oder der Bedeutung von Totalitarismuskonzepten), bieten die Texte zugleich die Chance, die relative Konstanz der hier gemeinten Argumentationsweise am Beispiel zu illustrieren.

Interviewausschnitt 6/4 (Ländliche Region, Nordrhein-Westfalen)

Kontext: Frage nach der Beschäftigung mit den Traditionen des Antisemitismus in Deutschland. Der Lehrer berichtet in der Antwort zunächst über seinen Unterricht über die Judenverfolgung im nationalsozialistischen Deutschland und zudem über einen Aufbaukursus zu diesem Thema, der an dieser Schule in der Mittelstufe angeboten wird. Der Interviewer kommt auf den Unterricht des Lehrers zurück und fragt, wieweit er im Zusammenhang mit der Darstellung des nationalsozialistischen Antisemitismus auch auf die Traditionen des Antisemitismus in Deutschland eingehe.

Befragter: „Ja, eigentlich vom Mittelalter. Ich weise auf die Kreuzzüge hin, die ja dann – da gibt es so ganz markante Beispiele. Da beginnt man schon bei dem Kreuzzug – wo war das? In Frankfurt oder wo? – und hat dort schon (...) die Juden in den Ghettos getötet bzw. dort geplündert. Und dann hat man sich so langsam nach Jerusalem bewegt. Dann gehe ich ein auf die Frage, daß die Christen – oder daß der Papst ihnen verboten hat, Zinsen zu nehmen. Folglich wurden die Juden in diese Rolle der Geldverleiher gedrängt. Und anschließend machte man ihnen daraus den Vorwurf, sie würden die Leute aussaugen. Und daß sie kein Handwerk ergreifen durften, daß sie bestimmte Kleider tragen mußten, um einfach erkenntlich zu sein, und daß das Ganze um 1812 zwar in der Judenemanzipation aufgehoben wurde, daß dann aber aufgrund der vielfältigen Konkurrenz der Antisemitismus im 19. Jahrhundert wieder richtig losgeht. Also auch mit bestimmten Theoretikern. Aber das kann man in der Ausführlichkeit – ich meine, daß ich jetzt auf Houston Chamberlain oder diese Leute eingehe –, das wäre z. B. eine Sache des Aufbaukurses, aber nicht Sache des Geschichtskurses. Ich meine sogar, das steht dann irgendwann mal in dem Buch 3 (gemeint ist ‚Zeiten und Menschen', d. Verf.), wo das 19. Jahrhundert dargestellt wird."

Interviewer: „Machen Sie irgend etwas zu Antisemitismus in der Weimarer Zeit?"

Befragter: „Ja, (...) was die Reden Hitlers und seiner Zeitgenossen angeht, ja. Aber das, würde ich sagen, wird erwähnt im Zusammenhang mit der Ideologie des Nationalsozialismus, der Programmschrift der NSDAP, in (der Mittelstufe) sicherlich weniger, also weniger ausführlich und weniger aussagend als in der Oberstufe. Da gibt's da diese Reden von ihm und von anderen gegen die Juden, und das wird erwähnt. Und das Ganze eher theoretisch und nicht so sehr jetzt gefragt, wie ist es nun wirklich. Haben die Leute das damals schon so aufgefaßt? Sind sie dadurch schon eigentlich zu Antisemiten geworden, schon vor der Machtergreifung?"

Interviewausschnitt 6/5 (Großstadt, Nordrhein-Westfalen)

Kontext: Frage nach der Beschäftigung mit den Traditionen des Antisemitismus in Deutschland. Der Befragte geht auf diese im Zusammenhang mit der Behandlung des nationalsozialistischen Antisemitismus ein und versucht das Thema, wie er sagt, „so ein bißchen ganzheitsgeschichtlich" zu behandeln, und fährt fort:

Befragter: „(...) um klarzumachen, welchen Wandel der Antisemitismus erfahren hat: daß es vorher eine rein, oder zumindest eine kirchliche, eine christliche Argumentation war und daß schließlich dann im 19. Jahrhundert dieser Rassegedanke hinzukommt. (Ich) gebe dann so kurze Exkursionen am Beispiel der Kreuzzüge, um dann aber auch da zu zeigen, daß es bereits eine sozioökonomische Funktion hat. (Ich) gehe dann auf Gobineau etwas ein und Darwin, versuche das in Zusammenhang damit zu bringen, ziehe aber keine – stelle aber keine Fakten von Antisemitismus (...) mehr dar. (Ich) spreche es noch mal an im Geschichtsunterricht in der Behandlung der Bismarck-Zeit, aber auch nur am Rande."

Interviewer: „Und was kommt da?"

Befragter: „Da kommen so in dem Alldeutschen Verband, wo (...) bereits rassistische und antisemitische Äußerungen dort verquickt werden in der Reichsargumentation. Aber nicht als eigenes Thema."

Beide Textausschnitte können im ersten Schritt der Interpretation noch einmal verdeutlichen, was bereits hervorgehoben wurde: Die Beschäftigung mit antisemitischen Strömungen in der Weimarer Republik bleibt, sofern es sich nicht um den Antisemitismus der Nationalsozialisten handelt, ausgeklammert (was im Anschluß an den Textausschnitt 6/5 im Interview durch Nachfragen auch noch genauer geklärt wird, als in dem zitierten Text erkennbar). Eher noch als der Weimarer Antisemitismus wird der politische Antisemitismus im Kaiserreich erwähnt (vgl. Textausschnitt 6/5). In den Interviews geschieht dies in 17 Fällen. Davon haben acht eine ähnlich beiläufige Form wie der Hinweis auf die Alldeutschen im Textausschnitt 6/5 und sind auch in ihrem Inhalt ähnlich. Der politische Antisemitismus im Kaiserreich wird am häufigsten anhand des Alldeutschen

Verbandes erläutert, weniger unter Verweis auf die Stoecker-Partei oder die Konservativen.

Den beiden obigen Textausschnitten gemeinsam ist nicht allein das Ausblenden des Antisemitismus in der Weimarer Republik, sondern auch der Rückbezug auf mittelalterliche Judenverfolgungen. Gemeinsam ist ihnen zudem der Hinweis auf die pseudowissenschaftlichen rassentheoretischen Schriften des 19. Jahrhunderts, wobei hier die Namen erwähnt werden, die auch in den anderen Interviews immer wieder auftauchen: Gobineau und Chamberlain, seltener Darwin (im Zusammenhang mit den sich auf ihn berufenden sozialdarwinistischen Schriften)[8]. Beiden Textausschnitten liegt, wie wir meinen, eine Geschichtsdeutung zugrunde, die die Geschichte des Antisemitismus im Sinne einer dreistufigen Abfolge beschreibt: Dem mittelalterlichen, christlichen Antisemitismus folgen sogenannte rassentheoretische Konzeptionen im 19. Jahrhundert als Vorläufer des nationalsozialistischen Antisemitismus. Dieses dreistufige Schema muß nicht immer ausgefüllt sein, wie der Textausschnitt 6/4 zeigt: Die Beschäftigung mit Chamberlain und entsprechenden „Theoretikern“ ist zwar angelegt, wird jedoch an den Aufbaukurs, den es an dieser Schule gibt, delegiert. In vielen anderen Fällen bleibt der Hinweis auf das Mittelalter flüchtig, und es wird nur auf den dem 19. Jahrhundert entstammenden rassistischen Hintergrund des nationalsozialistischen Antisemitismus verwiesen, wie bereits beim Überblick in Abschnitt 2.1 angedeutet. Die quantitative Bedeutung dieser Versionen der Auseinandersetzung mit der Geschichte des Antisemitismus zeigt Tabelle 6.2.

Relativ häufig ist die Konzentration auf den nationalsozialistischen Antisemitismus, gegebenenfalls unter Rückbezug auf rassistische Konzeptionen des 19. Jahrhunderts (31 Lehrer). Fast genauso häufig ist der Rückbezug auf den mittelalterlichen Antisemitismus (30 Lehrer). Von diesen 30 Lehrern beschreiben 17 ihre Art der Auseinandersetzung mit der Geschichte des Antisemitismus im Sinne des oben ausgeführten dreistufigen Interpretationsschemas (mittelalterlicher Antisemitismus – rassistische Konzeptionen im 19. Jahrhundert – nationalsozialistischer Antisemitismus) und 13 im Sinne eines zweistufigen Schemas (mittelalterlicher und nationalsozialistischer Antisemitismus). Acht Lehrer sind unter der Kategorie „andere Versionen“ zusammengefaßt. Sie stellt eine echte Restkategorie dar, der unterschiedlichste Deutungen zugeordnet sind (auch solche, die relativ eindeutig als antisemitische zu klassifizieren sind). Die Kategorie „unklar, keine Angabe“ bedarf keiner weiteren Erwähnung, außer in bezug auf den hohen Anteil unklar gebliebener Textpassagen in den im Münsterland geführten Interviews. Hieraus ergeben sich Einschränkungen für den Vergleich zwischen den Regionen. Vertretbar ist es jedoch, die Ergebnisse in den beiden Großstädten mit-

---

8 Dabei wird vor allem an folgende Schriften gedacht: Arthur Gobineau: Essai sur l'inégalité des races humaines, zuerst erschienen 1853–56, ins Deutsche bereits 1856 übersetzt. Houston Stewart Chamberlain: Die Grundlagen des 19. Jahrhunderts, zuerst erschienen 1898. Der Bezug auf Darwin ist in den Interviews seltener und hat in der Regel die Form eines unspezifischen Hinweises auf sozialdarwinistische Strömungen (vgl. zu diesen und der entsprechenden Literatur u. a. Fest 1976, S. 80 ff.; Nolte 1963, S. 345 ff.).

Tabelle 6.2: Varianten der Beschäftigung mit der Geschichte des Antisemitismus im Unterricht

	Unterricht überwiegend zum national-soz. Antisemitismus, teils Rassismus d. 19. Jh.	Ausgeführtes dreistufiges Interpretationsmodell	Zweistufiges Modell, Rückgriff auf das Mittelalter	Andere Versionen	Unklar, keine Angaben	Insgesamt
NRW großstädt. Region	8	5	–	–	2	15
NRW ländliche Region	2	2	5	4	6	19
SH großstädt. Region	12	8	3	1	–	24
SH ländliche Region	9	2	5	3	1	20
Insgesamt	31	17	13	8	9	78

einander zu vergleichen und die Stadt-Land-Differenzen in Schleswig-Holstein zu analysieren.

Auffällig ist vor allem, daß in den Interviews aus den beiden Großstädten, zwischen denen es bei anderen Fragen (Rolle der Industrie, Relevanz von Totalitarismuskonzeptionen) doch einige Unterschiede gibt, fast identische Verteilungen vorliegen. Etwa die Hälfte der Lehrer beider Großstädte beschränkt sich im wesentlichen auf die Beschäftigung mit dem nationalsozialistischen Antisemitismus und greift im Zusammenhang damit gegebenenfalls die rassistischen Konzeptionen des 19. Jahrhunderts auf. Und jeweils ein Drittel der Lehrer beider Regionen beschreibt im Unterricht die Geschichte des Antisemitismus im Sinne des erwähnten dreistufigen Schemas. Kleinere Unterschiede ergeben sich in den dann folgenden Kategorien (siehe Tabelle 6.2).

Wie der Tabelle 6.1 (Abschnitt 6.2.2) zu entnehmen ist, zeigt sich die Tendenz zur Übereinstimmung in der Darstellung der Geschichte des Antisemitismus im übrigen auch darin, daß die Beschäftigung mit dem Antisemitismus in der Weimarer Republik in ungefähr demselben Umfang ausgeblendet wird. Aus dem Vergleich zwischen den Interviews in den beiden Großstädten ergibt sich insofern ein recht guter Beleg für die eingangs formulierte These, daß die Grundelemente der Auseinandersetzung mit der Geschichte des Antisemitismus relativ konstant sind – auch im Vergleich zwischen Lehrern, deren Deutungen an anderen Punkten stark voneinander abweichen.

Deutlich macht diese Übersicht aber auch etwas anderes: wie stark nämlich insgesamt die Tendenz ist, sich bei der Beschäftigung mit dem modernen Antisemitismus auf dessen rassistisch-biologisch argumentierende Varianten zu konzentrieren. Bemerkenswert ist dies, weil diese Formen nach Auffassung Brachers in Deutschland nie so populär waren wie „das religiöse, soziale oder kulturelle Judenbild des 19. Jahrhunderts" (Bracher 1979, S. 39; vgl. oben, Abschnitt 6.1). Vor dem Hintergrund der in dieser Konzentration sich ausdrückenden Interpretation leuchtet es ein, daß die Auseinandersetzung etwa mit dem Antisemitismus der Deutschnationalen oder auch der evangelischen Kirche, in der die Stoecker-Bewegung auch im 20. Jahrhundert ihren Einfluß erhalten konnte (vgl. Jochmann 1976, S. 412 ff.; 1971, S. 479; oder auch Kraus 1966, S. 252 f.), im Unterricht über die Geschichte des Antisemitismus keine Rolle spielt. Es handelt sich in beiden Fällen nicht um primär „rassentheoretische" Bewegungen, sondern um Formen des Antisemitismus, in denen andere (nationalistische, theologische, antiaufklärerische u. a.) Gesichtspunkte im Vordergrund stehen[9]. Ist der konservative oder auch der kirchliche Antisemitismus deshalb aber irrelevant für ein Verständnis der deutschen Geschichte? Die befragten Lehrer scheinen dies weithin zu unterstellen, wenn es auch nur wenige von ihnen im Interview aussprechen. Zu selbstverständlich ist die Konzentration auf den rassistischen Antisemitismus im 20. und auch im 19. Jahrhundert. Trotzdem gibt es in einigen Interviews auch Erläuterungsversuche, wie die folgenden Ausführungen eines schleswig-holsteinischen Lehrers über seinen Unterricht im Leistungskurs zeigen.

Interviewausschnitt 6/6 (Großstadt, Schleswig-Holstein)

Interviewer: „Sie sagten vorhin, daß Sie sich jetzt auch mit Antisemitismus beschäftigen in diesem Leistungskurs. Wieweit gehen Sie da auch auf die Traditionen des Antisemitismus ein?"

Befragter: „Sehr stark. Das ist eine Frage, die interessiert die Schüler einfach existentiell. Das kommt bei jedem mal in seiner Karriere: Warum ist eigentlich der Marxismus unser Gegner und genauso: wie konnte man damals den Juden das antun? Was macht die eigentlich anders, als wir sind? Da habe ich mich immer ein bißchen vorbereitet, auch mal Informationen

---

9 Die Grenzen zwischen den unterschiedlichen Varianten antisemitischen Denkens sind allerdings fließend; vgl. die in Abschnitt 6.1 dargestellten Positionen Jochmanns oder Brachers; vgl. aber auch Kraus (1966), der darauf aufmerksam macht, daß Chamberlain in protestantischen Kreisen einigen Einfluß hatte. Kraus fügt hinzu: „Daß H. St. Chamberlain sich mit allem Nachdruck zum Christentum bekannte, stärkte das Vertrauen zu seinen Lehren." (1966, S. 252) Auf die fließenden Grenzen zwischen dem konservativen Antisemitismus im protestantischen Bereich und dem „rassentheoretisch" argumentierenden Antisemitismus weist auch Meier hin (1976, S. 22 ff.). Er erläutert dies u. a. an den Ausführungen Wilhelm Knevels', eines Heidelberger Theologieprofessors, der gegen die rassenideologische Untermauerung des Antisemitismus Stellung nimmt und hierzu ausführt: „Die Verbastardierung der Rasse durch die Vermischung mit Juden, die Versklavung durch das internationale jüdische Finanzkapital, die zersetzenden jüdischen Einflüsse in der Literatur und der Presse, der von Juden geführte Marxismus und Bolschewismus – kann man das nicht mit größter Schärfe bekämpfen ohne jenen weltanschaulichen Unterbau, der sowohl höchst fragwürdig als auch für die gläubigen Christen verletzend ist?" (Wilhelm Knevels, Der Nationalsozialismus am Scheideweg. In: Christentum und Wissenschaft, Jg. 1932, S. 93. Zitiert nach Meier 1976, S. 33.)

zu liefern. Über den Deutschunterricht kriegen sie eher die Gesinnungsseite. Dann lesen sie mal „Andorra" von Frisch, die Frage des Außenseiters. Ich habe mal versucht, Material zu finden. Was haben die Leute in der Geschichte über Juden gedacht, und was hat die eigentlich faktisch anders gemacht, die Juden? Ein Aufsatz von Golo Mann hat mir da sehr geholfen, über Antisemitismus[10]. Und der Hitlersche Antisemitismus ist ja nun ganz andere Qualität. Aber daß hier eine Tradition besteht, sollte man ehrlicherweise mal sagen."

Interviewer: „Und kriegen die Schüler da Texte in die Hand?"

Befragter: „Nein, habe ich noch nie gemacht. Also einen wilhelminischen Hofprediger, den Stoecker mal, antisemitische Tiraden von sich geben zu hören, das könnte man ja machen. Aber ich habe da nichts Typisches. Außerdem ist da so vieles peinlich – Antisemitismus bei Luther. Die größten Geister haben sich ja gewisser Vorurteile schuldig gemacht."

Interviewer: „Erwähnen Sie das im Unterricht?"

Befragter: „Luther? Nein. Luthers Haltung im Bauernkrieg ist schon immer Diskussion genug. Dann dieses noch – nein. Aber nicht aus ideologischen Dingen. Ist auch nicht so wichtig. Wichtig scheint mir also beim Thema Antisemitismus nur zu sein, daß die hier schon im alten Rom verfolgt worden sind und dann im Mittelalter – wegen des Monotheismus, genauso wie die Christen, und im Mittelalter wegen der Andersartigkeit. Und wie die Qualität des Antisemitismus doch irgendwie ganz anders ist im Dritten Reich. Im Mittelalter hat man sich über jeden getauften Juden gefreut, also sobald die ihre konfessionelle Andersartigkeit aufgaben, war die Sache ja erledigt. Die wirtschaftlichen Dinge, die werden immer nur gestreift: daß die eben Wucherzinsen nahmen, (...) begründet das wohl teilweise."

Auf die hier erkennbare Tendenz, die Frage nach der Entwicklung des Antisemitismus relativ stark auf Eigenheiten der jüdischen Geschichte zu beziehen („Was macht die eigentlich anders, als wir sind?"), wird erst später ausführlicher eingegangen (vgl. den folgenden Exkurs). Zunächst interessiert uns die Art und Weise, in der das Thema des protestantischen Antisemitismus aufgenommen und wieder fallengelassen wird. Mit ungewöhnlicher Offenheit bringt der zitierte Lehrer zum Ausdruck, daß dieses Thema „peinlich" sei, wobei er sich im Falle Luther vermutlich auf dessen Schrift „Von den Juden und ihren Lügen" bezieht[11]. Zu den praktischen Forderungen, die diese Schrift enthält (z.B. Zerstörung der Synagogen, Bücherverbot, Lehrverbot, Zwangsarbeit), schreibt der evangelische Theologe Hans-Joachim Kraus: „Diese Forderungen Luthers haben allerdings im Protestantismus keine weitreichenden Konsequenzen gehabt. Sie sind erst in der Zeit des Nationalsozialismus von radikalen Antisemiten wieder ‚entdeckt' worden. Nachwirkungen hingegen hatte die auch von Luther bekräftigte traditionelle Anschauung der Kirche: die Juden sind die Blinden und Verstockten, sie haben Christus gekreuzigt, ihre Bekehrung sollte das Ziel jeder Begegnung sein." (1966, S. 250)

Wie auch immer man die Auswirkungen des Lutherschen Antisemitismus oder die Rolle Stoeckers einschätzen mag: Im Prinzip wäre es wohl gerechtfertigt, im Unterricht die Frage nach der Relevanz dieser Tradition noch in den zwanziger und dreißiger Jahren aufzuwerfen. Dies unterbleibt jedoch – nicht nur in dem

---

[10] Gemeint ist wohl der Vortrag „über Antisemitismus" (1960), der gelegentlich auch in anderen Interviews erwähnt wird (vgl. dazu den Abdruck in Mann 1961, S. 169–201).

[11] Vgl. zu dieser Schrift u.a. Poliakov II, 1978, S. 119 ff.; Kraus 1966, S. 250 f.; Hilberg 1982, S. 18 ff.

hier zitierten Fall, sondern, nach den Interviews zu urteilen, in der Regel auch sonst. Begründet wird das in dem zitierten Ausschnitt nicht, wie gelegentlich in anderen Interviews, mit Zeitmangel. Es wird auch nicht, was man erwarten könnte, an das Argument angeknüpft, daß „da so vieles peinlich" sei. Der Lehrer betont vielmehr, daß er nicht aus „ideologischen" Gründen auf eine Auseinandersetzung mit dem Lutherschen Antisemitismus verzichte, sondern daß er diese Frage für „nicht so wichtig" halte. Wichtiger ist es ihm, nach seinen Ausführungen zu urteilen, bei seinem Gang durch die Geschichte in gleichsam idealtypischer Betrachtungsweise Prinzipien sichtbar zu machen, um die herum der Antisemitismus in unterschiedlichen Epochen jeweils organisiert ist, und vor diesem Hintergrund den besonderen Charakter des nationalsozialistischen Antisemitismus herauszuarbeiten, der von „ganz anderer Qualität" sei. Die Beschäftigung mit den Traditionen des Antisemitismus steht somit gar nicht primär unter der Frage nach den Voraussetzungen für den Erfolg einer Partei, zu deren zentralen ideologischen Aussagen ein gewalttätiger Antisemitismus gehört. Vielmehr wird damit primär der Zweck verfolgt, durch den Vergleich mit dem traditionellen christlichen Antisemitismus die Besonderheit des nationalsozialistischen Antisemitismus zu kennzeichnen: Es ist unmöglich, sich den Verfolgungen durch die Taufe zu entziehen.

Es zeigt sich also eine Art des Rückbezugs auf die Geschichte, bei der es eher um ein kontrastierendes und ausgrenzendes Herausheben des nationalsozialistischen Antisemitismus und seiner „rassentheoretischen" Grundlegung gegenüber den traditionellen christlichen Vorurteilen geht als um die Frage nach deren Kontinuität und Relevanz für die nationalsozialistischen Erfolge. Wir finden dieses Muster nicht nur in dem zitierten Textausschnitt, sondern auch in einer Reihe weiterer Interviews. Als mehr oder minder offen formuliertes Anliegen steht es hinter der Mehrzahl der in diesem Abschnitt beschriebenen Ansätze, die Geschichte des Antisemitismus im Sinne einer dreistufigen oder auch zweistufigen Abfolge darzustellen (vgl. z.B. auch Textausschnitt 6/5). Der folgende Ausschnitt aus dem Interview mit einem Lehrer aus der nordrhein-westfälischen Großstadt mag diese Koppelung von Abgrenzungsbemühung und Geschichtsdarstellung verdeutlichen. Er eignet sich zugleich als ein weiterer Beleg für unsere Behauptung, daß die grundlegenden Elemente der Auseinandersetzung mit der Geschichte des Antisemitismus über sonstige – auch politische – Differenzen hinweg stabil sind. Während der Textausschnitt 6/6 aus dem Interview mit einem deutlich konservativen und auch antikommunistischen Lehrer stammt, trifft eine solche Charakterisierung auf den im folgenden zitierten Lehrer nicht zu.

Interviewausschnitt 6/7 (Großstadt, Nordrhein-Westfalen)

Kontext: Frage nach Schwerpunkten bei der Behandlung des Themas „Antisemitismus". Der Befragte geht ein auf den Unterricht zum Thema „Nationalsozialismus und Judenfrage" im Grundkurs. Zwei Schüler erarbeiten selbständig Materialien zu diesem Thema. Zum Zeitpunkt der Befragung geht es im Unterricht um den „Hintergrund (...) der Geschichte der Judenverfolgung". Der Lehrer führt aus:

Befragter: „Das haben wir also bis in die Antike verfolgt und Mittelalter und dann eben Neuzeit, wo eben die neue Komponente des Rassischen hinzukommt. Und was sie jetzt genau weitermachen, weiß ich noch nicht. Ich habe ihnen aber schon gesagt, daß natürlich der

Schwerpunkt dann mit der Reichskristallnacht einsetzen soll, mit den Rassegesetzen und dann hinterher natürlich auch die ‚Endlösung', mit Vernichtungslagern usw."

Interviewer: „Sie sagten, daß Sie Wert legen auf die Traditionen des Antisemitismus, daß die Schüler zurückgegangen sind bis in die Antike. Könnten Sie dazu noch einmal etwas mehr sagen? Wo auf die Traditionen ganz besonders hingewiesen wird, denn zwischen Antike und NS-Herrschaft ist ja eine große Spanne an Zeit?"

Befragter: „Ja, das Entscheidende ist, glaube ich, der Unterschied sogar. Denn sie werden ja vorher nicht aus rassischen Gründen verfolgt. Nehmen wir mal das Mittelalter: Da (...) spielen sich die Verfolgungen ja hauptsächlich im Rahmen der Kreuzzüge ab. Und da sind es eben die Juden, die den Jesus Christus gekreuzigt haben. Und wenn man schon gegen die Ungläubigen kämpft, dann kann man hier die Ungläubigen gleich mit erledigen. Da ist es ja wirklich zu grausamen Verfolgungen gekommen. Das ist, sagen wir mal, die religiöse Motivation. Und dann vor allen Dingen der Haß auf die Juden eben, daß sie das Geschäft betrieben, Wechsler waren und andere Dinge mehr, wobei man dann immer wieder klarmachen muß, daß sie sich das nicht ausgesucht haben, sondern daß das eben damit zusammenhing, daß sie keinen Grund und Boden erwerben konnten, daß sie auch nicht in die Zünfte eintreten durften."

Interviewer: „Das ist dann noch einmal ein Punkt, der wichtig wird: Mittelalter. Und in der Folgezeit? Kommt das Thema Antisemitismus noch einmal vor?"

Befragter: „Ja, und dann kommt es eigentlich im Nationalsozialismus vor – und Elemente der neuzeitlichen Judenverfolgung oder der rassischen Theorie, eben Chamberlain und Gobineau (...)"

Auch bei diesem Lehrer wird die Auseinandersetzung mit dem christlichen Antisemitismus auf das Mittelalter eingeschränkt. Und zentral ist für ihn die Absicht, den Unterschied zwischen neuzeitlichem (rassistischem) und mittelalterlichem (christlichem) Antisemitismus deutlich zu machen. Die Frage nach der Kontinuität des christlichen Vorurteils wird anders als in dem vorigen Interviewausschnitt (6/6) nicht einmal aufgeworfen. Denn es steht fest, daß ab dem 19. Jahrhundert die „rassischen Gründe" dem Antisemitismus seine spezifische Gestalt geben.

Versucht man die in diesem und den vorangehenden Abschnitten beschriebenen Befunde mit einem einzigen Begriff zusammenzufassen, so scheint dafür der Begriff der „Distanzierung" geeignet zu sein. Distanzierung ist zunächst im moralischen Sinn gemeint: Natürlich verurteilen die befragten Lehrer die während der Zeit des Nationalsozialismus begangenen Verbrechen. Aber von Distanzierung kann auch noch in einem anderen Sinne, nämlich in einem zeitlichen und sozialen Sinn, gesprochen werden. Es ist auffällig, wie wenig die Beschäftigung mit den Traditionen des Antisemitismus in die Auseinandersetzung mit deutscher Geschichte und mit der unmittelbaren Vorgeschichte der nationalsozialistischen Machtübernahme integriert ist. Das Phänomen des Antisemitismus wird zur Kenntnis genommen, aber möglichst weit weggeschoben. Man hält es auf *Distanz*: Der Weimarer Antisemitismus wird kaum behandelt, wohl aber der mittelalterliche Antisemitismus. Der christliche Antisemitismus wird in bezug auf das 19. und 20. Jahrhundert kaum besprochen, wohl aber in bezug auf das Mittelalter. Der institutionalisierte Antisemitismus im Kaiserreich wird selten zum Thema gemacht, wohl aber die sogenannten rassentheoretischen Schriften des 19. Jahrhunderts und unter ihnen ganz besonders diejenigen, die englischen oder französischen Ursprungs sind. Der Antisemitismus der konservativen Parteien im Wilhelminischen Deutschland und in der Weimarer Zeit wird kaum behandelt, wohl aber der Antisemitismus im Wien der Jahrhundertwende, von dem angenommen wird, er habe das Hitlersche Denken entscheidend geprägt, usw.

Bei der Untersuchung der Lehrpläne, Schulbücher und Textsammlungen wird zu fragen sein, ob die hier beschriebenen Deutungen und die Tendenzen zu einer Distanzierung (im Sinne des zeitlichen und sozialen Wegschiebens) auch in den curricularen Vorgaben des Unterrichts eine Rolle spielen. Vorher soll jedoch in einem Exkurs noch etwas genauer auf die Interviews mit den Lehrern eingegangen werden, um bestimmte Unterschiede herauszuarbeiten, die bei einer Darstellung der allgemeineren Grundzüge der Deutung unberücksichtigt bleiben müssen.

6.2.4 Exkurs: Antisemitismus und jüdische Geschichte

Die folgenden Ausführungen haben den Charakter eines Exkurses, weil sie sich nicht direkt auf unsere leitenden Fragestellungen beziehen. Unsere Frage hinsichtlich des Antisemitismus war ja, inwieweit entsprechende Traditionen in Deutschland und vor allem in der Weimarer Republik, die unabhängig von der nationalsozialistischen Propaganda existierten, im Unterricht zur Kenntnis genommen und herangezogen werden, um den Aufstieg des Nationalsozialismus zu erklären. Unsere Frage lautete nicht: Wie wird das Phänomen des Antisemitismus generell im Unterricht behandelt, und welche Theorien zur Erklärung antisemitischer Vorurteile spielen dabei eine Rolle? Da sich aber in den Interviews mit den Lehrern hierzu einige Einsichten und Fragen ergeben haben, soll diesen im folgenden nachgegangen werden.

Für eine Reihe von Lehrern gilt, daß sie die Geschichte des Antisemitismus sehr stark auf Fragen jüdischer Geschichte beziehen (Schicksal der Zerstreuung, soziale Rolle im Mittelalter, im Absolutismus und im 19. Jahrhundert). Beispiele dafür finden sich im vorigen Abschnitt, besonders ausgeprägt in dem Interviewausschnitt 6/6, in dem die Frage nach der Geschichte des Antisemitismus zunächst beantwortet wird als Frage: „Was macht die eigentlich anders, als wir sind?" In anderen Textausschnitten werden Bezüge zur jüdischen Geschichte durch Hinweis auf die soziale Stellung der Juden im Mittelalter hergestellt (6/4 und 6/7).

An einer solchen Verbindung der Fragen nach der Geschichte des Antisemitismus und nach der jüdischen Geschichte ist zunächst wenig bemerkenswert. Es spricht sogar eine Reihe von Gründen dafür, beide Fragestellungen zu verbinden. So kann zum einen die Information über jüdische Geschichte dazu genutzt werden, den ideologischen Gehalt typischer antisemitischer Vorwürfe herauszuarbeiten. Zum Beispiel kann das im Kaiserreich und in der Weimarer Zeit sehr verbreitete Stereotyp von der ökonomischen und kulturellen Übermacht der Juden als Stereotyp sehr viel schärfer gefaßt werden, wenn man es mit Daten zur Wirtschafts- und Sozialstruktur vergleicht[12]. Ebenso wird der Vorwurf der kulturel-

---

12 Vgl. als besonders materialreiche und informierte Darstellung der Sozialgeschichte der deutschen Juden im 19. und 20. Jahrhundert Richarz (1976, 1979 und 1982).

len „Überfremdung“ in seinem ideologischen Charakter erst voll erkennbar, wenn man sich vergegenwärtigt, wie stark die Assimilation unter den deutschen Juden bereits im 19. Jahrhundert vorangeschritten war[13].

Die Information über jüdische Geschichte kann zweitens mit der Frage nach deren Interdependenz mit der Geschichte des Antisemitismus verbunden werden. So hat zum Beispiel Rosemary Ruether die Folgen des frühchristlichen Antisemitismus für die soziale Stellung der Juden im Mittelalter herausgearbeitet. Sie zeigt zunächst an den „adversus-Judaeos“-Schriften der Kirchenväter, wie sich bis zum 4. Jahrhundert der negative Mythos über die Juden verfestigte und zu einem selbstverständlichen Bestandteil christlicher Kultur wurde (vgl. Ruether 1978, S. 113 ff.). Mit dem Aufstieg des Christentums zur Staatsreligion ging dieser Antisemitismus dann in die gesetzliche Stellung der Juden im christlichen Abendland ein, indem er durch die Gesetzgebung verschiedener christlicher Kaiser (Codex Theodosianus, Codex Justinianus u. a.) und kirchlicher Konzilien rechtsförmigen Charakter erhielt und in der Folge durch ein komplexes System kirchenrechtlicher Bestimmungen zu einer stetigen Verschlechterung der sozialen und rechtlichen Stellung der Juden führte, die selbst wiederum für die Weiterentwicklung des Vorurteils von Bedeutung war (vgl. Ruether 1978, S. 169 ff.).

Es kann jedoch auch problematisch sein, Informationen zur jüdischen Geschichte mit der Behandlung des Antisemitismus zu verbinden. Denn erstens besteht die Gefahr einer stereotypisierenden und verkürzten Darstellung jüdischer Geschichte, die immer nur dort ins Blickfeld gerät, wo man sie zur Interpretation des Vorurteils heranzieht. In einer kürzlich erschienenen Analyse von Schulgeschichtsbüchern macht Chaim Schatzker (1981), der an die älteren Analysen von Robinsohn und Schatzker (1963) anknüpft, auf diese Gefahr an verschiedenen Stellen aufmerksam. So werde in Schulbüchern die rechtliche Emanzipation der Juden zu Beginn des 19. Jahrhunderts sogleich mit antisemitischen Bewegungen konfrontiert und zu wenig unter dem Gesichtspunkt der fortschreitenden Integration des jüdischen Bevölkerungsteils gesehen (Schatzker 1981, S. 116 f.). Er schreibt: „Da, wie schon öfters aufgezeigt, die innerjüdische Komponente in die Lehrbücher keinen Eingang gefunden hat, erfolgt somit die Behandlung und Bewertung der Folgen der Emanzipation, teils anklägerisch – teils apologetisch, jedoch immer nur im Zusammenhang mit dem sie ablehnenden Lager.“ (Schatzker 1981, S. 117).

Zweitens und vor allem aber kann die Verknüpfung mit Informationen zur jüdischen Geschichte dazu führen, daß der Antisemitismus eher mit den Opfern des Vorurteils in Verbindung gebracht wird als mit denen, die das Vorurteil haben, wobei diese Gefahr um so größer ist, je verkürzter die Informationen zur jüdischen Geschichte sind. Im Extremfall kann so die Information über die Geschichte des Antisemitismus unmittelbar zur Reproduktion antisemitischer Vorurteile bei den Schülern beitragen. Daß es solche gibt, wird von einigen Lehrern – sowohl in Nordrhein-Westfalen als auch in Schleswig-Holstein – erwähnt und

---

[13] Vgl. hierzu ebenfalls die Arbeiten von Richarz.

ist eigentlich auch nicht anders zu erwarten, wenn man bedenkt, daß in der Bundesrepublik nach den empirischen Erhebungen Silbermanns „ein Bevölkerungsanteil von etwa zwanzig Prozent mit ausgeprägt antisemitischen Vorurteilen lebt und daß bei weiteren dreißig Prozent Antisemitismus in Latenz mehr oder weniger stark vorhanden ist“ (Silbermann 1982, S. 73).

Im vorigen Abschnitt wurde bei der Tabelle 6.2 angedeutet, daß eindeutig antisemitische Aussagen unter den von uns befragten Lehrern sehr selten sind. Und wo sie auftauchen, wird erkennbar, daß es sich um Abweichungen von der Regel der Tabuierung antisemitischer Einstellungen handelt. So ist dem im folgenden zitierten Lehrer durchaus bewußt, daß seine Variante der Aufklärung über Antisemitismus, die auf eine negative Stereotypisierung von Juden hinausläuft, in dem schulischen und administrativen Kontext, in dem er steht, eine prekäre Angelegenheit ist. Er würde, wie er dem Interviewer sagt, das Thema, von dem er im Interviewausschnitt (6/8) spricht, nicht in Anwesenheit des Schulleiters unterrichten: „Das wäre ein Sprengsatz-Thema“, weil, wie der Lehrer meint, „die rationalen Negativerfahrungen über Juden bei uns heute aus dem Geschichtsunterricht ausgeklammert werden, weil sie sozusagen dem historischen Schuldkomplex zuwiderlaufen, bei geeigneter Verdrehung ihn abbauen könnten.“

Interviewausschnitt 6/8 (Ländliche Region, Nordrhein-Westfalen)

Kontext: Der Lehrer hatte gesagt, es gehe ihm bei der Interpretation des Endes der Weimarer Republik darum, die „psychologische Situation des Durchschnittsdeutschen“ zu kennzeichnen. Im Interviewverlauf greift der Interviewer hierauf zurück und fragt, ob damit im Zusammenhang auch Traditionen des Antisemitismus behandelt werden.

Befragter: „Ja. Antisemitismus habe ich zusammengezogen natürlich im Verhältnis mit Wannsee-Konferenz und Kristallnacht und solchen Dingen, noch nicht zu Anfang. Ich habe also, sagen wir mal, die Funktion des Antisemitismus als Integrationsfaktor zur – ja, beim Stimmenfang, weniger gemacht, einfach aus systematischen Gründen. Weil es dazu gehörte. Dann allerdings auch wieder psychologisch anders untermauert, weil ich den Eindruck habe, daß auch auf dem Gebiet, sagen wir mal – zu wenig, ja, wie soll ich sagen, echte Informationen kommen, nicht. Daß beispielsweise in der Krise städtisches Judentum erheblich – erheblichen Anteil Hausbesitzer hatte, nicht, daß der durchschnittliche Deutsche den Juden erlebte als Händler, daß heißt in der Krise über den Preisverfall, dem das anlasten mußte. Solche Dinge. Und nicht von vornherein: Es gab eine Tradition von Antisemitismus. Eine Tradition biegt einen Menschen nicht um, nicht alleine, sondern konkrete Erlebnisse. Und die, finde ich, sind in den Büchern ausgespart. Da wird in Büchern für meine Begriffe eine Tradition festgestellt, die es ja auch gab, die aber dann, glaube ich, bei den einzelnen Wählern, oder wie auch immer, gar nicht so sehr einging als vielmehr konkrete Erlebnisse mit Juden selber. Natürlich auch noch verstärkt durch die Tradition. Aber auf jeden Fall habe ich das nicht hochgeholt von Paul de Lagarde, soweit nicht. Wohl geschildert: Zunftsverbot, Mittelalter, immer ausgeschlossen, Ghetto, Ausdruck von Venedig, immer Handelsvolk gewesen; dann kurz angesprochen über Luther, dann aber im wesentlichen darauf hingewiesen: sozusagen nationale Exkommunikation im Preußenstaat. Daher verlegt man sich aufs Handeln. Aber zu dem Zeitpunkt sind das alles keine – so im Eingang des Dritten Reiches –, eben keine staatlichen Berufe, sondern schlichtweg kommerzielle. Das wurde gemacht, aber nicht die ideologischen Grundlagen über Rassebegriffe, Haeckel und so etwas. Weniger. Dafür blieb auch keine Zeit und (es sind), hatte ich auch das Gefühl, da im 11. Schuljahr noch nicht ganz die Voraussetzungen. Hätte man machen können, nicht?“

Interviewer: „Ich meine, dieses Verhältnis der Bewohner zu den Juden – wie ist das eigentlich, was haben Sie denn da für Materialien, die Sie den Schülern geben können?“

Befragter: „Ja. Das war also sehr schwierig, darüber Materialien zu finden. Ich habe also einmal einen kurzen Text angerissen aus ‚Judas Schuldbuch'. Das war ganz kurz. Dann haben wir natürlich sowieso das Buchangebot, dann hatte ich aus meinen Quellen (Material zur) Wannsee-Konferenz."

Die Interpretation dieses Textausschnitts wird dadurch erleichtert, daß der Befragte selbst relevante Informationen zur antisemitischen Grundlegung seines Unterrichts beisteuert. Vor allem mit dem Hinweis auf „Judas Schuldbuch". Es handelt sich hierbei um ein Pamphlet, das kurz nach der Gründung des antisemitischen Schutz- und Trutzbundes als eine Art Programmschrift erschien (vgl. hierzu und zum folgenden Jochmann 1971, S. 459). Geschrieben von dem sächsischen Oberfinanzrat Paul Bang, der den Namen „Wilhelm Meister" als Pseudonym verwandte, bot diese 1919 erschienene Schrift eine Zusammenstellung aller Vorwürfe, die während des Ersten Weltkrieges gegen die Juden erhoben wurden. Nach Jochmann (1971, S. 459) bezeichnet diese Schrift „das Niveau, auf welches hinfort deutsche Akademiker bei ihren antijüdischen Angriffen herabstiegen". Diese Schrift wird nun in dem Unterricht des Lehrers, aus dessen Interview zitiert wurde, nicht als Dokument verwendet, an dem antisemitisches Denken in der Weimarer Republik exemplarisch verdeutlicht werden kann, sondern als Dokument, an dem das Verhältnis der Bevölkerung zu den Juden erläutert werden soll. Da vorher im Interview und auch später, im Zusammenhang mit anderen Passagen, Wert darauf gelegt wird, die negativen Erfahrungen mit Juden als Ursache des Antisemitismus hervorzuheben, muß man sich dies wohl auch als die Richtung vorstellen, in der der Auszug aus „Judas Schuldbuch" verwendet wird.

Nicht primär die Tradition erklärt nach Meinung dieses Befragten den Antisemitismus, sondern „vielmehr konkrete Erlebnisse mit Juden selber", oder, wie er später im Interview formuliert: Es gehe um „rationale Erfahrungen mit Juden als situativer Grund für den Antisemitismus unter Hitler". Der unter 6/8 zitierte Textausschnitt enthält wesentliche Elemente des traditionellen Antisemitismus: die Singularform im Sprachgebrauch (man erlebt „den Juden"), die Vorstellung, bis zur Zeit des Nationalsozialismus hätten die deutschen Juden „schlichtweg kommerzielle" Berufe ausgeübt, das Bild vom betrügerischen Hausbesitzer oder Händler, die Generalisierung in der Zeitdimension („immer Handelsvolk gewesen") und der Verzicht darauf, sich mit den Traditionen antisemitischen Denkens kritisch auseinanderzusetzen. Paul de Lagarde[14] wird im Interview erwähnt, nach Auskunft des Lehrers im Unterricht jedoch nicht behandelt. Auch die von vielen Lehrern im Unterricht besprochenen rassenideologischen Grundlagen des Nationalsozialismus wurden offenbar nicht behandelt: Es fehlte an Zeit, und der Lehrer hatte zudem das „Gefühl", im 11. Schuljahr seien hierfür „noch nicht ganz die Voraussetzungen" gegeben. Für einen diffamierenden und stereotypisie-

---

14 Paul de Lagarde, 1827–91, Orientalist und Vorkämpfer für eine evangelische Nationalkirche, stand nach Auffassung Westphalens (1971, S. 44 f.) zwischen traditionellem und rassistischem Antisemitismus und wäre sicher ein Autor, an dem man jene Verknüpfung von Antisemitismus und Nationalismus verdeutlichen könnte, die sich nach Jochmann als „so fest erwies, daß sie bis in die Mitte des zwanzigsten Jahrhunderts hinein erhalten blieb" (1976, S. 413).

renden Gang durch die jüdische Geschichte gab es dagegen offenbar genügend Zeit und keine Verständnisprobleme[15].

Gewiß handelt es sich hier um eine extreme Darstellung und, wie das Interview insgesamt zeigt, um einen Lehrer, der sich des abweichenden Charakters seiner Darstellung voll bewußt ist. Elemente der Argumentation des Befragten gibt es jedoch auch in anderen Interviews: so die Redeweise im Singular („der Jude"), die Reduktion jüdischer Geschichte auf den Geld- und Handelsbereich und die Vorstellung von den mächtigen Juden. Diese Elemente kommen nicht nur, wie man vielleicht erwarten könnte, bei älteren, sondern auch bei jüngeren Lehrern vor. Der folgende Textausschnitt mag verdeutlichen, was gemeint ist. Der Lehrer, um dessen Interview es hier geht, würde den Verdacht, er argumentiere antisemitisch, weit von sich weisen; er ist vielmehr bemüht, seine Schüler gegen den Antisemitismus zu erziehen. Trotzdem gerät ihm in seine Argumentation eine Stereotypisierung jüdischer Geschichte, die man als latent antisemitisch bezeichnen kann.

Interviewausschnitt 6/9 (Großstadt, Schleswig-Holstein)

Kontext: Frage nach der Beschäftigung mit den Traditionen des Antisemitismus in Deutschland. Der Lehrer führt aus, daß er das Thema „Antisemitismus" im Rahmen seines Unterrichts über Imperialismus behandelt und hierauf im Zusammenhang mit dem Nationalsozialismus später zurückgreift.

Befragter: „Da habe ich das meistens schon in diesem Zusammenhang gemacht, denn dieser Antisemitismus gehört ja rein in die Bewegung des Panslawismus, Pangermanismus, in die Entwicklung der Naturwissenschaften, Darwin und so weiter, nicht – in dem Zusammenhang ist das von mir besprochen worden. Und dann (sind) die verschiedenen Quellen des Antisemitismus besprochen worden; einmal Rassentheorie oder moderne Biologie, dann dazu eben die Geschichte der Juden in Europa, im Mittelalter und dann in der Neuzeit: Judenemanzipation im Zusammenhang mit den Stein-Hardenbergschen Reformen und die Stellung des Juden dann im kaiserlichen Deutschland – Beziehungen zum Hof einerseits, doch immer die Außenseiterrolle, die der Jude nicht hat abstreifen können, weil er eben in bestimmte Berufe abgedrängt war und diese Berufe dann eben sehr einflußreich wurden, Geldgeschäfte und so weiter. Das ist eigentlich immer in dem Zusammenhang besprochen worden."

Sehr deutlich wird in diesem Ausschnitt die kausale Relevanz des Rückgriffs auf jüdische Geschichte. Sie wird unter dem Oberbegriff „Quellen des Antisemitismus" abgehandelt. In seinen Ausführungen konzediert der Lehrer zwar, daß „der Jude" (!) in „bestimmte Berufe abgedrängt" wurde, meint aber zugleich, daß diese „dann eben sehr einflußreich wurden, Geldgeschäfte und so weiter". Daß es im Wilhelminischen Deutschland unter den deutschen Juden sehr viele Kleinunternehmer gab, die auch nicht sonderlich einflußreich waren (vgl. hierzu Richarz 1979, S. 24 ff.), bleibt unberücksichtigt. Was sich im Denken festgesetzt hat, sind vielmehr die Erfolge einer kleinen jüdischen Oberschicht, die Zugang

---

[15] Später im Interview wird allerdings erkennbar, daß der befragte Lehrer mit seiner Interpretation des Antisemitismus bei den Schülern auf Widerspruch gestoßen ist, den er als entwicklungsbedingten erklärt: „(...) 11. Schuljahr, die sind 16, die haben so einen typischen Solidarisierungseffekt mit Schwachen (...)"

zur nicht-jüdischen Oberschicht und „zum Hof“ hatte. Gedacht ist dabei vermutlich an solche Bankiers wie Fürstenberg, Warburg oder Bleichröder, den Antisemiten des Kaiserreichs gern als „Prototyp des jüdischen Parvenus“ darstellten (Richarz 1979, S. 30). Unter der Hand führt so die Frage nach den „Quellen des Antisemitismus“ zur Reproduktion des antisemitischen Geschichtsbildes der konservativen Gruppierungen im Kaiserreich und in der Weimarer Republik: *Weil* die Juden so einflußreich waren, gab es den Antisemitismus. Der konservative Antisemitismus, der – wie oben ausgeführt wurde – explizit kaum Unterrichtsgegenstand ist, bahnt sich statt dessen auf diese Weise, verkannt als eine Form der „Aufklärung“ über Antisemitismus, den Weg in den Unterricht.

Knapp ein Viertel der uns vorliegenden Interviews enthalten in mehr oder minder ausgeführter Form Rückverweise auf Eigenheiten der jüdischen Geschichte, die in Funktion und Charakter den Ausführungen in dem eben zitierten Textausschnitt vergleichbar sind. Hierbei zeigen sich nun auch Unterschiede zwischen den Regionen. Am häufigsten treten solche stereotypisierenden Rückgriffe in der Region auf, die, nach anderen Indikatoren zu urteilen (Verhältnis zur Totalitarismuskonzeption und zur Rolle der Industrie), die konservativste ist, nämlich in der schleswig-holsteinischen Großstadt (in 10 von 24 Fällen). Am seltensten sind entsprechende Hinweise in den Interviews in der nordrhein-westfälischen Großstadt (1 von 15). Die Interviews in den beiden Landregionen liegen dagegen zwischen diesen Werten und sind in keine eindeutige Beziehung zueinander zu bringen.

Da unsere Untersuchung nicht aktuellen Tendenzen des Antisemitismus galt, ist bei der Interpretation dieser Ergebnisse Vorsicht geboten. Insbesondere können wir die Frage nicht beantworten, ob solche stereotypisierenden Rückgriffe auf jüdische Geschichte Ausdruck einer antisemitischen Grundhaltung sind. Wir haben eher den Eindruck, daß dies nicht der Fall ist. Aber dies zu überprüfen, wäre Aufgabe einer anderen Untersuchung. Plausibel scheint uns die Hypothese zu sein, daß die Art und Weise, in der manche Lehrer mit jüdischer Geschichte umgehen, verbreitete Informationsdefizite widerspiegelt, und zwar bezogen auf Informationen sowohl zur jüdischen Geschichte als auch zur Geschichte des Antisemitismus. In der Verbindung mit dem Interesse, den Antisemitismus des 19. und 20. Jahrhunderts zu erklären, werden diese Informationsdefizite dann zum Problem: Es werden jene Aspekte der Geschichte hervorgehoben, die prima facie einen plausiblen Grund für den Antisemitismus abgeben. Bezogen auf den Antisemitismus des 19. Jahrhunderts geht es dabei vor allem um Unterschiede in der Berufsstruktur der jüdischen und nicht-jüdischen Bevölkerung (vgl. zu dieser Form der Erklärung in Schulbüchern auch Schatzker 1981, S. 116 ff.). Daß es solche Unterschiede gibt, soll nicht in Abrede gestellt werden (vgl. als zusammenfassende Darstellung vor allem Richarz 1979, S. 23 ff.); zu fragen ist jedoch:

1. Werden sie korrekt beschrieben?
2. Erklären sie den Antisemitismus, oder macht dieser sich nur an ihnen fest, und sind tatsächlich ganz andere Faktoren von Bedeutung?
3. Wird der Antisemitismus als soziales Phänomen korrekt beschrieben?

Unter allen drei Aspekten können sich Vereinfachungen und Verzerrungen in die Analyse einschleichen, die sich wechselseitig verstärken und deren Effekt eine Reproduktion antisemitischer Deutungen sein kann. Ein Beispiel für eine solche Verschränkung problematischer Interpretationen enthält Joachim Fests Hitler-Biographie, in der auch zur Entwicklung des Antisemitismus im 19. Jahrhundert Stellung genommen wird (vgl. vor allem Fest 1976, S. 139 f.). Dieser wird zunächst unter Berufung auf Hermann Bahr[16] als eine „,Revolte der kleinen Bürger gegen die industrielle Entwicklung'" beschrieben (S. 139). Fest fährt dann fort: „Tatsächlich war die Gleichsetzung von Judentum und Modernität nicht unbegründet, so wenig wie die Behauptung einer besonderen Eignung der Juden für die kapitalistische Konkurrenzwirtschaft: eben dies waren die beiden stärksten Antriebe aller Zukunftsängste. Werner Sombart hat es geradezu als eine ‚jüdische Mission' bezeichnet, ‚den Übergang zum Kapitalismus zu befördern ... (und) die heute noch konservierten Reste vorkapitalistischer Organisation aus der Welt zu schaffen: in der Zersetzung der letzten Handwerke und der handwerksmäßigen Krämerei'. Vor dem Hintergrund dieser Entwicklung hat sich der traditionell religiös motivierte Judenhaß in der zweiten Hälfte des 19. Jahrhunderts zum biologisch oder sozial begründeten Antisemitismus fortentwickelt." (Fest 1976, S. 139 f.) Fest bezieht sich hier ohne kritische Kommentierung auf Sombarts „Die Juden und das Wirtschaftsleben" (zuerst 1911), welches die fragwürdige These enthält, daß die Juden an der kapitalistischen Entwicklung wesentlichen Anteil hätten[17]. Fest übernimmt diese These als korrekte Beschreibung und bezieht sie in seine Erklärung des Antisemitismus ein. Dieser selbst wird so beschrieben, als sei seine religiöse Motivierung in der zweiten Hälfte des 19. Jahrhunderts nicht mehr von Bedeutung – eine ebenfalls problematische Beschreibung, wie die Analysen Jochmanns oder Brachers (vgl. hierzu die in Abschnitt 6.1 referierten Arbeiten) verdeutlichen. Darüber hinaus wird von Fest nur der kleinbürgerliche Antisemitismus hervorgehoben und der Antisemitismus der Oberschichten und der akademisch gebildeten Mittelschichten ausgeblendet. Damit ergibt sich alles in allem der Eindruck, daß für die Erklärung des Antisemitismus in der zweiten Hälfte des 19. Jahrhunderts religiöse Traditionen nicht mehr von Bedeutung seien, sondern vor allem die – von Juden bestimmte – Wirtschaftsentwicklung. Der Antisemitismus erscheint als eine verständliche Reaktion der Kleinbürger auf die ökonomische Übermacht der Juden, von denen man, wie Fest meint, zu Recht behaupten kann, daß sie für die „kapitalistische Konkurrenzwirtschaft" besonders geeignet seien. – So ist am Ende ein Klischee das Ergebnis: Die etwas beschränkten Kleinbürger und die etwas zu geschäftstüchtigen Juden haben den modernen Antisemitismus zu verantworten.

---

16 Hermann Bahr, Der Antisemitismus. Ein internationales Interview. Berlin 1894.

17 Wie fragwürdig diese Behauptung ist, kann man sich vor allem an der Diskussion klarmachen, die sich im Zusammenhang mit der Konfrontation der Marxschen und der Weberschen Analyse der Bedingungen kapitalistischer Entwicklung ergeben hat. Vgl. als relevanten Ausgangspunkt dieser Diskussion Webers Ausführungen zum Verhältnis von Protestantismus und Kapitalismus („Die protestantische Ethik und der Geist des Kapitalismus").

6.3 Hinweise zur Antisemitismusfrage in Lehrplänen und Erlassen

Bei den Lehrplananalysen ebenso wie bei den Schulbuchanalysen im nächsten Abschnitt steht die Frage im Vordergrund, wieweit die Traditionen des Antisemitismus mit der Weimarer Republik und dem Aufstieg des Nationalsozialismus in Zusammenhang gebracht werden. Auf weitergehende Analysen, die andere Zeiträume einbeziehen (z. B. Mittelalter oder 19. Jahrhundert), wird hier verzichtet, weil wir uns entsprechend unserem Gesamtthema auf die Frage konzentrieren müssen, welchen Stellenwert die Antisemitismusfrage im Unterricht über die unmittelbaren Voraussetzungen der nationalsozialistischen Machtübernahme hat.

In Nordrhein-Westfalen befaßt sich der Lehrplan für die Sekundarstufe I mit der Frage des Antisemitismus ausschließlich unter dem Gesichtspunkt des nationalsozialistischen Antisemitismus. Dies erfolgt bei dem Themenbereich „Das ‚Dritte Reich'" (Abschnitt 1.2.2), der die folgenden Themenschwerpunkte enthält: „Die Zerstörung des demokratischen Rechtsstaates – von der Judenverfolgung zur Judenvernichtung – der deutsche Widerstand – der Zusammenbruch".

Der Erlaß des Kultusministeriums vom 6. Juli 1978 geht dagegen auch auf die vor-nationalsozialistischen Traditionen des Antisemitismus ein. In dem Abschnitt, in dem dazu aufgefordert wird, „die wesentlichen politischen, sozialen und wirtschaftlichen Ursachen des Nationalsozialismus" aufzuzeigen, und in dem dann versucht wird, diese Ursachen zusammenzustellen, wird die Aufmerksamkeit an erster Stelle auf den Themenbereich „soziale Vorurteile, Antisemitismus, völkisch-rassistisches Gedankengut" gelenkt. Dies bedeutet im Vergleich zu vielen anderen Materialien (Lehrplänen, Erlassen und Schulbüchern), die wir analysiert haben, eine sehr starke Hervorhebung der Rolle des Antisemitismus, bei deren Interpretation wohl der Anlaß dieses Erlasses (40 Jahre „Reichskristallnacht") mitberücksichtigt werden muß. Die einleitenden Sätze nehmen darauf Bezug: „In der Nacht vom 9. auf den 10. November jährt sich zum 40. Male die ‚Reichskristallnacht', mit der in Deutschland die systematische Vernichtung der jüdischen Bevölkerung eingeleitet wurde. Die Erinnerung daran sowie an andere Verbrechen der nationalsozialistischen Gewaltherrschaft muß wachgehalten, der jungen Generation vermittelt und gemeinsam mit ihr verarbeitet werden."

Im Vergleich zur Situation in Nordrhein-Westfalen ist die Lehrplansituation in Schleswig-Holstein einheitlicher: Die Traditionen des Antisemitismus, die es in Deutschland auch unabhängig von Politik und Propaganda der Nationalsozialisten gab, werden in den Lehrplänen nicht berücksichtigt, jedenfalls nicht in dem historischen Rahmen, auf den sich unsere Analyse bezieht. Berücksichtigt wird der nationalsozialistische Antisemitismus.

Der Lehrplan für die Sekundarstufe I fordert unter der Überschrift „Die nationalsozialistische Ideologie" (3.2.1) dazu auf, sich mit folgenden Bestandteilen dieser Ideologie zu befassen:

„– radikaler Nationalismus
– Rassismus/Antisemitismus
– Führerprinzip".

Vergleichbar, nur etwas ausführlicher, beschreibt der Lehrplan für die Sekundarstufe II die zum Unterrichtsabschnitt „Die nationalsozialistische Weltanschauung" (2.5.1) gehörenden Themen: „Führerprinzip, Volksgemeinschaft, Völkischer Staat, Ariertum, Antisemitismus, Blut und Boden, Lebensraum (...)". Ergänzt wird diese Auflistung durch eine Nennung der Begriffe „Nationalsozialismus" und „Faschismus", die wohl nahelegen soll, sich an genau dieser Stelle des Unterrichts mit Faschismustheorien auseinanderzusetzen.

Beiden Lehrplänen ist gemeinsam, daß sie das Thema des nationalsozialistischen Antisemitismus nicht in den Abschnitten ansprechen, die sich auf die Weimarer Republik beziehen, sondern erst – da allerdings an erster Stelle – in den Abschnitten, die den nationalsozialistischen Staat zum Gegenstand haben. Die ohnehin vorhandene Tendenz, den Antisemitismus ausschließlich als eine Angelegenheit der Nationalsozialisten zu beschreiben, wird hierdurch noch verstärkt. Es wird eine Lesart nahegelegt, nach der der Antisemitismus der deutschen Bevölkerung im Zusammenhang mit der „Politik der Gleichschaltung" (Lehrplan Sekundarstufe I) nach 1933 gleichsam aufgezwungen wurde. Das heißt umgekehrt: Von der Möglichkeit, den Aufstieg der nationalsozialistischen Partei auch vor dem Hintergrund vorhandener antisemitischer Traditionen zu interpretieren, wird in beiden Lehrplänen ebenso wie in dem Lehrplan für die Sekundarstufe I in Nordrhein-Westfalen nicht Gebrauch gemacht.

6.4 Die Behandlung des Antisemitismus vor 1933 in Schulbüchern

6.4.1 Darstellende Schulbücher

Das in den untersuchten Regionen am häufigsten verwandte Schulbuch *Zeiten und Menschen (Mittelstufenausgabe)* wendet sich dem Thema des Antisemitismus in der Weimarer Republik zwar zu, aber in relativ unspezifischer Weise, das heißt, ohne seine Bedeutung in unterschiedlichen Interessenverbänden, im kirchlichen Bereich oder im deutschnationalen Lager explizit zu erwähnen. Die DNVP, in der ersten Übersicht über die Parteien der Weimarer Republik als „Sammelbecken der Konservativen" gekennzeichnet, wird zusammen mit der DVP als „monarchistisch" eingestellte Partei beschrieben (Bd. 4, S. 41). Vom Antisemitismus der DNVP ist weder an dieser Stelle noch später die Rede. Er wird als Phänomen allerdings vorsichtig im Zusammenhang mit dem Rathenau-Mord angedeutet. Es heißt dort: „Der Mord an Rathenau, der jüdischer Herkunft war, war auch ein Zeichen des wachsenden Antisemitismus. Im nationalen Bürgertum fanden diese Untaten vielfach sogar Zustimmung." (S. 47)

Auf derselben Seite des Schulbuchs ist ein Ausschnitt aus der Sonderausgabe des „Vorwärts" vom 24. Juni 1922 abgedruckt, der über den Ablauf des Attentats informiert. Im letzten Absatz dieses Ausschnitts wird die moralische Verwicklung der DNVP hervorgehoben: „In der Wandelhalle des Reichstags sind jetzt die deutschnationalen Abgeordneten nicht zu erblicken, sie haben sich zurückgezogen, um den Verwünschungen und Drohungen der übrigen Abgeordneten zu entgehen. Über die Täter ist Näheres noch nicht bekannt." („Vorwärts" vom 24. Juni 1922, wiedergegeben in Zeiten und Menschen, Bd. 4, S. 47) Ein an dem Thema Antisemitismus interessierter Lehrer könnte diese Quelle in Verbindung mit dem Schulbuchtext, der auf den Antisemitismus im „nationalen Bürgertum" verweist, dazu verwenden, den deutschnationalen Antisemitismus systematisch zur Sprache zu bringen. Direkt angesprochen wird dieser jedoch nicht.

Ein weiterer Hinweis auf die Relevanz antisemitischen Denkens in der Weimarer Republik ist in einem kleinen Abschnitt über das „Kulturleben" enthalten (S. 62): Die moderne Kunst sei in „weiten Kreisen des deutschen Volkes" auf Widerstand gestoßen und als „Kulturbolschewismus" oder als „jüdisch-westliche Verfallskunst" abgelehnt worden.

Systematisch wird das Thema Antisemitismus jedoch erst im Zusammenhang mit Geschichte und Programm der NSDAP aufgegriffen (Bd. 4, S. 71 ff.). Seite 71 enthält eine Kurzfassung der Hitler-Biographie und den Verweis auf den Wiener Antisemitismus, dem wir auch in den Interviews mit den Geschichtslehrern mehrfach begegnet sind. Die Seiten 72 ff. befassen sich dann ausgehend von der Darstellung in „Mein Kampf" ausführlicher mit dem nationalsozialistischen Antisemitismus und der „Rassenlehre". In den Abschlußbemerkungen wird darauf hingewiesen, daß der Antisemitismus in der deutschen Geschichte kein Novum darstelle. Er habe sich in Deutschland „seit dem Ende des 19. Jahrhunderts ausgebreitet" (S. 74). Zudem wird in den Unterrichtsfragen, die dem Schulbuchtext folgen, auch die Frage aufgeworfen: „Warum wurden die Juden in früheren Zeiten verfolgt?" (S. 74) Da der Text zu dieser Frage keine Informationen enthält, wird hiermit wohl an den Lehrer appelliert, auf frühere Phasen des Geschichtsunterrichts zurückzugreifen und Probleme des mittelalterlichen und neuzeitlichen Antisemitismus anzusprechen.

Eine Vorgabe hierfür ist in Bd. 3 von „Zeiten und Menschen" enthalten (vgl. insbesondere S. 217). Dort wird zunächst vom Antisemitismus im „späten Altertum und im Mittelalter" gesprochen, dem religiöse und ökonomische Motive zugeordnet werden, und dann vom Antisemitismus im 19. Jahrhundert, über den es unter anderem heißt:

„Neben die religiöse und wirtschaftliche Wurzel des Judenhasses trat in der 2. Hälfte des 19. Jahrhunderts die rassische. Aus ihr stammt der Begriff ‚Antisemitismus'. Der französische Graf Gobineau (1814–1882) schrieb einen ‚Versuch über die Ungleichheit der Menschenrassen'. Mit scheinwissenschaftlichen Argumenten, die schnell Glauben fanden, aber keiner ernsthaften Nachprüfung standhalten konnten, wurde die Existenz menschlicher Rassen behauptet, die sich geistig und in ihrer kulturellen Leistungsfähigkeit erheblich unterscheiden sollten. Allein die weiße Rasse, insbesondere ihr germanischer Zweig, die Arier (ein Begriff aus der Sprachforschung), habe schöpferische Begabungen hervorgebracht. Diese ‚geschichtsbiologische' Lehre war nicht überraschend in einer Zeit, in der Europa sich anschickte, Afrika und Asien vollends zu unterwerfen. Ihre Verknüpfung mit dem Antisemitismus geht in Deutschland in starkem Maße auf die Schriften des Engländers H. St. Chamberlain, des Schwiegersohnes Richard Wagners, zurück. Er behauptete, daß die Juden, ein Volk der semitischen Sprachfamilie, alle negativen menschlichen Eigenschaften in sich trügen." (Zeiten und Menschen, Bd. 3, S. 217)

Der Schulbuchtext wird an dieser Stelle so ausführlich wiedergegeben, weil er erstens eine in Schulgeschichtsbüchern wohl sehr gebräuchliche Version der Geschichte des Antisemitismus enthält (vgl. hierzu auch Schatzker 1981, S. 121 f.) und weil er zweitens inhaltlich in enger Beziehung zur Geschichtsauffassung der Lehrer steht (vgl. hierzu insbesondere oben, Abschnitt 2.3). Die Traditionen des Antisemitismus werden gesehen. Sie werden im wesentlichen jedoch auf das Mittelalter und auf das 19. Jahrhundert bezogen, wobei im letzteren Fall die Auseinandersetzung mit rassistischen Konzeptionen im Vordergrund steht. Bezogen auf die Weimarer Republik spielt der Antisemitismus, sofern es sich nicht um den nationalsozialistischen handelt, dagegen nur eine geringe oder, wie in „Zeiten und Menschen“ (Bd. 4), eine nur vage umschriebene Rolle.

In der *Oberstufenausgabe* von „Zeiten und Menschen“ ist dies im Prinzip nicht anders, obgleich hier im Vergleich zur Mittelstufenausgabe andere Akzente gesetzt werden. Auf der einen Seite kommt in dem Bericht über die Weimarer Republik der Antisemitismus nicht zur Sprache, auch nicht in dem kleinen Abschnitt über „Antidemokratisches Denken in der Weimarer Republik“ (S. 111), bei dem dies naheliegen könnte. Auf der anderen Seite hat das Thema Antisemitismus in der Oberstufenausgabe von „Zeiten und Menschen“ doch ein eigenes Gewicht. In dem Kapitel VII („Der Faschismus“) werden in dem zweiten Abschnitt, der sich mit „Voraussetzungen“ des Faschismus befaßt, auch Traditionen des Antisemitismus genannt und erläutert (S. 119 f.). Im Vergleich zur Mittelstufenausgabe ist bemerkenswert, daß dabei auch der institutionalisierte Antisemitismus zur Sprache kommt: Offen antisemitische Parteien hätten im Kaiserreich zwar geringen Erfolg gehabt, „Interessenverbände antisemitischer Prägung aber um so größeren (‚Bund der Landwirte‘, ‚Deutschnationaler Handlungsgehilfenverband‘)“ (S. 119). Bezogen auf die Weimarer Republik werden diese Hinweise jedoch nicht weiter verfolgt. Und es wird insbesondere nicht von der Möglichkeit Gebrauch gemacht, sich kritisch mit dem Antisemitismus der Weimarer Rechten auseinanderzusetzen. Der Antisemitismus wird in seiner Relevanz wohl hervorgehoben, bleibt aber ein unklares Massenphänomen, das weder bestimmten Sozialschichten noch bestimmten Organisationen, noch bestimmten politischen Parteien zugeordnet wird. In diesem Sinne charakteristisch ist die folgende Formulierung: „Die Kontinuität in Verwaltung und Armee zwischen Kaiserreich und Weimarer Republik belastete diesen Staat ebenso wie das gegen Versailles gerichtete revisionistische Wunschdenken vieler Deutscher, in dem zahlreiche Strömungen des 19. Jahrhunderts einen Kristallisationspunkt fanden, die potentiell Faschistisches in sich bargen oder eindeutig praefaschistisch waren wie etwa der Antisemitismus.“ (Oberstufenausgabe, Bd. 2, S. 120)

Im Vergleich zu beiden Ausgaben von „Zeiten und Menschen“ ist die Auseinandersetzung mit dem Thema Antisemitismus in dem für die Mittelstufe bestimmten Schulbuch *Geschichtliche Weltkunde* dürftiger. Der Antisemitismus in der Weimarer Republik wird überhaupt nicht erwähnt, auch nicht als ein nur unbestimmtes Massenphänomen. Das Thema Antisemitismus wird vielmehr allein im Zusammenhang mit Geschichte und Programm der NSDAP angesprochen. Seite 34 des 4. Bandes erwähnt im Zusammenhang mit Hitlers Biographie den Wiener Antisemitismus und den Antisemitismus im Parteiprogramm von 1920. Systematisch wird die Frage nach den Traditionen des Antisemitismus erst da behandelt, wo sich das Schulbuch mit dem etablierten nationalsozialistischen Staat befaßt (Kapitel 8: „Die nationalsozialistische Herrschaft in Deutschland"). Dort wird im Zusammenhang mit der Darstellung der „NS-Weltanschauung" (S. 72) eine knappe Charakterisierung des Antisemitismus in historischer Perspektive versucht. Dabei wird noch stärker als in „Zeiten und Menschen" eine scharfe Grenze zwischen traditionellem und modernem, als rassistisch gekennzeichnetem Antisemitismus gezogen: „Aus der religiös und wirtschaftlich begründeten Judengegnerschaft war im Westeuropa des 19. Jahrhunderts ein rassischer Antisemitismus geworden." (S. 72) Ein Rückverweis auf Darwin macht auf derselben Seite auf die Verbindung zwischen Sozialdarwinismus und Antisemitismus aufmerksam – eine Verbindung, die auch in „Zeiten und Menschen" hervorgehoben wird (Mittelstufenausgabe, Bd. 4, S. 74; Oberstufenausgabe, Bd. 2, S. 118 f.).

Von der Möglichkeit, den Aufstieg des Nationalsozialismus in Deutschland mit vorhandenen antisemitischen Traditionen in Zusammenhang zu bringen, wird in dem Schulbuch „Geschichtliche Weltkunde" also nicht Gebrauch gemacht. Eher umgekehrt legen Aufbau des Buches und Einordnung des Themas Antisemitismus den Eindruck nahe, als sei der Antisemitismus 1933 im Zusammenhang mit der Politik der „Gleichschaltung" (vgl. hierzu S. 109 ff.) gleichsam von außen in das deutsche Volk hineingetragen worden.

6.4.2 Quellen- und Textsammlungen

Im Vergleich zu den bisher diskutierten Schulbüchern ist in dem als Text- und Quellensammlung aufgebauten Schulbuch *Fragen an die Geschichte* das Thema Antisemitismus mit einem relativ starken Akzent versehen. So wird bereits im Einleitungstext, der den Aufbau des vierten Bandes („Die Welt im 20. Jahrhundert") erläutert, auf die Geschichte des Antisemitismus in Deutschland ausdrücklich hingewiesen: Das Kapitel über „Das nationalsozialistische Deutschland" (Kapitel III) enthalte deshalb eine so weit zurückgreifende Darstellung der Geschichte des Antisemitismus (auf S. 61), weil sich zum Teil auch durch diese Vorgeschichte „die Gleichgültigkeit gegen die Judenverfolgung durch den Nationalsozialismus in Deutschland erklären" lasse (S.1).

Das Schulbuch geht, indem es die Frage nach der Gleichgültigkeit gegenüber der Judenverfolgung in Deutschland direkt stellt, in der selbstkritischen Thematisierung der deutschen Geschichte im Vergleich zu anderen Texten recht weit. Man könnte deshalb erwarten, daß die Autoren sich mit den antisemitischen Strömungen in der Weimarer Republik ausführlicher als andere Schulbuchautoren auseinandersetzen. Dies ist jedoch nicht der Fall. Vielmehr befaßt sich das Kapitel über „Die Weimarer Republik" (Kapitel II) überhaupt nicht explizit mit Fragen des Antisemitismus. Dabei läge dies von der Anlage des Schulbuchs her durchaus nahe. So wird in dem Unterabschnitt „Die Parteien in der Weimarer Republik" (S. 22 ff.) versucht, einen Eindruck von der Programmatik der Parteien zu vermitteln, und in der auf Seite 24 wiedergegebenen Übersicht über die Parteiprogramme wird angedeutet, daß nicht allein die NSDAP, sondern auch die

DNVP (und tendenziell auch die DVP) antisemitisch waren. Doch gehen diese Hinweise nicht über den Charakter von Andeutungen hinaus. So wird bei der Auflistung der innenpolitischen Programmpunkte der DNVP von 1920 wohl erwähnt: „starkes deutsches Volkstum/gegen zersetzenden undeutschen Geist" (S. 24); auf die antisemitischen Implikationen dieser Forderungen wird jedoch nicht ausdrücklich aufmerksam gemacht. Dabei könnte dies schon durch einen etwas ausführlicheren Auszug aus den Grundsätzen der DNVP von 1920 geleistet werden, in denen es unter anderem heißt:

> „Nur ein starkes deutsches Volkstum, das Art und Wesen bewußt bewahrt und sich von fremdem Einfluß frei hält, kann die zuverlässige Grundlage eines starken deutschen Staates sein. Deshalb kämpfen wir gegen jeden zersetzenden, undeutschen Geist, mag er von jüdischen oder anderen Kreisen ausgehen. Wir wenden uns nachdrücklich gegen die seit der Revolution immer verhängnisvoller hervortretende Vorherrschaft des Judentums in Regierung und Öffentlichkeit. Der Zustrom Fremdstämmiger über unsere Grenzen ist zu unterbinden (...)." (zitiert nach: Deutsche Parteiprogramme, hrsg. von W. Mommsen 1960, S. 538)

Die Frage nach den Traditionen des Antisemitismus in Deutschland wird in dem Schulbuch „Fragen an die Geschichte", wie gesagt, erst in dem Kapitel über „Das nationalsozialistische Deutschland" (Bd. 4, Kapitel III) ausführlich aufgegriffen, und zwar in einem eigenen Schulbuchtext, der den Abschnitt 6, „Judenverfolgung – Judenvernichtung", abschließt (vgl. S. 61). Wird möglicherweise hier nachgeholt, was in dem Kapitel über die Weimarer Republik nicht geleistet wurde? Ja und nein. In der Tat wird der deutschnationale Antisemitismus erwähnt. Zur Weimarer Republik heißt es in dem Schulbuchtext: „In der Weimarer Republik machte der deutsch-nationale, völkische und nationalsozialistische Antisemitismus die Juden für die Revolution, den Zusammenbruch 1918 und für den Vertrag von Versailles verantwortlich." (S. 61) Der Leser wird damit auf die Übereinstimmung zwischen nationalsozialistischem und konservativem Antisemitismus aufmerksam gemacht. Auf der anderen Seite spielt der Hinweis auf den deutschnationalen Antisemitismus im Gesamtablauf der Argumentation eine untergeordnete Rolle. Für den Gesamtablauf ist vielmehr jene dreistufige Interpretation kennzeichnend, die schon an anderer Stelle hervorgehoben wurde (vgl. Abschnitt 2.3 und die Hinweise zu den Schulbüchern „Zeiten und Menschen" und „Geschichtliche Weltkunde"): Der Darstellung des mittelalterlichen Antisemitismus, auf dessen religiöse und ökonomische Motive hingewiesen wird, folgt die Charakterisierung des Antisemitismus im 19. Jahrhundert als „Rassenantisemitismus" (S. 61), auf den die „nationalsozialistische Rassenlehre" dann zurückgreife (ebenda). Daß im Kaiserreich und in der Weimarer Republik auch eher traditionelle, nicht „rassentheoretisch" begründete Formen des Antisemitismus in aller Öffentlichkeit wirksam waren und die Empfänglichkeit für die nationalsozialistische Propaganda beeinflußten, wird nicht eigens hervorgehoben.

Dies ist um so bemerkenswerter, als es sich die Schulbuchautoren ausdrücklich zur Aufgabe machen, mit ihrem Rückgriff auf die Geschichte des Antisemitismus „die Gleichgültigkeit gegen die Judenverfolgung durch den Nationalsozialismus in Deutschland" zu erklären (S. 1). Wäre es da nicht eine Verständnishilfe, wenn man sich ausführlicher mit dem konservativen Antisemitismus der Weimarer Zeit befaßte? Wie Jochmann in seiner Geschichte des Antisemitismus in der Weimarer Republik ausführt (1971, S. 487 ff.), lehnten die Konservativen wohl den „Radauantisemitismus“ und die Anwendung körperlicher Gewalt ab, forderten jedoch zugleich eine Rücknahme der Emanzipation auf gesetzlichem Wege. So entsprach etwa das Beamtengesetz vom 7. April 1933 in seinen antijüdischen Regelungen alten Forderungen der Rechtsparteien (vgl. Mommsen 1966, S. 48 f.), was für die „Gleichgültigkeit“ gegenüber der Judenverfolgung nicht ohne Bedeutung sein dürfte. Daß selbst ein Schulbuch wie „Fragen an die Geschichte“, das sich dem Thema Antisemitismus mit einigem Engagement zuwendet, auf eine ausführlichere Auseinandersetzung mit dem konservativen Antisemitismus verzichtet, gibt auf jeden Fall zu denken und kann zur Erklärung der Ausblendungen, die in den Interviews mit den Lehrern deutlich wurden, sicherlich beitragen.

Die von *Hofer* herausgegebene Quellensammlung „Der Nationalsozialismus“ veranschaulicht in geradezu klassischer Form die Möglichkeit, über Nationalsozialismus zu informieren, ohne die Frage nach den Traditionen des Antisemitismus ernsthaft zu stellen. Kapitel I („Adolf Hitler, seine Ideologie und seine Bewegung“) informiert über die Biographie Hitlers und die Ideologie der NSDAP, als deren zentrale Bestandteile der „Rassegedanke“ und der Antisemitismus gekennzeichnet werden (S. 15 f.). Obgleich demnach der Antisemitismus als Teil der nationalsozialistischen Weltanschauung für sehr wichtig gehalten wird, verzichtet Hofer in den Vorbemerkungen zu den in Kapitel I abgedruckten Dokumenten trotzdem darauf, nach Vorläufern zu fragen, und ebenso auf die Frage, ob vorhandene antisemitische Traditionen für den Erfolg der Nationalsozialisten von Bedeutung gewesen sein könnten. Hugenberg und von Papen gelten als Männer „konservativ-monarchistischer Prägung“ (S. 14); daß Hugenberg der führende Repräsentant einer antisemitischen Partei war, wird nicht für erwähnenswert gehalten, was nicht bedeutet, daß generell über die Weimarer Parteien nichts gesagt würde, wie die Ausführungen zur KPD zeigen (vgl. S. 12 f.). Sofern in diesem einleitenden Abschnitt überhaupt etwas über das Verhältnis des nationalsozialistischen Antisemitismus zur Tradition gesagt wird, steht die bloße Ausgrenzung im Vordergrund, nicht der Versuch der Erklärung: „Hitlers Rassenlehre und Antisemitismus ist ein nicht für möglich gehaltener Rückfall in eine Barbarei, die die gesamte abendländische Überlieferung und Gesittung leugnete. Auch für christliche Religion konnte hier kein Platz sein.“ (S. 17)

In dem einleitenden Text zu den im Kapitel VII („Judenverfolgung und Judenausrottung“) abgedruckten Dokumenten macht Hofer auf die Geschichte des Antisemitismus aufmerksam: „Nun war zweifellos Adolf Hitler nicht der Erfinder des Antisemitismus, der vielmehr eine jahrhundertealte weltgeschichtliche Erscheinung darstellt.“ (S. 268) Man könnte erwarten, daß diesem vielsagenden Satz einige erläuternde Bemerkungen folgen. Statt dessen bleibt es jedoch wiederum bei Ausgrenzung und Distanzierung: „Hitler war aber der Ideologe, der dem Antisemitismus die bislang schärfste Wendung ins Biologische gab und als Politiker entschlossen war, aus diesem rassisch verstandenen Antisemitismus die letzten Konsequenzen zu ziehen.“ (ebenda) Der Hinweis auf die Geschichte des

Antisemitismus erhält so den Charakter einer unverbindlichen Bemerkung, vollends, da die Stilisierung als „weltgeschichtliche Erscheinung" den Eindruck fördert, als hätten die Deutschen mit diesen Traditionen des Antisemitismus nicht mehr und nicht weniger zu tun als alle anderen Menschen auch. Der Antisemitismus wird so allein zur Sache Hitlers und der nationalsozialistischen Partei und ihrer propagandistischen Aktivitäten (vgl. hierzu auch S. 269).

In dem letzten, zusammenfassend interpretierenden Kapitel („Der Nationalsozialismus und die deutsche Geschichte") wird der Eindruck, daß der Antisemitismus mit spezifischen Merkmalen deutscher Geschichte und des deutschen Nationalismus nichts zu tun hat, noch einmal bekräftigt. Hofer beschreibt hier „den Mythos vom besonderen deutschen Weg in Staat, Gesellschaft und Kultur" als eine „geistige Hauptvoraussetzung für das Aufkommen des Nationalsozialismus" (S. 364). Die naheliegende Einordnung des Antisemitismus in diesen „Mythos vom besonderen deutschen Weg" (vgl. zu dieser Verbindung vor allem die Arbeiten Jochmanns) unterbleibt jedoch. Statt dessen charakterisiert Hofer den Antisemitismus explizit als gesamteuropäisches Phänomen, welches eher mit Namen wie Gobineau und Chamberlain als mit spezifisch deutschen Traditionen verbunden sei. Ähnlich wie die „Geistesgeschichte des Totalitarismus" haben auch Rassentheorie und Antisemitismus „allgemein-europäischen Charakter":

> „In ihre Genealogie gehören die Namen des französischen Grafen de Gobineau und des englischen Schwiegersohnes von Richard Wagner, Houston Stewart Chamberlain. Wie hoch man dagegen den Anteil Nietzsches am Heraufkommen des Nationalsozialismus auch veranschlagen will, ein Antisemit war er sicher nicht. Wie ja der Antisemitismus überhaupt keine spezifisch oder auch nur vorwiegend deutsche Erscheinung ist. Er ist eine europäische, ja weltgeschichtliche Erscheinung und in anderen Ländern viel stärker entwickelt als in Deutschland, bis die nationalsozialistische Demagogie sich seiner zu bedienen begann." (S. 366)

Während Hofers Dokumentensammlung „Der Nationalsozialismus" häufiger an den schleswig-holsteinischen Schulen verwandt wird, ist die für den Oberstufenunterricht bestimmte Text- und Quellensammlung „Weltgeschichte im Aufriß" (Bd. 3, Teil 1) in den untersuchten Regionen in Nordrhein-Westfalen verbreiteter. An dem Vergleich zwischen „Hofer" und „Weltgeschichte im Aufriß" kann nun eine Tendenz verdeutlicht werden, die im Zusammenhang mit der Auswertung der Lehrerinterviews bereits erwähnt wurde (vgl. vor allem Abschnitt 6.2.3): daß nämlich das Thema Antisemitismus im Rahmen konservativer oder weniger konservativer Positionen grundsätzlich in ähnlicher Weise behandelt wird. Das Schulbuch „Weltgeschichte im Aufriß" ist, bezogen auf die Diskussion der Totalitarismuskonzeption und die Frage nach der Rolle der Industrie im Zusammenhang mit der nationalsozialistischen Machtübernahme, sicher weniger konservativ als die Hofersche Dokumentensammlung (vgl. hierzu auch die entsprechenden Abschnitte in den Kapiteln 2 und 3). Trotzdem gibt es zwischen den beiden Büchern ein hohes Maß an Übereinstimmung in bezug auf die Traditionen des Antisemitismus: Diese werden nicht oder kaum berücksichtigt, weder im Zusammenhang mit der Weimarer Republik noch im Zusammenhang mit dem nationalsozialistischen Antisemitismus.

In den einleitenden Bemerkungen, Übersichten und Fragen, die in *Weltgeschichte im Aufriß* den einzelnen Abschnitten über die Weimarer Republik vorangestellt sind, werden Probleme des Antisemitismus in der Weimarer Republik überhaupt nicht angesprochen. Nur ein in dem Dokumententeil I/4 („Die Auflösung der Weimarer Republik") wiedergegebener zeitgenössischer Text enthält (von den Schulbuchautoren nicht kommentierte) Informationen zu diesem Thema. Es handelt sich um einen Auszug aus „Die Welt am Sonntag" vom 6. Oktober 1930, in dem versucht wird, die nationalsozialistischen Erfolge in den Septemberwahlen zu erklären (vgl. den Abdruck auf S. 286 ff.): Nicht die Arbeitslosen bilden das Wählerpotential, meint der Verfasser des Artikels, sondern vor allem die unterschiedlichen Teile der Mittelschicht. Dabei wird als eine der erklärenden Bedingungen auch der Antisemitismus der Mittelschichten erwähnt, nämlich:

1. der Antisemitismus im akademischen Bereich: „Da ist das Gros der Studenten und sonstigen jungen Akademiker. Bei ihnen fällt die antisemitische Hetzphrase auf besonders dankbaren Boden. Der Jude wird eben als unbequemer Konkurrent empfunden. Sie sind fanatisch nationalistisch (...)" (S. 287), und
2. der Antisemitismus im Bereich des selbständigen Mittelstandes, der in einem „verzweifelten Kampf" um die Existenz stehe und dem es zugleich an „wirtschaftlicher Einsicht" fehle: „Darum fallen sie auf jeden Schwätzer herein, der ihnen die Wiederherstellung des ‚goldenen Bodens' durch Kampf gegen Juden und Warenhäuser, gegen Börse und Gewerbefreiheit verspricht. Einst liefen sie Stoecker und Ahlwardt nach. Heute ist Hitler ihr Prophet." (S. 287)

Die Schulbuchautoren fügen dieser zeitgenössischen Kommentierung der Septemberwahlen eine Interpretation Dederkes (aus: Karlheinz Dederke, Reich und Republik, 2. Aufl., Stuttgart 1973, S. 228 f.) hinzu (vgl. den Abdruck auf S. 288 f.), die sich ebenfalls mit den Septemberwahlen befaßt und die von den Autoren als Sicht der „historische(n) Forschung" gegen den zeitgenössischen Text gestellt wird (vgl. die entsprechenden Fragen zu den Dokumenten auf S. 276). Da Dederkes Text keinen Hinweis auf den Antisemitismus enthält[18], kann man als unbefangener Leser eigentlich nur schließen, daß dieser nach Auffassung der historischen Forschung bei den nationalsozialistischen Wahlerfolgen keine Rolle gespielt hat.

Wie in Abschnitt 6.4.1 gezeigt wurde, wird in manchen Schulbüchern die Frage nach den Traditionen des Antisemitismus zwar nicht im Zusammenhang mit der Weimarer Republik gestellt, aber doch später, bei der Darstellung des nationalsozialistischen Antisemitismus, systematisch aufgegriffen (vgl. hierzu vor allem „Fragen an die Geschichte"). Auch dies ist in dem Oberstufenbuch „Weltgeschichte im Aufriß" nicht der Fall. Wohl informieren einzelne Texte und die den entsprechenden Abschnitten vorangestellten Übersichten und Kommentierungen über die Judenverfolgung während der Zeit des Nationalsozialismus, und es ist

---

18 Was nicht heißt, daß Dederke auf diesen auch sonst nicht eingeht. Vielmehr hält er den Antisemitismus für ein wesentliches Merkmal der politischen Auseinandersetzungen der Weimarer Zeit (vgl. Dederke 1981, S. 112 ff.).

auch die Rede vom Antisemitismus als Bestandteil der nationalsozialistischen Ideologie. Aber es ist doch eher nur „Hitlers Antisemitismus", der besprochen wird (vgl. S. 338 und S. 347 f.), nicht die Frage nach vorhandenen Traditionen antisemitischen Denkens, handele es sich nun um rassistische oder nicht primär rassistische Versionen, um den kleinbürgerlichen Antisemitismus oder den Antisemitismus im akademischen Bereich, in den Interessenverbänden, bei den Deutschnationalen oder um andere Varianten des Antisemitismus.

Im Vergleich zu den massiven Ausblendungen, die sowohl für den „Hofer" als auch für „Weltgeschichte im Aufriß" kennzeichnend sind, geht das ebenfalls als Text- und Quellensammlung aufgebaute Schulbuch *Politische Weltkunde* auf Traditionen des Antisemitismus in Deutschland doch stärker ein. So enthält zum einen der Band über die Weimarer Republik in dem Kapitel C („Belastungen der Weimarer Republik") einen Hinweis auf den Antisemitismus im Kleinbürgertum und im „mittleren und kleinen Bauerntum" (vgl. S. 15). Der Antisemitismus der Selbständigen und ehemals Selbständigen wird als Krisenphänomen gedeutet und im Sinne der sogenannten Sündenbocktheorie als fehlgeleitete Suche nach Schuldigen beschrieben (ebenda). Der institutionalisierte Antisemitismus wird dagegen nicht berücksichtigt, auch nicht in dem Kapitel über die politischen Parteien und die ihnen nahestehenden Interessenorganisationen (vgl. S. 16 ff.).

Wird diese Informationslücke in dem Band über „Nationalsozialismus und Faschismus" eventuell geschlossen? Man könnte dies vielleicht erwarten, denn die Frage nach den Traditionen des Antisemitismus, die es in Deutschland auch unabhängig von der NSDAP und ihrer Propaganda gab, wird aufgeworfen in einem Abschnitt mit dem Titel: „Nationalsozialismus und deutsche Tradition: zur Frage der Kontinuität" (Abschnitt A. III). Tatsächlich wird jedoch auch in diesem Abschnitt der Antisemitismus der konservativen Gruppierungen in der Weimarer Republik nicht direkt angesprochen, sondern es geht eher um den Antisemitismus im Kaiserreich. Auf Seite 22 werden Auszüge aus einer Schrift zitiert, die der Vorsitzende des Alldeutschen Verbandes, Heinrich Claß, 1913 verfaßte und unter dem Pseudonym D. Frymann veröffentlichte[19]. Bemerkenswert an diesen Textauszügen ist, daß mit ihnen, anders als in den bisher diskutierten Schulbüchern, klar darauf hingewiesen wird, daß der Nationalsozialismus sich in der Frage der „legalen" Judenverfolgung auf vorhandene konservative und rechtsradikale Traditionen stützen konnte. So wird von den Schulbuchautoren unter anderem die folgende Passage aus Claß' Schrift wiedergegeben:

> „Eine Gesundung unseres Volkslebens, und zwar aller seiner Gebiete, kulturell, moralisch, politisch, wirtschaftlich, und die Erhaltung der wiedergewonnenen Gesundheit ist nur möglich, wenn der jüdische Einfluß entweder ganz ausgeschaltet oder auf das Maß des Er-

---

[19] D. Frymann, Wenn ich der Kaiser wär'. 5. Aufl., Leipzig 1914. Die Autoren weisen darauf hin, daß dieses Buch rasch weite Verbreitung fand (S. 22). Claß' Schrift gehörte, wie Lohalm (1970, S. 20 ff.) darstellt, offiziell zu den programmatischen Grundlagen des 1919 von den Alldeutschen gegründeten antisemitischen Schutz- und Trutzbundes. Insofern gibt es mit der zitierten Schrift auch einen Hinweis auf den Weimarer Antisemitismus, dem die Schulbuchautoren allerdings nicht nachgehen.

träglichen, Ungefährlichen zurückgeschraubt wird (...) Die Forderung muß sein: die landsässigen Juden werden unter Fremdenrecht gestellt (...)" (H. Claß 1914, zitiert nach „Nationalsozialismus und Faschismus", S. 22).

Für die analysierten Schulbücher gilt insgesamt, daß eine Auseinandersetzung mit den antisemitischen Strömungen in der Weimarer Zeit nur in geringem Maße stattfindet. Sofern diese überhaupt ins Blickfeld geraten, werden sie eher als unbestimmtes Massenphänomen und weniger als Problem spezifischer Gruppierungen und Institutionen beschrieben. Es wird weder die Frage nach der Kontinuität des christlichen Vorurteils aufgeworfen noch die Frage nach dem Antisemitismus im akademischen Bereich oder im Bereich konservativer Politik. Besonders auffällig ist dabei, daß der deutschnationale Antisemitismus nirgends ausführlicher dargestellt wird – auch nicht in dem Schulbuch „Fragen an die Geschichte", das der Thematisierung am nächsten kommt. Die Deutschnationale Volkspartei wird in dieser Hinsicht fast durchweg als relativ honorige, kaisertreue Rechtspartei beschrieben, und mit Ausnahme des Schulbuchs „Politische Weltkunde" vermitteln die Schulbücher keinen Eindruck davon, daß viele Maßnahmen der rechtlichen Diskriminierung von Juden während der Zeit des Nationalsozialismus mit alldeutschen und deutschnationalen Vorstellungen übereinstimmten.

6.5 Zusammenfassung

Bei der Beschäftigung mit dem Thema Antisemitismus und deutsche Geschichte muß man sich sehr genau darüber im klaren sein, welches die Ziele der Beschreibung und Erklärung sind. Geht es um den Versuch, Auschwitz zu verstehen, oder geht es um den Versuch, die Bedingungen der nationalsozialistischen Machtübernahme zu verstehen? Auch wenn beide Ereignisse in einem Zusammenhang stehen, so sind doch die für die Erklärung jeweils relevanten Faktorenkonstellationen verschieden. Eva Reichmann hat hierauf bei ihrem Versuch, die Rolle des Antisemitismus in der deutschen Geschichte zu analysieren, hingewiesen und hervorgehoben, „daß nur ein verschwindend kleiner Kreis derer, die dem Nationalsozialismus zum Erfolg verhalfen, ihm damit ein Mandat zur Vollstreckung der Judenvernichtung zu geben" beabsichtigte (Reichmann 1956, S. 8).

Sosehr dies bei einer Auseinandersetzung mit den Traditionen des Antisemitismus in Deutschland berücksichtigt werden muß, so wenig kann doch – wie die einleitende Literaturübersicht zeigt – davon abgesehen werden, daß es im Deutschland der Weimarer Republik antisemitische Tendenzen gab, die ihre Bedeutung auch unabhängig von der Propaganda der Nationalsozialisten hatten und die zur Erklärung der nationalsozialistischen Machtübernahme mit herangezogen werden können. Allerdings zeigt die Übersicht auch, daß es in den Geschichtswissenschaften keine Einigkeit darüber gibt, wie wichtig die vorhandenen Traditionen des Antisemitismus im Vergleich mit anderen, vor allem ökonomischen Faktoren für die Erklärung der nationalsozialistischen Wahlerfolge sind. Zu unterscheiden sind hier mindestens drei Positionen:

– die Einschätzung, daß der Antisemitismus zu den zentralen Wahlmotiven gehörte;
– die Auffassung, daß eine Bereitschaft zur Inkaufnahme oder Tolerierung des nationalsozialistischen Antisemitismus bereits vorgegeben war und daß dies sich politisch auswirkte;
– und schließlich eine Position, in deren Rahmen antisemitische Traditionen kaum erwähnt oder für unwichtig gehalten werden.

Die Stellungnahmen der Lehrer zu der Frage nach den Traditionen des Antisemitismus entsprechen am ehesten der dritten Position. Dies heißt nicht, daß die befragten Lehrer nicht über die Judenverfolgungen während der Herrschaft des Nationalsozialismus unterrichteten. Vielmehr bedeutet es, daß im Unterricht über die Weimarer Republik und die unmittelbaren Voraussetzungen des Nationalsozialismus das Thema Antisemitismus nur eine sehr geringe Rolle spielt – und zwar ohne Unterschiede zwischen den in die Untersuchung einbezogenen Regionen. Sofern über die Geschichte des Antisemitismus unterrichtet wird, bezieht sich dies vor allem auf das Mittelalter und auf die Rassentheorien des 19. Jahrhunderts, kaum jedoch auf den Antisemitismus in der Weimarer Republik. Dabei mitwirkende Tendenzen zur Abgrenzung und Selbstentlastung haben wir mit dem Begriff der „Distanzierung" bezeichnet – Distanzierung zunächst im moralischen Sinn, dann aber auch in einem zeitlichen und sozialen Sinn. Das Phänomen des Antisemitismus wird sozusagen weiter weggeschoben und dadurch auf Distanz gehalten: Der Weimarer Antisemitismus wird – soweit es nicht um die nationalsozialistische Ideologie geht – kaum behandelt, wohl aber der Wiener Antisemitismus der Jahrhundertwende. Der christliche Antisemitismus des 19. und 20. Jahrhunderts wird kaum behandelt, wohl aber der des Mittelalters. Der konservative Antisemitismus des späten Kaiserreichs und der Weimarer Zeit wird selten behandelt. Behandelt werden jedoch die sogenannten rassentheoretischen Autoren des 19. Jahrhunderts, insbesondere die beiden bekanntesten, von denen der eine Engländer und der andere Franzose ist.

In den von uns analysierten Unterrichtsmaterialien verhält es sich im Prinzip nicht anders. Einige der analysierten Texte gehen auf Traditionen des Antisemitismus überhaupt nicht oder so gut wie gar nicht ein (Hofer, Weltgeschichte im Aufriß, Geschichtliche Weltkunde und die Lehrpläne, mit Ausnahme des Erlasses vom 6. Juli 1978 in Nordrhein-Westfalen). Andere gehen darauf ein, vernachlässigen jedoch den Antisemitismus in der Weimarer Republik. Sofern dieser überhaupt zur Sprache kommt, wird er als unbestimmtes Massenphänomen oder als Problem des Kleinbürgertums beschrieben. Der Antisemitismus in den Oberschichten und den akademischen Mittelschichten wird nicht ausdrücklich hervorgehoben, ebensowenig wie der Antisemitismus ihrer politischen und interessenpolitischen Repräsentanten. Der deutschnationale Antisemitismus wird in den Schulbüchern vielmehr durchweg nicht behandelt.

Berücksichtigt man die Einschätzung Winklers, die sozialhistorische Erforschung des Antisemitismus in der Weimarer Republik stehe noch in den Anfängen (vgl. oben, Abschnitt 6.1), so könnte man zu der Auffassung kommen, daß sich in Schulbuch- und Unterrichtsinhalten gleichermaßen ein wenig entwickelter Forschungsstand widerspiegele. Dagegen spricht allerdings, daß spätestens seit Mitte der sechziger Jahre ausführlichere Arbeiten über die Träger der antisemitischen Propaganda in der Weimarer Republik vorliegen, die, wie auch von Winkler hervorgehoben wird, zuverlässig über antisemitische Organisationen und Aktionen in der Weimarer Zeit informieren. Dies legt die Folgerung nahe, daß die Auswahlakte und Schwerpunktsetzungen in den Schulbüchern, die in ihrer Wirkung Tendenzen der nationalen Selbstentlastung und eine Entlastung der Weimarer Rechten unterstützen, nicht allein durch den Forschungsstand zu erklären sind.

Kapitel 7: Zusammenfassende Deutungen

Die vorangegangenen Kapitel haben deutlich gemacht, daß es „die“ Deutung des Aufstiegs der Nationalsozialisten im Sinne einer bündigen Formel nicht gibt und daß es bei ernst zu nehmenden Deutungen um eine Bündelung und Gewichtung unterschiedlicher Faktoren geht. „Die Historiker sind sich heute zumindest darin einig, daß das Scheitern der Republik und die nationalsozialistische ‚Machtergreifung‘ nur plausibel erklärt werden können durch die Aufhellung eines sehr komplexen Ursachengeflechts.“ (Kolb 1984, S. 215) Dem Versuch, einen der dabei beteiligten Faktoren zu verabsolutieren, würde sogleich der Vorwurf der „Verkürzung“ entgegengehalten werden. So hat Bracher sieben – in diesem Sinne verkürzte – Erklärungsansätze stichwortartig beschrieben und kritisiert:

> „Die *ökonomische* Erklärung hebt allzu einseitig auf die Wirtschaftskrisen ab, unzureichend ist aber auch die *institutionelle* Begründung, nach der vor allem Verfassungsmängel Schuld sind. Andere Deutungen überschätzen die *soziologische* Erklärung zumal aus der Labilität des Kleinbürgertums, oder die *ideologische* Herleitung aus einer autoritären Tradition Deutschlands. Nicht weniger einseitig ist freilich die marxistisch-*antikapitalistische* Begründung einer geschichtsnotwendigen Krise, oder die *massenpsychologische* Betonung der Rolle von Propaganda und Massensuggestionen. Die *personalistische* Erklärung schließlich spricht von der primären Rolle der Person gerade in Krisensituationen. (...) (Dies, d. Verf.) liefe freilich auf die nicht minder einseitige Formel hinaus: Männer machen Geschichte.“ (Bracher 1983, S.20)

Brachers Kritik an diesen Erklärungsansätzen bietet gleichzeitig einen Überblick über die Faktorenbereiche, die bei der Erklärung des Übergangs der Macht an die Nationalsozialisten berücksichtigt werden müssen[1]. Auf diesem Hintergrund kann versucht werden, die Deutungen nicht nur in der wissenschaftlichen Literatur, sondern auch in den Lehrerinterviews, Lehrplänen und Schulbüchern im ganzen zu charakterisieren.

---

1 So nennt Kolb (1984) beispielsweise folgende Determinanten: institutionelle Rahmenbedingungen, die ökonomische Entwicklung, Besonderheiten der politischen Kultur, Veränderungen im sozialen Gefüge, ideologische Faktoren, massenpsychologische Momente und die Rolle einzelner Persönlichkeiten. Schulze hat in einem Symposium ein „Oktogon der Faktoren“ zur Diskussion gestellt und dabei acht Dimensionen angesprochen: außenpolitische Belastungen, Verfassungsordnung, Parteiensystem und Parlamentarismus, Rolle der staatlichen Machtinstrumente, gesellschaftliche Bedingungen, wirtschaftliche Bedingungen, politisches Denken und institutionalisierte Kultur (Schulze, in: Erdmann/ Schulze 1980, S. 29 ff.).

7.1 Zusammenfassende Deutungen in der wissenschaftlichen Literatur

Obwohl auf dieser Ebene einer Gesamtinterpretation des Übergangs der Macht an die Nationalsozialisten jeder Versuch, unterschiedliche Deutungsmuster herauszuarbeiten, hinsichtlich der Abgrenzung und Zuordnung letztlich problematisch bleibt, scheint es uns doch möglich, für die weitere Analyse fünf verschiedene Erklärungsansätze beziehungsweise Akzentsetzungen in der wissenschaftlichen Standardliteratur (vgl. dazu oben, Abschnitt 1.6) zu unterscheiden. All diese Deutungsmuster sind „multikausal" beziehungsweise „multifaktoriell", sie lassen aber unterschiedliche Schwerpunktsetzungen erkennen.

In diesem Sinne ist erstens jene Interpretation zu nennen, die ihren Akzent auf die *Entwicklung des politischen Systems in der Weimarer Republik* setzt, auch wenn die gesellschaftlichen Bedingungen dieser Entwicklung nicht ausgeblendet werden. So werden bei Erdmann „die wirtschaftlich-sozialen und die politischen Strukturverhältnisse" hervorgehoben, in denen die Ursachen für den Sieg der Nationalsozialisten lägen. Es wäre für die Republik leichter gewesen, wenn es gelungen wäre, „ihr gleich von Anfang an demokratisch gesonnene Richter, Beamte und Offiziere zu geben oder durch Sozialisierung der Schwerindustrie und durch Agrarreformen den Schichten, die in der Vorkriegszeit tonangebend gewesen waren, die wirtschaftliche Grundlage ihrer gesellschaftlichen und politischen Machtstellung zu nehmen" (Erdmann 1980, Bd. 19, S. 311). Da aber die Mehrheit des deutschen Volkes keinen ökonomischen Sozialismus wollte und da die große Mehrheit der Arbeiterschaft sich zur parlamentarischen Demokratie bekannte, „konnte aus den Arbeiten der Verfassunggebenden Nationalversammlung keine andere Republik hervorgehen als eine solche, die auf den kategorischen Imperativ des gesellschaftlichen und politischen Ausgleichs als ihrer Existenzgrundlage angewiesen war. Solange ein solcher Ausgleich noch zustande kam, lebte die Republik. Als die antagonistischen Gruppen hierzu nicht mehr bereit waren, ging sie zugrunde." (S. 312) Vor diesem Hintergrund interpretiert Erdmann das Auseinanderbrechen der Großen Koalition im März 1930 als „Anfang vom Ende der Weimarer Republik" (S. 313). „Unter den Bedingungen des Parteienstaates konnte der Staatswille sich nicht anders artikulieren als dadurch, daß die legitimen Interessengruppen sich zum Ausgleich bereit und fähig zeigten. Das Versagen der demokratischen Parteien vor dieser Aufgabe machte den Weg frei für Hitler." (S. 313) Dem entspricht Erdmanns Antwort auf die Frage, warum die Menschen in Deutschland Hitler in solcher Menge zuströmten: Er erklärt, das Scheitern der Republik habe gezeigt, wie berechtigt das bei vielen Menschen vorhandene Verlangen gewesen sei.

> „(...) über der gesellschaftlichen Zerrissenheit und dem Parteienstreit das Verbindende wieder zur Geltung gebracht und das Gemeinwohl als Richtschnur politischen Handelns anerkannt zu sehen. Dem Klassenkampf von oben und unten und der Ideologie des permanenten gesellschaftlichen Konflikts stellte sich ein elementares Verlangen nach Autorität, Ordnung und ‚Volksgemeinschaft' entgegen. Die Binsenwahrheit, daß Gemeinnutz vor Eigennutz geht, wurde von der Propaganda Hitlers als Schlagwort für seine in der Zielsetzung die Klassen übergreifende Sammlungsbewegung aufgegriffen." (Erdmann 1980, Bd. 20, S. 40)

Aus dem Bündel der (überwiegend politikgeschichtlichen) Faktoren hebt Erdmann also den Faktor „Versagen der demokratischen Parteien" besonders hervor. Zugespitzt formuliert: „Die Weimarer Demokratie ist nicht an ihren Gegnern, sondern an sich selbst zugrunde gegangen. Es handelt sich nicht um einen Fall von Totschlag, sondern von Selbstmord." (Erdmann, in: Erdmann/Schulze 1980, S. 346)[2]

Die Entwicklung des politischen Systems spielt auch in der zweiten Interpretation eine wesentliche Rolle, in der aber nicht das „Versagen der Parteien" im Vordergrund steht, sondern – wie bei Bracher – *Strukturbedingungen der politischen Entwicklung*. „Die scheinbar ausweglose politische Situation, in welche die Entwicklung von 1930–1933 führt, wird zur Einbruchstelle der Diktatur, dem scheinbar einzigen Ausweg aus der Paralyse der Demokratie. Aber erst die konkreten Entscheidungen derer, die seit dem Bruch der Großen Koalition vom März 1930 die politische Initiative beanspruchten, haben die Lösung von 1933 unausweichlich gemacht." (Bracher, in: Erdmann/Schulze 1980, S. 110) Ähnlich wie Erdmann verfolgt Bracher grundsätzlich einen politikbezogenen Deutungsansatz, demgemäß „das Hauptproblem (der Weimarer Republik, d. Verf.) war und blieb: Die deutsche Demokratie, als ein Ergebnis der unerwarteten Niederlage empfunden, war und blieb alles andere als populär." (Bracher 1983, S. 21) Und Bracher beschreibt ebenfalls ein breites Spektrum von Faktoren, diskutiert sie jedoch ausführlich, ohne – im Unterschied zu Erdmann – einen von ihnen herauszuheben. In dem Buch „Die deutsche Diktatur" faßt er seine Interpretation wie folgt zusammen:

„In der Tat kann man das Dilemma der ersten deutschen Republik auf eine Reihe geschichtlich-politischer Grundtatsachen zurückführen, deren scheinbar logische Verkettung einer echten Handlungs- und Entscheidungsfreiheit der Weimarer Politik, einer Selbstverwirklichung der von der Weimarer Nationalversammlung gesetzten parlamentarischen Demokratie gegenüber ihren Feinden enge Grenzen gesteckt hat. Der neue Staat ruhte machtpolitisch auf einer Reihe von kaum ausgereiften, überstürzt forcierten Scheinkompromissen zwischen Altem und Neuem: zwischen kaiserlicher Armee und Revolutionsregierung, zwischen auf Bewahrung bedachten Arbeitgebern und dem gesteigerten Kraftbewußtsein der Gewerkschaften, zwischen föderalistischen und zentralistischen Tendenzen, zwischen wenig beweglichen, nach Tradition, ‚Weltanschauung' und Interessenbindung scharf voneinander getrennten Parteien. Eine Bevölkerungsmehrheit hatte diesen schwachen Notbau – wie sich schon bei den ersten Parlamentswahlen nach Verabschiedung der Verfassung erwies – nur widerwillig und unter dem Zwang der Verhältnisse hingenommen; die staats- und herrschaftsbildenden Kompromisse der Machtträger zeigten sich wenig dauerhaft; und die von der Umwälzung betroffenen Gegner auf der Rechten und Linken vermochten ihre prinzipielle Obstruktionshaltung schon nach wenigen Wochen zur staatsbedrohenden Kampfansage zu verschärfen. Die Republik von Weimar fand sich von Anfang an in eine Abwehrstellung gedrängt, die in der Folge durch eine kaum begreifliche Nachsicht gegenüber den erklärten Gegnern, mehr noch durch die Tatsache geschwächt war, daß die Demokratie mit einem vom obrigkeitli-

---

2 In diesen Zusammenhang gehört auch die folgende These von H. Schulze, der die „erstrangigen Faktoren", die für das Scheitern der Weimarer Republik haftbar zu machen seien, allerdings „dem Feld der Mentalitäten, der Einstellungen und des Denkens" zuordnen möchte. „Bevölkerung, Gruppen, Parteien und einzelne Verantwortliche haben das Experiment Weimar scheitern lassen, weil sie falsch handelten, indem sie falsch dachten." (Schulze, in: Erdmann/Schulze 1980, S. 36)

chen Verwaltungsstaat geprägten Ordnungs- und Autoritätsbedürfnis rechnen mußte, das sie nicht hinreichend zu befriedigen vermochte. Grundzug der Problematik war also, daß eine labile Bewußtseinsstruktur einer nicht minder labilen institutionellen Machtstruktur begegnete. Die wesentlichen Bereiche und Stationen dieser negativen Begegnung bezeichnen zugleich die wichtigsten Glieder in der Kette der Ursachen, die den Aufstieg des Nationalsozialismus wenn nicht besiegelt, so doch möglich gemacht haben." (Bracher 1974, S. 41 f.)

Den beiden skizzierten Deutungsmustern, in denen eine gewisse Dominanz politikgeschichtlicher Faktoren (Verfassungsordnung, Parteiensysteme, Mentalitäten usw.) zu erkennen ist, kann ein drittes gegenübergestellt werden, in dem *allgemeinere soziale Bedingungen* (Bedeutung vorindustrieller Strukturen, Radikalisierung des Mittelstandes usw.) sowie die *Rolle der Machteliten* (Militär, Industrie usw.) besonders hervorgehoben werden. So heißt es bei Broszat (1979), daß es „zum eigentlichen Dammbruch der Republik nicht durch das Gewicht des Stimmzettels" gekommen sei („zumal die NSDAP auch zur Zeit ihrer größten Erfolge noch weit von der absoluten Mehrheit entfernt blieb"). „Vielmehr in erster Linie dadurch, daß die Bereitschaft zum Arrangement und zum Paktieren mit Hitler mehr und mehr in das Lager der Regierung und Exekutive übergriff und sich zunehmend auch bei den agrarischen und gewerblichen Interessenverbänden bemerkbar machte." (S. 17) Zum Thema „Bruch der Großen Koalition" wird darauf hingewiesen, daß Vertreter der agrarischen Grünen Front und der Schwerindustrie 1929 deutliches Mißfallen an der Regierung der Großen Koalition äußerten.

„Als sich im Winter 1929/30 zeigte, daß in bestimmten Fragen der Sozialpolitik ein Ausgleich zwischen dem Unternehmerflügel der DVP und dem Gewerkschaftsflügel der SPD nicht mehr möglich war, betrieb vor allem die politische Führung der Reichswehr (Schleicher, Groener) die Bildung eines autoritären ‚Hindenburg-Kabinetts' der rechten Mitte ohne Sozialdemokraten." (...) „Die Regierungsmacher der Minderheitenregierung Brüning waren sich vielmehr einig darüber, daß die Reichspräsidentenvollmacht zum Erlaß von Notverordnungen (Art. 48 der Reichsverfassung) nur einem Kabinett der rechten Mitte, nicht einem sozialdemokratischen Kanzler gegeben werden dürfe. Und die Auflage, ohne die Sozialdemokraten zu regieren, machte es Brüning schließlich auch im Sommer 1930 unmöglich, einem sozialdemokratischen Vorschlag zur Haushaltssanierung zu folgen, der Aussicht gehabt hätte, gegen die Stimmen der DVP vom Parlament angenommen zu werden." (Broszat 1979, S. 21)

Neben dem Hinweis auf die begünstigende Rolle der Eliten spielt in diesem sozialstrukturell orientierten Ansatz die Frage eine zentrale Rolle, auf welche soziale Basis sich die NSDAP hinsichtlich Mitgliedschaft und Massenwirksamkeit stützen konnte (vgl. Broszat 1979, S. 48 ff.). In diesem Zusammenhang wird auch auf längerfristige Besonderheiten in der deutschen Geschichte eingegangen, insbesondere eine in den Mittelschichten ausgeprägte und durch die Inflation aktualisierte Angst vor einer Proletarisierung (vgl. Kocka 1980, S. 9 ff.). So wird hervorgehoben, daß unter den Mitgliedern der NSDAP 1925 bis 1933 der sogenannte „Mittelstand", die Angestellten, Handwerker und Kleinkaufleute, überrepräsentiert, die Lohnarbeiter dagegen unterrepräsentiert gewesen seien. „Auch unter den Wählern der NSDAP waren dieselben sozialen Gruppen über- bzw. unterrepräsentiert." Dies sei noch ergänzend zu präzisieren: „Mehr Protestanten als Katholiken, mehr Norddeutsche als Süddeutsche, mehr jüngere als ältere Leute und mehr Klein- und Mittelstädter als Großstädter unterstützten die aufsteigende Bewegung." (Kocka 1980, S. 11) Für Kocka (und ähnlich auch Broszat) ist entscheidend:

„Die sozioökonomischen Krisenerscheinungen und Modernisierungsfolgen wurden zur Quelle solch vehementen Protests nur, weil sie mit fortwirkenden Traditionen vorkapitalistischer und vorbürgerlicher Herkunft zusammenprallten. Die Krise des privatwirtschaftlichen Wirtschafts- und bürgerlichen Gesellschaftssystems endete in Deutschland deshalb in der Katastrophe, weil sich aufgrund eines spezifischen Weges der deutschen Modernisierung mehr als in anderen westlichen Ländern vorkapitalistische und vorbürgerliche, obrigkeitsstaatliche, feudale und ständische Überbleibsel erhalten hatten. (...) Der Zwittercharakter des deutschen Nationalsozialismus – zugleich antimodern und dynamisch, antikapitalistisch und antisozialistisch, reaktionär und revolutionär zu sein – erklärt sich aus diesem Zusammenhang." (Kocka 1980, S. 11)

Man müsse deshalb nicht nur von kapitalistischen, sondern auch von vorindustriellen und vorkapitalistischen Traditionen reden, wenn man den Aufstieg der Nationalsozialisten erklären will (vgl. hierzu auch Winkler 1978, S. 65 ff.). „Aufgrund der Wahlergebnisse mußte Hitler also nicht an die Macht kommen. Er kam an die Macht, weil die Teile der alten Führungsschicht, die Zugang zum Reichspräsidenten hatten, einen radikalen Bruch mit dem ‚System' von Weimar wünschten und weil ein solcher Bruch einen Rückhalt in den Massen brauchte." (Winkler 1983, S. 15)

In einem Zusammenhang mit diesem sozialstrukturell orientierten Deutungsmuster steht viertens jene Deutung, die explizit *an marxistische Traditionen anschließt*. Hierzu gehören u.a. die Arbeiten von Kühnl, die in den Lehrerinterviews häufiger erwähnt werden (1971, 1976). Dieser Position ist zwar oft der Vorwurf der Monokausalität gemacht worden, aber auch hier läßt sich eine Fülle von Faktoren erkennen, die zur Interpretation der Machtübernahme herangezogen werden – auch wenn letztlich die Bedeutung des Industrie- und Finanzkapitals (im Rahmen eines Bündnisses der Eliten) als dominant hervorgehoben wird. Kühnl setzt sich sogar ausdrücklich von „vulgärmaterialistischen Theorien" ab und sagt:

„Die faschistische Bewegung ist nicht nur und nicht einmal in der Hauptsache ein Produkt unmittelbarer kapitalistischer Hilfe. Sie formiert sich nicht in erster Linie deshalb, weil kapitalistische Unternehmen sie durch ihre finanzielle Hilfe aufpäppeln, um sie dann gegen die Arbeiterorganisationen einsetzen zu können. Sondern: Aus einer sozialökonomischen Krise, die ihrerseits aus Reproduktionsschwierigkeiten des Kapitalismus hervorgeht, entsteht spontan eine faschistische Massenbewegung mit durchaus ambivalentem – sowohl gegen Sozialismus und Demokratie als auch gegen den Kapitalismus gerichtetem – Charakter. In einer Situation, in der die herkömmlichen bürgerlichen Parteien durch ihre Mitwirkung an der Politik des ‚Systems' diskreditiert sind, und ihre Massenbasis an die faschistische Bewegung verlieren, in der die bürgerliche Demokratie nicht mehr ausreicht, um die ökonomischen Probleme und politischen Konflikte zu lösen, in der die kapitalistische Gesellschaft und die damit verbundenen sozialen Privilegien der Oberklassen also ernstlich gefährdet sind, verbünden sich maßgebliche Teile der herrschenden Klasse mit der faschistischen Bewegung." (Kühnl 1971, S. 103)

Im Herbst 1932 sei das Stadium erreicht, in dem „die einflußreichste Fraktion, das Kapital, zu dem Ergebnis kommt, daß die bürgerliche Demokratie ihren Zwecken nicht mehr dient und deshalb ein faschistisches System errichtet werden müsse. (...) Im November 1932 verlangten einflußreiche Industrielle, Bankiers und Großgrundbesitzer schriftlich beim

Reichspräsidenten Hindenburg die Ernennung Hitlers zum Reichskanzler. So kam es nach einem Zusammenspiel der großen Konzerne und Banken mit Teilen des Staatsapparats und der Führung der NSDAP am 30. Januar 1933 zur Bildung der Regierung Hitler-Hugenberg, in der neben der NSDAP auch Repräsentanten der Deutschnationalen und des Staatsapparats vertreten waren. In dieser Regierung, die nur das letzte Resultat einer seit 1929 sich verstärkenden Koalition zwischen der ‚gemäßigten' und der ‚extremen' Rechten darstellte, kommt in aller Klarheit zum Ausdruck, daß der faschistische Erfolg auf einem Bündnis der faschistischen Massenbewegung mit Teilen der Oberklasse beruhte. Um diesen Charakter noch zu unterstreichen, traf sich Hitler vier Tage nach der ‚Machtergreifung' – am 3. Februar – mit den Führern der Reichswehr und zweieinhalb Wochen später – am 20. Februar – mit den Repräsentanten der mächtigsten Unternehmen, um ihnen sein Regierungskonzept darzulegen und um Unterstützung zu bitten, die er dann auch erhielt." (Kühnl 1971, S. 105 f.; vgl. zur Diskussion dieser Thesen auch Abschnitt 3.1)

Schließlich ist fünftens noch kurz auf ein Deutungsmuster einzugehen, das in dieser Form in der wissenschaftlichen Literatur kaum mehr vertreten wird, aber in den Interviews nach wie vor eine große Rolle spielte: Die Erklärung des Massenerfolgs der Nationalsozialisten vor dem Hintergrund der *Weltwirtschaftskrise*. Hier mischen sich Überlegungen zur Ausweglosigkeit, in der sich viele befunden haben, mit Überlegungen zur charismatischen Bedeutung Hitlers und zu der Faszination, die von den Masseninszenierungen der Nationalsozialisten ausgegangen sei. Im Sinne dieses Deutungsmusters läßt sich eine Textpassage bei Heiber interpretieren, in der den Krisenfolgen eine besondere Bedeutung beigemessen wird:

„Versailles, Parteistaatmüdigkeit, autoritäre Sehnsucht, völkische, antisemitische oder sonstige Traditionen und Emotionen, das perfide nationale Vokabular: *ernsthaft*, das zeigte das Young-Referendum, hat all dies die Republik nicht zu gefährden vermocht. Es bildete nur die Basis für das, was dann kam, als die wirtschaftliche Not, die völlige Hoffnungslosigkeit, den Massen an die Kehle griff. Ohne den Krieg wäre Hitler wahrscheinlich nie Politiker geworden, ohne Versailles wäre er es kaum lange geblieben, und ohne die Ressentiments seiner ‚Volksgenossen' hätten sich seine Erfolge vermutlich in bescheidenen Grenzen gehalten, – den *Sieg* aber hat er allein der Wirtschaftskrise zu verdanken. Jeder andere Faktor, der bei seinem Massenerfolg mitgewirkt hat, läßt sich wegdenken, nur dieser eine nicht." (Heiber 1982, S. 206 f.)

Die fünf Deutungsmuster in bezug auf den Aufstieg des Nationalsozialismus, die wir in der wissenschaftlichen Literatur unterschieden haben, sind also:

1. der eher politikbezogene Ansatz, in dem das Versagen der demokratischen Parteien in den Mittelpunkt gestellt wird (z. B. Erdmann);
2. der ebenfalls politikbezogene Ansatz, in dem allgemeinere Strukturbedingungen der politischen Entwicklung hervorgehoben werden (z. B. Bracher);
3. ein sozialstrukturell orientierter Ansatz, in dem die gesellschaftlichen Voraussetzungen (Wirtschaftskrise und vorkapitalistische Traditionen) für die Massenbasis der Nationalsozialisten in einen Zusammenhang mit der These von dem „Bündnis der Eliten" gebracht werden (z. B. Broszat 1979; Kocka 1980; Winkler 1983; Mommsen 1983);
4. der marxistisch-antikapitalistische Ansatz, in dem – im Rahmen eines sozialstrukturellen Ansatzes – die Bedeutung des Industrie- und Finanzkapitals besonders hervorgehoben wird (z. B. Kühnl 1971), und schließlich
5. der Ansatz, in dem die Folgen der Weltwirtschaftskrise als letztlich entscheidend dargestellt werden (z. B. Heiber 1982).

Vor dem Hintergrund dieser Schwerpunktsetzungen in der wissenschaftlichen Literatur soll im folgenden untersucht werden, welche Deutungsmuster für unseren historischen Problembereich in seiner Gesamtheit in den Lehrerinterviews erkennbar sind.

7.2 Gesamtdeutungen in den Lehrerinterviews

Die eher sozialgeschichtlich orientierten Deutungen werden in unseren Interviews von einer relativ kleinen Minderheit vertreten, und zwar in zwei Ansätzen: In einem Ansatz wird – entsprechend der marxistischen Position zum Beispiel Kühnls – die Dominanz der Industrie betont (im Rahmen eines Konzepts vom Bündnis der Eliten, die mit der nationalsozialistischen Massenbewegung paktieren). Diesen *„industriebezogenen“* Ansatz der Interpretation vertreten lediglich drei Lehrer, die im übrigen alle aus Nordrhein-Westfalen stammen (vgl. Tab. 7.1). Im anderen, *„sozialstrukturellen“* Ansatz wird das Verhalten der Eliten behandelt, ohne daß eine der beteiligten Gruppen als entscheidend hervorgehoben wird; intensiver diskutiert wird in diesem Ansatz die Entstehung der nationalsozialistischen Massenbewegung, mit der diese Eliten schließlich kooperieren. Sie wird auf eine Vielfalt von Faktoren zurückgeführt, so vor allem auf die Radikalisierung des Mittelstandes, auf die Bedeutung vorindustrieller Strukturen oder auf obrigkeitsstaatliche Tradition im Denken der Bevölkerung usw. (9 Lehrer, ohne nennenswerte Unterschiede zwischen den Regionen). Die beiden sozialhistorischen Ansätze sind also deutlich „multikausal“, auch wenn in dem einen die Bedeutung der Industrie und in dem anderen die sozialstrukturellen Voraussetzungen für die Massenbewegung und für die Bündnisbereitschaft der Eliten besonders hervorgehoben werden.

Vorrangig auf das politische System bezogene Interpretationen sind gleichfalls in zwei verschiedenen Ausprägungen vorhanden: In dem einen Ansatz ist die multikausale Erklärung gewissermaßen zum Programm erhoben, indem Wert darauf gelegt wird, daß in dem Bündel der in Betracht zu ziehenden Faktoren keiner als dominant anzusehen ist. In diesem Bündel der Faktoren spielen die Themen „Verfassungsmängel“, „Demokratie ohne Demokraten“, „Inflation und Weltwirtschaftskrise“, „Belastung der Republik durch antirepublikanische Eliten“ usw. – wie bei Bracher – eine kumulative Rolle. Diese *„multifaktorielle“* Deutung wird mit Abstand am häufigsten in unseren Interviews vertreten (38 Lehrer, ohne nennenswerte regionale Unterschiede). Sehr viel seltener wird dagegen der zweite politikbezogene Ansatz vertreten, der trotz einer grundsätzlich multifaktoriellen Interpretation des Aufstiegs der Nationalsozialisten einen Faktor als besonders wichtig aus dem Faktorenbündel herausgreift: die *„Selbstpreisgabe“* der Demokratie, die Konsensunfähigkeit der Parteien, die Funktionsunfähigkeit des Weimarer Parlamentarismus. In dieser Deutung läßt sich deutlich der Erklärungsansatz wiederfinden, der in der Literatur vor allem von Erdmann vertreten wird. In unseren Interviews vertreten diesen Ansatz nur insgesamt 6 Lehrer, davon 5 aus Schleswig-Holstein.

Schließlich wird von einer fünften Lehrergruppe vor allem das Thema „*Krise/ Radikalisierung*“ zur Interpretation des Aufstiegs der Nationalsozialisten herangezogen (17 Lehrer, ohne nennenswerte regionale Unterschiede). Unbeschadet einer im Prinzip gleichfalls multikausalen Erklärungsweise werden in diesem Deutungsmuster die Auswirkungen der Weltwirtschaftskrise (wie auch die Auswirkungen der Inflation) besonders betont, wenn es um die Erklärung des Massenerfolgs der Nationalsozialisten geht. Hier wird auf die Hoffnungslosigkeit verwiesen, in die viele Deutsche infolge der Krise geraten seien, und auf die Faszination, die sowohl von den Masseninszenierungen der Nationalsozialisten als auch von der charismatischen Wirkung Hitlers ausgegangen sei.

Kapitel 2 enthält einen Überblick über die Ergebnisse der offenen Interviewabschnitte, an die im folgenden angeknüpft werden soll. Daß die (wirtschaftliche) Krisensituation besonders häufig erwähnt wurde (65 Nennungen), kann nicht überraschen, weil im Grunde in allen Deutungsmustern die Wirtschaftskrise eine Rolle spielt: Sei es als Faktor, der die Massenbasis der Nationalsozialisten verbreiterte, sei es als Faktor, der den Handlungsdruck auf die staatstragenden Kräfte verstärkte, oder sei es als Faktor, der nach neuen („systemsprengenden“) Krisenbewältigungsstrategien verlangte. Nehmen wir allerdings die Ergebnisse der Tabelle 7.1 hinzu, so wird deutlich, daß die Weltwirtschaftskrise als dominanter Faktor (lediglich, aber immerhin) bei 17 Lehrern im Vordergrund steht. Auch die Faktoren „Demokratie ohne Demokraten“, „Versailles“, „Verfassungsmängel“, die in den Antworten auf die offenen Fragen spontan von 39 beziehungsweise 38 beziehungsweise 37 Lehrern genannt wurden, spielen grundsätzlich in allen Gesamtdeutungsmustern eine mehr oder weniger große Rolle. Demgegenüber erhält der Faktor „Unvermögen der Mitteparteien“ (30 Nennungen), obwohl er gleichfalls in alle Erklärungsansätze eingeht, eine dominante Bedeutung in dem politikbezogenen Ansatz, der das Thema „Selbstpreisgabe der Demokratie“ in den Mit-

Tabelle 7.1: Gesamtdeutungsmuster

	Industriebezogen	Sozialstrukturell	Multifaktoriell	Selbstpreisgabe	Krise/ Radikalisierung	Sonstige/ unklar	Insgesamt
NRW großstädt. Region	2	3	8	0	1	1	15
NRW ländliche Region	1	2	6	1	6	3	19
SH großstädt. Region	0	3	15	1	5	0	24
SH ländliche Region	0	1	9	4	5	1	20
Insgesamt	3	9	38	6	17	5	78

telpunkt rückt. Entsprechendes gilt für das Thema „Radikalisierung nach links und rechts“ (29 Nennungen); es wird naheliegenderweise wie die Weltwirtschaftskrise in jenem Deutungsmuster besonders hervorgehoben, das die Krise und ihre Folgen in den Mittelpunkt der Diskussion stellt. Der Faktor „Radikalisierung der Mittelschichten“ (29 Nennungen) dagegen hat, obgleich auch er in allen Erklärungsansätzen verwendet werden kann, eine hervorragende Bedeutung im „sozialstrukturellen“ Ansatz, in dessen Rahmen gerade die Radikalisierung der Mittelschichten als ein wichtiger Grund für den Massencharakter des Nationalsozialismus betrachtet wird (9 Lehrer vertreten diese Deutung). Während schließlich das Thema „Rolle der Industrie“ spontan von 20 Lehrern als relevant erwähnt wird, sehen es nur drei Lehrer im Sinne der marxistischen Deutung als dominant an.

Da die bei den einzelnen Themenbereichen ausführlicher analysierten Aussagen in den Interviews auch bei der Konstruktion der Gesamtdeutungsmuster berücksichtigt wurden, ergeben sich aus den thematischen Zusammenhängen Parallelen unter anderem hinsichtlich der Frage, in welchem Maße Altersunterschiede zwischen den Lehrern für die Wahl des Gesamtdeutungsmusters relevant sind. Ähnlich, wenn auch nicht so stark ausgeprägt wie beim Themenbereich „Industrie und Nationalsozialismus“ (vgl. oben, Abschnitt 3.2.1, Tab. 3.4), vertreten die Lehrer, die zum Zeitpunkt der Befragung älter als 40 Jahre waren, das industriebezogene beziehungsweise sozialstrukturelle Deutungsmuster seltener und das Deutungsmuster „Krise/Radikalisierung“ etwas häufiger als jüngere Lehrer (Tab. 7.2). Bemerkenswert ist, daß vor allem die meisten der Lehrer, die über 55 Jahre alt sind, ihrem Unterricht das Deutungsmuster „Krise/Radikalisierung“ zugrunde legen (nämlich 4 von 5 Lehrern).

Vor dem Hintergrund der in der Literatur vertretenen Ansätze bleibt als Abschluß der quantitativen Übersicht festzuhalten: Die beiden sozialhistorischen Deutungsmuster werden relativ selten (insgesamt 12 Nennungen) vertreten, während die politikbezogenen Ansätze eindeutig dominieren (44 Nennungen sowie 17 Nennungen für das Muster „Krise/Radikalisierung“).

Dieser quantitative Überblick ist zu ergänzen durch eine genauere Untersu-

Tabelle 7.2: Gesamtdeutungsmuster und Alter der Lehrer

	Industriebezogen u. sozialstrukturell	Multifaktoriell u. Selbstpreisgabe	Krise/ Radikalisierung	Sonstige/ unklar	Insgesamt
Jahrgänge bis 1940	2	20	10	1	33
Jahrgänge 1941 und später	10	24	7	4	45
Insgesamt	12	44	17	5	78

chung der Inhalte, die in den Interviews bei den einzelnen Deutungsmustern vertreten werden. Dabei wird deutlich, daß jene Lehrer, die eine eher sozialhistorisch orientierte Deutung vertreten, sich häufiger ihrer Minderheitenposition bewußt sind und sich oft explizit von herrschenden Deutungen absetzen. In Kapitel 3 wurde bereits ausführlich aus einem Interview zitiert, das dem industriebezogenen Deutungsmuster folgt (Textausschnitt 3/1). Demselben Ansatz ist auch die folgende Textpassage zuzuordnen, in der gesagt wird, daß es „in Bereichen des Großkapitals und der Großagrarier Leute gegeben hat, die die Nationalsozialisten als die optimale Lösung ihrer Probleme angesehen haben". Trotzdem fügt der Lehrer hinzu, daß dies nicht der einzige Grund sei, „sicherlich gibt es auch Gründe, die in dieser Bewegung selbst liegen und auch in dem Hunger der Menschen nach Werten oder Pseudowerten und solchen Dingen".

Interviewausschnitt 7/1 (Großstadt, Nordrhein-Westfalen)

Frage: Wenn Sie versuchen, Ihren Schülern darzustellen, warum die Nationalsozialisten an die Macht gekommen sind, worauf legen Sie da besonders Wert?

Befragter: „Auf die wirtschaftliche Komponente und auf wirtschaftliche Gründe."

Interviewer: „Können Sie das ein bißchen erläutern?"

Befragter: „Ja, da würde ich mich Kühnl anschließen. Daß also es in Bereichen des Großkapitals und der Großagrarier Leute gegeben hat, die die Nationalsozialisten als die optimale Lösung ihrer Probleme angesehen haben. Der Probleme, die durch andere Parteien nicht wünschenswerterweise gelöst werden konnten. Also würde ich mich zumindestens an die Identitätstheorie anlehnen. Ich meine nicht, daß das der einzige Grund sei, sicherlich gibt es auch Gründe, die in dieser Bewegung selbst liegen oder auch in dem Hunger der Menschen nach Werten oder Pseudowerten und solchen Dingen. Das wird ja in den Faschismustheorien deutlich dargestellt, und das findet dann im Unterricht auch wieder statt."

Im folgenden Interviewausschnitt wird die Frage, „wer den Faschismus in Deutschland trug", nicht nur als besonders wichtig herausgestellt, sondern auch als eine Frage bezeichnet, die in den herrschenden Deutungen nicht behandelt wird. Es wird beklagt, daß hierauf im (schleswig-holsteinischen) Lehrplan für die Oberstufe („Totalitarismus am Beispiel des Bolschewismus und des Nationalsozialismus") nicht eingegangen werde. Der Befragte vermutet, das Thema bleibe ausgespart, weil Kommunisten als erste die „Verstricktheit vor allem eben des Mittelstandes in den Faschismus" betont hätten. Es sei das Kleinbürgertum, das „den Faschismus vor allem getragen und akzeptiert hat, also nicht das Proletariat". Da diese Betrachtungsweise „ohne weiteres in der DDR nachlesbar" sei, komme man leicht „ein wenig in den Ruch (...), man sei Kommunist, wenn man diese Aspekte bringt".

Interviewausschnitt 7/2 (Großstadt, Schleswig-Holstein)

Kontext: Frage nach den Aspekten, die nach Ansicht des Interviewpartners im Lehrplan von Schleswig-Holstein nicht behandelt werden. Frage: An welche (Aspekte) denken Sie dabei?

Befragter: „Ja (der Aspekt) (...) beispielsweise der soziologische Aspekt. Welche Gesellschaftsschichten trugen den Nationalsozialismus? (Das) wird überhaupt nicht berücksichtigt. Da wird gesprochen über Mechanismen des totalitären Regimes, wie funktioniert es, oder es wird sehr breit behandelt die Machtergreifung, es wird sehr breit behandelt die Wirtschaftskrise, Terror, natürlich die Judenvernichtungen. All das wird breit behandelt. Aber die eigentlich interessante Frage, wer den Faschismus in Deutschland trug, wird nicht berücksichtigt. Und darüber braucht man sich gar nicht zu wundern, denn wir leben in einem bürgerlichen Staat und diejenigen, die als erste die Fragen überhaupt nach den Schichten, die den Nationalsozialismus getragen haben, gestellt haben, sind keine bürgerlichen Wissenschaftler, sondern das sind eindeutig Kommunisten gewesen. (...) Diese Schriften, die ich jetzt meine, zeigen natürlich (und da gibt's momentan, glaube ich, in der Wissenschaft gar keine ernsthafte Kontroverse) die Verstricktheit vor allem eben des Mittelstandes in den Faschismus. Es ist also das Kleinbürgertum, nicht wahr, oder der gehobene Mittelstand zum Teil, also jedenfalls Mittelstand, der den Faschismus vor allem getragen und akzeptiert hat, also nicht das Proletariat. (...) Diese Betrachtungsweisen sind natürlich ohne weiteres nachlesbar in der DDR. Aber das wurde bei uns lange Zeit verschwiegen, und es wird auch bei uns im Lehrplan noch nicht zur Kenntnis genommen. So daß man im Grunde genommen eigentlich schon ein (...) wenig in den Ruch kommt, man sei Kommunist, wenn man diese Aspekte bringt. (...) Das heißt also, wir haben vor allem untersucht, wieweit (...) das Kleinbürgertum präfaschistoide Züge hatte und dafür anfällig war, und das in breitester Weise. Das kann man, da muß man minutiös darstellen, das kann man nur an ganz kleinen Dingen zeigen, das kann man zum Beispiel zeigen an der Angst vor experimenteller Kunst, das kann man zeigen am Beispiel der bürgerlichen Moral, des Sexualverhaltens, das kann man zeigen am Antirationalismus, daß man also gedankenfeindlich ist, das kann man also an all diesen Dingen zeigen. Und da kommt man dann also an den Nerv, denn das sind die Verhaltensweisen, die man ja ohne weiteres heute noch beobachten kann. Und dann natürlich muß man eben untersuchen, wie das Kleinbürgertum eben in der Weimarer Republik politisch und wirtschaftlich stand, nicht, also das sind, da muß man also sehr detaillierte Sachen machen, die also nicht unbedingt jetzt hohe Politik sind, sondern die eben wirklich zum Teil in die Kunst reingehen, so – sie sind eigentlich ein soziologisches Thema, nicht, und so habe ich das gemacht. Ja (...) wir hatten damals Glück, wir haben damals aus dem 2001-Versand dieses Buch (von Renzo) Vespignani benutzt."

Der Hinweis des Interviewpartners, daß er damals „Glück" hatte, das Buch von Vespignani benutzen zu können, zeigt, wie schwierig es gelegentlich ist, gegen herrschende Deutungen (und deren Aufbereitung in darstellenden Büchern, Text- und Quellensammlungen) einen Unterricht zu gestalten, in dem bewußt eine andere Interpretation in den Mittelpunkt gestellt wird. Aus dem weiteren Verlauf dieses Interviews ergibt sich im übrigen, daß der Interviewpartner auch auf die Rolle der Eliten ausführlich eingeht und dadurch jene Gefahr vermeidet, auf die Kocka hingewiesen hat: Die Betonung der mittelständischen Basis des Nationalsozialismus dürfe nicht über die „wichtige Rolle gewichtiger Teile der konservativen Führungsschichten bei der ‚Machtergreifung' Hitlers (...) hinwegtäuschen" (Kocka 1980, S. 12).

Die große Mehrheit der Befragten folgt allerdings Deutungsmustern, die sich im wesentlichen den politikgeschichtlichen Ansätzen (in ihren drei unterschiedlichen Varianten) zuordnen lassen. Dabei ist die Deutung, die wir als multifaktoriell bezeichnet haben, bei weitem am häufigsten vertreten (38 Lehrer), wobei die leichten regionalen Unterschiede vernachlässigt werden können. In der Lehrergruppe, die die historischen Vorgänge in dieser Weise beurteilt, wird die Multikausalität häufiger ausdrücklich auch zum Programm erhoben. Dies geschieht gelegentlich mit einer antimarxistischen Stoßrichtung, indem marxistische Ansätze als typisch monokausale Interpretationen betrachtet werden. Einige dieser Lehrer lehnen es ab, einzelne der von ihnen genannten Faktoren als besonders wichtig herauszustellen oder die Faktoren überhaupt zu gewichten. Diese ausdrücklich multikausale Interpretation wird im folgenden Textausschnitt besonders deutlich formuliert, wobei die anschließende Präzisierung aber doch die insgesamt eher politikbezogene Sicht erkennen läßt.

Interviewausschnitt 7/3 (Großstadt, Schleswig-Holstein)

Kontext: Frage nach den Schwerpunkten bei der Erklärung des Aufstiegs der Nationalsozialisten.

Befragter: „Ich lege zunächst einmal Wert darauf, daß mir keiner – also wenn er wenigstens ein bißchen aufgepaßt hat – ankommt und sagt, das kommt weil ..., und dann einen Grund nennt. Also das bringt mich geradezu auf die Palme. Beim letzten Wahlkampf war das ja auch wieder zu hören von einem der Hauptredner hier (...): Die Weltkrise und die Arbeitslosigkeit – und damit ist alles erklärt. (...) Ich versuche eben, die wirtschaftlichen Faktoren reinzubringen und die, (die) von der Verfassung her da sind. (Man kann) vom Wahlrecht (...) herkommen, man kann, nicht kann, sondern muß (...) alles bringen (...) über die Stellung des Reichspräsidenten (...), man muß über die Position der Parteien was sagen, Artikel 48 was sagen, über die sozialen Bedingungen, über antidemokratisches Denken, das spielt für mich auch eine ziemlich große Rolle. Über Machtpositionen, also eine möglichst große Vielzahl von Faktoren, die dann irgendwie alle zusammenkommen. Sie fragen, worauf ich besonderen Wert lege. Ich lege eigentlich besonderen Wert darauf, das möglichst breit anzulegen und wegzukommen von diesem einfachen Muster. (...)"

Der Versuch, „eine möglichst große Vielfalt von Faktoren, die dann irgendwie alle zusammenkommen", in den Unterricht einzubringen, wird von vielen Lehrern in gleicher Weise erwähnt. So werden im folgenden Textausschnitt „griffige Lösungen" zurückgewiesen, weil dies eher „Leute aus den totalitären Systemen gern (tun)".

Interviewausschnitt 7/4 (Großstadt, Schleswig-Holstein)

Frage: Wenn Sie versuchen, Ihren Schülern die Frage zu erklären, warum die Nazis an die Macht gekommen sind, also wie das möglich war, worauf legen Sie da Wert?

Befragter: „Also ich lege auf die Vielfalt der Gründe, die man angeben kann, Wert und könnte (...) jetzt so aus dem Augenblick heraus (...) nicht sagen, daß ich da auf irgend etwas ganz besonders Wert lege. Zumal ich auch da manchmal befürchte, daß die Schüler der Meinung sind, daß die ja sehr gern griffige Lösungen haben wollen, das kann man verpacken, nach Hause mitnehmen und dann in der nächsten Prüfung vielleicht servieren, daß sie sehen, daß also monokausal überhaupt nichts in der Geschichte zu erklären ist, das tun ja Leute aus den totalitären Systemen gern, sondern daß viele Dinge aus der Geschichte und aus der politischen Situation, aus der wirtschaftlichen Situation zusammenfließen müssen und auch noch bestimmte Leute dann da sein müssen, die diese Situation aus ihrem eigenen Interesse raus deuten, und dann, das alles zusammen, dieses Bündel, dieser Komplex, der da entsteht, der führt dann dazu, daß falsche, im nachhinein festgestellt, falsche Entscheidungen getroffen werden, die dann nicht mehr rückgängig zu machen sind. Ich meine, einzelne Gründe brauche ich nicht aufzuzählen, weil, ich sage mir, es geht schon darum, daß man die Vielfalt sieht."

Trotzdem legt dieser Gesprächspartner im Verlauf des Interviews relativ ausführlich dar, welche Faktoren er im Rahmen dieser Vielfalt berücksichtigt. Es sind weitgehend politische Gründe: der verlorene Erste Weltkrieg, die oktroyierte neue Staatsform, der Mangel an demokratischer Tradition, die breiten antidemokratischen Strömungen, die Präsidialkabinette, die dem Geist der Verfassung zuwiderlaufen usw. Ähnliches gilt auch für den folgenden Interviewausschnitt, in dem es zunächst abgelehnt wird, „in einem Satz" zu sagen, welche Faktoren zur Interpretation des Aufstiegs des Nationalsozialismus herangezogen werden sollen. Die Forderung nach multikausaler Erklärung schließt indessen nicht aus, daß der

Interviewpartner – immer noch im Rahmen eines politikgeschichtlichen Ansatzes – eigene Akzente setzt. So legt der Interviewpartner im folgenden Ausschnitt Wert auf die Behandlung der Frage, wieso es möglich war, „so und so viel Millionen Leute zusammenzufassen, ihnen das rationale Denken abzugewöhnen". Dies sei „eigentlich das Entscheidende" gewesen, der Mensch habe „eigentlich im Mittelpunkt" gestanden.

Interviewausschnitt 7/5 (Ländliche Region, Schleswig-Holstein)

Kontext: Frage nach den Schwerpunkten bei der Erklärung des Aufstiegs der Nationalsozialisten.

Befragter: „Ja, ich weiß nicht. Das kann ich in einem Satz nicht sagen. (...) Nationalsozialismus, das ist etwas, was multikausal ist. Was man so in einem Satz nicht greifen kann. Das fängt beim Versailler Friedensvertrag an, (...) hat irgendwelche massenpsychologischen Gründe und wirtschaftlichen Gründe. Das kann ich in einem Satz nicht sagen. Ich habe aber immer einen sehr guten Einstieg über einen Text von Mitscherlich, den Sie sicher kennen, aus dem (Buch) ‚Zeiten und Menschen', glaube ich, (da) ist der drin. Aus ‚Die Unfähigkeit zu trauern', glaube ich. Das war immer so, jedenfalls von der Psychologie her, ein ganz guter Ansatz. Womit man einiges erklären konnte. Aber. Ne. In einem Satz könnte ich das also, könnte ich das nicht sagen."

Interviewer: „Es soll auch nicht in einem Satz (sein). Das habe ich auch nicht erwartet. (...) Was ist Ihnen (an der Psychologie) besonders wichtig?"

Befragter: „Ja, überhaupt daß es möglich war, so und so viel Millionen Leute zusammenzufassen, ihnen das rationale Denken abzugewöhnen und sie in eine Richtung zu programmieren. (...) Das war eigentlich das Entscheidende. Der Mensch stand eigentlich im Mittelpunkt. Und davon ausgehend natürlich dann auch die Behandlung von Minderheiten. (...)"

Psychologische Akzentsetzungen lassen sich in den Interviews in zwei unterschiedlichen thematischen Zusammenhängen feststellen: Zum einen treten sie bei der Frage auf, wie das Fortdauern der autoritären und undemokratischen Traditionen in Deutschland erklärt werden kann. Dabei geht es überwiegend um den Versuch, psychoanalytische Erkenntnisse für die historische Interpretation fruchtbar zu machen (vgl. hierzu allgemein Wehler 1973, S. 85 ff.). Allerdings sind Deutungen, in denen wirklich psychoanalytisch argumentiert wird, relativ selten (insgesamt 7 Lehrer). Zum anderen werden psychologische Gesichtspunkte wichtig bei der Frage, wie die Radikalisierung und die Anfälligkeit der Deutschen für die Faszination durch einen Mann wie Hitler erklärt werden können. Insgesamt erwähnen 20 Lehrer, daß sie massenpsychologische Ansätze zur Interpretation heranziehen (ohne nennenswerte regionale Unterschiede). Diese Akzentsetzung spielt überwiegend im Deutungsmuster „Krise/Radikalisierung" sowie in der multifaktoriellen Deutung eine Rolle. Für letzteres bietet der folgende Interviewausschnitt ein Beispiel, in dem – in gleichsam klassischer Form – die multifaktorielle Gesamtdeutung dargestellt wird. Im Verlauf des weiteren Interviews (der hier nicht dokumentiert wird) werden auch massenpsychologische Erklärungsansätze herangezogen.

Interviewausschnitt 7/6 (Großstadt, Schleswig-Holstein)

Kontext: Frage nach den Schwerpunkten bei der Erklärung des Aufstiegs der Nationalsozialisten.

Befragter: „Ja, es sind verschiedene Voraussetzungen, ich glaube, das sollte man auf jeden Fall erst einmal deutlich machen, daß es nicht *eine* Ursache gibt. (...) Das sind also einmal Dinge, die in der Verfassung begründet liegen, die in dem Wahlrecht und dem Parteiensystem ihre Wurzeln haben. Dann sind es natürlich Dinge, die mit der wirtschaftlichen Entwicklung zu tun haben, (...) mit den gesellschaftlichen Bedingungen, (den) Auswirkung(en) der Inflation, mit der Entwurzelung des Mittelstandes, und dann natürlich auch das Wirken der radikalen Parteien. Man kann ja nicht nur den Nationalsozialismus nennen, sondern eben die beiden radikalen Parteien und das bewußte Hinwirken auf die Zerstörung des Staates. Und sicherlich dann auch die Person Hitlers selbst, die ja auch nicht unwichtig ist dabei. Und das sind einige der Aspekte."

Betrachtet man die Interviews, in denen die multifaktorielle Gesamtdeutung vertreten wird, im Zusammenhang, so muß man einräumen, daß man nur schwer durch kurze Interviewauszüge einen Eindruck von der Differenziertheit der Argumentation bieten kann, die die Lehrer bei der Beantwortung dieser offenen Frage nach den Schwerpunktsetzungen entfalten. Die Antworten umfassen gelegentlich mehrere Seiten Text. Aber sowohl im gerade zitierten Interviewausschnitt als auch im folgenden werden die wesentlichen Faktoren zusammengestellt, die in allen diesen Antworten eine Rolle spielen. Sie sind insofern typisch für dieses Gesamtdeutungsmuster. Sie sind allerdings eher untypisch darin, daß sie besonders kurz und prägnant sind. Erwähnt wird im folgenden eine Vielzahl von Faktoren: von den Verfassungsschwächen über die Verfassungswirklichkeit, vom Bruch der Großen Koalition bis zum Mangel an Demokraten, von der Weltwirtschaftskrise bis zur Verarmung des Mittelstandes, von der Inflation bis zur großen Krise, die auch eine psychologische gewesen sei. Hitler habe eigentlich nur in einer Krisensituation Erfolg gehabt.

Interviewausschnitt 7/7 (Großstadt, Nordrhein-Westfalen)

Frage: Worauf legen Sie, wenn Sie versuchen, den Schülern zu erklären, wie das kommen konnte, worauf legen Sie da besonderen Wert?

Befragter: „Einmal muß natürlich die verfassungsgeschichtliche Wirklichkeit der Weimarer Republik verdeutlicht werden. D. h. (...) Bruch der großen Koalition; daß die (Instabilität der) Weimarer Republik (...) (daran lag), daß z. B. die Partei der Weimarer Republik, die stärkste Partei, die SPD, weitgehend gar nicht an der Regierung beteiligt war: darauf lege ich sehr großen Wert, das zu verdeutlichen. D. h. um Mißverständnissen aus dem Wege zu gehen, die Verfassung der Weimarer Republik, so wie sie da stand, war zweifellos eine gute Verfassung nach meiner Auffassung, obwohl sie Schwächen hatte, die Rolle des Reichspräsidenten usw., Kaiserersatz, aber die Übertragung dieser Verfassung in eine politische Wirklichkeit, und das hängt ja eben von den Menschen ab, die da waren, d. h., die weitgehend ja noch keine Demokraten waren, das ist eigentlich das, worin die Schwierigkeit der Weimarer Republik nach meiner Auffassung bestand. Das ist das erste oder mit ein wichtiger Komplex, den ich zu verdeutlichen versuche. Dann kommt es mir auf die wirtschaftliche und – hängt natürlich damit zusammen – die soziale Situation in der Weimarer Republik an, (...) Weltwirtschaftskrise, dann aber auch z. B. die Verarmung des Mittelstandes (...), es (ist) ja vor allen Dingen – auch durch die Inflation – der Mittelstand, der verlor und der dann ja das ideale Reservoir für Hitler wurde. Das muß deutlich werden. (...) Wenn ich es auf einen Nenner mal etwas verkürzt ausdrücken will, mache ich deutlich in bezug auf diesen Komplex, daß der Nationalsozialismus eigentlich vor allem nur in einer Krise gedeihen konnte, sowohl Wirtschaftskrise als auch in einer Krise psychologischer Art. Und das kann man an diesen zwei, drei Themen sehr schön verdeutlichen. Man kann auch den Aufstieg Hitlers dann parallel dazu sehen, daß er eigentlich ein Mann war, der nur in einer Krisensituation Erfolg haben konnte. Darauf lege ich sehr großen Wert."

Eine speziell politikgeschichtliche Zuspitzung findet sich in jenen Interviews, in denen die These von der „Selbstpreisgabe" der Weimarer Republik in den Mittelpunkt gestellt wird. Zwar ist auch diese Gesamtdeutung eine multikausale – aber es wird doch ein Faktor besonders hervorgehoben, eben die Kompromißunfähigkeit der Parteien, der Mangel an Grundkonsens und die Selbstaufgabe des Parlamentarismus. Für diese Deutung ist der folgende Interviewausschnitt charakteristisch, in dem davon gesprochen wird, daß „der Weimarer Staat sich aufgegeben" hat. Markantes Beispiel hierfür ist der Bruch der Großen Koalition.

Interviewausschnitt 7/8 (Ländliche Region, Schleswig-Holstein)

Kontext: Gegen Ende des Interviews wird noch einmal die Frage gestellt, worauf es dem Interviewpartner besonders ankommt, wenn er seinen Schülern erklärt, warum die Nationalsozialisten an die Macht gekommen sind.

Befragter: „(Ich) lege einen besonderen Wert auf die Anfänge des Nationalsozialismus oder, noch genauer gesagt, auf die Zeit, in der (...) der Weimarer Staat sich aufgegeben hat. Also (...) auf die Zeit 1930. Und dabei eben auf (...) das Phänomen: 1930 bestand überhaupt kein Grund, eine Große Koalition einer so großen Mehrheit, wie sie bestand, aufzugeben. Trotzdem hat man, fahrlässigerweise, leichtsinnigerweise, diese Koalition aufgegeben, hat vorzeitig in einer Zeit schwerster wirtschaftlicher Schwierigkeiten Neuwahlen hervorgerufen, (die) ja zu diesem bekannten (...) Anschwellen des Nationalsozialismus führten. D. h., ich versuche immer, es klarzumachen, daß es sehr schlimm ist, wenn – es klingt jetzt ein bißchen theatralisch –, aber wenn der Consensus der Demokraten oder der Consensus über das, was eine Demokratie überhaupt erst am Leben erhält, wenn das aufgegeben wird. Und damit also drohende Gefahren nicht erkannt, nicht gesehen werden. Denn der Nationalsozialismus (ist) eben – (aus) der Perspektive 1930 betrachtet – (...) eine kleine Splitterpartei mit 12 Abgeordneten (...)"

Die bisher zitierten Interviewtexte dienen in erster Linie der Veranschaulichung der unterschiedlichen Gesamtdeutungsmuster. Sie machen aber zugleich sichtbar, daß die Deutungsmuster nicht scharf voneinander getrennt werden können, sondern sich teilweise inhaltlich überschneiden. So war im Interviewausschnitt 7/7 bereits ein stärkerer Hinweis auf die Weltwirtschaftskrise enthalten, die typischerweise zum Deutungsmuster „Krise / Radikalisierung" gehört und hier besonders hervorgehoben wird. Im folgenden Interviewausschnitt, das diesem Muster „Krise / Radikalisierung" zuzuordnen ist, wird „die soziale und wirtschaftliche Krise im Zusammenhang mit der Weltwirtschaftskrise" dann ausdrücklich als „eigentlich, wirklich durchschlagend in der damaligen Zeit" bezeichnet.

Interviewausschnitt 7/9 (Ländliche Region, Nordrhein-Westfalen)

Frage: Wenn Sie Ihren Schülern versuchen zu erklären, (...) warum die Nationalsozialisten an die Macht gekommen sind, worauf legen Sie da besonderen Wert?

Befragter: „Ich lege immer besonderen Wert auf die damalige soziale und wirtschaftliche Situation in Deutschland. Denn: Alles andere (...), meinetwegen Versailles, das war ja vorher auch schon da. Und hat eigentlich nicht dazu geführt, daß Hitler einen besonderen Zulauf bekommen hat. Er hatte ja (...) im besten Fall mal sechs, sieben Prozent. (...) Diese Dinge, die waren vorher schon und haben eigentlich nicht einen rechtsradikalen Vertreter an die Macht gebracht. Was eigentlich wirklich durchschlagend war in der damaligen Zeit, das ist also die soziale und wirtschaftliche Krise im Zusammenhang mit der Weltwirtschaftskrise. So stelle ich das jedenfalls immer heraus. (...) Man darf da nicht bloß die Zahlen sehen, sechs Millionen, sondern muß ganz konkret die Familienmitglieder sehen, die damals sofort die sechs Millionen zu (...) einer drei- bis vierfachen Zahl anschwellen lassen. Und man muß die völlige Hoffnungslosigkeit und Aussichtslosigkeit sehen (...). Dann wird man erst verstehen (...). Und dann noch die verhältnismäßig schlechte Sicherung, wirtschaftliche Absicherung, ganz anders als es heutzutage bei den Arbeitslosen der Fall ist. Das ist (...) meines Erachtens jedenfalls ein ganz entscheidender Punkt, der auch den (...) Schülern und Jugendlichen einigermaßen einsichtig macht, daß da eben Leute nun nach jedem Strohhalm greifen und dann eben auch Hitler das glauben, daß er ihnen Arbeit und Brot beschaffen will. Das ist also ganz sicher sehr wichtig."

Jene Lehrer, die die Weltwirtschaftskrise und die Radikalisierung in Deutschland in den Mittelpunkt rücken, greifen häufig – wie bereits erwähnt – auch auf massenpsychologische Erklärungsansätze zurück. Einigen geht es ausdrücklich um die Frage, wie die Faszination erklärt werden kann, die Hitler auf die großen Massen ausübte. Dabei spielte zum Zeitpunkt unserer Befragung auch der Film von Joachim Fest eine Rolle, in dem Material zur öffentlichen Wirksamkeit Hitlers aufbereitet worden war.

Interviewausschnitt 7/10 (Ländliche Region, Nordrhein-Westfalen)

Kontext: Frage nach den Schwerpunkten bei der Erklärung des Aufstiegs der Nationalsozialisten.

Befragter: „Erstmal habe ich versucht, im Zusammenhang mit der nationalsozialistischen Ideologie, sagen wir mal, den Gedanken der Ordnung oder Faszination durch die (Ordnung), (den) Führerkult, (darzustellen), ausgehend von der Jugendbewegung (...). Ein zweiter Punkt war(en) etwa die konkreten wirtschaftlichen Schwierigkeiten, die sich vor allen Dingen dann bei Arbeitern, Angestellten und so weiter zeigten, daß Hitler als (...) der Prototyp des neurotisch veranlagten Kleinbürgers (...) diese Gruppen besonders magnetisch an sich zieht. Dann ein dritter Komplex, den wir herausgearbeitet haben, war eigentlich die Folgen von Weimar, vor allen Dingen vom Frieden von Versailles und Themenkreis in dem Zusammenhang, wie sowas möglich war – ja, wie soll ich sagen –, diese Anfälligkeit: aller komplexen oder sagen wir mal hochzivilisierten Systeme für faschistoide (Tendenzen). (...) Wenn ich mir anschaue (...) – ob man jetzt Berlin nimmt oder ein anderes – (...) diesen Trend der jungen Leute zu alternativen Lösungen, oder wollen mal sagen, diese, was sich jetzt in der Friedensbewegung teilweise zeigt, also wo da sehr viel auch irrationale Momente mitschwingen, und daß diese irrationalen Momente ja sehr stark damals also im Führerkult sich artikulierten und auch in der Bewegung schlechthin. Und mir ist also aufgefallen, im Zusammenhang mit Diskussionen etwa über den Film von Fest, damals, nicht. Und wo man gesagt hat, Mensch, wie kommt das eigentlich, würden Jugendliche sich heute so noch faszinieren (lassen) von einem Mann. Und die Schüler sagten mir damals nicht, und ich bin im Moment nicht sicher, ob nicht tatsächlich auch faszinierende, sagen wir mal, Demagogen, heute in gewissen Bereichen (...) ihren Erfolg hätten, nicht. Und je verarmter eigentlich und je gefühlskälter eine Gesellschaft geworden ist, und unsere ist ja durchaus da in manchen Bereichen auf einem guten Wege, desto anfälliger ist sie ja für diese, sagen wir mal, Faszinationskraft von gewissen charismatisch veranlagten Führern, nicht. Und – da haben wir damals den Film von Fest eigentlich noch gebraucht, und mir scheint auch die Biographie da doch, diese Darstellung von Fest, sehr viele Hilfen zu geben."

Abschließend sei noch einmal darauf hingewiesen, daß auch das Deutungsmuster „Krise/Radikalisierung" nicht als monokausal betrachtet werden darf. In diesem Interpretationsmuster wird ebenfalls eine Vielzahl von Faktoren aufgeführt, jedoch wird der Bedeutung der Krise und der Radikalisierung des politischen Lebens in Deutschland eine zentrale Rolle zugewiesen. In der Tat wird keines der hier dargestellten Deutungsmuster zum Aufstieg des Nationalsozialismus von seinen Vertretern als monokausal verstanden.

7.3 Gesamtdeutungen in den Lehrplänen

Nachdem die Lehrpläne bereits früher unter detaillierteren Fragestellungen (Totalitarismuskonzept, Rolle der Industrie usw.) analysiert worden sind, sollen auch sie im folgenden auf ihre impliziten Gesamtdeutungen hin untersucht werden. Der Versuch, sie den bereits skizzierten Gesamtdeutungsmustern zuzuordnen, kann dabei zum Teil nur mit Vorsicht unternommen werden. Bei dem nordrhein-westfälischen Lehrplan „Geschichte. Gymnasium. Sekundarstufe I" von 1978 stößt dieser Versuch auf einige Schwierigkeiten, weil hier die Formulierungen zur Weimarer Republik und zum Nationalsozialismus – wie erwähnt – extrem knapp sind.

„(11.2.1) Die Weimarer Republik: Entstehung und Ausgangslage – das Weimarer Regierungssystem – Radikalisierung und Wirtschaftskatastrophe – der politische Zusammenbruch.

(11.2.2) Das ‚Dritte Reich': Die Zerstörung des demokratischen Rechtsstaats – von der Judenverfolgung zur Judenvernichtung – der deutsche Widerstand – der Zusammenbruch."

Angesichts der Bedeutung, die der Lehrplan dem Weimarer Regierungssystem, dem politischen Zusammenbruch und der Zerstörung des demokratischen Rechtsstaats einräumt, liegt es nahe, diese Formulierungen einer politikbezogenen Gesamtdeutung zuzuordnen, und zwar dem multifaktoriellen Muster. Zwar wird auch auf Radikalisierung und Wirtschaftskatastrophe hingewiesen, doch spiegelt die Einbettung dieses Hinweises in andere Themen den multifaktoriell-politikgeschichtlichen Ansatz wider.

Demgegenüber sind im Runderlaß aus dem Jahre 1978 andere Akzente für die Gesamtdeutung gesetzt (vgl. den Text im Anhang, S. 317). Schon der Hinweis, daß „die wesentlichen politischen, sozialen und wirtschaftlichen Ursachen des Nationalsozialismus aufgezeigt werden" sollen, verdeutlicht, daß eine breit gefächerte, multikausale Interpretation erstrebt wird. Da in diesem Erlaß aber auch auf die „Auswirkungen des wirtschaftlichen Strukturwandels" und auf „wirtschaftliche und soziale Auswirkungen von Inflation und Weltwirtschaftskrise" hingewiesen wird, ordnen wir den Erlaß dem sozialstrukturellen Deutungsansatz zu. Zwar sind die gleichfalls genannten „Strukturprobleme der Weimarer Verfassung" ein typisch politikgeschichtliches Thema; doch hatten wir bereits darauf hingewiesen, daß Fragen der Verfassung und des Parlamentssystems aus dem Rahmen des sozialstrukturellen Ansatzes nicht ausgeschlossen sind. Die Besonderheit dieses Ansatzes liegt vielmehr darin, daß die Rolle des Mittelstandes als Voraussetzung für den Massenerfolg der Nationalsozialisten betont und auch die Rolle der traditionellen Eliten hervorgehoben wird. Die Zuordnung wird bestätigt dadurch, daß in dem Erlaß beim ersten Spiegelstrich auf die sozialen Vorurteile, den Antisemitismus und das völkisch-rassistische Gedankengut hingewiesen wird, die den Aufstieg der Nationalsozialisten gefördert haben. Betrachtet man als Träger dieser ideologischen Voraussetzungen vor allem die Eliten und die Mittelschichten, so ergibt sich der Gesamteindruck, daß hier die Elemente des sozialstrukturellen Deutungsmusters besonders hervorgehoben werden.

Im schleswig-holsteinischen Lehrplan „Geschichte“ für die 9. Klasse des Gymnasiums werden – unter dem Titel „Chancen und Scheitern der Weimarer Republik“ – sechs Arbeitsthemen genannt:
1. Räterepublik oder parlamentarische Demokratie (Bürgerkrieg und Nationalversammlung, die Weimarer Reichsverfassung);
2. Gefährdungen des jungen Staates (der Versailler Vertrag, das Krisenjahr 1923 z.B. mit Reparationen und Inflation, antidemokratisches Denken in der Reichswehr, Beamten- und Richterschaft);
3. die Stabilisierungsphase der Weimarer Republik (der Weg in den Völkerbund, wirtschaftliche Stabilisierungspläne);
4. die Weltwirtschaftskrise;
5. der Parteienstaat in der Krise (KPD und NSDAP als erklärte Feinde der Republik, Zerfall der Großen Koalition) und
6. die Präsidialregierungen.

Auf den ersten Blick deuten diese sechs Arbeitsthemen auf das multifaktorielle politikgeschichtliche Deutungsmuster hin. Allerdings sind diesen Arbeitsthemen Lernziele zugeordnet, die in früheren Kapiteln bereits erwähnt wurden. Für die Gesamtdeutung sind insbesondere die Lernziele zum Thema „Parteienstaat in der Krise“ von Bedeutung. Hier heißt es unter anderem: „Erkennen, daß politisches Denken in hergebrachten Kategorien bei veränderter politischer Situation politisches Fehlverhalten bewirken kann.“ Zum Thema „Die Präsidialregierungen“ folgt dann das Lernziel: „Darstellen können, wie Ablehnung politischer Verantwortung zu einem Machtvakuum führen kann, das von anderen Kräften ausgefüllt wird.“

Das zuerst zitierte Lernziel deutet darauf hin, daß der Zerfall der Großen Koalition als Ergebnis eines falschen politischen Denkens interpretiert wird: Wer in veränderten politischen Situationen in hergebrachten Kategorien denkt, läuft Gefahr, sich politisch falsch zu verhalten (und die Große Koalition zerbrechen zu lassen). Das zweite zitierte Lernziel wird man wohl in dem Sinne interpretieren müssen, daß die Flucht aus der politischen Verantwortung – also wiederum der Bruch der Großen Koalition – zu einem Machtvakuum geführt habe, das von anderen (sprich: radikalen und republikfeindlichen) Kräften ausgefüllt wurde. Zwar finden sich derartige Überlegungen auch in dem politikbezogenen Ansatz, den wir als multifaktoriell bezeichnet haben. Aber im Verhältnis zu den anderen Faktoren werden in diesem Lehrplan die Themen Parteienstaatskrise und Präsidialregierungen relativ stark hervorgehoben und in einer Weise interpretiert, in der sich deutlich die These von der „Selbstpreisgabe der Demokratie“ widerspiegelt. Im großen und ganzen wird man deshalb den schleswig-holsteinischen Lehrplan für die 9. Klasse dem Ansatz zuordnen können, den wir mit dem Begriff „Selbstpreisgabe“ charakterisiert haben.

Im Kursthema 11 für die gymnasiale Oberstufe in Schleswig-Holstein werden zum Thema „Totalitäre Herrschaft am Beispiel des Nationalsozialismus“ unter anderem drei Themen genannt:
1. Die Weimarer Republik am Ende der 20er Jahre;

2. Strukturschwächen der Weimarer Demokratie und
3. Auflösung des Weimarer Staates.

Diese Themen sprechen nicht nur auf den ersten Blick für das multifaktorielle Deutungsmuster. Dem Thema „Strukturschwächen" werden die Begriffe zugeordnet: „Präsidialkabinett, Artikel 48, Plebiszit, nationale Opposition, Große Koalition", sowie der didaktische Gesichtspunkt „Verfassungsschwächen als Ursache unzureichenden Reagierens auf politische Herausforderungen". Dem Thema „Auflösung des Weimarer Staates" werden die Begriffe „Kampfverbände, Tolerierungspolitik, Preußenschlag, Harzburger Front" sowie der didaktische Gesichtspunkt „Folgen mangelnder Identifizierung mit Staat und Verfassung" zugeordnet. Im Unterschied zum Lehrplan für die Sekundarstufe I wird hier, so scheint uns, nur indirekt auf die These von der Selbstpreisgabe der Demokratie Bezug genommen. Denn als Ursache für das unzureichende Reagieren wird hier nicht auf die Kompromißunfähigkeit, die Flucht aus der Verantwortung und ähnliches hingewiesen, sondern auf Verfassungsschwächen. Insofern folgt der Lehrplan für die gymnasiale Oberstufe in Schleswig-Holstein in der Tat jenem Ansatz, den wir als multifaktoriell bezeichnet haben.

Fassen wir zusammen, so hat sich gezeigt, daß dem Lehrplan für die Sekundarstufe I in Nordrhein-Westfalen und dem Lehrplan für die gymnasiale Oberstufe in Schleswig-Holstein das Gesamtdeutungsmuster zugrunde liegt, das wir als multifaktoriell bezeichnet haben. Demgegenüber folgt der Erlaß von 1978 in Nordrhein-Westfalen eher dem sozialstrukturellen Muster der Interpretation, während der Lehrplan für die Sekundarstufe I in Schleswig-Holstein dem Ansatz folgt, den wir mit dem Stichwort „Selbstpreisgabe der Demokratie" im Sinne Erdmanns charakterisiert haben.

7.4 Gesamtdeutungen in den Schulbüchern

Bei der Frage, welche Deutungen zu den in den Kapiteln 2 bis 6 behandelten Einzelthemen in den Schulbüchern vertreten werden, hatten sich durchaus unterschiedliche Akzentsetzungen ergeben. Wenn wir nun versuchen, auch die in den Schulbüchern vertretenen Gesamtdeutungen zu charakterisieren, so ist uns bewußt, daß dies eine besonders schwierige Aufgabe ist, weil die Darstellung in den Schulbüchern einerseits besonders knapp und andererseits besonders differenziert sein soll. Die Auswahl der Themen und die Zusammenfassungen, die von den Schulbuchautoren selbst verfaßt wurden, lassen indessen historische Interpretationen erkennen, die den erwähnten Deutungsmustern in etwa zugeordnet werden können.

7.4.1 Darstellende Geschichtsbücher

Alle drei in unseren Schulen verwendeten Bücher („Geschichtliche Weltkunde", „Zeiten und Menschen", Mittelstufen- und Oberstufenband) folgen im wesentlichen dem politikbezogenen Ansatz einer multifaktoriellen Interpretation. Am deutlichsten ist dies im *Oberstufenband* von *„Zeiten und Menschen"* zu erkennen, in dem es zum Thema „Die Auflösung der ersten deutschen Demokratie" abschließend heißt:

Die Frage nach den Ursachen für die deutsche Katastrophe könne „nicht allein mit dem Hinweis auf Weltwirtschaftskrise, Inflation und Versailler Vertrag beantwortet werden. Wirtschaftskrise und harte Kriegsfolgen hatten auch andere Länder zu tragen; faschistische Bewegungen gab es dort auch. Aber anders als in den westlichen Demokratien stießen Not und Faschismus in Deutschland auf eine weit anfälligere Gesellschaftsstruktur. Die wenigen Jahre der Weimarer Republik hatten vor allem im Mittelstand und Kleinbürgertum antidemokratische oder mindestens undemokratische Denk- und Verhaltensweisen nur zurückdrängen, nicht aber beseitigen können. Die liberale Tradition in Deutschland war schwach, die autoritäre um so stärker." (S. 116)

In dieser zusammenfassenden Betrachtung werden die Faktoren Verfassungsschwäche und Parteienstreit zwar nicht erwähnt, aber sie spielen im vorangegangenen Text durchaus eine Rolle. So wird darauf hingewiesen, daß Hindenburg (anders als Ebert 1923) „eine autoritäre, das Parlament mißachtende und ausschaltende Regierungsweise" förderte (S. 113). Zum Bruch der Großen Koalition heißt es, daß SPD und DVP zu keinem Kompromiß fanden; die weitere Entwicklung habe gezeigt, „daß sich der Reichstag damit selbst lahmgelegt hatte" (S. 113).

„Das parlamentarische Leben der Demokratie war gelähmt. Die entscheidenden politischen Auseinandersetzungen fanden jetzt im konservativen, privaten Beraterkreis des Reichspräsidenten und (...) auf der Straße statt." (S. 114) – „Die Ablehnung der Demokratie durch die Rechten wurde verstärkt durch die grundsätzliche Kritik einflußreicher Staatsrechtler am Parteiwesen. Unmittelbare Bedrohung für den demokratischen Staat entstand daraus, als Reichswehr und Reichspräsident diesen Einflüssen erlagen. Die weitreichenden Befugnisse des Reichspräsidenten (...) gaben ihm die Möglichkeit, die parlamentarische Ordnung praktisch zu beseitigen. Spätestens im Mai 1932 geschah das." (S. 114)

Betrachtet man diese Hinweise im Zusammenhang, so ergibt sich, daß in dem Oberstufenband von „Zeiten und Menschen" der politikgeschichtliche, multifaktorielle Deutungsansatz vertreten wird.

Im großen und ganzen gilt dies auch für den *Mittelstufenband* von „Zeiten und Menschen", der in unseren Schulen am häufigsten verwendet wurde. So heißt es in dem zusammenfassenden Text des Kapitels „Die Auflösung der Republik 1930 bis 1933":

„Aus einer Überproduktionskrise in den USA entstand die Weltwirtschaftskrise, die besonders Deutschland hart traf. Da die Parteien der ‚Großen Koalition' sich nicht auf Maßnahmen zur Überwindung der Krise einigen konnten, ernannte Hindenburg Brüning zum Kanzler einer Regierung, die nur vom Vertrauen des Präsidenten getragen war. Brüning regierte mit Notverordnungen gemäß Art. 48 der Verfassung. Die wirtschaftliche Notlage radikalisierte die Wählerschaft (...).

In der Präsidentenwahl 1932 siegte Hindenburg über Hitler. Bald darauf entließ er Brüning und ernannte Papen zum Kanzler. Dieser fand ebenso wenig die Unterstützung Hitlers wie sein Nachfolger Schleicher. Papen und einflußreiche Kreise aus Wirtschaft und Großgrundbesitz bewogen den Reichspräsidenten, am 30.1.1933 Hitler zum Reichskanzler zu ernennen." (S. 81)

Allerdings läßt sich in diesem Mittelstufenband insofern eine besondere Akzentsetzung feststellen, als die These von der Selbstpreisgabe der Demokratie hier stärker herangezogen wird als im Oberstufenband. So heißt es über die Große Koalition, daß sie „in der Krise zerbrach", weil „SPD und DVP (zu sehr) von den hinter ihnen stehenden Gewerkschaften bzw. Unternehmern" abhängig waren.

„Die Interessenverbände hatten über politische Erwägungen gesiegt. (...) Eine sichere Mehrheit zur Regierungsbildung war im Reichstag nicht mehr zu gewinnen. Die Parteien schreckten davor zurück, Zugeständnisse bei einer Regierungsneubildung zu machen, in der Furcht, damit ihre enttäuschten Wähler an die radikalen Flügelparteien nach rechts oder links zu verlieren; sie drängten sich auch nicht danach, in der Krise die Verantwortung für eine wenig volkstümliche Finanz- und Wirtschaftspolitik zu übernehmen. Damit verzichteten sie letzten Endes auf den Anspruch, die Geschicke des Staates durch die Volksvertretung zu lenken. Die Wirtschaftskrise hatte zur Lähmung der Demokratie geführt." (S. 66) – „Die Selbstentmachtung des Parlaments führte dazu, daß das politische Gewicht des Reichspräsidenten zunahm. Die Verfassung gab ihm die Möglichkeit, eine Regierung zu ernennen, die nur vom Vertrauen des Präsidenten getragen war (Präsidialregierung)." (S. 67)

Obwohl der Mittelstufenband von „Zeiten und Menschen" ebenfalls ein multifaktorielles Deutungsmuster vertritt, wird also die These von der Selbstentmachtung des Parlaments im Sinne des Deutungsmusters „Selbstpreisgabe" hervorgehoben. Dies geschieht allerdings nicht in der zugespitzten Form, wie diese Deutung von Erdmann („Selbstmord") formuliert wird.

Auch das Buch *„Geschichtliche Weltkunde"* folgt dem multifaktoriellen Ansatz. Allerdings lassen sich zwei Besonderheiten feststellen. Zum einen wird „das Ende des parlamentarischen Systems" nicht so sehr im Bruch der Großen Koalition gesehen, sondern in der Etablierung einer „Präsidialdiktatur durch Brüning".

„Brüning erhielt von Hindenburg die Zusicherung, die Maßnahme mit Hilfe des Art. 48 der Verfassung durchsetzen zu können." (S. 42)

Hier wird auf einen weiter vorne stehenden Text verwiesen, in dem es heißt, daß die Verknüpfung des Art. 48 mit Art. 53 (Ernennung und Entlassung des Kanzlers) und Art. 25 (Auflösung des Reichstages) später, in der Endphase der Republik, „eine ausschlaggebende Rolle gespielt" habe (S. 29). Im Text zu Brüning heißt es dann weiter: „Dieser Artikel machte Notverordnungen rechtens, d. h., die Regierung konnte eine vom Reichspräsidenten unterzeichnete Verordnung ohne den Reichstag erlassen. Das tat Brüning. Der Reichstag allerdings konnte eine Notverordnung mit Mehrheitsbeschluß wieder aufheben. Die SPD stellte den entsprechenden Antrag und fand Unterstützung bei KPD, DNVP und NSDAP. Nun aber beschritt Brüning einen Weg, der die Präsidialdiktatur einleitete: Er ließ durch den Reichspräsidenten den Reichstag nach Art. 25 auflösen. (...) Auch in den folgenden zwei Jahren regierte Brüning vorwiegend mit Notverordnungen." (S. 42) Allerdings wird Brüning von dem Vorwurf in Schutz genommen, er habe mit dieser Politik „das parlamentarische System zerstört". Denn man dürfe nicht übersehen, „daß angesichts des zersplitterten und zerstrittenen Reichstages eine Finanzgesetzgebung auf anderem Wege nicht möglich erschien" (S. 42).

Trotzdem ist festzustellen, daß nicht der Bruch der Großen Koalition, sondern die Etablierung der Präsidialdiktatur zum entscheidenden Argument gemacht wird. Insofern wird nicht die These von der Selbstpreisgabe der Demokratie vertreten, sondern eher die These, daß – wenn auch vielleicht notwendigerweise – der Parlamentarismus durch das System der Präsidialregierungen aus den

Angeln gehoben wurde. Es ist bereits früher darauf hingewiesen worden, daß in dem Buch „Geschichtliche Weltkunde“ (im Unterschied zu anderen Büchern) besonders die politische Rechte für die Entwicklung verantwortlich gemacht wird; auch die Großindustrie und das Militär werden erwähnt. Aber dadurch wird das eher politikgeschichtliche Deutungsmuster nicht – etwa in Richtung auf das sozialstrukturelle Muster – verlassen. So wird insbesondere die Frage nicht behandelt, auf welche soziale Basis sich die Nationalsozialisten als Massenbewegung stützen konnten.

7.4.2 Quellen- und Textsammlungen

Der Versuch, die verwendeten Schulbücher den Gesamtdeutungsmustern zuzuordnen, wird noch schwieriger, wenn es um die Quellen- und Textsammlungen geht. Insbesondere Textsammlungen zeichnen sich dadurch aus, daß sie unterschiedliche Gesamtinterpretationen nebeneinander abdrucken und zur Diskussion stellen. Die Frage, ob und in welcher Weise darüber hinaus die Auswahl der Quellen und Texte eine eigene Deutung erkennen läßt, ist – anders als bei den Einzelthemen in den Kapiteln 2 bis 6 – auf der Ebene der Gesamtinterpretation wohl kaum zu beantworten.

Dies gilt insbesondere für das Buch *„Fragen an die Geschichte“*, das in mehreren Schulen als Quellensammlung verwendet wird. Unter der Leitfrage „Warum zerbrach die Weimarer Republik?“ werden vier Historiker in kurzen Textauszügen zitiert. Im ersten Text geht es um die Frage der legalen Machtergreifung (Bracher). Im zweiten Text wird die These vom „Betriebsunfall“ zurückgewiesen und ausgeführt, daß „ein volles historisches Verständnis (...) nur im Rahmen der ganzen – auch internationalen – Entwicklung dieser Epoche“ möglich sei (Herzfeld); sowohl die ausschließliche Betonung der politischen und sozialen Schwäche dieser großen Demokratie als auch die Betonung der These, daß die Duldung der „Kräfte der Vergangenheit in Beamtentum, Heer und Wirtschaft“ mit Gefahren verknüpft gewesen sei, reichten nicht aus. In einem dritten Textausschnitt wird betont, daß sich der Aufstieg des Nationalsozialismus „nicht monokausal aus einer eindeutigen und einheitlichen Interessenlage oder unter bestimmten wirtschaftspolitischen Strukturverhältnissen aus einer Interessenallianz herleiten“ lasse (Schulz). Und eine vierte Darstellung verweist auf die mangelnde Demokratisierung nach 1918, das alte Bündnis von Bürgertum und Feudaladel, die soziale Basis der NSDAP im alten und neuen Mittelstand, der sich vor Proletarisierung fürchtete und Großgrundbesitzer und Großindustrie haßte. „Zwischen Proletariat und Großbürgertum mit Resten des Feudaladels entsteht die kleinbürgerliche Protestbewegung, die sich gegen die ökonomische und soziale Entwicklung zur Wehr zu setzen versuchte (...)“ (Schuon-Wiehl) (Fragen an die Geschichte, S. 40 f.) Obwohl man sich fragen kann, ob in diesen vier Zitaten tatsächlich die wichtigsten Interpretationsansätze repräsentiert sind, bieten die Texte jedenfalls hinreichend Anlaß, verschiedenartige Gesamtinterpretationen zu diskutieren. Immerhin ist interessant, daß die These von der Selbstpreisgabe der Demokratie in der Zitatenauswahl nicht vertreten ist.

Wie schon mehrfach erwähnt, steht im Mittelpunkt der Quellensammlung von *Hofer* nicht die Frage, wie der Aufstieg des Nationalsozialismus interpretiert werden kann. Der Hauptteil der Dokumente bezieht sich auf die Innen- und Außenpolitik des nationalsozialistischen Regimes. Allerdings finden sich in den erläuternden Texten Hinweise auf die Frage, in welcher Weise Hofer den Aufstieg des Nationalsozialismus interpretiert. So heißt es in den abschließenden Bemerkungen zum Thema „Der Nationalsozialismus und die Deutsche Geschichte" unter anderem, die Weimarer Republik sei als „etwas Fremdes, Aufgezwungenes" empfunden worden und man habe nach dem gesucht, was man den „deutschen Weg" nennen könne:

> „Suche nach dem deutschen Staat, nach dem deutschen Sozialismus, nach der deutschen Art und Kunst, nach dem deutschen Christentum – deutsch immer verstanden als nicht-westlich, ja antiwestlich, westlich gleichgesetzt mit Aufklärung, Individualismus, liberaler und parlamentarischer Demokratie. Dem angeblichen Formalismus der Verfassung wurde der lebendige Ausdruck des Volkswillens, der vornehmlich im Willen eines Führers zum Ausdruck kommen sollte, entgegengesetzt; dem angeblichen Mechanismus der Gesellschaft die Auslese einer Elite; der angeblich amorphen Masse eine hierarchische und ständische Gliederung. Kultur stand gegen Zivilisation, Seele gegen Geist." (...)
>
> „Im Mythos vom besonderen deutschen Weg in Staat, Gesellschaft und Kultur sehen wir die geistige Hauptvoraussetzung für das Heraufkommen des Nationalsozialismus. Die ideologischen Möglichkeiten, die hier angelegt waren, wurden durch die Entwicklung seit 1918 Zug um Zug freigesetzt." (...)
>
> „Durch die Inflation und die Weltwirtschaftskrise kamen die ökonomischen und die sozialen Bedingungen dazu, die den Nationalsozialismus zur Massenbewegung werden ließen." Allerdings sei der Wirtschaftskrise nicht die entscheidende Bedeutung beizumessen, weil sich sonst die Frage erheben würde, warum ähnliche Zustände nicht überall zu ähnlichen Folgen geführt hätten. Auch die Demokratie sei nicht verantwortlich zu machen. „Die Weimarer Republik war wohl der Form nach eine Demokratie, doch war der Staat in keinem Augenblick seiner Existenz von dem notwendigen demokratischen Geist oder gar Gefühl erfüllt. Die Millionenmassen, die durch ihre Stimmzettel auf demokratischem Wege dem Nationalsozialismus zur Macht verhelfen wollten, können wohl nicht gut als Kronzeugen der Demokratie angesprochen werden, da sie die Demokratie ja gerade beseitigen wollen. Der Untergang der Weimarer Republik ist ein Musterbeispiel für den Selbstmord einer Demokratie: Demokratische Freiheiten werden mißbraucht, um antidemokratische Ziele zu verwirklichen." (S. 364 f.)

Interessanterweise besteht bei Hofer der „Selbstmord der Demokratie" nicht darin, daß sich die Parteien als kompromiß- und handlungsunfähig erwiesen haben, sondern darin, daß sie den Feinden der Demokratie zu viel Freiheit gelassen und daß zu viele Wähler ihre eigene Entmündigung gewollt hätten. Neben diesen Gründen – und einer Reihe geistesgeschichtlicher Voraussetzungen – kommt bei Hofer aber noch hinzu, daß der „Aufstieg des Nationalsozialismus im letzten Grunde" ohne die „verhängnisvolle Persönlichkeit Adolf Hitlers" undenkbar sei. „Hier bewahrheitet sich das Wort Jacob Burckhardts, daß eine Zeit ihren Mann finden muß." (Hofer, S. 366) Hofer scheint grundsätzlich eine eher geistesgeschichtliche Deutung zu vertreten, in der aber die Person Hitlers und die demokratiefernen Massen besonders hervorgehoben werden. Einige Textstellen (z. B. in seiner Einleitung) wird man wohl sogar als Elemente einer eher personalistischen Erklärung ansehen können: Adolf Hitler sei „die überragende, zentrale Figur in jener Epoche deutscher Geschichte, der er die Züge seiner verhängnisvollen Persönlichkeit aufs tiefste eingeprägt hat. Er hat den Nationalsozialismus als politische Idee wie als politische Bewegung in so hohem Maße selbst geschaffen, daß man auch schon von Hitlerismus gesprochen hat." (S. 10)

In der Textsammlung *„Weltgeschichte im Aufriß"* lassen sich – auch in den Einleitungstexten der Herausgeber – konkurrierende Interpretationen feststellen. So heißt es im Unterabschnitt „Hitlers Aufstieg: Taktik und Ideologie" unter anderem:

> „Der durchaus berechtigte Hinweis darauf, wie sehr Hitler, der weder Heimat noch Beruf, weder Reputation noch die geringste Existenzsicherheit besaß und den in dieser Lage geradezu grotesken Entschluß faßte, ‚Politiker zu werden', diesen Aufstieg einer besonderen, singulären Situation (Versailler Vertrag, Nachkriegsnot, Schwäche der Weimarer Republik, Arbeitslosigkeit, Verelendung und Proletarisierung breiter Schichten, Unterstützung durch nationalistische und kapitalistische Kreise) verdankt, darf nicht darüber hinwegtäuschen, daß die entscheidende Ursache seines Erfolgs in ihm selbst lag, in seiner überdurchschnittlichen demagogisch-rhetorischen Begabung, die ihn befähigte, die Massen zu bewegen und zu verführen, ihnen Hoffnungen und Ressentiments zu suggerieren, sie zu irrationalen Sehnsüchten und verstiegenen Wunschbildern hinzureißen." (S. 337)

Diese personalistische Interpretation ist durch Ausführungen im Kapitel „Die Auflösung der Weimarer Republik" zu ergänzen, die eher der multifaktoriellen, politikbezogenen Gesamtdeutung entsprechen. Ausgangspunkt ist auch hier der Bruch der Großen Koalition und die dadurch entstandene „Patt-Situation", die der Reichspräsident durch eine Präsidialregierung aufgehoben habe (S. 274 f.). Allerdings geben die dann abgedruckten Textstellen auch Anlaß, über die multifaktorielle Deutung hinaus nach sozialstrukturellen Erklärungen zu suchen. So wird auf die soziale Basis hingewiesen, aus der sich der Erfolg der Nationalsozialisten 1930 erklären läßt (S. 286 f.). Hinzu kommen eher theoretische Texte zum Selbstverständnis des Faschismus in Italien und Deutschland (S. 295 ff.), der Abdruck von Hitlers Denkschrift an die Industriellen von 1927 (S. 302 ff.), der Abdruck von zeitgenössischen Deutungen des Faschismus mit Texten von Zibordi, Zetkin, Bonn, Thalheimer, Stalin, Trotzki, Dimitroff, Rauschning und anderen (S. 312 ff.). Auch in Beiträgen, die für „wissenschaftliche Analysen des Faschismus" stehen (Winkler, Vierhaus, Schuon-Wiehl, Nolte, Kühnl und Bracher), gibt es eine Fülle von Materialien, die Anlaß sein können, zusätzlich nach sozialhistorischen Deutungen zu fragen. Zusammenfassend kann man vielleicht sagen, daß die Herausgeber des Buchs „Weltgeschichte im Aufriß" eher einer politikgeschichtlichen Interpretation folgen, aber gleichwohl eine Fülle von Texten abdrucken, in denen sich auch sozialhistorisch orientierte Deutungsmuster finden lassen.

Auch in der Textsammlung *„Politische Weltkunde"* herrscht ein politikgeschichtlicher Ansatz vor. Auf das Kapitel „Deutschland und die große Depression" (S. 55 ff.) folgt das Kapitel „Parteien, ‚Bewegung', Kampfbünde", in dem der Bruch der Großen Koalition (die Frage der Arbeitslosenversicherung wird dabei allerdings nur als Anlaß bezeichnet) und die Septemberwahlen behandelt werden. Im Kapitel „Die Kanzlerschaft Brünings und die Reichsverfassung" wird gesagt, daß „Hindenburg nicht bereit (war), dem Kanzler Müller die Möglichkeit des Art. 48 einzuräumen". Zum ersten Mal in der Geschichte der Weimarer Republik seien jetzt die Verfassungsartikel 25 (Reichstagsauflösung) und 48 (Notverordnungen) gleichzeitig angewandt worden (S. 63). Es folgen Hinweise zur Duldungspolitik der SPD, zur Entwicklung der DNVP unter Hugenberg, zur Harzburger Front usw. (S. 67). Im Kapitel „Das Endstadium der Weimarer Demokratie" werden die Regierungen Papen und Schleicher erwähnt; Hitler habe inzwischen die Kanzlerschaft mit allen Vollmachten gefordert. Schließlich sei es einer kleinen Gruppe von Ratgebern möglich gewesen, Hindenburgs Zustimmung zum „Kabinett der nationalen Konzentration" zu erreichen (S. 82).

Es folgt eine „Abschlußbetrachtung", in der zunächst Bracher (in einer Zusammenfassung seiner multifaktoriellen Interpretation) zu Wort kommt. In einem Text der Herausgeber heißt es hier, daß die Weimarer Republik über ihre eigene Lebenszeit hinaus als „Exempel einer mißglückten Staatsschöpfung und eines politischen Verhaltens nahezu aller Beteiligten (galt), das destruktiv in seinen Auswirkungen war. Ein Grundproblem, das damals zur Konfrontation der Verfechter und Verächter des parlamentarisch-demokratischen Staates innerhalb der Weimarer Republik führte, hat sich heute in den Antagonismus der Demokratien westlicher und östlicher Prägung verlagert." (S. 73) Dem folgt ein Textauszug von Fraenkel zum Gegensatz von Totalitarismus und Pluralismus. Dem Band „Weimar" der „Politischen Weltkunde" liegt also eine multifaktorielle Interpretation zugrunde.

Im Band „Nationalsozialismus" gibt es allerdings einige ergänzende Abschnitte. So wird in dem Kapitel „Die Anhänger des Nationalsozialismus: Soziale Herkunft und Motive" die These von Lipset ausführlich zitiert, der idealtypische Wähler der NSDAP sei zu beschreiben als „ein selbständiger protestantischer Angehöriger der Mittelklasse, der entweder auf einem Hof oder in einer kleinen Ortschaft lebte und der früher für eine Partei der politischen Mitte oder eine regionale Partei gestimmt hatte". Dies wird durch einige Textauszüge von Kracauer, Fried und Broszat ergänzt. Im folgenden Kapitel geht es um die „Frage der Kontinuität" zwischen Nationalsozialismus und deutscher Tradition. In Textauszügen von Shirer, Alff und einer zeitgenössischen Quelle wird diese Frage kurz andiskutiert. In dem anschließenden Kapitel „Machtergreifung und Gleichschaltung in Deutschland" heißt es dann, daß der Aufstieg der NSDAP „parallel zur Entwicklung der Weltwirtschaftskrise in Deutschland" erfolgte. Die Politik Brünings habe das Vertrauen „vor allem im Bürgertum in die ohnehin ungeliebte Weimarer Republik vollends schwinden" lassen (S. 26). Es folgen noch einmal der Bruch der Großen Koalition, die Auseinandersetzungen zwischen KPD und SPD, die Notverordnungspolitik Brünings und die Gruppe der Intriganten als Elemente der Situation, die schließlich zur formal legalen Machtübernahme Hitlers geführt habe (S. 27).

Diese überwiegend politikgeschichtliche Deutung wird aber in einem später folgenden Kapitel „Wirtschaft und Gesellschaft im nationalsozialistischen Deutschland" erweitert. Es ist bereits oben in Abschnitt 3.4.2 darauf hingewiesen worden, daß in der Textsammlung der Komplex „Wirtschaft und Gesellschaft“ besonders ausführlich behandelt wird. Hier werden Hoffnungen beschrieben, die sich die Unternehmer im Hinblick auf eine Kanzlerschaft Hitlers machten. Zwar müsse man sagen, „daß der Durchbruch der NSDAP zur Massenbewegung nicht in erster Linie aus Zuwendungen der Wirtschaft zu erklären ist“ (S. 71); jedoch:

„Deutlicher allerdings wird die Rolle industrieller Kreise bei den letzten Etappen der NSDAP auf dem Wege zur Macht, als die Parteiführung vor dem Problem stand, die kostspielige Massenorganisation und den aufwendigen Propagandastil auf dem Höhepunkt der Wirtschaftskrise durch mehrere rasch aufeinanderfolgende Wahlkämpfe (1932) aufrechtzuerhalten und zugleich in dem Kreis um den Reichspräsidenten Hindenburg die Stimmung für eine Kanzlerschaft Hitlers vorzubereiten.“ Spätestens seit 1932 habe „das Werben der NS-Führung um die Wirtschaft (...) beträchtlichen Widerhall“ gefunden (S. 71).

Hervorgehoben werden auch der Kampf gegen die Arbeiterbewegung und die Rolle der „mittleren Schichten, aus denen der NSDAP die Hauptmasse ihrer Anhängerschaft zugeströmt war“ (S. 71). Diese Themen werden auch durch den Abdruck von Quellen und Textauszügen erläutert. Sie verweisen deutlich auf den Versuch, im Band „Nationalsozialismus“ des Buches „Politische Weltkunde“ Elemente einer betont sozialstrukturellen Deutung zu übernehmen.

Fassen wir zusammen, so ergibt sich, daß das Buch von Hofer einer geistesgeschichtlichen Deutung mit personalistischen Elementen folgt, während die drei anderen Bücher (Fragen an die Geschichte, Politische Weltkunde, Weltgeschichte im Aufriß) grundsätzlich dem politikgeschichtlichen (multifaktoriellen) Gesamtdeutungsmuster folgen, aber zugleich durch den Abdruck zusätzlicher Materialien die Möglichkeit bieten, auch sozialhistorische Elemente in den Unterricht einzubeziehen (ausgeprägt in „Politische Weltkunde“ und in „Weltgeschichte im Aufriß“, schwächer in „Fragen an die Geschichte“).

7.5 Zusammenfassung

Aus der Analyse der Interviews ergibt sich, daß die befragten Lehrer in allen beteiligten Regionen ihrem Unterricht überwiegend eine der beiden eher politikbezogenen Deutungen (multifaktoriell, „Selbstpreisgabe“) zugrunde legen (nämlich 44 von 78 Lehrern). Hinzu kommt eine Lehrergruppe, die das Thema „Krise/Radikalisierung“ in den Mittelpunkt ihrer Interpretation stellt (17 Nennungen). Demgegenüber werden die beiden sozialhistorisch orientierten Deutungsmuster (sozialstrukturell, industriebezogen) lediglich von einer kleineren Gruppe von Lehrern im Unterricht verwendet (12 Nennungen). Zu diesen Ergebnissen gibt es Entsprechungen auf der Ebene der Lehrpläne. So folgen der Lehrplan für die Sekundarstufe I in Nordrhein-Westfalen und der Lehrplan für die gymnasiale Oberstufe in Schleswig-Holstein dem politikbezogenen, multifaktoriellen Gesamtdeutungsmuster; dem Lehrplan für die Sekundarstufe I in Schleswig-Holstein liegt sogar der Ansatz zugrunde, den wir mit dem Begriff „Selbstpreisgabe der Demokratie“ gekennzeichnet haben. Demgegenüber entspricht der Erlaß von 1978 in Nordrhein-Westfalen eher dem sozialstrukturellen Ansatz. Bei den Schulbüchern läßt sich „Zeiten und Menschen“, dessen Mittelstufenband besonders häufig verwendet wird, ebenfalls dem multifaktoriellen Deutungsmuster zuordnen, doch sind auch Elemente des Themas „Selbstpreisgabe“ erkennbar. In diesem Zusammenhang ist bemerkenswert, daß das Deutungsmuster „Selbstpreisgabe“ selbst in den schleswig-holsteinischen Regionen – obwohl hier das Buch „Zeiten und Menschen“ relativ häufig verwendet wird und auch die Lehrpläne in der Sekundarstufe I auf der Erdmannschen „Selbstaufgabe“-Interpretation beruhen – nur von einer Minderheit der Lehrer (5 Befragte) im Unterricht zugrunde gelegt wird (vgl. Tab. 7.1, aus der sich im übrigen ergibt, daß dieses Deutungsmuster in Nordrhein-Westfalen nur von einem Lehrer erwähnt wird).

In dem Oberstufenband von „Zeiten und Menschen“ und in dem Buch „Geschichtliche Weltkunde“ ist gleichfalls der politikbezogene multifaktorielle Ansatz zu erkennen. In den Text- und Quellensammlungen, die – mit Ausnahme des geistesgeschichtlich orientierten Buches von Hofer – ebenfalls grundsätzlich dem multifaktoriellen Ansatz folgen, lassen sich überdies Elemente der sozialstrukturellen Deutung finden: Besonders ausgeprägt ist dies im Band „Nationalsozialismus“ der „Politischen Weltkunde“ der Fall (wohingegen der Band „Weimar“ derartige Hinweise kaum erkennen läßt) sowie in dem Buch „Weltgeschichte im Aufriß“, weniger deutlich in dem Buch „Fragen an die Geschichte“. Insgesamt gesehen verengt sich also das Spektrum der feststellbaren Deutungen von der wissenschaftlichen Literatur über die Schulbücher und Lehrpläne bis zu den Lehrerinterviews, und zwar insofern, als die sozialhistorischen Deutungsansätze seltener vertreten sind.

Kapitel 8: Unterricht im administrativen Kontext

Wenn die Ergebnisse unserer Untersuchung im folgenden zusammengefaßt und unter allgemeineren Gesichtspunkten diskutiert werden, so ist dabei zu berücksichtigen, daß wir es auf der Ebene der Lehrerinterviews aus Gründen, die mit der gewählten qualitativen Vorgehensweise zu tun haben, nicht mit einer repräsentativen Stichprobe zu tun haben. Es kann also nicht um Aussagen über *den* Geschichtsunterricht in der Bundesrepublik oder in Nordrhein-Westfalen und Schleswig-Holstein gehen, sondern nur um Aussagen, die sich über den Geschichtsunterricht auf der Basis von Interviews mit Lehrern in einzelnen Schulen und einzelnen Regionen machen lassen. Im Mittelpunkt steht dabei die Frage, welche inhaltlichen Schwerpunktsetzungen und Deutungen sich auf der Ebene von Lehrplänen und Schulbüchern herausarbeiten lassen und in welcher Beziehung diese zu dem Unterricht in den ausgewählten Schulen und Regionen stehen.

8.1 Tendenzen der Deutung auf der Ebene der administrativen Vorgaben für den Unterricht

Sowohl in den analysierten Lehrplänen als auch in den Schulbüchern, die in den untersuchten Schulen überwiegend verwandt wurden, gibt es einen Grundkonsens darüber, daß die Information über den Nationalsozialismus und seine Voraussetzungen ein wichtiger und selbstverständlicher Bestandteil der historischen und politischen Bildung ist. Dies ist ein Grundkonsens, dem wir auch auf der Ebene der Interviews mit den Lehrern begegnet sind. Auf Ausblendungen elementarer Natur, die im Geschichtsunterricht der fünfziger und der frühen sechziger Jahre noch eine Rolle spielten, sind wir an keiner Schule gestoßen. Die grundsätzliche Bedeutung des Themas für die politische und zeitgeschichtliche Erziehung wird nicht in Frage gestellt.

Gleichwohl gibt es im Unterricht über Nationalsozialismus und in den Richtlinien und inhaltlichen Vorgaben unterschiedliche Schwerpunktsetzungen und Deutungskonflikte. Diese liegen jedoch nicht auf der Ebene der simplen Gegenüberstellung „Unterricht über Nationalsozialismus: Ja oder Nein". Ihr Kern liegt im Umgang mit Fragen der kausalen Zurechnung und der damit verbundenen Problematik der Schuld. Wir haben in der Einleitung (Abschnitt 1.2) die These vertreten, daß es auf der Ebene der administrativen Vorgaben des Unterrichts Tendenzen der kausalen Zurechnung gibt, die der Legitimitätssicherung – dem Schutz etablierter Institutionen und nationaler Integrität – dienen. In den Kapiteln 2 bis 6 haben wir versucht, diese These an ausgewählten Themenbereichen zu überprüfen. Kapitel 7 enthält dagegen den Versuch einer zusammenfassenden Beschreibung hoch aggregierter Deutungen, die unter dem Gesichtspunkt der Legitimitätssicherung nicht mehr sinnvoll zu analysieren sind.

Ausgangspunkt war die Herausarbeitung unterschiedlicher Positionen in der wissenschaftlichen Literatur. Im Vergleich mit diesen wurde dann am Beispiel bestimmter Themenbereiche gefragt, ob und in welchem Ausmaß das jeweilige Spektrum möglicher Positionen und Deutungen auf den Ebenen von Lehrplänen, Schulbüchern und im Unterricht rezipiert wird.

Dabei ergab sich zunächst, wie nicht anders zu erwarten, daß auf der Ebene der administrativen Vorgaben des Unterrichts wie auch in den Angaben der befragten Lehrer zu ihrem Unterricht jeweils nur begrenzte Ausschnitte aus dem Spektrum möglicher Deutungen zum Tragen kommen. Dies hängt damit zusammen, daß jede didaktische Umsetzung von Unterrichtsstoffen notwendig mit Prozessen der Reduktion und Auswahl verbunden ist. Nicht die Frage, *daß* ausgewählt wird, ist deshalb von besonderem Interesse, sondern die Frage, *was* ausgewählt wird. Gibt es auf der Ebene der administrativen Vorgaben des Unterrichts und auch auf der Ebene der Lehrerinterviews (vgl. die folgenden Abschnitte) konsistente Trends oder Regelmäßigkeiten in der Einengung des Spektrums möglicher Deutungen, die unter dem Gesichtspunkt der Legitimitätssicherung funktional sind? Wir verwenden hier absichtlich den Funktionsbegriff und nicht den Begriff der Intention. Wir wollen damit zum Ausdruck bringen, daß es solche Trends oder Regelmäßigkeiten geben kann, die in ihrer Wirkung die Funktion der Legitimitätssicherung erfüllen können, ohne daß die einzelnen Beteiligten diese bewußt und zielorientiert anstreben. Es ist also nicht unterstellt, daß Lehrplan- oder Schulbuchautoren ihre Auswahlentscheidungen bewußt unter den Gesichtspunkten treffen, die hier als Bezugspunkte der Analyse dienen (vgl. zu den entsprechenden Unterscheidungen in der Diskussion über den Funktionalismus in der Soziologie u. a. Stegmüller 1969, S. 563 ff.).

Am deutlichsten konnten Trends der Begrenzung von Deutungen, die man mit Legitimierungsfunktionen in Verbindung bringen kann, im Zusammenhang mit den Themenbereichen „Militär“, „Kirchen“ und „Antisemitismus“ herausgearbeitet werden. Militär und Kirchen werden in den analysierten Lehrplänen und Schulbüchern vor allem dann erwähnt, wenn es um den Widerstand gegen den Nationalsozialismus geht. Als Gruppierungen, deren Handeln auch für die Erklärung der nationalsozialistischen Machtübernahme von Bedeutung sein könnte, treten sie nur selten in Erscheinung.

Von Legitimierungsfunktionen, bei denen es mehr um den Schutz nationaler Identität als um den Schutz spezifischer Gruppierungen oder Institutionen geht, kann im Zusammenhang mit dem Thema „Antisemitismus“ gesprochen werden. Wir haben den entsprechenden Schutzmechanismus mit der Kategorie der Distanzierung bezeichnet: Distanzierung im moralischen, aber auch im zeitlichen und sozialen Sinn. Der Antisemitismus wird primär als eine mit der NSDAP und der Person Hitlers verknüpfte Erscheinung definiert. Und sofern er in die Vergangenheit zurückverfolgt wird, wird eher der Antisemitismus des Mittelalters oder des 19. Jahrhunderts als der Antisemitismus in der Weimarer Republik zur Interpretation herangezogen (der Erlaß des nordrhein-westfälischen Kultusministeriums von 1978 stellt allerdings ein Gegenbeispiel dar).

Bei all diesen Themenbereichen können Auswahlakte und Themenakzentuierungen in Lehrplänen und Schulbüchern nicht hinreichend durch zeitliche Verzögerungen erklärt werden, die mit der Aufarbeitung von Positionen in der wissenschaftlichen Literatur und mit der didaktischen Umsetzung in Lehrplan- und Schulbuchinhalte in der Regel verbunden sind. Dies läßt sich beispielhaft am Themenbereich Militär und Nationalsozialismus erläutern. Bereits in der frühen Arbeit Brachers zur „Auflösung der Weimarer Republik", die breit rezipiert wurde und als Standardwerk zu dieser Epoche gilt, wird das Militär als ein bedeutsamer, wenn auch nicht als der zentrale Faktor der Machtübernahme behandelt (vgl. hierzu Abschnitt 4.1). Diese Darstellung hätte also unter den Gesichtspunkten des Zeitabstandes wie der wissenschaftlichen Klärung durchaus bei der Planung von Unterrichtsinhalten, von Lehrplänen und Schulbüchern berücksichtigt werden können, wenn nicht müssen. Daß dies überwiegend nicht geschah, belegen unsere eigenen, aber auch andere Lehrplan- und Schulbuchanalysen (vgl. unten).

Weniger eindeutig sind unsere Untersuchungsergebnisse im Zusammenhang mit den Themenkreisen „Totalitarismuskonzeption" und „Rolle der Industrie". Mit der Totalitarismuskonzeption ist eine Gleichsetzung von KPD und NSDAP verbunden, in der antikommunistische Erziehung und Tendenzen zur Schuldverlagerung nach außen[1] sich in komplexer Weise miteinander vermischen. Solche Vorstellungen kommen jedoch in den Lehrplänen der beiden ausgewählten Bundesländer in unterschiedlichem Maße zur Geltung. In Schleswig-Holstein enthalten die analysierten Lehrpläne einen klar erkennbaren Bezug zur Totalitarismuskonzeption, während in Nordrhein-Westfalen solche Bezüge allenfalls vage angedeutet sind (im Lehrplan für die Sekundarstufe I) oder sogar völlig fehlen, wie dies für den Erlaß von 1978 gilt. Auch auf der Ebene der Schulbücher gibt es hier stärkere Unterschiede. In besonders deutlicher Distanz zur Totalitarismuskonzeption stehen „Fragen an die Geschichte" und das vor allem an den nordrhein-westfälischen Schulen verwendete Schulbuch „Weltgeschichte im Aufriß". Den klarsten positiven Bezug zur Totalitarismuskonzeption enthält dagegen die vor allem in Schleswig-Holstein verbreitete Hofersche Quellensammlung. Es

---

[1] Auch in dem direkten Sinne der „Exterritorialisierung" von Verantwortung, wie er bereits in zeitgenössischen Deutungen des Aufstiegs des Nationalsozialismus zu entdecken ist. Auf solche Tendenzen weist Kolb (1984, S. 188) im Zusammenhang mit der Diskussion der Bedeutung des Versailler Vertrages hin und zitiert als symptomatisch Otto Braun, der auf die Frage, wie es in Deutschland zum Nationalsozialismus kommen konnte, in seinen Memoiren mit der Formel „Versailles und Moskau" antwortet (Von Weimar zu Hitler, New York 1940, S. 5; zitiert nach Kolb).

gibt hier also auf der Ebene der verwendeten Schulbücher und Text- und Quellensammlungen Unterschiede zwischen den Schulen beider Bundesländer, die den Unterschieden auf der Lehrplan-Ebene entsprechen.

In den inhaltlichen Rahmenbedingungen des Unterrichts am unterschiedlichsten repräsentiert ist das Thema Großindustrie und Nationalsozialismus. In diesem Fall liegen die Unterschiede allerdings weniger auf Lehrplan- als auf Schulbuchebene. Auf der Ebene der Schulbücher jedoch lassen sich in den jeweils bevorzugten inhaltlichen Deutungen wiederum Unterschiede zwischen den Bundesländern erkennen. Das vor allem an den nordrhein-westfälischen Schulen verwendete Schulbuch „Weltgeschichte im Aufriß", das dort im Oberstufenunterricht als Text- und Quellensammlung eingesetzt wird (vgl. auch oben, Abschnitt 1.5), enthält eine besonders breit angelegte Diskussion des Verhältnisses von Industrie und Nationalsozialismus. Umgekehrt berühren die Hofersche Quellensammlung und das Schulbuch „Zeiten und Menschen" – beide sind an den schleswig-holsteinischen Schulen im Oberstufenunterricht besonders stark vertreten (vgl. Kapitel 1, Tabellen 1.11 und 1.12) – diesen Themenbereich gar nicht oder nur knapp.

Vergleicht man die Ergebnisse unserer Lehrplan- und Schulbuchanalysen mit vorliegenden Untersuchungen von Unterrichtsmaterialien, vor allem Schulbüchern[2], so ergeben sich sowohl Kontinuitäten als auch Diskontinuitäten. Als neu erscheint im Vergleich zu älteren Schulbüchern die Relativierung der Totalitarismuskonzeption, der wir in einigen Texten begegnet sind (vgl. Kolinsky/Kolinsky 1974, S. 163 f.; Gestigkeit 1979 oder van Norden 1979), und neu scheint auch die dezidiertere und ausführlichere Auseinandersetzung mit dem Verhältnis von Nationalsozialismus und Großindustrie zu sein, die insbesondere für die Oberstufenbücher „Weltgeschichte im Aufriß" und „Politische Weltkunde" kennzeichnend ist. Allerdings dürfte bei dem Themenbereich Industrie und Nationalsozialismus das Deutungsspektrum in westdeutschen Schulgeschichtsbüchern auch zuvor nie so eng gewesen sein, wie es die linke Schulbuchkritik der siebziger Jahre unterstellte (vgl. Kühnl 1973, S. 121 ff., oder Gestigkeit 1979, S. 261 ff.). Bemerkenswert ist in diesem Zusammenhang die Analyse von Schulgeschichtsbüchern der gymnasialen Oberstufe, die Uhe 1972 in einer vergleichenden Inhaltsanalyse von Schulgeschichtsbüchern aus der Bundesrepublik Deutschland und der Deutschen Demokratischen Republik vorlegte. Uhe vermerkt, daß immerhin in der Hälfte der von ihm analysierten Oberstufengeschichtsbücher der Bundesrepublik „auf die Unterstützung der Nationalsozialisten durch Finanz- und Wirtschaftskreise" hingewiesen werde (Uhe 1972, S. 55).

---

2 In diese Schulbuchanalysen gehen Lehrplananalysen zum Teil ein. Eigens den Lehrplaninhalten gewidmete, breit angelegte Analysen zum Thema Nationalsozialismus liegen unseres Wissens kaum vor. Vgl. als Beispiel für eine Analyse von Lehrplänen zum Thema Nationalsozialismus in fünf Bundesländern Hoffmann, Der Nationalsozialismus in Richtlinien und Lehrplänen. Kritische Anmerkungen zu Beispielen aus fünf Bundesländern, in: Bundeszentrale für politische Bildung (Hrsg.) 1980, S. 23–41.

Hingegen finden sich nach Uhes Darstellung Hinweise auf eine Begünstigung des Nationalsozialismus durch militärisches und kirchliches Handeln seltener (vgl. Uhe 1972, S. 56 und S. 76 f.). Als interessante Detailinformation hierzu kann die Tatsache gelten, daß eines der von Uhe analysierten Schulgeschichtsbücher in der ersten Auflage von 1952 auf die Unterstützung des Nationalsozialismus durch Kreise des Militärs hinweist (viele Angehörige des alten Heeres hätten sich vom Nationalsozialismus eine Wiederherstellung der deutschen Kriegsmacht und damit eine Abkehr von der vorherigen Politik erhofft), daß diese Einschätzung jedoch später fehlt (vgl. Uhe 1972, S. 56). Andere Schulbuchanalysen kommen zu ähnlichen Ergebnissen: Die Kirchen und das Militär werden unter dem Gesichtspunkt der Unterstützung des Nationalsozialismus bei seiner Etablierung selten behandelt, spielen jedoch im Zusammenhang mit der Darstellung des deutschen Widerstandes eine zentrale Rolle (vgl. Weick 1967; Schuon/Wiedner 1969; Schüddekopf 1977; Schramm 1980).

Akzentsetzungen, die den von uns analysierten vergleichbar sind, ergeben sich auch bei der Frage nach den Traditionen des Antisemitismus. Die nationalsozialistische „Rassentheorie" und Hitlers Antisemitismus – dies sind die beiden Themen, in deren Rahmen nach der frühen Schulbuchanalyse von Robinsohn und Schatzker (1963, S. 26 ff.) die Antisemitismus-Problematik in erster Linie zur Sprache kommt (vgl. hierzu auch Kolinsky/Kolinsky 1974, S. 168 f.). In einer neueren Untersuchung von Schulgeschichtsbüchern weist Schatzker zwar auf eine wachsende Bereitschaft hin, sich mit den vorhandenen Traditionen des Antisemitismus auseinanderzusetzen (Schatzker 1981, S. 119 ff.). Er stellt aber trotzdem fest, daß der Antisemitismus in der Weimarer Republik wenig Beachtung findet: „Bei der Aufnahme des Begriffs ‚Antisemitismus' im ‚Dritten Reich' greifen viele Bücher auf das Mittelalter zurück; wenige knüpfen dabei unmittelbar an die Weimarer Republik an, in deren Geschichte Juden meist gar nicht erwähnt werden." (Schatzker 1981, S. 134)

Wenn man die vorliegenden Schulbuchanalysen und unsere Untersuchungsergebnisse miteinander vergleicht, so ergeben sich die auffälligsten Veränderungen bei den Themenbereichen, die mit der Totalitarismuskonzeption und mit der Einschätzung des Verhältnisses von Großindustrie und Nationalsozialismus zu tun haben. Daß diese Veränderungen nicht allein in den verwendeten Schulbüchern zu verzeichnen sind, sondern bis in die Lehrplanentwicklung hineinreichen, zeigt das Beispiel der nordrhein-westfälischen Lehrpläne. Wird in dem alten Lehrplan von 1963 der KMK-Erlaß zur „Behandlung des Totalitarismus im Unterricht" noch aufgegriffen (vgl. hierzu Abschnitt 1.4), so ist in den neuen Lehrplänen ein solcher Bezug nicht mehr enthalten.

Die in der Einleitung formulierte Hypothese, daß auf der Ebene der administrativen Bedingungen des Unterrichts solche Deutungen zum Tragen kommen, die Legitimationsfunktionen im breitesten – gruppen- und nationenbezogenen – Sinn erfüllen, muß also verändert und präzisiert werden. Sie gilt für bestimmte Bereiche, für andere jedoch nicht, und sie unterliegt zudem, wie wir am Beispiel der beiden ausgewählten Bundesländer zeigen konnten, Modifikationen, die mit den politischen Kräfteverhältnissen in den Bundesländern zusammenhängen.

Von unseren Untersuchungsergebnissen ausgehend könnte man die allgemeinere Vermutung formulieren, daß in Bundesländern, in denen die Sozialdemokratie traditionell ein starkes Gewicht hat, auf der Ebene der Lehrpläne und der überwiegend verwendeten Schulbücher die Totalitarismuskonzeption inzwischen einer gewissen Erosion unterliegt und daß in diesen Ländern das Verhältnis von Großindustrie und Nationalsozialismus eher thematisiert wird als in Bundesländern, in denen die CDU traditionell ein starkes Gewicht hat. Abgesehen davon, daß eine solche These erst noch in anderen Bundesländern nachgeprüft werden müßte, wäre sie jedoch auch dahingehend einzuschränken, daß es sich dabei in den SPD-regierten Ländern um neuere Trends handelt, von denen zunächst noch unklar ist, wie stabil sie sind.

Zu bedenken ist dabei, daß die von uns analysierten Auflagen von Schulbüchern wie „Fragen an die Geschichte", „Weltgeschichte im Aufriß" oder „Politische Weltkunde" Anfang bis Mitte der siebziger Jahre geplant und erarbeitet wurden, in einer Zeit also, in der an den Hochschulen der Bundesrepublik und in den Institutionen der Lehrerbildung die Auseinandersetzung mit marxistischen Interpretationen des Nationalsozialismus einen breiten Raum einnahm. In seiner kritischen Aufarbeitung dieser Diskussion hat Winkler (1978, S. 67) daran erinnert, daß Ende der sechziger und Anfang der siebziger Jahre auf Demonstrationen, an denen Tausende von Studenten teilnahmen, die Formel skandiert wurde: „Kapitalismus führt zu Faschismus, Kapitalismus muß weg!"

Man kann den wissenschaftlichen Ertrag der Faschismusdebatten, die damals in den Politik- und Sozialwissenschaften eine größere Rolle spielten als in den Geschichtswissenschaften, unterschiedlich einschätzen. Ein besonders negatives Urteil fällt beispielsweise Wehler, wenn er schreibt: „Rund zehn Jahre lang wurde eine z. T. leidenschaftliche Debatte über Faschismustheorien geführt, der empirische Ertrag indes blieb minimal. Aus einem einzigen Buchkapitel oder zusammenfassenden Aufsatz von Broszat, Mommsen, Schieder, Bracher, Hillgruber u. a. lernt man mehr als aus dieser ganzen sterilen Debatte, die Forschung und Darstellung kaum vorangebracht hat." (Wehler 1983, S. 49) Trotzdem kann kaum bezweifelt werden, daß von dieser Debatte Impulse für wissenschaftliches und pädagogisches Handeln ausgegangen sind; nicht im Sinne einer Übernahme von Positionen, sondern im Sinne der Auseinandersetzung mit den theoretischen und politischen Herausforderungen, die hier formuliert wurden. Neuere historische Darstellungen, wie die von Hentschel (1978), Neebe (1981) oder Trumpp (1983), belegen dies ebenso wie die Diskussionen und Textauszüge in einigen Schulbüchern, die in den siebziger Jahren entstanden sind.

Marxistische Fragestellungen und die Auseinandersetzung mit marxistischen Traditionen stehen in den achtziger Jahren nicht mehr hoch im Kurs. Zu fragen ist, ob sich dies in der Zukunft nicht auch auf die Schulbuchgestaltung auswirken wird. Es ist nicht nur denkbar, daß sich Schulbuchautoren für die nicht gerade leicht zu beantwortende Frage nach dem Verhältnis von Großindustrie und Nationalsozialismus weniger interessieren, sondern es ist auch nicht auszuschließen, daß private Verlage und öffentliche Verwaltungen der inhaltlichen Ausgestaltung von Schulbüchern engere Grenzen setzen.

8.2 Aspekte der Lehrerbefragung – Lebensalter und Hochschulausbildung als Faktoren?

Für die von uns befragten Lehrer ist der Unterricht über Nationalsozialismus überwiegend von großer, auch persönlicher Bedeutung. Dies gilt für die Lehrer in Schleswig-Holstein ebenso wie für die nordrhein-westfälischen Lehrer. Die Art unserer Analyse, in der es mehr um kognitive als um affektive Aspekte des Unterrichts über den Nationalsozialismus und seine Voraussetzungen geht, läßt diese persönliche Anteilnahme stark in den Hintergrund treten. Deshalb sei hier, bevor die Ergebnisse der Lehrerbefragung resümierend zu Lehrplänen, Schulbüchern und anderen Faktoren in Beziehung gesetzt werden, als eines der übergreifenden Ergebnisse unserer Untersuchung hervorgehoben, daß die befragten Lehrer sich mit dem Thema „Nationalsozialismus" in der Regel mit großem Engagement auseinandersetzen und daß dieses Thema zudem für manche von ihnen mit prägenden Eindrücken in der eigenen Biographie verbunden ist.

Für eine kleine Gruppe von Lehrern sind dies Eindrücke, die noch von eigenem Erleben und eigenen Erfahrungen in nationalsozialistischen Jugendorganisationen herrühren. Zu ihnen gehören die Lehrer, die zum Zeitpunkt der Befragung älter als 50 Jahre waren und die das Jahr 1945 als Heranwachsende oder junge Erwachsene erlebten (insgesamt 11 Lehrer; vgl. zur Altersverteilung oben, Tabelle 1.2). Für die große Mehrheit der befragten Lehrer ist die persönliche Auseinandersetzung mit dem Nationalsozialismus jedoch viel mehr mit Auseinandersetzungen mit der Elterngeneration im weitesten Sinn verbunden und nicht mit eigenen Erfahrungen. Obgleich die biographische Dimension des Unterrichts über Nationalsozialismus nicht Gegenstand unserer Erhebungen war, wurden persönliche Erfahrungen dieser Art in den Interviews häufiger angesprochen. Es gab Lehrer, die erzählten, daß ihre Eltern verstummten, wenn zu Hause über die Zeit des Nationalsozialismus gesprochen wurde. Andere berichteten von Rechtfertigungsbemühungen und eine dritte Gruppe schließlich von extremer Politikfeindlichkeit aufgrund der Erfahrung mit dem Nationalsozialismus. Diese Erfahrungen sind insgesamt gewiß nicht an diese Berufsgruppe gebunden, sondern stellen ein Generationsphänomen im strikten Sinne des Wortes dar, das vor allem für die Gruppe derer kennzeichnend ist, die während des Krieges oder in den Jahren nach 1945 geboren wurden.

In den Diskussionen über die Ergebnisse unserer Untersuchung sind wir häufiger gefragt worden, ob nicht das Lebensalter und die mit ihm verbundenen biographischen Erfahrungen die Art des Unterrichts über den Nationalsozialismus und seine Voraussetzungen sehr stark prägten. Gelegentlich wurde dabei unterstellt, daß bei den älteren Lehrern die Abwehr und die Bereitschaft zu beschönigen größer sei. Da unsere Datenbasis sehr schmal ist und zudem die Gruppe jener Lehrer, die den Nationalsozialismus als Jugendliche und junge Erwachsene erlebt haben und dabei eventuell auch politisch verstrickt waren, sehr schwach vertreten ist, scheint uns eine Stellungnahme hierzu äußerst problematisch. Unter den 11 Lehrern, die bei der Befragung über 50 Jahre alt waren, gibt es einige wenige, auf die zur Bestätigung eines solchen Vorurteils verwiesen werden könnte; es gibt ebenso viele oder sogar mehr, an deren Äußerungen sich zeigen ließe, wie sehr das eigene Erleben zu einer vertieften Auseinandersetzung mit dieser Zeit führen kann. Zusammenfassende Urteile könnten hier eher zur Stereotypenbildung als zur Information beitragen.

Um die Frage nach dem Einfluß des Lebensalters auf die von uns genauer analysierten Themenbereiche beziehen zu können, haben wir die Befragten zu zwei großen Gruppen zusammengefaßt, in denen die über 40 Jahre alten Lehrer den jüngeren (1941 und später geborenen) gegenübergestellt werden. Vergleicht man diese beiden Gruppen, dann ergibt sich, daß in unseren Daten Alterseinflüsse keine sehr große Rolle spielen. Das Thema, bei dem sie am meisten zum Tragen kommen, ist die Frage nach dem Verhältnis von Großindustrie und Nationalsozialismus (vgl. oben, Abschnitt 3.2). Vor dem Hintergrund der Situation an den Hochschulen Ende der sechziger und Anfang der siebziger Jahre, und insbesondere vor dem Hintergrund der damals auf breiterer Basis geführten Debatte über unterschiedliche Faschismustheorien, ist dies Ergebnis nicht überraschend. Es stimmt überdies mit Erfahrungen überein, die uns vor allem in Nordrhein-Westfalen von Schulaufsichtsbeamten aus ihren Erfahrungen mit Unterrichtsbesuchen und Vorschlägen für Abiturarbeiten berichtet wurden.

Eine genauere Analyse der Alterseinflüsse, die regionale Unterschiede berücksichtigt, zeigt allerdings, daß man auch hier mit generalisierenden Aussagen vorsichtig sein muß. So gibt es, wie in Abschnitt 3.2 ausführlicher dargestellt, beim Thema Industrie und Nationalsozialismus ausgeprägtere Altersunterschiede vor allem in Nordrhein-Westfalen, und zwar in der ländlichen Region. Hingegen sind in Schleswig-Holstein die Altersunterschiede in dieser Hinsicht kaum ausgeprägt. Dies bedeutet umgekehrt, daß die regionalen Unterschiede in der Behandlung des Themenbereichs Industrie und Nationalsozialismus auch dann erhalten bleiben, wenn man das Lebensalter als Einflußfaktor zu kontrollieren versucht und nur die jüngeren, 1941 und später geborenen Lehrer der unterschiedlichen Regionen miteinander vergleicht (vgl. hierzu oben, Tabelle 3.5).

Daß unter den befragten Lehrern in Schleswig-Holstein Altersunterschiede weniger als bei den nordrhein-westfälischen Lehrern zum Tragen kommen, kann als Beleg für den Einfluß regional unterschiedlicher politischer und kultureller Gegebenheiten interpretiert werden. Zu diesen je nach Bundesland unterschiedlichen Gegebenheiten gehören auch die von uns genauer analysierten curricularen Vorgaben für den Unterricht, also die Lehrpläne und die überwiegend verwendeten Schulbücher (vgl. zu diesen als Einflußfaktoren die Abschnitte 8.4 und 8.5) – aber nicht nur sie. Zu berücksichtigen sind vielmehr auch jener breitere Bereich verschiedener Faktoren, den man unter dem Begriff der politischen Kultur zusammenfassen kann, sowie die fachwissenschaftliche Ausbildung an den Hochschulen. Diese kann allerdings mit den curricularen und politischen Bedingungen des Unterrichts eng verknüpft sein. Das zeigt das Beispiel Karl Dietrich Erdmanns in Schleswig-Holstein oder Hans Mommsens in Nordrhein-Westfalen. Erdmann war von 1953 an Hochschullehrer in Kiel, und Mommsen ist dies seit 1968 in Bochum. Beide Hochschullehrer haben über den hochschulinternen Bereich der Historikerausbildung hinaus auch Einfluß auf die Gestaltung der curricularen Bedingungen des Geschichtsunterrichts ausgeübt – durch die Beteiligung an der Lehrplanentwicklung oder durch die Übernahme anderer öffentlicher Funktionen.

Die Frage nach dem Einfluß der Hochschulausbildung auf den Unterricht war nicht Gegenstand unserer Untersuchung. Sie spielt bei der Interpretation unserer Untersuchungsergebnisse jedoch insofern eine Rolle, als man sich fragen kann, ob zum Beispiel die beim Themenbereich Industrie und Nationalsozialismus beschriebenen Unterschiede nicht viel eher auf Unterschiede in der Universitätsausbildung der Lehrer als auf Unterschiede in den curricularen und politischen Bedingungen des Unterrichts zurückzuführen sind. Denn es ist daran zu erinnern, daß die schleswig-holsteinischen Lehrer, auch die jüngeren, überwiegend in Kiel studiert haben (vgl. Tabelle 1.3) und daß gerade die jüngeren im Ruhrgebiet befragten Lehrer überwiegend in Bochum studiert haben. Was liegt also näher als der Versuch, die Unterschiede zwischen diesen Lehrern auf den Einfluß Erdmanns oder Mommsens zurückzuführen?

In der Tat beziehen sich in den Interviews aus Schleswig-Holstein manche Lehrer direkt auf Erdmann als Hochschullehrer und andere indirekt, indem sie auf seine Schriften, vor allem den Artikel in dem Gebhardtschen Handbuch, verweisen. Und ebenso finden sich in den Interviews aus der Großstadt des Ruhrgebiets einige Bezugnahmen auf Hans Mommsen. Auf der anderen Seite gibt es in den Interviews auch eine Vielzahl von Hinweisen auf andere wissenschaftliche Autoritäten. Und es ist unter anderem daran zu erinnern, daß die Erdmannsche Interpretation der Auflösung der Weimarer Republik als Selbstpreisgabe der Demokratie seltener als erwartet in den Interviews aus Schleswig-Holstein vertreten wird (vgl. Abschnitt 7.2). Ebenso ist zu berücksichtigen, daß bei den befragten Lehrern im Ruhrgebiet Textsammlungen wie die von Kühnl oder vergleichbaren Autoren eine nicht unbeträchtliche Rolle spielen. Gegen eine sehr starke Gewichtung des Einflusses einzelner Hochschullehrer spricht schließlich auch, daß in Nordrhein-Westfalen jene jüngeren Lehrer, die in Münster studiert haben und dort in geringerem Umfang mit zeit- und sozialgeschichtlichen Themen zu tun hatten, das Verhältnis von Großindustrie und Nationalsozialismus kaum anders behandeln als die Lehrer, die in Bochum studiert haben.

Es gibt also in unseren Daten eine Reihe von empirischen Hinweisen, die gegen die Vermutung eines starken Einflusses der Universitätsausbildung auf einzelne Deutungen im Geschichtsunterricht sprechen. Aber Fragen der Ausbildung an den Hochschulen kamen in unseren Interviews mit den Lehrern nur am Rande zur Sprache. Zudem fehlt es an Untersuchungen, die man zum Vergleich heranziehen könnte. Es ist ein offenes Forschungsproblem, ob und in welchem Ausmaß die Ausbildung an den Hochschulen den Geschichtsunterricht prägt; und unsere Überlegungen hierzu müssen deshalb in ihrem vorläufigen Charakter unterstrichen werden. Es geht in diesem Abschnitt mehr um das Aufwerfen von Fragen als um schlüssige Antworten.

8.3 Zur Frage der zeitlichen Beschränkungen

Zwei Gesichtspunkte werden von den Geschichtslehrern in den Interviews immer wieder hervorgehoben, nämlich einerseits ihre Freiheit und andererseits ihre zeitliche Gebundenheit. Die befragten Lehrer fühlen sich in der Art und Weise, in der sie über die Weimarer Republik und die Zeit des Nationalsozialismus unterrichten, überwiegend frei, soweit es um die Bindung durch Lehrpläne oder Instanzen der Schulaufsicht geht (vgl. auch Abschnitt 8.4.2). Sie fühlen sich gebunden, soweit es um die Zeit und um die begrenzten zeitlichen Möglichkeiten des Unterrichts geht. Da der zeitliche Rahmen des Unterrichts in mehr oder minder allgemeinen Vorgaben auch durch Lehrplanregelungen festgelegt ist (vgl. Abschnitt 1.4), gehören zeitliche Restriktionen zu den administrativen Bedingungen des Unterrichts und müssen als solche in ihrer Bedeutung für thematische Schwerpunktsetzungen und inhaltliche Orientierungen im Unterricht berücksichtigt werden. Können Begrenzungen in der zur Verfügung stehenden Unterrichtszeit herangezogen werden, wenn es darum geht, zu erklären, warum einige Themen stärker, andere weniger stark hervorgehoben werden?

Manche Kommentare der befragten Lehrer legen es nahe, der zur Verfügung stehenden Unterrichtszeit eine große Bedeutung zuzumessen. So wird in den Interviews häufiger das Zeitargument herangezogen, um zu erläutern, warum dieses oder jenes Thema und dieser oder jener Aspekt im Unterricht nicht ausführlicher behandelt wurden. Aber ist damit die entsprechende Themenauswahl hinreichend erklärt? Das kann man wohl nicht sagen. Der zeitliche Rahmen für den Unterricht über die Weimarer Republik und die Zeit des Nationalsozialismus insgesamt besagt sicher etwas über allgemeine Relevanzentscheidungen und über die Gewichtung dieses Themenbereichs im Vergleich zu anderen Themenbereichen des Geschichtsunterrichts. Er legt aber nicht fest, wie die zur Verfügung stehende Zeit genutzt wird und in welcher Weise dabei Schwerpunkte innerhalb des Themenbereiches gesetzt werden.

Um dies am Beispiel einer nicht untypischen Variante der Themenwahl zu erläutern: Ein Lehrer findet im Rahmen seines Unterrichts über die Weimarer Republik zwei Stunden Zeit, um mit den Schülern anhand von Textauszügen über die Weimarer Verfassung im Vergleich zum Grundgesetz zu sprechen. Zugleich erklärt er, für eine Behandlung der Rolle der Kirchen um 1933 habe keine Zeit zur Verfügung gestanden, so daß er dieses Thema allenfalls gestreift habe. Das Zeitargument macht in diesem Fall verständlich beziehungsweise nachvollziehbar, daß die Rolle der Kirchen um 1933 im Unterricht nicht weiter behandelt wurde. Es kann jedoch nicht herangezogen werden, wenn es darum geht, das zeitliche Verhältnis zwischen der Beschäftigung mit der Verfassung einerseits und mit der politischen Bedeutung der Kirchen andererseits zu erklären.

Hinter den Entscheidungen über die knappe Ressource Zeit stehen also Relevanzentscheidungen inhaltlicher Natur. Wir haben am Beispiel des Unterrichts über Antisemitismus in der Weimarer Republik (vgl. Abschnitt 6.2.2) zu zeigen versucht, daß man sich diese Relevanzentscheidungen nicht durchweg als bewußte, durch didaktische Überlegungen begründete Entscheidungen vorstellen darf.

Vielmehr ergeben sich Auswahlentscheidungen häufig aus der Konvention beziehungsweise aus vorhandenen Unterrichtstraditionen, an deren Entstehung und Reproduktion vor allem die Schulbücher, aber – in begrenzterem Umfang – auch die Lehrpläne einen wesentlichen Anteil haben (vgl. die Abschnitte 8.4 und 8.5).

Von der Frage der zur Verfügung stehenden Unterrichtszeit zu unterscheiden ist die Frage nach der zur Verfügung stehenden Zeit für die Unterrichtsvorbereitung. Diese ist in ihren Grenzen variabler, und sie ist an die zur Verfügung stehende Unterrichtszeit nicht unbedingt in der Weise gebunden, daß ein Mehr an Unterrichtsstunden in gleichem Verhältnis ein Mehr an Vorbereitungszeit impliziert. Denkbar ist auch eine umgekehrt proportionale Beziehung: Je weniger Unterrichtszeit zur Verfügung steht, um so größer ist, da komprimierte Übersichten erforderlich sind, gegebenenfalls der mit der Unterrichtsvorbereitung verbundene Aufwand.

Anders als die zur Verfügung stehende Unterrichtszeit kann die für die Unterrichtsvorbereitung verfügbare Zeit (wenigstens als sekundäres Argument) berücksichtigt werden, wenn es darum geht, Schwerpunktsetzungen im Unterricht und dominierende Deutungen zu erklären. Jede Deutung, die über die in Lehrplänen und Schulbüchern angelegten Grenzen hinausgeht, ist mit zusätzlichem Lese-, Such- und Begründungsaufwand verbunden; und dieser ist um so größer, je heterogener und widersprüchlicher sich das Bild des Nationalsozialismus in der nicht primär für den Schulbereich bestimmten Literatur darstellt. Es kostet also Kraft und Zeit, über die Themenschwerpunkte und Interpretationen hinauszugehen, die die benutzten Schulbücher anbieten. Und es ist völlig unrealistisch anzunehmen, daß ein einzelner Lehrer dies sehr häufig leisten kann.

8.4 Lehrplaneinfluß und fachliche Autonomie

8.4.1 Zum Verhältnis von Lehrplaninhalten und Unterrichtsinhalten

Stellt man die Frage nach dem Einfluß der Lehrpläne zunächst nur als Frage nach Übereinstimmungen und Nicht-Übereinstimmungen zwischen Lehrplan- und Unterrichtsinhalten, so ergibt sich folgendes Bild: In einer Reihe von Fragen besteht ein hohes Maß an Übereinstimmung zwischen den Akzentsetzungen in den Lehrplänen und den Akzenten, die die befragten Lehrer nach ihren eigenen Angaben in ihrem Unterricht setzen (vgl. vor allem die Kapitel 4–6). Bei anderen Fragen gibt es weniger Übereinstimmung. Am stärksten weichen Lehrplaninhalte und Lehrerangaben zum Unterricht voneinander ab, wo es um die Rolle der Großindustrie in der Spätphase der Weimarer Republik geht. In den geltenden Lehrplänen beider in die Untersuchung einbezogener Länder wurde dieses Thema nicht direkt angesprochen (wobei wir hier von gewissen Unterschieden in der indirekten Akzentuierung des Themas Industrie und Nationalsozialismus absehen können; vgl. Abschnitt 3.3). Trotzdem zeigt sich, daß 1. in beiden Ländern eine Reihe von Lehrern die Rolle der Großindustrie in ihrem Unterricht zur Sprache bringt und 2. Unterschiede zwischen den Lehrern in den verschiedenen Regionen – vor allem den beiden Großstädten – bestehen, die auf der Ebene der Lehrpläne keine Entsprechungen haben.

Ein anderes Beispiel für eine Nicht-Übereinstimmung von Unterrichts- und Lehrplaninhalten ergibt sich, wenn man die Daten zur Totalitarismuskonzeption im Unterricht genauer betrachtet. Nur das Land Schleswig-Holstein setzte im Zusammenhang mit diesem Thema in den Lehrplänen klare und auch sehr spezifische Akzente, Nordrhein-Westfalen hingegen nicht. Trotzdem war nicht allein in Schleswig-Holstein, sondern auch in Nordrhein-Westfalen unter den befragten Lehrern die Tendenz, die Spätphase der Weimarer Republik in Kategorien der Totalitarismuskonzeption zu beschreiben, relativ verbreitet.

Ein weiteres Beispiel bietet die Frage nach den Traditionen des Antisemitismus als Voraussetzung nationalsozialistischer Herrschaft. In Nordrhein-Westfalen setzte der Erlaß von 1978 in bezug auf dieses Thema einen deutlichen Akzent. In den Interviews, die wir in Nordrhein-Westfalen geführt haben, spiegelt sich dies jedoch nicht wider. Es gibt vielmehr, wie in Kapitel 6 ausgeführt, zwischen den Lehrern der in die Befragung einbezogenen Regionen keine nennenswerten Unterschiede in der Art und Weise der Auseinandersetzung mit den Traditionen des Antisemitismus.

In unseren Untersuchungsergebnissen gibt es schließlich auch Beispiele für unterschiedliche Akzentsetzungen trotz identischer formaler Vorgaben. So wurde die im Kursthema 11 in Schleswig-Holstein vorgesehene Koppelung der Themenbereiche „Nationalsozialismus“ und „Bolschewismus“ unter dem Oberbegriff des Totalitarismus in einigen Schulen übernommen, in anderen nicht (vgl. oben, Abschnitt 2.3.2). Und bei der Frage nach der Rolle des Militärs in der Spätphase der Weimarer Republik zeigten sich in Nordrhein-Westfalen Stadt-Land-Unterschiede, die nicht aus Unterschieden in der Lehrplansituation erklärt werden können.

Aus dieser knappen Übersicht über das Verhältnis von Lehrplan- und Unterrichtsinhalten wird bereits deutlich, daß die staatlichen Lehrpläne und Erlasse für die Erklärung faktischer Schwerpunktsetzungen im Unterricht nur von begrenzter Bedeutung sind. Es wäre allerdings falsch, hieraus den Schluß zu ziehen, daß sie überhaupt nichts bewirken. Denn wir haben wiederholt auch auf ein hohes Maß an Übereinstimmung zwischen den Akzentsetzungen in den Lehrplänen und den Ausführungen der Lehrer über ihren Unterricht hingewiesen. Ein besonders eindrucksvolles Beispiel hierfür ist die Art und Weise, in der die Rolle der Kirchen um 1933 in den Lehrplänen und in den Lehrerstellungnahmen aufgegriffen beziehungsweise nicht aufgegriffen wird.

Zu fragen ist nur, wie solche Übereinstimmungen zu interpretieren sind. Ist es richtig, im Falle übereinstimmender Akzentsetzungen in den Lehrplänen und im Unterricht zu folgern, daß eine direkte Beziehung zwischen Lehrplan- und Unterrichtsinhalten besteht, oder muß man sich den Zusammenhang zwischen Lehrplan und Unterricht nicht ganz anders und sehr viel indirekter vorstellen? Es gibt in unserem Untersuchungsmaterial eine Fülle von Hinweisen, die für das letztere sprechen. Die staatlichen Lehrpläne wirken auf den Unterricht – wenn überhaupt – primär auf dem Wege über die Schulbücher ein, die an den Lehrplanvorgaben der unterschiedlichen Bundesländer orientiert sind. Als direktes Medium der Strukturierung von Unterrichtsinhalten sind die Lehrpläne dagegen von geringerer Bedeutung. Das stärkste Argument für diese Auffassung ist die Tatsache, daß im Bewußtsein der befragten Lehrer Lehrpläne im Zusammenhang mit inhaltlichen Überlegungen zum eigenen Unterricht nur geringe Bedeutung haben (vgl. den folgenden Abschnitt). Ein weiteres Argument ergibt sich daraus, daß selbst in den inhaltlichen Bereichen, in denen der subjektive Stellenwert und Bekanntheitsgrad der Lehrplanvorgaben größer ist, die Art und Weise des Umgangs mit den Lehrplanvorgaben variiert (vgl. Abschnitt 2.3.2). Dies spricht dafür, daß auch in diesem Fall die Relevanz von Lehrplänen nicht überschätzt werden sollte.

8.4.2 Der Stellenwert der Lehrpläne im Bewußtsein der befragten Lehrer

Es gehört an den in unsere Untersuchung einbezogenen Schulen fast zum guten Ton, zum Lehrplan und seinen Inhalten in einem Verhältnis desinteressierter Distanz zu stehen. Diese Art der Beziehung dürfte im gymnasialen Bereich – und möglicherweise auch in anderen Bereichen (vgl. hierzu u. a. Krumm 1975; Bittlinger u. a. 1980; Kunert 1983; und aus der Perspektive der Schulaufsicht Hopf/ Nevermann/Richter 1980, S. 295 ff.) – nichts Neues sein, denn sie ist Ausdruck tradierter Vorstellungen zum Berufsbild des Gymnasiallehrers. Zu diesem Berufsbild gehört die gegebenenfalls auch gegen ungünstige Realitäten aufrechterhaltene Vorstellung von pädagogischer und wissenschaftlicher Autonomie. Letzte Instanz des eigenen Handelns sind in der idealtypischen Betrachtung weder Lehrpläne noch Schulaufsichtsbehörden, noch politische Gremien, sondern Wahrheitsfragen, sosehr diese im einzelnen auch mit weltanschaulichen Fragen verwoben sein mögen. Lehrpläne sind „Quantité négligeable“ – nur Berufsanfänger oder Ängstliche machen sich im Zusammenhang mit dem Lehrplan allzuviel Sorgen. Indikatoren für die Dominanz dieser Vorstellung sind in den von uns erhobenen Materialien reichlich vorhanden. Auf den folgenden Seiten soll versucht werden, sie im einzelnen darzustellen und den Bezug zum professionellen Selbstverständnis der Befragten plausibel zu machen.

Auffällig ist zunächst, daß die befragten Lehrer in den Teilen der Interviews, die sich mit den inhaltlichen Schwerpunktsetzungen im Unterricht über die Voraussetzungen des Nationalsozialismus befassen, auf den Lehrplan als Argument für diese oder jene Art der Betrachtung spontan kaum eingehen. Spontane Bezugnahmen auf Lehrpläne gibt es im wesentlichen nur an zwei Stellen:

1. Einige wenige der Lehrer, die in ihrem Unterricht versuchen, die sozialökonomischen Voraussetzungen des Nationalsozialismus in größerer Breite zu beberücksichtigen, bringen in Nordrhein-Westfalen von sich aus den Erlaß des Kultusministeriums vom Juli 1978 ins Spiel. Er dient in diesem Fall zur Untermauerung der eigenen Position.

2. In Schleswig-Holstein wird das Kursthema 11 und die Art und Weise, in der hier der Unterricht über das nationalsozialistische Deutschland und die stalinistische Sowjetunion miteinander verknüpft sind, von einigen Lehrern spontan erwähnt. Dies geschieht im Zusammenhang mit der in Kapitel 2 abgehandelten Problematik der Beschreibung der Rollen von NSDAP und KPD in der Spätphase der Weimarer Republik.

Spontane Bezugnahmen auf die Inhalte einzelner Lehrpläne gibt es im übrigen kaum oder allenfalls in einem formalen Sinn: Man stellt fest, „wie weit" man in der Sekundarstufe I im Geschichtsunterricht sein sollte und „wie weit" man tatsächlich ist: nämlich meist nicht „so weit". In allen vier Regionen war es für die Befragten ein Problem, wie im Lehrplan vorgesehen, in der Mittelstufe auch die Geschichte nach 1945 einzubeziehen.

In diesem formalen Sinne der Grobstrukturierung von Unterrichtsinhalten und Themenbereichen sind Lehrpläne für Lehrer weder eine unbekannte noch eine irrelevante Größe, selbst wenn Lehrer sie nicht im einzelnen kennen. Jenseits dieses vordergründigen Bereichs sind die Lehrpläne jedoch relativ bedeutungslos. Dies zeigt sich, wenn man genauer fragt und die Art und Weise zu bestimmen versucht, in der die Lehrer zu einzelnen Deutungsvorgaben der Lehrpläne Stellung nehmen.

Im Ablauf unserer Interviews wurde nach dem Verhältnis zu den Deutungsvorgaben der Lehrpläne in dem Gesprächsabschnitt gefragt, der sich an die Berichte über die inhaltlichen Schwerpunkte des Unterrichts anschloß und in dem administrative Bedingungen des Unterrichts angesprochen wurden. Die Frage nach der Bedeutung der Lehrpläne, auf die die Lehrer durch Vorinformationen über das Projekt vorbereitet waren, hatte in den Interviews – je nach Kontext – ungefähr den folgenden Wortlaut: „Wenn Sie versuchen, sich den Lehrplan für die Sekundarstufe I zu vergegenwärtigen: Haben Sie den Eindruck, daß in dem Lehrplan bestimmte Deutungen des Nationalsozialismus festgelegt werden?" Die Interviewer sollten je nach Antwort spezifizierende Nachfragen zu einzelnen Deutungsvorgaben und in ähnlicher Weise auch Fragen zum Lehrplan der Sekundarstufe II (in Schleswig-Holstein) und zum Erlaß von 1978 (in Nordrhein-Westfalen) stellen. In manchen Interviews wurde die Reihenfolge der Fragen auch umgekehrt, nämlich dann, wenn zuvor der Oberstufenunterricht des Befragten eindeutig im Vordergrund gestanden hatte.

Die Reaktionen auf unsere Frage zum Lehrplan zeigen, daß und warum wir unser Interesse, Stellungnahmen zu einzelnen Deutungsvorgaben zu erheben, nicht realisieren konnten: Die genaueren Lehrplaninhalte waren nämlich einem großen Teil der Befragten nicht präsent. Ein durchaus typischer und instruktiver Ausdruck dieser Situation ist der folgende Ausschnitt aus einem Interview mit einem älteren schleswig-holsteinischen Lehrer, der nicht ohne professionellen Stolz hervorhebt, daß ihm die Lehrplaninhalte a) nicht präsent und b) auch nicht so wichtig sind. Wir geben diesen Textausschnitt wieder, weil er besonders prägnant und in gebündelter Form Argumente enthält, die auch in vielen anderen Interviews eine Rolle spielen.

Interviewausschnitt 8/1 (Großstadt, Schleswig-Holstein)

Kontext: Nach dem primär den Unterricht in der Sekundarstufe I betreffenden inhaltsbezogenen Interviewteil versucht der Interviewer, die Frage nach den Lehrplänen in die Diskussion zu bringen.

Interviewer: „Wenn Sie versuchen, also wirklich nur versuchen ..."

Befragter: „Ja, das wird ein sehr verzweifelter Versuch. Ich muß sagen, wenn Sie nach Lehrplänen fragen, dann muß ich mich fragen, wo liegen meine eigentlich. Die sind bestimmt vermüllt irgendwo. Wenn ich den gebraucht habe, frage ich immer einen guten Freund: Hast Du noch ein paar, ich muß mal reingucken."

Interviewer: „Wann brauchen Sie einen Lehrplan?"

Befragter: „Einen Lehrplan, den brauch' ich überhaupt nicht. Den kann ich getrost vergessen, und dann ist mein Unterricht nicht schlechter als bei anderen. Ich sag's provozierend, (...) ich sage Ihnen aber, wie es ist. Das ist aber – nun, was ich eben gesagt habe, das klingt sehr, sehr abwertend. Und nun müssen Sie wissen, daß die Lehrplanrichtlinien für alle oder für viele Fächer am deutschen Gymnasium nur Richtlinien sind, das heißt also nicht verbindlich vorschreiben, du mußt so das und das machen, sondern immer nur Empfehlungen in bestimmte Richtungen sind, im groben; den großen Rahmen muß man einhalten. Aber innerhalb der Richtlinien ist man sehr, sehr frei. Und wir können praktisch Unterricht machen, indem wir an eine Schule kommen und praktisch fragen, was habt Ihr bisher in der und der Klasse gemacht? Aha, dann muß ich das und das weitermachen. Wir können also in der Mittelstufe praktisch weitgehend ohne diese Lehrplanrichtlinien arbeiten, weil die Fachkonferenzen ja auch immer wieder festlegen, wie weit wir pro Jahr kommen wollen. Und die Lehrplanrichtlinien schreiben uns ja nicht Ideologie vor. Das ist ja unser eigenes Problem. Das einzige, worauf wir verpflichtet sind, das geht ja auch nicht anders, wir dürfen die demokratische Ordnung hier nicht untergraben bei den Schülern, nicht. Darauf sind wir verpflichtet, ja auch anders verpflichtet, eben als Beamte. Aber sonst sind wir ja sehr, sehr frei in der Gestaltung unseres Unterrichts. Und ich würde fast meine Hand dafür ins Feuer legen, daß 80 Prozent der Kollegen im Fach Geschichte sehr, sehr unregelmäßig in den Lehrplan sehen. Und ich zähle mit Sicherheit zu den 80 Prozent."

Im Sinne unserer These, daß die desinteressierte Distanz gegenüber dem Lehrplan zum guten Ton gehört, ist an diesem Textausschnitt bemerkenswert, daß der befragte Lehrer die Tatsache, daß die Lehrplaninhalte nicht präsent sind, nicht als peinlich, sondern eher als normal betrachtet. Der Lehrer schätzt, daß die allermeisten seiner Berufskollegen ihr Verhältnis zum Lehrplan in ähnlicher Weise bestimmen wie er, und findet dies richtig so: Ein guter Lehrer *kann* seinen Unterricht auch ohne Anleitung durch Lehrpläne geben, und es ist wünschenswert und *angemessen*, daß ihm diese Möglichkeit eingeräumt wird. Den Lehrplan nicht zu kennen, ist nichts Ehrenrühriges, sondern etwas, das den erfahrenen Lehrer positiv auszeichnet.

Der Textausschnitt illustriert zweitens die Behauptung, daß in der Mittelstufe die zeitliche Orientierung dominiert. Wichtig sind nicht so sehr die spezifischen Lehrplaninhalte, sondern die innerschulischen Regelungen, die bestimmen, „wie weit" man jeweils sein sollte.

Der zitierte Textausschnitt kann drittens als ein Beispiel herangezogen werden, um einen im vorigen Abschnitt angesprochenen Sachverhalt zu erläutern: Dem befragten Lehrer sind die spezifischen Lehrplaninhalte, wie er überzeugend versichert, nicht präsent. Trotzdem stimmt sein Unterricht mit ihnen überein. Betrachtet man die Art und Weise, in der der Befragte im Interview über seinen Unterricht in der Sekundarstufe I berichtet, wird man Mühe haben, irgend etwas zu entdecken, was ihn in einen Gegensatz zum Lehrplan bringen könnte. Es gibt also eine Übereinstimmung zwischen Unterrichts- und Lehrplaninhalten. Es wäre jedoch absurd, diese als Beleg für die Bindungswirkung der Lehrpläne zu interpretieren. Die Übereinstimmung zwischen Lehrplan- und Unterrichtsinhalten stellt sich nicht primär über den Lehrplan her, sondern in anderer Weise. Von zentraler Bedeutung sind dabei wohl die Schulbücher (vgl. Abschnitt 8.5), aber darüber hinaus auch eine Vielzahl informeller Abstimmungs- und Angleichungsprozesse in den einzelnen Lehrerkollegien. Außerdem ist zu bedenken, daß Lehrplaninhalte und Lehrerstellungnahmen gleichermaßen ein nicht weiter vermittelter Ausdruck eines herrschenden Konsensus sein können.

Der zitierte Textausschnitt veranschaulicht schließlich viertens die Argumentation, die es als legitim erscheinen läßt, den Lehrplaninhalt zu vergessen oder nicht zur Kenntnis zu nehmen. Die Lehrpläne gelten als Richtlinien, die den „großen Rahmen" vorgeben, in dessen Grenzen sich der Lehrer „sehr, sehr frei" bewegt. Sie zu kennen, ist deshalb auch nicht unbedingt nötig.

Nun könnte man vermuten, daß mit dem zitierten Textausschnitt eher nur die Haltung solcher Lehrer illustriert wird, die erfahren und in dem kulturellen Milieu ihrer Umgebung fest verankert sind und sich deshalb ohnehin darauf verlassen können, daß sie lehrplankonform unterrichten. Das ist aber nach unseren Erfahrungen nicht der Fall, sondern die geringe Vertrautheit mit den spezifischen Lehrplaninhalten ist auch für solche Lehrer kennzeichnend, die in ihrem Unterricht nicht dieselben Akzente setzen wie der Lehrplan. Der folgende Ausschnitt aus dem Interview mit einem nordrhein-westfälischen Lehrer, der in seinem Unterricht andere Schwerpunkte setzt, als es der Lehrplan für die Sekundarstufe I nahelegt, mag dies illustrieren. Er verdeutlicht zugleich die Parallelität in den Argumenten: Der Lehrplan ist Rahmenvorgabe, gibt große Freiheitsspielräume und ist deshalb in seinen spezifischen Inhalten auch nur von begrenztem Interesse.

Interviewausschnitt 8/2 (Großstadt, Nordrhein-Westfalen)

Kontext: Frage zu den Deutungsvorgaben im Lehrplan für die Sekundarstufe I.

Befragter: „Also mich – ich bin überfragt. Ich könnte es nicht sagen (...) Die Richtlinien haben für mich – also ich habe die einmal durchgelesen –, haben darüber hinaus recht wenig Stellenwert. Ich weiß, daß ich meine Unterrichtsinhalte weitgehend frei gestalten kann, so daß ich also an die Richtlinien relativ wenig gebunden bin und die nicht weiter analysiert habe."

Es ist nun allerdings wichtig zu differenzieren. In den beiden zitierten Textausschnitten geht es um den Lehrplan für die Sekundarstufe I. Dieser ist tatsächlich bei den befragten Lehrern relativ wenig bekannt. Wir schätzen, daß der jeweils geltende Lehrplan für die Sekundarstufe I in dem, was er speziell zum Thema Weimarer Republik und Nationalsozialismus enthielt, höchstens einem Drittel der befragten Lehrer der unterschiedlichen Regionen präsent war. Vergleichbares gilt in Nordrhein-Westfalen für den Erlaß des Kultusministeriums vom Juli 1978. Die Situation ist anders und komplizierter im Fall des Lehrplans für die Sekundarstufe II in Schleswig-Holstein. Dieser war zum Zeitpunkt der Befragung bekannter, zumindest in seiner Grobstruktur. Das für unsere Fragestellung wichtige Kursthema 11, „Totalitäre Herrschaft am Beispiel des Bolschewismus und des Nationalsozialismus", war fast allen befragten Lehrern in seinem Aufbau und der Art der Themenzusammenstellung bekannt, wenn auch nicht unbedingt in allen seinen Einzelinhalten.

Ein wichtiger Grund für die größere Bekanntheit des Lehrplans für die Sekundarstufe II und das Kursthema 11 ist die Beziehung zum Abitur. Da das Thema „Totalitarismus am Beispiel des Bolschewismus und des Nationalsozialismus" in dem interessierenden Zeitraum (etwa 1979 bis 1981) häufig in den Semestern unterrichtet wurde, die der Einreichung der Vorschläge für das schriftliche Abitur vorausgingen und deren Inhalte in die Abiturvorschläge aufgenommen wurden (in Schleswig-Holstein: 12.2 und 13.1), war der Lehrplan in diesem Bereich von größerer Bedeutung und auch besser in seiner Einhaltung kontrollierbar. Die Abiturvorschläge, die über die Schulleitung an die Schulaufsichtsbehörde weitergereicht wurden, enthielten nach den zum Befragungszeitpunkt geltenden Regeln Angaben über den Unterricht in den letzten beiden Semestern sowie die Klausurthemen in diesen Semestern und drei Themenvorschläge, die unterschiedlichen Themenbereichen entstammen sollten (z. B. nicht zwei Themen zum Bereich Nationalsozialismus). Zwar machten uns viele Lehrer darauf aufmerksam, daß diese erhöhten Kontrollchancen von ihren Schulleitern und von der zuständigen Behörde zurückhaltend genutzt wurden: Im Bereich Geschichte gab es wenig Themenbeanstandungen, und sofern es welche gab, waren sie eher didaktischer Natur, indem zum Beispiel Schwierigkeitsgrad oder Themenumfang (zu weite bzw. zu enge Fragestellungen) moniert wurden. Trotzdem ist kaum zu bestreiten, daß die Regelung für die Abiturthemen-Vorschläge die Möglichkeiten der Kontrolle erhöhte und den Unterricht in den letzten Semestern vor dem Abitur im Vergleich zum Mittelstufenunterricht für die Schulaufsicht durchsichtiger machte.

Bemerkenswert ist nun, daß die befragten Lehrer auch gegenüber dem bekannteren und in seiner Einhaltung eher kontrollierbaren Lehrplan für die Sekundarstufe II ihre Unabhängigkeit sehr stark betonen. Bisweilen wird dabei direkt der Bezug zur Lehrerrolle und zum professionellen Selbstverständnis des Gymnasiallehrers hergestellt. Dies gilt beispielsweise für die folgende Stellungnahme, in der explizit zwischen wissenschaftlicher und bürokratischer Orientierung unterschieden wird.

Interviewausschnitt 8/3 (Großstadt, Schleswig-Holstein)

Kontext: Frage zu den Lehrplänen, in der Frageformulierung zunächst auf den Lehrplan für die Sekundarstufe II bezogen.

Befragter: „Na ja, das ist jetzt so ein heikler Punkt. Lehrpläne kommen und Lehrpläne gehen. Und wenn man sich da allzu sklavisch an jeden Lehrplan hält, dann ist man ein armer Tropf. Denn was da manchmal an Unsinn in Lehrplänen steht, das ist gar nicht zu verwirklichen, wenn man das im Unterricht bringen soll. Auch unser gegenwärtiger, besonders bei einem anderen Thema. (Vermutlich ist hier das in den Interviews häufiger kritisierte 2. Kursthema gemeint, das die ‚Entwicklung der internationalen Beziehungen vom 19. Jahrhundert bis zum Ende des 2. Weltkriegs' zum Gegenstand hat; d. Verf.) Was jetzt den Nationalsozialismus angeht, so meine ich, ist er vom Lehrplan so weit fast, daß man als verantwortungsvoller Historiker den auch verantwortungsvoll behandeln kann. Sicherlich, man kann kritisieren, daß Bolschewismus und Nationalsozialismus in einem Atemzug genannt werden. Gut, wenn man sich dann klarmacht, in welchen Bereichen die vergleichbar sind und daß es aber auch Unterschiede da gibt, daß es also nicht einen Totalitarismus gibt, sondern eben verschiedenste Formen, dann glaube ich, kann man in einer differenzierten Betrachtungsweise diesem Lehrplan voll gerecht werden. Aber, wie gesagt, ich finde nicht, daß ich mich durch den Lehrplan eingeengt fühlen muß."

Interviewer: „Und wie schätzen Sie das für die Lehrpläne für die Sekundarstufe I ein?"

Befragter: „Haben wir überhaupt einen im Moment?"

Interviewer: „Ja."

Befragter: „Wenn das Ding nicht laufen würde, würde ich sagen – (...) ich meine, ich betrachte mich als Historiker und nicht als Erfüllungsgehilfe der Behörde, die eventuell bestimmte Dinge unbedingt sehen will oder nicht sehen will; sondern ich meine, daß ich als Geschichtslehrer eine Verantwortung habe und daß ich eben den Unterricht so gestalten muß, daß das, was ich da für wichtig halte – und das deckt sich ja im wesentlichen mit den Lehrplänen; wenn da mal eine oder die andere Formulierung drin ist, wo ein Schwerpunkt gesetzt werden muß und ich ihn nicht ganz so stark setze, dann halte ich das auch nicht für so schlimm. Ich bin kein Sklave der Lehrplanerfüllung."

Bei der Analyse dieser und vergleichbarer Stellungnahmen ist es wichtig, zwischen einer eher inhaltsbezogenen und einer eher strukturbezogenen Ebene der Argumentation zu unterscheiden. In den konkreten Stellungnahmen der befragten Lehrer sind diese Ebenen zwar eng miteinander verknüpft – aus der Einschätzung der Lehrplaninhalte werden Schlußfolgerungen über Freiheitsspielräume abgeleitet, und umgekehrt beeinflußt die Wahrnehmung des eigenen Freiheitsspielraums die Art der Auseinandersetzung mit den Lehrplaninhalten; sie müssen jedoch trotzdem auseinandergehalten werden.

Auf der inhaltsbezogenen Argumentationsebene geht es um Stellungnahmen zu einzelnen Lehrplaninhalten, in dem zitierten Fall um den Kommentar zur Verbindung der Themenbereiche „Bolschewismus" und „Nationalsozialismus" und um die generell positive Einschätzung des Lehrplans beim Thema Nationalsozialismus. Auf der strukturbezogenen Ebene der Argumentation geht es um die Beziehung zwischen Lehrplan und Lehrern in Autoritätskategorien. Es werden Überlegungen zur Verbindlichkeit der Lehrplanvorgaben und zur Beziehung zwischen Lehrplaninhalten und professioneller Autonomie angestellt.

In dem soeben zitierten Textausschnitt dominiert die strukturbezogene Argumentation. Sie bildet den Auftakt und läßt dabei sofort als zentrales Thema die Frage nach Autonomie und Abhängigkeit anklingen: Wer sich „allzu sklavisch an jeden Lehrplan hält", ist „ein armer Tropf". Auch in die inhaltlichen Stellungnahmen zum Lehrplan geht das Autonomie-Thema ein: Der Lehrplan zum Themenbereich Nationalsozialismus ist so, daß man als „verantwortungsvoller Historiker" mit ihm umgehen kann und daß man sich nicht „eingeengt fühlen muß". Die Frage nach Autonomie und Abhängigkeit wird schließlich noch einmal explizit in der Schlußpassage aufgeworfen, und zwar ausgehend von der Frage nach dem nicht bekannten Lehrplan für die Sekundarstufe I (vgl. hierzu oben). Hier wird der Bezug zur Lehrerrolle hergestellt und der Vorrang der wissenschaftlichen Orientierung betont. Knapp zusammengefaßt lautet die Argumentation des Befragten: Ich fühle mich durch die Lehrplaninhalte nicht gegängelt. Sie sind so, daß ich sie inhaltlich vertreten kann. Wenn ich dies aber nicht könnte, würde ich mir die Freiheit nehmen, die Akzente in meinem Unterricht so zu setzen, wie ich es als „Historiker" und „Geschichtslehrer" verantworten kann.

Der am Beispiel des Interviewausschnitts 8/3 charakterisierten Argumentation begegnen wir in den Interviews mit den Lehrern in Schleswig-Holstein häufiger. Sofern im Lehrplan für die Sekundarstufe II und in dem Kursthema 11 inhaltliche Deutungen gesehen werden, bezieht man sich auf die Totalitarismus-Konzeption des Lehrplans, die von einigen Lehrern – teils schärfer, teils weniger scharf – kritisiert wird, von anderen dagegen nicht (vgl. Abschnitt 2.3.2). Im übrigen gilt der Lehrplan zum Thema Nationalsozialismus als ein Plan, in dem sehr wenig festgelegt wird und der keine bemerkenswerten Deutungsvorgaben enthält. Doch selbst – so ergänzen manche Lehrer –, wenn der Lehrplan eindeutigere inhaltliche Festlegungen enthielte, wären diese nicht unbedingt verpflichtend. In diesem Sinne nicht untypisch sind auch die folgenden Stellungnahmen.

Interviewausschnitt 8/4 (Ländliche Region, Schleswig-Holstein)

Kontext: Frage zu den Lehrplänen. Der Interviewer bezieht die Frage nach möglichen Deutungsvorgaben in den Lehrplänen zunächst auf den Lehrplan für die Sekundarstufe I, der dem befragten Lehrer in seinen Inhalten nicht präsent ist. Zum Thema wird dann der Lehrplan für die Sekundarstufe II gemacht.

Befragter: „Aber Sie haben ihn besser im Kopf. Aber ich habe mich durch den Lehrplan – das ist auch schon wieder über ein Jahr her; den Lehrplan habe ich mir vorher angeguckt –, ich habe mich in keiner Weise eingeengt gefühlt durch den Lehrplan, überhaupt nicht. Habe da so alles, was ich vorhatte, doch mit dem Lehrplan verbinden können. Außerdem – wenn ich mich an irgendeiner Stelle eingeengt gefühlt hätte, dann würde mich das nicht interessieren. Da würde ich das so machen, wie ich das meine ..."

Interviewausschnitt 8/5 (Großstadt, Schleswig-Holstein)

Kontext: Frage zu den Lehrplänen. Der Interviewer bezieht die Frage auf den Lehrplan für die Sekundarstufe II.

Interviewer: „(...) finden Sie, daß in diesem Lehrplan inhaltliche Deutungen, inhaltliche – ja – Interpretationen des Nationalsozialismus festgelegt werden?"

Befragter: „Nein. Das finde ich nicht. Wir haben also eine ganz knappe Seite hier (...). Ich hab' es extra rausgeholt aus dem Lehrplan und mitgebracht. Sehen Sie mal, dieses Zettelein – da stehen ein paar Stichwörter drauf. Insofern legt der mich nicht fest. Und er gibt auch nicht irgendeine Deutung oder Theorie vor. Da steht zwar ‚Totalitäre Herrschaft' am Beispiel des Nationalsozialismus. Und ich könnte jetzt daraus folgern, daß die Abfasser dieses Lehrplanes (...) die Totalitarismus-Theorie von Brzezinski, von Friedrich als die maßgebende ansehen. Das müßte ich wohl folgern. Aber was nach dieser Überschrift kommt, das sind die ganz normalen Stichwörter, die den Inhalt, den Stoff umreißen, mit dem wir arbeiten müssen. Es werden keine Lernziele verlangt, es werden keine Schwerpunkte gesetzt. Hier wird alles stichwortartig – ähnlich wie im Ploetz, bloß ohne Zahlen – unverbunden nebeneinandergestellt."

Die Frage, warum die im Kursthema 11 vorhandenen Schwerpunktsetzungen und Deutungsvorgaben – abgesehen von der Totalitarismusproblematik – von den befragten Lehrern nur selten zum Thema gemacht werden, ist nicht leicht zu beantworten. Eine wichtige Ursache ist wohl, daß die Schwerpunktsetzungen des Lehrplans den Deutungen der Lehrer viel zu nahe stehen, um auffällig zu werden. Beispielsweise bezeichnen die drei didaktischen Gesichtspunkte, unter denen im Lehrplan für die Sekundarstufe II das Ende der Weimarer Republik zusammengefaßt wird[3], die Themenschwerpunkte, die von den befragten Lehrern in ihrem Unterricht über die Weimarer Republik und die Voraussetzungen nationalsozialistischer Herrschaft auch unabhängig vom Lehrplan als wichtig hervorgehoben werden (vgl. hierzu vor allem die Kapitel 2 und 7). Der Lehrplan legt insofern nur fest, was für einen großen Teil der Lehrer ohnehin selbstverständlich ist. Er enthält nichts Bemerkenswertes, beziehungsweise er enthält, wie der im Interviewausschnitt 8/5 zitierte Lehrer formuliert, „die ganz normalen Stichwörter, die den Inhalt, den Stoff umreißen, mit dem wir arbeiten müssen".

Wichtig ist darüber hinaus aber auch, daß die befragten Lehrer die einzelnen Lehrplaninhalte – so wie sie das schildern – eher nur kursorisch oder gar nicht zur Kenntnis nehmen. Dies gilt mit Sicherheit für den Umgang mit den Lehrplänen für die Sekundarstufe I, es gilt aber auch für die Rezeption des in seiner Grobstruktur bekannteren Lehrplans für die Sekundarstufe II in Schleswig-Holstein. Die einzelnen Lehrplaninhalte sind einigen Lehrern überhaupt nicht und vielen weiteren nur kursorisch bekannt, was, wie bereits angedeutet, mit der Dominanz von Autonomievorstellungen zusammenhängt. „Ich lese", so sagt ein älterer Lehrer, „unter dem Aspekt: Du hast ja die Freiheit, in Deinem Unterricht das zu tun, was Du für gut befindest." Es besteht insofern auch wenig Interesse, irgendwelche mehr oder minder latenten Deutungen im Lehrplan zu entdecken. Für den einzelnen Lehrer sind die Interpretationsspielräume interessanter als die im Lehrplan möglicherweise angelegten Verengungen der Perspektive.

Zusammenfassend kann man sagen, daß in der Art und Weise, in der die befragten Lehrer über den Lehrplan reden, die strukturbezogene Argumentation überwiegt. Die Lehrer betonen ihre Autonomie. Diese ergibt sich entweder aus der Einschätzung der Lehrplaninhalte (als vage, bloße Begriffsauflistung usw.) oder aus der Betonung der prinzipiellen Unabhängigkeit im Verhältnis zu den Lehrplaninhalten. Dabei gibt es eine Art Ehrenkodex, nach dem eine starke Lehrplanbindung negativ zu bewerten ist: Ein guter Lehrer muß mit den Lehrplaninhalten nicht unbedingt vertraut sein, im Gegenteil, wer sich „allzu sklavisch an jeden Lehrplan hält", ist „ein armer Tropf" (Interviewausschnitt 8/3).

8.5 Schulbücher und Unterrichtsinhalte

8.5.1 Direkte oder indirekte Zwänge?

Die von uns befragten Lehrer betrachten sich, wie ihr Verhältnis zu den staatlichen Lehrplänen zeigt, überwiegend als frei in der Gestaltung von Unterrichtsinhalten. Dies zeigt sich auch in ihrem Verhältnis zu einzelnen Instanzen der Schulaufsicht, den Schulräten oder Schulleitern. Interventionen von Schulaufsichtsbe-

3 „Radikalisierung in der Politik im Zusammenhang mit wirtschaftlicher Entwicklung"; „Verfassungsschwächen als Ursache unzureichenden Reagierens auf politische Herausforderungen"; „Folgen mangelnder Identifizierung mit Staat und Verfassung".

amten, wie sie im Abschnitt 5.2 im Zusammenhang mit einem lokalen Konflikt dargestellt werden, kommen vor, sind jedoch selten. Sofern in den Interviews über Konflikte mit Schulleitern, Schulräten oder Eltern berichtet wird, beziehen sich diese eher auf andere, zeitlich nähere Themen als auf den Unterricht über den Nationalsozialismus und seine Voraussetzungen. Es wäre daher verfehlt, anzunehmen, daß bestimmte Arten des Unterrichts über die Voraussetzungen nationalsozialistischer Herrschaft ein Ergebnis direkten Zwangs sein könnten – in dem Sinne, daß etwa Schulaufsichtsbeamte über das Medium direkter Kontrolle, sei es in Unterrichtsbesuchen, sei es im Zusammenhang mit den Abiturprüfungen oder bei anderen Gelegenheiten, versuchten, bestimmte Deutungen durchzusetzen und andere zu unterdrücken. Wenn sich tatsächlich doch bestimmte Deutungen im Unterricht durchsetzen und andere nicht, so muß als Erklärung dafür viel eher der stumme Zwang der Verhältnisse als eine direkte Einwirkung der Verwaltung in Erwägung gezogen werden.

Wichtiger als alle anderen Bedingungen sind dabei nach unserer Auffassung die Schulbücher und die in ihnen nahegelegten Deutungen und Schwerpunktsetzungen. Ihre Wirkungsweise ist jedoch nicht so zu beschreiben, daß ein einzelnes Schulbuch oder eine einzelne Text- und Quellensammlung den Unterricht und die Deutungen einzelner Lehrer prägt. Vielmehr ist der Schulbucheinfluß eher als ein kumulativer zu beschreiben: Wenn bestimmte Deutungen und Schwerpunktsetzungen in unterschiedlichen Schulbüchern und Text- und Quellensammlungen immer wieder auftreten, wird sich dies im Unterricht auswirken (vgl. hierzu vor allem Abschnitt 8.5.3).

Argumente dafür, daß es nicht einzelne Schulbücher, sondern Konstellationen von Schulbüchern sind, die einflußreich sind, ergeben sich unter anderem aus den folgenden Eigenheiten der Schulbuchverwendung:

1. Nur im Mittelstufenunterricht hat nach den Ergebnissen unserer Befragung das darstellende Geschichtsbuch nach wie vor eine starke Stellung (vgl. Abschnitt 8.5.2). Es wird allerdings auch im Mittelstufenunterricht durch andere Bücher ergänzt. Etwa die Hälfte der 35 Lehrer, die in den Interviews ausführlicher über ihren Unterricht in der Mittelstufe berichten, verwendet neben dem darstellenden Geschichtsbuch weitere Texte („Fragen an die Geschichte", „Hofer" u. a.), die auch an die Schüler verteilt werden[4].
2. Im Oberstufenunterricht ist der Regelfall die gleichzeitige Verwendung mehrerer Bücher. Dabei hat bei den schleswig-holsteinischen Lehrern das darstellende Geschichtsbuch (vor allem „Zeiten und Menschen" in der Oberstufen- oder Mittelstufenausgabe) einen höheren Stellenwert als bei den nordrhein-

4 Zum Vergleich: In einer am Institut für Bildungsforschung durchgeführten repräsentativen Befragung zu den Unterrichtsstoffen in den 7. Klassen an Gymnasien (Schuljahr 1964/65; einbezogene Fächer: Deutsch, Englisch, Mathematik) ergab sich für das Fach Englisch, daß nur 8,6 Prozent der befragten Lehrer neben dem Lehrbuch ein weiteres Buch verwandten (vgl. Edelstein/Sang/Stegelmann 1968, S. 168), was von den Autoren neben anderen Indikatoren als Beleg für die starke Stellung des Lehrbuchs interpretiert wird (ebenda).

westfälischen Lehrern. In allen in die Befragung einbezogenen Regionen ist gleichwohl im Oberstufenunterricht a) die simultane Verwendung unterschiedlicher Textgrundlagen und b) die Quellenorientierung des Unterrichts kennzeichnend.

3. Zusätzlich zu den an die Schüler verteilten darstellenden Geschichtsbüchern oder Text- und Quellensammlungen werden von vielen Lehrern noch weitere Materialien zum Unterricht herangezogen (Auszüge aus anderen Büchern, die in einzelnen Unterrichtsstunden verteilt werden; Filme, Schulfunksendungen u.a.).
4. Die von uns befragten Lehrer haben, sofern sie häufiger über die Weimarer Republik und die Zeit des Nationalsozialismus unterrichtet haben, Unterrichtserfahrungen in beiden Schulstufen und sind deshalb im Prinzip sowohl mit den Lehrbüchern für die Sekundarstufe I als auch mit den in der Oberstufe verwendeten Büchern vertraut. Dies gilt um so mehr, als sie in der Geschichtslehrerkonferenz ja auch über die Anschaffung und Verwendung von Schulbüchern mitentscheiden.

Bezogen auf die von uns untersuchten Bereiche ist also davon auszugehen, daß die gleichzeitige Verwendung mehrerer Textgrundlagen im Oberstufenunterricht der Regelfall und im Mittelstufenunterricht recht verbreitet ist[5] und daß außerdem viele der befragten Lehrer in beiden Schulstufen unterrichten. In der aktuellen Unterrichtspraxis sind also meist mehrere Bücher für den einzelnen Lehrer von Bedeutung. Dies mag verdeutlichen, daß es ein ziemlich aussichtsloses Unterfangen wäre, nach der Wirkung *des* einzelnen Schulbuchs oder *der* einzelnen Text- und Quellensammlung zu fragen.

---

5 Ob die hier skizzierten Bedingungen der Schulbuchverwendung generell für den gymnasialen Geschichtsunterricht kennzeichnend sind oder nicht, ist schwer einzuschätzen. Es gibt zu dieser Frage keine vergleichbaren Untersuchungen, auf die man sich bei der Erörterung von Generalisierungsmöglichkeiten stützen könnte. Vgl. hierzu u.a. auch Stein, der hervorhebt, daß „von einer hinreichend verläßlichen Wirkungs- und Benutzerforschung im Bereich des ‚Massenmediums' Schulbuch (...) bis heute kaum die Rede sein" könne (Stein 1979, S. 53). Vgl. entsprechend auch Lange 1981; Behrmann 1982. Die Untersuchung, die nach unseren Informationen am breitesten über Fragen der Schulbuchverwendung im Geschichtsunterricht an Gymnasien, Hauptschulen und Realschulen informiert, ist die 1972/73 von Hug in Südbaden durchgeführte Befragung (vgl. Hug 1977). Sie bezieht sich jedoch nur auf die Sekundarstufe I und unterstellt zudem in ihren Frageformulierungen die Verwendung *eines* Geschichtsbuchs; sie kann insofern zu einem Vergleich nur schwer herangezogen werden. Dies gilt um so mehr, als der zeitliche Aspekt zu berücksichtigen ist. Zu vermuten ist, daß seit Anfang der siebziger Jahre der Gebrauch von Arbeitsbüchern und Text- und Quellensammlungen im Geschichtsunterricht an Bedeutung gewonnen hat und daß zudem auch die gleichzeitige Verwendung mehrerer Textgrundlagen im Unterricht zugenommen hat (vgl. zur Veränderung der Stellung des traditionellen Schulbuchs im Unterricht auch Jeismann 1979).

8.5.2 Varianten der Schulbuchverwendung im Mittelstufenunterricht

Es ist häufiger zu hören, das traditionelle, der chronologischen Darstellung verpflichtete Schulbuch habe im Geschichtsunterricht generell seine Bedeutung verloren. Es werde abgelöst durch Arbeitsbücher, Quellensammlungen und für die Schüler vervielfältigte Einzeltexte. Diese Auffassung ist nach unseren Erfahrungen zutreffend, soweit es um den Oberstufenunterricht geht. Sie trifft jedoch auf den Mittelstufenunterricht nicht zu. An den in die Untersuchung einbezogenen Schulen haben die darstellenden Schulbücher im Mittelstufenunterricht nach wie vor eine starke Stellung, wenn auch kein Monopol, wie die häufige Verwendung ergänzender Materialien oder Bücher belegt (vgl. die quantitativen Angaben in Abschnitt 1.5).

Die überwiegend verwendeten Schulbücher „Zeiten und Menschen“ und „Geschichtliche Weltkunde“ integrieren zwar nach den Intentionen der Autoren und Herausgeber Elemente des Arbeitsbuches und der Anleitung zum quellenorientierten Unterricht – „Geschichtliche Weltkunde“ stärker als „Zeiten und Menschen“ –, sie bleiben jedoch, wie dies Wolfgang Hug für das Schulbuch „Geschichtliche Weltkunde“ formuliert, dem „Prinzip der Chronologie als einem Erkenntnismuster geschichtlichen Denkens“ (1980, S. 236) verpflichtet. Im Schulgeschichtsbuch soll die zusammenfassende Darstellung von Sachverhalten den Vorrang vor der Bereitstellung von Arbeitsmaterialien (Quellen, Karten, Skizzen u. a.) haben:

> „Wer sich als Laie – und darum handelt es sich bei den Schülern allemal – ein Bild davon machen will, was z. B. die Reformation in unserer Geschichte bedeutet, greift nicht zuerst zu einem Buch, in dem er aus mehr oder minder verkürzten Quellenstücken sich ein fragmentarisches Mosaik zusammenzustellen hat; er erwartet vielmehr zuerst eine Darstellung des Sachverhalts. Diese Darstellung soll auch das Schulgeschichtsbuch dem Schüler bereitstellen.“ (Hug 1980, S. 231 f.)

Im Unterschied zu den Schulbüchern „Zeiten und Menschen“ und „Geschichtliche Weltkunde“ ist „Fragen an die Geschichte“ (der „Schmid“) als ein reines Arbeitsbuch konzipiert, mit dem „ein Alternativkonzept zum Geschichtsunterricht der Sekundarstufe I“ (Schmid 1980, S. 283) vorgelegt werden soll. Das Schulbuch enthält eine Fülle von Auszügen aus Quellen, aufbereitenden historischen Karten, Statistiken, Kurzbiographien, Bildern und Auszügen aus wissenschaftlichen Texten, in denen kontroverse geschichtliche Deutungen, Lehrmeinungen und Urteile vorgestellt werden; und es verzichtet auf einen durchgehenden darstellenden Text. Das „Lernen der wesentlichen Daten, Fakten, Wirkungszusammenhänge, Strukturen und Epochen (soll) durch Schaubilder und kurze lexikonartige Texte darstellend-orientierend vorbereitet“ werden (Schmid, Fragen an die Geschichte, Lehrerbegleitband 2, S. 6).

Mit dieser Konzeption eines reinen Arbeitsbuches, die in der geschichtsdidaktischen Diskussion anhaltende Kontroversen auslöste (vgl. u. a. Schoebe 1983; Dörr 1983; Rohlfes 1983), sollen nach dem Willen des Herausgebers und der Bearbeiter unter anderem die folgenden Veränderungen im Geschichtsunterricht ermöglicht und unterstützt werden:

- vom expositorisch-darstellenden zum entdeckenden Lernen;
- vom lehrerzentrierten Frontalunterricht zur Einbeziehung sozialintegrativer Unterrichtsformen;
- vom rezipierenden zum problemfindenden und problemlösenden Unterricht;
- vom generalisierenden Durchgang durch die Geschichte zur exemplarischen Auswahl;
- vom passiven zum überwiegend aktiven Schülerverhalten;
- vom Wissen speichernden zum denkenden Lernverhalten;
- von der Monoperspektivität und Eindimensionalität der Geschichtsbetrachtung zur Multiperspektivität und Mehrdimensionalität;
- von der politischen Staatengeschichte zur Integration von Struktur-, Sozial- und politischer Staatengeschichte;
- von der Festlegung auf die historisch-genetische Verfahrensweise zu einer Vielfalt von Zugriffen auf den Stoff der Geschichte (vgl. Schmid, Fragen an die Geschichte, Lehrerbegleitband 2, S. 5 f.).

Von den befragten Lehrern wird „Fragen an die Geschichte" in der Regel nicht als zentrales Geschichtsbuch im Mittelstufenunterricht herangezogen. Auch die jüngeren Geschichtslehrer, denen die didaktische Konzeption dieses Buches eher zusagt als den älteren, neigen dazu, es als „Zweitbuch" zu betrachten, als eine nur in Verbindung mit anderen, darstellenden Schulbüchern zu verwendende Unterrichtshilfe. 20 der 35 Lehrer, die auführlicher über ihren Mittelstufenunterricht berichten, geben an, daß sie „Fragen an die Geschichte" gelegentlich heranziehen. Dabei verteilen einige Lehrer dieses Buch als Ergänzung zum darstellenden Schulbuch, andere verwenden es stundenweise oder als Materialsammlung, aus der einzelne Texte für den Unterricht vervielfältigt werden.

Die Art und Weise, in der die befragten Lehrer ihren Umgang mit dem Schulbuch „Fragen an die Geschichte" kommentieren, ist für die Frage nach dem Stellenwert darstellender Geschichtsbücher in der Sekundarstufe I unmittelbar von Interesse. Einerseits werden die Vielzahl von Quellen und die Multiperspektivität von vielen Lehrern als hilfreich empfunden. Andererseits lautet ein häufig anzutreffendes Urteil: zu schwer für die Sekundarstufe I. Den Lehrern erscheint es unmöglich, vorwiegend mit diesem Buch zu arbeiten. Zum einen brauchen ihrer Meinung nach Schüler der Mittelstufe in stärkerem Maße Überblicke über chronologische Abläufe und historische Zusammenhänge, und zwar in der Form von darstellenden Texten. Zum anderen erfordert die Konzeption Schmids von den Lehrern nicht nur häufig ein Umlernen gegenüber ihrer bisherigen Unterrichtspraxis und besonderes methodisches Geschick, sondern auch ein hohes Maß an zusätzlichem Vorbereitungsaufwand, was angesichts der bereits bestehenden Arbeitsbelastungen Probleme aufwirft. Das Pro und Contra der Arbeit mit „Fragen an die Geschichte" beschreibt einer der Lehrer wie folgt:

Interviewausschnitt 8/6 (Ländliche Region, Schleswig-Holstein)

Kontext: Frage nach der Einschätzung des „Schmid".

Befragter: „Der Schmid, also generell ein großes Lob, weil er sehr viel Quellen bietet (...). Die Kritik daran (ist), daß vielfach die Quellen doch so, ja – daß die Quellen doch so kurz sind und manchmal doch etwas sinnentstellend sein können. Da liegt es aber natürlich auch ein bißchen am Lehrer, das richtig darzustellen oder ins rechte Licht zu rücken. Also meinetwegen das Original sich zu besorgen. Und da bin ich ja dann doch etwas fuchsig und guck' dann doch mal nach. Wo sie das herhaben. (...) Aber das, was gut ist, dieses breite Spektrum der Quellen, auch daß dort nicht nur – daß eben Plakate, Schaubilder, Skizzen,

Tabellen, aber auch Quellen, Quellen aus Büchern, Quellen aus Biographien – es ist eben alles drin. Und das kann man doch oft, wenn man einen bestimmten Punkt erhellen will, kann man das auch sehr gut gebrauchen. So zum Beispiel, was ja Schüler generell auch lernen müssen, zum Beispiel auch gerade in bezug – auch in der Weimarer Republik lernen mußten: Umsetzung von absoluten Zahlen in Tabellen. Daß sie so etwas mal selber machen. (...) Aber noch zu loben an dem ist das Spektrum der Quellen, die Verschiedenartigkeit, (der) Aktualitätsbezug (...). Auch die Fragestellung hat mir eigentlich gefallen, die darunter steht. Und insgesamt würde ich sagen, in der Oberstufe würde ich in jedem Fall ziemlich uneingeschränkt mit dem Buch arbeiten. (...) Was schwierig ist, ist wenn man einen gewissen Zusammenhang sehen will. Das ist ganz schwierig, den über Schmid zu erarbeiten. Um nicht zu sagen, unmöglich. Wenn man also so sagt, informiert euch mal über Nationalsozialismus oder informiert euch mal, was 1933 bis '39 geschehen ist, dann kann man eben nicht den Schmid an die Hand geben."

Der Lehrer ist in seinem Urteil über „Fragen an die Geschichte" geteilt. Er lobt das breite Spektrum der Quellen, den Aktualitätsbezug, die den Quellen zugeordneten Fragen. Er hat Schwierigkeiten mit den oft sehr stark gekürzten Quellenauszügen. Vor allem aber kritisiert er, daß es für Schüler kaum möglich sei, sich in diesem Arbeitsbuch über größere Zusammenhänge und Zeitabschnitte zu informieren. So kommt er zu dem Schluß, daß „Fragen an die Geschichte" eher für die Oberstufe geeignet sei. Dazu ist bemerkenswert, daß 15 der 43 Befragten, die überwiegend über ihren Unterricht in der Sekundarstufe II berichten, sich bei der Frage nach den verwendeten Materialien auch auf dieses für die Mittelstufe konzipierte Arbeitsbuch beziehen.

Das Schulbuch „Fragen an die Geschichte" hat also an den in die Untersuchung einbezogenen Schulen einige Bedeutung, aber eine andere, als es die Verfasser intendieren. Es fungiert als Text- und Quellensammlung, die in der Mittelstufe zusätzlich zu dem darstellenden Geschichtsbuch und in der Oberstufe zusätzlich zu anderen Text- und Quellensammlungen verwendet wird. Selbst an der Schule, an der zum Zeitpunkt der Befragung „Fragen an die Geschichte" als grundlegendes Mittelstufengeschichtsbuch „eingeführt" war (vgl. Abschnitt 1.5), gab es entsprechende Tendenzen. Einer der Lehrer dieser Schule kommentiert dies und erläutert dabei, warum es unter dem Gesichtspunkt der Unterrichtsvorbereitung schwer sei, mit „Fragen an die Geschichte" als zentraler Unterrichtsgrundlage zu arbeiten:

Interviewausschnitt 8/7 (Großstadt, Nordrhein-Westfalen)

Kontext: Frage nach der Bedeutung der Fachkonferenzen und den Entscheidungen über die Anschaffung von Schulbüchern.

Befragter: „ (...) ich bin davon überzeugt, das ist das beste Mittelstufengeschichtsbuch. Mittlerweile meine ich, man kann es isoliert nur sehr schwer einsetzen, es verlangt vom Lehrer eine unglaublich genaue Vorbereitung, eine so intime Sachkenntnis, weil ja nichts in dem Buch steht. Man muß alles wissen. Also (...) über die fränkische Reichsgeschichte oder so etwas. Ich weiß ja auch nicht überall Bescheid. Und da muß man sich ja gleich seine Wälzer angucken. Das kostet eine immense Zeit. Und das vergißt man auch. Das ist das Allerschlimmste. Wenn Sie das drei Jahre später machen, haben Sie das wieder vergessen. Das ist schrecklich. Ich weiß ja nicht mal mehr, wann Karl der Große an die Macht gekommen ist. 786 oder so um den Dreh herum. Ich weiß es nicht mehr. Nein, 800 ist er gekrönt worden, (...) aber wann der die Geschäfte da übernommen hat, das weiß ich (...) nicht. Und das ist natürlich in so herkömmlichen Geschichtsbüchern ganz toll. Notfalls kann man sich das eine

Stunde vorher durchlesen. Aber das geht da nicht. (...) Also da wäre schön, wenn wir irgend so etwas daneben hätten."

Bei aller Begeisterung für „Fragen an die Geschichte" sieht der Lehrer die Schwierigkeiten einer kontinuierlichen Arbeit mit diesem Buch im Schulalltag. Für die meist unter Zeitdruck erfolgende Unterrichtsvorbereitung bräuchte er ein leicht konsultierbares Kompendium: „Da wäre schön, wenn wir irgend so etwas daneben hätten." Das darstellende Geschichtsbuch muß dabei allein schon als Gedächtnisstütze die eigenen Kenntnisse absichern. Im Hinblick auf den von uns erfragten Themenkomplex hätte der Lehrer auch nicht auf den Lehrerband zu „Fragen an die Geschichte" (Band 4) zurückgreifen können; dieser lag noch nicht vor[6].

Selbst an der Schule, an der zum Zeitpunkt der Befragung „Fragen an die Geschichte" dem Mittelstufenunterricht offiziell zugrunde lag, gab es also Tendenzen der Rückkehr zum darstellenden Schulgeschichtsbuch, wie sich überhaupt in dem von uns erfragten Zeitraum unterrichtlicher Erfahrungen (etwa 1979 bis 1981) in der Mittelstufe ein Trend weg von der Arbeit mit zahlreichen Einzelquellen und -texten hin zur verstärkten Arbeit mit darstellenden Texten abzeichnete. Zwar orientieren sich nur wenige Lehrer in ihrem Unterricht durchweg am darstellenden Schulgeschichtsbuch. Eine große Gruppe jedoch – nämlich 26 von 35 befragten Lehrern, die ausführlicher über ihren Mittelstufenunterricht berichteten – zieht das Geschichtsbuch zu bestimmten Themen und zusammen mit anderen Materialien heran.

Dabei zeigt sich die trotz aller Relativierung recht starke Stellung von Büchern wie „Zeiten und Menschen", „Geschichtliche Weltkunde" und anderen darstellenden Texten unter anderem daran, wie häufig diese bei der Formulierung von Hausarbeiten eine Rolle spielen. Von den 35 Lehrern, die ausführlicher über ihren Unterricht in der Sekundarstufe I berichten, geben nach eigener Aussage weit mehr als die Hälfte ihren Schülern häufig oder gelegentlich Hausaufgaben aus dem jeweils zur Verfügung stehenden darstellenden Geschichtsbuch. Diese Hausaufgaben, deren Umfang ein bis zwei Seiten Textlektüre in der Regel nicht überschreitet, dienen zum Teil der Unterrichtsvorbereitung, zum Teil aber auch der Nacharbeit. Manche Lehrer finden die Schulbuchtexte zu komprimiert und zu schwierig für die vorbereitende Arbeit und ziehen sie lieber zur Wiederholung oder zur Vorbereitung auf Tests heran. Was dies konkret bedeutet, soll das folgende Beispiel eines Lehrers illustrieren, der sich stärker als die Mehrzahl der Befragten am Schulbuch orientiert:

---

6 Insofern polemisiert M. Dörr zumindest teilweise zu Unrecht gegen Schoebe, wenn sie ihm vorwirft, seine Kritik an „Fragen an die Geschichte" beweise, „wie wenig er sich um die Lehrerbände bislang gekümmert hat, denn dort steht das alles längst drin. Offenbar hatte er das Pech, auch nur Unterricht von solchen Lehrern zu sehen, die die Lehrerbände ebensowenig gelesen und befolgt haben wie er selbst." (Dörr 1983, S. 321)

Interviewausschnitt 8/8 (Großstadt, Nordrhein-Westfalen)

Kontext: Frage nach der Schulbuchverwendung.

Auf die Fragen, wie er mit dem Schulbuch arbeitet und ob er regelmäßig Hausaufgaben aus dem Buch aufgibt, beschreibt der Lehrer ausführlich seine Unterrichtspraxis am Beispiel des Unterrichts über nationalsozialistische Ideologie. Zur Problematisierung wird ein Schulbuchtext gelesen (Auszug aus: „Mein Kampf“).

Befragter: „Dann muß ich einen Lehrervortrag machen und alles aus dem 19. Jahrhundert erzählen. Dann kommt eine Tafelanschrift, dann wird der ganze Schmus ins Geschichtsheft eingetragen – Geschichtshefte führe ich bis zur 10. (...) Vorher kommen noch einmal Diskussionen, bevor das alles abgeschlossen und eingetragen wird; dann ein Schülervortrag, ja, daß also nochmal eine Endzusammenfassung der Stunde kommt (...). Dann müssen sie das wiederholen, zur nächsten Stunde: Was sie im Geschichtsheft haben, und was im Buch steht. (...) Und so geht das in der nächsten Stunde dann weiter. Und dann wird wieder neu erarbeitet; vielleicht kann ich dann mal mit dem Buch nichts anfangen und muß selber Material einbringen.“

Der Lehrer berichtet anschließend, wie wichtig ihm Zusammenfassungen und Wiederholungen seien, um den Schülern einen guten Lernerfolg zu vermitteln. Der Interviewer fragt noch einmal nach der Rolle des Schulbuchs in diesen wiederholenden Unterrichtsphasen.

Befragter: „Das Schulbuch – das nehme ich ja immer dazu. (...) Soweit das geht. (...) Und dann gehen wir den Text auch noch einmal durch – bei jüngeren Schülern, besonders in der 7. Klasse. Dann sage ich, so, jetzt gucken wir nochmal, was sagt denn unser Buch dazu (...).“

Dieser Lehrer plant seinen Unterricht also etwa parallel zum Schulbuch und bekräftigt, indem er dieses in Wiederholungsaufgaben einbezieht, eindeutig die im Schulbuch vorgegebenen Deutungen und Schwerpunktsetzungen. Auch wenn die Schulbuchbindung meist nicht so stark ist wie in diesem Fall, können die zitierten Ausschnitte doch plausibel machen, daß die darstellenden Schulgeschichtsbücher, sofern sie zur Unterrichtsvorbereitung oder Nacharbeit herangezogen werden, einen strukturierenden Einfluß auf den Unterricht haben, gegebenenfalls auch gegen die Intention des unterrichtenden Lehrers. Kein Lehrer ist in der Lage, gegenüber den Schülern alle Schulbuchdeutungen, die seinen eigenen Auffassungen widersprechen, zu relativieren. Einige Lehrer versuchen dies, indem sie zusammen mit ihren Schülern Schulbuchtexte vergleichend analysieren und kritisieren (vgl. hierzu aus geschichtsdidaktischer Sicht Hug 1977, S. 139 ff.). Aber ein solcher Unterricht ist in der Mittelstufe immer nur sporadisch und zu ausgewählten Themenbereichen möglich.

8.5.3 Reichweite und Grenzen des Schulbucheinflusses

Wie in Abschnitt 8.1 erläutert, erweist sich bei einigen Aspekten unseres historischen Themas das Spektrum der Deutungen in den analysierten Schulbüchern – gemessen an den Deutungen in der wissenschaftlichen Literatur – als relativ eng. Zu diesen Aspekten gehören: die Rolle des Militärs und der Kirchen um 1933, die Rolle des Antisemitismus in der Weimarer Republik und – allgemeiner – die Art der Beschäftigung mit den Traditionen des Antisemitismus. Das Spektrum der in den Schulbüchern angebotenen Deutungen ist etwas breiter bei den Fragen der Totalitarismuskonzeption und der Rolle von KPD und NSDAP in der Spätphase der Weimarer Republik. Es ist am breitesten bei dem Themenbereich Industrie und Nationalsozialismus, der zugleich auch derjenige ist, in dem die didaktische Umsetzung aktuellerer wissenschaftlicher und politischer Diskussionen im Vergleich zu anderen Themenbereichen besonders rasch erfolgte (vgl. hierzu insbesondere „Weltgeschichte im Aufriß" und „Politische Weltkunde").

Für die Einschätzung von Schulbucheinflüssen relevant ist nun vor allem das folgende Untersuchungsergebnis: Nach unseren Erhebungen werden diejenigen Themenbereiche, bei denen das Spektrum der Deutungen in den häufiger verwendeten Schulbüchern und auch – nach vorliegenden Schulbuchanalysen zu urteilen – in älteren Schulbüchern besonders eng ist, im Unterricht von den Geschichtslehrern ebenfalls innerhalb eines engen Rahmens von Deutungen und Akzentsetzungen abgehandelt. Dies ergibt sich jedenfalls aus unseren Interviews, die bei diesen Themenbereichen auch keine auffälligen regionalen Differenzen oder Differenzen, die sich aus einem direkten Bezug zu historischen Einzeluntersuchungen ergeben könnten, erkennen lassen. Einem verengten Spektrum von Deutungen auf der Ebene der Schulbücher entspricht also ein verengtes Spektrum von Deutungen auf der Ebene der Aussagen der Lehrer über den eigenen Unterricht.

Um dies an einem Beispiel zu erläutern: Wir konnten zeigen, daß die Auseinandersetzung mit antisemitischen Strömungen in der Weimarer Republik in den unterschiedlichen Arten von Schulbüchern – darstellenden Texten, Arbeitsbüchern oder reinen Quellensammlungen – eine geringe Rolle spielt und daß das Verhältnis zur Geschichte des Antisemitismus in Deutschland eher mit dem Begriff der Distanzierung zu beschreiben ist: Distanzierung im moralischen Sinn, aber auch in einem zeitlichen und sozialen Sinn. Dieselben Tendenzen der Interpretation und Akzentsetzung sind uns auch in den Interviews mit den Geschichtslehrern begegnet (vgl. Abschnitt 6.2), in manchen Fällen sogar mit direkten Bezügen zu einzelnen Schulbüchern. Erwähnt werden im Zusammenhang mit dem Themenbereich der Traditionen des Antisemitismus gelegentlich der „Hofer", „Zeiten und Menschen", „Fragen an die Geschichte" oder auch die von Westphalen herausgegebene Quellensammlung („Geschichte des Antisemitismus in Deutschland im 19. und 20. Jahrhundert"), die durch die spezialisierte Aufarbeitung dieses Themenkomplexes natürlich auf breiterer Basis informiert, in der gleichwohl Verengungen der Deutung zu erkennen sind, die auch sonst eine Rolle spielen (Nichtberücksichtigung des Antisemitismus in der Weimarer Republik, des deutschnationalen Antisemitismus usw.). Erwähnt werden zusätzlich in einigen Fällen andere Texte – Gamm (1966), Golo Mann (1961), Sievers (1979), H. Arendt (1955), Fest (1976) und andere. Allerdings ist bemerkenswert, daß wir in den Interviews mit den Lehrern kaum direkten Bezugnahmen auf neuere historische Einzeluntersuchungen, etwa auf die Arbeiten Jochmanns (1971, 1976) oder Lohalms (1970), begegnet sind. Nach unserem Eindruck wird bei diesem Thema, wie auch bei einigen anderen Themen (Rolle der Kirchen und des Militärs um 1933), die historische Forschung im Durchschnitt nur in dem

Maße rezipiert, in dem Schulbücher und Textsammlungen sie bereits rezipiert haben.

Dies spricht nach unserer Auffassung für einen starken Einfluß von Schulbuchdarstellungen auf einzelne Lehrer. Wie dieser sich im Verlauf der beruflichen Sozialisation von Geschichtslehrern durchsetzt, können wir auf der Basis unserer Erhebung allerdings nicht beschreiben. Erforderlich wären hier andere Arten empirischer Forschung, in denen erstens Fragen der Ausbildung stärker zu berücksichtigen wären und zweitens – nach Möglichkeit in Längsschnittuntersuchungen – die unterrichtsfachbezogene Sozialisation von Geschichtslehrern nach Abschluß der Zweiten Ausbildungsphase genauer betrachtet werden müßte. Zu klären wäre hierbei unter anderem, welchen Anteil Schulbücher an der Herausbildung von Unterrichtstraditionen haben und in welcher Weise Schulbücher in die durchschnittliche, nicht prüfungsbezogene Unterrichtsvorbereitung eingehen. Unsere Vermutung ist, daß Schulbücher bei der Unterrichtsvorbereitung eine große Rolle spielen, auch wenn sie im Unterricht selbst das Geschehen möglicherweise nur zu einem geringen Teil bestimmen (vgl. auch Hug 1977, S.102 f. und S. 137). Wichtig ist dabei nach unserer Vermutung jedoch nicht das einzelne darstellende Geschichtsbuch oder Arbeitsbuch oder die einzelne Quellensammlung, sondern wichtig sind von vornherein bestimmte Konstellationen von Büchern und deren Einfluß. Den von uns befragten Geschichtslehrern sind Mittelstufen- wie Oberstufentexte häufig gleichermaßen präsent, und sie besitzen darüber hinaus selbst noch weitere Schulbücher oder Text- und Quellensammlungen, sind in ihrem Horizont also nie nur auf ein einzelnes Schulgeschichtsbuch bezogen. Wirksam werden daher Schulbücher nach unserer Auffassung vor allem bei solchen Themen, bei denen es trotz aller didaktischen, wissenschaftlichen oder politischen Unterschiede zwischen den einzelnen Texten übereinstimmende Akzentsetzungen und historische Deutungen gibt. Bei diesen Themen entsteht ein Verhältnis wechselseitiger Bestätigung und Bekräftigung der einzelnen Interpretationen, das diese als gesicherter und selbstverständlicher erscheinen läßt, als sie tatsächlich sind. Für den Benutzer ergibt sich eine Art „Objektivierung" der Deutungen aus der Wiederholung. In diesem Sinne scheint es uns vertretbar zu sein, von kumulativen Schulbucheffekten zu sprechen.

Am geringsten war nach unserem Eindruck der Schulbucheinfluß bei dem Thema Industrie und Nationalsozialismus. Hier gab es zum einen – vor allem in den nordrhein-westfälischen Schulen – so etwas wie eine institutionalisierte Gegenkultur, deren sichtbarster Ausdruck die Verwendung der Kühnlschen Quellensammlung („Der deutsche Faschismus in Quellen und Dokumenten") oder auch anderer, vergleichbarer Materialien war (z.B. Hörster-Philipps 1978 oder – in Schleswig-Holstein – gelegentlich Vespignani 1976). Unter den von uns genauer analysierten Themenbereichen gab es keinen, bei dem so viele Lehrer über die im Unterricht verwandten Schulbücher in größerem Umfang hinausgingen. Und hier gab es zum anderen am deutlichsten das Problem der Wechselbeziehung zwischen Lehrer und Schulbuch. Wenn beispielsweise etwa zwei Drittel der Lehrer, die in den untersuchten Regionen in Nordrhein-Westfalen das Arbeitsbuch „Weltgeschichte im Aufriß" verwenden, zu einer eher industriekritischen Deutung der nationalsozialistischen Machtübernahme tendieren, dann ist schwer zu entscheiden, von welcher Seite der Einfluß ausgeht: Beeinflußt das Schulbuch den Lehrer oder der Lehrer die Auswahl des Schulbuchs?[7]

Sowohl auf der Ebene schulinterner Entscheidungen über die Beschaffung von Arbeitsmaterialien als auch auf der Ebene des Unterrichts und der Ergänzung der offiziellen Unterrichtsgrundlagen durch andere Materialien gab es bei dem Thema Industrie und Nationalsozialismus in einigen Kollegien starke Eigenaktivitäten einzelner Lehrer oder Lehrergruppen. Dies spricht dafür, daß sich Schulbucheinflüsse je nach Themenbereichen in unterschiedlicher Weise durchsetzen. Sie sind dort am geringsten, wo etablierte Gegenkulturen existieren und die Schulbücher auf ein engagiertes Vorverständnis und entsprechende Vorinformationen stoßen. Allerdings ist zu bedenken, daß die beobachtete Relativierung des Schulbucheinflusses beim Themenbereich Industrie und Nationalsozialismus dadurch unterstützt wurde, daß schon auf der Ebene der dem Unterricht zugrunde gelegten Texte zum Teil unterschiedliche Deutungen des Verhältnisses von Industrie und Nationalsozialismus angeboten wurden. Es gab hier also weniger als bei anderen Themenbereichen das Problem der kumulativen Bestärkung einzelner Positionen.

8.6 Schlußbemerkung

Aus der Analyse der Lehrerinterviews, der Lehrpläne und der Schulbücher ergibt sich, daß das schwierige Thema des Nationalsozialismus und seiner Voraussetzungen im Geschichtsunterricht einen hohen Stellenwert hat. Und es gibt gute Gründe anzunehmen, daß dies – zumindest im gymnasialen Bereich – auch über die von uns untersuchten Regionen hinaus gilt. Dafür spricht vor allem der hohe Verbreitungsgrad der von uns analysierten Schulbücher, von denen wir zeigen konnten, daß sie Themenwahl und Schwerpunktsetzungen im Unterricht in starkem Umfang beeinflussen. Anders als in den fünfziger und sechziger Jahren ist also nicht mehr die Frage zu stellen, ob überhaupt über Nationalsozialismus unterrichtet wird, sondern wie das geschieht und wie erklärt wird, warum in Deutschland die Nationalsozialisten an die Macht kamen.

Aufgrund der Analyse ausgewählter Themenbereiche konnte gezeigt werden, daß in Lehrplänen und Schulbüchern ebenso wie im Unterricht ein Bild der nationalsozialistischen Machtübernahme dominiert, bei dem die Beteiligung der gesellschaftlichen Oberschichten und gesellschaftlich mächtiger Institutionen eher unbedeutend erscheint, während umgekehrt die Arbeiterbewegung, vor allem ihre kommunistischen Gruppierungen, eher belastet werden. Gemessen an dem breiteren Spektrum miteinander konkurrierender Deutungen in der fachwissenschaftlichen Literatur überwiegen im Unterricht über die Voraussetzungen des

---

7 Zu den Möglichkeiten der Lehrer, die Auswahl und Anschaffung von Schulbüchern zu beeinflussen, vgl. oben, Abschnitt 1.5.

Nationalsozialismus also insgesamt eher konservative Deutungen. Dies gilt in geringerem Umfang für die Darstellung der Rolle der industriellen Oberschichten, aber in stärkerem Maße für die Art, wie die Rolle des Militärs und der Kirchen sowie die Politik der KPD dargestellt werden, und dies gilt auch für die Behandlung deutschnationaler Gruppierungen, deren aktiver Beitrag zur Verbreitung antidemokratischen und antisemitischen Denkens im Deutschland der Weimarer Zeit im Unterricht kaum zur Sprache kommt. Damit herrschen Deutungen vor, die nach unserer Interpretation eher dem Schutz etablierter Institutionen und dem Interesse an nationaler Selbstentlastung dienen.

Die historische und politische Bewertung dieser Untersuchungsergebnisse wird unterschiedlich ausfallen, je nach politischer Orientierung und je nachdem, welche Anforderungen an die historische und politische Bildung in der Schule gestellt werden. Denn die hier analysierten Deutungen sind politisch kontrovers und werden es vorläufig wohl auch noch bleiben. Dies haben sehr deutlich wieder die Vorgänge und Diskussionen gezeigt, die mit dem 40. Jahrestag der deutschen Kapitulation verbunden waren.

Für uns selbst ist an den dargestellten Ergebnissen unserer Analyse besonders beunruhigend, daß im Unterricht über die Voraussetzungen des Nationalsozialismus die Chancen der Auseinandersetzung mit Vorurteilen im innergesellschaftlichen und im internationalen Rahmen offenbar sehr wenig wahrgenommen werden. Wie sollen Schüler lernen, sich nüchtern und vorurteilsfrei über den für unsere Zeit so zentralen Ost-West-Konflikt zu informieren, wenn die Information über Grauen und Barbarei der nationalsozialistischen Zeit unmittelbar mit antikommunistischer Erziehung verbunden wird? Und wie können Schüler etwas über die zerstörerische Kraft des alltäglichen und ganz gewöhnlichen Vorurteils lernen, wenn seine Wirkung noch nicht einmal im Unterricht über Antisemitismus und die unmittelbare Vorgeschichte der nationalsozialistischen Machtübernahme zur Sprache kommt? Beunruhigend sind die Ergebnisse auch unter dem Gesichtspunkt der Erziehung zur Kritikfähigkeit. Die in dieser Hinsicht bestehende Chance, sich mit dem politischen Handeln mächtiger Gruppierungen und Institutionen im Zusammenhang mit der Zerstörung der Weimarer Republik und dem Aufstieg des Nationalsozialismus kritisch im Unterricht auseinanderzusetzen, wird nach unseren Ergebnissen nicht ausreichend wahrgenommen.

Das Zusammentreffen der beiden Tendenzen, den Unterricht über den Nationalsozialismus antikommunistisch zu wenden und zugleich über antisemitische Vorurteile und Traditionen in der Weimarer Zeit weitgehend hinwegzusehen, halten wir deshalb für problematisch, weil damit allgemeineren Denktraditionen in Deutschland zu wenig Aufklärung entgegengesetzt wird. Auf diese Traditionen hat Jürgen Habermas in einem Artikel zu den Vorgängen um den 40. Jahrestag der deutschen Kapitulation hingewiesen. Habermas kritisiert unter anderem, daß an die sowjetischen Opfer des Zweiten Weltkrieges in offiziellen Reden – ausgenommen die Rede des Bundespräsidenten vor dem Deutschen Bundestag am 8. Mai 1985 – kaum erinnert wurde, und schreibt:

„Seit den Tagen des Kaiserreichs hat die Front gegen Linke, Kommunisten, Juden und Intellektuelle im Seelenhaushalt der Deutschen ihre mentalitätsprägende Kraft nie ganz verloren. (...) Jene Sorte von Antikommunismus, die in diesen Tagen die tendenziöse Selektivität unserer Versöhnungsbemühungen rechtfertigt, ist in Deutschland stets mit den dumpfesten Ressentiments verknüpft gewesen. Wir leben nicht in irgendeinem Lande. In den tieferen Schichten kommuniziert dieser Verdrängungsantikommunismus mit jenen Resten von Antisemitismus, den sich in den letzten Wochen die Herren mit dem Köfferchen im Speisewagen von Frankfurt nach München in erneuerter Unbefangenheit von der Leber reden.“ (Habermas 1985, S. 58)

Für Habermas gehen Verdrängungsantikommunismus und Antisemitismus vor allem auf der Ebene der Affekte, der tieferen Schichten des „Seelenhaushalt(s) der Deutschen“ eine enge und historisch schon länger wirksame Verbindung ein. Unsere Untersuchung manifester Inhalte gegenwärtiger Deutungen des Nationalsozialismus in schulischem Geschichtsunterricht erreicht diese Ebene tieferliegender Affekte nicht und vermag auch nichts über ihre historische Kontinuität auszusagen. Aber sie könnte als Baustein einer umfassenderen Analyse betrachtet werden und zu weiteren Einzelforschungen anregen.

Anhang

Interviewleitfaden

1. Geburtsjahr; Beruf des Vaters/der Mutter

2. Welches waren die Stationen Ihres beruflichen Werdegangs (Examensfächer; Ort des Examens und des Referendariats; seit wann an der jetzigen Schule, welche Funktionsstellen und seit wann)?

3. Wo liegt der Schwerpunkt Ihrer Unterrichtstätigkeit (in der Sek. I oder Sek. II)? Wieviel Stunden Geschichte geben Sie zur Zeit, in welcher Stufe?

4. Wann haben Sie das letzte Mal Weimar/Nationalsozialismus unterrichtet? In welcher Stufe? Können Sie ungefähr angeben, wie häufig Sie das Thema Weimar/Nationalsozialismus bisher unterrichtet haben?

5. Als Sie das letzte Mal Weimar/Nationalsozialismus unterrichtet haben:

5.1 Welches Schulbuch haben Sie da verwandt? Welche zusätzliche Medien (Quellentexte, Bücher, Filme usw.)?

5.2 Wie verwenden Sie das Schulbuch konkret im Unterricht (Vor- und Nacharbeit anhand des Buches; Hausaufgaben; Abfragen des Inhalts)?

5.3 Wieviel Zeit stand Ihnen für den Themenbereich Weimar/Nationalsozialismus zur Verfügung? Welche (zeitlichen/thematischen) Schwerpunkte haben Sie gesetzt?

5.4 Wenn Sie versuchen, Ihren Schülern zu erklären, wie und warum die Nationalsozialisten in Deutschland an die Macht kamen, worauf legen Sie dabei besonderen Wert? (Nachfragen) Wie war das bei Ihren Schülern: Waren die an einigen Themen besonders interessiert beziehungsweise desinteressiert?

6. Nachfragen zu einzelnen Aspekten (mit der Aufgabe, jeweils möglichst textbezogene Nachfragen zu stellen):

6.1 Wie behandeln Sie in diesem Zusammenhang die Frage nach der Rolle der unterschiedlichen Eliten Anfang der 30er Jahre – insbesondere in Militär, Bürokratie, Kirchen und Industrie?

6.2 Bei der Durchsicht von Schulbüchern sind wir auf einen Vergleich der Rolle der NSDAP und der KPD am Ende der Weimarer Zeit gestoßen. Worauf legen Sie bei der Behandlung dieses Themas besonderen Wert?

6.3 Welche Schwerpunkte setzen Sie bei der Behandlung des Themas Antisemitismus? Auf welche Traditionen des Antisemitismus legen Sie besonderes Gewicht (christliche, politische: insbesondere in Weimar)?

6.4 Welche Schwerpunkte setzen Sie bei der Behandlung des Themas Widerstand? Auf welche Gruppen legen Sie besonderen Wert?

7. Wenn Sie versuchen, sich den Lehrplan für die Sek. I zu vergegenwärtigen: Haben Sie den Eindruck, daß in dem Lehrplan bestimmte Deutungen des Nationalsozialismus festgelegt werden? (Möglichst Nachfragen anhand von Beispielen) Soweit man von inhaltlichen Festlegungen sprechen kann: Halten Sie sich daran in Ihrem Unterricht? Wie sieht das für den Lehrplan der Sek. II aus?

8. Konflikte im Zusammenhang mit dem Unterrichtsthema.

8.1 Stellen Sie sich vor, der Schulleiter möchte Sie aus irgendeinem Grund in Ihrem Unterricht besuchen – und zwar in einer Zeit, in der Sie das Thema Weimar/Nationalsozialismus behandeln. Gibt es Themen oder Thesen, die Sie in diesem Zusammenhang für besonders schwierig/heikel halten? Würden Sie vermuten, daß es Themen gibt, auf die der Schulleiter ablehnend reagiert? Wie ist das bei anderen Themen?

8.2 Haben Sie in der letzten Zeit schriftliche Abituraufgaben aus dem Themenbereich Weimar/Nationalsozialismus gestellt? Welche Erfahrungen haben Sie mit der Genehmigung dieser Themen gemacht (Schulleitung, KM)?

8.3. Konflikte mit Schulleitung/KM: bei besonderen Schulveranstaltungen; Klassenbücher; Vorlage von Klassenarbeitsheften usw.

8.4 Konflikte mit Eltern/Öffentlichkeit: Besonderen Veranstaltungen, Schülerzeitungen, Klassenarbeiten, Teilnahme am Heinemann-Preis usw.

8.5 Konflikte mit Kollegen: Bedeutung der Fachkonferenzen (Häufigkeit; Einführung von Schulbüchern; Anstaltslehrplan; Absprachen über Unterricht); Rolle des Fachberaters (Konferenzvorsitzenden)

Übersicht über die genauer analysierten Schulbücher, Quellen- und Textsammlungen

Tenbrock, Robert Hermann; Kluxen, Kurt (Hrsg.), unter Mitarbeit und Mitwirkung von Rudolf Endres, Erich Goerlitz, Werner Grütter, Joachim Immisch, Erich Meier, Harald Popp, Hans Joachim Raab, Ursula Siems, Arnold Voelske, *Zeiten und Menschen.* Geschichtliches Unterrichtswerk, *Ausgabe B, Band 4*: Zeitgeschichte (1917 bis zur Gegenwart). Paderborn 1978 (Verlag Schöningh-Schroedel)

Tenbrock, R. H.; Kluxen, K.; Stier, H. E. (Hrsg.), unter Mitarbeit von B. Bendfeld, W. Fenske, E. Goerlitz, W. Grütter, J. Immisch, A. Voelske, *Zeiten und Menschen.* Geschichtliches Unterrichtswerk. Oberstufe, *Ausgabe G, Band 2*: Die geschichtlichen Grundlagen der Gegenwart, 1776 bis heute. Paderborn 1970 (Verlag Schöningh-Schroedel)

Hug, Wolfgang (Hrsg.); Hoffmann, Joachim; Krautkrämer, Elmar, unter Mitarbeit von Franz Bahl, *Geschichtliche Weltkunde, Band 4*: Von der Oktoberrevolution in Rußland bis zur Gegenwart. Frankfurt/Main 1982 (unter Berücksichtigung der dreibändigen Ausgabe von 1979, 2. Aufl.) (Verlag Moritz Diesterweg)

Schmid, Heinz Dieter (Hrsg.), *Fragen an die Geschichte.* Geschichtliches Arbeitsbuch für Sekundarstufe I, *Band 4*: Die Welt im 20. Jahrhundert. Zusammengetragen und bearbeitet von Heinz Grosche, Eckart Barth, Joachim Betz, Hermann de Buhr, Gertrud Bühler, Margarete Dörr, Janbernd Geuting, Horst Gies, Wolfgang Hügle, Gottfried R. Leuthold, Udo Margendant, Günter Peternek, Rudolf Renz, Eberhard Schanbacher, Heinz Dieter Schmid, Udo Schmidt, Eberhard Sieber und Eberhard Wilms. Frankfurt/Main 1979 (Hirschgraben-Verlag)

Hofer, Walter (Hrsg.), *Der Nationalsozialismus.* Dokumente 1933–1945, Frankfurt/Main 1957. (Fischer Bücherei) (unter Berücksichtigung der überarbeiteten Neuausgabe von 1982)

Ripper, Werner, in Verbindung mit Eugen Kaier, *Weltgeschichte im Aufriß.* Neubearbeitung für den historisch-gesellschaftlichen Lernbereich der Sekundarstufe II, *Band 3, Teil 1*, Vom Ersten Weltkrieg bis 1945. Frankfurt/Main, Berlin, München 1976 (Verlag Moritz Diesterweg)

Rohlfes, J.; Schwalm, E. (Hrsg.), Politische Weltkunde für das 11.–13. Schuljahr. Hiervon:

Wagner, Gisela, *Politische Weltkunde II*, Themen zur Geschichte, Geographie und Politik, *Die Weimarer Republik*, Stuttgart 1972;

Hey, Bernd; Radkau, Joachim, *Politische Weltkunde II*, Themen zur Geschichte, Geographie und Politik, *Nationalsozialismus und Faschismus.* Stuttgart 1976 (Ernst Klett Verlag)

Vorläufige Richtlinien und Lehrpläne für das Gymnasium – Sekundarstufe I in Nordrhein-Westfalen. Geschichte. 1978

11. Stoffplan für Jahrgangsstufe 10

Die Welt im 20. Jahrhundert

Bei der Betrachtung der Welt im 20. Jahrhundert geht universalgeschichtliche und strukturgeschichtliche Betrachtungsweise in die Analysen sozialer Systeme, politischer Entscheidungen, Trendanalysen und in die Stellungnahme zu offenen politischen Problemen über, Zeitgeschichte und Politik durchdringen sich wechselseitig.

Der Stoffplan für die Jahrgangsstufe 10 zeigt, daß im chronologischen Rahmen stärker thematisch gearbeitet wird. Es sind Überschneidungen, auch zu den Fächern Politik und Erdkunde festzustellen. Das bedeutet, daß die vorgeschlagenen Themen nur eine Orientierungshilfe geben wollen, innerhalb derer der Lehrer unter Berücksichtigung der jeweiligen Unterrichtssituation seine Auswahl treffen kann. Unverzichtbar ist jedoch die Behandlung der Weimarer Republik, des Nationalsozialismus und Deutschlands nach 1945. Doch sollte sich der Unterricht in der Jahrgangsstufe 10 nicht nur auf diese Themen beschränken.

11.1 Das Ringen um Frieden

11.1.1 Friedensinitiativen und Modelle zur Friedenssicherung: zum Beispiel Wilsons 14 Punkte – Völkerbund – Briand-Kellog-Pakt

11.1.2 Der Nationalsozialismus als Gefahr für den Frieden – Probleme der nationalen Minderheiten in Europa – die Versuche zur Revision des Versailler Vertrages – die Krise der Demokratie in Europa und faschistische Bewegungen

11.1.3 Der Nationalsozialismus: Absage an eine Friedensordnung – Hitlers Versuch einer gewaltsamen Neuordnung Europas: Hitlers Außenpolitik – Eroberung Europas durch Hitler-Deutschland im Verein mit der Sowjetunion (1939–41) – Niederlage Deutschlands

11.1.4 Teilung Europas und die Versuche seiner Integration: Kalter Krieg – Blockbildungen – Marshallplan – Nato – Warschauer Pakt u. a. – Gegenüberstellung der verschiedenen Formen und Methoden politischer, militärischer und wirtschaftlicher Zusammenarbeit in „West"- und „Osteuropa"

11.1.5 Friedensbemühungen über die Grenzen der Blockbildungen hinweg: Die Vereinten Nationen – Nonproliferationsvertrag – Saltgespräche u. a. (einige Konflikte: zum Beispiel Berlinblockade, Suezkrise, Kubakrise, Sechs-Tage-Krieg)

11.2 Deutschland im 20. Jahrhundert

11.2.1 Die Weimarer Republik: Entstehung und Ausgangslage – Das Weimarer Regierungssystem – Radikalisierung und Wirtschaftskatastrophe – der politische Zusammenbruch

11.2.2 Das „Dritte Reich": Die Zerstörung des demokratischen Rechtsstaats – von der Judenverfolgung zur Judenvernichtung – der deutsche Widerstand – der Zusammenbruch

11.2.3 Das geteilte Deutschland: Die Deutschland-Politik der Sieger – Bundesrepublik Deutschland und Deutsche Demokratische Republik im Vergleich: Entstehung und Konfrontation – politische Systeme – wirtschaftliche und gesellschaftliche Entwicklung – Probleme: Berlin – Ostgebiete – Wiedervereinigung – Neue Ostpolitik.

Behandlung des Nationalsozialismus im Unterricht

(RdErl. d. Kultusministers v. 6. Juli 1978 – GABl. NW. S. 271)

In der Nacht vom 9. auf den 10. November jährt sich zum 40. Male die „Reichskristallnacht", mit der in Deutschland die systematische Vernichtung der jüdischen Bevölkerung eingeleitet wurde. Die Erinnerung daran sowie an andere Verbrechen der nationalsozialistischen Gewaltherrschaft muß wachgehalten, der jungen Generation vermittelt und gemeinsam mit ihr verarbeitet werden.

Der verstorbene Bundespräsident Gustav Heinemann hat die historischen Belastungen unserer Gegenwart wie folgt gekennzeichnet:

„Der seit dem deutsch-französischen Krieg von 1870 in unserem Volk gezüchtete gewalttätige Nationalismus hat sich in den beiden nachfolgenden Weltkriegen genug ausgetobt. Er hat für uns selbst und unsere Umwelt genug Unheil angerichtet. Solches Unheil darf nicht wiederkehren. Hier gilt es, allen neuen Anfängen sehr entschlossen zu wehren ... Ein guter Deutscher kann kein Nationalist sein."

Es müssen insbesondere die wesentlichen politischen, sozialen und wirtschaftlichen Ursachen des Nationalsozialismus aufgezeigt werden:

- soziale Vorurteile, Antisemitismus, völkisch-rassistisches Gedankengut;
- Reaktion der traditionellen Eliten des Kaiserreichs auf die Ablösung der Monarchie durch die parlamentarische Demokratie von Weimar;
- Auswirkungen des wirtschaftlichen Strukturwandels auf selbständige Gewerbetreibende;
- Reaktion auf die erstarkte Arbeiterbewegung;
- wirtschaftliche und soziale Auswirkungen von Inflation und Weltwirtschaftskrise;
- Strukturprobleme der Weimarer Verfassung und Belastungen durch den Versailler Vertrag.

Darauf aufbauend gilt es, die Ideologie und das Herrschaftssystem des nationalsozialistischen Führerstaates und seine Auswirkungen auf die betroffene Bevölkerung darzustellen. Andererseits muß auch der Widerstand gegen die Diktatur, den viele Menschen aus politischen, weltanschaulichen oder religiösen Gründen geleistet und mit ihrem Leben bezahlt haben, in seiner Vielfalt sichtbar gemacht werden.

Deshalb muß der 40. Jahrestag der „Reichskristallnacht" in der Schule gewürdigt werden.

Es ist selbstverständlich, daß die Auseinandersetzung mit dem Nationalsozialismus eines systematischen Unterrichts bedarf, also nicht durch anlaßgebundene Veranstaltungen ersetzt werden kann. Die Thematik muß auf Dauer im Unterricht verankert sein.

Es sind auch gegenwärtige Erscheinungen einzubeziehen, die in den gleichen Zusammenhang gehören.

Die Landeszentrale für politische Bildung sowie die Landes-, Kreis- und Stadtbildstellen halten eine große Zahl geeigneter Filme bereit, die zur Unterstützung des Unterrichts über das Thema Nationalsozialismus herangezogen werden sollten. Darüber hinaus halte ich es für wichtig, daß die Fachlehrer bemüht sind, lokalgeschichtliche Anknüpfungsmöglichkeiten zu finden und zu nutzen (z. B. örtliche Synagogen, jüdische Friedhöfe, Berichte von Augenzeugen, Material örtlicher Archive usw.).

Lehrplan Gymnasium. Geschichte, Klasse 9 (Schleswig-Holstein, 1976)

3. Deutschland zwischen den Kriegen
   Zeitrichtwert: etwa 20 Stunden
   Begründung der Unterrichtseinheit: Die Unterrichtseinheit zeigt die Gefährdung und das Scheitern einer parlamentarischen Demokratie sowie den Charakter der nationalsozialistischen Diktatur. Sie schafft Grundlagen für das Verständnis der Situation Deutschlands nach 1945.

Lernziele	*Arbeitsthemen*
Grundsätze und Unterscheidungsmerkmale zweier Staatsformen beschreiben und gegeneinander abwägen können.	3.1 Chancen und Scheitern der Weimarer Republik
Verfassungsorgane bezeichnen. Ihre Funktionen erklären sowie Verfassungsnorm und Verfassungswirklichkeit unterscheiden können.	3.1.1 Räterepublik oder parlamentarische Demokratie – Bürgerkrieg und Nationalversammlung – Die Weimarer Reichsverfassung
Vertragsbestimmungen auf ihre politischen Hintergründe hin analysieren können. Abhängigkeiten eines Staates von der internationalen Politik und Wirtschaft aufzeigen und beurteilen können. Aufzeigen können, welche Bedeutung die Verfassungstreue von Soldaten und Beamten für einen demokratischen Staat hat. Abhängigkeiten eines demokratischen Staates von der Verfassungstreue seiner Bürger aufzeigen können.	3.2.2 Gefährdungen des jungen Staates – der Versailler Vertrag – das Krisenjahr 1923 z. B.: Reparation und Inflation antidemokratisches Denken in der Reichswehr, Beamten- und Richterschaft
Die Durchsetzbarkeit staatspolitischer Ziele auf dem Verhandlungsweg erkennen und darstellen können. Einsicht gewinnen in die Möglichkeiten und Grenzen politischer Bemühungen des einzelnen Staatsmannes.	3.1.3 Die Stabilisierungsphase der Weimarer Republik – der Weg in den Völkerbund – wirtschaftliche Stabilisierungspläne
Die weltweite wirtschaftliche Verflechtung als mögliche Ursache für soziale Not darstellen können. Interdependenzen von Wirtschafts- und Staatskrise aufzeigen können.	3.1.4 Die Weltwirtschaftskrise

Lernziele	*Arbeitsthemen*
Wahlergebnisse auf ihre politischen Aussagen hin analysieren können. Politische Ziele und Methoden radikaler Gruppierungen beschreiben und beurteilen können. Erkennen, daß politisches Denken in hergebrachten Kategorien bei veränderter politischer Situation politisches Fehlverhalten bewirken kann.	3.1.5 Der Parteienstaat in der Krise – KPD und NSDAP als erklärte Feinde der Republik – Zerfall der Großen Koalition
Verfassungsnorm und Verfassungswirklichkeit unterscheiden können. Darstellen können, wie Ablehnung politischer Verantwortung zu einem Machtvakuum führen kann, das von anderen Kräften ausgefüllt wird.	3.1.6 Die Präsidialregierungen
Grundsätze der nationalsozialistischen Ideologie nennen und politische Konsequenzen ableiten können.	3.2 Die nationalsozialistische Herrschaft 3.2.1 Die nationalsozialistische Ideologie – radikaler Nationalismus – Rassismus/Antisemitismus – Führerprinzip
Die Taktik einer allmählichen Okkupation von Entscheidungsstellen wiedergeben können. Möglichkeiten erörtern, totalitären Machtanspruch zu erkennen und abzuwehren,	3.2.2 Die Monopolisierung der Macht – Ermächtigungsgesetz – Politik der Gleichschaltung – „Führer und Reichspräsident“
außenpolitische Konsequenzen und die politisch nicht kontrollierbare Bedenkenlosigkeit totalitärer Systeme aufzeigen können.	3.2.3 Die nationalsozialistische Außenpolitik – Besetzung des Rheinlandes – Anschluß Österreichs – Münchener Abkommen – Besetzung Böhmens und Mährens – Hitler-Stalin-Pakt

4. Der Zweite Weltkrieg
Zeitrichtwert: etwa 10 Stunden
Begründung der Unterrichtseinheit: Die Betrachtung des Zweiten Weltkrieges ist notwendig, weil er in seiner historischen und politischen Bedeutung die Gegenwart Deutschlands und der Welt bestimmt.

Lernziele	*Arbeitsthemen*
Ursachen hegemonialer Aggressionen darlegen können.	4.1 Hegemoniale Aggressionen in Europa und Ostasien
	4.1.1 Der europäische Krieg (1939–1941)
Gefahren der weltweiten Eskalation lokaler Auseinandersetzungen aufzeigen können.	4.1.2 Die Ausweitung zum Weltkrieg (1941–1943)
Motive und Wirkungen der Mißachtung menschlichen Lebens erkennen.	4.2 Der totale Krieg
	4.2.1 Völkermord
Widerstand gegen Gewaltherrschaft auf verschiedenartige Motive zurückführen können.	4.2.2 Widerstand in Europa
Motive und Wirkungen der Forderung nach Selbstaufgabe eines Volkes darlegen können.	4.2.3 unconditional surrender
Eine Koalition auf ihre Elemente hin analysieren können.	4.3 Niederwerfung der regionalen Hegemoniebestrebungen (1943–1945)
	4.3.1 Politik und Strategie der Anti-Hitler-Koalition
Die Auswirkungen heterogener Interessen einer siegreichen Koalition darstellen und beurteilen können.	4.3.2 Sieg ohne Frieden

Lehrplan Gymnasium. Gemeinschaftskunde, Gymnasiale Oberstufe (Schleswig-Holstein, 1976)

11. Kursthema

Totalitäre Herrschaft am Beispiel des Bolschewismus und des Nationalsozialismus

Unterrichtsabschnitte		*Zugehörige Begriffe*	*Didaktische Gesichtspunkte*
1.	*Totalitäre Herrschaft am Beispiel des Bolschewismus*		
1.1	Rußland um die Jahrhundertwende	Autokratie, Feudalismus, Mir-System, Stolypinsche Reformen, Narodniki, Intelligenzija, Anarchisten	Erstarrung politischer Grundstrukturen Reform oder Revolution
1.2	Rolle von Staat und Partei im Marxismus-Leninismus	Histomat, Diamat, Klasse, Revolution, Diktatur des Proletariats, Reformismus, Sozialismus, Kaderpartei	Ideologische Begründung totalitärer Herrschaft
1.3	Februar- und Oktober-Revolution 1917	Sowjets, provisorische Regierung, Menschewiki, Bolschewiki, Rat der Volkskommissare, Diktatur der Partei – Diktatur der Räte, Konföderation, Transmissionen	Anpassung der marxistisch-leninistischen Ideologie an die Bedürfnisse der „Massen" Strategie und Taktik
1.4	Aufbau der Herrschaft bei Lenin	Rote Armee, Weiße Armee, Tscheka, NEP, Militarisierung der Wirtschaft, Staatskapitalismus	Normative Kraft des Faktischen
1.5	Auseinandersetzungen zwischen Stalin und Trotzki um das Erbe Lenin	Trotzkismus, Stalinismus, Sektierer, „Permanente Revolution", „Aufbau des Sozialismus in einem Lande"	Machtkampf im totalitären Regime
1.6	Ära Stalins		
1.6.1	Herrschaftssystem	Politbüro, ZK, Apparatschik, „Neue Klasse", Oberster Sowjet, Unionsverfassung, Totalitarismus, Bolschewismus, Kommunismus	Identifikation von Partei und Staatsapparat
1.6.2	Terror	„Säuberungen", Liquidierung, Deportation, GPU, Schauprozeß, Selbstkritik, Straflager	Mißachtung der Menschenrechte unter totalitärer Herrschaft
1.6.3	Staatliche Zwangswirtschaft	„Revolution von oben", Kulak, Kolchos, Sowchos, Kollektivierung, Agrostadt, MTS, 5-Jahres-Plan, Kombinat, Stachanow-System, Kontrolleur, Sabotage, Soll	Wirtschaftsplanung zwischen Sachzwang und Ideologie

1.7	Nach-Stalin-Zeit	Entstalinisierung, „Neuorientierung“, Weltsieg, nichtantagonistischer Widerspruch, kommunistische Gesellschaft, pragmatische Restauration, Samisdat, Emigration, „friedliche Koexistenz“, Breschnew-Doktrin	Kontinuität und Wandel innerhalb eines totalitären Regimes
2.	*Totalitäre Herrschaft am Beispiel des Nationalsozialismus*		
2.1	Die Weimarer Republik am Ende der 20er Jahre	Weltwirtschaftskrise, Inflation, Reparationen, Erfüllungspolitik, Formale Demokratie	Radikalisierung in der Politk im Zusammenhang mit wirtschaftlicher Entwicklung
2.2	Strukturschwächen der Weimarer Demokratie	Präsidialkabinett, Art. 48, Plebiszit, Nationale Opposition, Große Koalition	Verfassungsschwächen als Ursache unzureichenden Reagierens auf politische Herausforderungen
2.3	Auflösung des Weimarer Staates	Kampfverbände, Tolerierungspolitik, Preußenschlag, Harzburger Front	Folgen mangelnder Identifizierung mit Staat und Verfassung
2.4	Machtergreifung Hitlers und Konsolidierung des NS-Staates	Nationale Kräfte, Regierung der nationalen Erhebung, nationale Revolution, Bewegung, Gleichschaltung, Röhmputsch, Reichstagsbrandverordnung, Ermächtigungsgesetz	Machtkämpfe im totalitären Regime
2.5			
2.5.1	Die nationalsozialistische Weltanschauung	Führerprinzip, Volksgemeinschaft, Völkischer Staat, Ariertum, Antisemitismus, Blut und Boden, Lebensraum, Nationalsozialismus, Faschismus	Ideologie in ihrem totalen Anspruch
2.5.2	Methode der NS-Herrschaft	Führerstaat, Totalitarismus, Staatspartei, SA, SS, HJ, BdM, KdF, RAD, Propaganda, Wehrmacht	Totale Erfassung des einzelnen durch ein differenziertes System
2.5.3	Wirtschaftspolitik	Reichsbauten, Mefo-Wechsel, Reichsnährstand, Vierjahresplan, Autarkie, Wirtschaftsführer	Wirtschaft im Dienst der Diktatur
2.5.4	Terror	Nürnberger Gesetze, KZ, Gestapo, Euthanasie, „Endlösung“	Verbrechen gegen die Menschlichkeit
2.6	Widerstand	Äußere und innere Emigration, Bekennende Kirche, Kreisauer Kreis, Weiße Rose, Rote Kapelle, 20. Juli 1944	Problem des moralischen, des passiven und aktiven Widerstandes gegen die Diktatur

Unterrichtshilfen

A. Bolschewismus

1.	Anweiler, O.:	Die Russische Revolution 1905–1921; Klett 4223
2.	Brökelschen, W.:	Die Bolschewistische Staatsphilosophie; Klett 4229
3.	Fetscher, I.:	Von Marx zur Sowjet-Ideologie; Diesterweg 7363
4.	Fetscher, I. (Hrsg.):	Marx-Engels; Studienausgabe (4 Bde.); Fischer 764–767
5.	Fischer, A.:	Sowjetische Außenpolitik 1917–1945; Klett 42621
6.	Haseloff, W./Mitter, W./Tent, F.:	Die Union der Sozialistischen Sowjetrepubliken; Diesterweg 7559
7.	Hoffacker, H./Hildebrandt, K.:	Theorien des Sozialismus; Diesterweg 7530
8.	Information zur politischen Bildung:	H. 106; 107; 111; 113; 139; 151
9.	Kohn, H. (Hrsg.)	Die russische Revolution in Augenzeugenberichten; Düsseldorf 19653
10.	Krapp, B.:	Bauernnot in Rußland u. bolschewistische Revolution; Klett 4233
11.	Mielcke, K.:	Historischer Materialismus; Klett 4241
12.	Raupach, H.:	Die Sowjetunion als sozialistischer Wirtschaftsstaat; Schöningh 2328
13.	Thomas, R.:	Marxismus und Sowjetkommunismus; 2 Teile; Klett 4265; 4266
14.	Wetter, G. A./Leonhard, W.:	Sowjetideologie heute I; II; Fischer 460; 461

B. Nationalsozialismus

1.	Broszat, M.:	Der Staat Hitlers; dtv 4009
2.	Bullock, A.:	Hitler – Eine Studie über Tyrannei; Düsseldorf 1971
3.	Conze, W.:	Der Nationalsozialismus, 2 Teile; Klett 4242; 4243
4.	Elben, W.:	Die Weimarer Republik; Diesterweg 7552
5.	Hofer, W.:	Der Nationalsozialismus; Fischer 172
6.	Hofer, W.:	Entfesselung des Zweiten Weltkrieges; Fischer 323
7.	Informationen zur politischen Bildung:	H. 108; 109–110; 123; 126; 127
8.	Krink, A.:	Die NS-Diktatur; Diesterweg 7553
9.	Krywalski, D.:	Zur Zerstörung des Rechts- und Verfassungsstaates im Dritten Reich (2 Teile); Schöningh 2320; 2321
10.	Rothfels, H.:	Die deutsche Opposition gegen Hitler; Fischer 1012
11.	Westphalen, L. v.:	Geschichte des Antisemitismus in Deutschl. i. 19. u. 20. Jahrh.; Klett 4259
12.	Wucher, A.:	Seit 5 Uhr 45 wird zurückgeschossen; Herder 123

Erlaß des schleswig-holsteinischen Kultusministers vom 4. Dezember 1962

Richtlinien für die Behandlung des Totalitarismus im Unterricht

(Erl. vom 4. Dezember 1962 – NBl. S. 346)

Den nachstehenden Beschluß der Ständigen Konferenz der Kultusminister vom 2. Juli 1962 über die unterrichtliche Behandlung des Totalitarismus gebe ich hiermit bekannt:

„Die Auseinandersetzung mit dem Totalitarismus gehört zu den wesentlichen Aufgaben der politischen Bildung unserer Jugend. Die Lehrer aller Schularten sind daher verpflichtet, die Schüler mit den Merkmalen des Totalitarismus und den Hauptzügen des Bolschewismus und des Nationalsozialismus als den wichtigsten totalitären Systemen des 20. Jahrhunderts vertraut zu machen.

A. Merkmale des Totalitarismus

Der Totalitarismus

gründet sich auf eine Ideologie, die den Charakter einer Ersatzreligion und Heilslehre hat;

beansprucht uneingeschränkte Beherrschung und völlige Durchdringung des gesamten öffentlichen und privaten Lebens;

setzt die Alleinherrschaft einer Partei durch und schaltet jegliche Opposition aus;

benutzt demokratische Formen zur Scheinlegitimierung der Diktatur einer Minderheit;

herrscht mit systematischem politischem, geistigem und seelischem Terror, der grundsätzlich jeden, selbst die eigenen Anhänger, bedroht, sich aber vor allem gegen bestimmte, zu Feinden erklärte Gruppen richtet;

mißachtet die Würde des Menschen;

verfälscht und mißbraucht werthaltige Begriffe (Friede, Freiheit, Demokratie, Sozialismus, Ehre, Vaterland u. a.) und pervertiert sittliche und rechtliche Werte im Dienste der Parteiziele (‚Die Partei hat immer recht‘);

erstrebt die Weltherrschaft.

B. Formen des Totalitarismus

I. Der Nationalsozialismus

1. Der Weg in den totalitären Staat
   Hitler, Entstehung und Ziele der NSDAP – der 30. Januar 1933 – Zerstörung der verfassungsmäßigen und rechtsstaatlichen Ordnung (Aufhebung der wichtigsten Grundrechte durch die Verordnung vom 28. Februar 1933. Ermächtigungsgesetz, der sog. ‚Röhm-Putsch‘) – Gleichschaltung des politischen und gesellschaftlichen Lebens.
2. Das Terrorsystem des Nationalsozialismus
   Kampf gegen politische Gegner und die christlichen Kirchen – SS, Gestapo, Konzentrationslager – Rassenpolitik: Judenausrottung und Vernichtung ‚unwerten Lebens‘.
3. Hitlers Eroberungspolitik und planmäßige Vorbereitung des 2. Weltkrieges
   Die Doppelzüngigkeit der Außenpolitik: Friedensbeteuerungen bei gleichzeitiger Kriegsvorbereitung (z. B. ‚Mein Kampf‘, Hoßbach-Niederschrift) – Arbeitsbeschaffung im Dienste der Aufrüstung und Kriegsvorbereitung – Vertragsbrüche und Annexionen – Hitlers Pakt mit Stalin.

4. Der 2. Weltkrieg als Katastrophe Europas
Der Überfall auf Polen und auf neutrale Staaten – Angriff gegen die Sowjetunion – Der ‚totale Krieg' – Terror in den besetzten Gebieten – die Wende des Krieges – der Zusammenbruch und seine Folgen.

5. Der deutsche Widerstand gegen das nationalsozialistische System
Äußere und innere Emigration – Widerstandskreise – der 20. Juli 1944.

II. Der Bolschewismus

1. Die Bolschewistische Revolution 1917–1921 und die Errichtung der ‚Diktatur des Proletariats' in Rußland
Entstehung und Ziele des Bolschewismus; Lenin – gewaltsame Machtübernahme durch eine Minderheit (‚Oktoberrevolution') – Bürgerkrieg, Beseitigung der bisher führenden Schichten und Ausschaltung aller Gegner – Unterdrückung der Religionsgemeinschaften – Anfänge der Geheimpolizei (Tscheka) – Unterwerfung selbständig gewordener Völker des ehemaligen Zarenreiches (Ukrainer, Georgier u. a.) – weltrevolutionäre Bestrebungen (Förderung von Aufständen, Komintern).

2. Stalins ‚Aufbau des Sozialismus in einem Lande'
Ausbeutung der Menschen, durch die staatliche Zwangswirtschaft: Kollektivierung und Industrialisierung (Plansoll, Stachanow-System) – die Geheimpolizei als Instrument des permanenten Terrors (Zwangsarbeitslager) – die großen ‚Säuberungen' innerhalb der Kommunistischen Partei – Stalins Alleinherrschaft (Stalin-Kult) und die Verfassung von 1936.

3. Die sowjetische Außenpolitik im Dienste der Machtausbreitung des Bolschewismus
Hitler-Stalin-Pakt – Angriff auf Finnland und Ausschluß aus dem Völkerbund – Annexion Ostpolens (Katyn), der baltischen Länder und Bessarabiens – imperialistische Politik während des ‚Großen Vaterländischen Krieges' (Eroberungen in Ost- und Ostmitteleuropa und Ostasien) – gewaltsame Umsiedlung ganzer Bevölkerungsgruppen; Massenvertreibungen.

4. Der Bolschewismus als Weltmacht
Gewaltsame Schaffung der ‚Volksdemokratie' unter Bruch sowjetischer Zusicherung und Mißachtung des Selbstbestimmungsrechts der Völker – die kommunistische Gewaltherrschaft in der Sowjetzone – Bolschewisierung Chinas – Überfall auf Südkorea – Doppelzüngigkeit der ‚Koexistenz' – Politik Chruschtschows; Mißbrauch der Friedenssehnsucht der Völker; Einmischung- und Infiltrationspolitik gegenüber den jungen Staaten Asiens und Afrikas, Zersetzungsarbeit der kommunistischen Parteien und Tarnorganisationen in den nichtkommunistischen Ländern – Bedrohung Berlins seit 1958 (Blockade 1948/49; Chruschtschows Ultimatum 1958; der 13. August 1961).

5. Der Widerstand der Unterdrückten gegen den Bolschewismus
Der Kronstädter Aufstand 1921 – der 17. Juni 1953 – Aufstände in sowjetischen Zwangsarbeitslagern – ungarische Revolution 1956 – Tibet – Massenflucht.

C. Methodische Hinweise

Bei der Darstellung des kommunistischen und des nationalsozialistischen Totalitarismus sind ihre verwerfliche Zielsetzung und ihre verbrecherischen Methoden deutlich zu machen. Die Tatsache, daß die beiden Systeme einander bekämpft haben, darf nicht über ihre enge Verwandtschaft hinwegtäuschen.

Im Unterricht über den Nationalsozialismus müssen dem Schüler die Maßlosigkeit Hitlers und die innere Notwendigkeit der Katastrophe gezeigt werden;
im Unterricht über den Bolschewismus ist dem Schüler der weltweite Anspruch und die damit verbundene Gefahr für die Menschheit zu zeigen.
Ausgewählte Beispiele sollen das menschliche Leid, das von den totalitären Systemen verursacht wird, zum erschütternden Erlebnis werden lassen. Die Haltung, die Männer und Frauen des Widerstandes und Verfolgte des Totalitarismus bewiesen haben, ist im Unterricht, auch in Schulfeiern, als vorbildlich zu würdigen.
Der Unterricht soll im jungen Menschen den Willen wecken, selbst verantwortlich an der Gestaltung der demokratisch-rechtsstaatlichen Ordnung mitzuwirken und zur Abwehr des Herrschaftsanspruchs des Totalitarismus beizutragen. Der Erfolg hängt – besonders bei der Behandlung des Nationalsozialismus – in hohem Grade von der Offenheit ab, mit der Lehrer und Schüler einander begegnen. Jeder Schüler ist mit den genannten Themen in der seinem Alter und seiner Vorbildung entsprechenden Methode vertraut zu machen.
Bei ihrer Erarbeitung darf auf die Heranziehung von Quellen nicht verzichtet werden. Die Benutzung audiovisueller Hilfsmittel ist erwünscht; dabei ist eine gründliche Vorbereitung und Auswertung unerläßlich. Lehrer- und Schülerbüchereien sind mit geeignetem Schrifttum auszustatten."

Literaturverzeichnis

Adler, Hans G.: Der verwaltete Mensch. Studien zur Deportation der Juden aus Deutschland. J. C. B. Mohr (Paul Siebeck), Tübingen 1974.

Adorno, Theodor W.: Zur Bekämpfung des Antisemitismus heute. In: Das Argument, 6 (1964), S. 88–104.

Albrecht, Dieter (Hrsg.): Katholische Kirche im Dritten Reich. Eine Aufsatzsammlung zum Verhältnis von Papsttum, Episkopat und deutschen Katholiken zum Nationalsozialismus 1933–1945. Matthias-Grünewald-Verlag, Mainz 1976.

Arbeitsgruppe Bielefelder Soziologen: Kommunikative Sozialforschung. Fink, München 1976.

Arendt, Hannah: Elemente und Ursprünge totaler Herrschaft. Europäische Verlagsanstalt, Frankfurt/Main 1955 (zuerst 1951).

Bahr, Hermann: Der Antisemitismus. Ein internationales Interview. Nachdruck der Erstausgabe von 1894. Hrsg. und mit einem Anhang versehen von Hermann Greive. Jüdischer Verlag im Athenäum Verlag, Königstein/Ts. 1979.

Barton, Allen H., und Lazarsfeld, Paul F.: Einige Funktionen von qualitativer Analyse in der Sozialforschung. In: Hopf/Weingarten (Hrsg.) 1979, S. 41–89.

Becker, Jörg: Schulbuch und politisches System in der Bundesrepublik Deutschland. Ein Beitrag zur politischen Dependenz von Kommunikation. In: Schallenberger/Stein (Hrsg.) Band 7, 1978, S. 13–44.

Behrmann, Günter C.: Sollte die Schulbuchforschung durch eine sozialwissenschaftliche Unterrichtsmedienforschung ersetzt werden? In: Internationale Schulbuchforschung. Zeitschrift des Georg-Eckert-Instituts für internationale Schulbuchforschung, 4 (1982), S. 53–61.

Bensberger Kreis (Sprechergruppe), Katholiken im Widerstand: Von der Kirche allein gelassen ... Stellungnahme zur Erklärung des Sekretariats der Deutschen Bischofskonferenz „Die katholische Kirche und der Nationalsozialismus“ vom 31. Januar 1979. Bonn 1979 (Sonderdruck des „Publik-Forum“).

Berger, Peter, und Luckmann, Thomas: Die gesellschaftliche Konstruktion der Wirklichkeit. Eine Theorie der Wissenssoziologie. Fischer, Frankfurt/Main 1969.

Bernstein, Fritz: Der Antisemitismus als Gruppenerscheinung. Versuch einer Soziologie des Judenhasses. Mit einem Nachwort von Henri Tajffel. Nachdruck der 1. Aufl., Berlin 1926. Jüdischer Verlag im Athenäum Verlag, Königstein/Ts. 1980.

Bethge, Eberhard: Dietrich Bonhoeffer. Eine Biographie. Chr. Kaiser, München 1978.

Bittlinger, Ludwig, u. a.: Lehrer und Lehrplan in der Grundschule. Ergebnisse einer repräsentativen Lehrerbefragung in Bayern. Ehrenwirth, München 1980.

Bleuel, Hans-Peter, und Klinnert, Ernst: Deutsche Studenten auf dem Weg ins Dritte Reich. Ideologie – Programme – Aktionen 1918–1935. Sigbert Mohn, Gütersloh 1967.

Böckenförde, Ernst-Wolfgang: Der Deutsche Katholizismus im Jahre 1933. Eine kritische Betrachtung. In: Hochland, 53 (1960/61), S. 215–239; und in: Jasper (Hrsg.) 1968, S. 317– 343.

Borchardt, Knut: Wirtschaftliche Ursachen des Scheiterns der Weimarer Republik. In: Erdmann/Schulze (Hrsg.) 1980, S. 211–249.

Bracher, Karl D.: Nationalsozialistische Machtergreifung und Reichskonkordat. In: Giese/ Frhr. v. d. Heydte (Hrsg.) 1958, S. 947–1021.

Bracher, Karl D.: Die Auflösung der Weimarer Republik. Eine Studie zum Problem des Machtverfalls in der Demokratie. 5. Aufl., Ring-Verlag, Villingen 1971 (zuerst 1955).

Bracher, Karl D.: Stufen der Machtergreifung. In: Bracher/Schulz/Sauer 1974, Teil I.

Bracher, Karl D.: Zeitgeschichtliche Kontroversen. Um Faschismus, Totalitarismus, Demokratie. Piper, München 1976.

Bracher, Karl D.: Die deutsche Diktatur. Entstehung, Struktur, Folgen des Nationalsozialismus. 6. Aufl., Ullstein, Frankfurt/Main, Berlin, Wien 1979 (zuerst 1969).

Bracher, Karl D.: Demokratie und Machtvakuum: zum Problem des Parteienstaats in der Auflösung der Weimarer Republik. In: Erdmann/Schulze (Hrsg.) 1980, S. 109–134.

Bracher, Karl D.: Referat in: Institut für Zeitgeschichte (Hrsg.) 1980, S. 10–17.

Bracher, Karl D.: Demokratie und Machtergreifung. Der Weg zum 30. Januar 1933. In: Bracher/Funke/Jacobsen (Hrsg.) 1983, S. 17–36.

Bracher, Karl D., Funke, Manfred, und Jacobsen, Hans-Adolf (Hrsg.): Nationalsozialistische Diktatur. 1933–1945. Eine Bilanz. Droste, Düsseldorf 1983.

Bracher, Karl D., Schulz, Gerhard, und Sauer, Wolfgang: Die nationalsozialistische Machtergreifung. Studien zur Errichtung des totalitären Herrschaftssystems in Deutschland 1933/34. Band I: Bracher, Stufen der Machtergreifung; Band II: Schulz, Die Anfänge des totalitären Maßnahmenstaates; Band III: Sauer, Die Mobilmachung der Gewalt. Westdeutscher Verlag, Köln, Opladen 1974 (zuerst 1960).

Broszat, Martin: Der Staat Hitlers. Grundlegung und Entwicklung seiner inneren Verfassung. 8. Aufl., Deutscher Taschenbuch Verlag, München 1979 (zuerst 1969).

Broszat, Martin: Referat in: Institut für Zeitgeschichte (Hrsg.) 1980, S. 32–38.

Broszat, Martin, u. a. (Hrsg.): Deutschlands Weg in die Diktatur. Internationale Konferenz zur nationalsozialistischen Machtübernahme im Reichstagsgebäude zu Berlin. Referate und Diskussionen. Ein Protokoll. Siedler, Berlin 1983.

Bryde, Brun-Otto: Anforderungen an ein rechtsstaatliches Schulbuchgenehmigungsverfahren. Gutachten erstattet für den Verband der Schulbuchverlage e. V., Frankfurt/Main 1984.

Buchheim, Hans: Der deutsche Katholizismus im Jahr 1933. Eine Auseinandersetzung mit Ernst-Wolfgang Böckenförde. In: Hochland, 53 (1960/61), S. 497–515.

Bundeszentrale für politische Bildung (Hrsg.): Der Nationalsozialismus als didaktisches Problem. Beiträge zur Behandlung des NS-Systems und des deutschen Widerstands im Unterricht (Materialien der vom 7. bis 10. November 1978 in Berlin veranstalteten Fachtagung „Zur Behandlung von Nationalsozialismus und Widerstand im Schulunterricht"). Bonn 1980 (Schriftenreihe der Bundeszentrale für politische Bildung, Band 156).

Burkert, Hans-Norbert, Matußek, Klaus, und Wippermann, Wolfgang: „Machtergreifung" Berlin 1933. Stätten der Geschichte Berlins. Band 2, in Zusammenarbeit mit dem Pädagogischen Zentrum Berlin, Rembrandt Verlag, Berlin 1982.

Calleo, David P.: Legende und Wirklichkeit der deutschen Gefahr. Neue Aspekte zur Rolle Deutschlands in der Weltgeschichte von Bismarck bis heute. Keil Verlag, Bonn 1981.

Childers, Thomas: The nazi voter. The social foundations of fascism in Germany, 1919–1933. The University of North Carolina Press, Chapel Hill, London 1983.

Conze, Werner: Der Nationalsozialismus, Teil II, 1934–1945. 2. Aufl., Klett, Stuttgart 1979 (zuerst 1972).

Conze, Werner: Der Nationalsozialismus, Teil I, 1919–1934. Klett, Stuttgart 1980 (zuerst 1972).

Czichon, Eberhard: Wer verhalf Hitler zur Macht? Zum Anteil der deutschen Industrie an der Zerstörung der Weimarer Republik. Pahl-Rugenstein, Köln 1967.

Dahrendorf, Ralf: Gesellschaft und Demokratie in Deutschland. 2. Aufl., Piper, München 1966.

Dederke, Karlheinz, in Verbindung mit dem Institut für Zeitgeschichte, München: Reich und Republik. Deutschland 1917–1933. 4. Aufl., Klett-Cotta, Stuttgart 1981 (zuerst 1969).

Denzler, Georg, und Fabricius, Volker: Die Kirchen im Dritten Reich. Christen und Nazis Hand in Hand? Band 1 und 2, Fischer, Frankfurt/Main 1984.

Deuerlein, Ernst: Das Reichskonkordat. Beiträge zu Vorgeschichte, Abschluß und Vollzug des Konkordats zwischen dem Heiligen Stuhl und dem Deutschen Reich vom 20. Juli 1933. Patmos, Düsseldorf 1956.

Dipper, Christof: Der deutsche Widerstand und die Juden. (Überarbeitete und erweiterte Fassung eines am 13. Februar 1980 vor dem Fachbereich III der Universität Trier gehaltenen Habilitationsvortrages.) In: Geschichte und Gesellschaft, 9 (1983), S. 349–380.

Dörr, Margarete: Quellen, Quellen, Quellen – und die Alternative? Erwiderung auf den Aufsatz von G. Schoebe. In: Geschichte in Wissenschaft und Unterricht, 34 (1983), S. 318–329.

Domarus, Max: Hitler. Reden und Proklamationen 1932–1945. Kommentiert von einem deutschen Zeitgenossen. Band I: Triumph. Erster Halbband 1932–1934. Süddeutscher Verlag, München 1965.

Edelstein, Wolfgang, Sang, Fritz, und Stegelmann, Werner: Unterrichtsstoffe und ihre Verwendung in der 7. Klasse der Gymnasien in der BRD (Teil I). Eine empirische Untersuchung. Berlin 1968 (Institut für Bildungsforschung in der Max-Planck-Gesellschaft: Studien und Berichte, Band 12).

Elben, Wolfgang: Die Weimarer Republik. 6. Aufl., Diesterweg, Frankfurt/Main, Berlin, München 1975.

Erdmann, Karl D.: Der Erste Weltkrieg. (Gebhardt, Handbuch der deutschen Geschichte. 9., neu bearbeitete Aufl., hrsg. von Herbert Grundmann, Band 18.) Band 18 der Taschenbuchausgabe enthält den ungekürzten Text des Handbuchs der deutschen Geschichte. Band 4: Die Zeit der Weltkriege, Teil A, Klett, Stuttgart 1973. Deutscher Taschenbuch Verlag, München 1980.

Erdmann, Karl D.: Die Weimarer Republik. (Gebhardt, Handbuch der deutschen Geschichte. 9., neu bearbeitete Aufl., hrsg. von Herbert Grundmann, Band 19.) Band 19 der Taschenbuchausgabe enthält den ungekürzten Text des Handbuchs der deutschen Geschichte. Band 4: Die Zeit der Weltkriege, Teil B, Klett, Stuttgart 1973. Deutscher Taschenbuch Verlag, München 1980.

Erdmann, Karl D.: Deutschland unter der Herrschaft des Nationalsozialismus 1933–1939. (Gebhardt, Handbuch der deutschen Geschichte. 9., neu bearbeitete Aufl., hrsg. von Herbert Grundmann, Band 20.) Band 20 der Taschenbuchausgabe enthält den ungekürzten Text des Handbuchs der deutschen Geschichte. Band 4: Die Zeit der Weltkriege, Teil C, Klett, Stuttgart 1976. Deutscher Taschenbuch Verlag, München 1980.

Erdmann, Karl D.: Der Zweite Weltkrieg. (Gebhardt, Handbuch der deutschen Geschichte. 9., neu bearbeitete Aufl., hrsg. von Herbert Grundmann, Band 21.) Band 21 der Taschenbuchausgabe enthält den ungekürzten Text des Handbuchs der deutschen Geschichte. Band 4: Die Zeit der Weltkriege, Teil D, Klett, Stuttgart 1976. Deutscher Taschenbuch Verlag, München 1980.

Erdmann, Karl D., und Schulze, Hagen (Hrsg.): Weimar. Selbstpreisgabe einer Demokratie. Eine Bilanz heute. Droste, Düsseldorf 1980.

Fabricius, Volker: Kirche im Nationalsozialismus zwischen Widerstand und Loyalität. Diesterweg, Frankfurt/Main 1982.

Falter, Jürgen W.: Wer verhalf der NSDAP zum Sieg? Neuere Forschungsergebnisse zum parteipolitischen und sozialen Hintergrund der NSDAP-Wähler 1924–1933. In: aus politik und zeitgeschichte. Beilage zur Wochenzeitung „Das Parlament“, B 28–29 vom 14. Juli 1979, S. 3–21.

Falter, Jürgen W., u. a.: Arbeitslosigkeit und Nationalsozialismus. Eine empirische Analyse des Beitrags der Massenerwerbslosigkeit zu den Wahlerfolgen der NSDAP 1932 und 1933. In: Kölner Zeitschrift für Soziologie und Sozialpsychologie, 35 (1983), 3, S. 525–554.

Feldmann, Gerald D.: Aspekte deutscher Industriepolitik am Ende der Weimarer Republik 1930–1932. In: Holl (Hrsg.) 1978, S. 103–125.

Fest, Joachim: Hitler. Eine Biographie. Band 1: Der Aufstieg; Band 2: Der Führer. Ullstein, Frankfurt/Main, Berlin, Wien 1976 (zuerst 1973).

Fetscher, Iring: Zur Kritik des sowjetmarxistischen Faschismusbegriffs. In: Jasper (Hrsg.) 1968, S. 156–166.

Fischer, Fritz: Bündnis der Eliten. Zur Kontinuität der Machtstrukturen in Deutschland 1871–1945. Droste, Düsseldorf 1979.

Fraenkel, Ernst: Der Ruhreisenstreit 1928–1929 in historisch-politischer Sicht. In: Hermens/Schieder 1967, S. 97–117.

Frey, Karl (Hrsg.): Curriculum-Handbuch. Piper, München, Zürich 1975.

Friedrich, Carl J.: Totalitäre Diktatur. Kohlhammer, Stuttgart 1957.

Friedrich, Carl J., und Brzezinski, Zbigniew K.: Totalitarian dictatorship and autocracy. Harvard University Press, Cambridge/Mass. 1956.

Füllberg-Stolberg, Claus: Die Darstellung der UdSSR nach 1945 in Geschichtsbüchern der BRD. Eine empirische Inhaltsanalyse. Muster-Schmidt, Göttingen 1981.

Fürnrohr, Walter, und Kirchhoff, Hans G. (Hrsg.): Ansätze empirischer Forschung im Bereich der Geschichtsdidaktik. Klett, Stuttgart 1976.

Funke, Manfred (Hrsg.): Totalitarismus. Ein Studien-Reader zur Herrschaftsanalyse moderner Diktaturen. Droste, Düsseldorf 1978.

Gamm, Hans J.: Pädagogische Studien zum Problem der Judenfeindschaft. Luchterhand, Neuwied, Berlin 1966.

Gessner, Dieter: Agrarverbände in der Weimarer Republik. Wirtschaftliche und soziale Voraussetzungen agrarkonservativer Politiker vor 1923. Droste, Düsseldorf 1977.

Gestigkeit, Werner: Die Totalitarismus-Legende von der Zerstörung der Weimarer Republik in den bundesdeutschen Schul-Geschichtsbüchern. In: Kühnl/Hardach (Hrsg.) 1979, S. 253–290.

Geyer, Michael: Der zur Organisation erhobene Burgfrieden. In: Müller/Opitz (Hrsg.) 1978, S. 15–100.

Giese, Friedrich, und Frhr. v. d. Heydte, Friedrich A. (Hrsg.): Der Konkordatsprozeß. Band 3, Isar Verlag, München 1958.

Glaser, Barney G.: Theoretical sensitivity. The Sociology Press, Mill Valley, Cal. 1978.

Glaser, Barney G., und Strauss, Anselm L.: The discovery of grounded theory. Strategies for qualitative research. Weidenfeld and Nicolson, London 1968 (zuerst 1967).

Glaser, Barney G., und Strauss, Anselm L.: Die Entdeckung gegenstandsbezogener Theorie: Eine Grundstrategie qualitativer Sozialforschung. In: Hopf/Weingarten (Hrsg.) 1979, S. 91 bis 111.

Gossweiler, Kurt: Großbanken, Industriemonopole, Staat. Ökonomie und Politik des staatsmonopolistischen Kapitalismus in Deutschland 1914–1932. Verlag das europäische Buch, VEB Deutscher Verlag der Wissenschaften, Berlin 1971.

Gotto, Klaus, und Repgen, Konrad (Hrsg.): Kirche, Katholiken und Nationalsozialismus. Matthias-Grünewald-Verlag, Mainz 1980.

Gotto, Klaus, Hockerts, Hans G., und Repgen, Konrad: Nationalsozialistische Herausforderung und kirchliche Antwort. Eine Bilanz. In: Gotto/Repgen (Hrsg.) 1980, S. 101–118.

Greschat, Martin: Allzu Verständnisvolles. K. Scholders großes Werk zur Zeitgeschichte. In: Wissenschaft und Praxis in Kirche und Gesellschaft, 68 (1979), S. 118–125.

Greschat, Martin: Bekenntnis und Politik. Voraussetzungen und Ziele der Barmer Bekenntnissynode. In: Evangelische Theologie, 44 (1984), 6, „Barmen" 1934–1984, S. 524–542.

Habermas, Jürgen (Hrsg.): Stichworte zur ‚Geistigen Situation der Zeit'. 1. Band: Nation und Republik. Suhrkamp, Frankfurt/Main 1979.

Habermas, Jürgen: Die Entsorgung der Vergangenheit. In: „Die Zeit" vom 17. Mai 1985, Nr. 21, S. 57–58.

Hacker, Hartmut: Anmerkungen zu einer Didaktik des Schulbuchs. In: Bildung und Erziehung, 33 (1980), S. 127–135.

Haffner, Sebastian: Anmerkungen zu Hitler. Kindler, München 1978.

Hambrink, Jürgen: Schulverwaltung und Bildungspolitik. Die Festlegung von Lerninhalten im ministeriellen Genehmigungsverfahren für Schulbücher. Fink, München 1979.

Hamilton, Richard F.: Who voted for Hitler? Princeton University Press, Princeton, N.J. 1982.

Hehl, Ulrich v.: Kirche, Katholizismus und das nationalsozialistische Deutschland. Ein Forschungsüberblick. In: Albrecht (Hrsg.) 1976, S. 219–251.

Heiber, Helmut: Die Republik von Weimar. 15. Aufl., Deutscher Taschenbuch Verlag, München 1982 (zuerst 1966).

Hennig, Eike: Bürgerliche Gesellschaft und Faschismus in Deutschland. Ein Forschungsbericht. Suhrkamp, Frankfurt/Main 1977.

Hentschel, Volker: Weimars letzte Monate. Hitler und der Untergang der Republik. 2. Aufl., Droste, Düsseldorf 1979 (zuerst 1978).

Hermanns, Harry: Berufsverlauf und soziale Handlungskompetenz von Ingenieuren. Eine biographieanalytische Untersuchung auf der Basis narrativer Interviews. Kassel 1982 (Dissertation).

Hermens, Ferdinand A., und Schieder, Theodor: Staat, Wirtschaft und Politik in der Weimarer Republik. Festschrift für Heinrich Brüning. Duncker & Humblot, Berlin 1967.

Hilberg, Raul: Die Vernichtung der europäischen Juden. Die Gesamtgeschichte des Holocaust. Olle & Wolter, Berlin 1982.

Hillgruber, Andreas: Die Auflösung der Weimarer Republik. Verlag für Literatur und Zeitgeschichte, Hannover 1960.

Hillgruber, Andreas: Deutschlands Rolle in der Vorgeschichte der beiden Weltkriege. Vandenhoeck & Ruprecht, Göttingen 1967.

Hillgruber, Andreas: Großmachtpolitik und Militarismus im 20. Jahrhundert. 3 Beiträge zum Kontinuitätsproblem. Droste, Düsseldorf 1974.

Hillgruber, Andreas: Die Reichswehr und das Scheitern der Weimarer Republik. In: Erdmann/Schulze (Hrsg.) 1980, S. 177–192.

Hofer, Walther (Hrsg.): Der Nationalsozialismus. Dokumente 1933–1945. Fischer Taschenbuch Verlag, Frankfurt/Main 1957 (überarbeitete Neuausgabe 1982).

Hoffmann, Marhild: Der Nationalsozialismus in Richtlinien und Lehrplänen. Kritische Anmerkungen zu Beispielen aus fünf Bundesländern. In: Bundeszentrale für politische Bildung (Hrsg.) 1980, S. 23–41.

Hoffmann-Riem, Christa: Die Sozialforschung einer interpretativen Soziologie. Der Datengewinn. In: Kölner Zeitschrift für Soziologie und Sozialpsychologie, 32 (1980), S. 339–372.

Holl, Karl (Hrsg.): Wirtschaftskrise und liberale Demokratie. Das Ende der Weimarer Republik und die gegenwärtige Situation. Vandenhoeck & Ruprecht, Göttingen 1978.

Hopf, Christel: Die Pseudo-Exploration – Überlegungen zur Technik qualitativer Interviews in der Sozialforschung. In: Zeitschrift für Soziologie, 7 (1978), S. 97–115.

Hopf, Christel: Soziologie und qualitative Sozialforschung. In: Hopf/Weingarten (Hrsg.) 1979, S. 11–37.

Hopf, Christel: Norm und Interpretation. Einige methodische und theoretische Probleme der Erhebung und Analyse subjektiver Interpretationen in qualitativen Untersuchungen. In: Zeitschrift für Soziologie, 11 (1982), S. 307–329.

Hopf, Christel: Die Hypothesenprüfung als Aufgabe qualitativer Sozialforschung. In: Beiheft zu ASI-News, Qualitative Ansätze in der Forschungspraxis (Tagung der Arbeitsgemeinschaft Sozialwissenschaftlicher Institute 1982), Nr. 6, März 1983, S. 35–55.

Hopf, Christel, und Weingarten, Elmar (Hrsg.): Qualitative Sozialforschung. Klett-Cotta, Stuttgart 1979.

Hopf, Christel, und Nevermann, Knut: Administrative Bedingungen des schulischen Unterrichts über Nationalsozialismus. Berlin 1980 (vervielfältigtes Manuskript, Max-Planck-Institut für Bildungsforschung).

Hopf, Christel, Nevermann, Knut, und Richter, Ingo: Schulaufsicht und Schule. Eine empirische Analyse der administrativen Bedingungen schulischer Erziehung. Klett-Cotta, Stuttgart 1980.

Horn, Wolfgang: Der Marsch zur Machtergreifung. Die NSDAP bis 1933. Athenäum. Königstein/Ts.; Droste, Düsseldorf 1980.

Hörster-Philipps, Ulrike: Wer war Hitler wirklich? Großkapital und Faschismus 1918–1945. Pahl-Rugenstein, Köln 1978.

Huber, Wolfgang: Folgen christlicher Freiheit. Ethik und Theorie der Kirche im Horizont der Barmer Theologischen Erklärung. Neukirchener Verlag des Erziehungsvereins GmbH, Neukirchen-Vluyn 1983.

Huberti, Franz Hermann: Zur Lage des Geschichtsunterrichts in der Oberstufe der Gymnasien. In: Geschichte in Wissenschaft und Unterricht, 31 (1980), S. 754–767.

Hüffmeier, Wilhelm, und Stöhr, Martin (Hrsg.): Barmer Theologische Erklärung 1934–1984, Geschichte – Wirkung – Defizite. Hüffmeier-Verlag, Bielefeld 1984.

Hug, Wolfgang: Geschichtsunterricht in der Praxis der Sekundarstufe I. Befragung, Analysen und Perspektiven. Diesterweg, Frankfurt/Main, Berlin, München 1977.

Hug, Wolfgang: Geschichtliche Weltkunde. Ein Schulgeschichtsbuch im Schnittpunkt von Theorie und Praxis. In: Süssmuth (Hrsg.) 1980, S. 223–254.

Hug, Wolfgang, Hoffmann, Joachim, und Krautkrämer, Elmar: Lernimpulse 3. Begleitheft zum Arbeitsbuch „Geschichtliche Weltkunde", Band 3: Von der Zeit des Imperialismus bis zur Gegenwart. 4. Aufl., Diesterweg, Frankfurt/Main 1980.

Institut für Zeitgeschichte (Hrsg.): Totalitarismus und Faschismus. Eine wissenschaftliche und politische Begriffskontroverse. Kolloquium im Institut für Zeitgeschichte am 24. November 1978. Oldenbourg, München, Wien 1980.

Jäckel, Eberhard: Hitlers Weltanschauung. Entwurf einer Herrschaft. Deutsche Verlagsanstalt, Stuttgart 1981.

Jänicke, Martin: Totalitäre Herrschaft. Anatomie eines politischen Begriffes. Duncker & Humblot, Berlin 1971.

Jasper, Gotthard (Hrsg.): Von Weimar zu Hitler 1930–1933. Kiepenheuer & Witsch, Köln, Berlin 1968.

Jeismann, Karl-Ernst: Didaktik der Geschichte. Die Wissenschaft von Zustand, Funktion und Veränderung geschichtlicher Vorstellungen im Selbstverständnis der Gegenwart. In: Korsthorst (Hrsg.) 1977, S. 9–33.

Jeismann, Karl-Ernst: Internationale Schulbuchforschung. Aufgaben und Probleme. In: Internationale Schulbuchforschung. Zeitschrift des Georg-Eckert-Instituts für internationale Schulbuchforschung, 1 (1979), S. 7–22.

Jeismann, Karl-Ernst: „Geschichtsbewußtsein". Überlegungen zur zentralen Kategorie eines neuen Ansatzes zur Geschichtsdidaktik. In: Süssmuth (Hrsg.) 1980, S. 179–222.

Jochmann, Werner: Die Ausbreitung des Antisemitismus. In: Mosse 1971, S. 409–510.

Jochmann, Werner: Struktur und Funktion des deutschen Antisemitismus. In: Mosse 1976, S. 389–478.

Kadritzke, Niels: Faschismus und Krise. Zum Verhältnis von Politik und Ökonomie im Nationalsozialismus. Campus, Frankfurt/Main, New York 1976.

Käsler, Dirk (Hrsg.): Klassiker des soziologischen Denkens. Band II: Von Weber bis Mannheim. C. H. Beck, München 1978.

Kater, Michael H.: Studentenschaft und Rechtsradikalismus in Deutschland 1918–1933. Eine sozialgeschichtliche Studie zur Bildungskrise in der Weimarer Republik. Hoffmann und Campe, Hamburg 1975.

Kernig, Claus D. (Hrsg.): Sowjetsystem und demokratische Gesellschaft. Eine vergleichende Enzyklopädie. Bände 1–6, Herder, Freiburg, Basel, Wien 1966–1972.

Kielmannsegg, Peter Graf: Krise der Totalitarismus-Theorie? In: Zeitschrift für Politik, 21 (1974), 4. Nachdruck in: Funke (Hrsg.) 1978, S. 61 ff.

Knütter, Hans-Helmuth: Die Juden und die deutsche Linke in der Weimarer Republik 1918–1933. Droste, Düsseldorf 1971.

Koch, Diether: Kirchengeschichtsschreibung als inhaltliches und methodisches Problem. Kritische Überlegungen zu Band I des Werkes „Die Kirchen und das Dritte Reich" von Klaus Scholder. In: Evangelische Theologie, 40 (1980), S. 277–283.

Kocka, Jürgen: Referat in: Institut für Zeitgeschichte (Hrsg.) 1980, S. 39–44.

Kocka, Jürgen: Ursachen des Nationalsozialismus. In: aus politik und zeitgeschichte. Beilage zur Wochenzeitung „Das Parlament", B 25 vom 21. Juni 1980, S. 3–15.

Kolb, Eberhard: Die Weimarer Republik. Oldenbourg, München, Wien 1984.

Kolinsky, Martin, und Kolinsky, Eva: The treatment of the Holocaust in West German textbooks. In: Yad Vashem Studies on the European Jewish Catastrophe and Resistance, Band X (1974), S. 149–216.

Korsthorst, Erich (Hrsg.): Geschichtswissenschaft. Didaktik, Forschung, Theorie. Mit Beiträgen von Karl-Ernst Jeismann, Jörn Rüsen, Rudolf Vierhaus. Vandenhoeck & Ruprecht, Göttingen 1977.

Kraus, Hans-Joachim: Die evangelische Kirche. In: Mosse (Hrsg.) 1966, S. 249–270.

Krink, Albert: Die NS-Diktatur. 3. Aufl., Diesterweg, Frankfurt/Main, Berlin, München 1975.

Krumm, Volker: Findung von Lernzielen und Lerninhalten durch Evaluation von Lehrplänen und Unterricht – dargestellt am Beispiel einer Untersuchung des Wirtschaftslehreunterrichts. In: Frey (Hrsg.) Band II, 1975, S. 287–295.

Kühnl, Reinhard: Deutschland zwischen Demokratie und Faschismus. Zur Problematik der bürgerlichen Gesellschaft seit 1918. Hanser, München 1969.

Kühnl, Reinhard: Formen bürgerlicher Herrschaft – Liberalismus und Faschismus. Rowohlt Taschenbuch Verlag, Reinbek bei Hamburg 1971.

Kühnl, Reinhard: Probleme einer Theorie über den internationalen Faschismus, Teil II. Empirische Untersuchungen und theoretische Interpretationen. In: Politische Vierteljahresschrift, 16 (1975), S. 89–121.

Kühnl, Reinhard: Der deutsche Faschismus in Quellen und Dokumenten. 1. Aufl., Pahl-Rugenstein, Köln 1976.

Kühnl, Reinhard (Hrsg.): Geschichte und Ideologie. Kritische Analyse bundesdeutscher Geschichtsbücher. 2. Aufl., Rowohlt Taschenbuch Verlag, Reinbek bei Hamburg 1978 (zuerst 1973).

Kühnl, Reinhard: Faschismustheorien. Texte zur Faschismusdiskussion 2. Ein Leitfaden. Rowohlt Taschenbuch Verlag, Reinbek bei Hamburg 1979.

Kühnl, Reinhard, und Hardach, Gerd (Hrsg.): Die Zerstörung der Weimarer Republik. 2. Aufl., Pahl-Rugenstein, Köln 1979.

Kuhn, Axel: Die Unterredung zwischen Hitler und Papen im Hause des Barons von Schröder. Eine methodisch-systematische Quellenanalyse mit dem Ziel, Möglichkeiten und Grenzen der Geschichtswissenschaft anzudeuten. In: Geschichte in Wissenschaft und Unterricht, 24 (1973), S. 709–722.

Kunert, Kristian: Wie Lehrer mit dem Lehrplan umgehen. Bericht über eine Befragung von Grund- und Hauptschullehrern – Interpretationen – Folgerungen. Beltz, Weinheim, Basel 1983.

Kupisch, Karl: Zwischen Idealismus und Massendemokratie. Eine Geschichte der evangelischen Kirche in Deutschland von 1815–1945. 3. Aufl., Lettner Verlag, Berlin 1960.

Läpple, Alfred: Kirche und Nationalsozialismus in Deutschland und Österreich, Fakten – Dokumente – Analysen. Pattloch Verlag, Aschaffenburg 1980.

Lange, Klaus: Zu Methodologie und Methoden einer sozialwissenschaftlichen Unterrichtsforschung. In: Internationale Schulbuchforschung. Zeitschrift des Georg-Eckert-Instituts für internationale Schulbuchforschung, 3 (1981), S. 16–27.

Lenk, Kurt (Hrsg.): Ideologie. Ideologiekritik und Wissenssoziologie. Luchterhand, Neuwied 1961 (Soziologische Texte, Band 4).

Lepsius, M. Rainer: Extremer Nationalsozialismus. Strukturbedingungen vor der nationalsozialistischen Machtergreifung. Kohlhammer, Stuttgart 1966.

Lewy, Guenter: Die katholische Kirche und das Dritte Reich. Piper, München 1965 (Originalausgabe: The catholic church and Nazi Germany. New York 1964).

Lipset, Seymor M.: Soziologie der Demokratie. Luchterhand, Neuwied 1962 (Originalausgabe: Political man. The social bases of politics. New York 1960).

Lohalm, Uwe: Völkischer Radikalismus. Die Geschichte des Deutschvölkischen Schutz- und Trutz-Bundes 1919–1932. Leibniz-Verlag, Hamburg 1970.

Loock, Hans-Dietrich, und Schulze, Hagen (Hrsg.): Parlamentarismus und Demokratie im Europa des 19. Jahrhunderts. C. H. Beck, München 1982.

Mann, Golo: Über Antisemitismus. In: Mann 1961, S. 169–201.

Mann, Golo: Geschichte und Geschichten. Fischer, Frankfurt/Main 1961.

Marcuse, Herbert: Der Kampf gegen den Liberalismus in der totalitären Staatsauffassung. In: Zeitschrift für Sozialforschung III/II, Paris 1934. Wieder abgedruckt in: Marcuse 1965, S. 17–55.

Marcuse, Herbert: Kultur und Gesellschaft I. Suhrkamp, Frankfurt/Main 1965.

Martin, Bernd, und Schulin, Ernst: Die Juden als Minderheit in der Geschichte. 2. Aufl., Deutscher Taschenbuch Verlag, München 1982.

Matthias, Erich, und Morsey, Rudolf (Hrsg.): Das Ende der Parteien 1933. Darstellungen und Dokumente. Athenäum, Königstein/Ts.; Droste, Düsseldorf 1979 (zuerst 1960).

Megerle, Klaus: Die nationalsozialistische Machtergreifung. Wissenschaftlicher Autoren-Verlag, Berlin 1982.

Meier, Kurt: Der evangelische Kirchenkampf. Gesamtdarstellung in drei Bänden. VEB Max Niemeyer Verlag, Halle (Saale) 1976. (1. Band: Der Kampf um die „Reichskirche"; 2. Band: Gescheiterte Neuordnungsversuche im Zeichen staatlicher „Rechtshilfe"; 3. Band: Im Zeichen des zweiten Weltkrieges, 1984.)

Merton, Robert K., und Kendall, Patricia L.: Das fokussierte Interview. In: Hopf/Weingarten (Hrsg.) 1979, S. 171–204.

Meyers, Peter: Methoden zur Analyse historisch-politischer Schulbücher. In: Schallenberger 1976, S. 47–73.

Mohrmann, Walter: Antisemitismus. Ideologie und Geschichte im Kaiserreich und in der Weimarer Republik. VEB Deutscher Verlag der Wissenschaften, Berlin 1972.

Mommsen, Hans: Beamtentum im Dritten Reich. Mit ausgewählten Quellen zur nationalsozialistischen Beamtenpolitik. Deutsche Verlagsanstalt, Stuttgart 1966 (Schriftenreihe der Vierteljahreshefte für Zeitgeschichte).

Mommsen, Hans: Nationalsozialismus. In: Kernig (Hrsg.) Band 4, 1971, S. 695–713.

Mommsen, Hans: Der Ruhrbergbau im Spannungsfeld von Politik und Wirtschaft in der Zeit der Weimarer Republik. In: Blätter für deutsche Landesgeschichte. Neue Folge des Korrespondenzblattes, 108 (1972), S. 160–175.

Mommsen, Hans: Zur Verschränkung traditioneller und faschistischer Führungsgruppen in Deutschland beim Übergang von der Bewegungs- zur Systemphase. In: Schieder (Hrsg.) 1976, S. 157–181.

Mommsen, Hans: Die Last der Vergangenheit. In: Habermas (Hrsg.) 1979, S. 164–184.

Mommsen, Hans: Referat in: Institut für Zeitgeschichte (Hrsg.) 1980, S. 18–27.

Mommsen, Hans: Anmerkungen zum 50. Jahrestag der Machtergreifung. In: Geschichtsdidaktik, 8 (1983), S. 1.

Mommsen, Hans: Adolf Hitler als „Führer" der Nation. Studieneinheit 11, Nationalsozialismus im Unterricht. Deutsches Institut für Fernstudien an der Universität Tübingen 1984.

Mommsen, Hans, Petzina, Dietmar, und Weisbrod, Bernd (Hrsg.): Industrielles System und politische Entwicklung in der Weimarer Republik. 2 Bände. Unveränderter Nachdruck des erstmals 1974 erschienenen Werkes. Athenäum, Kronberg/Ts.; Droste, Düsseldorf 1977.

Mommsen, Wilhelm (Hrsg.): Deutsche Parteiprogramme. Deutsches Handbuch der Politik 1. Olzog Verlag, München 1960.

Morsey, Rudolf: Die Deutsche Zentrumspartei. In: Matthias/Morsey (Hrsg.) 1979, S. 279 bis 453.

Mosse, George L.: Die deutsche Rechte und die Juden. In: Mosse (Hrsg.) 1966, S. 183–246.

Mosse, Werner E. (Hrsg.): Juden im wilhelminischen Deutschland 1890–1914. J. C. B. Mohr (Paul Siebeck), Tübingen 1976.

Mosse, Werner E., unter Mitwirkung von Arnold Paucker (Hrsg.): Entscheidungsjahr 1932. Zur Judenfrage in der Endphase der Weimarer Republik. 2., überarbeitete und erweiterte Aufl., J. C. B. Mohr (Paul Siebeck), Tübingen 1966 (zuerst 1965).

Mosse, Werner E., unter Mitwirkung von Arnold Paucker (Hrsg.): Deutsches Judentum in Krieg und Revolution 1916–1923. J. C. B. Mohr (Paul Siebeck), Tübingen 1971.

Müller, Klaus-Jürgen: Armee, Politik und Gesellschaft in Deutschland 1933–1945. Studien zum Verhältnis von Armee und NS-System. 2. Aufl., Schöningh, Paderborn 1980 (zuerst 1979).

Müller, Klaus-Jürgen, und Opitz, Eckardt (Hrsg.): Militär und Militarismus in der Weimarer Republik. Droste, Düsseldorf 1978.

Neebe, Reinhard: Großindustrie, Staat und NSDAP 1930–1933. Paul Silverberg und der Reichsverband der Deutschen Industrie in der Krise der Weimarer Republik. Vandenhoeck & Ruprecht, Göttingen 1981.

Neebe, Reinhard: Die Industrie und der 30. Januar 1933. In: Bracher u. a. (Hrsg.) 1983, S. 155–176.

Neuhäusler, Johann: Kreuz und Hakenkreuz. Der Kampf des Nationalsozialismus gegen die katholische Kirche und der kirchliche Widerstand. Verlag: Katholische Kirche Bayerns, München 1946.

Neumann, Franz: Behemoth. Struktur und Praxis des Nationalsozialismus 1933–1944. Europäische Verlagsanstalt, Köln, Frankfurt/Main 1977 (zuerst 1942).

Nolte, Ernst: Der Faschismus in seiner Epoche. Die Action française. Der italienische Faschismus. Der Nationalsozialismus. Piper, München 1963.

Nolte, Ernst (Hrsg.): Theorien über den Faschismus. Kiepenheuer & Witsch, Köln, Berlin 1967.

Nolte, Ernst: Referat in: Institut für Zeitgeschichte (Hrsg.) 1980, S. 28–31.

Norden, Günther van: Die Stellung der evangelischen Kirche zum Nationalsozialismus 1932/33. In: Jasper (Hrsg.) 1968, S. 377–402.

Norden, Günther van: Der Nationalsozialismus in Schulbüchern. Referat bei der Tagung der Konferenz für Geschichtsdidaktik. In: ibw Journal, Informationsdienst des Deutschen Instituts für Bildung und Wissen, 17 (1979), S. 185–191.

Nowak, Kurt: Evangelische Kirche und Weimarer Republik. Zum politischen Weg des deutschen Protestantismus zwischen 1918 und 1932. Hermann Böhlaus Nachfolger, Weimar 1981.

Nowak, Kurt: Kirchenkampf und Widerstand im „Dritten Reich". – Erwägungen zu einem historiographischen Prinzipienproblem. In: Wissenschaftliche Zeitschrift der Karl-Marx-Universität Leipzig, Gesellschafts- und Sprachwissenschaftliche Reihe, 30 (1981), S. 584–596.

Oevermann, Ulrich, Allert, Tilmann, Konau, Elisabeth, und Krambeck, Jürgen: Die Methodologie einer „objektiven Hermeneutik" und ihre allgemeine forschungslogische Bedeutung in den Sozialwissenschaften. In: Soeffner (Hrsg.) 1979, S. 352–434.

Paucker, Arnold: Der jüdische Abwehrkampf. In: Mosse (Hrsg.) 1966, S. 405–499.

Poliakov, Léon: Geschichte des Antisemitismus. II. Das Zeitalter der Verteufelung und des Ghettos. Verlag Georg Heintz, Worms 1978.

Popitz, Heinrich, Bahrdt, Hans P., Jüres, Ernst A., und Kesting, Hanno: Das Gesellschaftsbild des Arbeiters. Soziologische Untersuchungen in der Hüttenindustrie. 2., unveränderte Aufl., Mohr, Tübingen 1961 (zuerst 1957).

Prolingheuer, Hans: Der Fall Karl Barth 1934–1935. Chronographie einer Vertreibung. Neukirchener Verlag des Erziehungsvereins GmbH, Neukirchen-Vluyn 1977.

Prolingheuer, Hans: Kleine politische Kirchengeschichte. 50 Jahre evangelischer Kirchenkampf, von 1919–1969. Pahl-Rugenstein, Köln 1984.

Reichmann, Eva: Die Flucht in den Haß. Die Ursachen der deutschen Judenkatastrophe. Europäische Verlagsanstalt, Frankfurt/Main o. J. (1956).

Reichmann, Eva: Diskussionen über die Judenfrage 1930–1932. In: Mosse 1966, S. 503 bis 531.

Repgen, Konrad: Über die Entstehung der Reichskonkordatsofferte im Frühjahr 1933 und die Bedeutung des Reichskonkordats. Kritische Bemerkungen zu einem neuen Buch. In: Vierteljahreshefte für Zeitgeschichte, 26 (1978), S. 499–533.

Richarz, Monika (Hrsg.): Jüdisches Leben in Deutschland. Band 1: Selbstzeugnisse zur Sozialgeschichte 1780–1871. Deutsche Verlagsanstalt, Stuttgart 1976 (Veröffentlichungen des Leo Baeck Instituts).

Richarz, Monika (Hrsg.): Jüdisches Leben in Deutschland. Band 2: Selbstzeugnisse zur Sozialgeschichte im Kaiserreich. Deutsche Verlagsanstalt, Stuttgart 1979 (Veröffentlichungen des Leo Baeck Instituts).

Richarz, Monika (Hrsg.): Jüdisches Leben in Deutschland. Band 3: Selbstzeugnisse zur Sozialgeschichte 1918–1945. Deutsche Verlagsanstalt, Stuttgart 1982 (Veröffentlichungen des Leo Baeck Instituts).

Robinsohn, Saul B., und Schatzker, Chaim: Jüdische Geschichte in den deutschen Geschichtslehrbüchern. Limbach, Braunschweig 1963.

Röhm, Eberhard, und Thierfelder, Jörg: Evangelische Kirche zwischen Kreuz und Hakenkreuz. Bilder und Texte einer Ausstellung. Calwer Verlag, Stuttgart 1981.

Rohlfes, Joachim: Und noch einmal: Quellen. In: Geschichte in Wissenschaft und Unterricht, 34 (1983), S. 330–344.

Roon, Ger van: Widerstand im Dritten Reich. Ein Überblick. C. H. Beck, München 1979.

Rosenberg, Alfred: Der Mythus des 20. Jahrhunderts. Eine Wertung der seelisch-geistigen Gestaltenkämpfe unserer Zeit. Hoheneichen-Verlag, München 1930.

Rürup, Reinhard (Hrsg.): Emanzipation und Antisemitismus. Studien zur „Judenfrage" der bürgerlichen Gesellschaft. Vandenhoeck & Ruprecht, Göttingen 1975.

Rürup, Reinhard: Zur Entwicklung der modernen Antisemitismusforschung. In: Rürup (Hrsg.) 1975, S. 115–125.

Rürup, Reinhard: Emanzipation und Krise – Zur Geschichte der „Judenfrage" in Deutschland vor 1890. In: Mosse (Hrsg.) 1976, S. 1–56.

Rürup, Reinhard, zusammen mit Thomas Nipperdey: Antisemitismus – Entstehung, Funktion und Geschichte eines Begriffs. In: Rürup 1975, S. 95–114.

Ruether, Rosemary: Nächstenliebe und Brudermord. Die theologischen Wurzeln des Antisemitismus. Chr. Kaiser, München 1978.

Sauer, Wolfgang: Die Mobilmachung der Gewalt. In: Bracher/Schulz/Sauer Teil III, 1974.

Schallenberger, Horst E. (Hrsg.): Studien zur Methodenproblematik wissenschaftlicher Schulbucharbeit. Henn, Kastellaun 1976 (Zur Sache Schulbuch, Band 5).

Schallenberger, Horst E., und Stein, Gerd (Hrsg.): Das Schulbuch zwischen staatlichem Zugriff und gesellschaftlichen Forderungen. Henn, Kastellaun 1978 (Zur Sache Schulbuch, Band 7).

Schapiro, Leonard B.: Bolschewiki. In: Kernig (Hrsg.) Band 1, 1966, Spalte 849–860.

Schapiro, Leonard B.: Totalitarismus. In: Kernig (Hrsg.) Band 5, 1972, Spalte 465–590.

Schatzker, Chaim: Die Juden in den deutschen Geschichtsbüchern. Schulbuchanalyse zur Darstellung der Juden, des Judentums und des Staates Israel. Bonn 1981 (Schriftenreihe der Bundeszentrale für politische Bildung, Band 173).

Schieder, Wolfgang (Hrsg.): Faschismus als soziale Bewegung. Deutschland und Italien im Vergleich. Hoffmann und Campe, Hamburg 1976.

Schieder, Theodor: Stichwort: Revolution. Die Theorie der Revolution. In: Kernig (Hrsg.) Band 5, 1972, Spalte 692–721.

Schlangen, Walter: Die Totalitarismus-Theorie. Entwicklung und Probleme. Kohlhammer, Stuttgart 1976.

Schmid, Heinz D. (Hrsg.): Lehrerbegleitbände 1 und 2 zu „Fragen an die Geschichte“, Geschichtliches Arbeitsbuch für Sekundarstufe I im gymnasialen Bereich. Hirschgraben, Frankfurt/Main 1976 und 1979.

Schmid, Heinz D.: Entdeckendes Lernen im Geschichtsunterricht. In: Süssmuth (Hrsg.) 1980, S. 283–314.

Schoebe, Gerhard: Quellen, Quellen, Quellen ... Polemik gegen ein verbreitetes Unterrichtskonzept. In: Geschichte in Wissenschaft und Unterricht, 34 (1983), S. 298–317.

Scholder, Klaus: Die Kirchen und das Dritte Reich. Band 1: Vorgeschichte und Zeit der Illusionen 1918–1934. Ullstein, Frankfurt/Main, Berlin, Wien 1977.

Scholder, Klaus: Über die Schwierigkeit, die Geschichte der Kirche im Dritten Reich zu verstehen. In: Röhm/Thierfelder 1981, S. 5–8.

Scholder, Klaus: Die theologische Grundlage des Kirchenkampfes. Zur Entstehung und Bedeutung der Barmer Erklärung. In: Evangelische Theologie, 44 (1984), 6, „Barmen“ 1934 bis 1984, S. 505–524.

Schramm, Torsten-Dietrich: Der Widerstand gegen den Nationalsozialismus. Seine Bedeutung für die Bundesrepublik Deutschland in der Wirkung auf Institutionen und Schulbücher. Hofgarten Verlag, Berlin 1980.

Schüddekopf, Otto-Ernst: Vom Sinn und von der Bedeutung internationaler Schulbucharbeit der BRD im Rahmen ihrer Kulturarbeit im Ausland. Betrachtungen zu einem 25jährigen Bemühen. In: Schallenberger (Hrsg.) 1976, S. 109–117.

Schüddekopf, Otto-Ernst: Der deutsche Widerstand gegen den Nationalsozialismus. Seine Darstellung in Lehrplänen und Schulbüchern der Fächer Geschichte und Politik in der Bundesrepublik Deutschland. Diesterweg, Frankfurt/Main, Berlin, München 1977.

Schütze, Fritz: Zur Hervorlockung und Analyse von Erzählungen thematisch relevanter Geschichten im Rahmen soziologischer Feldforschung – dargestellt an einem Projekt zur Erforschung kommunaler Machtstrukturen. In: Arbeitsgruppe Bielefelder Soziologen, Kommunikative Sozialforschung, 1976, S. 159–260.

Schütze, Fritz: Die Technik des narrativen Interviews in Interaktionsfeldstudien – dargestellt an einem Projekt zur Erforschung von kommunalen Machtstrukturen. Bielefeld: Fakultät für Soziologie 1977 (hektographiertes Manuskript).

Schulz, Gerhard: Die Anfänge des totalitären Maßnahmenstaates. In: Bracher/Schulz/Sauer Teil II, 1974.

Schulze, Hagen: Otto Braun oder Preußens demokratische Sendung. Eine Biographie. Propyläen Verlag, Frankfurt/Main 1977.

Schulze, Hagen: Das Scheitern der Weimarer Republik als Problem der Forschung. In: Erdmann/Schulze (Hrsg.) 1980, S. 23–41.

Schulze, Hagen: Einleitung. In: Loock/Schulze (Hrsg.) 1982a, S. 9–20.

Schulze, Hagen: Weimar. Deutschland 1917 bis 1933. Severin und Siedler, Berlin 1982b.

Schuon, Karl T., und Wiedner, Hanne: Politisch-soziologische Analyse historischer Kausalität und politische Bildung in der BRD. Weimarer Republik und Aufstieg des Nationalsozialismus im Spiegel der Schulgeschichtsbücher für die Oberstufe der Gymnasien (I). In: Blätter für deutsche und internationale Politik, 13 (1968), S. 1288–1299.

Schuon, Karl T., und Wiedner, Hanne: (II). In: Blätter für deutsche und internationale Politik, 14 (1969), S. 399–412.

Sebbel, Erna: Die Bedeutung der Richtlinien für die allgemeine Hochschulreife und für die Arbeit des Lehrers. In: bildung aktuell, 1981, 10/11, S. 255–264.

Seidel, Bruno, und Jenkner, Siegfried (Hrsg.): Wege der Totalitarismus-Forschung. Wissenschaftliche Buchgesellschaft, Darmstadt 1974 (zuerst 1968).

Sekretariat der Deutschen Bischofskonferenz: Die katholische Kirche und der Nationalsozialismus. Bonn, Dokumentation 4/79, 31. Januar 1979.

Siegele-Wenschkewitz, Leonore: Nationalsozialismus und Kirchen. Religionspolitik von Partei und Staat bis 1935. Droste, Düsseldorf 1974 (Tübinger Schriften für Sozial- und Zeitgeschichte, 5).

Siegele-Wenschkewitz, Leonore: Die Kirchen zwischen Anpassung und Widerstand im Dritten Reich. In: Hüffmeier/Stöhr (Hrsg.) 1984, S. 11–29.

Sievers, Leo: Juden in Deutschland. Die Geschichte einer 2000jährigen Tragödie. Goldmann, München 1979 (Erstveröffentlichung im Stern Magazin).

Silbermann, Alphons: Sind wir Antisemiten? Ausmaß und Wirkung eines sozialen Vorurteils in der Bundesrepublik Deutschland. Verlag Wissenschaft und Politik, Köln 1982.

Silbermann, Alphons, und Sallen, Herbert A.: Latenter Antisemitismus in der Bundesrepublik Deutschland. In: Kölner Zeitschrift für Soziologie und Sozialpsychologie, 28 (1976), S. 706–723.

Soeffner, Hans-Georg (Hrsg.): Interpretative Verfahren in den Sozial- und Textwissenschaften. Metzler, Stuttgart 1979.

Sombart, Werner: Die Juden und das Wirtschaftsleben. Duncker & Humblot, Leipzig 1911.

Sontheimer, Kurt: Antidemokratisches Denken in der Weimarer Republik. Nymphenburger Verlagshandlung, München 1962.

Stammer, Otto: Aspekte der Totalitarismusforschung. In: Soziale Welt, 12 (1961), S. 97 bis 111 (zitiert nach Wiederabdruck in Seidel/Jenkner 1974, S. 414–437).

Stegmann, Dirk: Zum Verhältnis von Großindustrie und Nationalsozialismus. 1930–1933. Ein Beitrag zur Geschichte der sogenannten Machtergreifung. In: Archiv für Sozialgeschichte, 13 (1973), S. 399–482.

Stegmann, Dirk: Antiquierte Personalisierung oder sozialökonomische Faschismus-Analyse? Eine Antwort auf H. A. Turners Kritik an meinen Thesen zum Verhältnis von Nationalsozialismus und Großindustrie vor 1933. In: Archiv für Sozialgeschichte, 17 (1977), S 275–296.

Stegmüller, Wolfgang: Probleme und Resultate der Wissenschaftstheorie und Analytischen Philosophie. Band I: Wissenschaftliche Erklärung und Begründung, Studienausgabe, Teil 4 (Teleologie, Funktionalanalyse und Selbstregulation). Springer, Berlin, Heidelberg, New York 1969.

Stein, Gerd: Immer Ärger mit den Schulbüchern. Ein Beitrag zum Verhältnis zwischen Pädagogik und Politik. Brennpunkte der Bildungspolitik 1. Metzler, Stuttgart 1979.

Süssmuth, Hans (Hrsg.): Geschichtsdidaktische Positionen: Bestandsaufnahme und Neuorientierung. Schöningh, Paderborn, München, Wien, Zürich 1980.

Tenbrock, R. H. (Bearbeiter): Didaktischer Grundriß für den Geschichtsunterricht zu „Zeiten und Menschen". Ausgabe B, Band 4, Schöningh-Schroedel, Paderborn 1981.

Tewes, Bernard (Hrsg.): Schulbuch und Politik. Unterrichtsmedien im Spannungsfeld politischer Interessen. Schöningh, Paderborn, München, Wien, Zürich 1979.

Trumpp, Thomas: Zur Finanzierung der NSDAP durch die deutsche Großindustrie. Versuch einer Bilanz. In: Bracher/Funke/Jacobsen (Hrsg.) 1983, S. 132–154.

Turner, Henry A.: Großunternehmertum und Nationalsozialismus 1930–1933. Kritisches und Ergänzendes zu zwei neuen Forschungsbeiträgen. In: Historische Zeitschrift, 221 (1975), S. 18–68.

Turner, Henry A.: Das Verhältnis des Großunternehmertums zur NSDAP. In: Mommsen/Petzina/Weisbrod (Hrsg.) 1977, S. 919–931.

Turner, Henry A.: Faschismus und Kapitalismus in Deutschland. Studien zum Verhältnis zwischen Nationalsozialismus und Wirtschaft. 2., unveränderte Aufl., Vandenhoeck & Ruprecht, Göttingen 1980 (zuerst 1972).

Uhe, Ernst: Der Nationalsozialismus in den deutschen Schulbüchern. Eine vergleichende Inhaltsanalyse von Schulgeschichtsbüchern aus der Bundesrepublik Deutschland und der Deutschen Demokratischen Republik. Herbert Lang, Peter Lang, Bern, Frankfurt/Main 1972.

Vespignani, Renzo: Über den Faschismus. Ausstellungskatalog. Elefanten Press, Berlin 1976.

Volk, Ludwig: Zwischen Geschichtsschreibung und Hochhuthprosa. Kritisches und Grundsätzliches zu einer Neuerscheinung über Kirche und Nationalsozialismus. In: Albrecht (Hrsg.) 1976, S. 194–210.

Weber, Hermann: Hauptfeind Sozialdemokratie. Strategie und Taktik der KPD 1929–1933. Droste, Düsseldorf 1982.

Weber, Max: Die protestantische Ethik. Band I: Eine Aufsatzsammlung. 2. Aufl., Siebenstern Taschenbuch Verlag, München, Hamburg 1969.

Weber, Max: Die protestantische Ethik. Band II: Kritiken und Antikritiken. 2. Aufl., Siebenstern Taschenbuch Verlag, München, Hamburg 1972.

Wehler, Hans-Ulrich: Geschichte als historische Sozialwissenschaft. Suhrkamp, Frankfurt/Main 1973.

Wehler, Hans-Ulrich: 30. Januar 1933 – Ein halbes Jahrhundert danach. In: aus politik und zeitgeschichte. Beilage zur Wochenzeitung „Das Parlament", B 4–5 vom 29. Januar 1983, S. 43–54.

Weick, Edgar (Hrsg.): Deutscher Widerstand 1933–1945. Aspekte der Forschung und der Darstellung im Schulbuch (Berichterstattung im Auftrag des Studienkreises zur Erforschung und Vermittlung der Geschichte des deutschen Widerstandes 1933–1945). Lambert und Schneider, Heidelberg 1967.

Weisbrod, Bernd: Schwerindustrie in der Weimarer Republik. Interessenpolitik zwischen Stabilisierung und Krise. Peter Hammer, Wuppertal 1978.

Westphalen, Ludger v.: Geschichte des Antisemitismus in Deutschland im 19. und 20. Jahrhundert. Klett, Stuttgart 1971 (Quellen- und Arbeitshefte zur Geschichte und Politik).

Widerstand und Verfolgung in Dortmund 1933–1945. Ständige Ausstellung und Dokumentation im Auftrage des Rates der Stadt Dortmund und erstellt vom Stadtarchiv. Ausstellungskatalog, 2., verbesserte Aufl., Dortmund 1981.

Winkler, Heinrich A.: Mittelstand, Demokratie und Nationalsozialismus. Die politische Entwicklung von Handwerk und Kleinhandel in der Weimarer Republik. Kiepenheuer & Witsch, Köln 1972.

Winkler, Heinrich A.: Revolution, Staat, Faschismus. Zur Revision des Historischen Materialismus. Vandenhoeck & Ruprecht, Göttingen 1978.

Winkler, Heinrich A.: Die „neue Linke" und der Faschismus. Zur Kritik neomarxistischer Theorien über den Nationalsozialismus. In: Winkler 1978, S. 65–117.

Winkler, Heinrich A.: Liberalismus und Antiliberalismus. Studien zur politischen Sozialgeschichte des 19. und 20. Jahrhunderts. Vandenhoeck & Ruprecht, Göttingen 1979.

Winkler, Heinrich A.: Unternehmerverbände zwischen Ständeideologie und Nationalsozialismus. In: Winkler 1979, S. 175–194 (überarbeitete Fassung einer 1969 zuerst veröffentlichten Arbeit).

Winkler, Heinrich A.: Extremismus der Mitte? Sozialgeschichtliche Aspekte der nationalsozialistischen Machtergreifung. In: Winkler 1979, S. 205–217 (zuerst 1972).

Winkler, Heinrich A.: Die deutsche Gesellschaft der Weimarer Republik und der Antisemitismus. In: Martin/Schulin, 1982, S. 271–289.

Winkler, Heinrich A.: Wie konnte es zum 30. Januar 1933 kommen? In: aus politik und zeitgeschichte. Beilage zur Wochenzeitung „Das Parlament", B 4–5 vom 29. Januar 1983, S. 3–15.

Wippermann, Wolfgang: Faschismustheorien. Zum Stand der gegenwärtigen Diskussion. Wissenschaftliche Buchgesellschaft, Darmstadt 1972.

Wittrock, Achim: Rechtsprobleme des Schulbuchgenehmigungsverfahrens. In: Schallenberger/Stein (Hrsg.) 1978, S. 47–63.

Wolf, Ernst: Kirche zwischen Versuchung und Gnade. Chr. Kaiser, München 1957.

Wolff, Kurt H.: Karl Mannheim. In: Käsler (Hrsg.) Band 2, 1978, S. 286–387 und S. 545 bis 565.

Zipfel, Friedrich: Kirchenkampf in Deutschland 1933–1945. Religionsverfolgung und Selbstbehauptung der Kirchen in der nationalsozialistischen Zeit. de Gruyter, Berlin 1965.